好妈妈
不吼不叫

教育孩子的100招

张卉妍 编著

中国华侨出版社

图书在版编目（CIP）数据

好妈妈不吼不叫教育孩子的100招/张卉妍编著．—北京：中国华侨出版社，2014.6
（2014.11重印）
ISBN 978-7-5113-4731-2

I.①好… Ⅱ.①张… Ⅲ.①儿童教育—家庭教育 Ⅳ.①G78

中国版本图书馆CIP数据核字（2014）第119131号

好妈妈不吼不叫教育孩子的100招

编　　著：张卉妍
出 版 人：方　鸣
责任编辑：岑　芩
封面设计：李艾红
版式设计：李　倩
文字编辑：孟宪爽　李华凯
美术编辑：玲　玲
经　　销：新华书店
开　　本：1020毫米×1200毫米　1/10　印张：36　字数：720千字
印　　刷：北京德富泰印务有限公司
版　　次：2014年9月第1版　2019年3月第5次印刷
书　　号：ISBN 978-7-5113-4731-2
定　　价：59.80元

中国华侨出版社　北京市朝阳区静安里26号通成达大厦三层　邮编：100028
法律顾问：陈鹰律师事务所
发行部：（010）88866079　传　真：（010）88877396
网　　址：www.oveaschin.com
E-mail：oveaschin@sina.com

如发现印装质量问题，影响阅读，请与印刷厂联系调换。

前 言

　　妈妈是朋友，妈妈是老师，妈妈是孩子的引路人。天下所有的妈妈都有望子成龙、望女成凤的强烈愿望，都希望自己的孩子能学有所成，成就一番属于自己的事业。这种美好的愿望是否能够实现，很大程度上取决于妈妈是如何教导孩子的。那么如何教育孩子，才能达到事半功倍的效果呢？

　　几乎所有的妈妈都有这样的经历：当小孩子做出一些不听话、很淘气的事时，便会不知不觉地情绪失控，失去耐心，过分训斥孩子。一番大吼大叫之后，孩子好像暂时被震住了，不闹了，变乖了。可事实上，孩子在心里对妈妈的管教未必真的服气。如果妈妈长期用这样的方式去教育孩子，非但不会使孩子走上成才之路，反而会使他产生逆反心理，或者给他带来恐惧感和不安全感，对于他的成长和发展没有任何好处。因此，我们要摒弃吼叫的教育方式，态度要温和一些，要心平气和地与孩子进行沟通，给予他正确的引导和培养。

　　时代在变，观念也在更新，父母管教孩子的方法当然也不可能不变通。有效的教育应该是以身作则，不吼不叫，举止淡定，率先垂范。教育孩子时，妈妈不吼不叫，才会有更多的教育智慧。不吼不叫，会给妈妈们一个提醒，一种警示；不吼不叫，容易培养融洽的母子关系；不吼不叫，家庭关系会更加和谐；不吼不叫，妈妈更轻松；不吼不叫，孩子更优秀……不吼不叫才是孩子眼中的好妈妈，孩子才会主动向你敞开心扉，你才会赢得他的信任和尊重。只有走进孩子的心里，你才能在应对孩子的问题时游刃有余，才能教育好你的孩子。

　　有的妈妈可能会问："面对调皮捣蛋的孩子，我们也可以不吼不叫吗？"当然可以，而且是必须的。不吼不叫，照样能培养出优秀的孩子。这是因为，当一位妈妈情绪稳定时，她的决定是理智的，她所说的每一句话、所做的每件事情、所传递出的每一个眼神，都是经过深思熟虑的，都能够经得起孩子的"检验"，孩子自然就会信服。

　　不吼不叫，不仅是一种教育智慧，也是一种教育艺术，更是一种人性化的教育理念。同时，这种教育方式也是对孩子的一种尊重与鼓励。这样，孩子在妈妈那里感受到的就是温暖，就是积极、正面的期许，他就会变得有自信，就会有解决问题、战胜困难

的勇气和力量。对于孩子来说,妈妈对他进行理智的、没有吼叫的教育,他是很容易接受的;而对他大吼大叫,甚至大打出手的教育方式,会使他产生逆反心理,也不会认真去改正自己的过失。所以说,妈妈温和些、讲理些,效果要比吼叫强很多倍。以尊重的态度让孩子自己负责,才能培养孩子独立而理性的人格;以激励、赏识和引导的方法教育孩子,才能教出成功的孩子。

有这样一句非常有哲理的话:"掌控情绪,才能掌握未来。"在教育孩子的问题上,其实也是一样的道理。本书从如何走进孩子的内心,怎样培养孩子的独立性、责任感、情商、财商、沟通能力,如何帮助孩子平稳度过青春期等方面,结合生动而真实的案例,全面总结了好妈妈不吼不叫教育孩子的各种妙招。做妈妈的一旦懂得了"不吼不叫"的教育精髓,学会控制自己的情绪,不喊不叫缓和紧张气氛,就能读懂孩子的心理,让孩子自觉做出改变;一旦把这些方法付诸行动,就能轻松地让孩子健康、快乐地成长,从而成为聪明、上进、负责、优秀的人。

目 录

第 1 章 好妈妈不吼不叫，必须掌握的教育智慧 ……………………1
把"不吼不叫教育孩子"当作一种使命 ……………………………………1
通过孩子这面"镜子"反思自己 ……………………………………………2
妈妈以身作则，孩子"不令而行" ……………………………………………4
给孩子温馨和谐的家庭氛围 …………………………………………………6
多读一些教育类书籍，提升素养 ……………………………………………8
邀请孩子的爸爸参与到教育中来 ……………………………………………9
教育孩子要有一致、持续的意见 ……………………………………………10
好妈妈用爱的语言使孩子幸福 ………………………………………………13
好妈妈，要谨慎对待陪读问题 ………………………………………………14
身教胜于言传，用榜样的力量带动孩子 ……………………………………16
对孩子说"谢谢" ……………………………………………………………17
不要给孩子开"空头支票" …………………………………………………19

第 2 章 好妈妈不吼不叫，走进孩子的内心 ……………………………21
善于倾听孩子的心声，理解孩子的意图 ……………………………………21
站在孩子的立场体会孩子的感受 ……………………………………………23
对于孩子的感受，一定要及时做出回应 ……………………………………24
了解孩子的感受，不妨替孩子说出来 ………………………………………25
做一个有幽默感的妈妈 ………………………………………………………27
帮助孩子面对他们的感受 ……………………………………………………28
与孩子交流时应当少说多听 …………………………………………………29
被爱使孩子有安全感与价值感 ………………………………………………30
你接纳了孩子的感受，孩子才会接受你的建议 ……………………………32
与孩子进行真正的心灵沟通 …………………………………………………33
认真倾听，解开孩子的心结 …………………………………………………34

第 3 章 好妈妈不吼不叫，为孩子创造好未来 …………………………37
家庭布置以保持整洁为原则 …………………………………………………37
创造健康的生活环境 …………………………………………………………38
与孩子共同保持良好的生活环境 ……………………………………………40
培养孩子的主人翁意识 ………………………………………………………41

让孩子在家庭中享有平等的权利 ... 42
从生活细节上关爱孩子的成长 ... 44
做孩子永远的支持者 ... 46
对孩子适当妥协 ... 49
爱孩子，也教会孩子付出爱 ... 51
制订规范孩子行为的家规 ... 52
别让孩子受到城市化带来的不利影响 ... 54
让孩子在大自然中尽情地享受自我 ... 55

第4章 好妈妈不吼不叫，与孩子说话的艺术 ... 57

越问越明白，恰当的提问能帮孩子取得成功 ... 57
如何问孩子才肯说，如何说孩子才肯问 ... 58
父母请注意，不要以责备的语气提问 ... 59
在发表自己的观点前给孩子说话的机会 ... 60
只要说出真实的想法，孩子就应该得到赞赏 ... 62
给予孩子信任，远胜于对孩子进行监督 ... 64
给予孩子欣赏的目光，远胜于苛责的耳光 ... 65
父母该如何面对孩子的诸多"为什么" ... 67
提供选择，让孩子感到平等 ... 68
将你的期望明确告诉孩子 ... 69

第5章 好妈妈不吼不叫，传递给孩子积极的情绪 ... 71

轻松快乐的人会有好成绩 ... 71
换个角度看困难 ... 72
让孩子信任这个世界 ... 74
分享孩子的喜怒哀乐 ... 75
允许孩子发发小脾气 ... 77
教会孩子控制不良的情绪 ... 78
教孩子掌握应对挫折的方法 ... 80
帮孩子纠正嫉妒心理 ... 82
引导孩子正确宣泄负面情绪 ... 84
让孩子学会管理自己的情绪 ... 85
教孩子学会自我反省 ... 87
呵护孩子的失意心情 ... 88

第6章 好妈妈不吼不叫，尊重孩子的天性 ... 90

尊重孩子，孩子才可能获得自尊 ... 90
尊重孩子的兴趣和爱好 ... 91
尊重孩子的自主性 ... 93
尊重孩子的隐私 ... 94
与孩子商量家庭大事，尊重他的知情权 ... 96
尊重孩子的理想和追求 ... 97
不要对孩子下否定的预言 ... 99
别用孩子的成绩长自己的脸 ... 100
人人都有青春期，接受孩子的叛逆 ... 102

第7章 好妈妈不吼不叫，夸出天才好孩子 ... 104

赞扬孩子的努力而不是聪明 ... 104

及时赞扬孩子的每一个进步 105
要善于挖掘孩子身上的闪光点 107
不要随便拿自己的孩子和别的孩子比较 108
勿把物质奖励当作表扬手段 110
用赞美点出孩子的缺点 111
激励孩子的方式要灵活多变 113
赏识孩子的努力和勤奋 114
及时夸奖孩子的好行为 115
表扬孩子要适可而止 117
在众人面前多多赞扬孩子 118

第8章 好妈妈不吼不叫，发掘孩子的天赋潜能 120

抓住孩子智能开发的关键期 120
怎样尽早发现孩子的天赋 121
怎样对孩子进行早期智力开发 122
打破思维定势容易成功 124
怎样培养孩子的注意力 125
怎样培养孩子的观察力 127
怎样培养孩子的记忆力 129
怎样培养孩子的想象力 130
怎样培养孩子的创造力 132
怎样培养孩子的思考能力 134
怎样提高孩子的判断能力 136
怎样培养孩子的语言表达能力 137
怎样培养孩子的动手能力 138
怎样培养孩子的自我管理能力 140

第9章 好妈妈不吼不叫，培养孩子的独立能力 142

放手，让孩子打理自己的生活 142
多给孩子一些信任与理解 144
鼓励并充分尊重孩子发表自己的见解 145
鼓励孩子积极与困难作斗争 146
把孩子当强者看，他就是强者 147
教孩子勇敢并不等于让他去冒险 149
让孩子做一些力所能及的事 150
为孩子提供更多的社交帮助 151
妈妈如何面对在学习上遭遇挫折的孩子 153
让孩子学会自己解决问题 154

第10章 好妈妈不吼不叫，培养孩子的责任感 157

让孩子学会对自己的事情负责 157
孩子学会道歉，是学会承担责任的一种表现 159
把价值观纳入到责任感教育中来 160
帮孩子丢掉依赖，是培养孩子责任意识的开始 162
不让孩子为自己的错误找各种借口 163
孩子的责任感一定要从小培养 165
鼓励并支持孩子参与社会实践活动 167
让孩子在与之有关的事情上有发言机会 168

在处理家务时培养孩子的责任感 170

第 11 章 好妈妈不吼不叫，掌握批评孩子的艺术 172
站在孩子的角度看待和处理问题 172
眼睛不要只盯着孩子的考试分数 173
包容孩子的过失，给责备加点糖衣 174
批评孩子要"偷偷"地进行 175
批评也要保护孩子的积极性 176
表达不同意见，但不攻击孩子的人格 178
告诉孩子怎样弥补自己的失误 179

第 12 章 好妈妈不吼不叫，帮孩子改掉坏习惯 181
极为逆反，总喜欢跟大人对着干 181
挑食偏食，总是不好好吃饭 183
迷恋电视，一回家就打开电视机 184
粗心马虎，大错误不犯小错误不断 186
脾气暴躁，什么话都听不进去 188
赖床不起，任由父母火冒三丈 190
很不听话，总找理由为自己辩护 191
不讲卫生，总是把房间弄得乱七八糟 193
不让孩子沉迷于网络 194
纠正孩子说粗话的习惯 195
纠正孩子的攻击行为 197
孩子偷拿别人的东西怎么办 198

第 13 章 好妈妈不吼不叫，引导孩子爱上学习 200
教孩子学会自学，提高孩子的学习效率 200
鼓励孩子多动脑筋，学会独立思考 202
充分调动孩子的探索、求知欲望 204
认真地对待孩子提出的每一个问题 205
让孩子拥有梦想，与孩子一起规划人生 207
找到最适合孩子的黄金学习法 208
怎样纠正孩子的偏科现象 210
培养孩子学习数学的兴趣 212
培养孩子学习英语的兴趣 214
培养孩子学习物理的兴趣 216
培养孩子学习化学的兴趣 217
写一手漂亮的汉字 218
鼓励孩子每天写日记 220
关注孩子的兴趣，避免其产生厌学情绪 222
允许孩子出去玩，注意劳逸结合 224

第 14 章 好妈妈不吼不叫，让孩子拥有健康体魄 226
从幼年开始培养孩子的生活技能 226
避免孩子沾染不良习气 227
选择适合孩子的体育锻炼方式 229
让孩子养成正确的饮食习惯 229
孩子减肥，全家人都要动员起来 231

给孩子一个良好的睡眠环境 232
营造一个愉快、舒适的进餐环境 234
让孩子愉快地度过节假日 235

第15章 好妈妈不吼不叫，教出有教养的好孩子 236
怎样培养正确的生活观念 236
家长如何防止孩子养成不良的生活习惯 237
孩子必知的一日三餐餐桌礼仪 238
要让孩子成为一个有教养的人 239
孩子缺乏诚实的品质，妈妈该怎么办 241
让谦逊成为孩子一生最好的"通行证" 242
教会孩子尊重他人 244
教孩子学礼貌，让他更可爱 245
让孩子养成早睡早起好习惯 247
培养孩子爱劳动的习惯 248

第16章 好妈妈不吼不叫，培养孩子的优秀品质 250
培养孩子的孝心，这是做人的根本 250
教孩子懂得每天反省自己，不断进步 252
意志力决定孩子的路能走多远 253
教育孩子从宽容中得到快乐 255
懂得乐观，才能拥有永久的幸福 257
怎样让自卑的孩子昂首阔步 259
怎样让"胆小鬼"勇于挑战 260
教孩子有一颗感恩的心 262
有意识地培养孩子与他人合作的能力 264
培养孩子的纪律性和对自己严格要求 266
把孩子培养成一个正直又懂变通的人 267
培养孩子诚实守信的好习惯 270
合理安排时间，培养孩子珍惜时间的好习惯 271
谦虚是孩子不断前进的基石 274

第17章 好妈妈不吼不叫，培养出孩子的好性格 276
教育的关键就是培养孩子的好性格 276
按照孩子的天性培育孩子 277
教育可以重塑孩子的性格 279
积极调整孩子的放纵和任性 281
顽强和执着是搏击风雨的盾牌 282
从容果断能谋大事 284
让孩子永远拥有一颗上进的心 286
天真活泼的孩子人见人爱 287

第18章 好妈妈不吼不叫，培养孩子的阳光心态 290
培养孩子不急不躁的平和心态 290
培养孩子用乐观的态度面对人生 291
平衡孩子心态，让其明白知足常乐 292
培养孩子逆境中也乐观的心态 293
教孩子战胜恐惧，战胜困难 295

在积极进取中坚持才能够成功 296

第19章 好妈妈不吼不叫，培养出高情商的孩子 298

对孩子加强情商培养 298
教孩子早日学会自我激励 299
教孩子控制冲动，对其延迟满足 301
培养并引导孩子的好胜心 302
教孩子遇到突发事件时镇定自若 303
注重培养孩子分辨是非的能力 304
培养有爱心的孩子 305
帮助孩子正确对待偶像崇拜 307
培养孩子的审美能力 308

第20章 好妈妈不吼不叫，有效提升孩子的"财商" 311

给孩子"金山"不如给他"点金术" 311
培养孩子正确的消费观 312
让孩子自己处理压岁钱，但是妈妈要当顾问 313
把节俭的美德留给孩子，而不是留下财富 314
不要让孩子太富裕，让孩子有意识花自己的钱 316
孩子"摆阔"是恶习，家长千万要留意 318
穷不能造成孩子的自卑，而要成为孩子的财富 319

第21章 好妈妈不吼不叫，帮孩子平稳度过青春期 320

正确对待叛逆的青春期孩子 320
给青春期孩子一个自由的空间 321
父母是孩子最早的生理老师 323
允许青春期孩子申辩，给他解释的权利 324
和早恋孩子讨论一下什么是爱情 325
对孩子进行青春期性教育 326
同性依恋不等于同性恋 329
早恋不可怕，关键在转化 330
孩子搞网恋，因势利导是上策 331
关注孩子的心理健康 332
家有女儿，母亲要帮其度过烦恼的青春期 334
正确引导孩子与异性交朋友 338

第22章 好妈妈不吼不叫，教孩子学会为人处世 340

让孩子拥有健康的性格 340
懂得分享让孩子拥有好人缘 342
宽容豁达让孩子拥有更广阔的天地 343
消除"红眼病"，让童心远离嫉妒 345
让孩子融入集体，收获来自群体的快乐 346
真正自知的孩子永远不会做出错误的决定 347
孩子的社交恐惧症病源在妈妈，药方也在妈妈 349

第1章 好妈妈不吼不叫，必须掌握的教育智慧

 **把"不吼不叫教育孩子"当作一种使命**

近些年来，家庭教育越来越倾向于和平处理，我们现在经常会听到的一个词——"零吼叫"，也就是说用不吼不叫的方法把孩子教养好。这个"零吼叫"的教育方式，和以往的教育方式不同，它强调的是妈妈们应该把教育孩子时的关键点放在如何安抚自己的焦虑情绪上，而不是用近似吼叫的方式达到控制孩子的目的。

作为妈妈，肯定会怀疑这种不吼不叫的教养方式能够起到更好的作用，它会胜过吼叫吗？只要能够起到教育孩子、警示孩子的作用，那么还何必一定要控制自己不吼叫呢？这种质疑是值得人们去思考的。

在教育孩子时，某个特定的时段，妈妈们的一声吼叫往往会比轻声细语管用，因此，有的妈妈开始怀疑这种"零吼叫"的教育方式。"零吼叫"或者说"不吼不叫"的教养方式到底有什么优点呢？我们为什么要把这种教育方式当作教育孩子的使命呢？这些都是现代妈妈们要思考和学习的，毕竟"使命"意味着无条件地承担，妈妈们有必要把"不吼不叫"的教育方式当成是使命吗？

妈妈们可以静静地思考一下：为什么会在教育孩子的时候吼叫？一般又在什么情况下会吼叫？当然，随之而来的一个问题就是：在妈妈们吼叫完之后又会出现什么样的结果呢？

妈妈刚从菜市场买回来新鲜的鸡蛋，正打算放进冰箱，这个时候女儿跑了过来，然后趁妈妈不注意，拿起了一个鸡蛋，她只是好奇鸡蛋为什么会颜色不一样，有的颜色深有的颜色浅。此时此刻，妈妈看到了女儿的"大胆举动"，然后对女儿吼道："哎呀，别拿鸡蛋，你会把鸡蛋打碎的。"女儿听到妈妈的吼叫，先是一惊，这一惊可不要紧，手中的鸡蛋一下子掉到了地上，随后女儿哭了起来，并哭着说道："妈妈，以后我再也不碰鸡蛋了。"

看到这个简单的例子，妈妈们应该去思考一下：故事中的妈妈为什么会吼叫呢？是因为害怕女儿会一不小心打碎鸡蛋，还是不信任女儿，觉得女儿会闯祸，而如果下次遇到类似的情形，妈妈还会对女儿吼叫吗？答案是肯定的，因为吼叫起到了作用，虽然最后鸡蛋也打碎了，女儿也被吓哭了。

当然在生活中，妈妈们除了想制止孩子的行为之外，当孩子调皮地将妈妈们惹得暴跳如雷时，妈妈们会惯用大吼大叫的方式来表达自己当时的情绪，而此时的大声吼叫变成了妈妈们发泄自己情感的方式；当妈妈们苦口婆心地教导孩子，孩子却屡教不改时，她们自然还是会选择这种方式来教导孩子，因为她们觉得这是最好的办法，当然也是无奈之举。

由此可见，引发妈妈们大吼大叫的根源通常是孩子的所作所为完全不符合大人们的心意，激发了妈妈们内心的愤怒情绪，而妈妈们又急切地希望孩子能够服从指令、顺从教导，于是妈妈们就会音量增大了，语速加快了，面目也变得十分吓人了。

所以说在一般情况下，愤怒的情绪和想要控制孩子的想法，往往会使妈妈们不得不吼叫。久而久之，妈妈们便习惯用这种吼叫的方式来教育孩子，却忽略了孩子的反应和感受。孩子一般会有什么反应呢？

1. 行动服从，但是心不服

当我们对孩子吼叫的时候，孩子一般的表现是只会做出或服从或反抗的反应，有的时候妈妈的吼叫会吓到孩子，因此，孩子的情绪还会起伏。如果孩子服从了，妈妈会立刻尝到吼叫教育的"甜头"，在今后的生活中，会加大使用这种教育方式的力度和强度。但是妈妈却从来没有思考过，即便是孩子行为上服从了，他们的内心是否真正服从了呢？如果他口服心不服的话又该怎么办，等到他到了"忍无可忍"的那一天的时候，孩子往往会用更强烈的方式给妈妈以突然反击，以此来表达对妈妈的不满。到了那个时候，妈妈除了伤心难过之外，很难把孩子爆发的原因总结出来，更不会想到这是因为自己经常冲着孩子大吼大叫而造成的。

而且从此之后，妈妈往往也永远失去了能制服孩子的招数，不管自己怎么做，孩子似乎都不愿意听妈妈的教导了，此时此刻，孩子也就"名正言顺"地进入了逆反期。更为可怕的是，孩子此时的反叛情绪往往会伤及到其他人，比如说亲人、朋友、同学等等，从而成为别人眼中的"坏孩子"。

2. 心服了，性格却变得懦弱了

如果面对妈妈的大吼大叫，孩子心服口服地接受了，他往往会为了避免听到妈妈的再次吼叫，而战战兢兢地生活，什么事情也不敢去触碰。孩子不会主动去尝试新鲜的事物，更不会积极主动地去迎接挑战，他会害怕因为自己的积极主动而犯错或者是遭到妈妈的斥责，从而逐渐变得胆怯和懦弱，最后成长为一个懦弱、不敢承担责任的人。所以说，用吼叫的方式来教育孩子，往往会让孩子的性格走向极端，不是变成叛逆者就是成为生活中的懦夫，这也就是为什么我们要把"零吼叫"教养当作使命的根本原因。

孩子的成长道路需要他自己去走，妈妈不要因为自己的教育方式不正确而影响了孩子的成长，因此，妈妈要做的就是相信自己，相信"零吼叫"的教育方式，用善言柔语一样能够让孩子感受到自己的错误，也能够让孩子变得更优秀。

当然，这个学习和练习的过程也许需要花费很长的时间，也许妈妈有时真的无法控制住情绪做到不吼叫。但是，只要妈妈有这个意识，不断地去鼓励自己、激励孩子，那么吼叫的频率就会呈现下降趋势，孩子的性格也会逐渐变好。当然，随着妈妈教育方式的转变，孩子也会逐渐朝着积极的方向发展，总有一天，妈妈会发现这种教育方式让孩子变得更加优秀了。

 **通过孩子这面"镜子"反思自己**

照镜子恐怕是每个妈妈每天都会做的事情，在照镜子的时候妈妈们会发现自己衣着整齐，镜子里的自己就不会衣着凌乱，所以说"镜子"就成为了我们形象的真实反照。然而，妈妈们是否会知道，生活中本来就有一个"小镜子"，这个小镜子正在时刻反照着妈妈们，那就是妈妈们的孩子。

小岳岳已经八岁了，但是总是乱扔东西，根本没有养成物归原处的习惯，他放学回家，书包不是扔在鞋柜上，就是在沙发上，要么就是扔在妈妈的卧室里。他的衣服、鞋袜也是随处乱放，有时早上起来为找一只袜子，就要花费十几分钟的时间。

不仅如此，小岳岳总是因为忘记带书本或是学习用品而被老师批评。他妈妈自然也受不了孩子随手扔东西的习惯，毕竟这给她带来了很大的负担，在妈妈心情好的时候就冲小岳岳叨叨两句，而遇到妈妈心情不好的时候，就对小岳岳吼叫道："看你又乱扔东西，去！赶快把你的东西放好！"小岳岳虽然会马上收拾，可是不出一天，家里还是会乱成一团，小岳岳的东西也会"乱跑"。

小岳岳的妈妈也经常丢三落四，不是把手机落在家里，就是把钥匙落在单位。就说小岳岳妈妈的提包，打开之后，里面什么东西都有，想要马上找出一件小物品，不把书包翻个底朝天，恐怕是很难找到的。再看看小岳岳妈妈的衣柜，所有的衣服都堆成一团，看上去十分凌乱。原来，有其母才有其子啊！

这种场景也许会经常出现在我们的家庭中，我们总是在不停地责怪自己的孩子，却从来不会问问自己，我们应该学着问自己："孩子为什么会这样做？他没有养成良好的习惯的根源在哪里？"可惜的是，我们做妈妈的总是只看到孩子的问题，却不知道他的问题其实就是我们自身问题的反映，更是不会想到正是因为自己的不良行为才导致了孩子的这种不良习惯的形成，妈妈们总是习惯将眼光定位在孩子身上，却不知道进行"反观自省"。更为严重的是，妈妈们一次次地对着孩子大吼大叫，而孩子也只能无辜地承受着！

1.通过孩子的言行，反思自己

小于月考没考好，于是，妈妈就开始着急地冲他嚷道："一天到晚就知道玩儿，每天就学习那么点时间，怪不得考不好呢！"一开始的时候，小于没说话，因为他觉得可能是自己学习不好惹妈妈生气了，但是妈妈说多了，小于便突然冲着妈妈吼叫说："谁说我就知道玩，我学习时间还短吗？难道我没有学习吗？"

妈妈听到孩子的抱怨愣了一下，没想到儿子会这样对自己说话，于是，她更加生气，再加上自己工作不顺利，便一巴掌打在小于的小脸蛋上，吼道："谁教你这样跟我说话的？考不好你还有理由了。"

谁教会孩子这样跟妈妈说话的呢？谁教的？当然是妈妈自己啊！妈妈们要清楚自己用什么样的方式对待孩子，孩子是会模仿的，他们也会用同样的方式对待我们，因为这个过程就是一个"教"与"学"的过程，再加上孩子的行为多半是模仿大人形成的，自然孩子对于妈妈吼叫的方式也会模仿。我们"教"得不知不觉，孩子自然也会在不知不觉中"学"会，根源就是妈妈"教"错了。

所以说如果孩子的言行举止让我们觉得不妥当了，让我们有不被尊重的感觉了，我们先不要急着大声责骂孩子，更不要去打孩子，而是反过来想一想：自己的言行是不是和孩子很相似？如果答案是肯定的，那么我们最应该做的事情就是反思自己。唯一的解决办法就是，我们自己必须赶快改变，只有这样孩子才会转变。

2.通过孩子进一步认识自己

孩子在做事的时候，总是毛躁或者喜欢插嘴。此时此刻，我们这些做妈妈的应该开始反思了：我自己做事也不毛躁啊，也没有抢着说话的习惯，为什么孩子这样？其实，妈妈们要清楚地认识自己，也许自己的性格就是很急，说话也很快，走路更是急匆匆。这种火急火燎的性格自然会感染到每天在自己身旁的孩子，孩子表现在行为上就是等不及别人说完话，做事时总想着尽快做完。可见，母子俩的表现形式不同，但根源却都是一样的心急。

孩子所表现出来的行为特点一定可以从妈妈身上找到原型，也许表现得不够突出，甚至是表现形式不同，但根源一定是相同的，这是毋庸置疑的。如果我们怀疑什么，那么只能说我们对自己的了解还不够深入，我们还没有把孩子的行为与我们自己的性格联系起来，我们一旦发现了其中的关联性，就会觉得孩子是十分无辜的！因为，孩子是在"学习"，他只不过是乖乖地学会了我们"教"他的东西，可是我们自己在运用这些东西的时候，不会觉得有什么错，一旦孩子学以致用，妈妈们却要指责他们，批评他们，他们岂不是太冤枉了！

请妈妈们在吼叫之前先忍一忍，然后进行一下自我反思，通过这面"小镜子"然后

找到本属于自己的问题。如果我们真的能够发现自己的问题，我们就自然而然不会再吼叫了。妈妈们对孩子的每一声吼叫，其实就是在对自己进行否定。

 妈妈以身作则，孩子"不令而行"

俗话说得好"妈妈是孩子的第一任老师"，妈妈对孩子的教育，足以影响孩子的一生，为人母亲者，着实不易。正人先正己，想要教育好孩子，就要以身示范，给孩子做一个好榜样，如果妈妈都不在乎自己的行为，那么还有什么资格来要求孩子做好呢？要知道，妈妈的行为在孩子的内心中占有很重的分量，如果妈妈起不到榜样的作用，那么孩子怎么还会做好呢？

家庭是最容易培养孩子习惯的大环境，妈妈的习惯会对孩子产生影响，不仅是指对孩子的行为产生影响，更为重要的是妈妈的习惯也会在潜移默化中对孩子的观念造成一定的影响，久而久之，会使孩子们养成了某种特定的习惯。

丝丝的爸爸妈妈都是国家中央机关的工作人员，她于2008年以年级第一的成绩从美国斯坦福大学毕业，而后被哈佛大学工商管理学院录取。对于教育，丝丝的妈妈有着很独到的经验。

丝丝6岁的时候，她妈妈李梅女士的一位朋友遭遇了重大挫折，并打电话向李梅哭诉。李女士当时安慰道："别哭了，擦擦眼泪，没什么事情是过不去的，问题总可以解决的。"这件很平常的事情过去了不久，丝丝的幼儿园老师对李女士说："每次在幼儿园有小朋友哭闹着要回家的时候，丝丝就会主动走上去劝人家，说不要哭了，很快就能够回家了，你看马上就到星期五了，马上就可以回家见爸爸妈妈了。丝丝一边劝其他的小朋友，还一边给小朋友擦眼泪，做得有模有样。"李女士一听，一下子明白这到底是什么原因了。

还有一次，李女士在与朋友交谈的时候，多次说道了"谢谢"一词。第二天，李女士在给丝丝顺手捡东西的时候，丝丝竟然大声说道："谢谢妈妈！"

通过这两件事情，李女士意识到，父母的言行对孩子的成长是有很大的影响力的。于是，她在生活中，就更加注重自己的言谈举止，因为她知道孩子接纳、学习新知识的能力特别强。妈妈千万不要低估了身教的力量，妈妈自己行得正、坐得端，孩子自然会按照妈妈的做法去做，从而成为一个听话的孩子。

古语说："其身正，不令而行；其身不正，虽令不从。"如果我们能给孩子树立一个好的榜样，不用要求孩子，他就会学着我们的样子行动起来；相反，如果连我们自己都做不到，却要求孩子做到，即使我们把嗓子吼破，他也只能充耳不闻。所以，妈妈们都应该明白到这一点，也就用不着大吼大叫地去要求他、控制他，妈妈需要做的就是把注意力放在如何改变自己的行为习惯上。

对于妈妈来讲，言传身教的方法对孩子的教育很重要，苏联著名教育家马卡连柯曾说："不要以为只有你们同儿童谈话，或教导儿童、吩咐儿童的时候，才教育着儿童。在你们生活的每一瞬间甚至当你们不在家的时候都教育着儿童。你们怎样穿衣服，怎样跟别人谈话，怎样谈论其他的人，你们怎样表示欢欣和不快，怎样对待朋友和仇敌，怎样笑，怎样读报……所有这一切对儿童都有很大意义。"这位教育家说得很正确，身教虽然是无声的教育，却能够起到很重要的作用。

有一个已经上了小学四年级的孩子，他的爱好就是读书，如果每天没有两个小时的读书时间，他就会觉得时间被浪费了，或者会很不开心。后来别人问他为什么这么喜欢读书，他道出了原委。原来，阅读是他妈妈的一大爱好，妈妈每天有空就会读书。她从来没有要求孩子去读书，可是孩子自己就爱上了读书。

　　类似这样的例子屡见不鲜。泡在肥皂剧中的妈妈总会吼叫着催促孩子去学习，而经常抽时间学习的妈妈，不用去催促孩子学习，他自然就去学习了。所以说，教育的真谛很简单，就是"榜样"二字。既然是这样，妈妈们就要立志把"吼叫教育"转变成"榜样教育"。

　　李峰总喜欢给其他同学起外号，因此大家都很不喜欢他。老师问他为什么总喜欢给别人起外号，他说妈妈在家里提起邻居、同事或朋友的时候，都是以"代号"相称的，也很少称呼对方的名字或者是尊称。于是，李峰觉得给同学起外号是很正常的事情。

　　孩子在成长的过程中，由于年龄还小，对于好坏、是非并没有十分明确的概念。他自身并不知道什么话是应该说的，什么话是不该说的，什么事是不该做的。他看妈妈说了、做了，就认为那是正确的，是可以去做的，他的人生观和价值观完全是从妈妈的言行举止中获得的。

　　如果一位妈妈经常撒谎，就别指望她的孩子能够诚信做人；如果妈妈不能孝顺父母，也别指望孩子将来会孝顺妈妈；如果妈妈习惯冲别人吼叫，那么也就别指望孩子能够柔声细语地对父母讲话。所以说，妈妈们如果想让自己的孩子成为什么样的人，那么自己就要先成那样的人。

　　在一个家庭中，如果妈妈们注重的并不是言传身教，根本不注重自己的行为，却总是用吼叫的方式来要求孩子，那么孩子怎么可能会心甘情愿地听从呢？只言不教的教育手段是很不利于孩子成长的。

　　在生活中，如果妈妈们无法去接受孩子从外界带来的新观点或者无法尊重孩子自己的观点，那么势必会和孩子产生矛盾，影响到两代人之间的感情。由此可见，认为自己只靠说教教育孩子养成良好习惯的妈妈是在自欺欺人。

　　在生活中，以前妈妈们如果没有注意到言传身教对于孩子成长的意义，那么在今后应该注意发挥言传身教的作用了。

　　1. 妈妈们放下架子，改掉陋习

　　由于爸爸和妈妈本身就来自于不同的家庭，所接受的教育可能也是不同的。因此，父母在沟通的时候，一定要注意不要摆架子，尤其是和孩子沟通一定要放下架子，做到合情合理，与此同时，在沟通的过程中，如果发现了彼此存在的不良生活习惯，也一定要给对方指出来，然后相互监督。当然在这个过程中，如果孩子发现了妈妈身上存在的缺点，那么妈妈也应该去虚心聆听，并且接受孩子的建议，改掉缺点，只有这样，才能帮助孩子养成好的习惯。

　　2. 妈妈教孩子时，要给孩子讲明道理

　　孩子年龄还小，对于事物的理解能力还是比较弱的，所以在这个过程中，要给予孩子比较多的讲解，不要让孩子感觉到疑惑，要先给孩子讲明其中的道理，这样孩子才会愿意按照妈妈所说的去做。如果妈妈不给孩子讲清楚其中的道理，按照孩子的智商是无法理解的，自然孩子也就不会达到妈妈们的要求了。

　　3. 做好榜样不是一两天的事情，要坚持下来

　　妈妈不要单纯地认为自己只要给孩子做榜样，让孩子明白这件事情要怎么做就可以了，等到孩子按照自己的要求和想法去做的时候，妈妈就不用再去做榜样了，"做做样子就行"的思想是万万不能有的。妈妈们要懂得坚持，因为这是一种好的习惯，坚持做好会让孩子也主动去改善自己。

 给孩子温馨和谐的家庭氛围

对于孩子来说,家庭与社会相比,前者对他们的影响更大,因为家庭是他们主要的生活场所和赖以生存的地方。所以,创造一个良好的家庭环境,酝酿一种快乐和睦、温馨甜蜜的家庭气氛,对孩子身心的健康发育成长相当重要。

妈妈们自然都希望自己的孩子能够开心快乐地成长,这是毋庸置疑的。但是如果妈妈们无法给孩子创造很好的家庭条件和氛围,那么孩子的成长也会变得不开心,有的母亲却认为只要给孩子提供丰厚的物质条件就可以了,这种观点自然是错误的。家庭的和谐氛围才是影响孩子成长的关键因素,为孩子创造和谐的家庭氛围,让孩子感受到家庭的温暖,是妈妈能给孩子的最好的礼物。

刘晓霞很希望自己的儿子有出息,因此在她看到和自己儿子一样大的小朋友都报了兴趣爱好班之后,她心里也开始着急了。以前孩子总是周六日在家中玩儿或者跟着自己出去逛街,现在她觉得孩子是在浪费时间,她决定给孩子也报一个周末的兴趣班。于是,她决定和丈夫商量一下这件事情。

晚上儿子在客厅里玩玩具,刘晓霞将自己的想法跟丈夫说了,丈夫觉得这是个好事情,便表示同意。但是这个时候刘晓霞却发愁了,因为她不知道要给孩子报什么班,她希望孩子能学很多东西,恨不得所有的班都报了。因为孩子刚刚八岁,丈夫说儿子还小,可以学学儿童跆拳道,这样能够让儿子锻炼身体,并且以后还可以防身。而刘晓霞却不想让孩子学这个,她觉得学这个没有用,她看到别人家的小孩儿都是上的英语班或者是音乐班之类的,至此,她和丈夫的观点产生了很大的分歧。

此时,在一旁玩儿的儿子似乎已经注意到父母的谈话内容。他看到妈妈和爸爸因为意见不合开始起争执的时候,他突然说道:"妈妈,我不学跆拳道也不学英语,我想学乒乓球。"当时刘晓霞愣了,因为她没想到儿子会说想学乒乓球。当然,刘晓霞绝对不会允许儿子学这个的,因为她觉得学乒乓球对学习毫无用处,又因为正在和丈夫讨论的气头上,于是,刘晓霞便对孩子嚷道:"学什么打乒乓球,学那个有什么用,只能是浪费钱。如果你不想学英语,就按照你爸爸的观点,学习跆拳道,从这两个里面选吧。"

最后因为这个事情,刘晓霞和丈夫发生了争吵,一气之下她擅自给儿子报了英语班,每周六她都送儿子去上课。但是在每次去的时候,儿子都哭闹着不想去,即便去了在班里也不好好学习,更是不会认真听老师讲课。渐渐地,刘晓霞发现儿子不再跟自己聊天了,更多的时候孩子宁愿看电视也不跟自己说话,她也不知道这是为什么。后来,儿子情愿在自己屋里玩儿拼图,也不喜欢跟自己出去逛街了。

其实,对于孩子的成长来说,家庭的环境是十分重要的,孩子希望家庭能够和谐,并且在他们的生活中更需要来自母亲的尊重。如果孩子感受不到来自妈妈的尊重,妈妈又只是将自己的观点强加给孩子,那么这矛盾最终必然会影响到母子之间的关系。就如同上面例子中的刘晓霞一样,她将自己的意愿强压给儿子,虽然她也是为了儿子好,但是她却根本没有考虑到孩子的感受。最终,导致儿子慢慢疏远自己。一个合格的妈妈,不仅要考虑到孩子的感受,更能够为孩子创造和谐的氛围,让孩子感觉在家庭中地位平等,让孩子有被尊重的感觉,这样孩子自然而然能感受到快乐。如果孩子感受到的不是平等,而是妈妈的强迫,那么他又怎么可能在和谐快乐的环境中成长呢?

作为父母,我们该怎样为孩子营造一种健康的家庭氛围呢?

1. 营造和谐的家庭气氛

家庭氛围是实施家庭教育的要素之一。为了孩子的将来,也为了全家人的幸福,所有的家庭成员都应当努力营造一个有利于孩子成长的家庭氛围。这种家庭氛围,对孩子的思想品德、性格和为人处世的影响是很大的。

任何家庭都会有矛盾，有争吵，但尽量不要把矛盾和争吵暴露在孩子面前，更不能因此而对孩子造成伤害，尤其不要把孩子当作出气筒。和睦的家庭、轻松的环境对孩子的身心发展有着至关重要的作用。营造和睦的家庭气氛与家庭的经济状况和家长受教育的程度没有多大关系，关键是父母的重视程度。

心理学家研究表明，从小就生活在气氛紧张的"缺陷家庭"中的孩子，智商一般较低，而且存在不少心理问题；而生活在和睦家庭中的孩子，心理都比较健康。

在夫妻恩爱、和睦温馨的家庭里，孩子过着无忧无虑、井然有序的幸福生活。父母经常带孩子散步、逛公园、参加体育锻炼、做游戏等，孩子可以接受全方位教育，从而使孩子热爱学习，对周围的事物充满好奇和求知欲。反之，若夫妻感情不和，家庭气氛紧张，父母不仅无心照顾孩子，甚至还会将孩子当作"出气筒"。这种家庭的孩子感情上很痛苦，精神上很压抑，健康和智力都会受到严重影响。

家庭环境是否和睦，对孩子健康成长起着极其重要的作用，家庭是孩子成长的摇篮，父母的一言一行对孩子是无声的教育。比如一个尊老爱幼、团结和睦的家庭环境，能让孩子体验到一种浓浓的亲情、一份拳拳的爱心，感受到温暖和幸福。家长的辛辛苦苦、忙忙碌碌，可以让孩子体验到父母的勤劳，感受到奋斗的乐趣。

2. 营造平等、开放的家庭氛围

家并不是单单指一座孤零零的房子，而是由所有家庭成员组成的一个整体。现在的家庭已鲜少看见往日的四代同堂，大多为三口之家。中国人是含蓄的，"爱"字不轻易出口是很多中国父母根深蒂固的观念。孩子是妈妈身上掉下来的肉，没有一个父母不爱自己的孩子，但大多数的父母总是喜欢将这种爱埋藏在心底。很多的家长都认为孩子只要完成学业就好，并不会将家中发生的事情或者自己工作上的快乐与烦恼与孩子分享。在家长的心中不论孩子多大，他们都会觉得孩子终究是他们的孩子，还是掌心里的宝贝、小不点儿。在这里建议父母把家里发生的事情以及工作上的欢乐与烦恼一同与孩子分享。因为孩子也是家庭的一份子，他也有权知道家里所发生的每一件事情。有的父母总是以为孩子太小理解不了，却忘了一句话："以为，终究是以为。"父母这样做无非是想要保护孩子，当然这也是一种爱的表现，但却往往事与愿违地让孩子觉得自己与家庭格格不入，然后会导致孩子的孤独感产生。家庭成员中应该保持一种平等的关系，并不以年龄、地位的高低来区分家庭地位。家庭中的每一件事情，每一个人都有权利发表自己的看法，每一个人都应该受到彼此的尊敬。

和谐的家庭氛围应该是父母鼓励孩子多说，即便看法不对也并不要紧，只有这样才能避免矛盾，让家人心心相印。

3. 营造快乐的家庭氛围

有人做过这样的一个调查：分别比较家庭气氛融洽的家庭与家庭气氛紧张的家庭中孩子的情商与智商等多方面的发育之间的差别。调查结果发现，当家庭中笑声常驻时，孩子的情商与智商普遍偏高。

这项研究表明，提高孩子的情商和智商的因素是多方面的。而家庭氛围融洽、活跃的孩子的性格会变得开朗。在这样一个愉悦且轻松的环境中成长、生活不仅能提高孩子的脑细胞的发育，还会对孩子的交际能力有很好地锻炼。

有这样一句话："与别人分享你的快乐，快乐总能翻倍。"当每一个家庭成员都将快乐带回家的时候，整个家庭中无疑会充满欢声笑语，而若家庭成员总是将不满的情绪带回家，家中的氛围也会可想而知。这并不是说回到家里的时候遇到不快乐的事也要强颜欢笑，而是说父母本身应多一份豁达与乐观的心态，这样才能给孩子营造更快乐、轻松的环境。

每一个父母都有为孩子营造快乐的家庭氛围的职责。

 **多读一些教育类书籍，提升素养**

妈妈们在教育孩子的过程中，一定要学会去体会孩子的感受，多去理解孩子，当妈妈的"心"听到孩子的心声时，自然就激发了自身教育的灵感，也就能够找到好的教育方法了，并且也能够从一些教育类书籍中找到适合自己的方法。此时，教育效果一定会很好。所以，借助书籍来提升教育心境，这才是妈妈们的学习目的。

一位新妈妈对教育孩子根本没有什么经验，她的儿子刚出生没多久，她就因为自己的工作忙，把儿子托付给了保姆来照看。自己只是在每天下班回到家以后，看看孩子，也很少跟儿子进行互动或者交流。为了不影响到自己的工作状态，在晚上儿子也是和保姆一起睡的。保姆人很老实，但是她唯一的一个缺点就是话不多，很少和这个孩子对话。渐渐地，这位妈妈就发现自己的儿子比同龄的孩子语言能力要差很多。

于是，她开始担心起来，她害怕自己的儿子以后会不懂得怎么样很好地与人交流，便开始翻看一些教育类的书籍。有些书中明确提到，在3岁之前的这段时间，往往是孩子语言发育的关键时期，如果在这个时期父母能够常常和孩子对话和交流，孩子的语言能力就会很快提高。如果错过了这一关键时期，再想提高孩子的语言表达能力，妈妈们就要付出更多的心血。

这位妈妈看到这里，心里十分后悔。不过，她没有放弃，从那之后，她经常和孩子一起做游戏，甚至请假陪孩子，后来，孩子的语言表达能力提高很多。

从上例中可以看出，虽然有一些人已经为人母，但是妈妈们对教育并不一定精通，甚至是一窍不通。妈妈们会因为这样或者是那样的原因，根据自己的经验、习惯和心情来对孩子进行教导，而妈妈的经验并不一定是正确的，也不一定科学。如果用并不正确的方式来对孩子进行教导，我们真的无法预料孩子会发展成什么样。

所以说，妈妈们一定要有意识地去学习。学习的途径有很多种，比如说阅读很多教育类的书籍，因为它为妈妈们提供了大量可考证的、通过实践总结出来的教育方法和经验，可以说，这些书是妈妈们正确教育孩子的指南针和方向标。妈妈们只有通过读书学习，进一步来提升自己的教育素养，提高自己的教育水平，才能最大限度地避免因错误施教而产生的不良后果。那么，作为妈妈的你应该从教育书籍中学习些什么呢？

1. 要主动了解孩子的成长规律

两岁多一点的玮玮最近一段时间总是爱咬人，不是咬爸爸的胳膊，就是咬妈妈的手。每次，妈妈被咬疼了就会大声地呵斥他，以便让他知道咬人是不正确的事情。但是，玮玮好像根本不去改正，总会情不自禁地咬人。

如果妈妈不了解孩子的成长规律自然不知道孩子为什么会咬人，此时，妈妈们习惯大声地斥责孩子。其实，这个时候是孩子进入了用口探索环境的敏感期。此时，妈妈们需要做的是给他准备无毒无害又干净的东西去满足孩子咬东西的欲望，等过了这个时期他自然就不会再去咬了。

那么，妈妈们可能会问：这些有关孩子成长规律的知识是从哪儿知道的？无疑是从教育类书籍中。妈妈们如果了解这些知识，就很容易理解孩子处在某一阶段的特殊行为。理解之后，妈妈们再次遇到这样的情况，自然不会去吼叫孩子，而是用有效的方法帮他们度过每一个敏感期。

2. 学会用好方法来教育孩子

有一些教育类书籍的作者对于教育孩子有一定的经验，他们或者是教养出优秀儿女的妈妈,或者是被学生喜爱的好老师,要么是有高度教育敏感度的教育专家等。他们往往会通过书籍,把好的教育方法以及对教育的感悟进行展现,以供读者借鉴。同时,他们也会把在教育实践中用错的方法或者是手段来写出来,避免妈妈们再次出错。因此,他们所呈现在书籍上的内容是十分具有科学依据的。那么,妈妈们完全可以借助这些书籍,去思考并且选择适当的方式来教育孩子。这样,我们在教育的路上才会少走一些弯路,孩子的成长也才会因我们教育素养的提升而得到应有的保障。

3.妈妈们要以提升教育心境为根本

我们在阅读教育类书籍的时候,一定要知道的是,书中所有的例子和方法,只能起到抛砖引玉的作用,我们不能一味照搬,更不能盲目效仿。因为同一种方法,对于不同的孩子有不同的作用,也就会呈现出不同的效果,所以要懂得因材施教。千万不要照搬照抄这些经验,要按照自己家孩子的特点进行教育。

邀请孩子的爸爸参与到教育中来

古老的中华文化中孕育了"相夫教子"这样一个词汇,并且将这样一个词汇根深蒂固地种植到中华子孙的脑海里。很多父母都认为父亲的职责便是赚钱养家,而母亲的职责就是照顾家里人的生活起居和孩子的成长。但是这种说法其实忽视了父亲对孩子作用。让父亲参与孩子的教育,孩子便会不仅仅依赖母亲还会关注父亲,也会在父亲身上去寻找一些男性该有的特制,甚至会学会坚强。若是父亲长期不在孩子身边,孩子的性格中便会缺少坚强的成分。

美国著名的婚姻与子女教育专家指出,与母亲相比较而言,父亲在教育孩子的时候,往往不会把孩子的教育重心放在细枝末节上,爸爸们会让孩子在一定的范围内自由成长。这种"大框架"式的教育方式或者是说"自由式"的教育方式,会迫使孩子发挥自己的智慧和能力,训练孩子独立解决问题的技巧。由此,孩子的意志品质以及面对困难的能力就会得到充分锻炼。

其实,爸爸对孩子的影响不仅仅局限在智力方面,孩子在成长的过程中,性格和情感的形成与发展也都会受到父亲的影响。如果爸爸们很少与孩子进行接触,孩子的身高和体重发育速度会变慢一些,肢体平衡能力也会相对较差。另外,对于那些缺乏父爱的孩子来讲,很容易产生焦虑情绪,孩子也很容易变得怯懦,而且自尊心也不够强大,情感的自控能力也是比较差的,专家把这一系列的现象称为"缺少父爱综合征"。

既然父亲在对孩子的教育过程中起到这么重要的作用,那妈妈们不妨邀请孩子的爸爸参与到教育中来,让其把男性特有的独立、果断、勇敢、坚强等好的特质传递给孩子,让孩子在性格上更加坚强勇敢,同时让孩子感受到来自父亲的温暖。

1.可以请丈夫多花点时间来陪伴孩子

没有哪个孩子不渴望获得父亲的陪伴和关注,因为大部分的孩子都把父亲当成自己成长的偶像,如果孩子感受到来自"偶像"的关注,内心自然会无比喜悦和幸福。所以,妈妈们要建议丈夫多抽空来陪孩子玩耍和娱乐,多与孩子进行交流,哪怕不做具体的互动,也要让孩子感受到来自父亲的关注。

而且,如果在平时,丈夫能够在孩子临睡前回到家,对孩子进行应有的照顾和安慰,那么孩子会觉得自己很幸福。当然,如果丈夫能坐在孩子的床边与其寒暄几句,父子之间的感情会更加融洽。

2.请爸爸多与孩子一起吃饭

曾经有一个小孩子一直等待着加班回来的爸爸,因为平时自己的爸爸很忙,很少有时间陪自己。这天爸爸回家了,他询问爸爸一小时能赚多少钱。当他得知爸爸一小时能赚20美元的时候,他毫不犹豫地向爸爸开口借了10美元。因为小孩儿自己已经存了10美元,加起来正好是20美元,他就可以买到爸爸一小时的时间了,他是多么希望爸爸

能用这一小时的时间和他共进晚餐啊。

父亲一定要保证尽量陪孩子在一起用餐，因为这样的环境是最有利于增进父子之间的感情的。所以说妈妈们可让丈夫趁吃饭的时候，询问一下孩子的学习情况，关注一下孩子的精神状态和情绪，多和孩子进行有效的沟通……通过类似的互动，孩子不仅能够感受到父亲对自己的关心，并且还能够把父亲的高大形象印在脑海里，孩子会很乐意按照父亲的要求做事情的。

3. 父母应保持教育的一致性

妈妈和爸爸是教育孩子的合作伙伴，在教育孩子的过程中是不可或缺的。当然，在合作中肯定会遇到各种各样的问题。针对这些教育的问题，父母一定要学会经常沟通，尽量达成共识，保持教育的一致性。否则，孩子会产生困惑的心理，因为他不知道自己要去听谁的。另外，当父母中的一方正在教育孩子的时候，另一方尽量不要去直接干预或者是表示反对的意见，更不要当着孩子的面数落对方的不是，这样孩子的成长才会因父母良好的合作而更加顺利。

4. 父母应一起提高教育素养

妈妈们为了爸爸们能够更好地教育孩子，平时可以把不错的教育类书籍推荐给孩子的爸爸，两个人可以一起学习，然后对孩子进行教育，然后彼此交流一下心得体会。随着学习的深入，教育理念就会趋于一致，这样，以后在教育时也就能够更加顺畅，更有利于孩子的成长，父母也会更加有默契。

 教育孩子要有一致、持续的意见

妈妈是孩子的榜样，在孩子面前做事情要十分注意。生活中，我们经常会看到一种很奇特的现象，一个家里父母在教育孩子方面出现了不一致时，很多妈妈就会进行自己单方面的教育，她不会考虑到孩子爸爸的观点，甚至觉得自己的教育方法是最正确的。当然，孩子也会因为爸妈的态度不一致而产生困惑，因为困惑而犯错也成了孩子的家常便饭。如果孩子犯错了，此时父母双方的观点还不能够保持一致，这种情况自然会让孩子感觉到不知所措。

在生活中，常会出现妈妈经常会规定出孩子"不可以"做的事情，爸爸却在背地里偷偷答应、允许孩子去做的情况；然而孩子很有底气地按照爸爸答应的去做了，最终被妈妈发现后，却要受到妈妈的批评和指责。而这个时候，爸爸可能会觉得妈妈做出的决定是正确的，此时，爸爸就要出来管教孩子，而妈妈却心疼孩子，便又会出来解围，替孩子说情等等。这样，在一个家庭里，无形中就会呈现出双重标准，这不但不利于孩子性格的形成，更会对孩子的成长产生很不利的影响，孩子根本找不到正确做事情的标准。爸爸妈妈们是否认真想过，在这样的双重标准要求下，孩子怎么可能会学习和掌握正确的做事标准呢？

孩子虽然年龄比较小，但是也具备了一定的察言观色的能力，他能够在生活中，准确地分辨出爸爸和妈妈之间对他的态度的差异来，而这种差异在很多时候是父母自动表现出来的。其实这种情况我们经常会看到，不是吗？爸爸妈妈们不妨仔细观察自己的生活，当孩子犯了一些错的时候，爸爸开始对孩子进行管教，孩子往往会有满肚子的委屈情绪，甚至会说"这是妈妈让我做的"，而妈妈们看到孩子哭泣，自然很心疼，也会出来给孩子解围，那么，孩子顷刻间就会哭得更厉害起来。孩子为什么会做出这样的举动？其实原因很简单，就是因为孩子发现了爸爸和妈妈之间的态度存在着不一致性，就会本能地去利用这一点希望能够逃避惩罚。

在生活中，爸妈的意见一定要保持一致，即便是出现了不一致的情况，也要在孩子面前表现出一致，只有这样孩子才会感受到自己做错了。等孩子不在的时候，父母再说

出不同的意见。这样才能够让孩子明白，自己所作所为到底是正确还是错误，是值得表扬还是要受到惩罚。

饭后洗碗成了豆豆的固定"工作"，虽然豆豆还很小，才上二年级。但爸爸要求他有一定的生活独立性，经过全家的一致商议决定，豆豆每天晚上在大家吃完饭之后，就要负责刷碗的工作，当然，在开始的时候，妈妈也会帮助他去做，但是在一个星期之后，这一项工作就全部交给了豆豆来完成。

可是豆豆很不情愿去做这件事情，他回到家中，对妈妈说："妈妈为什么要我刷碗，隔壁的小强和琳琳都不用刷碗。更何况我还只是小孩子，为什么我就必须要洗碗呢？"这个理由看起来很简单也很合理，妈妈不好反驳。不过爸爸却有办法，他问豆豆："别人的孩子是否像你那样有那么多的自由，比如周六可以不去上补习班。另外每个家庭都有每个家庭的特点。"此时，豆豆觉得爸爸说得有点牵强，很不服气，于是又去问妈妈，说自己可不可以跟别的小朋友一样，不刷碗，此时妈妈却说："爸爸妈妈不知道别人家庭的具体情况，别的小朋友可能不需要刷碗，他们的父母可能会给他们安排别的事情，比如去洗衣服、去擦地，不管怎么样你都是我们家的一份子，爸爸妈妈有义务去劳动，豆豆也有义务去为家庭做出点贡献，所以说你爸爸的说法很正确。"豆豆没有办法，只好按照爸妈的要求继续自己的刷碗活动。

但豆豆仍然表现出很不乐意去做的样子。当然刷碗也会很不认真，比如说在每次洗碗的时候，经常会将碗摔碎，或者是刷得不认真不彻底，还留有上顿饭的残迹。爸妈提醒了他好多次，可他就是改不了，没有办法，后来，爸爸妈妈想出了一个办法。爸妈规定豆豆刷不干净的碗筷，就留给豆豆用。如果是白天妈妈没刷干净的碗筷，晚上让妈妈用。虽然这个措施有点狠，但是爸妈希望豆豆能够做事认真点。

周日，妈妈突然有了好心情，晚上包了饺子，还炒了豆豆爱吃的醋溜土豆丝。爸爸摆好了碗筷，准备用餐，但是却发现一双筷子用来吃饭的那头上，竟然还沾有大米糊糊，爸爸想起来昨晚吃的是大米饭，今天一天没在家吃饭。于是，他将这件事情小声告诉了豆豆的妈妈，并且说打算拿这件事情作为典型，跟豆豆较次真儿，妈妈自然也默许了。

爸爸用手指着大米糊糊告诉豆豆说，今天这双筷子就归豆豆用了，因为豆豆没有刷干净。此时此刻，豆豆很生气，他没想到爸爸会真的实行规定，于是就把筷子架在了碗上面，便往自己房间走去了。等了大约有十五分钟的时间，爸妈都开始吃饭了，豆豆还没有出来，等到晚上真的饿了，他只能去厨房里找吃的，发现妈妈给自己留了一盘饺子。从那次之后，豆豆在刷碗的时候很认真了。

对孩子好的事情，爸爸妈妈自然要推崇，即便孩子不认为父母的做法是正确的，父母也应该向孩子解释。但是即便是这样，在实行的过程中，还是有可能会引发孩子的不理解，此时爸妈更要有统一的腔调，千万不要因为看到孩子不开心或者不吃饭，而放弃了原本的计划。如果在豆豆刷碗的事情上，爸妈不能够保持统一的思想，这样豆豆最终是不会接受的，也不会按照父母的要求去做事情。

吃饭时间到了，东东却又玩又闹，不好好吃东西。妈妈要管，爸爸却说："随他去吧，小孩子，饿了就会回到餐桌旁的。"结果，饭后妈妈好不容易把一切收拾干净，一扭身却见儿子用一双脏手在厨房的盘子里抓菜吃。妈妈当然不能允许，爸爸却说："饭还没有凉，让他去吃好了。"孩子认为爸爸才是自己的救星，妈妈居然不让自己吃饭，真不是一个好妈妈。以后每当做了不应该做的事都向爸爸求救，只要用祈求的眼神望着爸爸，爸爸就会为他解围，妈妈一点办法也没有。

这位父亲所表现出的一切并不体现教育和指导的意义，而是有意偏袒、庇护，是一种溺爱。往往妈妈正费力纠正的毛病，被爸爸一个赞许的眼神给肯定了。孩子在爸爸的支持挫败了妈妈纠正他错误行为的意图，助长了自身的错误倾向。父母在教育子女问题上不能很好地沟通，造成孩子与父母之间难以协调，孩子无形中对父亲产生过分的依赖，

认为反正有爸爸撑腰,有爸爸管着、护着,妈妈也不能把我怎么样,从此更加任性。

有的家庭恰恰相反,父亲严厉管教,母亲却时时流露出对孩子的溺爱,父亲刚刚教训完,孩子哭泣的泪还没干,母亲就迫不及待将孩子叫到另一间屋中,又是发糖果,又是拥抱,仿佛孩子接受的不是教育而是无端的责难和惩罚。

无论父母哪一方过于严厉或过于放纵,若在孩子的教育过程中暴露出矛盾,都会带来负作用。那么在教育孩子的问题上,若父母之间存在分歧该怎么办呢?

小迪是一个聪明却又十分好动的孩子。爸妈都是研究人员,他们对小迪有着很高的期望,但教育方法不同,爸爸提倡启发式教育,而妈妈却更偏重于高强度训练,打几下、教训教训是经常的事情。一个周末,爸爸正在院子里除草,儿子急急忙忙地跑到爸爸身边,叫喊着:"爸爸,妈妈要打我,快帮忙。""为什么?""说我的作业潦草。""不要怕,让我和你妈妈谈谈,有我在,她不敢把你怎么样!"小迪放心了,很得意地跑掉了。

爸爸妈妈对教育方式有不同的看法,这一点小迪早已得知,而更让小迪认为有机可乘的是爸爸愿意为自己辩护,这样小迪可以用父亲做挡箭牌,为自己的行为做掩护。

父母在教育孩子的问题上不能意见一致、相互配合,是一件憾事,而因此引起争端,使孩子利用父母的矛盾逃避自己应负的责任,就更是可悲。事实上,大多数父母在教育方式上看法有异,并非就一定会有坏的效果,关键在于父母双方怎样处理这种分歧。

需要明确的是,父子与母子之间的关系是有相对独立性的,虽然三者生活在一个家庭里,但并非要按照同样的模式处理关系。父亲如果不同意母亲对待儿子的方式,可以发表自己的意见,或与其进行讨论,但决不该进行干涉。尤其不应该当面阻止和提出反对意见,伤感情不说,还会让孩子不知所措。

对孩子的教育父母都有责任与权利,但并不等于一方可以干预另一方的决定。而且尽管父母都可能认为自己的方式是正确的,但究竟是否完全正确,或谁的更正确,却是难以回答的问题。即使双方在基本点上的认识一致,遇到有些具体问题也可能产生分歧。

一般来讲,现代家庭中没有绝对的权威,父母可按自己认为正确的方式来处理与孩子的关系。而孩子应该懂得与妈妈之间的问题与妈妈解决,而不应去搬爸爸做救兵,这是对他自己和父母的尊重,而父母不应交叉参与相互关系问题的解决,也是对孩子的信任。在父母双方不同的教育观点下成长的孩子,应学会取舍,而不为分歧所迷惑。如果父母能尊重对方的观点,不加干涉,两种方式可和谐相处,而孩子可以从每一对关系中获取对自己成长最大的益处。

不干涉孩子与父母任何一方的关系,并不等于对孩子的求援耸耸肩,不予理睬。父亲可以帮助孩子分析一下为什么妈妈要打他,是不是让孩子自己有错却不自知。在这个例子中爸爸应指出作业潦草是不对的,如果将作业写得整齐就不会挨打了。这样直接走入问题的中心而避免因方式不同而起争执,使孩子无隙可乘,双亲的教育可谓殊途同归。

在生活中,爸爸妈妈们要在孩子面前保持一致的思想和态度,那么究竟要注意什么呢?

1. 父母做出某项决定的时候,要提前商量好

为了培养孩子的某种思想和品质,父母们需要做出一些决策,这些政策可能会让孩子暂时不开心,妈妈们千万不要心软,看到孩子不开心的样子而放弃计划。父母在决定这样做之前,一定要商量好怎么样跟孩子去解释,如果孩子接受不了,那么一定要耐心地跟孩子去说理,在孩子面前一定要保持一致的态度。

2. 当孩子提出异议的时候,父母更要"联手"

在生活中,父母所做的决定,很可能会让孩子觉得是不可理解的,那么在此时,最重要的就是要用父母的强大说服力,告诉孩子应该怎么去做,父母为什么要让孩子去这样做,并一起来教育孩子,让孩子认识到自己的错误。

 好妈妈用爱的语言使孩子幸福

孩子都希望自己的妈妈能够善解人意，理解自己，温和而不是暴躁地对待自己，当然这样的妈妈会让孩子感觉到很幸福。在日常生活中，孩子希望妈妈用自己的语言向他表达爱，这样往往能够让孩子更加开心。

和孩子对话是一门有规则的独特艺术，有它自己的含义。因此，妈妈们要注意自己的话语，让孩子通过与自己的交流，感觉到幸福和开心。一个能够通过语言使孩子感觉到幸福的妈妈，她的语言往往具有一定的魅力。

人们常说幸福感，可是幸福感究竟从哪里来？其实幸福感多数来源于情绪。一个成功的母亲会引导孩子面对生活、学习中的挫折，并正确对待自己。让孩子感到幸福便是身为母亲最大的成就。有人不禁会问："那到底该如何让孩子感到幸福呢？"答案很简单——通过语言。因为妈妈的话语会在孩子的心中占有很重的分量，若是妈妈将自己的爱表达出来，孩子便会极大地感到幸福和快乐。

当然，孩子希望妈妈最爱的是自己，也希望妈妈能够表现出自己的爱，当妈妈们表达爱的时候，就会发现孩子露出幸福的笑脸，在孩子的内心已经绽放出幸福的花朵，所以说不要吝啬自己的爱的语言，大胆地对孩子说出你的爱。

李珊珊有一个活泼可爱的女儿名叫乐乐，正如她的名字一样，乐乐总是表现得十分活泼，并且开心快乐。不管是在去上学的路上还是在学校与小朋友玩耍的时候，她总是露出开心的笑脸，学校的老师们都没有见到过乐乐哭泣，更没有看到过乐乐愁眉苦脸。

当然，乐乐的同班同学也都喜欢和她一起玩耍，老师很奇怪为什么乐乐能够整天这么快乐。一次，老师好奇地问她的妈妈。李珊珊面对老师的疑问笑了笑说道："其实很简单，我让孩子知道妈妈是爱她的，每次在孩子不开心的时候，我都会首先出现在孩子的面前，然后抱起孩子，对孩子说我爱她。即便是在孩子生病的时候，我也会先亲亲女儿，然后告诉她妈妈喜欢坚强的孩子，总之，就是尽可能地让孩子感受到自己的爱，通过语言来促使孩子享受到快乐。"

李珊珊记得女儿还小的时候，她要出差几天，当时女儿哭着怎么也不让她走，李珊珊没有像其他母亲那样不顾及孩子的感受，她决定先不出差。等到女儿情绪稳定之后，她对女儿说："乖女儿，你知道妈妈最爱谁吗？"乐乐眨了眨眼睛没说话，李珊珊继续说道："妈妈最爱我们家乐乐，因为乐乐是最心疼妈妈的，乐乐也是最理解妈妈的人。"乐乐听到妈妈的话，心里自然是十分高兴，紧接着李珊珊对女儿说："乐乐，妈妈出差是为了能够在回来之后有时间陪乐乐，妈妈保证即便是在看不到乐乐的这几天里，妈妈也会天天给乐乐打电话，因为妈妈肯定会特别特别想乐乐的。"乐乐听了李珊珊的话，说道："那妈妈一定要给我打电话，我也会很想妈妈的。"

李珊珊按照约定每天给女儿打电话，女儿每天都乐呵呵地去上学。出差回来之后，李珊珊听丈夫说乐乐这几天很开心，因为她说："妈妈在那么远的地方，竟然还想着乐乐。"

通过这个故事可以看到，李珊珊在教育女儿的时候让孩子明白，自己是爱她的，同时让孩子感受到了幸福和温暖。对于孩子来讲，他们年龄还小根本不会想过多物质上的事情，多半最关心的就是自己的父母爱不爱自己。如果当妈妈们用充满爱意的语言来跟孩子进行沟通，他们幼小的心灵自然会感受到来自母亲的爱，这样自然会感觉到无比的幸福。那么作为母亲，要怎么样让孩子通过你的语言来感受到幸福呢？

1. 不要羞于表达对孩子的爱

不管孩子是开心还是不开心，该表达对孩子爱的时候就要表达出来，比如对孩子说

"我爱你",让孩子知道你对他的爱从来没有消失过,让孩子明白妈妈是永远爱他的。这样一来,即便是孩子不开心,起码有妈妈爱自己,他们的内心也会变得幸福起来。

2. 多与孩子沟通,关心他的思想

很多妈妈认为只要自己给孩子提供优厚的物质条件就足够了,孩子也就能够快乐幸福。其实不然,孩子需要妈妈的理解,也需要理解妈妈,在这个时候,妈妈们不妨多和孩子沟通,表达对孩子的理解,比如告诉孩子"妈妈理解你"。这样孩子自然也会感受到来自妈妈的爱。

3. 支持孩子的正当行为

孩子和大人一样,都需要有人支持自己。在孩子做事情之前,他总是希望自己的妈妈能够支持自己,也正是因为这样他才能够更好地实现自己的愿望,所以说妈妈们可以告诉孩子"妈妈支持你",这样孩子会有一种被关注和在乎的感觉,自然也会感受到来自己妈妈的爱和幸福。

好妈妈,要谨慎对待陪读问题

陪读家长越来越多,说明现在的家长对子女的教育越来越重视,这无疑是好事。但另一方面,陪读对孩子的成长会带来十分不利的影响。从大的方面说,陪读不利于培养孩子的自主性、独立性,不利于培养孩子坚忍不拔、吃苦耐劳的品质。从小的方面说,陪读也很难真正起到促进孩子学习的作用。

上学读书做作业本来是孩子的事,然而在不少家庭,这却变成了孩子和家长共同的事。孩子读书,家长要陪读,孩子读书辛苦,家长陪读自然也不轻松,就像有的家长跟孩子说的"我为什么跟你一块儿受罪",尽管这样,不少家长觉得自己为了孩子又必须受这个罪。

家长们陪读主要是"陪"在以下这几个方面。

1. 陪孩子上放学

家长一般是先送孩子上学,然后再去上班,下午下班时再到学校接孩子回家,来回都有家长保驾护航。在过去,孩子上幼儿园和小学时,家长才接送,现在孩子上了中学,家长仍然每天接送的现象十分常见,有的高中生放学后,家里不来人接就不敢回家。

2. 陪孩子做家庭作业

孩子做家庭作业,家长则在旁边答疑解惑,有的家长还亲自为孩子解题、手把手地教孩子写作业。再就是家长陪孩子读课外读物,这是名副其实的"陪读",孩子读童话故事,家长也读童话故事,孩子读诗歌散文,家长也在一旁读诗歌散文,家长孩子共读同一本书。

3. 陪孩子上各种各样的培训班、辅导班

在一些大中城市的不少特长培训班、辅导班门前,经常都能看到这样的画面:孩子们在教室里学习,家长们在旁边陪练。教室里也经常坐满了陪练的家长,不仅教室里,教室外的草地、台阶上也坐满了家长。有的家长见自己的孩子动作不标准,还会临时客串一回教练,对自己孩子指指点点。还有陪军训的:有的中学对高一新生开始了为期一周的军训,天气闷热,不少家长担心孩子不能适应军训生活,准备了饮料食品和毛巾,站在烈日下的操场边等候。

4. 陪考

陪考当然更常见,高考就不用说了,像期中、期末考试、竞赛考试等稍具规模一些的考试,考试当日,考场外经常是家长云集,考生在考场里紧张地应试答卷,家长们则拎着各种饮料和食品在考场外徘徊、等待。

看了以上的各种"陪",我们不禁感叹:可怜天下父母心!

关于陪读一事,一个有趣的比例也许值得我们深思:在家长这方面,说要将陪读进

行到底的，和呼吁"陪读无益"者，大约比例是8∶2；而在孩子那方面，恰好是赞成陪读的占两成，不赞成者占八成。陪读能不能如我们父母所设想的那样"出效益"，关键不在父母是否舍得下工夫，而在于孩子是否甘心被陪，是否对这样近距离的监督有抵触情绪。一位在大学教书的父亲说："让孩子明白父母的苦心，明了自己的责任，这比什么都重要，比今儿是否背了100个单词做了100道计算题重要多了。"

有位名叫周俊彦的小朋友（11岁，上小学六年级）是这样看待父母的陪读的：

我上了6年学，我妈陪了我6年，我稍微打个呵欠伸个懒腰，都逃不过我妈的火眼金睛，她立刻会冲过来数落我一顿，什么"你这孩子到现在还没有一点紧迫感啊"，什么"你知道不知道考实验中学，少一分得交上万块钱呀"，什么"瞧我为你做出多少牺牲，人家的妈妈有饭局有酒宴，我呢，多少应酬我都推了，为了回来陪你这小祖宗！你怎么还不明白妈的苦心呢！"

这些话听得我耳朵都起茧了。有次我忍不住顶嘴："我又没让您待在家，我自己的功课我自己有数。您也可以出去吃饭呀跳舞呀，只求您别天天在我耳边念'实验学校'，别给我念紧箍咒就谢天谢地了！"为了这一句话，我妈打了我，还气得直哆嗦。我爸怒吼着要我跟我妈道歉，他们都说我"没良心"！可我只不过说了一句大实话，我们这儿最好的初中每年从6000人当中录取300人，录取率比重点大学还小呢，我不敢保证我就一定能考得上。爸爸妈妈给我这么大压力，我也很委屈，我现在每天已经花十几个小时学习了，还要怎么样？不愿意陪，可以不陪我，别给我这么大压力，也许我考上的希望还大一点。

适时适度的陪读对低年级的孩子来说是有利的，但家长在陪读的过程中一定要注意陪读的分寸，如果把握不好，就会造成如下弊病。

1. 助长孩子的依赖性

这主要是由于家长陪读过于细腻而造成的。每次完成作业或预习功课，都由家长管着，家长说开始便开始，叫停便停，学习的过程中家长安排内容与次序，孩子完全没有自主性，只是一味地服从。久而久之，学习对于孩子便成了一种被动的机械活动，没有家长的呼唤，孩子便想不起主动地学习。这种依赖性一旦形成，便很快蔓延到生活中的其他方面，使孩子成为一个懒散、无责任性的人。这种作业中的依赖性若迁移到学习活动中，孩子就会变得懒于动脑动手，在学习上缺乏自主性与创造性。

2. 妨碍智力的发展

孩子在不断求知的过程中拓展了思维，锻炼了大脑，发展了智力。由于陪读过细而形成依赖性的孩子，会把这种依赖性充斥他的学习活动中，这样势必会影响他对知识的获取。另外，由于存在较强的依赖性，对生活中的麻烦、小事情，他们也不肯自己动脑筋想办法去解决，而是逃避或依赖，这不仅不利于他们培养自觉思考问题，解决问题的能力，也在一定程度上影响其智力的正常发展。

3. 使孩子产生厌学情绪

孩子读书，家长坐在一旁，他的一举一动都在父母监视之下，稍有"越轨"行为便会招来一阵唠叨或训斥。随着年龄的增长，孩子的约束感越强，心情的压抑和无可名状的烦恼就越多，这种消极的情绪会降低孩子的学习动力。

如果孩子年龄尚小，比如处于学前教育阶段或小学低年级阶段，家长陪读对于促进孩子的学习，其作用十分明显。比如家长陪孩子看书、识字、写作业，解答孩子的问题，这既可以培养孩子的学习兴趣，又能融洽亲子关系，增加生活情趣。在这一阶段，陪读甚至是必不可少的。但是，随着孩子年龄的增长，家长陪读的时间和频率应逐步减少，直至减少到零。孩子的年龄不断增长，他的自主意识、独立行为能力和学习能力也在不断增强，学习就完全成了他个人的事。

在很多时候，孩子都希望能自己解决学习方面的问题，比如制订学习计划和安排作息时间，希望能自己做主、自行其是，不希望受到家长的控制和干预，而且随着学校学

习压力的增大,他也希望回到家之后能缓释一放学习压力,如果家长陪读,家长的眼睛时刻盯着他的一举一动,使他容易产生被监控、被强迫的感觉,这不仅不能缓释压力,反而更进一步增加了他的学习压力和心理负担。另外,很多家长名义上是陪读,但实际上自己在辅导孩子的学习方面,能力相当有限,初中或高中水平的作业题、考试题,很多家长根本就不会做,孩子学习上有疑难问题请家长解答,家长自己也摸不着头脑。这更让孩子感觉家长只是在监督、控制自己,不信任自己。所以不少孩子对家长的这种陪读十分反感。

孩子到了一定年龄,家长再陪读就会"吃力不讨好",对孩子弊大于利。家长所要做的不是陪读,而是要为孩子的学习提供一个良好的家庭学习环境,包括着力营造和谐融洽的家庭氛围,充分信任孩子学习的主动性、自觉性,还孩子学习的自由,而不是用"陪读"来限制这种自由。

 身教胜于言传,用榜样的力量带动孩子

俗话说得好,"父母是孩子的第一任良师益友",所以说妈妈对孩子的教育,足可以影响孩子的一生,为人父母者,着实不易。妈妈们肯定听说过一句话"正人先正己",所以说在教育孩子的过程中,如果想要教育好孩子,就要以身作则,多给孩子做好榜样,如果妈妈都不在乎自己的行为了,那么还有什么资格来要求孩子去做好呢?妈妈的行为在孩子的内心中往往会占有很重的分量,如果妈妈不能够以身作则,那么孩子怎么会做好呢?

家庭是最容易表露出习惯的环境,也是对孩子的学习起到影响作用的大环境,妈妈的习惯和行为往往会对孩子产生很大的影响,当然不仅是对孩子的行为产生影响,也会对孩子的习惯和思想产生潜移默化的影响,久而久之,会使孩子也养成某种习惯。

在一个家庭中,如果妈妈注重的不是言传身教,而是只言不教,那么最终会影响到孩子的成长。如果说妈妈只是在对孩子说要怎么做、怎么去做,而自己却不做出榜样,那么孩子会很不服气,也不会按照妈妈的要求去做。此时,妈妈们就会说孩子不听话,久而久之会让亲子关系变得很尴尬。由此可见,认为自己只靠说教而不以身作则就能教育孩子,让孩子养成良好习惯的妈妈其实是在自欺欺人。

很多妈妈喜欢对孩子讲一些大道理,一位社会学家曾经说过这样的话:"道理其实是十分复杂的,道理也未必真的能够去支配人的行为,否则的话,世上会出现很多十分完美、全能的人。"由此可见,道理虽然是实情,但是却不容易被孩子理解和接纳,因为孩子的年龄很小,他们还不能完全理解道理,所以说妈妈们不妨在日常生活中,进行潜移默化的、直观的影响,这样的方式才更容易让孩子接受。打个比方,如果妈妈在一边要求孩子好好学习的同时,自己一边还在打麻将,那教育的效果可想而知。因此,妈妈需要以身作则,更要给孩子树立良好的榜样,也只有这样,孩子才会愿意按照妈妈的要求去做。

丰风今天又被妈妈成欢批评了,原因很简单,因为妈妈一直要求丰风将自己的东西整理放好,但是丰风从来都没有按照妈妈的要求去做过。成欢的儿子丰风已经上了二年级,他有个不好的习惯,那就是每次放学回到家中,总是将书包、衣服随便乱扔。成欢每次都要跟在孩子屁股后面捡衣服,整理东西。她觉得儿子已经大了,这种习惯是坚决要不得的,于是,成欢给孩子定了一条规则,那就是自己的东西自己放好,但是儿子很少按照妈妈的要求去做。

这天儿子又像平时一样,回家后,直接将书包扔在了地上,鞋子也不换,衣服往沙发上随便一扔,急急忙忙打开电视就看电视了,成欢很是生气。这次,她没有像平时那样跟在孩子身后捡东西,而是生气地走到儿子面前将电视关掉了,然后让儿子去整理自

己的东西。但是没想到此时儿子并没有去整理，而是振振有词地说道："妈妈为什么只要求我一个人呢？每次爸爸出差回来，都将衣服和书包乱扔到沙发上，公文包也是随手一放，每次妈妈都会耐心地将爸爸的东西整理好，为什么妈妈就不能帮我弄呢？爸爸不做的事情妈妈就会去做，为什么现在妈妈却要要求我做这些事情呢？"

面对儿子的质问，成欢不知如何去回答，因为她知道儿子说的是实情，每次老公出差回来，总是习惯将东西随手一扔。因为觉得老公工作很累，出差好几天一定很辛苦，成欢就没有说什么，自己跟在他的后面去捡。没想到儿子竟然将这件事情放到了心里，还当作了"把柄"。

当天晚上老公下班回家，成欢将儿子的话一字不差地告诉了老公，然后成欢对老公说，希望老公改了这个不好的习惯，也按照规定的去做，只有这样儿子才会觉得爸爸是自己学习的榜样。从那之后，老公也按照成欢的要求去做事情，儿子自然也不敢再乱扔东西，他每天回家之后，都会将自己的东西摆放到该放的地方。

在现今社会，中国父母总是习惯把对孩子的智力要求放在最重要的位置，于是为了让孩子好好学习，便允许孩子可以什么事情都不去做。其实这是不正确的，毕竟现在的社会需要的是有能力的人，而不是一个书呆子。作为妈妈应该要求孩子做些力所能及的事情，并且也要保证自己能够做好，多给孩子树立良好的榜样，这样一来孩子才会发自内心地去做这件事情，就如同前面例子中的丰风一样，当他看到自己的爸爸也按照妈妈的规定做事情后，自己也会要求自己去做，这就是榜样的作用。如果妈妈只是在一遍遍地教导甚至是怒骂孩子，却不知道让大人做榜样，那么孩子也是不会服气的，甚至还会有叛逆思想的产生。妈妈要注重言传身教的作用，想要孩子养成好的习惯，那么自身也必须养成好习惯才行。

在生活中，以前妈妈如果没有注意到通过身教来教育孩子，那么在今后的教育中，妈妈们要怎么发挥榜样的作用呢？

1. 妈妈们应该主动放下架子，改掉陋习

很多妈妈都会觉得自己是孩子的妈妈，自己生养了他，所以孩子的一切事情都应该听自己的，并且，按照自己多年的经验来指导孩子的，如果孩子不按照自己的意愿去做，那就不行。其实，很多妈妈都会有这种想法，然而这样的想法对孩子的成长是十分不利的。在生活中，我们需要的是让孩子变得更加积极主动，那么妈妈们不妨放下架子，和孩子成为朋友，如果孩子发现了妈妈身上的缺点，那么妈妈也应该虚心地接受孩子的监督，然后接受孩子的建议，改掉陋习，只有这样，才有助于孩子养成好的习惯。

2. 妈妈教孩子时，要给孩子讲明道理

孩子年龄比较小，理解能力还不是很好，所以在教育的过程中，妈妈们就要给予孩子比较多的讲解，要让孩子明白其中的道理，这样孩子才会愿意按照妈妈所说的去做。如果妈妈不跟孩子讲清楚道理，按照孩子的智商也是无法去理解的，自然也就不会达到妈妈想要的效果了。

3. 做好榜样不是一两天的事情，要坚持

妈妈不要认为自己只要给孩子做了好榜样，让孩子明白到底怎么样来做就行，等到孩子能够按照自己的要求去做的时候，妈妈就不用再去做榜样了。其实这种想法是完全不正确的。妈妈们要懂得坚持，毕竟这是一种好的习惯，不要只在孩子面前坚持，即便不是为了孩子，也应该坚持好的习惯。

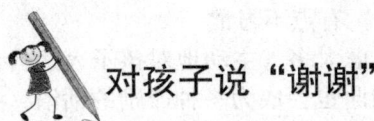

对孩子说"谢谢"

妈妈或许会想，孩子是自己的，自己为他做了很多事情，还有必要对孩子说谢谢吗？其实，如果妈妈希望自己的孩子在以后与人交往中能够懂得礼貌，就应该在孩子帮

助了自己之后，向孩子表示感谢，当然表示感谢的方式有许多，比如通过语言、行动、眼神、微笑等，还有其他的方式。但是不管哪种方式，目的只有一个，就是让孩子明白感谢的含义和懂得最起码的礼节。

不过，在妈妈对孩子表示感谢的时候，也有需要注意的地方，比如表示"谢谢"不宜过滥，否则便会变成例行公事。在对孩子表示感谢的时候，一定要表现出真诚的态度，千万不要太不当回事。

语言是我们最常用的感谢形式，妈妈可以通过自己的语言来表示对孩子的感谢。例如，妈妈要求孩子帮助自己去商店购买油盐酱醋，当孩子买回来的时候，妈妈可以对孩子说："宝贝真乖，谢谢宝贝帮妈妈这么大的一个忙，否则今晚全家就没有好菜吃了！"这样的感谢语言会让孩子感到自己所作所为是有价值的，同时也会有小小的成就感，这样能够增强孩子的自信心。

母亲节刚刚过去，许多母亲都还沉浸在收到孩子送的礼物的喜悦中。有的孩子送了妈妈鲜花，有的妈妈收到了孩子祝福的贺卡，妈妈们感到很幸福。

一位母亲说道："母亲节那天，儿子想要用零花钱为我买朵花，我没让孩子去买，我觉得孩子能有这份心意就行了，这样我就已经很知足了。"

另一个母亲说道："在母亲节这一天，儿子为我做了一张贺卡，说祝福我'母亲节快乐'，并对我说谢谢我把他带到这个世上来。当时，听了孩子的话我很高兴，我的孩子真的懂事了。"

第三位母亲说道："当我晚上下班回到家的时候，没想到儿子早就已在门口等候我了。见我回来了，他先是从背后拿出一枝康乃馨，说祝福我节日快乐。接着，又把我领到了他的房间，拿出了他用自己零花钱给我买的胸针。我当时真的感动极了，感觉自己很幸福，到现在为止我一直都带着孩子送我的胸针。"

又一位母亲说道："母亲节那天，我没想到那么忙，也很累，晚上下班回到家简直一点也不想动了，我忘了那天是母亲节，老公的工作也很忙，还没有回来。可我的女儿却为我送上了一份母亲节的特别礼物——女儿为我做了一顿晚饭。晚饭虽然很简单，菜炒得也有些咸了，但我还是吃得津津有味，感觉这是世界上最好吃的一顿饭。吃完饭后，女儿还给我倒了一盆热的洗脚水。那一刻，我感到女儿长大了，也懂事了。"

通过上面四位母亲的讲述，我们看到，有的孩子送给妈妈一枝康乃馨、一句祝福语，有的是一张贺卡、一枚胸针、一顿晚饭。孩子为妈妈做的一点的小事都会让妈妈感觉到幸福。同样，对于孩子为我们做的一切，作为妈妈也要表达自己的谢意。千万不要做羞于表达的妈妈，对孩子说声"谢谢"并没有想象中那么难。作为孩子，他们的确让我们操碎了心，也时常会惹妈妈们生气。但是既然孩子为妈妈们做了一些事情，也能够让妈妈们感受到快乐，那么这个时候，妈妈就应该对孩子表达自己的感谢之情，这也是对孩子的安慰和尊重。

那么在生活中，妈妈在对孩子表达谢意时，应该注意些什么呢？

1. 妈妈们要大胆表达自己对孩子的谢意

在生活中，孩子可能会在很多事情上帮助到妈妈，也会帮助妈妈做一些力所能及的事情，比如说帮妈妈去买袋洗衣粉、去关一下灯等等。这样的细节经常会发生，妈妈们可能经常会对孩子说"宝贝，帮妈妈把……"孩子也会按照妈妈的要求去完成，虽然是一些小事情，但是妈妈也应该对孩子表达自己的谢意。而有的妈妈不善于表达自己的情感，可能觉得对孩子说"谢谢"有点不习惯。

所以，妈妈们千万不要顾虑太多，主动地对孩子表达自己的谢意，这样就能够让孩子感觉到快乐，并且妈妈的谢谢也会成为一种鼓励的话语，在以后的生活中，孩子甚至会主动地去帮妈妈做事情。

2. 表示感谢的时候一定要真诚

有的妈妈会对孩子表示感谢，却总是在说话的时候心不在焉或者是不正视孩子的眼神，根本让孩子感觉不到妈妈的真诚，甚至会让孩子觉得妈妈是在敷衍自己。妈妈们千万不要敷衍孩子，要郑重地表示对孩子的感激，这能够增强孩子的自信心，同时也能够满足孩子的成就感。

3. 表达谢谢的时候要让孩子情愿去接受

很多时候，妈妈们总是命令孩子做这个事情或者做那件事情，很多事情是孩子不愿意去做的，但是迫于妈妈的要求，他只能去做，而这种情况下，即便是妈妈对孩子说谢谢，孩子也不会领情，内心也不会感到开心的。所以说，在妈妈决定让孩子做某件事情之前，最好能够让孩子心甘情愿地去做，这样不仅能够让孩子感到开心，更能让孩子觉得自己的行为是有价值的。

不要给孩子开"空头支票"

在日常生活中，有的父母为了让孩子高兴，常常随便答应孩子的要求。许诺既有积极的一面，也有消极的一面，但无原则的许诺是有百害无一利的。所以，父母在对孩子许诺时一定要慎重。

乐乐有个坏习惯，每次玩完玩具，都把玩具扔得满地都是。于是，妈妈有天对乐乐许诺说："只要把玩具收拾整齐，放回原处，就带你去吃肯德基。"乐乐一听，马上来了兴趣，三两下就把玩具物归原处。妈妈很高兴，立即兑现了诺言。以后，每次妈妈让乐乐收拾玩具，乐乐就跟妈妈讨价还价。

法国教育家卢梭说过："他想得到你手中的手杖，转眼间又想得到你的手表，接着他又想要空中的飞鸟，想要天上闪烁的星星，他看到什么要什么，除非你是上帝，否则你怎么能满足他的愿望呢？"由此看来，无原则的许诺是有百害无一利的。作为家长，特别是年轻的父母们，切不可随意向孩子许诺什么。

一位五年级的学生"控诉"说："假期前，爸爸说好了要带我去杭州西湖游玩的，为此我还特意读了一些写西湖的文章，感觉西湖特别令人神往，早就盼望着这一天了。可是放假了，爸爸却接受朋友的邀请决定去黄山了，并且什么解释也没有就跟着朋友去了。"这让他生气极了。

有些父母常常为了诱导孩子做一件事，就轻易许诺，而事后就忘记了。孩子的希望落空了，他发觉父母在欺骗自己，在向自己撒谎。比如，妈妈嘱咐儿子，在家要听话，如果表现好，就带儿子去动物园。结果，孩子努力去做，表现得很好，而妈妈星期天有许多应酬，就把日期推后，而且一推再推，最后不了了之。孩子因为妈妈的许诺没有实现，感到失望，并因受骗而愤怒。

有很多父母常常出尔反尔，反复无常，不能始终如一。久而久之，就会在孩子的心灵上打下父母的"禁律"是可以打破的烙印。父母对自己的言行都那么草率、那么不认真，又怎么去教育孩子认真地履行诺言呢？

教导孩子信守诺言，做一个诚实的人是非常重要的。要让孩子明白：一个人要诚实、不说谎、信守诺言，才能够建立起自己良好的信誉；如果经常说谎，会令人觉得你的话不可靠，到你说真话的时候，别人也可能仍然不相信，到那时就后悔莫及了。

教育孩子信守自己的诺言，可以从生活中一点一滴的小事做起，从小培养孩子信守诺言的习惯将使孩子终生受益。

1. 父母要为孩子做信守诺言的楷模

如果孩子失信，这个时候，提醒孩子要信守自己的诺言是十分必要的，教育孩子对别人要讲信用，负责任，答应别人的事要兑现；如果经过再三努力仍没有做到，应诚恳地说明原因，表示歉意。

2. 面对孩子不合理的要求，父母不要许诺

父母们由于一时的兴致，往往喜欢说："你要什么，咱们就买什么。"这会使孩子更加随心所欲，进而提出不合理的要求，父母就需要学会断然拒绝。有的孩子在大庭广众之下撒泼耍赖，以此要挟父母。

父母一旦让步，孩子以后就会得寸进尺。解决的办法是，带孩子上街前就和孩子约法三章：根据我们的能力，今天只能给你买一件东西，你想好，买一件最需要的就是了。对这个诺言，父母要兑现，孩子再提出别的要求，就不予理睬。如果他违反规矩，就取消他下次上街的机会。

3. 父母千万不要轻易许诺

许诺了的事一定要设法兑现，不能言而无信。说者无心，听者有意。父母的随口许诺，孩子肯定会念念不忘，时时刻刻盼望父母来兑现，如果家长不守诺言，孩子就会有充分理由，认为你言而无信，撒谎骗人。"上行下效"，孩子不仅从此不再信任父母，对父母的话也不会再听从。

言行一致是一种良好的道德品质，需要在日常生活中点滴培养。为此，父母既要做到"言有分寸"，又要做到"言而有信"。对孩子的要求要区分哪些是正当的、哪些是不合理的，如果孩子的要求是正当的，而且又有条件办得到，父母答应了就要做到。但有时候孩子的要求是合理的，父母也答应了，可是实际情况有变化，父母的许诺一时无法兑现。

比如，孩子要一架钢琴，父母也答应了，可市场上一时买不到，父母就应该耐心地向孩子解释许诺无法兑现的原因，使孩子懂得父母并不是言而无信。父母要用自己遵守诺言的实际行动来培养孩子言行一致的高尚品质。

第2章 好妈妈不吼不叫，走进孩子的内心

善于倾听孩子的心声，理解孩子的意图

在生活中，妈妈们可能会说自己的工作太忙，和孩子交流的时间太少了，或许也正是由于这种原因，妈妈们不了解孩子，误解孩子。所以说妈妈们应该尽量多抽时间来和孩子进行沟通，在沟通的过程中，多去听听孩子要说的事情，去听听孩子的心声。

在很多时候，妈妈们希望用有限的时间来教育孩子，将自己所有要说的话都表达出来，但是从来不去想孩子是不是有什么话要对自己说，而在这个时候妈妈们总是希望孩子能够变得被动，听自己的"教导"，但是却没有意识到这个时候孩子需要的是妈妈的关心和聆听。

因此，妈妈们不妨给孩子多留一些时间，让孩子表达自己的内心，这样妈妈们便能够更好地理解孩子的想法，理解孩子做某件事情的意图，这样就会减少误解的产生，对孩子的成长是十分有帮助的。

聆听孩子的讲话对孩子的成长是有利的，同时也能够促进妈妈与孩子之间的关系，这样能够减少隔阂的产生，从而孩子会觉得妈妈是最理解自己的那个人，便会主动和妈妈亲近。相反，如果总是喋喋不休地表达自己的思想，根本不顾及孩子的想法，那么最终妈妈的教导只能是一厢情愿，对孩子的成长起不到任何的帮助。

有一位十三岁的男孩，已经几次离家出走，他讲述了自己与妈妈的关系："我和我的妈妈现在已经到了相对无言的地步，无论我说什么或者是表达怎么样的思想，都无法得到她的理解，她总是能够找出理由来反驳我，我感觉在她的面前毫无发言权。"

小男孩儿继续说道："有一次，我对妈妈说：'妈妈，我不想学习……'还没等我说完，也没等我说出原因，妈妈就说：'我辛辛苦苦供你上学，就是希望你有一个好前途，你竟然说不想学习了。'我原本想和妈妈说说心里话，谁知她根本就不了解我，也不去了解我的真实想法，甚至还对我大嚷大叫。从此以后，我再也不向妈妈表露自己的内心感受了。"

在生活中，这样的例子其实并不少见，很多孩子在妈妈面前将自己"包裹"得严严实实，不愿意向妈妈敞开心扉，遇到烦心的事情，他们宁愿和自己的同学去说，也不想跟妈妈说。究其原因，是妈妈们不懂得倾听孩子的心声。在一般的家庭中经常会出现"父母说，孩子听"的情景，从来没有留给孩子倾诉的机会和时间，妈妈们似乎也没有心情去听孩子说话，感觉只要让孩子明白自己所做的一切都是为了他好就足够了。

心理学家经过研究发现，如果父母从不听孩子说话，孩子长大后很容易产生自卑的心理，往往需要经过多年的治疗才能恢复其自尊心。

因此，妈妈们要改变那种"我们说，孩子听"的方式，要学会鼓励孩子讲述自己的

观点和思想,因为要做一个高明的诉说者,不如先做一个高明的倾听者,要善于倾听孩子的心声,进而走进孩子的心里。

1. 妈妈要给孩子倾诉的机会

很多时候孩子放学回到家中,总是希望能够跟妈妈说说学校里发生的事情,比如说"妈妈,我们班今天发生了一件事"。

在这个时候妈妈们可能会因为心情不好或者是正在做家务,会打断孩子的话,说道:"好了,好了,尽关心那些和你没关系的事情,你要是能够把心思都用到学习上,学习成绩早上去了,赶快去写作业吧!"

这样的场景也许经常发生在我们身边,孩子还没说两句话,妈妈们就开始打断孩子的话语,认为孩子说的都是一些没用的话。然而,当孩子什么都不对妈妈们说的时候,妈妈们又开始指责孩子。其实,这一切都是妈妈们亲手造成的,因为妈妈们根本没有给孩子倾诉的机会和时间。

英国教育家赫伯特·斯宾塞说过这样一句话:"给孩子诉说的机会,认真倾听孩子的话语。这样父母能更多地了解孩子,并对孩子不正确的思想与做法及时进行纠正与引导,使孩子一直走在健康快乐的身心成长之路上。"事实上,在家庭教育中就是这样的一个道理,当孩子认为妈妈会倾听的时候才会向其敞开心扉倾诉,将心底的想法说出口。只有这样,作为家长的我们才有机会更好地了解自己的孩子,才能及时给予孩子所需的帮助。所以说母亲们可以多给孩子一些机会,一些可以向你敞开心扉的机会。这样会让孩子把妈妈当作自己的知音。

2. 不打断孩子,耐心听他诉说

当妈妈们在倾听孩子的心声时,最重要的是表现出对孩子的尊重。尊重孩子,最基本的就是在孩子倾诉的过程中,不要去打断孩子的话,不管孩子说得对还是错,都要耐心地倾听他的心声,听孩子将话说完。

一天,五岁的一一和小朋友发生了摩擦,回到家中之后,他生气地向妈妈诉说了自己的心情。妈妈什么也没有说,只是坐在一一的身边,耐心地听他讲话。不一会儿,一一就恢复了平静。随后,一一好像突然想起了什么,他突然跑到自己房间,拿出了玩具对妈妈说:"妈妈,我约了小朋友在楼下一起玩,我先下楼了,等吃饭的时候叫我。"说完,一一就高兴地跑出了家门。

在这短短的时间内,一一情绪上能够有如此大的变化,这完全要归功于妈妈的聆听以及妈妈的态度。妈妈没有打断一一讲话,而是耐心地倾听他内心的烦恼,让一一把内心的不高兴一吐为快。

其实,在很多时候,孩子向妈妈倾诉自己的心声,并不是要妈妈们提供帮助,而是一种宣泄的方式。在这个时候,我们不要去打断孩子讲话,要学会耐心的倾听以给其精神上的安慰和支持。

3. 用诚意去倾听孩子的心声

当孩子主动向妈妈们倾诉的时候,作为妈妈一定要拿出诚意来,善于用肢体语言和眼神来表达自己对孩子的话感到愉悦和有兴趣。

在孩子诉说的过程中,我们要学会用眼睛注视着孩子,不时加上一些话语,比如:"发生了什么事情,大胆地说来听听。""哦,原来是这样啊,然后呢?"我们也可以用一些肯定的语气来回应孩子的感受,比如"嗯"、"哦"等等。这些话语都会让孩子感受到来自妈妈的安慰,当我们表现得如此感兴趣的时候,孩子才会更愿意与妈妈们交谈,然后说出他的心声。

站在孩子的立场体会孩子的感受

美国教育家塞勒·赛维若曾经说过这样一句话:"每个人观察、认识问题,都会有自己的视角和立足点。身份、地位不同,所得出的结论就不同。父母与子女间的年龄差异、身份差异是影响相互沟通的重要原因。若父母能站在孩子的立场上思考,一切问题将迎刃而解。"

这样的一句话用在对子女的教育上是非常合适的。想要与孩子达成共识,首先要做的便是换位思考。不管是因为年龄的原因还是经历的差距,子女的很多的想法与父母是不一样的,只有当妈妈站在孩子的角度的时候才能够理解孩子的想法和需要。只有当妈妈真正了解自己的孩子的时候,她做出的教育决定才能有事半功倍的效果。

那么,在生活中妈妈们究竟要如何去做呢?

1. 妈妈在与孩子沟通时,不要武断下结论

有一天,8岁的小然然放学回到家,难过地对妈妈说:"妈妈,这次语文考试,我考得不太好,只考了77分。"

"77分!怎么考得这么少呢?最近你是怎么回事啊?是不是又贪玩了?是不是上课没认真听讲,以后不许再随便出去玩了,现在马上回屋去学习!"

看到妈妈这样的态度,小然然什么也没有说,心里很难过,他心想:妈妈也不问青红皂白,就直接判定自己没有好好学习,这是不公平的。其实,然然还没来得及告诉妈妈,真实的情况是这次老师出的考卷偏难,班上只有3名同学考了75分以上。

正如小然然与其母亲一样,很多时候这样的事情就在我们的身边日复一日地上演。确实有很多的家长在与孩子沟通的时候会经意或不经意地将孩子的话打断,并且武断地下自己的结论。虽然每一个家长都知道自己的主观主义不一定对,甚至很有可能还与事实背道而驰,但还是忍不住会提前下结论。很多时候就是这样冤枉了孩子,也会让孩子心灰意冷。

有的家长会问:"要怎样才能减少自己与孩子之间的冲突呢?"其实很简答,只要家长不要依靠成人的经验武断地下结论,让孩子有足够的时间将话说完,这样不仅可以减少妈妈与孩子之间的冲突,还可以让孩子对妈妈既信任又尊重。

2. 妈妈要多考虑孩子的感受

有一天,10岁的小志放学回到家,把书包一丢,气呼呼地对妈妈说:"今天真是气死我了,李明把我的玩具给弄坏了。"

妈妈说:"哦,他把我儿子的玩具弄坏了,儿子一定很难过吧。"

"是啊,那个玩具就是上次我生日的时候爸爸送给我的那个汽车模型。"

妈妈平静地对小志说:"妈妈能够理解你的心情,不过,你也不要太难过太生气,我想李明也不是故意弄坏的。玩具坏了妈妈帮你拿到外面去修理一下,或者等下次逛街的时候再给你买个新的,但如果因为这个原因而影响到了你与同学之间的友谊,是很不值得的。"

小志想了一会儿,说:"嗯,妈妈,你说得有道理,我明白了。"

从心理学角度讲,当孩子因为某件事情受到了委屈,或者是在情绪上产生了一些波动,他最需要的或许只是妈妈的认同和理解。小志妈妈的做法是值得妈妈们学习的,面对小志的问题,她首先考虑了小志的感受,而不是玩具怎么样,然后给予了关心和引导。这样一来,小志才能听进她的话,才能达到良好的教育效果。

不论自己的孩子犯了怎样的错误，妈妈们都应该考虑到孩子的感受，并且将自己的理解与认同通过言语传达给孩子，对孩子加以引导和帮助。这样不仅会达到良好的教育效果还有利于赢得孩子的尊重与信任。

3.妈妈们应该抛弃成人的主观偏见

孩子是有自己的世界的，孩子在生活中也是有自己的想法的，孩子有自己的思维方式，对于成人来讲，孩子的一切都是那么简单和纯洁。但是，妈妈们作为成年人，考虑事情已经不再简单纯洁，常被很多世俗的观念所左右，这是难以避免的，这样在有的时候会将很多简单的事情复杂化。如果妈妈硬是要用成人的眼光和观念去对待孩子的单纯，势必会影响到亲子关系的和谐发展，甚至对孩子的成长产生不利的影响。

因此，不论发生了什么事，妈妈们都应该学会摆正自己的心态，摒弃一切主观偏见，然后再尝试着用孩子的思维眼光来了解真实的事情。只有这样，作为母亲才能够感受到孩子内心的世界，才能明白孩子的想法。

对于孩子的感受，一定要及时做出回应

做善解人意的妈妈，让孩子感受到来自妈妈的体贴，并学会体谅孩子，这是一种很好的教育方式。在与孩子交谈的时候，一定要在乎孩子的感受，并做出应有的回应，千万不要对孩子的感受无动于衷。一个会说话的妈妈，会很容易让孩子听自己的话，并乐于向她倾诉！做一个有见地的妈妈，能够让孩子感觉到你的良苦用心，孩子会努力成为一个积极向上的人。普天下的父母都是爱自己的孩子的，而且"可怜天下父母心"，大多数父母，爱孩子都超过爱自己的生命，这就是父亲母亲的伟大。

在小学的时候我们便学过这样一句诗词："慈母手中线，游子身上衣。"然而事实上当今社会中的慈母逐渐被"严母"所取代。"要去做什么""不许做什么"这样的命令时常会出现在家庭中，孩子的抱怨声没完，家庭的和谐氛围也没有营造成功。孩子们总是听到母亲说"我这是为你好"之类的话，可是又有几个孩子能够真正明白家长这样做的苦心呢？这样的教育只会让孩子越来越少地感受到家庭的温暖，并对家庭的氛围产生恐惧。

其实，这样的家庭，不一定是缺乏爱，而是妈妈爱孩子爱得不得当，在爱孩子的时候根本没有回应孩子的感受。

曾经有这样一个国王，他很爱他的子民，甚至胜于爱他自己。于是他想到一个方法，他收集了全世界最好的黄金及最珍贵的珠宝，然后用这些东西打造了一张床。

虽然这张云集了万千珠宝的黄金大床已经是史无前例的华丽与完美了，但是这位国王并没有满足。他穿越时空，将来自未来的电脑、电视等等先进的东西搬回并配备在大床上。并且国王决定要用最好的美食来供养享受这张大床的人。国王是一个很爱自己子民的人，他不愿意一个人享受，于是决定让他的子民轮流享受这张堪称完美的豪华大床。

起初的时候，国王的子民总是会兴奋地盼着来皇宫里享受这绝世奢华的大床和最珍贵的美食。然而当他们躺在床上的时候，国王还会不辞辛苦地前来检查。追求完美的国王不能允许自己完美的床上睡着不完美的人。所以，每当躺在床上的人矮了的时候，国王便会让大力士把这个人拉长，拉到和床一样长为止；而若是这个人太高，国王就会让刀斧手将超出床的部分砍去。就在这"拉长"、"缩短"的过程中，每一个百姓都苦不堪言，无一不在叫喊着"救命"与国王的手下做斗争。每当这时，国王也会饱含着泪水说："我这是为了你们好，你们早晚会知道我是对的。只有这样做，你们才会和这张床一样完美。"

子民们看到睡过这张床的人变得或是瘫痪或是无法行走，渐渐地都不再争前恐后地想要来睡这一张床。可是国王却不能理解：自己分明是为了百姓好，为了他们的完美，而为什么他们却不能理解呢？于是便开始强行抓百姓去享受黄金豪华大床，百姓们开始焦虑、恐慌到最后不得不举家搬走。不久，整个国家的人全部都走光了，连那些大力士和刀斧手也离开了。

国王一个人空守着整座城，心中非常难过，其实除了难过之外还有苦恼。他不明白为什么那样奢侈的大床给百姓享受他们还会觉得不好，为了完美才将他们"拉长""缩短"，他们还要逃走。

孤零零的国王一个人看着自己都舍不得睡的黄金床决定自己睡一会儿。当他自己在床上躺下的时候，才发现自己的腿脚也太短不能够到床边。这时候国王才醒悟，原来自己的身材也并非如这张床一样完美。可是即便是如今明白了，却为时晚矣，再没有一个子民愿意回到他的王国了。

对于妈妈来讲也是一样的，虽然你所说的事情、所做的事情都是为了孩子好，但是你考虑到孩子的感受没有，并且在孩子表达自己感受的时候，你到底有没有回应过孩子的感受，对孩子的感受有没有分析过呢？日常生活中，当孩子的表现在妈妈眼里"不够好"的时候，妈妈们是不是也需要先反省一下自己，要觉察、看到你心里是不是有一个"标准的床"，再看看自己是否对孩子的感受做出了回应和思考。那么在生活中，妈妈们要怎么样去回应孩子的感受呢？

1. 用语言去回应孩子的感受

很多妈妈没有耐心，在孩子表达完自己的思想之后，根本不去回应孩子的感受，认为孩子还小，不懂得那么多事情，但是却不知道，对于孩子来讲，他们希望自己的感觉能够得到妈妈的尊重。所以说这个时候，妈妈们不妨用言语来回应孩子的感受，给孩子安慰和鼓励，让孩子感受到来自妈妈的关心和在意。

2. 拥抱孩子是不错的选择

孩子虽然还小，但是他们有自己的思想，在生活中，他们也会遇到不开心的事情，不管是做什么事情，都要让孩子知道自己存在的价值，因此，妈妈们应多多鼓励孩子。当孩子遇到困难的时候，不妨用拥抱来回应孩子内心的感受，让孩子感受到来自妈妈的爱，这对孩子的成长是十分有帮助的。

了解孩子的感受，不妨替孩子说出来

妈妈们要学会去接纳孩子的感受，而接纳孩子的感受的关键就是要和孩子之间产生"共情"。可以说"共情"是与孩子交流最基本的起点，这就要求妈妈们认真地去聆听孩子的话语和内心感受。妈妈们很可能会觉得自己的感受能力是十分不错的，在与孩子交流的时候，不妨去了解孩子的感受，然后替孩子说出来；比如用"嗯、哦、是这样啊"来回应孩子的感受；说出他们的感受，帮助孩子理清自己的思路，把他的感受说出来；也可以用幻想的方式来实现孩子的愿望。这一点，可能对于小一点的孩子来讲是十分适合的。

理解是一切沟通的基础所在，理解在亲子沟通中的地位是不可忽视。妈妈在日常生活中，不但要关心孩子的生活起居、身体健康和学习成绩，更应该理解孩子的内心感受，尝试着从孩子的立场来了解孩子的真实感受，与孩子产生共鸣，然后帮助孩子讲出他们的感受，最终达到理解孩子的目的，让孩子能够更好地化解内心的感受。一旦妈妈拥有了对孩子的理解就等于拥有了开启孩子内心世界的那把金钥匙，要知道妈妈是孩子最好的老师，也是最应该理解孩子的人。妈妈都希望孩子能够成为一个理解他人感受的人，也希望自己的孩子成为能够控制好自己情绪的人，那么在培养教育孩子的过程中关键的一点是，妈妈们自身要先理解孩子的感受，这一点是毋庸置疑的。

妈妈们作为成年人，都有过伤心、愤怒、害怕、困惑或者是痛苦的感觉。在这样的情绪中，激动的时刻也是常有的，但是没有什么比一个人的聆听和理解更让人觉得安慰

的了。对我们成年人是这样，更何况是对孩子来讲呢？我们要学会用关心的交流取代批评、说教和意见，然后理解孩子的感受，替孩子说出他们内心的感受，并让孩子感受到来自妈妈的理解和尊重。

如果妈妈们能够理解孩子，理解孩子的感受，就会向孩子传达一个非常重要的信息。孩子会感觉到自己对妈妈是十分重要的，妈妈也是十分尊重和理解自己的。说出孩子的感受，是帮助孩子解决问题的一个好方法，也是妈妈们不可忽视的方法。

一天下午起床后，玲玲突然发现自己的鞋子不见了，于是班里其他孩子都在帮助她找，五分钟之后，鞋子终于找到了。可当老师走出卧室的时候，发现玲玲正坐在凳上伤心地哭泣，很多同学都围着她，纷纷对玲玲说："准备上课了！"但玲玲一句话也没说，只是不停地哭泣。作为老师的小李先让其他孩子去上课，她独自陪着玲玲，问："玲玲，你怎么了呀？"玲玲一边哭一边回答想妈妈了，可小李能够看出，一定是发生了什么事，让玲玲如此地难受。小李继续试探性地问玲玲，是不是因为刚刚鞋子的事情啊。整个过程中玲玲都在哭，并用"我想妈妈了"来回答小李所有的问题。

于是，小李安静地抱着玲玲，回想了一下起床后的情形。鞋子找不到的焦急应该已经过去了，因为在玲玲刚穿鞋的时候，她是那么平静愉悦，就在要去上体育课的时候，她的情绪才突然发生了转变。小李想起前几次上体育课玲玲都很少参与，而刚才大家纷纷提醒她去上课，她自然是不开心的，突然间小李意识到是什么让玲玲如此伤心并且有压力了。小李刚一说出："玲玲，告诉老师你是不是不想上体育课呀？"她立刻停止了哭泣，说道："嗯！小超总是要拉我去上课，我不愿意去上体育课。"

小李抚着她的背说道："嗯，宝贝，你不想去上体育课，而他们一直提醒你要你去上课，这让你感觉到很不舒服，所以你觉得很委屈，然后就哭了，是吗？"她点了点头，小李说："那你明白要怎么去解决这个事情吗？"玲玲回答道："我知道的，只是刚才人多，我没法说，我知道小超也是好意，她是班长，工作就是提醒大家去上课。"当玲玲说出这句话的时候，小李知道，她已经放下了这件事。

不管是老师还是妈妈，在孩子感到苦恼、害怕、困惑或者痛苦的时候，妈妈们很自然地会匆匆给出评价和意见，其实妈妈们不用说出自己的想法，只要明白孩子的想法，然后帮助孩子说出自己不想说或者是不敢说的感受就可以了。对于孩子来讲，很多感受都是他不想表达的，而很多时候孩子希望通过妈妈的口来表达出自己的感受。那么在生活中，妈妈们要怎么样来帮助孩子说出自己的感受呢？

1. 妈妈要认真聆听孩子的感受

有一个6岁的孩子从幼儿园回家后突然对妈妈说："我很不喜欢自己的老师，她今天对我大喊大叫的。"听完孩子的话，如果妈妈对孩子说"老师大吼大叫肯定是因为你做错了什么事，不然怎么可能无缘无故冲你吼叫呢"，孩子可能就会为自己辩护，然后对妈妈的话进行反驳，而且心里也是很不高兴的。如果妈妈说："老师当时批评你，你一定觉得不好意思，是吗？"然后再和孩子讨论到底是怎么回事，孩子肯定会和妈妈详细说明白这件事，然后孩子也会表明自己错在哪里。

其实，许多时候，孩子要的并不多，也不是妈妈的一些结论性的话。他只是希望自己的父母能够平静认真地听听他的感受，哪怕妈妈能用最简单的语言来回应自己，只要是表示对自己的关注，孩子心里就会很高兴。在与孩子交往的过程中，父母自然会遇到各种各样的情况，有的时候，父母无意中也会忽略孩子的感受。所以，要学会聆听孩子的感受。

2. 理解孩子，并做出榜样

妈妈要想让自己的孩子理解别人，首先要做的就是给孩子一个榜样，让孩子觉得应该这样去做。如果在孩子遭遇困惑或面对负面影响的时候，就要真心地理解和感受孩子的意愿和态度，抓住孩子内心真实的信息和感受，然后表露出自己的关心，这样会使孩子产生温暖感和满足感，从而促进亲子间的进一步沟通。当孩子难过的时候，妈妈可以说"宝贝，看起来你好像很难过"，这样能够让孩子感觉到你对他的在乎和关心，也能够更好地让孩子做自我的表述。比直接问孩子"怎么啦?"或者"你为什么会难过?"的效果好得多。为了更好地实现亲子之间的沟通,让孩子拥有一颗永远阳光健康的心,妈妈就应该真正理解孩子,真正走进孩子的内心,去了解孩子的内心感受。

做一个有幽默感的妈妈

当妈妈们与孩子进行沟通的时候,一定要注意沟通方式,因为沟通方式有很多种,而具体的沟通方式总结起来不外乎这三种:心平气和、大吼大叫和风趣幽默。孩子可以拒绝平和的说教,也可以去拒绝严厉的批评,但是绝不会拒绝幽默的交流。可以说,风趣幽默是妈妈们与孩子交流的最有效的方式。

在家庭生活中,如果妈妈们懂得从孩子的角度去考虑问题,能够用形象、生动的语言来阐述人生的道理,那么,就会令孩子更容易接受和理解妈妈们的良苦用心,也会让妈妈们感受到其中的快乐。当孩子们犯下了错误时,妈妈们可以用幽默的方式让其去改正错误;当孩子遇到沮丧的事情时,妈妈可以选择用幽默的方式让孩子破涕为笑;当孩子出现自卑的情绪时,妈妈又可以借助幽默的交流方式让孩子重新找回自信。

如果妈妈时常能够用幽默的方式与孩子进行沟通,就十分有助于把孩子培养成一个幽默的人。这样一来,不仅可以让孩子在面对生活中的不愉快时,保持乐观的心态和积极的态度,而且还可以让孩子将快乐带给他身边的人。具有幽默感的孩子会拥有更多快乐和更积极的人生,那么妈妈们就要尽量让自己充满幽默感,只有这样才能够感染到自己的孩子。

要做一个有幽默感的妈妈,就要学会用幽默的交流方式与孩子沟通。那么,妈妈应该如何做一个有幽默感的妈妈呢?

1. 学会用幽默去激励孩子

其实,对于孩子来讲,他们内心都渴望得到妈妈的鼓励和赏识。但是,如果在与孩子交流的过程中,妈妈们总是用几句熟悉的话语来激励自己的孩子,那么孩子就会形成"听觉疲劳",妈妈们激励的话也就变得没有力量了,孩子也会因为听腻了妈妈的话而不再感受到被激励的兴奋。因此,妈妈的激励方式自然要有新意和创意。

比如,在日常生活中,孩子玩完玩具之后,就自动把玩具收起来了。妈妈这时候就可以对孩子说"玩具一旦被送回家,就可以好好地去睡觉了,等到你睡醒后,再跟你玩";等到孩子把房间收拾干净了,妈妈自然就可以对孩子说"是灰太狼帮你收拾的吗?灰太狼的本领还真大,把房间收拾得还真干净",等等。这样的话,久而久之,不仅能够让孩子获得劳动后的快乐,而且也可以激励他下次做得更好。

2. 用幽默去应对孩子的问题

有一天,妈妈在给上二年级的女儿检查作业,发现她有3道语文题只做了2道。然后,妈妈问道:"你的语文作业留了几道题?"

女儿立即答道:"3道题。"

"那你怎么只做了2道题呢?"妈妈问道。

"第一道做了,第二道题也做了,第一加第二不就等于第三吗?"

妈妈很明白,女儿是故意不想做语文题,于是此时妈妈什么也没有说。过了一会儿,妈妈买来两瓶果汁,对女儿说:"爸爸喝一瓶,妈妈喝一瓶,你就喝第三瓶吧!"

女儿眨了眨眼,不解地问:"就两瓶果汁,哪来的第三瓶啊?"

妈妈紧接着说道:"第一瓶加上第二瓶不就等于第三瓶吗?"

听到妈妈这样说话,女儿突然想到了什么,一下子"扑哧"笑了起来。然后,女儿马上回到了书房,把剩下的那道语文题做完了。

无疑这位妈妈是很聪明的,她正是运用了这种幽默的沟通方式,触动了女儿那种活泼的天性，这不仅让女儿主动完成作业，还避免了母女之间发生不愉快。在教育孩子的过程中，聪明的妈妈们完全可以用幽默的方式来代替那种生硬的命令、批评，用幽默的说话方式或行动让孩子明白自己的错误，从而达到教育的目的和更好的效果。

3. 幽默也要把握尺度

真正的幽默并非调侃，而是自然而然流露出来的，妈妈们选择的幽默是为了让孩子能够在笑声中感受到我们对孩子的尊重以及宽容，让孩子感受到关心。如果妈妈自己都不知道如何去把握幽默的尺度，那么就会弄巧成拙，也可能会让孩子感受到自己被嘲笑和讽刺了，尤其是对于一些性格上比较敏感的孩子。

8岁的龙龙浑身脏兮兮地从外面跑回了家，妈妈看到儿子这么脏，没有直接批评他，而是对儿子说道："你可真是干净啊！身上一点儿尘土都没有，比妈妈都干净。"话音刚落，龙龙就气呼呼地走进了自己的房间。

这位妈妈本来是想要用幽默的语言来教育孩子的，但是她的语言在龙龙看来，是在讥讽自己，是在嘲笑自己。所以，妈妈要把握幽默的尺度，千万不要让自己幽默的话语变成嘲笑或者是讥讽孩子的"利剑"。如果妈妈们真的不知道如何把握幽默的尺度，最好的办法就是不要轻易使用幽默。

帮助孩子面对他们的感受

如何帮助孩子面对他们自己的感受呢？这个问题看似简单，其实也并不是一件容易的事情。在妈妈们与孩子进行交流的时候，要想帮助孩子去面对自己的感受，首先要做的就是要去接受他们自己的感受。因为妈妈和孩子是完全不同的个体，只有感受到孩子的心态，才能够帮助孩子去接受现实。

感受没有对错之分，妈妈们不要轻易给孩子的感受下定论。孩子的感受和他们的行为是有直接联系的，孩子有了好的感受，就会有好的行为，一旦孩子有了负面的感受，那么妈妈们要怎么样来帮助孩子面对他们的负面感受呢？同时又怎么让孩子恢复好心情呢？

妈妈们要理解孩子的感受，并且对孩子负责，帮助孩子面对他们自己的感受，只有这样才能够让孩子的内心更加强大。因此，妈妈们不妨深入到孩子的内心，帮助他们了解自己最真实的想法，孩子一旦清楚了自己内心的真实想法，他们就能集中精神来应对面临的问题。

李红和儿子在看电视，李红觉得电视节目很精彩，时不时地发出笑声。坐在一旁的儿子却说："妈妈，这节目太没劲了。"李红回答道："没有啊，我觉得挺好看的啊。"儿子接着说道："有什么好看的啊，真是一个烂节目。"妈妈听着不高兴地说道："不许这样说，这么好看的节目，总比看那些武打片有意思得多。"

或许这样的对话也会发生在我们的身边，但是有多少妈妈会去反思，为什么只是在看一个节目，也会引起争吵呢？问题就出在，妈妈反复地告诉孩子应该依靠妈妈的判断而非相信自己的感受。这是一件多么不正确的事情。当孩子的感受被妈妈磨灭掉的时候，孩子就不能够正视自己的内心了，这也是妈妈们不愿看到的。

后来李红意识到自己的做法有问题后，她决心改变自己的言语和观点。后来，看电视的时候，儿子的态度依然没变，还是感觉很无聊。李红对儿子说："儿子，你好像对这个节目不感兴趣。"儿子说道："是的，我觉得这个节目没有科技含量，太差了。"李红接着说道："这只是一个娱乐节目，目的就是为了缓解人们的紧张情绪，给人们以短暂的放松和快乐。儿子，你没有感觉到主持人有的话很逗吗？"儿子回答道："这点倒是，看主持人的打扮就挺搞笑的。"

这件事情让妈妈重新看到，孩子的大部分感受都是应该被妈妈接受的，因为接受了孩子的感受，才能够更好地让孩子感受到自己存在的价值，同时才能够让孩子去面对自己的感受。所以说在帮助孩子面对自己感受的时候，妈妈们应该做到以下几点：

1. 全神贯注地倾听

当孩子在向妈妈叙述他们自身真实感受的时候，妈妈千万不要嘴上说在听，其实却心不在焉，这样会让孩子感觉到气馁和妈妈的不关心。如果妈妈真正打算去倾听孩子的叙述，那么就要专心致志地去聆听，此时，当孩子感受到妈妈的认真，自然就能表达他们面临的困境。有时候，妈妈们只是需要聆听，就能与孩子产生共情。

2. 用简单的话语回应孩子的感受

有时，孩子把自己的感受说出来之后，妈妈们可以选择简单的话语对他们回应，哪怕只是一些语气词，这样能够表明妈妈们已经感受到了孩子的感觉，自然也就会让孩子拥有被尊重的感觉。被尊重之后，孩子也会想方设法来面对自己的感受，即便是不开心，孩子也会勇敢地去面对，因为他觉得自己的感受已经得到了妈妈的认可和支持。

3. 说出他们的感受，帮助孩子勇敢的去面对

有时候，妈妈们会觉得很奇怪，妈妈们的本意是为了让孩子摆脱不好的感受，不管自己的态度多好，孩子也只会更加难过，而且妈妈们还会担心自己说出孩子的感受会让孩子更难过。其实妈妈们完全没有必要担心，很多时候妈妈可以说出孩子的感受，因为有很多感受是孩子不愿意面对的，在你说出来之后，孩子会感觉到妈妈对自己感受的重视，自然也就会变得勇敢起来，即便是挫折，孩子也会勇敢地去承受。想要帮助孩子面对自己感受的妈妈，不妨试试这种方式。

与孩子交流时应当少说多听

在教育孩子或者在与孩子交流的过程中，妈妈往往会把自己错置于主角的位置，而忽略孩子。有的妈妈只管自己不停地"谆谆教导"，以为孩子只要全盘不动地按照自己所说的去做，他的发展一定就完全没有问题。而有的妈妈在自己没有什么要"教导"孩子的时候，就只顾着自己忙自己的，孩子有话想给妈妈讲，妈妈都没时间听。其实这两种方法，完全是本末倒置的。如果爸爸妈妈在跟孩子沟通的时候能够做到少说多听，那么爸爸妈妈就很容易走进孩子的内心世界，这样教育起孩子来就轻松得多了。

一个刚上高中的小女孩，在学校军训完成以后趁着假期回家。因为刚刚离家一段时间，对爸妈特别想念，又刚刚接触新的同学和新的环境，有非常多的话想对爸爸妈妈讲，所以见到爸爸妈妈就滔滔不绝地讲开了。但是讲了半天，爸爸妈妈一点反应都没有，还是在各自做着自己的事情，对她的讲话内容没有表现出丝毫的兴趣。女孩心里想也许爸爸妈妈对这些都不感兴趣，就想换一个更加吸引人的话题，她就把声音提高了几分，说要讲一个很有爆发力的新闻事件，想引起爸妈的注意。这时候她就把心里憋着一直想讲但又觉得有点敏感的事情装作神情很平常地讲了出来，原来是班上发生的一件关于早恋的事，但是这件事的主角却是两位女同学，因为一个女同学长得太像男生，被另外一个女同学误认为是小帅哥了，还给她写了情书，于是在班上闹了一场笑话。

女孩讲完后就哈哈大笑起来，但她笑过之后却发现爸妈还是一点反应都没有，当时那感觉就尴尬到了极点。而从这一次过后，她每次回家都只跟爸妈客套地打个招呼就做去自己的事情，有什么事也不拿出来和爸妈分享了。

斌斌是个有些沉默的孩子，他做事很认真，但是反应稍微有点慢。平常放学回家

他都是一声不吭地把书包放下自己去写作业,不吵不闹,学习成绩也很好。邻居总是在斌斌妈面前夸奖他,而这时妈妈总是不管他是否在跟前,都摇头叹息地说:"这孩子没用,平常话都不知道说一句,将来没出息呀。"斌斌每次听完心里都很难过,他决定改变一下。

这天放学回家他和平常不一样,放下书包就跑到妈妈面前,很兴奋地要跟妈妈讲他下午和同学们打篮球的故事。可是妈妈一脸不耐烦地说:"我这边忙得喘不过气来你还跟我讲这些没用的,学习才是正事,赶紧写作业去!"斌斌听后眼含泪花满心委屈地走开了。

当然,为了避免妈妈再骂他,他绝对没敢让他妈妈看见眼泪。后来他在日记本里写道:我会尽一切力量努力学习,尽管我总是觉得压力很大,但是为了妈妈开心,怎样辛苦都没有关系。只是,我好像怎样做妈妈都不满意。这时候的斌斌才十岁,孩子的心里话让人觉得好心酸。

从这两个故事里我们可以看出,很多家长常常苦恼:孩子怎么什么都不跟我们讲,我们对他们的情况什么都不了解。其实,这很可能是因为我们听得太少,或者说得太多了。

从心理学的角度来说,无论是说得太多还是听得太少,对孩子都会造成很大的伤害。如果妈妈很少听孩子讲话,会让孩子觉得自尊心很受伤。他们可能从此就会把自己的心事甚至只是一些平常的事情都藏在心里,把自己包裹得紧紧的。而这种事情在我们生活中太常见了,妈妈们一边想把自己所有最好的东西都给孩子,希望他们有出息,又总在这种巨大的期待下狠狠地伤害着孩子。所以,妈妈们必须改变了。

其实学会倾听的技巧很简单,只是需要我们时刻提醒自己去注意纠正自己的不良做法,并且不断地练习。

1. 积极地、全神贯注地倾听

当孩子给我们讲一件事的时候,即使我们正在忙碌,也一定要将注意力转移到孩子说的事情上,要适时地看着孩子的眼睛,不时地配合一些肢体语言,比如点头或者通过眼神传递给孩子信息:我在认真听着,你可以放心地讲。

2. 要给予孩子回应,适当陈述出孩子的感受

少说多听,并不是就只听着,孩子说完了我们也当左耳进右耳出就没事了。我们一定要让孩子感受到我们不仅在听他讲,还真的很关心他。如果说认真地听是对孩子的一种尊重,那么给予孩子积极回应就表示我们对他很在乎。

积极地回应就是在适当的时候附和两句"哦,原来是这样",或者"嗯……那真的是很辛苦","那你一定觉得很委屈"等等,根据情境适当发挥。

3. 注意你所有的表现,一定要有诚意

绝对不可以表现出敷衍孩子或者不耐烦的神情。孩子虽然很小,但是孩子很敏感,他完全能够感受得到妈妈的行为,所以不要以为是小孩子就去敷衍他。相反,正因为是孩子,我们一定要用心去对待,用心去回应他。事实上,只要积极地跟孩子沟通,多一些倾听和肯定,少一些责骂和吼叫,孩子会自动纠正自己的不当行为的。

 ## 被爱使孩子有安全感与价值感

对于孩子来讲,成长是需要安抚的,父母的爱就是受伤孩子的安慰剂。不要耻于表达"孩子,我爱你"。要勇敢地说出来,在孩子受到伤害的时候大声地说出来。因为这样能够让孩子感觉到自己是被爱的,也就能够让孩子感到安全。

孩子需要安全感,所以说无论在什么时候,妈妈们不应该忽视给孩子创造安全感,同时,当妈妈表达对孩子的爱时,孩子也能够感受到自己存在的价值,这样一来他们便

觉得自己是有价值的，从而间接地也就增加了孩子的自尊心和自信心。如果孩子感受不到妈妈对自己的爱，最终也会打消孩子做事情的信心和勇气。

在哈佛大学的毕业典礼上，一位身穿学士袍、头戴学士帽的女孩激动地从校长手中接过学士学位证书。然后，她跑到一位中年妇女的面前，与这位妇女紧紧拥抱在一起。那中年妇女眼里充满了泪花，颤抖地说："妈妈真为你感到骄傲！"——这本是哈佛大学毕业典礼上很普遍的情景，然而，你也许无法相信，这对母女却曾是一对流浪女，在她们成功的背后有着不平凡的人生经历。

女儿苏珊娜从小由母亲带大，两人一直靠社会福利金生活。

小时候，苏珊娜并不觉得自己缺少什么，母亲给她带来许多欢乐，然而，苏珊娜每次和母亲一起到福利机构去领食品券，工作人员都会投来怜悯的目光，她越来越感到尴尬与沮丧。苏珊娜渐渐地以一种严酷的眼光审视世界，她突然意识到原来世间还有贫富之分。她不再编织美好的幻想，甚至有点讨厌梦想了……当看到别的女同学戴着漂亮的手镯和发夹时，苏珊娜心里想：为什么我没有？

每天上学她都经过一家卖各种玲珑小饰品的商店，在一个朋友的唆使下，苏珊娜再也耐不住那美丽手镯的诱惑，偷了一只塑料质地的仿真手镯。母亲很快发现了手镯，向她询问手镯的来历，苏珊娜小心翼翼地说是捡来的，母亲并没有怀疑她。

有了第一次，苏珊娜的胆子越来越大，她和朋友开始策划如何将那雪白的毛绒衣穿在身上。虽然她知道这样做不对，但她还是去偷了。这次，店主抓住了她们，并把她们送到警察局。朋友的母亲来到警察局，对她的朋友大喊大叫。苏珊娜心里害怕极了，不知母亲会怎样对待她。而苏珊娜的母亲来时，却一句话也没说，只是眼角流露出失望的神情。苏珊娜的心随之沉了下去，她感到自己失去了母亲对自己的信任。从此以后，苏珊拉再也没偷过东西。

母亲是个喜爱流浪生活，且爱凭一时冲动办事的人，她似乎永远也不能在一个地方安顿下来。为了逃避无尽的流浪生活，苏珊娜开始不停地读书，因为，只有在故事中她才可以暂时弥补自己生活中的缺憾，找到慰藉。然而，当她走进校园，和那些有家、有欢乐的孩子们在一起时，苏珊娜就感到自己的生活是那么与众不同，觉得自己被别人孤立起来了。

苏珊娜开始讨厌母亲怪异的行为，厌倦流浪的生活。在心情不好时，她甚至还会嘲笑母亲，说她连份工作都保不住。终于有一天，苏珊娜向母亲正式提出不上学了，母亲的脸色立刻变了，但苏姗姗仍说下去："在学校，同学们都用异样的眼光看我，不和我交朋友，这都因为你，我讨厌你，讨厌学校……"后来母亲让苏珊娜去姨妈家居住一段时间，苏珊娜发现，姨妈是多么地爱她们，尽管她们是流浪女。姨妈说："你的母亲是我妹妹，你是我的外甥女，虽然我们在某些方面不同，但这并不意味着会减少我对你们的爱。"这使苏珊娜受到很深感触。从那时起，她在流浪生活中积聚下的愤怒情结逐渐散开，她开始认识到母亲所做的一切，都是尽力想给自己幸福，只是有时事与愿违。

苏珊娜又开始上学了，后来苏珊上了大学，在大学里，苏珊娜刻苦学习，连续四年取得优异的成绩，并最终获得了儿童研究专业学士学位。苏珊娜感慨地说："今日的成功并不是完全凭借我个人的力量获得的，是母亲的奇思妙想、无微不至的关爱与指引鼓励我去思考、去学习、去拼搏的，是爱让我获得了今天的一切。"

"孩子，妈妈很爱很爱你，你是妈妈独一无二的宝贝"，本是一句平常的话，却有着神奇的力量。每个孩子幼小的心灵里都是渴望大人对他们这样说的。这是他们在失意，或者是遭受挫折的时候最想得到的安慰。告诉孩子，你很爱他。经常用行动让他感受到你的爱，比如拥抱。父母所付出的爱的多寡，都由接受人——孩子判定。如果要表答对孩子的爱，就要让他真正感受到。那么妈妈们让孩子感觉到被爱到底有什么好处呢？

1. 孩子会从内心感觉到有依靠

孩子年龄还小，需要依靠妈妈，如果妈妈能让孩子感觉到自己是爱他的，那么孩子

会觉得妈妈就是自己的依靠,也会更加在乎妈妈,从而便更懂得理解妈妈的心情,所以要大胆说出你的爱,让孩子知道他并不孤单,有妈妈可以依靠。

2. 孩子会觉得自己有人保护

当孩子犯了错的时候,他内心会感觉到害怕或者是紧张,这个时候,如果孩子能感到被爱,那么他们自然会减少内心的恐怖心理,更加认真地对待自己的生活。

3. 孩子会感觉到自己是一个有价值的人

有的时候妈妈们会为孩子做很多事情,孩子难免会觉得自己的存在没什么价值,这个时候如果妈妈们能够让孩子感受到爱,那么他们就会明白自己并非一无是处,自己有能力做很多事情,起码自己有妈妈的爱来做支撑,因此孩子在做事情的时候也会变得更加有自信。

你接纳了孩子的感受,孩子才会接受你的建议

感觉指的就是通过感观接受到信息,而感受则是通过接受到的信息,产生的体验。感受就是从内向外散发的,一个人的情绪。在生活中,妈妈们要学会去接纳孩子的感受,因为只有接纳了孩子的感受,才会让孩子感受到你内心的愉悦,也只有这样才会让孩子接受你的建议。

妈妈们在孩子面前,要真实地表现自己,千万不要虚伪。对于孩子不合理的要求是可以拒绝的,在任何时候和任何情况下,语言与情感是一致的。当然在妈妈们拒绝孩子的要求的时候,也要懂得去从孩子的角度想想,然后理解孩子的思想,同时表示你的理解,这样孩子在遭到拒绝之后也不会有怨言。

当然,妈妈们不要想着快速解决孩子的问题,孩子只是要缓解一下情绪,或者,他会自己找到解决的办法。不是家长做出了努力就一定能够得到你所期望的结果,千万不要抱着功利心,去要结果。因为,只做自己该做的去帮助孩子,在做事情之前,自然也要考虑到孩子的感受,只有这样孩子才会愿意让妈妈来帮忙。

有些时候对于孩子来说家长的疏导和理解是尤为重要的。当孩子感到心情压抑或者压力大的时候,孩子们的泪水和倾诉是一种发泄的方式。当孩子发泄完了之后才有足够的精力投入下一个事情。在孩子的发泄过程中,并非只需要母亲的倾听,还需要母亲的帮助。妈妈们在接受孩子感受的同时也将积累下孩子对自己的信任和尊重。当孩子信任和尊重妈妈的时候自然而然也会用心倾听妈妈的建议。

制止孩子过分的行为但不伤害他,妈妈们不要附和孩子不合理的想法,可以对孩子说:"宝贝,我不希望你这么说……因为……你可以告诉我你为什么这么想呢?"在你感受孩子感觉的时候,要懂得分辨,这样也是间接地接受孩子的感受,自然也能够表达出你的思想,孩子自然也会尊重你的建议。你先接纳孩子的感受,让孩子知道这些感受都是正常的,然后再去教育他指导他。

这两天微微的心情很不好,不但学习上很不顺利,就连在学校里交友也出现了很多困惑。微微、齐齐和彤彤三个孩子关系一直不错,小溪看到三个人关系那么好,有些忌妒,最后小溪故意制造了点误会造成微微和齐齐谁也不理谁了,彤彤因为害怕齐齐会不高兴,在表面上也不敢和微微说话,只能私低下和微微说话。齐齐的个性比较鲜明,属于那种我说了算的性格,他喜欢操纵别人,微微在和他玩的时候曾经被他咬得胳膊上青一块紫一块的,但是微微觉得齐齐比自己小一岁也没说什么。彤彤是一个处事比较温和、性格也比较顺从的人,做事情不喜欢得罪人,所以现在三个人的关系有点微妙。微微虽然也很喜欢出头,但是与齐齐相比,她的脾气性格还是比较柔和的。

昨天,微微的妈妈和微微走路回家的时候,微微跟妈妈说:"齐齐老是不讲理,总是又霸道又喜怒无常,明天放学之后,我要问问彤彤,如果她想继续和我玩,那么就不要再理齐齐了。"妈妈问道:"和一个必须按照他的话做事情的孩子交朋友,你的心情会开心吗?""不,一点儿也不开心,而齐齐就是这样的人。"微微的语调高了很多,妈妈自然是看得出她内心的那种愤恨。

妈妈说:"那微微你要求形形不能和别人玩,这点儿和齐齐有什么区别呢?"微微虽然没有说话,但她心中的那团怒火并没有消退。妈妈轻轻地继续说道:"你自己不想做的……"还不等妈妈说完,微微恨恨地说道:"这一切都是齐齐挑起来的!"妈妈看到微微生气的样子说道:"你现在是很生气,因为你希望得到朋友的重视。现在齐齐已经不理微微了,而形形因为害怕齐齐所以也不敢和你说话了,所以我们家微微很伤心。"此时,只见微微在大街上突然抱住了妈妈,眼泪哗哗地掉下来,哭个不停。妈妈紧紧地抱住微微,她知道自己做对了,妈妈继续说道:"微微,回家再哭吧,路上风大,会把脸给吹皴的,我们家微微最听话了。"微微眼睛红红的,然后说道:"我先给形形打个电话,然后问问她明天来不来找我玩儿。"妈妈知道孩子心中的怒火因为她的理解已经缓慢熄灭了。

通过这个事情可以看出,孩子在很多时候需要的并不是妈妈的建议,也不是那些大人们的处事的大道理,而是妈妈对他们感情上的理解。在生活中,我们要怎么样来理解孩子的感受,然后让孩子接纳自己的建议呢?

1. 感受孩子的情绪

不要害怕孩子的情绪,当孩子在痛苦受伤的时候,他最希望妈妈能够接纳他的情绪。害怕情绪通常是害怕局面失控,这个时候妈妈要先接纳孩子不好的情绪,这才是对孩子的支持,当孩子出现了一些负面情绪的时候,妈妈们一定要理解孩子。

2. 正面、负面的感受都是正常的

正向接纳可以开启孩子巨大的潜能,如果妈妈总是无法接纳孩子的感受,那么孩子会变得封闭,甚至可能会形成不健康的人格。先倾听孩子的感受,而不是先去判断事实和事情的对与错。如果妈妈们在这期间处理不当,很可能会使孩子形成永久的心理障碍。所以说妈妈们要想让孩子接受自己正确的建议,那么不妨先接纳孩子的感受,即便孩子的感受是不正确的或者是负面的,妈妈们都要用自己强大的内心先去接受,等到孩子感受到妈妈已经能够支持自己的感受之后,他会冷静下来,然后再次感受到妈妈的付出,自然在这个时候,妈妈说出自己的真实感受和建议,孩子也会大胆地去接受的,这对孩子来讲并非是一件坏事。

 ## 与孩子进行真正的心灵沟通

不同年龄的人,经历不同,生活圈子不同,接触的人和事物不同,思想和行为方式也各有不同。如果这种差别不加以改善而逐渐扩大,就会在两代人中形成无形的墙——"世代隔阂",在亲子关系中,也就是所谓的"代沟"。

很多家长常常说:"我们跟孩子有代沟啊,没法沟通啊!""不知道他们想什么啊!""孩子大了,不好养了!"代沟如此可怕吗?

代沟并不可怕,可怕的是缺乏沟通,而消弭代沟的唯一途径,就是加强沟通。否则,亲子关系越来越冷漠,不仅不利于父母与孩子亲子关系的发展,更会对孩子的性格和心理产生不良影响,进而影响孩子的一生。试问如果孩子跟自己的父母都无法沟通,将来怎么面对复杂纷繁的社会?

家长跟孩子的沟通是必需的,也是需要讲究技巧的。很多时候,代沟的产生不是因为没有沟通,而是缺乏良好的沟通或者沟通不当。

为跟孩子实现有效沟通,家长应该注意以下几方面:

1. 了解孩子的内心

很多家长对待孩子,在亲子沟通上有一个误区:只要孩子听家长话,就是沟通。事

实上，孩子是独立的个体，有自己的思想、判断、主观意愿和选择。家长不了解孩子内心，只有家长单方面的"输出"，孩子虽然了解家长的意思，但并没有跟家长取得"共鸣"，这样的沟通非常低效，甚至毫无作用。

2. 尊重孩子的尊严

对孩子来说，最害怕的不是拳头棍棒，而是失去面子和尊严。家长是否尊重孩子，是否善待他的小伙伴，是否让自己的孩子和他的小伙伴感觉难堪，都事关他的尊严，所以，要保护好孩子的自尊。

3. 做一个好听众

无论家长有多忙、在忙什么，当孩子有跟你倾诉的意愿时，绝不要轻易放弃这个机会，必须集中精神去聆听孩子的心声，并适当做出应有的反应。当你这样做的时候，孩子就会有种被重视的感觉，因此也会更加信任家长，这样也更有利于今后亲子间的沟通。

4. 把握好时机

家长想要营造和谐、温馨的亲子沟通气氛，应当选择合适的时机，在孩子跟家长的关注点相一致的时候，在孩子想要跟你倾诉的时候，进行沟通，会有事半功倍的效果。

5. 创造多元化的沟通渠道

家长切忌"哪壶不开提哪壶"和"恨铁不成钢"的急躁情绪，对孩子要充满耐心和信任。有些家长想通过一两次的交流，就能跟孩子达成良好的沟通，这是不现实的。因为两代人心理有很大差异，需要一个相互理解的过程。如果家长过于急躁，就会反过来影响到孩子的情绪，亲子关系就会愈加不和谐。只有耐心细致地多次沟通，孩子才能充分信任家长。

6. 讲诚信

跟所有的友情一样，如果家长想跟孩子建立朋友般的关系而实现有效沟通，跟孩子达到彼此信任，就必须讲究一个"信"字，说话算数。家长要随时提醒自己，把自己放在跟孩子平等的角度去跟孩子沟通。

7. 向孩子学习

社会日新月异，新东西层出不穷，家长未必什么都比孩子强。当你虚心像孩子学习，树立能者为师的思想，会拉近你跟孩子的距离，也能从中学到一些有益的东西，也更利于亲子关系的良好发展。

8. 跟孩子道歉

每个人都会犯错，家长也不会例外。当你错怪了孩子，真心诚意地跟孩子说"对不起，我错怪你了"，家长不会因此没有面子，而会让孩子非常感动。如果家长明知自己有错，但固守着家长的面子，坚持己见或者搪塞孩子，会让孩子内心瞧不起你。而且今后孩子犯错了，也会像你一样，死不认错的。

总之，父母跟孩子的沟通，说小了只是亲子沟通的小问题，说大了是事关孩子成长的大问题，直接影响孩子的一生，关系到孩子是否能够身心健康地成长。所以需要家长更加努力，把教育孩子的过程，变成跟孩子一同成长的过程，才能真正实现跟孩子的有效沟通，帮助孩子养成活泼开朗的个性，顺利成长。

 ## 认真倾听，解开孩子的心结

在亲子交流中，聆听孩子的心声是很重要的一种方式。孩子的倾诉习惯不是天生的，而是需要通过父母有意建立的环境和气氛培养出来的。当父母带着开放包容的心，以平等的姿态倾听孩子述说的时候，孩子就具有安全感和信任感，并因此愿意跟父母沟通。

很多父母对孩子的生活呵护备至，"含在嘴里怕化了"，很少家长能够真正把孩子当作一个有独立人格的人去看待。当孩子遇到问题，想跟家长诉说时，家长往往凭借自己的经验，生硬地打断孩子，甚至斥责孩子，孩子只好把想要说的话咽回去。

称职的父母，一定要聆听孩子说话，用自己对孩子的信任、尊重去促使孩子表达自己，从而与他们有所交流、有所沟通。父母对孩子表示关心、照顾，让他们谈论有关自己的事，孩子便会感到与父母在一起很亲密。

"去去去，怎么这么烦。"原来是对门的毛毛回家跟妈妈讲幼儿园老师请父母配合做的一些事情和一天的所见所闻。"小孩子哪有这么多事？"毛毛的妈妈正忙着做自己的事，对儿子的喋喋不休很不耐烦，三言两语就把儿子打发掉。

大部分的父母认为自己没有足够的耐心、自制力和认同度来倾听孩子的观点，这其实是父母的接受能力与价值观造成的障碍。其实，父母只要用耐心、关爱和信心去面对与孩子交流这件事，就可以做得更好。

对于父母来说，倾听孩子说话其实是一门艺术、一门学问。倾听，能使孩子从小学会以平等与尊重的心态与人建立关系，能使孩子觉得自己很重要，更有利于孩子学会独立思考。

想做一个好的聆听者，父母必须集中注意力，选择一个不忙的时间和安静的地点，听孩子说话。不做家务事，关掉电视、电话，用眼睛注视着孩子，表示是真心在与他接触，每天都要为孩子提供与他们单独接触的机会，哪怕只用几分钟，可以对孩子说："我们一起散会儿步"，或者说："我们一起谈谈。"

在听孩子说话时，父母必须注意自己的肢体语言，放松身心。哪怕你正在为孩子的语气而生气，也请你松松肩膀，尽量放轻松，并且不要抿嘴；其次，你要面对孩子。无论你正在忙什么，都要暂停一下，真诚地与孩子面对面做好聆听的准备。尤其是不要交叉手臂，看起来居高临下，让孩子欲言又止。如果你手头有工作，可以先请孩子耐心地等待一下，并在放下工作后耐心听孩子说话。从姿态方面来看，你可以用专心致志、和蔼可亲或逗趣幽默等方式来迎接孩子的话。

父母在倾听中，要将专注倾听的态度传达给孩子。送给孩子最好的赞美，让孩子知道他所说的每一句话，你都认真听到了。

使用表情变化来传达。比如保持微笑，并做出吃惊的样子。孩子最希望看到大人对自己所说的事情表示出吃惊的表情。孩子会认为能把大人吓住，说明自己很有本事。

使用语言来表达。在倾听孩子谈话的过程中，用简单的诸如"太好了"、"真是这样吗"、"我跟你想的一样"、"你的想法太好了，请继续说"、"我简直不敢相信"等等话语来表示你的兴趣。

小军有段时间上学总迟到，老师为此让小军叫家长来学校。

小军妈妈知道小军的表现以后，内心很着急，但她没有打骂孩子。这天临睡前妈妈问小军："儿子，你告诉妈妈，你每天都按时去学校的，为什么你早早出去，却总是迟到呢？"

小军知道老师跟妈妈谈话，一定要跟妈妈说他的错误的，早就做好了挨妈妈一顿训的准备。现在看妈妈这么问，没有责怪自己的意思，他愣了一下，然后跟妈妈说："我早上出去，看到河边的日出特别美，结果看着看着就忘记时间了，所以就迟到了。"

小军妈妈听儿子说完，笑了笑，就让小军睡觉了。第二天一早，妈妈跟小军一起来到了河边，面对那喷薄而出的旭日，妈妈感慨万分地说："儿子，真是太美了，我好久没有看过这么美的日出了！妈妈谢谢你！"

这天小军没有迟到，妈妈把他按时送到了学校。

放学回家，小军看到桌上有一块式样简洁大方的手表，下面有张字条，上面写着："因为有那么美的日出，我们更应该珍惜时间，珍惜学习的机会，对吗儿子？——爱你的妈妈。"

此后，小军再也没有迟到过，而且比以前更努力了。

这就是聆听孩子心声的神奇效果。我们都该像小军的妈妈那样，珍视孩子内心对美的感受，放弃粗暴、无情的惩罚，用对孩子的爱、包容、耐心和鼓励，给孩子一个温

暖、幸福的成长环境，帮助孩子更好地成长。如果小军的妈妈听了老师的反映，不问青红皂白打孩子一顿，小军热爱生活、热爱美好的稚嫩的心就会被伤害，甚至长期留下阴影，不仅影响今后的亲子沟通，更会影响孩子的心理健康，让孩子朝不正常的方向发展下去。

另外，如果家长没有聆听意识，不愿意耐心地听孩子的倾诉，而是把自己的情绪强加给孩子，还会有很多的负面影响：

1. 孩子觉得父母不重视自己，会把内心真实的想法隐藏起来，父母也就无从了解孩子的思想，无法有的放矢地教育孩子。

2. 孩子遇到问题，找不到合适的人倾诉，只能选择回家告诉父母。如果父母不理会孩子，会让他内心受到很大的伤害。

3. 孩子的话语权得不到尊重，久而久之，孩子会产生对父母的对抗情绪。

4. 不利于孩子表达能力的提高，更容易使孩子产生自卑情绪。

家长该怎样更好地面对孩子的倾诉呢？

1. 用心聆听

用心聆听，说起来容易，做起来难。很多时候，在听别人的话时，常常是你在说，我却没有听，只是想我该怎么回答你，这样就不叫倾听，而是敷衍。

2. 用孩子的心去感受世界

孩子的眼睛看到的世界，跟成人不同，一切都充满了童真童趣。绒毛玩具是有生命的，太阳、月亮是可以对话的伙伴，她会做小白兔的姐姐，花儿会笑，小乌龟会生气……孩子们感受到的美好，成人已经淡忘了。用孩子的眼光看世界、感受世界，才能深刻地理解孩子的喜怒哀乐。

3. "蹲下来"看孩子，走进孩子的世界

蹲下来，跟孩子保持一样的高度，从"眼睛对着眼睛"做起，从眼睛这心灵的窗口看懂彼此的内心，多些建议、鼓励、商量、示范和倾听，少一些命令、指责、呵斥、包办和告知。像朋友一样跟孩子相处，尊重孩子的独立人格，走进孩子美好的童真世界，跟孩子一起分享成长的酸甜苦辣，民主地接受孩子对自己的建议和批评，才能真正地达到亲子沟通。

总之，父母通过聆听孩子的心声，会让孩子增长语言表达能力和应付人际交往的能力，获得应付挑战的能力，学会控制自己的情绪，形成健康的人格和心理。同时，倾听孩子，并不意味着家长要接受孩子的一切想法，接受他的不良情绪。

第3章 好妈妈不吼不叫，为孩子创造好未来

 **家庭布置以保持整洁为原则**

我们每个人都希望能够拥有很舒适的家。对于妈妈来讲，总是希望为子女提供适合成长发展的家庭环境，这也是妈妈的责任之一。

对于孩子来讲，生活环境往往对性格的形成会产生很大的影响。妈妈们应该尽量为孩子创造一个比较温馨的家庭环境，当然这是说在家庭气氛方面的要求。不仅如此，作为妈妈更应该考虑到家庭布局对孩子产生的巨大影响。一个家庭的布置总是那么的繁杂，容易让孩子产生急躁或者是暴躁的性格，所以说作为妈妈，应该尽量为孩子创造适合他们的生活环境。

对于孩子性格的形成，妈妈们应该尽可能考虑周到，尽可能为孩子创造比较安逸和简单舒服的环境，没有必要要多大的房间，但是房间的布局一定要合理，这对孩子性格的形成是有巨大作用的。要想进一步教养子女，妈妈们就应该在精神上成为子女的导师，必须十分谨慎。

对于家庭设备和布置，妈妈们应该明白事前改善胜于事后补救的道理，在对家庭进行布局的时候，一定要考虑得周全一些，从教养子女的角度来进行思考，免得事后产生不良的影响。

1. 家庭空间不求过大，但求够用

有人说自己的家里感觉永远会少一个房间，不管有多大的面积，总觉得是不够用的。所以我们提出这一原则，主要是希望妈妈们千万不要觉得家的面积越大对孩子的成长也越有好处，其实没有必要总是在家庭面积上费心思，即便是房子比较小，只要足够温馨，那么孩子一样能够健康地成长，如果自己的家庭环境不够大，或者妈妈们总是在孩子面前表露自己希望拥有大的房子的欲望，那么对孩子的成长也是不利的。因此，妈妈们应该把心思从房屋的格局大小和空间大小，转换到是否温馨、和谐、愉快的家庭环境上面，然后让子女身心能够健康、快乐成长，比房子的大小重要得多。

2. 选家具，不可以奢侈，要求其合用

人由节俭进入奢侈，很容易适应，但是反过来则是一件十分痛苦的事情，也是一个比较艰难的过程。所以家用的家具，最好不要过于豪华奢侈，以免让孩子养成了这种奢华的习惯，万一长大以后孩子遭遇困境，要过比较节俭的日子，孩子反而会十分辛苦，心理上的波动也无法平复，自然对孩子的成长是十分不利的。

在家具的选用方面，最好是按照安全、舒适、适用三个原则来选择，没有必要选那些华而不实的东西，更没有必要讲求名贵。安全最重要，当然妈妈在生活中，不可以用规定这样、规定那样，来维护子女的安全，不要觉得自己只要是用这种命令的方式来要求孩子，那么家具再不具备安全的因素孩子也会安全的，这种想法是完全不正确的。

要求舒适，原本是生活中的一种要求，如果妈妈们所选用的家具不能够让孩子感受

到舒适，自然孩子也不能够很好地去实现自己的愿望，更是不能够让孩子感觉到温馨。在工作之余，舒适地坐卧，休息之后再来勤奋地工作，也是一种很不错的享受。家具舒适一些，对家庭的温馨和谐愉快，也是会有十分大的帮助的。当然，这里说的舒适而不是奢侈。妈妈必须根据自己的生活条件、自己的使用标准来选用所需的家具，这是十分重要的。

3. 子女要有做作业的桌椅，以及共同使用的书橱

对于孩子来讲，从小要培养孩子定时、定位的习惯，这并不是对孩子苛刻的教育，而是对孩子很好的习惯引导，所以说妈妈们可以在布置家的时候，给孩子留出做作业的地方，这个位置一定要是固定的，同时孩子的这个位置一定要比较安静和简单，让孩子放学后，能够有空间去写家庭作业。所以书本用具应该有固定的地方进行放置，拿动以后要教孩子放到原来的位置，以免东找西找，浪费时间，所以说妈妈在布置孩子的书桌的时候，一定要保证孩子书桌的固定性，同时保证孩子在这个地方学习比较的舒服。当然，在孩子书柜上还可以摆放一些书籍，这样方便孩子阅读，但是布置一定要简单，千万不要让孩子感觉复杂。

4. 布置要简朴，经常保持整洁，千万不要设置酒吧之类的设施

家庭的摆设到底是为了什么？这是一个重要的问题。有的妈妈为了彰显自己的经济地位，希望在家中布置豪华的设备，比如说高档的家具，甚至希望有酒吧等设施。但是这对孩子的成长是十分不利的，所以说妈妈们一定要保持家庭布局的简约，让孩子感受到温馨。家庭的布置，最好是明亮的、顺畅的、舒适的、安全的，这样不但对孩子的性格形成有一定的帮助，还对克服孩子虚荣的缺点有帮助。有些家庭的客厅里摆设着豪华丝绒大型沙发，在家庭的酒柜上陈列着世界名酒，再抬头看墙壁上，还嵌着彩色明镜。请问妈妈们，生活在这样的环境中，孩子怎么能够感觉到轻松自在呢？

创造健康的生活环境

妈妈们在教育孩子的时候一定会明白一个道理，那就是家庭环境对孩子的成长有着决定性的影响。孩子经历的事情比较少，所以心灵是洁白无瑕、天真纯朴的，他们生活在什么样的环境中，往往就会受到环境的影响。对于孩子来讲，成长的绝大部分时间是生活在家里，要知道父母是孩子的第一任老师。家庭环境对孩子的影响也是最为深刻的，家庭生活给孩子的身心发展都会打上烙印，在其一生的成长过程中也会起到十分重要的作用，甚至终生难以磨灭。

曾经有一名教育专家，做过这样的一个实验：他将一对双胞胎小女孩儿从小分开，然后分别放置在两个不同的成长环境中，一个留在了大城市的家里，一个被送往边远的森林里，跟随亲戚一起生活。因为是双胞胎，所以两个孩子的遗传素质大体上是相同的，由于生活的家庭环境有所不同，这两个孩子的个性自然也会发生变化，最终形成了完全不同的性格。留在城市的孩子十分喜欢读书，智力发展较快，也比较文静；而在森林附近的亲戚家长大的孩子，则从小不喜欢读书，身体素质很好，经常爬树，也比较灵巧，性格上很开朗活泼。

通过这个实验可以看出家庭环境对孩子的影响有多大，健康的家庭教育带给孩子丰富多彩的生活环境和条件，当然这也是保证孩子拥有健康的生活环境的关键所在，这是孩子快乐进取的物质基础之一。环境具有强大的影响力，因此，妈妈们应该为孩子创建一个健康的生活环境，这样才能帮助孩子塑造出更为良好的性格特征。

小玉在4岁的时候，父亲就不幸去世了，她从小跟着妈妈长大，妈妈含辛茹苦地抚养着小玉。对于妈妈来讲，小玉是自己的全部，妈妈把全部希望都寄托在了小玉身上，她要求她好好读书，日后成为一个有作为的人。

妈妈对小玉寄托了很大的希望,并且在平时的时候,自己也是省吃俭用,将所有的钱都供小玉来读书了,但是小玉的成绩却一直很差。妈妈想尽了一切的办法来帮助小玉,可小玉的成绩就是提不上去。后来经过观察发现,小玉学习差和家庭氛围有关。妈妈性格是十分内向的,再加上小玉爸爸去世的打击,还有生活的压力,所以妈妈从来没有开怀地笑过,总是愁眉不展。因此,家里总是笼罩在沉重的气氛里,根本没有活力。久而久之,小玉的心灵也蒙被上了阴影,小小的孩子也有了沉重的心事。

俗话说得好:"近朱者赤,近墨者黑。"这句话形象地说明环境对人的影响是广泛并且深刻的,有时甚至会起到决定性的作用。瑞典著名的作家爱伦·凯曾经指出,环境对人的成长是非常重要的,良好而健康的环境是孩子形成正确思想和优良品格的基础所在。

妈妈们可能会有这样的错误观念,认为孩子还小,坏习惯以后可以慢慢矫正。如果一株树苗被折弯了腰,即便是长成参天大树,也无法直立。家庭是孩子人生的起点也是生命旅程的第一站。当孩子随着年龄的增长走向幼儿园、学校和更广阔的社会以后,家庭仍然是最密切的栖息港湾,自然是受到影响最深的地方,也是孩子成长最重要的环境。因此,家庭应当成为塑造孩子健康人格的土壤。孩子的成长犹如一株嫩苗,在一个比较和谐的家庭中才能健康地成长。为了孩子的健康,也为了全家的幸福,妈妈们应当为孩子创造一个良好的成长环境,那么就应该做到如下几点:

1. 创造有利于孩子身心健康的环境

琳琳上六年级,她成绩一直很好,性格活泼开朗,对人也很有礼貌,而且非常讲究卫生习惯。老师经常夸她是个好学生,邻居们也都会夸她是个好孩子。很多父母都十分羡慕琳琳的妈妈,说琳琳妈妈有这么一个乖女儿,纷纷向琳琳妈妈请教,想要知道她到底是怎么样教育自己的孩子的。每当说到这个问题的时候,琳琳妈妈什么都不说,只是请那些孩子的父母去自己家中做客。开始的时候,那些人会感觉到很奇怪,到了琳琳家,不用琳琳妈妈说任何话,他们都会有所感悟的。因为他们看到了琳琳的家是个十分适合孩子成长的好环境。

有一次,琳琳获得了全国作文大赛的一等奖,当然这不仅是学校的骄傲,更是琳琳妈妈的骄傲。在媒体采访琳琳妈妈的时候,她说:"我教育孩子的方法很简单,无非尽我的所能为女儿准备良好的成长环境而已。在我的女儿小的时候,我就按照孩子身心成长的不同阶段来布置家里的环境,为孩子创造健康的家庭环境,以促进孩子身心的健康发展。

良好的生活习惯总是在生活中的点点滴滴中养成的。不同的家庭有着不同的物质环境,虽说这并不会对孩子的成长起到决定性作用,但也是不可忽视的。当一个家庭拥有良好的环境,不单单是从感官上让孩子感到舒适,还会在潜移默化中塑造出孩子的良好性格。当妈妈非常注意家中的整洁,总是让家里有条不紊的时候,便会让孩子在美感与舒适中享受生活。不仅仅对心情有着良好的作用,还会让孩子在不知不觉中养成良好的生活习惯。

2. 建立温馨、和谐的家庭气氛

小小是花园小学三年级的一个学生,鉴于小小每年都是三好学生,不仅成绩好而且性格好,在班上与同学关系都十分融洽,班主任孙老师便去小小家做了一个家访。家访时孙老师发现,原来小小的家庭十分温暖。不仅父母恩爱而且对爷爷奶奶也是十分的孝顺。家里的事情分工合理,累活父亲抢着干,而母亲则张罗着一家人的营养餐食。他们并不把小小当作一个什么都不懂的孩子,凡是都会征求小小的意见。这样一个温暖美满的家庭想要小小不那么优秀都难。

虽然每一个人都有家,但并非每个人都有一个温暖、和谐的家。如何建立温馨的家

庭氛围就是一门学问。首先要与父母、长辈搞好关系，其次要和孩子搞好关系。只有家庭关系和谐，家才有温暖的可能性。父母应该爱护子女，且要相信子女。这样孩子在得到了来自父母的关怀之后，才会形成良好的性格。

3. 树立端正、良好的家庭风气

小勇上小学五年级的时候，就偷窃成性。爸爸总是气得经常打骂他，老师也总是拿他当典型，对他进行批评，但是怎么也起不到效果。后来，老师通过家访了解到，小勇现在的行为养成与他的妈妈有关。在小勇小的时候，就喜欢从邻居家和父母的朋友家拿东西，出现这种事，一般大人都不会和小孩计较。妈妈见到孩子的这种行为也是一味纵容，还说："孩子还小，拿点小东西有什么大不了的，这些小东西又不值钱，长大自然懂事了。"没想到长大后，拿别人的东西已经成了难以矫正的恶习。

优良的家庭风气和环境，是良好家庭环境的重要组成部分之一，对孩子养成良好的习惯和性格是至关重要的，所以说对于孩子的不良行为，妈妈们应该尽早制止，千万别等到孩子长大后再对孩子进行管束。妈妈们应为孩子建立良好的家风，家庭成员都应具有良好的伦理道理观念，这样才能为孩子创造良好的环境。

4. 创造勤读、好学的智慧环境

王小军的知识面很广，在老师眼里他比同龄的孩子知道得都多。不管是天文知识、历史知识还是海洋知识，都能够随口道来，俨然就是一个小博士，很多孩子都十分羡慕王小军。当然，王小军也并不是天生就拥有这些知识的，王小军的知识都是他平时读书积累下来的，而这个习惯的培养源自王小军的妈妈。

王小军的妈妈是个非常喜爱读书的人，经常会手不释卷。在妈妈的影响下，王小军很小就开始识字了。妈妈也十分注意对王小军的阅读能力的培养，并且经常会和王小军一起读书，一起讨论读后感，还经常带王小军逛书店。就这样，王小军从小知识面就比较广。

家庭不仅仅是休息的场所，同样也是孩子学习的主要场所。所以说，妈妈应该尽力为孩子创造一个安静舒适的学习环境。如果有条件的话，尽量给孩子安排一个单独的学习、休息的房间，也能够给孩子自由的空间，以免电视、会客等干扰孩子。孩子房间布置一定是要符合孩子年龄的特点，妈妈们可以鼓励孩子一起动手来设计房间的布置，这样更符合孩子的情趣和爱好，同时，也能培养孩子的动手能力。

与孩子共同保持良好的生活环境

对孩子的教育，妈妈们应尽可能地用正确良好并且科学的方式去引导孩子。在生活中，妈妈们可能会经常听到这样的话，"播种思想，收获行动；播种行动，收获习惯；播种习惯，收获性格；播种性格，收获命运"。由此可见，环境对孩子的影响是至关重要的，那么妈妈们就应该想办法和孩子一起去保持良好的生活环境。

从人生观到动手能力，各方面去正确地引导孩子，孩子就能成为对社会有所作为的人。在生活中，妈妈们要着重培养孩子良好的习惯。孔子说过"少年若天性，习惯如自然"，当孩子从小养成一种习惯之后，便能够影响到孩子的一生，所以说好的生活环境往往会对孩子习惯的形成产生影响作用。古往今来，好的习惯往往能够造就人的丰功伟绩。因此，帮助孩子从小养成好的习惯，这是妈妈们的责任。

很多时候妈妈们会抱怨，自己在打扫完卫生之后，过不了多大一会儿，就会被家里的小淘气鬼弄得一团乱，甚至会被孩子弄得什么也做不了，然后妈妈们只好重新打扫。其实妈妈们完全没有这个必要，妈妈们可以培养孩子养成不乱扔东西的习惯，或者是邀请孩子和自己一起打扫卫生。这样做的目的就是让孩子知道保持家庭生活环境的卫生和整洁，是每个家庭成员必须要做的事情。

刘晓娜最头疼的一件事情就是儿子总喜欢搞破坏，刘晓娜每天在孩子去上学之后，都会将家中收拾得干干净净，然后自己才去上班，但是每次孩子一回家，总是将东西随地乱扔，甚至还会将自己的玩具都翻出来，弄得家里特别乱。

每次面对这样的情况，刘晓娜都会很生气，她对孩子大嚷道："你怎么又把那对破玩具拿出来了，你知不知道妈妈收拾家很辛苦。"开始的时候孩子还会听，渐渐地，孩子习以为常了，对妈妈的话也不怎么理会了。当孩子心情不好的时候，妈妈说这样的话，孩子还会反驳："我上学也很累，好不容易回家能够玩儿会玩具，你还老是嚷我。"

渐渐地，刘晓娜发现母子关系变得生疏了很多，孩子也不跟自己说学校的事情了，更不会利用课余时间跟自己交流了。刘晓娜将自己的心烦事告诉了同事，同事小周说道："你这样做自然不会让孩子开心的。其实你完全没有必要去责备孩子，你可以在孩子临睡觉之前对孩子说'宝贝，帮妈妈把玩具收一下吧，妈妈知道宝贝玩得很开心，现在我们比赛收拾玩具，看谁收拾的快。'"

刘晓娜按照同事的方法去做了，果然孩子有了做事情的积极性，渐渐地儿子养成了收拾东西的习惯，每次自己的玩具都能够摆放好。

对于孩子来讲，他们也希望自己生活在一个良好的环境中，当他们的生活空间变得很乱或者是很不卫生的时候，他们也会觉得不舒服，所以说要看妈妈的教育方法，看妈妈们用怎么样的教育方法来让孩子变得更加主动地和妈妈们一起去保持家庭良好的生活环境。那么，在实际生活中，妈妈们要怎么做呢？

1. 妈妈们要修身养性

妈妈的行为如果表现得好，正直善良、勤劳勇敢，能够为孩子营造一个好的环境，那么孩子就会以妈妈为榜样，模仿妈妈的行为，这样一来孩子自然能够主动地劳动，并且还能够养成好的生活习惯。例如，一位妈妈每次下班之后，都会将自己的皮包放到应该放的位置，那么孩子自然会按照妈妈的要求，将自己的书包放到应该放的位置，这样一来，妈妈自然会省心很多，孩子也就在无意中帮助妈妈整理了房间。

2. 带动孩子参与实践

孩子只有在行动中才可能养成一定的生活习惯，所以说妈妈们不妨带着孩子一起去做家务或者是去整理房间，在妈妈们带着孩子去整理房间的时候，孩子会体会到保持良好生活环境的辛苦，自然也就不会去轻易破坏自己的生活环境了。当然在这个过程中，妈妈们可以给孩子分派一些家务，这些家务必须是孩子力所能及的。

培养孩子的主人翁意识

孩子在妈妈的心里永远都是长不大的，有的妈妈认为家中的"待人接物"都是与孩子没有关系的。在这样的情况下，孩子也理所应当地以为这些事情都是应该由妈妈来处理的，长此以往，"事不关己高高挂起"的心态就会在孩子的潜意识里形成。

其实孩子根本不懂什么"主人翁"，也没有"小主人"这个概念。随着孩子的长大，需要扮演主人的机会也越来越多，孩子是十分渴望学习作为"小主人"哪些事该做、哪些事不该做的。帮助孩子做一个周到热情的小主人，就是每一个妈妈该做的事情。

妈妈要让孩子做好小主人，最重要的还在于日常行为中做习惯的训练。当家中来了客人的时候，妈妈要把孩子看成是接待员之一，让孩子知道自己该做什么，给孩子一些接人待物的机会，让他给客人端茶、送水果，等等。当客人中有和自己家孩子同龄的小孩儿时，有的时候可适当地将话题抛给孩子，让孩子学会邀请小朋友一起出去玩儿，使

孩子学会在客人面前轻松地说话。一些聪明的妈妈还会故意留点时间，让孩子和客人单独相处，从而培养孩子与客人交谈的能力。

作为妈妈的莉莉说："接待小朋友是培养孩子主人翁意识最好的机会，也最能够反映孩子行为的优点和不足。每次家中来了小客人，我都会把接待小客人的任务完全交给我的孩子，让他给小客人拿饮料拿水果，并且带着小客人一起去玩玩具，和小客人做游戏，等等。同时，我还会让孩子照顾好小客人，既要保证小客人玩得高兴，又不要乱打乱闹。"

莉莉说在这个过程中有一个问题需要大人注意的，由于孩子年龄还小，在开始的时候孩子既不知道招待客人应尽的义务，也同样不知道作为主人有什么样的权利。而一些小孩子对小客人的破坏行为要么是放任不管，要么是毫无办法，这种主人当起来就会让孩子感觉非常委屈。妈妈们可以让孩子明白，小主人在热情接待客人过程中，也要注意保护好家中的物品。莉莉会告诉孩子主动地将东西拿出来给客人玩，给客人吃，这些孩子还小，开始的时候父母应该给予提醒，如果小客人随便乱动，是可以制止的。这样，孩子当主人就有了分寸。

送走客人时，莉莉也会要求孩子一起向客人道再见。这就是莉莉培养孩子小主人翁意识的关键所在。

让孩子从小学习待人接物是一件非常有必要的事情。良好的待人接物习惯，不仅对孩子的交际能力有帮助，还对孩子对社会的适应能力有着促进作用。妈妈们应该学会在日常生活中灌输孩子主人翁意识，让孩子知道自己应该做什么、不该做什么。培养孩子的责任心，最关键的一点就是培养孩子的主人翁意识。

在生活中，妈妈们要帮助孩子学做小主人，就要做到以下两点：

1. 要树立孩子的小主人意识

由于很多妈妈一直没有想到要培养孩子的主人翁意识，让孩子充当小主人的角色，很多孩子没有意识到自己是家里的小主人。那么对于妈妈来讲应该怎么办呢？首先可以从强化"小主人"这个词入手。家长可以一种不经意的方式，选择一个较轻松的环境，然后给孩子讲解什么是主人，告诉孩子"主人"在字典上的解释是"接待客人的人"。搞清楚词义后，家长接着与孩子进行交流，此时可以问孩子："我们家如果来了客人，谁是主人呢？"孩子自然会明白。等到真的有客人来家里的时候，妈妈可以向客人介绍说："这是我们家的小主人。"或者对孩子说"小主人，快给叔叔阿姨拿水果去"之类的话。总而言之，妈妈们可以多用"小主人"这个词来强化孩子的主人意识，让孩子意识到自己是家中的小主人。

2. 要让孩子明白小主人必须尽的义务

既然主人是接待客人的人，所以只有让客人高兴了，想客人之所想，才能成为好主人。那么父母要怎样接待客人呢？首先，妈妈应告诉孩子接待客人的一些基本的常识，比如主动热情地和客人打招呼、给客人倒茶倒水等等，让孩子明白做什么事情才能够体现出小主人的地位和意识。

 ## 让孩子在家庭中享有平等的权利

要使孩子变得合作、友善、自制，最大限度地促进孩子的独立性和社会责任感的形成，使孩子更活跃、开朗而外向，父母首先需要做的，就是努力营造一个民主和谐的家庭环境。更为重要的是，让孩子在平等的环境中生活，让孩子感受到父母的尊重。

"挑剔中成长的孩子学会苛责，敌意中成长的孩子学会争斗，讥讽中成长的孩子学会羞怯，羞辱中成长的孩子学会愧疚，宽容中成长的孩子学会忍让，鼓励中成长的孩子

学会自信，赞扬中成长的孩子学会自赏，公平中成长的孩子学会正直，支持中成长的孩子学会信任，赞同中成长的孩子学会自爱，友爱中成长的孩子学会关爱。"可以说，孩子的成长就如这首小诗所说的那样，是在环境的影响下成长的。孩子早期大约有2/3的时间要在家庭中度过，而且完全依赖成人，所以家庭环境对孩子的成长有着相当重要的影响。

有人把家庭比作人生之海中的一只小船，孩子凭借父母之船遮风挡雨，劈波斩浪。父母两人如能齐心协力，即使在滔天的波浪中也能维系小船的平衡，让孩子感受到安全。要是父母离心离德，心不往一处想，劲不往一处使，那么在风平浪静中也可能船翻人亡。小船既可以成为孩子健康成长的摇篮，也可能成为孩子的毁灭之舟。

可以说，父母是孩子人生的第一个启蒙老师，他们对孩子的影响，有时决定了孩子一生的命运。权威机构经多年研究发现，父母对待孩子存在着以下几种教养类型。

1. 期待型

父母不顾子女的天赋，把自己的宿愿寄托在子女身上，希望子女完全按照父母臆想的要求和标准去做，这样的父母对子女往往期望值过高。倘若父母持有这种态度，而子女的能力不能达到父母的要求，就容易使子女的意志消沉、自卑、冷淡，没有活力，缺乏自制。

2. 溺爱型

父母对子女的要求、主张、意见无条件接受，对子女过分喜爱，想尽一切办法迎合子女的要求，即使子女做了坏事也为其申辩。这种以孩子为中心的家庭容易给子女的性格和情绪发展造成扭曲，这种孩子即使微小的要求未能得到满足，或稍遇挫折，也会哭泣、叫喊、胡闹。其缺乏自我控制能力，往往以自我为中心，与周围环境不协调，适应社会的能力极其脆弱，缺乏独立性和创造性，缺乏忍耐力，追求某些强烈刺激，对人对己、对事对物缺乏责任心，经常期待他人的帮助。《名贤集》中的"藤萝绕树生，树倒藤萝死"说的就是这个道理。

3. 严厉型

父母对子女虽有疼爱，但常以严厉、顽固、强迫的态度去禁止、去命令、去训导子女。严格控制孩子的一举一动，要求他们绝对服从父母的意志和愿望，稍不如意，就对孩子进行变本加厉的呵斥。倘若父母持有这种态度就容易使子女对学业成绩、各种训练激起反抗，产生厌学、无责任心、不合群等行为和现象，进而导致他们的非社会行为或反社会行为的产生，或只是表面上唯命是从，做得很好，其实逃避现实，结果成了一个阳奉阴违的人。

4. 干涉型

干涉型大致与期待型相同，为了能使孩子变得更好，事无巨细地去照顾孩子，不吝唇舌地终日唠唠叨叨。在这种类型父母管教下的子女身心发育迟缓，情绪不稳定，遇到挫折容易失去控制，忍耐力差，总想推卸责任。因受大人过多照顾与保护，影响了和同龄孩子的接触，因而成熟也较迟缓，依赖性强、冷淡、孤僻，对社会不适应，做事敷衍，不善独立思考，似乎没有独立的灵魂，缺乏远大目标和理想。

5. 矛盾型

父母当中的某一方，对于子女的同一行为，有时斥责、禁止，但有时却宽恕、勉励。在不同时间和不同场合对孩子的教育态度前后矛盾，或者父母的态度不一致。如母亲斥责孩子而父亲却充当港湾，使孩子陷入激烈的矛盾和混乱。

在这种养育态度下，子女行为没有规律，情绪不稳定，经常处于紧张不安状态。虽有时受到优待，但不知什么时候又要被训斥，也不知为什么。

在这种分歧态度养育下的子女，被两种权威、两种命令和意图夹在中间，往往处于无所适从的地步，造成精神上的极度不安。特别是父亲严厉而母亲过于保护时，孩子大多有激烈的反抗性，有时甚至会出现叛逆的倾向。此外，有的孩子想把攻击性隐蔽起来，表面上很老实、畏首畏尾，一旦假面具被揭穿，就立刻变得残忍冷酷。

在一些家庭里，父亲是支配者，母亲是服从者，但有一些家庭，母亲是家庭权威，

父亲处于服从地位。在这种情况下，子女会轻视父亲，怨恨母亲，或者男孩有女性倾向，而女孩会男性化。

6. 民主型

父母之间感情和谐，家庭气氛融洽，对子女温柔、关心，给孩子必要的帮助和鼓励；能够设法了解孩子，能和孩子经常沟通，感情和谐；尊重孩子的人格和权益，给孩子适当的独立和自由，鼓励孩子发表自己的见解，要他们学会解决自己的问题，让孩子感受到家庭的责任。总之就是"指导而不支配，自由而不放纵，尊重而不溺爱，鼓励而不怂恿"。

在民主型的家庭中，孩子会变得合作、友善、自控，有较好的适应能力。这种家庭能最大限度地促进孩子的独立性、积极性、首创精神和社会责任感的形成，孩子会更活跃、开朗而外向。年轻的父母都期望把自己的孩子培养成为自信、自强、有道德、有能力的人。那么，年轻的父母们就应该从自身做起，为孩子营造一个良好的家庭环境。

第一，需要正确理解父母的威信所包含的真正含义。孔子曰："其身正，不令而行；其身不正，虽令不从。"父母的威信是父母和孩子之间的一种积极的、肯定的相互关系，这种关系的基础，是父母对孩子的尊重与孩子对父母的爱戴，不是训斥与听命、支配与服从的封建君主专制式的"威信"。在生活中，父母对孩子的关心与帮助，对孩子人格的尊重与信赖，可引发孩子内心深处的真诚感激，并激励孩子努力按照父母的要求去做。这样，日久天长，父母和孩子之间就会形成亲密的关系，父母在孩子的心目中，也就自然而然地具备了一种建立在威信基础上的巨大教育力量，即威信的力量。由此，创建家庭民主氛围，不仅不会有损父母的威信，相反，更有利于培养孩子的独立性，有利于孩子天性的自由发展和健康人格的塑造。

第二，尊重孩子的人格，给孩子个人自主权，维护孩子自尊心。我们在教育孩子尊重父母、尊重他人的同时，父母也要尊重孩子，不要把孩子看成是自己的附属物，而是应该把孩子当作一个独立的个体，尊重孩子的人格。在与孩子交谈、讨论问题时，持平等认真的态度，要尊重孩子的爱好、兴趣，语言要平和、亲切，不要粗暴地训斥孩子，即使在孩子做错了事的时候，也要晓之以理，循循善诱，维护孩子的自尊心，尊重孩子的意愿，给孩子个人自主权，要让他们积极参与家庭的各种活动，并鼓励孩子提出自己的意见，说出自己的想法。父母在倾听孩子的意见后，对孩子的正确想法和行为应给予充分的肯定，还要经常和孩子讨论问题，谁讲得有理，就听谁的，以理服人。

第三，父母之间要互敬互爱、互谅互让。父母是孩子的第一任老师，一言一行对孩子有着潜移默化的影响。因此，父母之间要有民主作风，即使发生矛盾或者摩擦时，双方也要心平气和地讲道理，妥善处理，以身作则，要求孩子做到的自己首先做到，而不能当着孩子大吵大闹，拳脚相加，用粗暴的方式解决问题。只有夫妻和睦，才能创造温馨的家。

第四，要明确告诉孩子他所拥有的权利。孩子作为一个独立的个体，作为家庭一员，他应该拥有自己的权利，同时，也必须承担一定的义务。因此，在孩子小时候，父母就应该明确地告诉他，他拥有哪些权利和必须承担的义务。

从生活细节上关爱孩子的成长

苏联著名的教育家苏霍姆林斯基说过这样一句话："教育是关心备至地、深思熟虑地、小心翼翼地去触及孩子年轻的心灵……当然，教育者还要具备一种对美的精细的感觉。"这便是告诉我们，作为母亲，从教育孩子的角度上来说，一定要注意到孩子的心情、心境。只有在细节上关怀孩子，才能够让孩子感受到真正的爱。

是的，一切的教育都是从对孩子天性的理解开始的，妈妈们在教育孩子的时候，一定要充满耐心，包括耐心地去倾听孩子的每一次谈话，细心观察孩子的每一个眼神，从生活中每一个细节来分析孩子当时的心理。也就是说，无论什么样的教育都应当体现妈妈对孩子的人文关怀，而这种关怀需要从生活的细枝末节入手，让孩子感受到妈妈的理解和尊重，从生活的点点滴滴中，去关爱孩子，从而影响孩子的心灵。

现实生活中，很多妈妈白天要忙工作，晚上回家还要做很多的家务，她们会抱怨自己没有时间对孩子的细节进行管理和关爱，或者由于工作忙、生活压力大，或者由于疏忽，因而对孩子关心不够。当孩子出现问题之后，或许妈妈们才会明白关爱对孩子的重要性。

已经15岁的梅梅跟年仅11岁的妹妹吵架，妈妈批评了她俩，梅梅竟负气地离家出走了。妈妈焦急地四处寻找，因梅梅的爸爸在香港经商，平时很少有时间回来看自己的两个女儿，一切的事情都要妈妈来照顾。幸好到了晚上，梅梅的父亲打电话说孩子去找他了，妈妈这才算松了口气，但却产生了深深的担忧。妈妈记得一次保姆告诉她，梅梅平时脾气暴躁，动不动就会打妹妹，说自己的家人更爱妹妹，对她却很少关心，一犯错就怪梅梅，梅梅还说过几次想跳楼。

而实际上，平时妈妈对两个孩子都是一视同仁、公平的对待，并没有任何的偏向，毕竟都是自己的孩子。更让妈妈着急的是，当她对梅梅的父亲讲起孩子的一些值得关注的表现时，孩子的父亲却总是不以为然，觉得小孩子不会有什么问题。

很多时候妈妈给孩子一样的玩具、一样的食物，不管是什么都进行平均分配，认为这样就是所谓的公平，但是事实上，这正是对孩子的不公平。因为，不同年龄段的孩子对不同的东西有不同的要求，而不同年龄段的孩子所需要的东西更是不一样的，用物质衡量和代替解决不了任何的问题。

米琪清晰地记得去年儿子生日的那天，当她一回家，儿子就兴冲冲地跑过来告诉米琪："妈妈，今天我收到一份最好的礼物，你猜猜是什么呢？"望着儿子高兴得发红的笑脸，米琪说："一定是什么新鲜玩具了。""不对，今天老师表扬我了，说我的作业做得非常好，是班里做得最好的。"听了这话，米琪心中一阵惊讶，心想老师的一句表扬竟然胜过自己的任何礼物，这个时候米琪才意识到儿子长大了，不再是只需要玩具店的那些新鲜玩具的小孩儿了。

细细想来确实也是这样的，由于平时米琪对儿子的要求很高，在平时检查他的作业时，做得好的话，她会觉得这是理所当然的事，根本不会对孩子有所赞许；相反，做得不好的地方，米琪总是会横加批评，甚至大声训斥孩子。久而久之他感到的只是批评和训斥，在米琪的眼里孩子永远是做不好的，而现在米琪发现老师的一句表扬竟然让孩子感到了对自己的认可，感到了无穷的快乐，这句夸奖胜过了任何礼物。

经过这件事情，米琪认识到做事情要考虑孩子的心理，所以在以后的日子里，米琪会更多地考虑孩子的心理要求，看见儿子有进步的地方，不管是学习上的进步还是在生活中的进步，她都会对孩子进行表扬。当孩子有做得不到位或者是不好的地方，妈妈就会及时加以纠正，使他逐渐找回自信心。

好恶分明是米琪儿子最大的特点，对于自己感兴趣的事情，他会非常愿意去做，并且做得又快又好；相反，对于那些没兴趣的事情他就会敷衍了事，甚至产生抵触心理，即便妈妈再三要求，他也会磨磨蹭蹭，既做得不好也会浪费很长时间。这样越是做不好，就越不会有兴趣，渐渐地就形成了恶性循环，米琪发现最明显的例子就是孩子的语文成绩。

米琪觉得儿子比较粗心，在做语文作业的时候经常会做错，不是字写错了，就是成语用错了，时间长了，儿子就失去了兴趣，每次做作业的时候如临大敌，孩子要么很快地就做完了，要么就是不会做，再加上考试成绩不好，更是让他对语文失去了兴趣。因此，米琪不时地告诉儿子，要相信自己，要多动脑，只要改掉粗心的毛病，这样就能够考到好成绩，也能够得到老师的"优"，并要求儿子把每一次的练习都当成是一次小型

的考试，认真对待，不要放过任何一次证明自己的机会。在平时生活中，米琪还会利用交谈的机会，给孩子讲解语文知识，尽量用一些小案例或者是一些生活小故事来帮助孩子学习，这样渐渐地孩子对语文产生了兴趣，他的成绩也就慢慢地好了起来。

所以，米琪通过对孩子的观察发现，对孩子的教育首先要为孩子确立一个符合他自己的实际的目标，在点滴的关爱中鼓起孩子在各方面学习的乐趣，使孩子勇敢地去克服困难，不断进步。体贴孩子和关爱孩子是最根本的办法，鼓励孩子多参与，对孩子的需求积极回应，这对孩子的成长相当重要。孩子是需要体贴和爱护的，这对于孩子情绪的安定和感受亲子间的亲情有着至关重要的影响。如果妈妈能给予温暖的关爱、体贴的照顾，从生活细节去关照孩子以及肯定孩子的优点，这有助于孩子认知能力和情商的发展。

妈妈不但要关注孩子生理上的需要，对孩子的吃喝拉撒都要十分关心，还应当关心孩子心理上的需要，经常和孩子沟通，耐心倾听孩子的诉说，了解孩子的思想，多多给孩子支持和正确的引导，进行平等的双向的交流。作为妈妈，应当对孩子的教育有一个全面的深刻的认识，从生活的点点滴滴入手，时刻不忘对孩子予以关注。

1. 妈妈们要一切以理解孩子为出发点

常言道"理解万岁"，可见此话有着十分重要的意义。我们都希望自己的意愿得到别人的理解。其实，我们的孩子也是一样的。他们也希望自己的妈妈能够理解自己，他们也有美好的愿望。只是有时他们不知道怎样来表达而已，甚至会选择用不恰当的方式来表现出来。如果妈妈不能够正确地理解孩子，就很可能会打击孩子的思想，扼杀孩子心灵的纯真。因此，不管孩子做出什么样的事情，妈妈首先要做的就是站在孩子的立场上，去理解孩子，即便孩子犯了错误，也要理解孩子，然后再跟孩子讲明道理，只有这样孩子才会有更好的发展。如果连妈妈都不理解孩子，那么孩子会觉得自己的生活失去了意义或者是没有了价值。

2. 给予孩子无私的关爱

要想真正成为孩子最信赖的人，让孩子信任自己并不是那么容易做到的，要实现这一点就要具备慈母的爱。母爱是人世间最神圣的感情，所以说要让孩子感受到来自母爱的真情，因为这种感情最没有利禄之心掺杂其间。在孩子的眼里，老师是威严的长者，因此，很多时候孩子不会选择将自己的真心话说给老师听，而自己的妈妈是自己身边最亲近的人，他们希望妈妈能够听到自己的真心话，但是，如果孩子对妈妈产生了不信任的感觉，自然也不会将自己的心里话说给妈妈听。因此，在生活中，妈妈要让孩子知道，你是多么关心他、爱护他。如此以来，孩子自然就会敞开心扉。

3. 每天尽量多地和孩子在一起

现代社会随着经济的高速发展，人们的工作压力也很大，妈妈们可能因为工作忙碌，和孩子在一起生活的时间会很少，教育孩子的时间也就更少了。所以说妈妈们要注意，千万不要忽视或中断了"亲子关系"的纽带。妈妈们即使再忙，也要抽出时间来照顾孩子，多和孩子进行互动和交流，从而建立良好的亲子关系，这样对于孩子的成长和身心发展是非常有帮助的。

 ## 做孩子永远的支持者

美国现代教育家约翰·杜威说过这样一句话："做孩子永远的支持者，永远爱孩子，永远赏识你的孩子，而没有任何附加条件，这样才能让他真切地体会到父母的爱。"父母的支持对于孩子来说是非常重要的。在孩子的成长过程中会有来自不同人的支持，然而只有父母的支持才是坚强的后盾，才会让孩子感受到无比的幸福。

妈妈们应该成为孩子永远的支持者，无论发生什么事情，妈妈对孩子的爱都不会改

变。妈妈可能会表扬或批评孩子某些具体的行为，但是对孩子的呵护关爱却是毋庸置疑的。世界上很少有不爱自己孩子的母亲，也只有在妈妈永远的无条件的支持和家庭温情关怀下，孩子才会感受到温暖和快乐，才会变得更加自信和努力，在自己以后坎坷的人生中，才会勇敢地去面对生活中的困境。

妈妈是孩子的守护神，如果一个孩子没有了妈妈的支持，那么他就像是一株无根的水草，不知道自己未来的方向。当然，妈妈也是孩子的辩护律师，是孩子心中不灭的灯。孩子需要妈妈对自己的支持，也希望妈妈一直爱他们，不管他们在生活中，做得是对还是错、是成功还是失败，但在精神上，妈妈都是他们永远的支持者，因为这意味着妈妈对孩子无条件的爱。

阳阳今天放学回到家里似乎心情很不好，他撅着小嘴，怒气冲冲地把书包狠狠地扔在桌子上，说道："冬冬那小子太坏了！他在班上大声喊我白痴，而且还不止一次地喊！我想上去跟他理论，他还差点把我推倒在地！"妈妈一听，马上说："冬冬肯定不会无缘无故地这么做。你是不是先做了什么事情，让冬冬不开心了？你都干什么了？"阳阳余怒未消地说："我做什么了？我不过是在体育课上跑步的时候，不小心撞了他一下，这有什么呀，本来跑道就特别窄，那么多同学一起跑，我也不是故意的，他就那样侮辱我！"妈妈说："瞧！我就知道，冬冬不会无缘无故地骂你，你一定把他撞疼了！"听了妈妈的这话，阳阳更加气愤了，狠狠地跺着脚嚷道："你一点也不关心我，你就知道替别人的孩子讲好话！"说着，把门一摔，冲出了家门。

在上面案例中，阳阳的妈妈并没有起到帮助孩子消除气愤心理的作用。当孩子受了委屈的时候，他希望能够向妈妈诉说时，而此时他希望妈妈能够理解自己，做自己的支持者，而不是支持别人。孩子在困难的时候，如果得不到妈妈情感上的帮助，只会导致矛盾的升级，根本达不到妈妈想要的结果。许多妈妈自然会说："我的孩子肯定知道我很爱他。"

实际上，孩子往往很难分清妈妈是生气还是不再爱他了。就像上述案例中，阳阳将妈妈的严格要求和分析误以为是不在乎不够关心，也会觉得妈妈的对自己的爱不够，他小小的心灵会觉得是雪上加霜，使他对妈妈越来越疏远，甚至会影响到亲子之间的感情，沟通也会难以进行。

妈妈可以通过很多种方式来对孩子表达支持与爱。在必要的时候，妈妈应该对孩子的某个行为表扬或批评时，一定要让孩子知道到你不管是批评还是表扬都是爱的一种表现，当孩子的情绪不够稳定时，妈妈可以先放弃"理"，先去体会孩子的感受，让孩子感受到妈妈对自己的支持和体谅，如，妈妈们可以对孩子说"你一定很生气吧？你很尴尬吧"，这样的话有助于沟通的进行。在妈妈要讲自己道理的时候，最好先让孩子发泄一番，等他心平气和时再讨论事情本身的对错。首先让孩子感受到妈妈的爱和对自己的支持，妈妈才能教孩子以正确的心态和方法去处理矛盾。

要永远支持孩子，要随时观察孩子的表情变化、微笑地倾听孩子的心声、用话语来进行沟通。要客观地衡量孩子的所作所为，千万不要打击孩子的内心，要给孩子尝试的机会，要鼓励孩子在修正自己的行为中成长。

有人比喻孩子就像是翱翔在天际的风筝，而妈妈的爱和支持，就像是拉绳线一样，永远牵系着孩子。

妈妈的支持对孩子来讲就像是大地一样，让孩子感受到爱的坚实；妈妈的支持就像是海洋，让孩子沐浴在爱的波浪中；妈妈的支持对孩子的成长是助推器，让孩子飞向无量的前程。那么，妈妈该怎么做呢？

1. 做孩子背后永远的支持者

成成在十六岁那年报名参加了全市篮球比赛，他准备给妈妈一个惊喜。可由于他求胜心切，发挥失常，最后他所在的队，连最差的名次都没拿到。比赛结束后，他独自坐

在凳子上,心里十分悲伤和痛苦。过了很久,他默默站起来,正准备离去,突然,他发现在不远的看台上,有一个人正对自己微笑。他当然看清楚那是谁,"是妈妈!"他飞奔过去,一下扑在妈妈的怀里,放声地大哭了起来,边哭边责问妈妈:"为什么你在看台上,也不下来安慰我?"

妈妈笑着对孩子说:"儿子啊,人生最难的路要自己去走,妈妈如果一味地帮你,那么如果有一天妈妈不在你身边了,谁去帮你呢?""那你为什么还来看我比赛?"儿子责问妈妈。此时,妈妈回答:"孩子,无论你多难,无论你比赛的结果怎么样,妈妈都会站在你的身后,永远地看着你支持你……"

第二年,还是在这个体育馆里,还是一样的比赛,成成所在的篮球队战胜了所有的对手,获得了冠军。有人问他为什么这次表现得这么出色,并且还进步这么大,他说:"这是因为我知道妈妈一直站在我的身后,一直在支持着我,她用她充满慈爱、鼓励的眼神在看着我,我必须要做得更好。"

高尔基曾经这样说过:"爱孩子,这是连母鸡都会的。"可是爱孩子,却需要爱的智慧。爱孩子首先就表现在支持孩子方面,孩子的人生中会出现各种各样的挫折,那么要想让孩子勇敢地接受挑战,那么妈妈就要支持孩子,让孩子自己勇敢地面对困难,在战胜挫折中长大、成才。

2. 妈妈要支持孩子伟大的梦想

一个出生在普通农场工人家庭的男孩,在老师布置的作文《长大以后做什么?》中这样写道:我长大后,要拥有一座美丽的庄园,在庄园中,有无数的小木屋,当然,还会有人们喜欢的烤肉区、钓鱼区,有我喜欢的葡萄园、玫瑰园,还有高尔夫球场。老师在看了他的作文之后,给他的评语是差,让他重新写,并且对他严苛地说道:"你不要想些不着边际的事情了。你没有钱,你的家庭是那么普通,根本没有家庭背景,靠什么得到一座大农场呢?那可是要花很多钱的大工程,是具有一定经济地位的人才能够拥有的,你不可能做到的。"

男孩感到很委屈,然后回家后征求妈妈的意见,妈妈告诉他:"儿子,妈妈支持你的梦想。人要敢于做梦。只有拥有了梦想,人才有奋斗的动力,人生才会有奋斗的方向。"

再三考虑之后,男孩做出了一个决定,那就是坚决不改作文,一个字都不改。他告诉老师:"老师,即使您给我批复了'差',我也不会放弃自己的梦想。"三十几年过去了,这位老师带着一群学生到一个美丽的度假村去旅游,遇到了庄园的主人,那位度假村的主人就是当年那个作文不及格的学生。当时,那位老师感觉到很惊讶也很惭愧。

对于孩子来讲,很多时候,他们需要的是来自妈妈的支持,所以要尽量支持孩子的梦想,即使你认为它是天方夜谭。因为孩子是属于未来的,没有人能够预料未来孩子会发展成什么样子,敢于梦想,就是迈向梦想的第一步。妈妈们要支持并引导孩子去找到通向梦想的大门,并勇敢地帮助孩子推开这道大门,而不是以怀疑、嘲笑、否定的态度对待它。在妈妈的支持下,最终孩子的梦想将不会是天方夜谭,终有实现的那一天。

3. 支持孩子的兴趣和爱好

明明是个热爱运动的孩子,他尤其喜爱打乒乓球。在家中,他的卧室里有很多乒乓球冠军的照片,明明喜欢乒乓球胜过一切。

每天放学后,明明都要和小伙伴们在学校打一会儿乒乓球才肯回家。每当有乒乓球比赛的时候,他从不放过观看的机会。开始,妈妈看明明如此入迷,担心他会影响学习,决定与他好好谈谈。

明明热切地说:"妈妈,我一定不会让打乒乓球影响到我的功课,实际上,它还可以促进我好好学习呢!每次我学习累的时候,打一会儿乒乓球就会瞬间感觉轻松了很多,同时,我的身体也变得强壮了,记忆力也提高了不少呢。"

很多孩子都有自己的兴趣爱好，但是得不到妈妈的支持，因为妈妈总是觉得孩子的兴趣爱好对其成长没有任何帮助，其实，对于孩子来讲，他们在特定的年龄段需要的往往是开心和快乐，而妈妈支持他们的爱好和兴趣就能够让他们感受到无比的快乐，这就是对孩子成长最大的帮助。

对孩子适当妥协

当父母在思想上与孩子不和的时候，很多父母都会表现为怒发冲冠，他们很难在这样的情况下还保持冷静、友好的态度。这样往往会激发矛盾，若是父母在矛盾升级前向孩子妥协，退出争吵，当只剩下孩子自己的一人的时候，他就会自觉无趣地放弃。在妈妈和孩子思想上发生冲突和矛盾的时候，切不要以为孩子一定要遵从自己的想法，按照自己的意见来。适当地做出妥协，让孩子有一个自由的空间，往往效果会更好。

对于孩子来讲，要坚持一件事情可能不太容易，而这个时候妈妈们应该给予支持，但是当孩子与家长思想出现矛盾或者是行为上出现冲突的时候，妈妈们不妨站在孩子的角度进行思考，千万不要让孩子违背自己的思想，跟从你的思想，所以说这个时候你不妨尊重孩子，妥协一次，从而让孩子更加自信。

张浩是一个比较听话的孩子，但在爷爷家度过了一个暑假回来之后，父母发现他有了小脾气，常常为一些小事没完没了地闹，妈妈越小心，张浩越难待候，像一只小刺猬，搞得妈妈很头痛。在爷爷奶奶家受到了什么特殊待遇不得而知，但妈妈对张浩却变得无所适从。妈妈要带张浩出门去做客，让他换下身上的脏衣服，张浩一口拒绝。妈妈将衣橱里所有的衣服都拿出来吸引张浩，他就是不换。"你不想去冰冰家和冰冰玩了吗？""想。""那你就得换衣服，你已经5岁了，该懂得什么是脏、什么是净、什么是漂亮，到别人家做客就应该穿得干干净净漂漂亮亮的。""不换，就是不换！"妈妈渐渐失去了耐心，抓住张浩开始扒他的脏衣服。张浩拼命挣扎，大喊大叫，将妈妈好不容易给他穿上的衣服又脱了下来。妈妈气得在张浩身上打了几下。张浩哭得更加厉害，转身又将那件脏衣服穿上，泪眼婆娑地看着妈妈。妈妈真不知如何是好，只好蹲下来说："宝贝，一会儿妈妈给你买电动手枪，对门林林有的那种。"孩子点点头，"那把衣服穿上好吗？"妈妈费了九牛地虎之力，终于给张浩穿上了干净衣服。

张浩的目的是要好好展示一下自己的权威，他可以不听妈妈的话，逼着妈妈与他"打仗"。而妈妈也正如他所希望的那样与他争执不休，因为妈妈要带孩子出门做客，因此无论如何也要想办法让孩子换上干净衣服。妈妈的这种心理张浩可能也有所察觉，因而更有兴趣与妈妈周旋一番。

这种情况下妈妈只有两种选择，一是如上所发生的那样，妈妈最终采用"利诱"的办法，这当然是不明智的，因为这样等同于鼓励孩子下次如法炮制。不妨换一种方法，向孩子说明做客必须穿干净衣服，如果孩子不换衣服，只能取消去做客，然后让孩子考虑5分钟时间做出决定，若超过5分钟便给朋友打电话说明情况取消这次活动。说完应该回到自己房间或去干自己的事情，摆出可走可不走的姿态，将这次是否去做客的界线确定为完全取决于孩子是否换衣服。这样张浩就没有必要再向母亲示威了，除非张浩根本不想去，否则妈妈的策略是有把握成功的。当然妈妈这样可能会做出一定的牺牲，一次很好的聚会可能被迫取消，搞得朋友也不开心，但这样做不仅仅为这一次的事件找到了出路，更为今后避免了不必要的麻烦。

小东升4岁，吃饭时一不小心把粥碗弄翻了，洒了自己一身。妈妈应声赶到，看到

这桌上地下的脏乱情景,不由火往上冒,但她只是对小东升说:"怎么不小心点,快来孩子,我们去洗一下,换件干净衣服。"

小东升跟着妈妈到了洗手间,等妈妈放好水,给他准备好衣服后,小东升却突然改变了主意,不让换不让洗,躲躲闪闪的。

妈妈给小东升讲了一会儿道理,仍不奏效,生气中的妈妈按捺不住,上去紧紧抱住他,把他放到了澡盆里。小东升又哭又闹,在澡盆里哭天喊地地挣扎,妈妈只好抓住他的胳膊用力按住他,将他的胳膊抓出了一道红印儿。待擦净穿衣一切弄好后,小东升抽泣着将自己关在房中,仿佛受了莫大的委屈伤害。妈妈也回到自己的屋里,感到一阵阵的内疲。本来是很轻松愉快的一顿午餐,却搞得儿子苦不堪言、母亲气喘吁吁。

这件事不妨这样处理,做母亲的或许能少受许多周折。在小东升拒绝换洗时,妈妈应告诉他:"这么脏不但自己身上很不舒服,也会将其他东西搞脏。"如果孩子坚持不换,妈妈可以走开,继续做自己的事,孩子身上的确不舒服会回来重找妈妈的。

"兰尼,晚餐好了,进来吃饭吧。"妈妈对在院子里玩的6岁的孩子喊。"好的,一会儿就来。"

爸爸和妈妈在桌旁坐下来,等了一会儿,见兰尼还没有来就开始用餐。过了一会儿兰尼跑了进来,看父母已开始吃饭,并没有招呼他,有些不自在,在自己坐位上坐下,挑剔地看了看面前的盘子:"又是炒芹菜土豆丝,我不爱吃,我要吃牛肉炖柿子!""不要闹,兰尼,家里没有现成的牛肉,要到市场上去买,还要用高压锅煮熟,今天就吃这些,明天我们再做好不好?""不,我今天就要吃牛肉炖柿子。""好孩子,快吃饭。""我不。"兰尼将身体仰靠着椅子背,将眼睛盯着天花板,一副不罢休的样子。一直未开口的爸爸很生气,说:"你妈做什么你就吃什么,再这样闹下去就回自己的房间。"兰尼转身离开了,但不是回到了自己的房间,而是跑到外面找朋友玩去了。

父母让兰尼吃饭却毫无效果,不难预料下次兰尼会变本加厉,让父母感到无可奈何。不管兰尼是真的不愿吃芹菜土豆丝,还是他不饿,或只以此为借口挑起事端,事件发展到权利的较量,爸爸要命令兰尼吃饭,兰尼却拿定主意不吃,看你怎么办。如果爸爸硬将饭菜灌入孩子的嘴里,甚至更强烈点将兰尼打一顿,其结果是孩子大哭一场,不能继续晚餐,父亲是否就胜利了呢?没有。在兰尼眼里,他成功地挑起了事端,使父亲气急出手,却仍不能使他吃饭,他还是成功了。因此他眼里虽然要流着委屈的泪水,但心里却在品尝着成功的喜悦。

在这件事情上,若是父母稍稍妥协地处理,那么结果又是如何呢?当兰尼走进餐厅的时候,看到父母正在用餐也没有招呼自己,心里自然有些不舒服,所以借题发挥想要看父母的态度。这是孩子在被忽视后的一种自然反应。若是此时兰尼说:"我不喜欢吃芹菜土豆丝,我要吃牛肉炖柿子。"妈妈的回答是:"兰尼,你要想吃牛肉炖柿子,我们明天可以做。可是今天晚餐就只能是芹菜土豆丝了。"然而若是此时兰尼还继续闹,父母又不给予兰尼任何反应的话,兰尼自然而然也会觉得没有意思了。下面也就不会出现兰尼跑出去玩或者继续挑事端了。

其实,在这种情况下,母亲应该把握好度,在适当的时候从争端口撤出来。因为在家庭关系中,孩子总是想要依赖和母亲之间的联系来寻找到安全的归属感。当妈妈撤出后,留给孩子的则是一个人的孤独。孩子并不喜欢这样的孤独感,很快自己就会意识到错误,也会很快自觉改正错误。因为他们知道若是他们一直这样父母将都不会理会他们。在冷静之后有的孩子还会意识到自己的错误所在,主动到母亲身边以嘻嘻哈哈的方式表达友好,来缓解与父母之间的关系。

除了上面的这种情况,还有一种是孩子故意挑衅。他们想要探究母亲的底线到底在哪里,也想知道自己做了之后妈妈究竟会怎样对待自己。在遇到这种情况的时候,妈妈应该理性地从中撤离出来,这也是另一种告诉孩子界限的方式。孩子也会自己领悟出其中的道理，来调整自己的行为，和妈妈重新回到友好的状态中。

 爱孩子，也教会孩子付出爱

妈妈们作为孩子的第一任老师，要让孩子明白一个道理，那就是目前的幸福生活不是一来就有的，都是由于父母的辛勤劳动以及学校里老师的教导和关心得来的，还有社会的关爱带来的，所以要让孩子懂得去关心别人、感激别人。让孩子懂得去感恩的目的是为了让孩子明白自己也是需要付出爱的。在这个社会中，感恩方面的教育是不应该流于形式的，而是要培养出孩子的爱心，只有懂得付出自己的爱，懂得感恩的孩子才会得到他人更多的支持和帮助，那么在今后孩子成长的道路上，也就会越走越顺利了。

孩子在成长的过程中，会感受到来自外界的很多的爱，不管是来自父母的爱还是来自朋友的爱，这会让孩子十分开心，但是作为妈妈，一定要教会孩子去付出自己的爱，一个不懂得付出自己爱的孩子是不会得到别人真心的祝福和爱的。要告诉孩子，如果他想要让更多的人爱自己，那么就要真心地去爱别人，因为爱是相互的。

昨天，圆圆的爸爸下班回来说眼睛干涩，并且头有点痛，连晚饭也没吃就回房歇息去了。当时，圆圆正在家里看电视。

于是妈妈嘱咐圆圆："宝贝，今天爸爸不舒服，请你去看看爸爸，关心他一下，可以吗？"圆圆跑上楼，不到五分钟就下来了，然后继续看她喜欢的电视。

妈妈问她："圆圆，你有关心过爸爸吗？"圆圆头也不回，仍然在看她的电视，应付说："有啊！我有看过爸爸的。"

当时她聚精会神的样子，让妈妈很生气，妈妈很想把电视关掉，但是觉得这样做不会起到好的教育效果。

妈妈一边扫地，一边在心里纠结着。

过了一会儿，缓过神来的圆圆眼睛里含着眼泪，过来抱住妈妈，问道："妈妈，你不理我了吗？"圆圆的妈妈抱住她，"妈妈怎么会不理我们家圆圆呢，可是你在看电视就忘记爸爸在病着。这让妈妈很失望。圆圆可否记得当你生病的时候，爸爸妈妈、奶奶爷爷，甚至表哥表姐都会陪在圆圆身边，甚至隔壁的阿姨也会来看圆圆是不是好点了，现在爸爸不舒服，难道圆圆不该去关心一下爸爸吗？在圆圆需要爱的时候，所有的人都会给圆圆爱，现在爸爸不舒服，难道圆圆不该给爸爸一些爱的力量吗？你的爱会给爸爸很大的力量哦！这个时候，爸爸很需要你的关心、你的安慰、你的陪伴……"

其实，妈妈还想告诉圆圆，爱永远不是单方面的索取，即便是孩子，也应学会付出自己的爱。

圆圆听完妈妈的话后，将电视关掉，然后上楼陪爸爸去了。还很认真地读她的儿童故事书给爸爸听呢！

作为妈妈，不仅要让孩子感受到来自父母的爱，更重要的是要让孩子从小就明白爱的真谛，学会主动地付出自己的爱，因为这样，孩子才会感受到真正的幸福，在长大后才能够真正地感受到爱。

1. 不要对孩子保护太多、干预太多，不要为孩子包办一切

如果妈妈对孩子的保护过多，那么孩子可能会觉得这是父母应该做的，渐渐地将会失去爱的能力，那样孩子就会渐渐习惯妈妈的包办代替，会认为这一切都是理所当然的。久而久之，孩子就很难再感谢妈妈对其所做的一切了。所有，妈妈要让孩子去做他们能做的事情，让孩子感受到爱的幸福。

2. 妈妈千万不要让孩子吃"独食"

从小让孩子吃"独食"并不是一个好习惯，这会让孩子觉得他吃好东西、拥有好东

西是理所应当的,并且养成这个习惯之后,会不懂得分享的价值。如果孩子习惯了被给予,只知道索取,便很难在以后的生活中去考虑别人,这样会让孩子变得很自我。对于一个不懂得关爱别人的人,怎么可能会得到更多的爱呢?所有,妈妈们要避免孩子吃"独食",让孩子从小学会分享,然后渐渐地学会付出自己的爱。

3. 不要"有求必应",更不要"无求先应",不要让孩子觉得一切来得太容易

对孩子提出的要求,妈妈应先思考一下是否是合理的,如果不够合理,妈妈们则需要坚决拒绝,并且认真地告诉孩子为什么是不合理的,给孩子一些经受挫折的机会。当孩子通过自己的努力获得了所需的时候,他才会知道在妈妈的爱和保护下是幸福的,渐渐地孩子才懂得付出自己的爱。同时,妈妈也不要预先对孩子承诺太多,以免孩子觉得这是自己应该得到的。

4. 经常给孩子讲一讲自己的工作艰辛

每一位妈妈在工作中都很不容易,但妈妈们却爱给孩子一张笑脸,给孩子一些超脱的环境,因为妈妈们希望自己的孩子能够更加快乐,害怕艰难的现实会给孩子带来生活的压力。其实,如果妈妈们能经常告诉孩子一些自己的苦恼,那么孩子会变得更加听话,也能够学会从妈妈的角度去思考问题,同样也就学会了付出自己的爱给妈妈。

5. 妈妈要为孩子做出榜样

身教的力量远远大于言教。如果家中有老人,那么有好吃的东西,妈妈要先给老人吃,逢年过节给老人送礼物,这些都要让孩子知道,妈妈们要给孩子做榜样,让孩子知道什么样的行为是对的,渐渐地,孩子也就会按照妈妈的所作所为来行事,自然也就明白怎么样来付出自己的爱。

6. 给孩子"回报"的空间

妈妈们要清楚自己最大的责任不是让孩子学会读书,而是让他首先学会做人,所以,孩子在成长的过程中,妈妈们一定要给他们创造"回报"的机会,让孩子敢于去付出自己的爱。当孩子懂得付出、懂得"回报"了,他才会懂得珍惜、懂得体谅别人。

制订规范孩子行为的家规

在一般情况下,每个家庭都有治家的规范。在教育孩子的时候,互相理解是一种很自然的道理。所以说妈妈们有必要建立家规,在建立家规的时候,妈妈们首先要做的就是要树立"角色"的意识,让孩子明确"角色"任务。妈妈要让孩子从小就懂得家里有一些规矩人人都是要遵守的,有些事是大人可以做的,孩子却不能去做的。

很多家庭坚持的是父母制,在这种制度下,家里的一切均由一家之主说了算;而在民主型的家庭里,治家的规范则是建立在尊重每个家庭成员的意愿和义务的基础上的,在这样的家庭中,每个家庭成员都会有权表述自己的意见,即便是对于孩子来讲,他们也可以按照自己的想法表达自己的意愿,当然,不管是父母还是孩子,只要是家规中规定都要遵守的事情,就必须要遵守。

但这并不是说所有成员的权利和责任都是绝对同等的,这一点必须要清楚。例如,妈妈们可以要求孩子在早上见到问好,晚上讲晚安,而这一点也是家庭其他成员也必须做到的;在家庭成员中,不管是谁离家外出、回家时都要对家庭的其他成员打招呼;不管是谁带同学回家或者是邀请客人的时候,事前都应该征求家里其他人的意见;可以规定家里公用的东西要有固定位置,用后要放回原来的位置;家里各人的东西都要自己保管好,不要随便乱放,不可随意乱翻别人的东西等等。因为孩子的自我控制能力较弱,有的已经改正的坏习惯还是可能再犯的。因此,为了巩固孩子纠正不良的生活习惯所取得的成绩,一定要预防和纠正孩子不听话的坏行为,只要是订立的家规,就一定要相互督促遵守。因此,妈妈可以制订一些家庭规范,使孩子的行为有所约束。

小虎有一个很不好的习惯，那就是吃饭剩碗底，不管吃什么饭，也不管饭多少，都是那样。妈妈正确引导他，给他讲了粮食来之不易，并用一些具体事例开导他，与此同时，还定了严格的规矩，说在家庭成员中，不管是谁剩饭，都要受到惩罚。渐渐地他的这种坏习惯也改变了。

邱小姐的女儿小敏今年刚上幼儿园了，老师说她比其他同学都懂事。其实，邱小姐在女儿很小的时候就开始锻炼她自主的能力了，并且根据孩子的年龄和能力，邱小姐制订了简单的家规：自己洗澡，九点半睡觉，不喂饭等等，而且邱小姐执行得很坚决，即便女儿哭闹，她还是坚持这样，并且规定了父母要做的事情，也规定了女儿应该做的事情。因此，女儿放学的第一件事就是写作业，写完之后还帮妈妈做点力所能及的家务。

孩子缺乏自我控制能力，如果养成了坏习惯就需要费力纠正，某些改过的还可能再犯。为预防和纠正孩子坏习惯的产生，可以制订一些家规，对孩子有所约束。

刘强上小学时，开始一边吃饭一边看书，影响消化也耽误时间，父母劝说多次也难以改变，父母发火也无济于事。后来父母跟刘强一起讨论怎么解决这个问题，刘强说，他已经习惯了，手里没有书，就不想吃饭。父母指出这样看书的效果差，也影响肠胃和眼睛的健康，跟刘强一起制订了整改时间和方案，并规定如果一个月以后还是这种状况，就不再给刘强买新书。刘强酷爱读书，不买零食和玩具可以，但每个月都要买很多新书。为此他决心改变自己的坏习惯，父母也按照约定，一个月内没有购买新书。一个月之后，刘强终于改掉了吃饭时看书的坏习惯。

从上面的案例可以看出，孩子本身年龄比较小，自控能力还很弱，那么妈妈们就应该帮助孩子去控制自己，避免孩子形成不良的习惯。如果孩子已经形成了不良的习惯，那么妈妈们可以制订适当的家规，督促孩子去改正。当然在制订家规的时候，一定要跟孩子讲解清楚，避免孩子产生反抗情绪和叛逆心理。家规制订出来后，不仅仅是孩子，家长们也一定要严格遵守，定期进行总结和变动；还要在执行家规的同时，改善家庭的软环境，对待孩子一定要尊重和关心，当孩子改掉了不良的习惯之后，家规可以适当地做调整，并且要给孩子夸奖和奖励。制订家规，预防和约束孩子的不听话行为，父母要注意：

1. 让孩子理解家规的目的和意义

在制订家规之前，一定要告诉孩子，家庭规矩都有哪些内容，并且尊重孩子的意见，让孩子参与家规的制订，就此机会应该对孩子进行孩子家庭传统史的教育。比如，有的家庭经济条件并不富裕，也可能因为各种原因生活上会出现暂时的困难，此时可以让孩子了解家庭的背景，让孩子理解父母的诚实劳动，这样不仅能够让孩子变得更加听话，更能让孩子树立起家庭的自豪感，进而做到自强、自立。在实际的教育中，妈妈们也可以进行渗透家规的教育，经过了长期的并且有目的的教育之后，孩子会在不知不觉中，形成一种定式，最终能够自觉地遵守家规。

2. 让孩子感受到这是缘于父母的爱

对于孩子来讲，他们虽然年龄比较小，但是也会出现心理上的压力和一些负面情绪。如果一个孩子在童年时没有形成健全的人格，那么在其成长过程中，必将遇到许多的障碍。所以说应该给孩子订家规，让他从小就明了什么是是非曲直，以免误入歧途。但是在订家规的时候，严格是一方面，最重要的是应该让孩子感受到这是缘于父母的爱，要让孩子感受到父母的关怀，感受到安全感的存在，切忌让孩子产生抵触心理和叛逆心理，觉得父母不爱他了。在坚持原则的基础上给孩子爱抚，在他情绪不好或者是不开心的时候，妈妈们千万别为了威严而忽视孩子的心理感受。

3. 妈妈要以身作则守家规

在给孩子制订家规时，一定要让孩子感受到妈妈是爱他的，要让孩子既改正了错误又感受到了安全感，不要让孩子产生任何的抵触心理，或者是让孩子感受到妈妈不爱他了。妈妈必须让孩子明白一个道理，那就是自由并不是无限的，必须要接受并遵守一些

规则。但是,妈妈们对孩子进行合理的限制这并不意味着控制孩子,让孩子失去自由。妈妈们要知道大部分的家规都不仅仅是立给孩子的,而是爸爸妈妈以及家庭的其他成员也要严格遵守,妈妈更要以身作则。比如,要让孩子规律进食,妈妈自己就要在饭桌上举止规范,如果妈妈挑食,那么还怎么规定让孩子不去挑食呢?要求孩子不说脏话,妈妈自己也要对所有的人使用文明用语。当然,在家规制订完成后,妈妈们要尽量帮助孩子认识到为什么要遵守这些规则,使他真正理解原则的意义。

4. 家规制订尽量简单

家规一定要尽量简单,千万不要一次性地订立出很多条,要让孩子有一个慢慢遵守的过程,尤其是对于孩子不良的习惯来讲,一定要给孩子时间去改正。一段时间内三条左右比较合适,家规表述尽量多用正面的语言,语言上尽量要温和。在决定给孩子奖励或者是惩罚的时候,要尽量与要遵守的规则结合起来,然后让孩子把规则牢牢地记在心上。比如,妈妈们为孩子制订了"每天只能吃一块糖"和"每天睡觉前都要刷牙"的规则,如果孩子没有遵守,妈妈可以对他说:"如果你不把玩具整理好,那么明天你就不可以吃糖了。"

5. 家规教育应该坚持长期不懈

妈妈对孩子进行的家规教育,不能单纯地凭着自己的主观意志来办事,一定要让孩子坚持下去,不要今天想起来了就对孩子进行教育,明天因为事物繁忙就允许孩子不去遵守,也不能因为孩子情绪好了就教育,情绪不好的时候就不去教育,甚至妈妈还做起违背家规的事情,这对孩子的成长都是不利的。家规教育具有一定的持久性的特点,所以说妈妈要帮助孩子持久地去坚持,即便是孩子要放弃,妈妈也要起到督促作用,当然妈妈要做好榜样,不要半途而废。

别让孩子受到城市化带来的不利影响

城市孩子生活的环境就是每天要面对高楼大厦、人流物流川流不息、噪音污染铺天盖地。这样的环境必然会对孩子的成长产生不利的影响,当然,在孩子的生活中,妈妈们总是希望自己孩子能够得到更好的发展,但是孩子生活在眼睛想看,却看不了多远;耳朵想听,却听不到的环境中,怎么可能会有好的发展机会呢?。

要知道现代化的生活都是以城市化为特征的。城市化进程的加快在带来人类文明的同时,也给孩子的健康成长带来了许多不利的影响,这些不利的影响对孩子性格的形成很不利。在城市中人口高度集中,流动人口众多,因此社会关系就会变得十分复杂,这对孩子的情绪健康发展以及性格的发展影响是非常大的。

在城市居民住宅中,多半是以单元式的楼房环境为主的,这种居住环境具有"封闭式"的特点,再加上天地狭小,离群索居,双重防盗门一关,造成住在同一栋楼十几年的居民,互相不认识。人人都以"谁也不会干涉谁、答理谁"的生活方式生活,这样的生活环境虽然除去了一些安全隐患,却在很大限度上控制了儿童与社会接触的时间和空间,这种生存环境很容易使孩子孤陋寡闻,形成孤独、依赖、忧郁、不善交际的性格弱点,这对孩子的成长是十分不利的。长期待在家里不与外界接触,也很容易造成孩子视野的狭窄、心胸狭小、看问题偏激片面等毛病。

城市是多变的,城市发展是日新月异的,环境变化也是十分迅速的,城市高层建筑林立,交通变得拥挤并且繁忙,这种环境对孩子的成长是十分不利的。而声响喧嚣杂乱,绿化面积减少,空气出现污染,这些都会给孩子带来不小的心理压力;所以,面对这样的生存环境,一定要帮助孩子去认识自己的特点,让孩子明白自己应该做什么,让孩子感受到自己存在的价值,也只有这样才能够克服城市化对孩子带来的不利影响,让孩子生活得更加快乐和幸福。

在现代城市生活中,交通便利、物质丰富,精神文化生活也变得丰富多彩,这容易给孩子带来一种优越感，这种优越感虽然能够让孩子变得自信和自尊，但是却也是有弊的，比如孩子容易意志薄弱，挫折容忍力低，一遇到挫折或受到打击，就容易情绪反常或反应激烈的缺点，同时，孩子还会难以自控，情绪不能自控。不是说城市化、现代化不好，而是说如果不加分辨、不加取舍地引导孩子，孩子很可能就会成为城市化、现代化的牺牲品。

那么在生活中，妈妈们该怎么样避免孩子受到城市化的不利影响呢？

1. 可以在群体生活中得到解决

基本上每家只有一个孩子，孩子在家不能与同龄人进行交流，但在学校却可以弥补这种缺陷，在学校的集体生活中，可以锻炼孩子的独立性并避免孩子出现一些独生子女的缺点。

幼儿园放学后，家长们都不急着带孩子回家，小丽也不着急带孩子回家收拾家务，她会在幼儿园陪着孩子与小伙伴玩很长时间。在小丽的眼中，孩子需要这种集体的环境和集体相处。因为在开始的时候她就发现自己的孩子比较缺乏合作能力，总是喜欢一个人玩耍。为了让孩子能够更好地与同龄人相处，每次孩子放学，她都会带着孩子在小公园中与同龄的孩子玩耍。

小丽的孩子所在的幼儿园成立了家长委员会，小丽会定期参加家长会，在孩子放学后及家长会上，各行各业的家长都可以聊一些自己的专业特长以及教育孩子的方法，甚至现场露一手。

小丽说："我的儿子马上就7岁了，我会给家长们说，7岁是孩子的关键期，7岁的孩子心理会有哪些变化，他们开始去理解一些复杂的事情了，所以说在生活中大家应该注意这些，多给孩子机会，让孩子独立地去思考。"

一些趣味相投的妈妈们在一起讨论孩子的教育问题，甚至还带孩子进行周末野餐或者是旅游，这其实是一件很不错的事情。不仅能够让孩子感受到大自然的快乐，同时也能够让孩子避免受到城市化不良的影响。

每个家庭都要从自己做起，从现在做起，一点一点地弥补现代社会化给孩子造成的交往局限。

2. 要从小培养孩子的爱心

小贝贝周末和妈妈去公园玩，到了公园，那里全是美丽的花朵，有红色的、黄色的、紫色的。贝贝很开心，便伸手想要去摘一朵，此时妈妈阻止住了她。贝贝不开心，妈妈对她说道："我们家贝贝最听话了，如果每个小朋友都摘一朵，那么这里的花就被摘没了，到最后还会有人喜欢来公园吗？"贝贝觉得妈妈说的很对，从那之后，贝贝再也不随便采摘花朵了。

要想让孩子变得更加开心，那么就要让孩子具备爱心。让孩子具有爱心，学会爱惜花花草草，爱惜小动物，这看似很简单的事情，往往有着很重要的意义。当孩子对身边的人和物充满爱心的时候，他的内心会变得比较温柔，或者说是具有了人情味，而人情味正是很多城市中人所缺少的。

让孩子在大自然中尽情地享受自我

人是源于自然、归于自然的，这一点是无可改变的。当然，孩子也是需要走进自然的，妈妈们最好让孩子到自然中去，感受到自然的美，领悟人和自然的和谐关系，这样能够让孩子感受到生活的丰富多彩。大自然对孩子智力的开发，是十分有帮助的，在自

然中玩耍有助于发挥孩子的主动性、创造性。对于孩子，妈妈总是会在意很多，第一会在意孩子的身体是否健康，没有身体就没有一切；第二会在意孩子的人品，人品不好，孩子再有本事也可能成为害群之马；第三在意孩子的格调；第四在意的是孩子的浩然正气。妈妈们希望孩子能有好的发展，那么就离不开外界的环境和大自然的天然塑造。

除却物质、家庭等环境之外，自然环境对孩子的成长也有着一定的作用。当孩子每天的目光被高楼大厦、车水马龙遮挡，当孩子的耳朵被喧嚣、鸣笛声覆盖，孩子渴望自然清新，却总是抓不住开阔的阳光。在这样一个拥挤嘈杂的环境下，心胸如何装下万物？他们的心境要如何才能达到容纳百川之境？眼界开阔心胸也就随之开阔了，当脑海里出现的是绿树环绕的景象，耳朵里传入的是悦耳动听的声音时，心灵也就随之舞蹈。

丽丽在周末打算带自己的儿子小东去旅游，本来她想带孩子去游乐场的，但是却发现儿子很少有机会去接近自然，就连蟋蟀都不知道是什么样子，于是，她决定带孩子去旅游。

周日早上，她开始和孩子做准备，七点钟准时出发，到达旅游区的时候已经九点了，在那里有一片池塘，池塘里有荷花、金鱼，儿子很开心地指着金鱼，然后冲妈妈说道："妈妈，你快看，金鱼在吃东西。"看着儿子这么开心，丽丽也很开心，中午的时候，他们在草地上铺上了一块布，和儿子边吃东西边说笑，儿子说这是他最开心的一天，比去游乐场快乐多了。

妈妈们应该给孩子提供接近自然的机会，不仅仅是为了让孩子放松心情，更多的是为了能够让孩子感受到自然的美好，在自然中享受自我。

1. 课余时间，让孩子享受自然的气息

孩子每天放学后，妈妈们不要总是逼迫孩子去做课外题，不妨鼓励他们在开阔的地方、环境优美的地方多待一会儿。让孩子和泥土、草坪、河流、树木、麻雀、昆虫、蚂蚁进行接触，心灵自然也就会获得片刻的安宁了，心绪也就会得到暂时的调整了。家长们千万不要忽略了城中花园对孩子的氧化作用。如果在家庭条件允许的情况下，周末、节假日不妨都带着孩子到真正的大自然中去看一看、听一听，多感受感受自然的乐趣。

2. 带孩子通过旅游的方式走进自然

对于生活在喧闹之中的孩子，不知自然为何物。自然是多么的宁静、隽秀，那是图片上无法绘制的画面。带着孩子走进大自然的怀抱，踏在原始的青石板路上，听着潺潺溪水的流动，看着古老乡寨的人的淡泊，孩子浮躁的心自然也会变得安静。自然的美妙，会让孩子领悟到人生的真谛，让孩子更多地去回味从前，感悟未来。在闲适的环境里感受自己的幸福与快乐，渐渐放宽心境。

3. 让孩子少玩电脑，多出去玩耍

孩子在家的时候妈妈们不难发现其经常与电脑、电视、电动玩具为伍，孩子每天都会被动地接受、摆弄别人的劳动成果，自己的头脑里根本没有设计，没有构造，创造性思维当然也就无法产生了。对于孩子来讲，与其花钱给他们买现成的高档玩具，不如让孩子在大自然中去玩泥巴、玩沙土，让孩子体味自然的美妙和快乐，同时，也能够让孩子开阔眼界。很多孩子根本不知道昆虫真正长什么样，他们经常会问妈妈："蟋蟀长什么样子呢？""蜻蜓长什么样子呢？"这些问题需要妈妈们带着孩子去自然中，才能够回答得彻底。所以说妈妈们不妨利用闲暇时间多带孩子去玩耍，到自然中去，让孩子自己去体味自然的美妙。

第4章 好妈妈不吼不叫，与孩子说话的艺术

越问越明白，恰当的提问能帮孩子取得成功

在教育孩子时应该适当提问，这是完成教育孩子任务的重要手段之一。妈妈们提问能够起到设疑、解疑和反馈的作用，也能够帮助孩子指明方向、启发思维和调节气氛。当然，在日常提问中，妈妈们要具有很强的技巧性。而在今天，提问的方式已经成为了一门艺术，能够促使孩子全面、主动地发展。

当然，妈妈们要明白，孩子的年龄还小，在很多时候，孩子自己也不知道自己存在的错误和自己内心的思想到底是什么样子的，这个时候，如果妈妈们能够主动地去帮助孩子认识自我，通过提问的方式来展现自己的内心世界，自然孩子也就能够实现自己的愿望，并且能够帮助孩子改掉自己的缺点，从而更快地取得成功。

王喜元在教育自己的孩子时，是很讲究方法的。

一次，王喜元带着孩子去动物园玩，这是儿子第二次来动物园。孩子很开心，对那里的一切充满了好奇，但是王喜元发现了一个问题。她发现自己的孩子在看到自己好奇的事情时，竟然不知道提问，更不懂得怎样解决心中的疑问。

当儿子走到长颈鹿观察区的时候，她觉得孩子一定对长颈鹿很好奇，但是孩子在看了足足有十分钟之后，竟然没有问自己为什么，于是，王喜元就对儿子说："宝贝，妈妈现在想知道一个问题。"

儿子看着王喜元，她继续说道，"你说长颈鹿的脖子为什么会那么长呢？"儿子听到妈妈的提问，也开始好奇地说道："是呀，怎么那么长呢，脖子比我都长很多，妈妈你也不知道呀，那我们回家问问爸爸吧？"

回到家中，儿子就问爸爸为什么长颈鹿的脖子那么长，爸爸告诉了孩子答案，每次王喜元看到儿子好奇的时候，都会用提问的方式来教育孩子，渐渐地孩子也变得愿意去提问题了。

妈妈和孩子在交流的过程中，妈妈们必须明白一个道理，那就是要想尽办法来促成孩子的进步，而提问就是一个不错的方法，但是在提问孩子的时候，妈妈们必须注意以下三点：

1. 妈妈在提问时要有适当的层次性

在传统的教育中，几乎一直让孩子说出标准的答案。而今天，妈妈们在给孩子提出新问题的时候，一定要培养孩子的问题意识，没有问题对孩子来讲并不是件好事情。不管是在学习中还是在生活中，按照孩子天真和好奇的天性，他们必然会对自己周围的事情产生好奇，而在学习的时候，因为自己的理解能力有限，自然会存在问题。而妈妈们可以选择用正确的方式去提问孩子，从而让孩子说出自己的心声和疑问，这样就能够让

孩子变得更加积极。

而在妈妈们提问的时候，一定要保证问题的层次性，这样不仅能够让孩子愿意回答自己的问题，更能帮助孩子建立理性思维和逻辑思维，让孩子在与妈妈交流的时候变得更加主动，同时，妈妈也了解到孩子内心的真实想法。

2. 妈妈们的提问要有合理的导向性

妈妈们提问的最好效果是将"质疑"，这种教育方法引入日常教育中，让孩子在妈妈们设计的问题和指导下，能够自觉地形成问题意识，即能够让孩子善于发现问题，又敢于去提出问题，乐于研究问题。

妈妈们要学会先提出问题，并观察孩子的表情，随后要鼓励孩子去回答问题。当然在提问的过程中，妈妈们要留一段时间让孩子去思考，这样孩子才有机会收集并组织信息，进行合理的归纳总结，从而才能够形成有条理的答案。

妈妈们要注意实施"妈妈们少问，引导孩子多问"的方法，在开始的时候，孩子可能会是被提问的对象，要对孩子进行引导之后，让孩子渐渐地学会自己去提问题，这样能够让孩子由被动变为主动，更能够让孩子感受到自己存在的价值，所以说妈妈要成为孩子的向导，让孩子自己去独立思考，当孩子思考和想象之后，要引导孩子去发出提问。

妈妈们要发挥"精问"作用。不同的孩子对同一个问题往往会有不同的看法，应该让孩子多多发问，然后畅谈自己的想法。只有这样，孩子在日常生活中才能提出疑难问题，从而提高孩子的学习能力。

3. 妈妈们在提问中应避免出现问题过于简单，答案过于开放的情况

很多妈妈都会这样问孩子"你想吃什么呀？""你想玩什么？""你想看什么呀？"等等，似乎这样的问题才会被孩子接受，也最适合孩子去回答，因为这些问题的答案是开放的，妈妈们认为孩子可以随意地去回答问题。而实际情况是，孩子真想马上回答妈妈的问题，但是妈妈给的想象空间太大了，孩子必须花一些时间去好好思考一下。但是，很多妈妈却没有足够的耐心和兴趣来等孩子的答案。所以说妈妈们千万不要觉得答案越开放，就越有利于孩子回答。

关于类似这样的开放性的问题，妈妈们提问时一定要有足够的心理准备，因为孩子不是毫无主意的，有时会偏离标准答案很远。比如，孩子可能会回答："我想吃大白兔奶糖。"

这个时候，妈妈们会毫不客气地责备孩子，其实这样的答案也是孩子真正的想法，但是却没有得到妈妈的认可，所以说为了避免出现这种情况，妈妈们就一定要把问题调整成为选择题，尽量让孩子有回答的空间和范围，让孩子知道妈妈们究竟是在问什么问题。

如何问孩子才肯说，如何说孩子才肯问

很多时候，妈妈们总是抱怨自己的孩子不喜欢回答自己的问题，或者说是自己问了孩子话，但是他就是不回答，即便是回答了也很不专注，似乎是在应付自己。同时也有妈妈抱怨孩子从来不提问题，即便是在课堂上，也是从来不去提问题，这种情况让妈妈们很头疼。

作为妈妈，自然希望自己的孩子能够回答自己的所有问题，与此同时，希望自己的孩子是一个善学好问的孩子。如果孩子不喜欢问问题，那么孩子就很难学到更多东西，很多妈妈认为，只有孩子喜欢提问，在上课的时候才能够受到老师的关注。那么，怎么样做才能够让孩子肯开口去提问，同时让孩子认真地回答妈妈们提出的问题呢？

1. 妈妈们可以借助孩子生活中熟悉的东西或动画形象来引导孩子

对于年龄小的孩子来讲，他们还不具备独立的判断能力，还不能直接依据妈妈口中

的是、不是，要或者是不要等判断性的语句来做出相应的行为反应。但是如果能够把他们喜爱的或者是厌恶的各种东西、形象作为"外力"，却能够对其行为起到一定的鼓励或者是制止的作用，所以说妈妈们完全可以利用孩子喜欢的这些形象来教育孩子，让孩子变得喜欢说话，喜欢提问。

譬如，小孩子一般都比较喜欢黑猫警长、海尔兄弟，却不喜欢毛毛虫、苍蝇、灰太狼等。因此，妈妈们可以依据小孩的情感倾向，来对孩子进行有意识地引导，让孩子学习动画片中的主人公的形象，多说话，遇到不懂的问题，要鼓励孩子像喜欢的动画片的形象一样去提问，这样慢慢地就能够让孩子变得多说多问，还能够提高孩子的应变能力和交际能力。

2. 妈妈们千万不要讽刺孩子的话幼稚

孩子可能会以不容置疑的口气向你说出幼稚的话，在这个时候，作为妈妈的你千万不要去打击孩子，不要认为孩子提出的问题很可笑，也不要去嘲笑孩子所说的事情幼稚。在这个时候，妈妈们完全可以按照孩子的思维方式去思考，这样才能够更好地与孩子进行交流。如果在孩子表达了自己的想法，又提出了问题之后，妈妈们总是以讥讽的态度去回应孩子，最终孩子内心会有一种挫败感，在以后遇到同样的事情，孩子不会愿意和妈妈交谈，也不会说出自己的想法，因为他知道即便是说出了自己的想法，妈妈也不会给予自己合理的答复。所以说妈妈们听到孩子的真实想法之后，首先要做的就是去认真地回应孩子，让孩子能够感受到你在听他说话，你在理解他说的话，你在认真地回应他说的话。

3. 借助有趣的活动来鼓励孩子

俗话说："小孩喜欢抢饭吃"，的确是如此的。当一个小孩吃饭的时候可能吃得不好也可能会不好好地吃饭，要是几个小孩一起吃，他们就会争着吃、抢着吃。其实这一点就表明了孩子有一种习惯，那就是有激励的因素存在时，便会主动去做某些事情。所以说在生活中，妈妈们还是应该去激励孩子的，如果孩子得到了激励，孩子自然就能够实现自己的愿望。小孩子在一般的情况下，都是十分喜爱活动的，活动的趣味性、竞争性和激励性会让他们变得更加积极活泼。所以说在生活中，妈妈们应该鼓励孩子，通过一些有趣的活动来鼓励孩子，让孩子敢于说话，敢于提问题。

父母请注意，不要以责备的语气提问

很多妈妈擅长用提问的方式来教导孩子，觉得孩子只有在面临提问的时候才会感受到震慑力，孩子也才会听话。于是，一些妈妈习惯用提问的语调与孩子进行交流，但是却从来也没有考虑到孩子的心情以及孩子的感觉，殊不知，责备孩子往往是收不到好效果的。因此，妈妈们还是应该注意孩子的性格，尽量少用责备的语气和孩子说话，温柔一些，让孩子感受到来自妈妈的爱和关怀。

一天到晚忙于照料孩子和照顾整个家庭的妈妈可能会一不小心就说出"作业做完了没有？""有没有去上补习班呀？""你怎么还没去换衣服呀？"等没完没了的责备式的提问，这种提问方法会给孩子一种被催促和被责问的感觉，只能让孩子产生逆反心理。

事实上，对于孩子的教育问题，妈妈们应该注意，在和孩子进行交流的时候，语言一定要充满正面的因素，如果语气总是那么的严肃，孩子会觉得和妈妈交谈有压力，不利于亲子沟通。当然，有的父母总是习惯用提问的方式和孩子交谈，但是提问不是责备，你的语言中千万不要充满责备，责备孩子只会让孩子感受到不快乐。

王芳是一个完美主义者，凡事她都追求完美。她总是觉得四岁的儿子越越的行为举止不够好，她希望自己的儿子能够表现得更好。孩子一放学回家，王芳总是这样对孩子说："今天在学校都学了什么？""老师布置的作业今天必须完成。""今天老师有没有批

评你？"等等，这些责问的语言，王芳的朋友娜娜觉得她这样对待孩子不好。那么王芳到底什么地方做得不好呢？

娜娜对王芳说："你作为妈妈，不应该单方面地去命令孩子，最好的办法是先问孩子该怎么去做，然后等孩子回答了自己的问题之后，再去完成。当然，在询问孩子的时候，口气一定要尽量温柔，重要的不是孩子回答得对或错，也不是孩子回答得是否完美，而是孩子自己想到该怎么回答，留一定余地给孩子，让孩子能够放松心情，千万不要给孩子带来压力，如果孩子和你说话都感觉有压力，那么孩子还会愿意和你交谈吗？"

妈妈们经常会对孩子说："你洗手了吗？""你漱口了吗？"对于这样频繁的询问，孩子从妈妈的口中感觉到的只能是责备，根本找不到任何有利于孩子成长的因素。所以说妈妈们在向孩子提问的时候，一定要给孩子留有余地，留点时间让孩子慢慢去思考。不要再用责备的口气来和孩子讲话，这些看似是提问的话语，实际却是在责备孩子，根本不利于孩子去接受你的意见和建议。

那么作为妈妈要怎么样来了解孩子的思想，同时让孩子能够正确接受自己的建议，而不是用提问的方式来责备孩子呢？

1. 选择提问的时候一定要注意自己的腔调

父母在和孩子交谈的时候一定要注意自己说话的腔调，如果你选择了提问的方式，那么千万不要在你的腔调中透露出任何质问的意思，即便是孩子做错了事情，妈妈们也应该理解孩子，不要用责备的语调来和孩子交流，因为责问总是会让孩子感受到浑身不自在的。

2. 千万要注意孩子当时的感受和心情

很多父母在和孩子交谈的时候，只顾自己的心情，只顾着自己去发泄情感，根本不考虑孩子的感受。如果当时孩子心情很差，妈妈们还用质问或者是责备的口气和孩子说话，那么必然会惹恼孩子，这样对两人的交流是毫无益处的。当然，如果想要避免孩子产生抵抗的心理，那么妈妈们也需要让孩子明白更多的东西，从而仔细地观察孩子当时的反应，这样才能够避免两人交谈的失败。有的时候孩子犯了错，妈妈们不顾孩子当时的心情，对孩子大嚷大吼，但是却不知道孩子自己犯了错，内心是更加难受的，这个时候妈妈们的安慰要比责备重要，而且孩子在面对妈妈的责问时自然是很不舒服的。而如果妈妈能够安慰孩子，孩子自然会记住这次教训，下次肯定会做得更好。

3. 孩子也需要反驳

在与孩子交流的时候，妈妈们总是会选择提问的语气，这种语气不是不能用，而是要看清孩子的情绪变化之后再用。在提问的时候语气上一定要温柔，否则当孩子感受到妈妈有责备自己的意思时，他可能会不开心，甚至会反驳你。比如妈妈经常会问孩子"今天在学校老师有没有批评你呀？"，孩子可能会感觉被问到这样的问题很不开心，可能会反驳地说："我又没犯错误，老师凭什么批评我。"这样一听，就能听出孩子内心的火药味儿，所以说在和孩子交谈的时候，如果妈妈责问的语气让孩子感觉到不舒服了，孩子会反驳妈妈，那么妈妈们千万不要因为孩子反驳的话语而大发雷霆，或者是对孩子大吵大嚷，这样往往会影响亲子之间的感情。

在发表自己的观点前给孩子说话的机会

妈妈批评孩子的时候，如果批评得不符合事实，应允许孩子做出详细的解释。因为如果孩子在表面上接受批评，而内心却觉得十分委屈，这样的批评教育不仅于事无补，反而还会引发种种弊端。与此同时，妈妈也要让自己的孩子明白，解释目的并不是推卸责任，本来应负的责任，还是应该要求孩子去担负的。

成功的家庭教育自然离不开妈妈对子女的深入了解，接受和尊重孩子的突出表现就是要保持孩子的自信，而不是去揭孩子的短。因此，当孩子的行为表现得不能那么令人满意时，妈妈们千万不能劈头盖脸地冲着孩子大嚷大骂一通，而是要深入去了解事实的真实情况，看看孩子到底是不是存在隐情，以免误解孩子，影响彼此之间的感情。

而在如今的家庭教育中，有些妈妈总是习惯性地表达自己的观点，根本认识不到倾听孩子诉说的重要性。孩子一旦出了问题，妈妈们就以成人的思维方式去评判孩子所做的一切，随后便将自己的意愿强加给孩子，轻则呵斥重则打骂孩子，根本不给孩子解释的机会。孩子因为失去说话的权利或者自己的想法得不到妈妈的重视，只好将委屈和不满埋藏在心里，长此以往，孩子再也不愿意将自己的想法告诉妈妈，做妈妈的也就很难知道孩子的所思所想，这样一来对孩子的教育就会无所适从。另外，孩子的说话权在很多时候是得不到妈妈的尊重的，妈妈不让孩子把话说完，总是打断孩子说话，这样一方面不利于孩子语言表达能力的提高，而另一方面也会使孩子产生自卑的心理。久而久之，孩子就会和妈妈之间产生隔阂甚至是产生对抗的情绪，以致双方会互不信任，产生沟通困难的问题，甚至还有可能会造成孩子的不良心理。

陶陶最近对一条浅紫色的牛仔裤情有独钟，几乎天天早晨起来都嚷嚷着要穿那条牛仔裤。因为裤子略有些薄，天气已经进入深秋，已经很凉了，妈妈觉得陶陶该穿厚的灯芯绒背带裤了。可陶陶依然不肯，妈妈怎么劝都没有用，她就是想要穿那条漂亮的牛仔裤。

到了晚上，妈妈把裤子拿走了，准备放到洗衣机中洗洗，不料被陶陶发现了，她赶紧拿了回来放到枕头边，第二天早晨陶陶便穿着那条脏兮兮的牛仔裤去了学校。放学回来之后，妈妈看着陶陶身上那条已经看不清小白兔图案的牛仔裤，便开始数落陶陶："你还有许多漂亮的背带裤，这条都已经脏成这样了，为什么偏偏非穿不可呢！"陶陶有些委屈地说："背带裤是比牛仔裤暖和，也漂亮，可是带子上的排扣太多了，系起来很费劲也浪费时间，课间上厕所的时间根本不够用，很容易迟到。"

妈妈这才明白过来，原来陶陶是因为这个原因而选择穿牛仔裤的呀，妈妈有些后悔刚才的莽撞言语，马上说道："是妈妈错怪宝贝了，妈妈帮你把背带裤改改，以后系裤子就方便了。"

妈妈在开始的时候没有了解陶陶选择穿那条牛仔裤的原因，便开始数落陶陶，但是等到陶陶说出了原因之后，妈妈明白了事情的原由，才因此而后悔。由此可见，妈妈在批评孩子时一定要给孩子"申诉"的机会，否则很容易冤枉"好人"。在妈妈发表自己观点的时候一定要先让孩子发言，说出自己的理由，这样才能够明白事情的原委，以免误解了孩子。一旦误解了孩子，就很容易对孩子造成伤害，同时，也会影响到家长和孩子之间的亲密感情。最终导致孩子对父母产生失望、反感，甚至会让孩子产生叛逆心理，以至于在今后，如有类似的情况再次发生，孩子也懒得向妈妈解释，采取消极抵抗或者是干脆反对父母教育的方式来应对。

陶陶的妈妈及时地听取了陶陶的"申诉"，很快意识到了自己的冲动和错误，随后真诚地对陶陶表达了歉意，并且马上改善陶陶的"裤子"状况，这有助于母女之间关系的改善和增进，同时也能够让孩子感受到被尊重，在以后的生活中，能够让孩子对家庭生活更加热爱。

那么，当孩子想要诉说时，妈妈们要如何才能更好地对待孩子的诉说呢？下面介绍几种方法，妈妈们不妨参考一下。

1. 尊重孩子说话的权利

妈妈们应该认真倾听孩子的诉说，充分给予孩子说话的权利，要知道这不是纵养孩子的行为，更不是去让孩子找理由，也不能视作听任孩子的狡辩，这是一种家教的艺术。首先，这有利于妈妈与孩子的交流。只有充分地尊重孩子的权利，孩子也才会对妈妈产生信任，才愿意把真心话掏出来。妈妈教育孩子也就能够对症下药、有的放矢了，从而帮助孩子去端正思想。其次，有利于孩子建立健康的心理，从而促进身心的良好发展。在平常，孩子有了向妈妈倾诉内心感受的机会，便会跳出压抑的心境，然后来克服自卑感，从而增强自我的信心。这对锻炼孩子的社会交往能力是十分有利的。

2. 向孩子显示妈妈正在听他讲话

孩子向妈妈诉说的时候，妈妈应该用关注来表示妈妈对孩子的尊重和表示妈妈愿意分享孩子的想法和感受。当孩子开口向妈妈讲话的时候，妈妈应该停下手中的事情，然后转向孩子，并与孩子保持目光的接触，仔细地听孩子说话。同时还要通过点头的方式表示自己在听孩子讲话。

当然，妈妈在听孩子说话的时候，千万不要对孩子进行无端的批评和责备。不管孩子说得对与错，作为妈妈首先应该去仔细地聆听，只有在听孩子说完之后，才能够给予孩子更好的反馈。在我们日常的生活中，因为受委屈的人，很少会反省自己有什么过错，而很容易被感动的人则更容易自省，并且因为感动会增加内心的勇气和自信，同时其自制力也会有所增强。

3. 告诉孩子你所听到的以及你的想法

孩子说话时，无论你有多么忙，一定要眼睛看着孩子，不要随意插嘴，表现出你听得十分认真的样子。让孩子发表他的观点，完整地听完他的讲话，如果妈妈在某一重要的原则上有不同的看法，那么也要等孩子说完之后再讲。在提出反对意见时，妈妈千万不要过于武断，不应否定孩子所说的一切。即使孩子是在信口胡说，也要尽量控制情绪，不要妄下定论，直到孩子完全理解清楚为止。

4. 让孩子投入到谈话之中

交谈需要花费一些时间，这最好是在一种让孩子与大人一样有同等机会参与的轻松的气氛中来进行。谈话时应自由自在，任意地发挥。不要有什么仪式安排或预期达到什么结果，尝试着与孩子随意交流观点和看法。

5. 接受和尊重孩子的所有感受

孩子向妈妈诉说自己内心想法时，妈妈应该安静、专心地去倾听，但不给予评判。妈妈没有必要去接受孩子的所有行为或者是表现，而只是接受孩子的感受就行。例如，孩子告诉妈妈，今天哪个小朋友让他很生气，这个时候妈妈就要去理解孩子的感受，随后去安慰一下孩子，但妈妈要教育孩子不能够通过嘲弄或打人来表达他的生气。

只要说出真实的想法，孩子就应该得到赞赏

孩子说出了心里话，尽管有时内容会很荒唐，那么妈妈也不要去嘲笑孩子，更不可妄加指责。父母要允许孩子发表自己的意见，并让孩子意识到自己的意见父母是重视的。

在孩子成长的过程中，自然不可避免地会做错事，也会说错话，因此，妈妈们应该语重心长地去耐心开导，让他真正知道自己错在了哪里。在与孩子进行谈话的时候，要鼓励孩子说出自己真实的想法，只有这样孩子才会觉得自己是受到了妈妈的尊重的。

在生活中，只有认为妈妈是最亲近的人，孩子才会愿意毫无顾忌地去敞开胸怀地交谈。当然，要取得孩子的信任，首先一定要做的就是用信任的态度来对待孩子。平时多与孩子相处，和孩子成为好朋友，在与孩子相处的时候，一定要和他进行朋友式的谈心与游乐，也可以打闹和跟孩子开玩笑，让家庭充满幽默和情趣。当然，一旦孩子表达了自己真实的想法，那么妈妈们就应该支持孩子。

有一个七岁的男孩儿，他刚从奶奶家回到自己家，因为父母工作忙，他一直跟着奶奶爷爷长大。有一天，妈妈炒了一盘鸡蛋，刚端到桌子上，接着进厨房继续炒别的菜，等到妈妈将第二道菜做好，端到他面前的时候，却发现孩子已把鸡蛋吃得精光了。

当时妈妈看到儿子的这种表现，就生气了，但妈妈并未责骂他，只对他说："父母都还没有坐下来吃饭，你怎么可以一个人把鸡蛋都吃光了呢？"孩子没有吭声，而是在一旁悄悄地掉起了眼泪。母亲看到儿子哭了，便来气了，问道："你这孩子怎么这样，哭什么，我又没训斥你，只是给你说这个道理呀。"

妈妈后来经询问才知道，儿子在奶奶家的时候，吃得越多，奶奶就会越高兴，"多吃点儿"，是奶奶的口头禅，也是表扬，从没有人告诉过他，别人没吃的时候，自己是不能都吃完的。并且妈妈因为那天对孩子发脾气也感到十分后悔，事后，她对儿子说："宝贝，是妈妈没理解你，你吃得多妈妈也很高兴，但是做事要懂得为别人着想。"从此以后，男孩便懂得为别人着想了。

在遇到事情之后，如果妈妈们总是一味地去责怪孩子，而不是与孩子进行交流，这样只能让孩子徒受委屈而又得不到更好的教育，对于年龄大一点的孩子来讲，更是如此。

孩子毕竟是孩子，他们考虑事情还比较单纯，当孩子能够对妈妈们说出自己的真实想法的时候，其实就应该得到妈妈们的赞扬。

老师发现小言最近和以前有点不一样，以前这个孩子是非常活泼的，上课发言也很积极，现在变得沉默寡言，在课下总是一个人发呆，学习成绩也下降了。老师经过细心的了解，才知道了小言不爱说话的原因。

小言以前在每天放学回家后，都会把学校发生的事或者是老师讲的有趣的事情说给妈妈听。可小言的妈妈是个对孩子要求非常严格的人，可以说她把全部希望都寄托在了小言的身上，希望小言将来能够考上一所好的大学、出人头地，因此，对小言的学习也抓得比较紧。

每次小言对妈妈说学校的事情时，她都觉得孩子在浪费时间，不想去写作业。因此每当小言兴高采烈地说话时，妈妈总是会打断他："你怎么整天只会说这些废话，一点用也没有，赶快去写作业。"

一次，小言说老师想要他报名参加学校的足球队，队员都是经过老师们推荐的，都是喜欢踢足球并且踢得最好的。当妈妈听到他的这些话之后，立刻对小言说道："踢什么足球，学习还学不好呢，哪儿还有时间踢足球，不许去足球队，好好学习才是最重要的。"就这样，小言连表达自己真实想法的机会都没有，其实，小言很想成为足球队的一员。

就这样慢慢地，小言在家里话越来越少了，而妈妈也不让他出去玩，每天放学后他就只好闷在自己的房间里，久而久之，他的性格也就变了。

作为妈妈，不管做什么都是在表达对孩子的爱，但是妈妈一定要注意方式方法，不要让孩子有负担。在与妈妈交流的时候，孩子需要说出自己观点的时间和空间，如果在这个时候，妈妈不允许他说出自己的真实想法，那么孩子会变得很不爱说话，做事情也少了很多积极性。

如果妈妈不尊重孩子的真实想法，那么孩子在以后的生活中，就会故意将自己的真实想法藏匿起来，不让妈妈知道。所以，妈妈要鼓励孩子说出自己真实的想法，为孩子真实的想法喝彩。

我们知道，亲子之间的沟通交流往往是影响亲子关系以及孩子性格发展的重要方面，也是重要因素。所以，如果妈妈们能对孩子的倾诉多一点耐心，多去鼓励孩子说出自己真实的想法，那么在孩子遇到事情之后，就会很乐于向父母倾诉，与父母建立更为良好的关系。

面对孩子的真实想法，妈妈或许会觉得孩子过于天真，甚至说得不正确，那么这个时候妈妈们要怎么去做呢？

1. 让孩子先说，妈妈们再加以评论与引导

在很多时候，妈妈总是习惯先说出自己的想法，然后让孩子按照自己的想法来想事情，其实这是对孩子自主思维的一种磨灭，在和孩子交谈的时候，要先让孩子表达自己的想法，然后再对孩子的话进行评价，随后着重对事情的现状，进行一番利害得失的分析，最后鼓励孩子自己去面对与战胜困难。

2. 鼓励孩子大胆说出自己的真实想法

孩子说出了心里话，会觉得自己的思想得到了妈妈的尊重，尽管有时孩子的思想很荒唐，父母也不能取笑，更不能妄加指责。妈妈要允许孩子发表自己的意见，并让孩子意识到自己的意见，让孩子知道重要性。孩子在成长的过程中，不可避免地会做出一些错事，说一些错话，父母应该语重心长地耐心地开导孩子，让孩子真正知道自己的错误所在。

给予孩子信任，远胜于对孩子进行监督

信任孩子并不是说相信他们总做得对，而是要求妈妈们要坚信自己的孩子是独一无二的。在大多数情况下，孩子的行为应该和自己的年龄相符，而这个时候妈妈们就要相信孩子的这种能力，不要让孩子做一些和他们年龄不相符的事情，对此妈妈们应该可以预见，所以不应为此烦恼或粗暴地对待孩子，而应运用适当的方法去激励他们。所以说在教育孩子的时候，信任比监督更有效，妈妈们从现在开始，学着去信任孩子和自己，不要再去监督孩子。

信任孩子也不是由着他们来，更不是放纵孩子。他们在学习生存智慧的过程中仍然是需要妈妈们的爱护、支持和帮助的。然而有了信任，我们就无需控制孩子，更不需要去监督孩子，当孩子知道妈妈们对自己十分信任的时候，他们会变得更加听话和懂事。与此同时，信任也能够给予我们耐心，让妈妈们懂得一些行之有效的办法，如和孩子合作去解决问题，帮助孩子坚持到底，甚至是开家庭会议等等。所以说在生活中，妈妈们应该学会去信任自己的孩子，让孩子感受到来自妈妈的尊重，从而学会去尊重别人，并且还能够改善亲子之间的关系。

小露露已经上了一年级，她最不喜欢的一件事情，就是每次放学回家之后，妈妈总会监督自己写作业。每天放学回家，妈妈就会对露露说："今天留作业了吗？赶快写作业。"露露只能按照妈妈的要求，坐下来写作业，因为露露心里惦记着自己的玩具，所以写作业的效率也提升了。这天，露露只用了半个小时就将老师留的作业都做完了，在一旁监督她做作业的妈妈用怀疑的眼神看着露露，对露露说道："写完了？你是不是为了出去玩儿，语文作业没写？"

面对妈妈这样的问话，露露觉得很委屈，便回答道："没有，我刚才先做的语文作业，当时您还在厨房。"

"那怎么做得这么快，先不许出去玩儿，我检查一遍再说。"妈妈边翻着露露的作业，边嘟囔着，"等一会儿我得打电话问问你们老师，怎么就给孩子留这么点作业，这怎么能够让孩子更有长进呀。"

妈妈检查完作业之后，看到女儿做得根本没有任何问题，露露问妈妈自己是不是可以出去玩儿了，没想到妈妈却说："等一会儿，我打电话问问你们老师，看你是不是落下什么作业没做。"露露感觉到很委屈，面对妈妈不信任的态度，她也没有办法。等到最后，妈妈打完电话，确认露露没有骗她，才允许露露下楼去玩。从那次之后，露露在写作业的时候故意耽误时间，她觉得自己做得那么快，只会让妈妈怀疑自己。

有一种品德，是孩子从出生就具备的，那就是信任。但是在孩子一天天长大的过程中，妈妈出于对孩子健康或者是安全的考虑，出于对孩子的保护，往往会在无意中给孩子更多的不信任，尤其是面对妈妈的监督，孩子会觉得妈妈已经不信任自己了。孩子在成长的过程中，几乎时时刻刻都在被告知外界的危险，甚至在生活中，孩子也觉得妈妈开始不再信任自己了。妈妈开始监督自己写作业，监督自己和别的小朋友的玩耍，这样对孩子来讲，他们会觉得对自己最好的人也开始不信任自己，那自己还怎么去信任妈妈呢？

那么在实际生活中，妈妈们应该怎么样来让孩子信任自己呢？

1. 让孩子增强自我判断能力

妈妈希望能让孩子早日学会判断，辨别能力对于孩子是十分重要的，不管是在孩子的童年时期，还是等到孩子长大成人，孩子都要对外界的事物进行一些基本的判断。作为妈妈应该教会孩子去判断，但是妈妈们不要操之过急，很多妈妈都指望孩子在很小的时候就能拥有这些判别能力，但是要知道孩子在很小的时候，是不具备这种能力的。对孩子来讲，判断能力的形成是需要一个过程的，所以说妈妈们要尊重孩子成长的过程，让孩子慢慢增强自己的判断能力。

2. 答应孩子的事情，不要食言

很多妈妈会觉得孩子还小，对于他的要求很多时候只是应付就行了，没必要每件事都做到，如果你也是这样想的，那么你就错了。对于孩子来讲，妈妈说的话就要完成，如果当妈妈们没有实现承诺或者是让孩子失望了，那么在接下来的日子里，孩子会对妈妈产生不信任的感觉。这样一来，孩子自然会不喜欢妈妈的所作所为，就会违背妈妈的意愿。

3. 千万不要让孩子觉得自卑

一个自卑的孩子总是会觉得自己不能做任何事情，即便是去做，也会失败。所以说妈妈们应该克服孩子的自卑心理，鼓励孩子去做自己能做的事情，这样一来孩子自然会觉得妈妈是值得信任的，在信任妈妈的同时，孩子会尽自己的能力去做好每一件事情。

给予孩子欣赏的目光，远胜于苛责的耳光

卢勤曾经这样说过："成人赏识的目光，能够使孩子创出奇迹。"的确是这样的。欣赏孩子，是激发孩子兴趣的最好营养剂。因为兴趣是孩子走向成功的奠基石，也是孩子能够打开知识大门的金钥匙。足可见，赏识的力量有多大。所以说在教育孩子的过程中，妈妈们要懂得用欣赏的目光来对待孩子，千万不要在孩子不听话的时候，苛责孩子，甚至是打骂孩子。

作为妈妈，不仅要有一双洞察孩子内心的眼睛，更要有一双赏识的眼睛。赏识就如阳光一样，它可以带给孩子快乐，帮孩子撑起一片明亮的天空，给孩子希望和强大的力量，时刻能够让孩子沐浴在阳光下。赏识教育是承认差异的存在、允许失败的教育，在于让孩子能够觉醒，对于孩子来讲，这种赏识是源于对孩子的爱。在生活中，我们经常会听到这样的抱怨："我们家小明总是犯错，屡教不改，真头疼！"然而，妈妈们应该静下心来仔细想一想：我们的教育行为是否足够恰当，和孩子的关系是否融洽，我们了解自己的孩子吗？妈妈们是不是把走进孩子的心灵只挂在嘴边，根本没有真正地去了解孩子的真实想法呢？

当孩子犯错的时候，妈妈们习惯了去斥责自己的孩子，"妈妈，我撒菜了。"当孩子用怯怯的目光看着妈妈时，妈妈还会忍心去训斥他们吗？"不要紧，以后要小心一点，我帮你擦干净。"声音一定要轻柔，目光充满慈爱。"妈妈，我不会折怎么办？""宝贝来，我来教你，相信宝贝会折得很好。"在妈妈充满鼓励和欣赏的目光中孩子会瞬间找回自信，品尝到成功的喜悦。在赞赏的目光中，孩子读到的是鼓励、理解和尊重。

在生活中，妈妈多用赏识的目光看孩子，是对孩子能力的极力肯定，也是对妈妈工作的一种自我的完善。做到用赏识的目光来看孩子，就要从细微之处来发现孩子身上的闪光点，并且激发孩子自信心的建立，努力去培养孩子战胜困难和挫折的坚强信念。

孩子的潜力是无穷大的，妈妈只要用心去发现，然后细细体会，就会看到孩子真诚可爱的笑脸。作为妈妈，孩子是自己的心肝宝贝，但是在孩子犯错之后，妈妈们也会毫不客气地责备孩子，其实用欣赏的眼光来教育孩子，要比责骂孩子好得多。孩子一般都"吃软不吃硬"。如果孩子能够感受到来自妈妈的信任，那么孩子也会更加信任妈妈，努力表现得最好。有这样一个故事：

琳琳的儿子在很小的时候就对音乐很敏感，而且十分喜欢听小提琴演奏。在他三岁的时候，只要电视里有小提琴演奏的画面，他就想要去模仿，而且听得也很投入。他的爷爷说："这孩子是学小提琴的料。"

看到儿子对小提琴这么偏爱，做妈妈的是看在眼里，喜在心上，从那个时候开始，琳琳总幻想着儿子以后一定能够成为小提琴演奏家，能够像陈美一样"疯狂"地驰骋在音乐世界里，琳琳也仿佛看到了儿子将来辉煌灿烂的美好前程。也正是这种心理驱动，在儿子不到五岁的时候，琳琳就给儿子在附近报了一个小提琴学习班，儿子开始了正规的学习。

刚开始的时候，儿子还能像以前一样对小提琴十分的喜爱，可后来学了几节课之后，他说自己再也不想学琴了，回到家之后，甚至连琴也不想去拿了，对学习小提琴产生了一种厌恶的情绪。也许是孩子的所作所为与妈妈内心期待的距离太大的缘故，每当这个时候，琳琳总会不可名状地冲着儿子发火，不是斥责孩子就是打骂孩子。

在这种情况下，孩子不得不去练习，但练习的效果却是很糟糕的。有一次，儿子在被妈妈打骂后，含着眼泪害怕地跑到爸爸面前说："妈妈的肚子里还有小宝宝吗？"作为爸爸的李帅，当时很好奇为什么孩子会这么讲，儿子说："妈妈要是再给我生一个妹妹，那么我就不用拉琴了，就可以让妹妹去拉了。"面对儿子幼稚又不失童真的话，爸爸和在场的琳琳都陷入了深思。

通过儿子学小提琴的事情，让琳琳开始反思自己的教育方法，她终于明白，孩子学琴不能急于求成，应该慢慢地去引导。在开始的时候，孩子只是对小提琴感兴趣，但是枯燥的专业知识让孩子觉得没有一点乐趣，所以在这个时候，妈妈应该对孩子循循善诱，激发他的学习兴趣。

现在，琳琳开始改变自己的做法，决定从孩子的兴趣入手，积极地去引导儿子学习小提琴，并注意培养儿子的自信心与荣誉感。

在每次孩子练完琴之后，琳琳都会用赞赏的眼光去看孩子，并且对孩子说："宝贝真棒，就连妈妈也没办法拉出这么好听的曲子。"并且，每天下班回家琳琳的第一件事，就是兴高采烈地像主持人一样对家里其他成员说："下面请著名的小提琴演奏家李然先生给大家演奏一曲《梁山伯与祝英台》。"孩子听了这话，自然很开心，并开始认真地拉起小提琴。每当这时，琳琳都会用欣赏的目光注视他。每次"演出"结束之后，儿子总是显得很开心。

通过这个例子可以看出给孩子赞赏的目光就是在激励孩子，那么作为妈妈，要怎么样做才能够真正激励孩子呢？

1. 在孩子遇到困难的时候，要用赞赏的目光告诉孩子他能行

孩子在生活中，不可能什么事情都让父母来做，孩子自己必须要学会处理一些事情，那么在这个过程中，妈妈们应该理解孩子，让孩子尽快完成自己的目标。一定要鼓励孩子面对困难，不要让孩子在困难面前感觉无助。

2. 欣赏孩子好的表现，用目光告诉他"你很棒"

当孩子进步的时候，妈妈一定要去夸赞孩子，尤其是要学会用自己的目光去夸奖孩子，让孩子感受到自己的成功和进步。只有这样，孩子才能够不断地进步从而实现自己的目标。

 父母该如何面对孩子的诸多"为什么"

孩子是天真的，对周围的一切都充满了好奇，经常会问一些稀奇古怪的问题。妈妈们时常会感到为难。有些问题说浅了便会误导孩子，说深了又可能会引出一大堆新的问题。妈妈们根本无暇回答孩子的问题，而孩子又对很多东西很好奇。那么究竟该如何对待孩子的提问呢？

当然，妈妈应该知道孩子想要的什么，孩子总是会对外界的一切都产生好奇心，并且有很强烈的探知欲，提问是孩子想要了解外界的一种表现，也是一种好奇的反应。之所以孩子会问稀奇古怪的问题，是由于孩子年龄还小，思维和表达能力是相当有限的，往往会无法提出一个关键而凝练的问题来获得他要的答案。因此妈妈们首先要做的就是确认孩子到底想问什么，或设置一个类似或接近答案的问题来帮助孩子确定。例如当孩子看到母鸡伏在草堆上感到十分疑惑时，妈妈们完全可以问他："你想知道鸡蛋是从哪里来的吗？"妈妈可以主动地引导孩子思考，帮助孩子化解内心的疑惑，这样孩子会变得更加聪明。

很多时候孩子会对自己周围一切不熟悉的事情都产生好奇，他们会不断地问妈妈们"这是为什么呢"。在这个时候，妈妈们首先要具备的就是耐心。很多妈妈可能会因为工作比较忙碌，或生活压力比较大，对孩子的"为什么"很不耐烦，甚至会对孩子说："你问那么多干嘛，赶快去学习去。"其实这样的言语往往是在扼杀孩子的好奇心，对孩子的创造性思维是毫无帮助的。

有的时候，妈妈们可能会遇到回答不上的问题，此时千万不要胡乱解释或者是搪塞了事。在这个时候，妈妈们不妨放下面子，先承认自己也不知道，然后正确地引导孩子和自己一起去寻找正确的答案，或者参阅一些相关的书籍，或者向别人去请教。这样做的目的一是让孩子明白，个人的能力是非常有限的，妈妈也有不懂的时候。二是做到以身作则，多培养孩子诚实的品质。三是要告诉孩子，了解事物的途径是多样性的，每个人都要尽可能地去通过各种途径来学习。

孩子爱提问本身是一种好现象，说明孩子具有很好的学习意识。妈妈一定要耐心地去面对孩子的问题，不要轻易打断孩子的问题。无论孩子的问题让妈妈多么心烦，也不要有厌恶的言行，这样往往会挫伤孩子的探知欲，甚至会使孩子丧失了进取心。确实很忙的时候，妈妈们可以给孩子解释："宝贝，妈妈现在很忙，等妈妈忙完了再回答你的问题好不好？"要知道，大人们回答问题的方式、语言甚至是语气，都会对孩子今后的发展产生一定的影响。

宜佳今年刚刚六岁，他的问题特别多，整天都会缠着妈妈问个没完没了。从幼儿园回家，他的"为什么"就没有停止过，比如"为什么火车要在铁轨上跑呢？为什么汽车就不用铁轨呢？""为什么鱼会生活在水中呢？人能不能在水里生存呢？""冬天河水为什么会结冰呢？鱼儿怎么会在冰下面生活呢？"等等。

每次面对宜佳这么多"为什么"，妈妈开始的时候表现得很不耐烦，甚至会冲着宜佳发脾气。但是当她了解到孩子的这种情况正是他这个年龄段正常的表现时，她开始耐心地对待孩子的好奇心和诸多个"为什么"。宜佳的妈妈会想尽办法去回答孩子的问题，即便是自己不明白的也会想办法去解决。她认为孩子多问"为什么"，本身就是一件好事情，这表明孩子对外界充满了好奇，表明孩子有求知欲。

1. 当孩子提出"为什么"时，妈妈要表扬孩子肯动脑筋

在我们的生活中，孩子会因为知道了"为什么"之后的答案而兴奋地对外界更加好

奇。我们经常会看到这样一种情况，当孩子提出了问题时，有的妈妈会嫌自己的孩子太缠人，便会对孩子说："去去去，别在这里问个没完没了，等你长大了就会知道的。妈妈现在很忙，去一边玩儿去。"这是不对的做法，这样做会扼杀孩子学习的积极性和好奇心，长此下去，孩子会因为怕妈妈责骂而不敢再去问"为什么"，甚至会消极地对待周围的事物，所以说妈妈千万不能嫌麻烦，当孩子表现出自己的好奇心时，妈妈们不妨鼓励、表扬孩子肯动脑筋，同时，要认真地和孩子一起去探寻问题的答案。

2. 给孩子解答问题时，要多采用启发式

当孩子提出了一个问题的时候，如果问题太难，那么就可以直接把答案先告诉孩子。如果问题不是那么复杂，孩子自己动脑筋后可能会回答出来，妈妈则先不要替孩子做答，而是要对孩子进行一定的启发，多鼓励孩子从多个角度去观察问题，让孩子有一个思考的过程。

3. 当不能正确回答孩子的问题时，不能不懂装懂、含糊其词

孩子提出问题，妈妈们也不知道怎么去解决的时候，那么就需要妈妈们主动去表达自己的思想，千万不要含糊，或者是不懂装懂。这个时候妈妈们不妨先告诉孩子自己也不知道，然后，和孩子一起去探究。这样不仅能够让孩子有更大的兴趣，也能够拉近与孩子之间的距离，这种一起探究的方法也是促进交流的好方式。

提供选择，让孩子感到平等

在马克·吐温的自传中有这样的一则故事。马克·吐温有一次去教堂听牧师的演讲，起初的时候，他觉得牧师讲得不仅精彩且十分动人，决定捐一笔善款。又是十多分钟过去了，牧师还在上面口若悬河地讲演着，马克·吐温便觉得有些不耐烦了，便决定就捐一些零钱好了。又是十多分钟过去，牧师还在继续讲演丝毫没有要停下的意思，马克·吐温便决定"一毛不拔"了。等到那篇冗长的演讲终于结束的时候，马克·吐温不单没有捐款还从盘子里拿走了两元钱。

这个故事就告诉我们，凡事要把握一个度。当孩子做错事的时候，父母的批评教育也需要把握好分寸。过多的批评刺激，不仅不会得到良好的效果反而会事与愿违地让孩子产生逆反的心理。

这种刺激过多、过强和作用时间过久，而引起心理极不耐烦或反抗的心理现象，称之为"超限效应"。超限效应在家庭教育中时常发生。如，当孩子不用心而没考好时，父母会一次、两次、三次，甚至四次、五次地重复对一件事做同样的批评，使孩子从内疚不安变到不耐烦，再变到反感讨厌，被"逼急"了，会出现"我偏这样"的反抗心理和行为。

单纯地命令孩子或强迫他去做事，是在利用我们的权力，孩子当然无法在这些方面与大人竞争，但却会导致孩子用其他的方法来抗争。

莎莎已经15岁了，妈妈成功地说服莎莎洗自己换下来的衣服。每到周末莎莎就把自己的衣服洗净叠好、放好。然而有一个周末，妈妈发现莎莎的脏衣服堆了一堆却不去洗，就批评她，莎莎答应下次不会忘了。接下来的一周，莎莎还是没洗，她已经两星期没洗衣服，几乎没剩几件干净的衣服了。这次妈妈记起来要运用自然结果法，看看效果如何。她不再理会莎莎，莎莎的衣服留在那里没有洗，只好不换衣服，看她怎么办，但脏衣服的堆积似乎并没有使莎莎为难，她从脏衣服里捡出一些稍微干净一点的继续穿，她心想：我就是不去洗那些衣服。妈妈天天看着那些脏衣服越看越恼火，终于有一天，她发了火，狠狠地说了莎莎一顿，当着她的面扔掉了一些太脏的衣服。莎莎流下了眼泪，但心里却暗自高兴：你把太脏的衣服扔掉了，我还不想要那些衣服呢，正合我心意。妈妈把她拉到洗衣机旁，强迫她把衣服洗了："你记清楚了吗，下次记住及时洗衣

服,否则没有衣服穿!"

莎莎没有按时洗自己的衣服,妈妈忍耐不住发了火,最终用强迫的手段让莎莎洗了衣服。其实,如果妈妈能耐心一些,可以再坚持几天,看一看最后莎莎怎么办,她不可能永远穿脏衣服。其实莎莎是想让妈妈看一看,她并不愿意让别人强迫自己干什么事情。她宁愿穿脏衣服,也不愿受妈妈支配。

对这件事正确的处理方法是,妈妈应该对莎莎不洗衣服不再提出意见。当妈妈将脏衣服的事交给莎莎管理时,就承认莎莎已足够大,可以自己处理这件事,不再需要妈妈操心,洗不洗衣服是莎莎的事。如果莎莎不洗,她就穿脏衣服。一个女孩子其实很小就开始爱打扮、爱干净,她懂得什么是美观漂亮、什么是邋遢肮脏。她不可能长期穿脏衣服,但她决不希望妈妈干涉。一大堆脏衣服堆到洗衣机旁,是对妈妈干涉的抗议。妈妈强迫莎莎洗衣服是运用权力,许多父母在无法实施有效的教育手段时,就会运用权力强制孩子就范,这是很武断的,也是很难成功的。妈妈感到她的权力地位受到威胁,因为莎莎不听她的劝告。当然妈妈也并非只有一个选择,除了运用自然结果法使莎莎自觉地洗衣服,妈妈可以同莎莎谈话,发现她不洗衣服的原因。比如,先搞明白莎莎为什么洗着洗着就不洗了,不保持这种习惯了,会不会是莎莎有几件衣服旧了、小了,她不想穿了。如果是这种情况,妈妈耐心地和莎莎谈话,莎莎会告诉妈妈,她不喜欢那几件衣服,就会避免一场斗争。

那么在生活中,妈妈应该怎样让孩子感受到平等呢?

1. 不强迫孩子去做事情

很多时候,妈妈都希望孩子按照自己的意愿去做事情,因为他们觉得只有让孩子按照自己的意愿去做事情,孩子才不会犯错,这样也才能够让孩子变得更听话。其实,这种强迫孩子做事情的办法,往往会打击孩子做事情的积极性,更会影响到亲子之间的感情。

2. 不包办孩子的事情

对于孩子来讲,很多事情他们能够自己做,只要是孩子能做的事情,妈妈们就不要包办,让孩子尽量去自己做事情,让孩子明白什么事情是自己能做的、什么事情需要妈妈的帮助,这样孩子会有一种被尊重的感觉。

3. 面对选择,遵从孩子的想法

在生活中,孩子会有很多的选择,这个时候妈妈不要代劳,要让孩子自己去做选择,只有自己做选择才会让孩子知道什么是责任。只有这样孩子才会感觉到自己受到了尊重,即便是孩子选择的不正确,那么妈妈们可以好言相劝,千万不要强迫孩子按照大人的选择做事情。

将你的期望明确告诉孩子

很多妈妈会认为有了孩子会放弃很多东西,其实不然。贤明的妈妈确实并且应该期望从他们的孩子那儿得到一些报答,这是很自然的事情,不是要孩子对自己的出生和受抚养表示感谢,而是希望孩子能够充满深情和心甘情愿地考虑甚至是接受来自父母的标准和理想。父母都希望孩子幸福地生活。

妈妈如果在要求孩子有合理行为的时候是过于犹豫的,那么孩子可能会认为是在做自我牺牲,如果妈妈们强迫自己的孩子去完成自己的愿望,那么孩子会觉得自己的权利遭到了侵犯,根本没有耐心去实现妈妈的梦想,对于妈妈们来讲,做任何事情肯定是为了孩子好,但是不管是做什么事情,都要掌握方法,不要让孩子有压力,即便妈妈们希望孩子能够按照自己的意愿去做事情,那么也要温柔地去告诉孩子,千万不要让孩子感觉到自己没有了自由。

妈妈们希望孩子能够成才,这种望子成龙、望女成凤的思想是可以理解的,但是即

便是这样，也不要强迫孩子做他不愿意做的事情。妈妈们不妨去为孩子找一个更好的方式，让孩子能够找到适合自己的发展途径，只有这样孩子才会做得更好，才会愿意去接受妈妈们的期望。

在生活中，我们经常会发现这样的情景，妈妈对刚上小学的孩子说道："宝贝，你是不是愿意像隔壁的阿姨那样，上了小学然后上中学，又考上大学，然后到美国去读书呢？"孩子听了妈妈的话，问道："妈妈大学是什么样的呀？美国在哪儿，那里很漂亮吗？"妈妈回答道："上大学是一件很有面子的事，美国就是国外，到美国是别的小朋友都会羡慕的事，反正是一件很好的事情，你愿意听妈妈的话，好好学习吗？"孩子似懂非懂地点了点头，眼里却露出一丝丝茫然。母亲又接着强调地说道："好好学习的意思是要门门功课都要考100分。"孩子又是一阵点头，并且在妈妈的"威逼利诱"下保证："要听妈妈话，做个好孩子。"

这便是典型的大人对孩子的"误导教育"，这种做法对孩子的成长并不一定有好处，在生活中，如果妈妈对孩子有自己的期望，那么不妨直接讲出来，而这种引诱的方式往往会让孩子觉得自己的生活很被动，甚至会让孩子有一种很无奈的感觉。因为孩子的理解能力是有限的，这样，妈妈掺和了大量成人好恶观点的信息，便将某种"强迫"的思想灌入到孩子的幼小的心灵。

妈妈都希望自己的孩子能够很好地发展，甚至能够继承自己的愿望，带着自己的期望去很好地发展。其实这种思想本身并没有什么问题，但是在和孩子沟通的时候，一定要按照孩子的思维，和孩子进行沟通，不要夹杂太多成人的观点。要让孩子明白或者能够听懂你在说什么，只有这样孩子才会更好地实现你的愿望，才不至于出现叛逆心理。有的时候，妈妈们为了能够让孩子按照大人的意愿去做事情，为了让孩子能够实现大人的理想，会下力气让孩子去接受自己的思想，不管是强迫还是引诱，只要孩子能够按照父母的思想去学习，妈妈们就觉得开心，但是妈妈们似乎没有想过孩子当时的心情。那么在生活中，妈妈们在跟孩子说出自己的期望时，应该注意什么呢？

1. 告诉孩子父母的期望之后，可以询问孩子的愿望

孩子虽然年龄小，但是也有自己的愿望，同样，孩子也会尽量去理解父母的愿望，因此，在妈妈们想要孩子按照自己的期望做事情之前，还是要明确地告诉孩子自己的期望是什么，不要拐弯抹角，更不要去引诱孩子。要用简单的语言去告诉孩子，尽量保证孩子能够明白你的期望是什么。当你在表达清楚之后，孩子或许会理解父母的期待。但是在妈妈们表达出自己的期望之后，千万不要忘了去询问孩子的愿望是什么，如果妈妈们认为让孩子知道父母的期望就行了，那么孩子可能会很难接受你们的思想。这个时候很有必要去了解孩子的愿望。虽然孩子的岁数还小，但是他们也有自己的愿望以及自己的理想，因此，在生活中，妈妈们不妨去想一想孩子的梦想，听一听孩子的愿望，这样有助于妈妈们进行下一步的安排。

2. 当孩子对父母的期望有所排斥时，可以暂时让孩子按照自己的愿望做事情

很多时候，孩子对父母的愿望都会产生排斥的心理，孩子会想：你们大人总是喜欢将自己没有实现的愿望强加在我的身上，我也有我自己的愿望。父母发现孩子对自己的愿望或者是期望有所排斥的时候，千万不要去斥责孩子，更不要去打骂孩子，要学会站在孩子的角度去思考问题，虽然父母的期望都是爱孩子的表现，但是不要让你的爱给孩子造成负担。在这个时候，父母要理解孩子，让孩子按照自己的愿望去做事情，或许这样孩子会变得更加开心和积极，不管是面对什么事情，孩子也会有更大的积极性。所以说当父母发现孩子有排斥思想时，尊重孩子的愿望，理解孩子，让孩子按照自己的想法做事情。

第5章 好妈妈不吼不叫，传递给孩子积极的情绪

轻松快乐的人会有好成绩

曾经有位美国儿童教育学者指出，孩子自由玩耍会更有利于健康。妈妈们要尽量避免将孩子的时间塞满各种活动和课程。所有的孩子都是需要有一些无所事事的、随性的玩耍时间。唯有这样才能让孩子的想象力变得无拘无束。妈妈应该放慢你的脚步，抛开自己紧张的行程表，跟着孩子的节奏享受生活。

王娜很郁闷，因为自己的儿子总是学习跟不上去，班级中有三十个学生，而自己的孩子考试却考了第二十七名，这让王娜很难过。

因此，儿子一回家，王娜就逼着孩子做作业，还给孩子买了很多的课外书，希望孩子自己多学习。她觉得只有孩子多用时间去学习，刻苦一些就能够让孩子学习成绩有所提高，但是却不知道这样往往会让孩子更加厌倦学习。

因为在学校学习，回到了家也要学习，这就让孩子感觉很不开心。在后来的考试中，儿子的成绩还是没有提高。后来，王娜听朋友说他的孩子学习很快乐，因为朋友经常陪孩子学习，并且帮孩子找到学习中开心的事情，这让王娜想到了可能是自己逼迫孩子学习，不给孩子空间所导致的。于是她按照朋友的方法，让孩子去学习，渐渐地发现孩子的成绩慢慢提高了，现在儿子的成绩已经进入了班级的上等。

妈妈们都希望自己的孩子能够做得更好，却很少注意到自己给孩子营造的学习环境或者是孩子的心情，并不是紧张的环境才能够让孩子努力学习。其实，轻松的环境一样能够让孩子学习进步。如何让孩子快乐、健康地成长，有关专家给家长开出五剂"药方"。

1. 为孩子创造民主和谐的家庭氛围

民主和谐的氛围有助于孩子养成团结友爱以及帮助孩子养成积极向上的良好品质，如果家庭中总是争吵不断，那么这种环境是十分不利于孩子性格的成熟的，往往会导致孩子性情暴躁、行为放纵、自私。妈妈应正确处理家庭成员的相互关系，要做到以理服人、以情感人，使家庭成为孩子生活的乐园。

2. 妈妈们应认真倾听孩子的心声

妈妈要想方设法了解孩子的心理压力，不要认为孩子还小，不可能有心理压力，要分析孩子的压力是从何而来的，并帮助孩子加以克服。必要的时候，专门抽出时间与孩子面对面进行交谈，认真倾听孩子的心声，了解孩子真实的心理状况，有针对性地帮助他们解决问题。

3. 树立孩子的自尊心

尊重孩子言行很重要，妈妈们要帮助孩子树立自尊心、自信心，同时，增加孩子的勇气、胆量和鉴别力，增强抗拒各种不良诱惑的能力。

4. 尊重孩子的兴趣爱好

妈妈们在鼓励孩子广泛发展兴趣爱好的时候，一定要鼓励孩子多参加学校组织的课

外活动。如果孩子所学的东西都是自己喜欢的,那么孩子就不会觉得是负担、有压力了。

5. 培养孩子良好的道德品质

教育孩子遵守纪律,讲礼貌,助人为乐,让孩子学会热爱集体。家长和教师要以身作则、严以律己,孩子才能够很好地加以效仿。与此同时,培养他们养成良好的生活作息习惯,从而使孩子达到劳逸结合,保证孩子的身心健康。

 换个角度看困难

人生有众多的悲伤、失败、不幸乃至痛苦等等事与愿违的事情,面对这一系列的不如意,唯有乐观才是不败的法宝。若是孩子不能乐观地面对,就会逐渐意志消沉,对未来感到迷茫。长期如此,不仅会造成孩子没有奋斗目标,还会损害孩子的身体健康。但是孩子的性格是可以逐步培养起来的,想要培养孩子的乐观性格,便需要母亲对孩子的疏导和指引。教会孩子面对困难的时候换一个角度去思考,不要一味地执迷不悟,才能够找到一个合适自己的方法去解决问题。用乐观的态度去思考问题,问题很快便会迎刃而解。

从前在美国有这样的一对兄弟,吃着一锅饭却有着迥然不同的性格,一个异常乐观,一个极度悲观。

然而父母总觉得这两兄弟的个性都有些极端了,希望他们都能够有所改变。于是,一天父母就将这两个孩子分别锁在屋子里。乐观的孩子被独自缩在全是马粪的屋子里,而悲观的孩子则被锁在了一个装饰得十分美丽且有各式各样好玩的玩具的屋子里。一个小时过去了,当父母去看望悲观的孩子的时候,在角落里发现了泪流满面的孩子。一问才知道原来他将玩具弄坏了,正害怕父母责怪他。

当父母来到堆满了马粪的屋子的时候,看到是却是另外一幅场景。孩子兴奋地将散乱的马粪用小铲子铲得干干净净。原本脏兮兮的屋子经过孩子的收拾变得整整齐齐。当父母问他为什么这么兴奋的时候,孩子高兴地回答说:"这里有这样多的马粪,一定会有漂亮的小马。"这个故事之所以为人所知,是因为那个乐观的孩子就是后来的美国总统里根。乐观的性格在他的一生当中起到了至关重要的作用。

孩子对未来充满信心和不断地进取主要表现在乐观的性格上。通常乐观的孩子会对一切能够满足自身需求的东西都有着极大的积极情绪,并极度渴望体验。性格乐观是对抗悲伤、不幸、痛苦等情绪的最有利的武器。当孩子无法乐观地面对身边的一切事物的时候,就会意志消沉,并且会对未来失去信心。若是长此下去对孩子的未来是有害无利的。

乐观并不是每一个孩子天生就具有的。但值得庆幸的是,乐观的性格是可以后天培养的。根据早期诱发理论,人在后天不同的环境影响下会形成不同的性格。同样只要在特定的环境中就可以培养出性格乐观的人。悲观的性格也是可以在生活中被改变的。

既是如此,那么孩子的乐观性格要如何去培养呢?

1. 引导孩子摆脱困境

现实有时是残酷的,在成长过程中每一个孩子都会遇到不顺的事情,即便是乐天派的孩子也会遇到各式各样的不顺心。当孩子陷在困境中的时候,作为家长一定要留意孩子情绪的变化。若是孩子沉闷少语的话,不论父母有多忙,也一定要挤出时间来陪伴孩子。父母在此时可以引导孩子学会坚强和忍耐,凡事多往好处想。

小李的儿子小梁上幼儿园大班了,一直都很开心,可是今天小李接儿子回来的时候,就发现小梁总是垂头丧气的不开心。小李便问孩子:"小梁,今天幼儿园里有什么不高兴的事情吗?"

"今天来了一个新同学，他特别会讲笑话。同学们都围着他了，都不理我了。"小梁嘟着嘴不高兴地回答。

小李这才明白，原来儿子在幼儿园被冷落了。小李知道了症结便引导道："那应该很有意思啊，每天都要和一个很会说笑话的人在一起玩，想想都觉得很开心啊。你不开心吗？"

"虽然有趣，可是同学们全都围着他了。"小梁显得很着急的样子。

小李听明白了，原来儿子是觉得自己不再是班里的"重心"了，便开导儿子说："但是宝贝儿，只要你也加入大家，你们不是可以在一起玩得很开心吗？其他同学还是会和你在一起玩的，怎么会不理你呢？"

"对哦。"很显然小梁接受了妈妈的观点，又恢复了快乐。

身为妈妈一定要主动观察孩子的情绪，当发现孩子情绪不对的时候，就要及时地与孩子进行沟通。只要孩子愿意说出心里话，妈妈就可以有效地引导孩子打开心结。这样烦恼自然消失，孩子也会随之快乐。同时，妈妈也可以帮助孩子克服困难，教会孩子梳理情绪的方法，帮助孩子尽快摆脱消极情绪。

2. 妈妈自身要乐观

妈妈在教育孩子的过程中，自己首先要乐观。妈妈在工作、生活中同样会遇到各种困难，如何处理会直接对孩子产生影响。如果妈妈能以身作则，在面对困境、挫折时保持自信、乐观的心态，孩子也会受妈妈的影响，在遇到困难时，乐观地去面对。

平时，妈妈应该多向孩子灌输一些乐观主义的意识，让孩子明白，令人快乐的事情总是永久的、普遍的。不愉快的事情只是暂时的，不具普遍性。只要乐观地对待，生活仍然是美好的。

例如，碰到周末要加班，就要对孩子说："今天妈妈要去公司加班，这表明妈妈的工作很忙。"孩子会觉得妈妈很能干，在公司是核心人员。而不要对孩子说："真烦人，妈妈今天又要加班去。"因为这样孩子会觉得你是不得不去加班的，这就给孩子留下了不快乐的阴影。

3. 不要对孩子"抑制"过严

许多孩子不快乐主要是因为他们没有自由。父母溺爱，往往会抑制孩子们的一些行为和举动，甚至替孩子包办一些事情，这样，孩子什么事都不用做，也就无法从中得到乐趣。美国儿童教育专家认为，要培养孩子乐观开朗的性格，就不要对孩子"抑制"过严，而是要允许孩子在不同的年龄段拥有不同的选择权。

例如，对于两三岁的孩子，应该允许他自己选择早餐吃什么、什么时候喝牛奶、今天穿什么衣服；对于四五岁的孩子，应该允许他在妈妈许可的范围内挑选自己喜欢的玩具、选择周末去哪里玩；对于六七岁的孩子，应该允许他在一定的时间内选择自己喜欢看的电视节目、什么时候学习等；对于上小学的孩子，应该允许他结交朋友，带朋友来家里玩等。

一般来说，只有从小就享受到"民主"的孩子，才会感受到人生的快乐。因此，聪明的妈妈不妨做个"懒惰"的妈妈，让孩子自己去选择、处理自己的事情。

4. 允许孩子自由地表现悲伤

孩子在遇到困境时，往往会表现出悲伤。妈妈应该允许孩子自由地表现悲伤。如果孩子在哭泣的时候，妈妈要求孩子停止哭泣，不能表现出软弱，孩子就会把心中的悲伤积聚起来，久而久之，反而造成孩子的消极心理。对于孩子表现出的悲伤或软弱，妈妈不要呵斥，应该让孩子尽情地发泄心中的郁闷，孩子发泄够了，他自然会恢复心情的平衡。当然，如果孩子需要妈妈的帮助，妈妈应该及时安慰孩子，用相同的心理去感受孩子的情绪，努力引起孩子的情感共鸣，从而缓解孩子的不良情绪。

5. 对孩子进行希望教育

乐观的孩子往往对未来充满了希望，悲观的孩子则往往觉得没有希望。因此，妈妈要对孩子进行希望教育。希望教育是一项细致的工程，需要妈妈及时感受到孩子的沮丧

和忧愁，帮助孩子驱散心中的阴影。平时，妈妈要多引导孩子看到自己的进步和成绩，鼓励孩子想象自己的美好未来，让孩子对自己的未来充满希望。只要孩子对未来充满了希望，孩子必定会以乐观的心态去面对生活中的事情。

6. 丰富孩子的精神生活

丰富孩子的精神生活可以使孩子把注意力转移到其他事情上。一方面，妈妈要鼓励孩子广泛阅读，让孩子在阅读中增长知识，升华思想。可以选择阅读伟人的故事、童话、小说等文学作品。另一方面，妈妈要鼓励孩子多交朋友，为孩子创造与同龄人交往的机会，如带孩子到邻居家串门，邀请其他孩子到家里来玩等。

另外，妈妈可多搞一些活动，如带孩子外出游玩；也可让孩子做一些创造性的活动，如利用废物制作小作品；让孩子在各种活动中体会生活的乐趣，增强对生活的信心，培养孩子乐观的性格。

让孩子信任这个世界

对别人不放心的孩子比比皆是，很多孩子都觉得别人是不可信的，有的时候妈妈们也会教导孩子"不要轻易相信陌生人"，并且会给孩子讲述一些社会的阴暗面，当然妈妈这样做的目的是害怕孩子上当受骗。但是，这种做法往往会让孩子觉得到社会很恐怖。

在生活中，妈妈们经常会遇到这样的事情：妈妈想要从孩子的手里拿一件玩具，你说看一下，他会挣扎着不给你，甚至还会因为你的坚持而大哭起来；有了好吃的，连上卫生间都要揣上，如果帮他拿一下，他还会有不乐意的情绪。不管什么样的孩子，这种表现都是对别人不信任的表现，因为他们怕自己的宝贝被夺走了，这是孩子缺乏最基本的信任感所致的。久而久之，会对孩子和同伴相处构成影响。

交往是相互的，信任也是相互的，不信任他人的孩子也不被他人信任。所以，一定要及早帮助孩子建立信任感，塑造良好的行为。对于孩子来讲，他们需要更多的是正面的因素，千万不要让孩子从小就看到过多的负面因素，这样会让孩子有悲观的心理。

王立最近很苦恼，因为她发现自己的孩子很执拗，只要是给他的东西，他都不允许别人去触碰。一次，儿子过生日，她送给儿子一个存钱罐，儿子很喜欢，然后就将自己平时的零钱都放到了存钱罐中。

一次，王立要下楼买馒头，她身上没有零钱了，想先用儿子的几块钱，然后等明天自己买了东西再还给孩子，但是没想到儿子说什么也不让她用，说这是他的钱，不允许别人用。对于儿子的这种态度，王立当时并没有在意。

过了一个星期，儿子在整理自己的存钱罐的时候，发现少了三块钱。然后他气呼呼地走到妈妈跟前，用质问的语气说道："妈妈，你是不是偷拿了我的零用钱，我的零用钱少了三块。"王立当时就愣了，说自己没拿他的钱。儿子生气地冲着她大嚷道："那为什么我的钱少了，肯定是你前几天买馒头没零钱，拿我的钱去买的。"

当时因为这件事情，王立也生了一肚子闷气，心想：我拿你的钱干嘛，再说你的钱不也是我给你的吗？王立觉得自己的儿子对别人缺乏信任。过了几天，王立在床底下看到了三块钱，心想肯定是儿子在穿衣服的时候，掉到床底下了。

面对王立儿子的这种行为，作为妈妈要怎么来应对呢？妈妈应该信任自己的孩子，让孩子在更大的世界中找到自己发展的空间。那么，妈妈要怎样来让孩子信任这个世界呢？

1. 妈妈们的示范效果

信任感不是一朝一夕可以形成的，让孩子学会信任别人也并非是一朝一夕的事，它需要在与人交往的过程中逐步积淀。成人的言行举止对孩子有着十分重要的影响，成人的交往模式通常就是孩子的交往模式，所以说妈妈们应该做好示范。在与孩子的交往中，一旦承诺了孩子的事情，就一定要做到。试想你都出尔反尔，那怎样能让孩子信任你呢。首先要让孩子形成对父母和直接照料者的信任，再逐步扩大到更广的范围之中。

2. 让孩子学会付出

对于不信任他人的孩子来讲，根源则是根本就不愿意付出，害怕别人享有自己的利益，所以才会小心翼翼。在很多时候妈妈会什么都让孩子一个人"独霸"，对孩子过度宠爱，会让孩子滋生自私的习惯。所以说要想让孩子信任社会、信任别人，那么就要克服孩子的这种自私心理，让孩子明白什么是值得尊重和付出的，让孩子学会付出。蛋糕很香，要让孩子明白应该先让大人吃，在付出中，学着做一个关心他人、乐于助人的孩子。

3. 适时地进行安全教育

随着孩子年龄的不断增长，交往范围也在不断扩大，视野也不断开阔，同时也会面对一些很危险的情况。爸爸妈妈要教育孩子小心陌生人，给他讲述一些安全小故事，但是也不要让孩子对他人产生抵触心理，这种心理会阻碍孩子交往能力的发展。

 分享孩子的喜怒哀乐

孩子有自己的喜怒哀乐，他也希望有人和自己一起分享，所以妈妈们应该和孩子一起分享他们的喜怒哀乐，这样孩子才会觉得生活在快乐的家庭里，从而增加母子或者是母女之间的理解和信任。妈妈还可以在这个过程中，教会孩子如何与别人相处，以促进孩子健康发展。妈妈和孩子一起分享喜怒哀乐，可以使孩子感觉到和妈妈处于平等的地位，这样有利于拉近妈妈与孩子之间距离。孩子从妈妈那里得到安慰和鼓励之后，能够感受到来自妈妈的爱，会对妈妈更加尊敬，也会主动地向妈妈说出自己的心事。这不仅能够增进妈妈对孩子的了解，还能使家庭教育达到事半功倍的效果。

妈妈们不要认为孩子年龄还小，不懂得什么喜怒哀乐，更不懂得怎么样来认识自己的错误和不愉快。在很多时候，妈妈们希望自己的孩子能够更加开心，但是孩子在很多时候是希望能够将自己的开心分享给妈妈的，所以说妈妈们应该多花点时间来分享孩子的喜怒哀乐。

郑云昌的学习成绩十分优秀，但是有一个缺点，那就是他的性格比较孤僻，不喜欢说话。有一次期终考试，郑云昌考试的成绩十分出色，在全年级排第二名，为此，老师特地夸奖了他，并且说他有希望考进重点高中。郑云昌感到很高兴，回家后就第一时间把这个好消息告诉了妈妈。没有想到在他刚开始讲时，妈妈就在那里忙着自己手里的活，根本不听他在说什么。听完后也没有什么特别的表示，只是"哦"，然后什么话也没了。本来十分兴奋的郑云昌，看见妈妈这样的态度，心情自然是很低落。

还有一次，郑云昌考试发挥失常，名次一下落后了许多，他心里很难受，害怕自己以后的成绩上不去了。放学回到家，见到妈妈后，就想同妈妈说说心里话。妈妈看见他的神情，急忙问："有什么事吗？有事就赶快说，没事我还忙着呢。"郑云昌听了妈妈的话，本来想要吐露自己的担心的，可是看到妈妈这种态度，也根本不想和妈妈说什么了，因为他知道即便是告诉了妈妈，妈妈也不会安慰自己，心里的疙瘩还是解不开的，所以就什么也没说回到了自己的房间。这样多次之后，郑云昌的性格越来孤僻。

当孩子遇到开心的事时，都希望能有人来分享自己的喜悦；而遇到不开心的事的时候，就想找个人来倾诉。孩子当然也是一样的，妈妈们要学会分享孩子的喜怒哀乐，这样才会加深孩子对自己的感情，从而也会获得孩子的信任。妈妈可以和孩子一起分享自己的喜怒哀乐，这有利于孩子的健康成长。当妈妈们发现自己的孩子处于痛苦中的时

候,要及时和孩子分担他的烦恼、痛苦,并且要及时安慰孩子,要和蔼地开导孩子,使孩子能够更快地从痛苦中走出来;如果孩子处于快乐的状态之中,妈妈也要及时发现,以便延续孩子的快乐情绪,让孩子感受到妈妈的爱。

每个人都有和他人分享自己喜怒哀乐的需求,孩子的这种需求往往是更加强烈的。妈妈要特别的关注孩子的情感需求,无论多忙,也要抽出时间来和孩子一起,分享他的喜怒哀乐。

1. 妈妈们要把孩子视为自己的朋友

妈妈要做孩子的知心朋友,应该努力为孩子营造民主和谐的家庭氛围,给孩子多一些沟通的机会和时间,这样才能够成为孩子的知心朋友。孩子感觉到妈妈可以信任,才会主动和妈妈分享自己的喜怒哀乐。

在和孩子沟通的过程中,妈妈要放下家长的架子,平等地对待自己的孩子,然后蹲下来和孩子说话,孩子感觉到妈妈对自己的尊重时,才会将自己的心里话告诉妈妈。

2. 增加和孩子共处的时间

在生活中,妈妈对孩子的爱是无可取代的,也是很伟大的。但是很多妈妈都以工作忙为理由,很少和孩子进行交谈,甚至很少有时间和孩子独处,即使有时间也很少和孩子进行心与心的沟通和交流。这样往往会导致亲子关系的疏远,孩子有什么心里话,自然也不会主动和妈妈讲。

妈妈要合理地安排自己的时间,每天或者是每周都要抽出一定的时间来和孩子共处,增加与孩子交流的机会,这样才能够和孩子一起分享彼此的喜怒哀乐,同时,以丰富的人生经验解答孩子的疑惑和提出的问题,使孩子健康成长。

3. 多和孩子进行心灵沟通

由于孩子年龄还小,社会阅历是很有限的,他们往往难以排解自己的不良情绪,这个时候需要妈妈多和孩子进行心灵的沟通,然后及时地去分担孩子的烦恼,最后做好积极的引导工作,最终帮助孩子解决心理的困扰。

宋维是个非常内向的孩子,他从来不会主动和妈妈谈心聊天。妈妈发现最近宋维的情绪有些不大对劲,时常一个人坐在书桌前发呆,并且很不开心。

于是,妈妈晚饭后主动和他聊天,问他是不是学习上遇到了麻烦或者是困难。宋维看出了妈妈的真诚态度,就将自己的语文成绩差的事情告诉了妈妈,并且说自己也在努力地学习,但是就是没有提高。此时,妈妈知道了宋维为什么不开心,自然也就放心了,然后鼓励他说道:"宝贝,语文成绩不是一朝一夕就能提高的,所以需要你长时间地去努力。别灰心,只要你好好地去学,一定会有进步,妈妈相信你。"听了妈妈的话,宋维瞬间开心了起来。

妈妈要时常留意孩子的情感变化,要学会用心去体验孩子的情感,并且和孩子一起产生心灵上的共鸣,孩子才会向妈妈敞开心扉。

4. 珍视孩子的情感表达

孩子也是有自尊心的,并且自尊心还很强烈,所以在很多时候,孩子渴望从妈妈那里得到尊重,在分享自己情感的过程中,孩子更是希望妈妈珍视自己的快乐,尽管他们的语言表达能力是有限的,但是也希望能够得到更多的认同。

妈妈要珍视孩子的情感表达,千万不要以成人的眼光来看待孩子,应该站在孩子的角度来分析问题,从而使孩子体验到亲情的温暖和可贵。

5. 主动和孩子分享自己的喜怒哀乐

妈妈如果有开心或不开心的事,也要主动告诉孩子,这样孩子才会觉得妈妈是信任自己的。不要认为孩子年龄还小,无法理解这些,就不和孩子去交流了。这样孩子会觉得自己的情感游离于家庭之外了,从而会产生孤独感,自然也就不会将自己的喜怒哀乐告诉妈妈了。如果妈妈不能及时发现孩子的问题,就十分不利于孩子的成长了。

楚红红的妈妈最近工作压力很大，已经连续好几天加班了。每天回来得很晚，也休息不好，因此在家里脾气也会不时发作，有时候会无缘无故地冲楚红红发火。楚红红小心翼翼地问妈妈为什么会不开心。妈妈觉得楚红红也不小了，已经可以理解自己了，于是将自己的工作情况告诉了她。

懂事的楚红红听到妈妈的话后，知道妈妈很辛苦，便告诉妈妈，自己会好好学习，不让妈妈操心，她还嘱咐妈妈要注意身体。以后，等妈妈回家之后，她还主动给妈妈倒水喝。妈妈感到很欣慰。

妈妈们应该主动和孩子分享自己的喜怒哀乐，这样会让孩子觉得和妈妈是处在一个水平线上的，孩子也就会主动说出自己的喜怒哀乐。

 允许孩子发发小脾气

自己的孩子在众人面前"脾气发作"，对妈妈来说这是一件很难为情的事。一般情况下，当孩子在众人面前有异常表现的时候，妈妈们可能首先想的是自己的面子，却很少真正地去关心孩子此时的心情和感情需要。于是，妈妈们便会对孩子的行为很快地加以压制。

其实，这样的做法是不对的。妈妈作为一个成人，自然懂得什么样的行为是可以接受的，什么样的行为是不应该有的。在孩子情感表达上父母也是有明确的概念的，对于孩子来讲什么样的情感是值得赞扬的，而什么样的情感则是不应该存在的。

而孩子年龄还小，他们没有形成这样的概念。比如，孩子在两三岁左右的时候会很爱发脾气，这是一种非常正常的现象。因为这一年龄段的孩子比较容易冲动，对自己的脾气根本没有自制力，对挫折的容忍程度往往也是有限的。孩子要到外面去玩，妈妈不允许的话，孩子会想为什么不允许，如果想不明白，有可能就要通过发脾气的方式来表达自己的感情。而对于四五岁以上的孩子，对挫折已经有了一定的控制能力，同时，也能够明白一些事理，如果此时孩子还频频哭闹、经常发脾气，那么其原因大多在妈妈身上。

妈妈们应该明白，发脾气是孩子正常的情绪宣泄，不要总是责备孩子，要允许孩子发发小脾气，但要找到孩子发脾气的原因，并想办法不让孩子发脾气。

丁丁的性格一向固执，他自己认准的事情就一定会去做，即便是妈妈不同意，他也会坚持到底决不回头。如果不按照自己的意愿去办事，他就发脾气，哭闹。妈妈对丁丁的这种表现十分头疼，总是提防着他的坏脾气爆发。

妈妈常常对朋友说："我家丁丁在一般情况下都很乖，就是脾气一上来，怎么说、怎么劝都不管用，真是软硬不吃了。"一天，一位朋友对丁丁的妈妈说："孩子总是有原因的吧？不会无缘无故就哭闹、不听劝吧？"

于是，丁丁的妈妈开始留心观察，发现丁丁总是在看到妈妈不耐心或有恼怒的表情后开始他的"发怒"情绪。丁丁的妈妈翻阅了一些育儿方面的书，其中讲到了孩子对归属感的寻求方式，不禁有些醒悟了。也许是因为丁丁看到妈妈生气，会想到妈妈是不是不再爱他了，所以有了危机感，因恐慌而暴怒的。

什么事情找到原因之后，就好办多了。有一次，丁丁又开始哭闹了，这次妈妈没有训斥或表现出厌烦的神情，而是和颜悦色地拥抱着丁丁说："妈妈知道宝贝心里难过，也害怕，能不能告诉妈妈为什么难过呢？"这样问了一阵，丁丁终于吞吞吐吐地说："我看妈妈刚才生气的样子，以为妈妈不喜欢丁丁了。"

"傻孩子，妈妈怎么会不喜欢丁丁呢，刚才妈妈情绪不好，所以对丁丁的态度也就不好，这是妈妈的错。可是妈妈是喜欢丁丁的，你要相信妈妈。"这以后，每当丁丁有

迹象要发脾气的时候，妈妈首先向丁丁声明她爱丁丁。这的确促使丁丁平静了许多，不再没完没了地给妈妈"找麻烦"了。

有的孩子在受到挫折后会出现哭叫吵闹的现象，当脾气发作的时候，很多的父母都会感到十分的棘手。可是要怎样才能够制止孩子的发脾气呢？对于这个问题并没有一个万能的答案，只能"对症下药"，首先要做的就是搞清楚孩子是因为什么发脾气。就像案例中的丁丁妈妈找到了症结，也就找到了解决的办法了。

当孩子发脾气的时候，妈妈们一定要注意，千万不要在成人中间形成几派。在生活中，面对孩子发脾气，妈妈不理睬、奶奶去哄劝、爸爸离孩子而去，还有人跑到孩子面前进行"讨好"，这些做法有的时候是欠妥当的。成人彼此之间一定要沟通好，一旦孩子发脾气，全家人应该采取一致的态度，否则他就会更加哭闹不止。

对于孩子来讲，他喜怒哀乐等情绪往往是毫无掩饰的，孩子敢爱、敢恨、敢说、敢笑，这种方式能够使得孩子能及时宣泄自己内心各种情绪，只要不干扰其他小朋友的正常学习和生活就可以，妈妈要细心地去观察孩子，然后对孩子足够理解，允许他们去自由地表现，在理解孩子的基础上，进行引导，才能保证孩子心理的健康成长。发脾气虽然属于孩子不良的情绪宣泄，但是一定要容忍孩子发发小脾气，更要找到孩子发脾气的原因以便对孩子进行安抚。一定要根据孩子发脾气的原因"对症下药"，这样方能奏效。

1. 给孩子发脾气的权利

假如孩子正在气头上，妈妈们可千万不要立刻去阻止，要允许他发脾气。此时妈妈不妨先坐下，安静地等待孩子几分钟，看着孩子，不去打断他，全神贯注地倾听他的抱怨，不左顾右盼，这等于在告诉孩子：妈妈很在意你，我在认真地听，注意你所说的感觉。

2. 妈妈不要经常发脾气

当妈妈遭到挫折后，可能会火冒三丈，此时就要注意孩子很可能会模仿你的行为来处理问题。如果作为妈妈的你总是动辄勃然大怒，又怎能够期望孩子控制好自己的情绪呢？因此，为了能够培养孩子良好的性格，不去乱发脾气，父母一定要以身作则，为孩子创造一个良好的家庭环境和氛围，保持比较积极的情绪，以控制不良情绪的爆发。

3. 转移孩子的注意力

在孩子生气的时候，妈妈们除了表示对孩子的理解和关怀之外，还要尽量去转移孩子的注意力，正确地引导孩子，做些愉快的事。对大一些的孩子可以通过各种体育活动来达到让其平静和放松的目的。妈妈要想办法让孩子感觉到轻松，这样会避免孩子发脾气。

4. 让孩子有适当发泄的机会

如果孩子的坏脾气已经形成，此时孩子发脾气是不可避免的事，那么妈妈们可以采取冷处理方式，让孩子慢慢冷静下来；同样，也可以选择适当的方式让孩子发泄出来。比如，可以和孩子进行交谈，然后帮助孩子把怒气宣泄出来。有时，妈妈一不小心就会伤害孩子的情感，甚至会让孩子感觉到不被妈妈喜爱，并给他的个性带来终生的"残疾"，因此，妈妈们应该更加小心和注意。

 ## 教会孩子控制不良的情绪

孩子虽然年龄还小，但是情感上和成年人一样，在生活中难免会遇到挫折，从而产生负面的情绪，他们也会出现郁郁寡欢、怒不可遏甚至是无理取闹的情况，这是相当正常的。在人的一生中，可以说无时不在与负面情绪作斗争，因为它会严重影响到我们的生活质量，甚至会控制我们的生活。如果孩子希望获取生活的快乐，那么妈妈们就应该从孩子小时就学会应对孩子的这一系列的负面情绪的影响。

对于负面情绪，很多人都会觉得这只能给我们带来伤害，甚至会觉得负面情绪只会

给孩子带来伤害，但是聪明的妈妈会利用它，培养孩子坚强的性格。

对于很多成功的人来讲，他们从小就生活在挫折中。几乎所有的伟人在成功前都要面对挫折、失败、非议等等压力。面对压力，妈妈们应该学会正确引导孩子，并且采取积极的态度，让孩子把压力变成动力，并以此为契机，适当激励孩子克服艰难、提升锐意进取的勇气，最大限度地挖掘出孩子自身的潜能，就能把坏事变成好事了。

王鹏飞已经年满十三周岁了，他是某中学的学生。就在两年前的一次课上，王鹏飞无意中发现坐在自己左前方的一位女同学正在用手托着头，好像不高兴的样子。平时，他与这位女同学关系很一般，交往也不多。但是却不知道怎么搞的，他突然觉得这位女同学是因为自己才会不高兴的。以后，只要是一上课，王鹏飞就会下意识地去多看她几眼，看她是否还是用手托着头，是否不开心地拉着脸。

结果，王鹏飞每一次都发现这位女同学保持着相似的姿态和态度。于是他每看到一次就会害怕一次，浑身不自在，认为是自己什么时候得罪了她。虽然王鹏飞也知道这种想法是很可笑的，却无法消除。因为这种莫名其妙的害怕，使他无法集中注意力去听讲，并且记忆力也明显下降了，给自己造成了很大的痛苦。由于王鹏飞的积虑越来越多，最终竟然发展为了一种心病，表现为十分的害羞、害怕见女生，不管是在什么场合，只要有女生在场，他就会感到紧张和恐惧，甚至会当场脸红。

张旭明和王鹏飞是一个学校的学生，两年来他从来不敢目光与人相对，出现目光碰撞的情况后，他就感到惊恐万状。原来他两年前发现自己得了近视，因而便去配了副眼镜，但配后迟迟不敢戴眼镜，怕别人见了会笑话自己。有一天，因为老师在黑板上写的字模糊看不清，就试着在课堂上第一次戴上了眼镜，谁知道这时老师正好转身，无意中看到了他，他在与老师目光相对的那一瞬间，突然感觉到内心一阵莫名其妙的恐惧，因而他赶快低下头，但是仍然心跳不已。

从那之后，他再也不敢与这位老师对视。为了回避老师的目光，他甚至一节课也不会抬头看黑板一次，时间长了，发展得更为厉害，渐渐地他又发展到怕与电视、电影屏幕上的人对视，最后竟连回想与别人目光相视的情景，都会让他心惊胆战。他想控制自己不看别人的眼睛，因此，他走路总是低着头，吃饭也是低着头，和别人说话也是低着头，从来不敢去正视别人，即使无意间看到了别人，他也会感觉到十分恐慌。

从上面的两个人的情况，可以看出这两个人就是因为不能控制自己的情绪，结果导致了严重的心理问题。在生活中，有些孩子动不动就哭闹不止，然后发脾气，甚至是摔东西，或者把自己关起来生闷气，有的父母也会跟着孩子生气、焦虑、愁眉不展。其实，我们知道在婴儿期的时候孩子就已是个情绪体，就会表现出恐惧、愤怒等一系列的情绪。健康情绪的发展对幼儿的个性形成起着十分重要的作用，它关系到一个人一生的成长。

孩子和成年人是一样的，在生活中也会出现挫折，或许在大人的眼里，孩子所谓的挫折根本不算什么，但是孩子毕竟是孩子，他们也会出现负面情绪，他们也会郁郁寡欢、怒不可遏、无理取闹，所以在这个时候，妈妈们应该理解孩子，千万不要轻视负面情绪的影响。要在孩子情绪平静之后，想办法去遏制孩子不好的情绪。

有了负面情绪不释放出来也是很危险的。对于妈妈们来讲，对孩子出现的负面情绪或者是恶劣的情绪，应该想办法，在孩子出现恶劣情绪之前让孩子去克服，或者是劝说孩子，甚至帮助孩子去控制恶劣情绪的发生和产生。在孩子成功的路上，最大的敌人其实并不是缺少机会，也并不是资历浅薄，而是缺乏对自己情绪的控制，尤其是不能够对不良情绪的控制。妈妈们应该帮助孩子，教会孩子怎么样去控制不良情绪。

妈妈们可能会看到这样的情况，有些幼儿不管是遇到难过、挫折或是无聊的时候，都会用暴力的方式来进行发泄，这样做不但会造成其他人的困扰，也会影响自己的人际关系，原因很可能只是因为孩子不知道该如何来确切的表达自己的感受而已。

那么，妈妈该如何帮孩子控制不良的负面情绪呢？

1. 让孩子认同自己，有情绪空间

妈妈要让孩子学会喜欢自己，因为只有喜欢自己的孩子，才会去喜欢别人。同样，妈妈要给孩子认同感。妈妈是孩子的模范，妈妈首先要学会管理自己的情绪，不要让自己的情绪影响到孩子，更不要给孩子带来情绪上的压力。要给孩子塑造出一种安全、温馨、平和的心理情境，用欣赏的眼光来鼓励自己的孩子，让身处其中的孩子产生积极的自我认同感，从而获得安全感，让其能够自由、开放地感受和表达自己的情绪，使孩子原本正常的感受不因压抑而变质。

2. 让孩子正确认识情绪，表达情绪

通过亲子之间的对话让孩子正确地去认识各种情绪，让孩子说出自己心里此时此刻真实的感受。妈妈们只有了解了孩子的想法，才能够知道怎么样去帮助孩子解决问题，帮助孩子控制情绪变化。所以说在平时，妈妈们应该让孩子认识自己的情绪，然后表达自己的情绪，只有这样孩子才能够更好地去了解自己。在我们日常的生活中，妈妈们要做的不仅仅是去关照孩子，更多的是要让孩子知道知道自己的情绪，让孩子认识到自己的情绪会给产生什么不利的影响。

3. 让孩子体验情绪，洞察他人的情绪

游戏在孩子的心理发展中起着十分重要的作用，要让孩子在丰富多彩的游戏活动中，体验自己的情绪并且感受到别人的情绪，那么就一定要让孩子自己知道他人的需要。除了与孩子交流自己的情绪感受外，妈妈们可以通过说故事编故事的方法，让孩子明白怎么样去了解别人的情感。从他人的情绪反应中，孩子会逐渐领悟到积极情绪的作用。如果幼儿在不断表达情绪与控制情绪之间取得了平衡的话，便有助于孩子去遏制不良情绪。

4. 让孩子学会乐观地面对生活

积极的情绪体验能够激发孩子的潜能，使孩子保持旺盛的体力和精力，并且起到维护孩子心理健康的作用；消极的情绪体验只能使人变得意志消沉，对孩子是有害的。为此，要保持孩子乐观的生活态度与积极向上的情绪，对孩子来说这是十分重要的。作为妈妈，要培养孩子乐观的情绪，让孩子积极地面对人生，即便是处在困境中，也要让孩子有克服不良情绪的决心。孩子的情绪会受到妈妈行为的直接影响，在与孩子相处的过程中，妈妈必须要乐观一点。乐观的心态能够帮助孩子控制自己不良的情绪，这对孩子的成长是十分有帮助的。

5. 教会孩子适当宣泄不良情绪

孩子在精神压抑的时候，如果不能寻找到发泄的机会，或者是不能宣泄情绪，便会导致孩子身心受到伤害。所以，当孩子负面的情绪已经产生，或者是不良的情绪已经出现，妈妈们应该给孩子发泄的空间和时间，让孩子先发泄自己的情绪，或者是等孩子的情绪稳定之后，再教育孩子，让孩子感受到妈妈的爱和支持。事情过后，再告诉孩子怎样克服这种不良的情绪。

教孩子掌握应对挫折的方法

在遇到挫折的时候不同的孩子会有着不同的态度，有的孩子会知难而进而有的孩子却会知难而退。其中有相当一部分的孩子在遇到挫败后会采用消极的方法来逃避挫折。面对这种情况，就需要父母的引导了。在这个时候父母要教导孩子知难而进并协助孩子找到应对的办法，这才能让孩子在面对挫折时不一味地逃避。

挫折，就是指当事情发生过程中并未出现预期的情境与感受时，人们内心的一种感受。不同年龄段的孩子会有不同的挫折经验，在面对挫折的时候也会有不同的表现。对年纪小的孩子来说，当他想要玩某个玩具时，妈妈把玩具收起来；当他想吃零食的时候，妈妈加以阻挠，这些事情都可以导致他挫折感的形成。年龄小的孩子通常是通过哭

闹或是大发脾气的方式来表现。年纪大的一点的孩子，他们就会和年纪小的孩子的挫折感来源不一样了，当他们遇到挫折没有办法解决的时候，或是和预期想象的不一样的时候，他们就会表现出生气、沮丧等负面的情绪。

一个优秀的妈妈不仅要鼓励孩子不要害怕困难，更多的时候还能够让孩子学会一些做事情的技巧，尤其是应对挫折的技巧，这对孩子的处事能力是十分有帮助的。孩子在遇到挫折的时候往往会惊慌，甚至不知所措，这个时候妈妈们不仅要在思想上帮助孩子成长，更重要的是要让孩子学会处理事情的方法。

王璐的儿子小名叫豆豆，豆豆小时候很乖，现在已经上一年级，在老师眼中也是好孩子，因此王璐为儿子感到骄傲。但是有一点却让王璐感到苦恼，那就是每次豆豆遇到自己不会做的事情都会让王璐去做，王璐觉得孩子遇到困难的时候根本不想怎么去解决，而是将困难转给王璐。

一次，豆豆很开心地跑回了家，王璐看到儿子这么开心便问儿子怎么了，豆豆指着手中的玩具汽车说道："妈妈，小胖将他的玩具汽车借给我玩儿了，可好玩儿了。"王璐看到儿子这么开心自然心里也是十分开心，便没有多问什么，转头去洗衣服去了。

过了一会儿，只听到"啪"的一声，王璐以为是孩子摔倒了，便立刻去跑到孩子的房间，只见玩具汽车在地上摔坏了，豆豆傻傻地站在那里。王璐一看就明白了，肯定是他不小心将玩具汽车摔到了地上。此时豆豆看到了妈妈，像是看到了救星，连忙问妈妈该怎么办。王璐看到孩子受到了惊吓，她先是将孩子抱到怀里，然后安慰孩子。

过了一会儿，她看到豆豆已经不那么害怕了，便问豆豆想怎么解决这个事情，豆豆说："妈妈，我不知道怎么办，小胖要是知道我弄坏了他新买的玩具汽车一定会很生气的。"王璐心想这是一次不错的机会，可以让孩子学会解决问题的办法，于是，她就站在孩子面前对豆豆说道："儿子，如果你是小胖，看到自己的玩具被弄坏了，肯定会很不开心的吧？"豆豆点点头。"但是，即便是不开心也会希望知道真相，所以我们必须要主动向小胖承认错误，这样小胖肯定就没那么生气了，然后我们把人家的玩具弄坏了，自然要赔偿人家一个新的玩具，现在妈妈就带你去买一个新的玩具汽车吧。"豆豆听了妈妈的话，脸上一下子轻松了许多。

王璐和豆豆到玩具店买了一个新的汽车玩具，并且比小胖的那个功能更多。回到家中，豆豆想要让王璐陪着自己去跟小胖道歉，王璐对豆豆说道："儿子，开始你借小胖玩具的时候我没陪你去，现在怎么让妈妈陪你去呢？如果你现在一个人将玩具拿给小胖，并且跟他道歉，那么他一定会夸奖我们家豆豆勇敢的。"就这样豆豆主动去找小胖了。

过了半个小时，豆豆高兴地回来了，一进家门就说："妈妈，小胖没有生气。"王璐看到儿子很开心。"新买的玩具我给小胖了，他还邀请我陪他玩儿呢。"这件事情算是过去了。

突然有一天，豆豆回家对妈妈说："妈妈，今天我把同桌的铅笔盒弄到地上，摔坏了，你能给我几块钱吗，我要给同桌买个新的，虽然已经给他道歉了，但是妈妈说过弄坏别人东西要赔偿。"看到豆豆的这种行为，王璐很开心，因为她知道孩子终于明白怎么样来面对挫折和困难了。

其实，对于孩子来说，挫折的发生是没有办法避免的。既然没有办法避免，那就只有让孩子学会在面对挫折时正确对待的方法。那么，妈妈该怎样做才能帮助孩子战胜内心的恐惧，成为解决问题的能手呢？

1. 妈妈要树立挫折教育意识

很多妈妈都认为，年纪小的孩子心理承受能力也是弱的，所以对孩子的保护就显得有些过了。有些妈妈认为不应该让孩子遭受过多的挫折，这样对他们没有什么好处。妈妈的这种观念直接影响孩子对于挫折的认识和理解。正确地说，让孩子受点挫折和磨难是有好处的。孩子遭受挫折的经历有利于培养他的良好品德；有利于发展孩子的非智力因素；有利于丰富孩子的知识，提高他的能力。所以，对于挫折教育的价值，妈妈应该

有一个正确的认识，可以把它看成是一种磨炼意志、提高适应能力的好方法。

在实际生活中，有一部分妈妈认为对孩子的挫折教育与吃苦教育是一个概念。其实这种理解并不正确。吃苦确实是挫折的一部分，但并不是全部。有的家长专门让孩子去穷困山村体验生活，但是这并不能让孩子对挫折有一个全面的认识。其实妈妈把自己事业和生活上遇到的挫折告诉孩子，并告诉他自己是如何解决的，便是一个给孩子挫折教育的不错方法。

2. 鼓励孩子克服挫折

很多孩子在遇到挫折后会产生一系列的消极反应，这些孩子在面对挫折的时候往往会选择逃避。若是妈妈发现孩子有这样的表现的时候，一定要教育孩子面对挫折时不仅不能知难而退还要知难而进。当孩子每一次挑战成功后都会自信和勇气倍增。这样的情况多了，孩子对挫折的害怕心理就会消失，慢慢地，不仅孩子面对挫折有了勇气，孩子的抗挫折能力也会变强。

3. 在孩子失败后，亲自示范解决的方法

在很多时候孩子遇到了困难，会在第一时间想到妈妈，而此时，作为母亲需要做的就是向孩子做示范，示范给孩子看，怎么样去解决挫折。当然最重要的是要让孩子明白在挫折面前要保持一个什么样的思维过程和状态，只有这样，在以后遇到困难的时候，孩子才知道怎么样去解决，以及用什么方式来解决。所以说妈妈们不妨先示范解决问题的方法，然后再帮助孩子去解决问题。

4. 提高孩子的应变能力

应变能力是孩子处理困难和挫折时的一种重要的能力。培养孩子的应变能力，让孩子随时准备行动，把握机会解决问题，可以帮助孩子变得更果断。在平常的生活中，妈妈可以有意识地对孩子的应变能力进行锻炼。通过锻炼，会让孩子各方面的能力都得到提高。首先，可以让孩子有适应自身生理或心理变化的能力，孩子会把自己身体某个部位不舒服的情况及时告诉成人；当他们感到烦恼的时候，会选择向妈妈或知心伙伴倾诉，而不是让烦恼把自己淹没。其次，让孩子有适应周围环境变化的能力。比如，应该知道早晚气温不同；应该注意保暖；应该知道出门要带什么东西；应该知道不同的地方可能会发生什么情况等。再次，可以让孩子对突如其来的事件有应变能力。比如，当孩子一个人待在家里，遇到突然停电时，他们会知道怎样去点燃蜡烛、开手电筒；当他们遇到陌生人问路时，应该知道怎样避免被骗等。最后，让孩子有对不同事物做出不同反应的能力。比如，当孩子在面对陌生人，或者心存不良的人时，他们知道应该采取什么样的办法；如果妈妈生病了应该知道怎么办，等等。这些都要教孩子去判断，当面对这类事情的时候该怎么办。只有孩子具有较强的应变能力，遭遇任何紧急情况才会将损失降到最低程度，争取到最好的结果。

帮孩子纠正嫉妒心理

嫉妒不能完全避免，但任其发展，孩子就会过分自大，一旦遇到比自己强的人，甚至会幻想或采取不正当的手段去伤害对方。所以，妈妈应该让孩子从小懂得什么是正当竞争，引导孩子接受差异，将嫉妒转化为成功的内驱力。

嫉妒是孩子成长过程中一个无法回避的话题。孩子的嫉妒，不仅在家有，在学校也有。因为性别的原因，妈妈在矫正孩子的这种弱点上面，有更多的责任。教会孩子宽容和珍惜友谊，是使其终身受益的事情。要纠正孩子的嫉妒心理，妈妈先要分析嫉妒产生的原因。

孩子嫉妒心理的产生是与其最关心的事物相联系的，孩子们之间的嫉妒常常会反映在很多方面，首先表现在，因别人受表扬而嫉妒。比如说看到别人受了表扬，有的孩子暗中不服气，有的公开挑人家的缺点，也有的故意表现出无所谓的态度。其实，他们的

心理反应是:"有什么了不起,我也做得来。"其次,因别人学习好而嫉妒。因为学习是孩子们的主要任务,学习成绩是评价孩子的重要指标。因此,有的孩子学习不如别人就嫉妒别人。有一个班级曾经发生过这样的事:在期中考试前一个星期,班上成绩最好的几个同学的笔记本不翼而飞,这几个同学着急的程度可想而知。考试之后,笔记本又回到了那几位同学的课桌里。显然,这不是一般的恶作剧,是某个同学出于嫉妒心理,采用了不道德的手段。再者,可能会因为亲疏关系而嫉妒,有的孩子因为不被重视,而嫉妒受老师重视的同学,并且常常迁怒于老师,背后议论老师,甚至对班上的某些事情采取消极的态度。同学之间的亲疏变化,也常引起嫉妒心理的产生。有些孩子因嫉妒别的同学之间关系好,而从中挑拨,甚至诽谤。最后,会因为物质方面不如别人而嫉妒。孩子们普遍希望有漂亮衣服、好的文具、好的玩具等,由于家庭条件不同,妈妈教育方法不同,总会产生有这个没那个的现象,这是正常的。但是,一些孩子会因此而产生嫉妒心理。当别人的东西脏了、坏了时,甚至幸灾乐祸。

在众多的消极社会现象中,以嫉妒为最。嫉妒是一种由于别人在品德、能力等等方面超过自己而产生的不满情感。嫉妒不仅对个人的生活有着影响而且会对集体有着极大的消极影响。对团结协作是有极大阻碍的。当这种缺点随着年龄的增长而一直保留的时候,孩子在日后的社会生活中就很难融入集体,也很难与别人团结协作。这些都会给孩子带来痛苦和烦恼。

孩子的嫉妒心虽是儿童心理发展中的自然现象,但妈妈也不能听之任之,妈妈应及时加以疏导,以免孩子形成不良性格。如脾气古怪、多疑、粗暴自卑、执拗或自暴自弃等,这是对孩子十分不利的。因此妈妈平时要关心孩子与人相处时的各种表现,一旦发现孩子有嫉妒心的毒苗,就要帮助孩子正确对待,及时疏导。

妈妈们要纠正孩子的嫉妒心理,可以从以下几个方面着手:

1. 建立良好的环境

虽然说产生嫉妒心理的原因有很多,但是从本质上说都是由于孩子的内部消极因素以及外部环境因素造成的。只要妈妈在家庭中营造出团结友爱、互相尊重、礼让谦逊的氛围,就可以早早地预防孩子的嫉妒心理。

2. 耐心倾听,让孩子合理宣泄

孩子的嫉妒是直观、真实而自然的,它只是孩子对自己愿望不能实现而产生的一种本能的心理反应。因此,妈妈不要盲目对孩子的嫉妒心理和行为进行批评,要耐心倾听孩子的苦恼,理解他们无法实现自己愿望所产生的痛苦情绪,使孩子因嫉妒产生的不良情感能够得到宣泄。

3. 让孩子正确地评价自己和别人

无论是孩子还是成人都是偏爱鼓励,而不喜欢被批评的。恰当的表扬不但可以巩固孩子的优点还能够给予孩子自信,使孩子不断地努力进步。然而万事都有两面性,当表扬过度的时候,就会让孩子产生骄傲的心理,看不起别人。这是因为孩子的年龄小,没有足够的能力进行正确的自我评价和对他人的评价。这时候孩子对自己的评价大多来源于成人给予的评价标准。所以妈妈们切记不能盲目表扬孩子,要在孩子面前正确地评价他,以防孩子对自己的评价不正确。

在适当的时候妈妈还要指出孩子的优点和缺点,让孩子正确地意识到无论是谁都有长处和短处。在与小朋友相处的过程中,要学习别人的长处,避免自己的短处。同时妈妈自己也要时常反省自己,问一下自己:"我的长处是什么?短处又是什么?与上一周比较我有哪些地方是进步的,哪些地方是退步的。"并将这种自我反省教给孩子,让孩子在自我反省中认识到自己的缺点,在与老师、同学合作过程中改正自己的短处,让自己更加进步。若是孩子经常以这样的心态去看待问题,能够客观地自我评价,那么嫉妒心理就会慢慢消除。

4. 帮助孩子强化自身的优势

现实中的人必然是有差异的,不是表现在这方面,就是表现在那方面。一个人承认差异就是承认现实,要使自己在某方面好起来,只有靠自己奋进努力,嫉妒于事无补。

妈妈如果发现孩子在某些方面不如别人的孩子，不要当面指责孩子不如别人，而应具体帮助他提高这方面的能力。如果有条件，妈妈可以请一个能力强的孩子来帮助自己的孩子，这样可以提高孩子的能力，而且孩子之间真诚友好的帮助也是克服嫉妒心理的良方。

5. 引导孩子树立正确的竞争意识

通常情况下，嫉妒心理总是伴随着争强好胜的性格。妈妈要正确地引导孩子将嫉妒心理转化成超越别人的动力，并且应当告诉孩子，贬低别人并不是意味着抬高自己。要正视与别人的差距，努力缩短差距。要清楚地认识到自己落后于别人并非是别人的缘故而是因为自己不够好。要能够取长补短，这样去化解心中的不平。作为母亲切记不要以为在孩子面前贬低孩子嫉妒的对象就能够打消孩子的嫉妒意识，这样只会让孩子的嫉妒更加膨胀。只有正视自己的不足，才能够更好地努力改正。这才是消除嫉妒的方法。

 引导孩子正确宣泄负面情绪

每个孩子都会有自己一定的情绪状态，比如恐惧、喜悦、委屈、愤怒等。并且与大人不同，孩子的自我控制能力相对来讲是很弱的，当他们内心聚集了负面的情绪之后，往往就会当场发泄出来。由于孩子的年纪还比较小，与人交往、沟通的经验也不多，并且对自己产生的情绪认识的不够清晰，因此在出现负面情绪后会不知该如何表达，只好自己寻找方式进行自我宣泄。如果孩子不能找到适当的发泄方式和场合，那么往往会选择一些不当的方式来发泄情绪，这是妈妈们不想看到的。

每一个人都有自己的情绪，孩子也不例外。孩子的情绪也需要有地方宣泄，但如何正确宣泄情绪便需要母亲的引导了。孩子受到委屈之后最渴望的便是母亲的怀抱。在妈妈的怀抱里孩子是最有安全感的，就像是回到了婴儿时代。有了妈妈的抚摸和安慰，孩子的委屈自然也会减轻。此时妈妈应该细心地劝说孩子，引导孩子将心中的委屈说出来，并且告诉孩子若再遇到这样的情况该如何处理。渐渐地，孩子就会养成对事物正确认知的思维习惯。这不仅有助于孩子化解此类情绪，还有助于孩子舒缓压力。妈妈在孩子情绪波动的时候切不可大声斥责孩子，这样只会激化孩子的情绪。

合理的宣泄可以让孩子的身心得到放松，避免孩子心理承受过重的压力而崩溃。孩子在生活中，也会有压力，过大的压力和打击往往会带来消极情绪，这种消极情绪如果长期堆积在孩子心里得不到有效的宣泄，很可能会严重影响孩子的心理健康，并最终危害到孩子的身体。

青杨已经上高三了，她是一个比较刻苦的孩子，因为她家里的经济条件不太宽裕，为了让她接受更好的教育，妈妈背负着很重的经济压力。

当然，青杨也是个比较懂事的孩子，她勤奋学习认真又刻苦，因此，成绩一直都很好。可是随着高考的临近，青杨心理的压力也越来越大。或许是压力过大，她不再像高一高二那样能够轻松自如地面对学习和考试了，她经常会想："如果高考失败了我怎么办呢？"因此，她的成绩也总是忽上忽下，一点也不稳定，她害怕自己高考失败让妈妈失望。她每两周会回一次家，表面上看起来青杨好像还是那么坦然和乐观，似乎根本没有压力，也不需要任何考前的心理辅导或者是宣泄。可是后来的成绩却说明了一切，她不是真的能够坦然轻松地去面对高考，而是在掩饰和隐藏自己。在后来的模拟考试中，她的成绩开始下滑，老师也注意到了这一点。她在日记里写道："马上就要高考了，亲爱的妈妈，你平时做的一切都是为了我，我真的好害怕，害怕自己让你失望，我该怎么办呢？"没有人知道她内心的想法，她很少与同学交流这个问题，一直压抑着自己的情绪，学习也根本没有效果。

在孩子不满意或者与小朋友之间产生矛盾的时候，甚至是学习不如意时，都会产生

各种的情绪。这时，应该让孩子有机会把这些负面的情绪宣泄出来。否则，孩子在长期受到压抑后，情绪上得不到宣泄，很有可能导致身体和心理上出现障碍。

妈妈们应该帮助孩子宣泄不良情绪、负面情绪。

1. 让孩子把心事大胆说出来

很多时候孩子不敢向妈妈表达自己的真实情感，甚至会害怕受到妈妈的打击和批评。当妈妈发现自己孩子存在一些负面情绪的时候，可以这样对孩子说"有什么事如果你不想告诉别人，千万不要憋在心里，可以通过写日记的方法，把心事写出来，这样不但心里舒服一些，更有助于你去解决问题。也可以向妈妈倾诉，妈妈会做你永远忠实的听众，或者是把自己的心事向你的朋友倾诉。或许别人不会给你什么帮助，但是在你说完自己心事之后，内心会舒畅很多。"当然，告诉孩子还可以找一个没人的地方来大声喊叫，目的是来发泄内心的积郁。

2. 给孩子布置一些"发泄角"

经过实验证明，孩子用粗笔涂鸦的方式消解愤怒或心中负面情绪的效果最好，其次是投掷小飞镖或是投篮。而对于女孩来说，可以为孩子在家中专门开辟一块"涂鸦角"，买一块纤维板，专供女儿张贴涂鸦作品，目的是为了让孩子及时发泄自己的情绪。对于男孩子来讲，投掷飞镖，或是打篮球，都可以让其宣泄负面情绪。妈妈们应该为孩子创造能够发泄情绪的条件，让孩子拥有自己的空间，从而让孩子能够更好地去发展。

3. 帮助孩子消除消极感受

当孩子有了消极的感受，比如恐惧、愤怒的时候，会因为语言表达能力有限或者不懂得怎样来表达而只能借助不当的方式来宣泄。这时父母就要帮助孩子消除消极的感受。如果孩子因为恐惧反而采取不当的宣泄方式，要拥抱孩子，陪孩子待上一会儿，想方设法消除孩子的恐惧感。如果孩子是因对伙伴的不满而发怒，妈妈可以重复一遍孩子的话语，让孩子明白思路，随后变得冷静下来。这样孩子会有种被充分了解的感觉，他会觉得自己被理解、被尊重。

4. 发泄后要拥抱安慰孩子

等到孩子的情感发泄之后，首先要做的就是使孩子平静下来，当孩子发泄中有过分的行为时，妈妈一定要温柔地去制止他的不良宣泄行为，然后轻轻地去拥抱他，抚摸他的身体，耐心询问孩子，正确地引导孩子的行为，疏导他的情绪。妈妈是孩子的精神支柱，要告诉孩子你爱他。让孩子感受到妈妈的爱，从而摆脱负面的情绪。

让孩子学会管理自己的情绪

孩子对自己情绪的控制能力是很差的，他们会时不时地发小脾气。这不是什么异常的现象，也根本不需要特别地加以"控制"。妈妈们采取视而不见的冷处理办法，或许孩子的脾气就会很快烟消云散，最终好像什么事情也没有发生一样，正所谓是来得快、去得也快。但是很多妈妈却不会这样做，面对孩子的情绪很多妈妈习惯加以"控制"，这样反而对孩子没有好处。只要孩子的脾气不是太过火，或者是情绪变动不太大，对别人不造成损害，那么就可以不管他。这样，孩子就会发现，发脾气或者是情绪波动并不好玩，也没有人理会自己，他的脾气可能就会越来越小，最后也许就很少发脾气了。

世上总会有众多的不尽人意，但我们不能一遇上不顺心的事情就发泄。家长应该教会孩子如何控制情绪。首先要让孩子学会在合理的范围内充分表达情绪。过度的压抑情绪并不是健康的表现，相反，充分、适当地将自己的情绪表达出来也标志着孩子的心理发育是健康的。但是孩子毕竟不是大人，并不能将自己的情绪恰到好处的控制，在这时候孩子通常会出现一些偏激的行为，如砸东西、与别的孩子吵架或者打架。这不仅不利于孩子情绪的宣泄还会损害别人的利益。若是冲撞了长辈也是非常不礼貌的。所以作为妈妈，首先要告诉孩子发泄情绪并非不可以，但是一定要在一定的范围内。情绪的宣泄

并不意味着可以任意妄为。等到孩子的年龄略微长一些的时候，就应该去引导孩子用语言来表达自己的情感，而非乱发脾气。

生活中经常会发生一些不愉快的事情，这些事往往会影响孩子的情绪，尤其是在遭受挫折的时候，孩子会感到沮丧、抑郁。例如孩子在学校考试没有考好，或者是没有评上三好学生等，这时比较要强的孩子就会产生明显的挫折感，他们往往会显得很不高兴，怕同学老师看不起，也可能怕受到家长的责怪，随后表现得话也会比较少，紧张、沉默的情况也会增多。如果孩子能够在较短时间内自我调节过来，那么家长也就不必担心。如果孩子经过一段时间还是情绪不好，此时妈妈就应该去干预了。比如孩子因为考试成绩差了一些而出现不高兴的情况，妈妈就可以根据具体的情况帮孩子分析原因。此时，妈妈们应该帮助孩子找到考不好的原因，比如是因为考试的时候过于粗心大意呢，还是对某一道题思路出现了错误？还是孩子学习的时候没有认真听老师的讲课？找到原因后不应该过分批评孩子，而应该鼓励孩子在以后的学习中更加认真，考试时注意细心检查。并告诉孩子一次考试成绩差一些根本不能说明什么问题，这并不代表以后不能够考好，也不能代表你就是一个笨孩子。告诉孩子：老师也不会因为你一次没考好而看不起你。必要时可帮助孩子把期望值放得稍微低一些，告诉孩子只要努力就好，不要总是争第一名、第二名。经过诸如此类的疏导和分析，孩子慢慢就变得心平气和了。

有时也可能会出现这样的情况：孩子可能因为在某一方面做得很出色而受到了老师或者别人的某种奖励，这时孩子可能会很高兴，甚至会出现骄傲的倾向。这也是正常的事情，可以让孩子尽情地高兴一阵，并对孩子取得的好成绩给予适当的表扬，但同时也要告诉孩子，这次成功只能够代表你近段时间的表现，以后要想变得更加优秀，还需要再接再励。不能因为这一点成绩而骄傲自满，做人需要谦虚，因为只有谦虚才能取得更大的成绩，也才能与人更好地相处。另外，要促使孩子养成良好的情绪表达习惯，妈妈们首先应该对自己的情绪表达方式进行反省，因为妈妈的榜样作用会在很大程度上影响到孩子。

已经满10岁的青青是个非常活泼开朗的小男孩，他从小生活在城市中，从小学读一年级开始，他在学习和各方面都非常认真，唯一不好的就是小小年纪脾气很不好，遇到小事情就会出现很大的情绪波动。上周在他的身上发生了一件事情，这件事情使得他的妈妈不得不求助于教育专家。因为妈妈不同意他在星期天到游乐园游玩，他感到非常愤怒，并气愤地冲着妈妈嚷起来，随后就冲向自己的房间，握紧拳头，猛往墙上捶打，一面哭一面打墙。当妈妈看到儿子这样的时候，心里自然是无比心疼。父亲看到之后，很生气地揍了他一顿，他的父母亲实在没有改变他脾气的办法。

当然，孩子有情绪波动较大的时候，妈妈们要让孩子学会控制自己的情绪，要帮助孩子找到适当的宣泄方法。比如鼓励孩子把不高兴、不愉快的事告诉父母或者是其他人，从而缓解心中的不快；鼓励孩子用自我隔离的办法来达到内心的冷静；培养孩子乐观的性格和幽默感等等，这些都是妈妈们应该做的。

1. 提升孩子心理成熟度

心理成熟度差的孩子，不太容易适应不断变化的环境以及外界给自己造成的影响，也不太容易形成良好的自我控制力，从而在人际关系和心理健康方法更容易出现一些问题。因此，家长们要提高自己孩子的心理成熟度，要让孩子学会去合理调节自己的情绪。

2. 让孩子把所受的委屈和不快宣泄出来

孩子也会有委屈，也需要发泄。妈妈们不要轻易指责孩子的发泄行为，要鼓励孩子去发泄自己的情绪，因为情绪只有发泄出来之后，才能够得到更好的纾解。之后，妈妈要做的是要好好安慰孩子，设法使他们的情绪在爆发后逐渐恢复平静。但安抚孩子的情绪并不等于无条件顺从孩子。此时，妈妈们如果毫无原则地一味迁就孩子，就会起到适得其反的作用。

3. 等孩子的情绪变得平静后，妈妈可让孩子述说事情的来龙去脉

妈妈一定要让孩子主动述说,当妈妈们提及自己的感受时,一定要鼓励其说出为什么会有这样的感受,然后仔细聆听。父母应心平气和地从其他人的角度设几个问题来问孩子,引导孩子从他人的角度来看问题。

 ## 教孩子学会自我反省

在孩子成长的过程中,一定会犯错误,但是也会改正错误。妈妈要做的就是让孩子认识错误、敢于承认错误,让他在错误中发现不足,在改正错误中成长。很多时候,妈妈们总是急于去指出孩子的错误,根本不给孩子自我反省的机会。其实这对孩子的成长是不利的,如果孩子能够主动意识到自己的错误,那么最终他会乐意去改正,如果每次错误都被妈妈指出来,那么最终孩子会反感,甚至会对妈妈的言语产生逆反心理,这样一来反而对孩子改正错误不利。

每个人都会有做错事的时候,不论是大人还是孩子。当孩子做错事情,重要的不是错误本身,而是妈妈怎么样让孩子认识到他的错误以及承认错误。如果孩子的错误都是妈妈们指出来的,那么孩子会很不耐烦,会觉得怎么妈妈总是在挑自己的毛病,久而久之可能会影响到母子之情或者是母女之情。当然,如果不能够让孩子反思自己的错误,只是口头上说自己错了,却说不出自己到底错在哪儿,那么只能让孩子一时意识到错误,却不能让他清楚地认识错误。所以,当面对孩子犯错的时候,妈妈要让孩子用自己的眼光去看,用自己的头脑去想,然后再帮助孩子分析错误的原因,把道理讲明白。然后给孩子改过的机会,从精神上善待孩子,千万不要随便给孩子"定罪"。

在生活中,我们可能会看到一些爱唠叨的妈妈,她们挂在嘴边的话永远是"宝贝,你这么做不对""宝贝,你看你又把事情弄糟了。"妈妈想要让孩子学会发现错误,只有了解了孩子的能力、性格及孩子所特有的心态,才能对孩子循循善诱,使他们认清方向,少走弯路,早日成功。然而,唯恐犯错的心理往往会使孩子不敢去尝试新生事物或承担风险。

妈妈送给丹丹两条特别美丽的小金鱼。丹丹看到了之后十分喜欢,于是,便把鱼儿都放在玻璃缸里,她坐在一边看鱼儿自由地在水中畅游。但是时间一久,丹丹就觉得没意思了,有一天,丹丹突发奇想,把金鱼从水中捞出来,丢在空盆子里。看到金鱼不停甩动尾巴,丹丹觉得很好玩。

此时,爸爸看到了丹丹的这种行为很是生气,立刻训斥道:"丹丹,你怎么这么残忍!鱼会干死的,赶快把它们放回水里去"。丹丹丝毫没有觉得自己做错了,便对爸爸的训斥无动于衷。这时,妈妈走过来说:"丹丹,这样做小鱼会不开心的,你想如果你口渴时不给你水喝,你会怎样呢?"

"我会很难受。"丹丹毫不犹豫地回答道,因为她有过口渴难耐的经历。

"是啊,没水喝会很难受的,可你把鱼从水里抓出来丢到空盆子里,让它们也没了水喝,你说它们难不难受啊?而且,丹丹很聪明,肯定知道鱼是水生动物,这些小家伙比人类更需要水,一旦鱼儿离开水,会很快死的,丹丹也不希望这些漂亮的小鱼都死掉吧,如果那样的话妈妈再也不敢给丹丹买鱼了。它们拼命甩动尾巴,是因为它们太难受了。"妈妈开导丹丹。

丹丹不作声了。沉思了片刻,丹丹对妈妈说:"妈妈,我知道错了,我以后再不把金鱼拿出来了,不然金鱼会死掉的。"

从以上例子可以看出,面对丹丹的错误,爸爸总是一味责骂的教育方法一点都不奏效,根本不能够让孩子意识到自己的错误,而妈妈循循善诱、晓之以理就能引导丹丹进行自我反省,让丹丹通过对自己的行为进行评价判断,最终认识到了自己存在的错误,收到了良好的教育效果。

自我反省的能力是人内在的一种能力，这种能力是认识自我、完善自我、不断进步的前提条件和必备条件。对孩子来讲，尚未形成完备的自我意识、自我反省的内在人格，智力还处于萌芽阶段，因此需要妈妈们正确引导，从小培养孩子的自我反省能力，这样才能够达到良好的教育效果。

培养孩子的自我反省能力，妈妈们不妨借鉴以下几点：

1. 不直接对孩子的错误横加指责

当孩子做错事或者是犯错之后，妈妈不要一味斥责，这样易引起孩子的反感甚至会引起孩子的叛逆心理，时间长了还会厌烦妈妈，不但影响到母亲和孩子之间的感情，也会使孩子内在智力的发展受到限制。妈妈可采用比较冷静的态度，想办法从侧面引导孩子进行自我反省，让孩子认识到自己的过失。

2. 让孩子自己承担犯错的后果

孩子做错了事之后，很多妈妈都会心疼孩子，所以选择替孩子去承担犯错的后果，从而会让孩子觉得做错事情也没什么大不了的。久而久之，让孩子丧失了责任心，十分不利于培养孩子的自我反省能力。所以，妈妈们应该让孩子自己承担犯错的后果，这样做能够让孩子明白，一旦犯错，将会造成不良甚至严重的后果，而这严重的后果必须由自己来承担，这样一来，孩子自然会学会自我反省，从而激励自己将事情做得更好。

3. 重视负面道德情感的良好效应

在教育孩子的时候，妈妈们一定要给孩子灌输正直、善良、勇敢等正面道德情感，这样做可以塑造孩子美好的心灵，而让孩子体验羞愧、内疚等负面道德情感也会使其受益匪浅，促使他不断自我反省，区分好坏、是非、对错和美丑，改正错误。当然，如果妈妈们不注意这点，孩子在形成自我人格的时候很可能会出现偏差，这是十分不利的。

4. 教育孩子每日反省自己

孩子有时并不知道自己所认识的东西是错误的，也可能不明白自己做错了什么事。他会用他的眼光去看，用他的头脑去想，这样难免不受到限制。所以，妈妈要艺术地教会孩子学会发现错误，这样，才能使其认清方向。妈妈要培养孩子反省自己错误的习惯，因为这比妈妈或他人指出其错误再改正效果更好。

 ## 呵护孩子的失意心情

在孩子受伤、失意的时候，妈妈们不仅要将孩子扶起来，还需要用爱去细心地呵护孩子的心灵，让孩子的内心世界因你的爱而变得芳香和温馨。要知道孩子的内心远远没有你所想得那么强大，他需要的是你的悉心的呵护。呵护孩子不仅是你的义务，更是你的责任！

有一天，琪琪问妈妈："妈妈，我是不是很笨呀？"

妈妈吃惊于女儿为什么会这样问她，要知道自己从来没觉得女儿笨，也从来没说过女儿笨。王林问她为什么会这样想，她小声地自卑地说道："我在班上跳舞不好看，有的小朋友说我像猪似的那么笨，我是不是真的那么笨呢？"

看着琪琪委屈的小脸，妈妈觉得既好笑，又难过。她该怎么回答琪琪呢？她觉得孩子现在肯定很自卑。她想了想，对琪琪说："宝贝，你一点也不笨，我的女儿每天都很乖，好好上学、学画画，还会自己讲故事给妈妈听，你是最聪明的孩子了。"

"妈妈，你觉得我很聪明，是吗？"琪琪的眼神中充满了怀疑。

妈妈微笑地对琪琪点点头，说："是的，你是聪明的孩子，是妈妈心目中最乖的女儿。"

琪琪这才露出了微笑，开心地出去玩了。

对于琪琪来讲，妈妈就是她的保护神和心灵的支柱，只有妈妈给她足够的安全感，

她才能够变得自信。特别是在她失意、不自信的时候，更是应该得到妈妈的支持，不让她的自信遭到任何的破坏。

静下心来，妈妈分析琪琪为什么会觉得自己很笨？是因为她从别人那里得到了对自己的消极的评价，让她觉得自己浑身上下全是缺点，根本看不到自己的优点。在这个时候，孩子就会失意，如果妈妈不给孩子足够的鼓励，他就会觉得没有人会喜欢自己，自己也就会不爱自己，从而变得十分消极了。有时候，小时候会留下的不快乐回忆，可能会伴随孩子的一生，孩子在未来也难以感觉到幸福。孩子长大，他们进入社会，在遭受了挫折之后，很容易产生失望的情绪。

有一段时间，蓝蓝很不喜欢吃饭，即便是遇到自己最爱吃的东西，也吃得很少，总说自己不饿。作为妈妈的小齐觉得很奇怪。仔细询问后，小齐才知道，幼儿园近期要举办"才艺"表演大赛，蓝蓝一时间还没想好自己要表演什么节目，所以她担心得连饭都吃不下去了。

其实，蓝蓝之所以这次会这样担心，最主要的原因是在前段时间的才艺表演中她表现得很不好，她觉得自己受到了老师和同学的嘲笑，之前的失意的心态还没有完全的散尽，这次又要面对新的挑战，这让蓝蓝不知如何去应对。

了解到这些情况，小齐知道该怎么帮助蓝蓝了。她对蓝蓝说："宝贝，压力不管是谁都会有，但是你再想想，你现在的状态，是不是很不利于表演啊？你完全可以先将你的节目在家里表演给我和爸爸看，我们给你点儿意见，这样到时候你就不会像现在这样紧张了。"

蓝蓝按照妈妈说的去做了，结果她还真的取得了不错的成绩。"失意"也从蓝蓝的字典里消失了。

在孩子受伤或者失意的时候，妈妈不仅要将孩子扶起，还要学会用爱去呵护孩子的心灵，让孩子的内心世界因为妈妈的爱，而瞬间变得芳香温馨。告诉孩子，人生中不如意事十之八九，人肯定会遇到挫折和失意，这是可以理解的，但是最重要的是要让自己充满信心，不要因为一时的失败而丧失信心，要学着战胜失意。无疑孩子战胜失意最好的"武器"就是妈妈的呵护。

1. 妈妈在孩子失败后，要做他忠实的支持者

对于孩子来讲，他最在乎的就是自己的父母，而在教育孩子的时候，关键就是要支持孩子。当孩子遇到挫折的时候，妈妈们可以先不告诉孩子怎么去解决，但是一定要告诉孩子自己对他的爱和信任，让孩子感受到妈妈的爱，这对孩子是十分重要的。

2. 在孩子失意时，给孩子提供建议

在大人眼中，孩子的很多失意是完全没有必要的，但是对于孩子来讲，他们会十分在乎，所以说在孩子失意的时候，妈妈们不妨给孩子提出自己的建议，让孩子明白怎么做才能够成功。只有这样孩子才会感受到快乐，而让孩子振作起来的关键，就是帮助孩子克服困难，最终孩子会感到十分的开心。

第6章 好妈妈不吼不叫，尊重孩子的天性

 **尊重孩子，孩子才可能获得自尊**

我们大人有自尊心，孩子同样也有。很多妈妈往往忽略了孩子的自尊心，在很多言行上伤害到孩子的自尊心。孩子也需要别人的尊重，尤其需要来自妈妈的尊重。

自尊心对一个人人格的影响是非常大的，可以说，培养孩子的自尊直接影响到孩子的未来。历史上那些成功人物虽然个性不一，但他们都有一个共同点：都具有强烈的自尊意识，都多少有点"士可杀，不可辱"的特点。所以，做妈妈的绝对不要伤害孩子的自尊心。事实上，妈妈无意间伤害孩子自尊心的事经常发生。

从前有一个孩子，似乎是上帝特意关上了他歌唱的窗户，他不仅五音不全而且音色难听。这个孩子也意识到自己的歌声不好听，所以很少在外人面前唱歌。当他念四年级的时候学校要举行歌唱比赛，无奈下他只得在家抓紧练习。没想到，母亲听了他的声音恨铁不成钢地教训说："你这是在唱歌还是在狼嚎？"虽然母亲并非是存心让孩子伤心，但就是这样的一句无意识的话，却让孩子连校门都不想再跨进。

有的人会说这样的话，朋友之间也会经常玩笑，为什么就没有事呢？其实主要是因为这句批评来自于母亲。在孩子的心里母亲是他最尊敬的人，当这样的话从母亲嘴里说出，孩子毫无反驳的余地。这样的无形伤害是巨大的。

还有一种无意的伤害，那就是妈妈总认为自己的孩子不懂事，无论什么事情都替孩子做主。其中最常见情形是：同学来找孩子出去玩，妈妈也不管孩子愿不愿意，就不假思索地代他说："看书呢，不去。"妈妈的行为会让孩子在同学面前很没面子。孩子进入小学后，就会有自己的生活圈，有自己的朋友、自己的世界。为了维护自己的面子，有时孩子甚至会故意不听话。妈妈在孩子的朋友面前指责孩子，这对孩子社会性的发展非常不利。

然而，孩子的这种心理却不易被妈妈理解或为妈妈所忽视，以致于亲子之间产生一些不必要的争执和伤害。这些都值得做妈妈的警惕与注意。要求孩子尊重妈妈，是古今中外公认的道德规范。但是，要求孩子尊重妈妈是以妈妈也要尊重孩子为前提的。很多妈妈可能还无法接受这样的理论。妈妈是长辈，子女是晚辈，子女尊重父母天经地义，而且千百年来历来如此，却从没听说过妈妈有尊重子女的责任。

不管妈妈们怎么想，为了孩子的将来，尊重孩子都是势在必行的。一个孩子长到八九岁，就会有些独立的意志和欲望，尤其是进中学以后，他会在心理上认为自己是独立的。他已经有了一些是非善恶的标准与概念。对孩子的这些概念，只要不是错误的，妈妈就应尊重。而且事实上，做妈妈的也大都这样做了，因为谁都不会有意去侮辱自己的孩子。孩子如果在外面受了委屈，妈妈都会愤愤不平。但是，在日常生活中，有的妈妈自己无意间伤了孩子的自尊,却往往没有发现。

小孩子在家里不免乱拿东西,而且用过了,也不知道放回原来的地方。于是,有时妈妈要找一个东西用,找不到就会问孩子把东西拿到哪里去了。如果孩子真的拿了,而且经母亲一问孩子马上就想起来,那当然很好。可是如果孩子没有拿,妈妈却一再追问埋怨,往往就会在孩子的心灵上留下阴影。

有的孩子既好奇又调皮,总觉得大人做的一切都新鲜。孩子喜欢在爸爸不在的时候,拿他的钢笔做功课;喜欢趁妈妈不在的时候,偷偷穿妈妈的高跟鞋。这些小事发生多了,就会在妈妈的头脑里产生一种条件反射,只要有什么东西一时找不到了,马上就认为是孩子拿了。

孩子说没拿,母亲不信,反而说孩子是撒谎,这实质上是对孩子人格的一种侮辱,孩子心里自然会十分痛苦。然而主观武断的母亲却没有意识到自己无意间对孩子心灵上的伤害,还以为自己是正确的。过了几天,母亲自己又无意间在另一个抽屉或什么地方发现了之前没找到的东西,才恍然大悟,是自己放错了地方。

类似的事情,在不少家庭中都经常发生,而且常常被妈妈忽视。这种无意间的伤害,不仅给孩子幼小心灵造成创伤,也很容易造成妈妈与孩子感情上的隔阂。所以,妈妈一定要学会尊重孩子的自尊心。试想,一个没有自尊心的人,将来会怎样呢?一个孩子一旦失去了自尊,也就会丧失了前进和奋发图强的意志和勇气。

一个不用功和粗心的孩子,在做练习。母亲看到孩子的作业本或试卷上连简单的试题都答错了,感到气愤和失望。于是可能会骂:"这么简单的题目都不会做!你还能做什么!"有的为了刺激一下孩子,还故意辱骂一两句:"你真是白吃了几年饭!你是小学一年级的吧!"

当然,这种话也可能促使孩子深省,从而产生奋斗的决心。然而,这种讽刺话对于中小学生却不可能产生什么好的效果。因为这种话只能刺痛他一下,但并不能使其悔悟,认识到自己不用功或粗心大意的错误与缺点。

每个小孩都愿意大人说自己聪明能干。妈妈的责骂只会使孩子泄气。照理说,在孩子受到老师或别人责骂时,作为妈妈应该鼓励支持孩子:"母亲相信只要你好好做,认真地去做,一定能做得很好。"而且事实也是这样,不管外人怎么说,只要孩子的妈妈承认孩子的能力,相信孩子的能力,支持和鼓励孩子,最后孩子就一定会努力拼搏,而不会沉沦下去。反之,如果妈妈首先就把自己孩子的才能否定了,孩子当然就会无所依靠,进而丧失信心,结果什么都做不好。

还有一种讽刺话也是不能说的。有的孩子本来对妈妈依赖性很大,读书做功课都要妈妈催,做事要妈妈喊。后来孩子由于某种原因,改变了,主动念书做功课,而且还主动帮助母亲打扫。于是母亲觉得很惊讶,不自觉地说了一两句"今天怎么太阳从西边出来了",或"今天这孩子怎么变得我认不出来了?是跟隔壁大维学的吧"。

母亲本来是要表示对孩子进步的高兴,只是感觉有些意外,说了这种带刺儿的话。不过,即使是开玩笑,这种讽刺话也最好不要说。因为它同样可能伤害孩子的自尊。俗话说得好:"说者无心,听者有意。"遇到上述情况,妈妈最好通过夸奖来放大孩子身上的闪光之处,这不仅是对孩子的尊重,而且如果孩子长期受激励性话语的影响,其内心就会形成正面的自我意象,久而久之,他们就会越来越自尊自信。

 ## 尊重孩子的兴趣和爱好

一般说来,都是父母在决定孩子要学什么、不要学什么,而对于孩子自己的意愿,父母从来不会问孩子太多。孩子对什么感兴趣、喜欢什么,父母都不太关心,他们只关

心孩子的学习情况。这样一来，孩子会对学习越来越没有兴趣，一旦失去了兴趣，成绩当然就不会理想。

兴趣是才能的先师，只有当孩子对某项事物有着特别的兴趣的时候，这项兴趣才有可能会发展成孩子的特长。当父母发现孩子的兴趣之时，要多加关注。只有在父母的关注下孩子的兴趣才会继续扩大化。若是孩子自己的兴趣没有得到父母的肯定，孩子也会逐渐失去兴趣。有的父母会强行培养孩子的兴趣，就像现在很多家长看到别人家的孩子多才多艺就跟风让孩子去学习乐器，也不管孩子愿意与否。甚至有的家长在看到孩子苦着脸练琴却成绩不佳的时候还会抱怨说："现在我们有条件让你学，你还不珍惜。你知不知道从前我们想学却没有机会？"父母的话很在理，社会在进步，家庭的生活水平也在不断地提高。但是无论如何要首先尊重孩子的兴趣，毕竟兴趣才是开启智慧大门的金钥匙。

要知道，人的兴趣是可以培养的，对于一件事情，也许孩子在开始的时候并不感兴趣。但是，如果父母引导、鼓励他们，给他们一个良好的环境和机会去接触和学习，就可以培养孩子的兴趣。不过，在这之前，父母必须对孩子的能力和意愿以及其他方面的条件都要做再三的考虑。

再者，孩子的兴趣本来就是随着成长而改变的。有个孩子小时候喜欢玩棒球，还曾经把成为棒球手当成自己的理想，但是，他长大了之后却成为了一个研究天文的科学家。其实，孩子在不同的年龄段会有不同的兴趣，所以，不要太早就给孩子指出一条路让孩子去走。

尊重孩子的兴趣不是光说说就可以的，必须要有实际的行动。有的父母会尊重自己孩子的兴趣，但是当他们失去耐心的时候，孩子往往会成为他们的出气筒。但是，有的父母却不这样做，他们知道，那样对孩子的伤害会有多深。

在结构游戏中，向来非常听话的汤姆一直站在旁边，不管爸爸怎么鼓励、劝说，甚至责备也不肯参与游戏，爸爸并没有因此而失去耐心，更没有生气地对汤姆大声喊，而是问他："你不想搭公园，那你想玩什么？"汤姆说："想搭一架飞机。""我批准了你的想法。"爸爸当即说。汤姆高兴地玩去了。其实，对于父母来说，搭公园和搭飞机差不多，关键在于孩子本身是否感兴趣。对于有兴趣的东西，孩子会产生一种强烈的学习欲望，并在学习中产生一种满足感、愉悦感。但是，有许多父母总是要求孩子像大人那样坐着，聚精会神地看书，而孩子感到十分好奇的东西却不准他摸，甚至不准问。这样一来，孩子没有兴趣，便无法发挥主动性，根本就学不好，久而久之，孩子就会产生压抑、厌恶、叛逆心理。当孩子对某些事情不感兴趣或是对某件事情不屑的时候，父母一定不要硬逼孩子，而是要诱导孩子。

一个13岁的孩子在画廊看那些抽象派的画时，对父亲说："这些画没意思。"父亲说："不懂少多嘴，你对这方面又不了解，最好搞清楚了再发表意见。"孩子很不服气，大声地说："我还是认为这些画没什么好的。"这种对话有什么效果呢？只会伤害孩子的自尊心，既增长不了他对艺术的认识，也不能增进他对父亲的敬爱，他甚至会找机会回敬父亲一句："你对这种画又知道多少？"这就造成了双方的对立，拉大了父子间的距离。所以说，对孩子进行诱导的时候一定要有耐心，不要对孩子抱嘲笑的态度。

在尊重孩子的兴趣时，最主要的是要充分了解孩子，调整期望值，因材施教。有一些家长，对孩子的期望过高，今天跟这个比唱歌，明天跟那个比画画。能力强的孩子还好，比出了自信；能力弱的呢？就比出了自卑，比出了压抑，比出了越来越沮丧的心情。如果每位家长都能充分了解自己的孩子，制订出相应的目标，让每个孩子都在自己的水平上得到适当的发展。那么，孩子学起来就会很轻松愉快。

 尊重孩子的自主性

有很大一部分的父母对孩子的未来都表现得十分担忧。他们总是觉得自己的孩子不如别人家的孩子刻苦。可是孩子为什么会失去干劲是一个值得讨论的问题。其实若是孩子缺少克服困难的精神，就会满足现下的生活，在这种情况下孩子对一切的事情都会提不起兴趣。许多家长总是抱怨："都要中考了，孩子还不好好学习。""我家孩子总是贪玩，一点也不知道自觉学习。"有时候确实是孩子面临着困境，可是大多数的情况下都是父母在杞人忧天。然而孩子没有干劲却是一种非常让父母担心的事情，要如何避免孩子没有干劲，首先要找到形成孩子没有干劲的原因。

并不是每时每刻孩子都需要有充足的干劲的，但是父母却总是觉得孩子应该对学习有使不完的干劲，久而久之孩子就会显得格外的没有干劲。其实孩子很多时候都不知道为什么要十分有干劲，只有让孩子感觉到做这件事是十分重要的，干劲才能够真正存在于孩子的心里。

没有丝毫兴趣的事情，孩子即使去做也提不起干劲。对孩子来说，可能动力并非是物质或者金钱，可能是来源于父母的精神鼓励。同样当孩子对事物产生"知难而退"的心理的时候也会失去干劲。其实不论什么事从心理上让孩子感觉只要自己努力便可以成功，那么也会让孩子干劲十足。

目的意识是导致孩子有干劲的一个重要原因，但并非有了目的性或者报酬，孩子就一定会鼓足干劲的。因为当事情丝毫没有挑战性的时候，孩子也会提不起干劲。当孩子遇到自己感兴趣却又有一些难度的事时，虽然没有报酬，孩子依然会有十足的干劲去完成。因为当孩子完成一件有难度的事时会有成就感产生。以此类推，当孩子的功课过于简单的时候也会让孩子没有干劲的。

既是如此，那身为父母要如何提高孩子的干劲呢？

你仔细观察会发现孩子的很多行为都是与成人背道而驰的。正如成人吃饭的时候会将自己喜爱的菜肴留到最后，而将自己最不喜欢的菜肴先吃完。然而孩子的行为恰恰相反。类比到学习上，孩子也是会在自己喜欢的科目上多下功夫，而对自己不喜欢的科目避之不见。不喜欢的科目上课的时候会睡觉、开小差，不喜欢科目的作业也会留到最后，孩子不喜欢的科目便会越来越差。当遇到这种情况的时候，父母不妨换一个角度去引导孩子，让孩子先做不喜欢的科目的功课。这样孩子会为了去做自己喜欢的科目而硬着头把不喜欢的科目中的难题攻克下来。一般情况下，从不喜欢的科目开始做起，对孩子成绩的提高有着显著的帮助。

"从众心理"是孩子在成长过程中的一个重要心理，家长也可以利用孩子的这个心理来对孩子进行教育。当孩子不想读书、做功课或者不想做家务的时候，父母利用孩子的"从众心理"就会达到很好的效果。"从众心理"是什么呢？比如说当流行染发的时候，很多女性不管本色的头发是否好看，都去一窝蜂地赶时髦。这种"从众心理"在孩子之间更为明显，因为孩子更为担心自己会不会被伙伴排斥。

与成人相比，孩子对"从众心理"是没有抵制能力的。在孩子的心灵深处没有一件事是比被朋友排斥更为难过。这也就是为什么当某品牌手机流行的时候，孩子都会跟父母索要该品牌手机。这并不是因为孩子有多喜欢，而仅仅是希望不要脱离这个群体。然而当父母不答应的时候，孩子还会高喊着"为什么苏苏有，而我没有？"由此可见，离群在孩子心中是一个不敢触及的深渊。家长便可以用孩子这种不安的心理，激励孩子去做某些他们并不愿意做的事情。然而这并不是让家长将自己的孩子与别人做比较，若是使用的方法不对，还会造成相反的结果。所以家长不妨在孩子不愿意做功课的时候，对他这样说："隔壁家的苏苏，这个时候都是功课做完了才来看电视的。"大多数的孩子在听到这句话的时候会很乐意先去将功课完成再看电视。

1. 不要为孩子安排过于舒适的环境

"吃苦耐劳"是中华民族的优良传统,即便是在21世纪的今天,想要成就大事也要有吃苦耐劳的精神。过于安逸的生活总会让人迷失方向。

有一个念4年级的小学生,在一次智商测验中被发现是"高智商"孩子。家中的父母都为他感到骄傲,并觉得这样优秀的儿子应该有一个更好的读书环境,这样才更有利于孩子的发展。这个孩子的家庭经济条件很好,父母也总是将最好的东西都给孩子准备好。渐渐地,这个孩子开始发生转变,成绩也再不似从前那样。有专家进行分析表示,孩子的物质环境过于优越,会让孩子失去干劲。若是孩子对周边的一切都感到不满的时候,才会想要打破现状,努力向前。

2. 要经常鼓励孩子的自信心

孩子考试成绩不太好,心里很难过,再加上怕父母训斥,心里一定会忐忑不安。这时,如果父母再鼻子不是鼻子、脸不是脸地训斥他一顿,效果不但不好,反倒还会产生负作用,使孩子丧失自信心。作为母亲应轻描淡写地说:"我相信以你的实力,应该可以得到更好的成绩,这次考试大概没有完全发挥吧!妈妈相信你日后一定会大有作为的。"这样孩子不但不会丧失自信心,还会增加干劲,发奋图强,效果比把孩子训得发怵好得多。

为人父母者,若能经常引发出孩子的潜在能力,孩子的成长有时会出乎父母的意料。

3. 父母要慎说"反正"或"还是"

当孩子递给你一张满红的成绩单时,相信有不少的母亲,为了安慰沮丧的孩子,会无意识地说"没关系,反正这个科目你不行",或"还是跟上次一样的低分数"。做母亲的也许是为了安慰孩子,但这样的言词,不但不会给孩子带来安慰或鼓励,反而会使孩子灰心丧气。"反正"或"还是",无疑表示要孩子放弃努力,若母亲经常把这些词挂在嘴边,当孩子想要做某件事时,心里就会升起"我反正做不成"或"大概还是做不到"的想法。这种不利的自我暗示,相当于不战而败,当然不可能会产生学习的干劲,孩子以后面对任何工作,都会以马马虎虎的态度应付了事。

比如说,某次考试得了高分,就会认为"这次算我走运",产生了此种否定性的想法,纵使师长或父母夸奖他,也不会从心底高兴,更不会将此种夸奖,化为下次努力的能量。使用严厉责骂的方式,企图激发儿童的反抗心,使他产生干劲,往往会让孩子产生"反正我就是这么没用"的心理,这样无异于给了他不利的暗示。父母对孩子说:"反正……"、"还是",即是向他宣布了:父母对你根本没有期望,一个相信自己没指望的孩子,是不可能产生干劲的。

尊重孩子的隐私

孩子有了隐私,许多做妈妈的总是千方百计地去侦察,如翻抽屉看日记、拆信件,甚至打骂训斥。殊不知这种做法会伤害孩子的自尊心,造成孩子沉重的精神压力,甚至产生敌意和反抗,采取全方位的信息封锁和防备措施,导致妈妈与孩子关系的恶化。所以妈妈们应该懂得尊重孩子的隐私,只有尊重孩子的隐私,那么孩子们才会真正感到快乐。

很多妈妈说:"孩子越大越不听话,不像从前那样,有什么事都和妈妈讲。"还有的妈妈发现孩子有些事瞒着家长,有些东西藏起来不让家长看见,同学之间的书信和他自己的日记,总要放到安了锁的抽屉里。对孩子的这种行为,妈妈感到不安,怕孩子染上坏毛病。

隐私是人人都有的,孩子也不例外。孩子有他自己的世界,有自己驰骋的天地、遨游的空间。孩子把自己的隐私看得十分重要,妈妈如果粗暴地干预,是不会收到好的效果的。一来侵犯了孩子的权利,是违法之举,是对孩子的不尊重;二来加深了孩子与妈妈的隔阂和对立,使他们更加关闭自己的心扉,不利于对孩子内心的了解。

一位初中女生回到家后，遭到爸爸的大声训斥。原来爸爸趁女儿不在家，偷看了一位男生写给她的信。女儿非常生气，说爸爸的这种行为是侵犯了自己的隐私权，是违法的。但是，爸爸以一记响亮的耳光惩罚了女儿的不敬。第二天，女儿失踪了。若干天后，在离家50里处的河湾里，女儿的尸体被人发现了。

有这样一幅四格漫画，配有这样四句话："你翻看了孩子的书包"，"你偷看了孩子的日记"，"你拉开了孩子的抽屉"，"你也锁住了孩子的心，请尊重孩子的隐私权！"

人人都有不愿告诉别人的私事，这便是隐私。个人隐私应得到尊重，法律也规定保护个人隐私不容侵犯，这便是隐私权。大人的隐私权且不说，孩子的隐私权受侵犯是常见的事，侵犯者常是妈妈。

妈妈侵犯孩子的隐私权，会伤害孩子的自尊心。隐私中常常包含个人的缺陷（包括生理、行为等方面）、错误、失算，是孩子自尊心遭到打击的记录。如果把自尊心比喻为花瓶，隐私就是瓶上的细小裂纹，所以妈妈更应细心保护好这个花瓶。随便暴露孩子的隐私，甚至当众宣扬，这无异于敲打这个有裂纹的花瓶，让孩子无地自容，把孩子的自尊心敲碎。

妈妈侵犯孩子的隐私权，会削弱孩子的自省力。写日记是一种自省方式，偷看孩子的日记，又把日记的内容宣扬出去，是不可取的。向妈妈吐露心事也是一种自省方式，妈妈听了却又透露给外人，这也是很不可取的。不尊重孩子的隐私，孩子就会不再重视这些自省方式，就会大大削弱自省的欲望和能力，妨碍孩子健康成长。

妈妈侵犯孩子的隐私权，会破坏孩子的人际关系。孩子的一些隐私会涉及他的同学、朋友，比如与朋友一起进行并非不正当，但又不愿别人知道的活动，并约定保密。妈妈知情后，不分青红皂白将事情公之于众，这便会招致朋友和同学的怨恨，破坏了孩子与别人的友谊。

妈妈偷看孩子的日记的目的，往往是想了解孩子的一些真实的行为和想法。其堂而皇之的理由，往往是为了孩子好，怕孩子走上邪路，怕孩子出事。但是你的目的达到了吗？恰恰相反，你与孩子的距离更远了！

虽然妈妈的出发点都是为了孩子好。他们的担心也不是没有道理的，孩子毕竟尚未成熟，处理一些事情难免幼稚、失误。但要引导孩子走正道，正确的方法是：通过沟通来达到了解孩子的目的。

当然，孩子正在成长，还未成熟，如果结交一些不三不四的朋友，养成抽烟、喝酒、赌博等不良习惯，出现早恋，等到事情已经发生，再去纠正就难了。要防止这些现象发生，妈妈应当从各方面了解孩子，注意孩子的言行，及时给孩子以正确的引导，如果粗暴干预，孩子可能会越走越远。

那么，妈妈应该怎样对待孩子的隐私呢？

1. 尊重孩子的私密物件

随着年龄的增长，孩子的独立人格逐渐形成，妈妈不应随便翻看他们的日记或私拆他们的信件。当孩子有了自己的爱好、理想、异性朋友，应该加以爱护，再循循善诱地开导他们。

2. 妈妈们可以对孩子做事的尺度进行把握

成长中的孩子在处理学业、情感、人际关系等问题时，难免把握不好尺度，妈妈平时只要细心观察孩子的动态，就可以看出孩子的思想变化，然后根据孩子的性格、爱好和特长，采取相应的措施，引导孩子明辨是非。

3. 对于孩子的隐私，应该允许他们有所保留

不能采取"间谍式"的手段去了解孩子的隐私。要知道，孩子心中有秘密存在是很正常和普遍的事，没有什么值得大惊小怪的。妈妈应以理解和宽容来对待。妈妈要适当控制自己，不要苛求孩子把什么都告诉你，允许他们有自己的"自留地"。

 与孩子商量家庭大事，尊重他的知情权

有些家长认为孩子年纪还小，什么都不懂，所以在决定一些事情的时候不征求孩子的意见。其实这是不对的。孩子虽然年纪小，但毕竟是家庭中的一份子，对家庭中的事有权利知道。在家庭中孩子与成人的地位是相同的，平等的。所以在重要的事情上，家长不仅不应该剥夺孩子的知情权，相反还应该鼓励孩子说出自己的看法。

我们在追求社会民主的同时，不能忽视家庭民主的重要性，更不能忽视家庭民主在家庭教育中的作用。家庭的民主气氛表现在尊重孩子的个性发展，尊重孩子的发言权、参与权，不把孩子当作私有财产，而是把孩子当作一个有独立人格的个体来尊重。对孩子要事事用商量的口气，并且给他们自己做主的权利，家长的任务只是给予指导，而不是替孩子作决定。

从小就在民主、平等的家庭氛围中成长起来的孩子，他们的参与意识一般都比较强。除了对与他们直接相关的家庭事务怀有强烈的参与意识外，他们还会对那些与他们不直接相关的事，比如"大人的事"或者家庭的"公共事务"怀有兴趣。比如孩子经常主动打听大人的事，在大人说话时插话，渴望平等地参与家庭事务的讨论、发表自己的意见或看法，渴望自己的意见能得到家长的认同和尊重，并能影响家庭决策等。

家长原则上要对孩子的各种参与行为予以鼓励，但小孩子毕竟是小孩子，尤其那些年龄小的孩子，他们对人和事的认知水平、能力比较有限，所以家长对他们参与家庭大事的行为还是要有所选择、有所限制。但是孩子毕竟渴望了解大事、知悉情况，即使自己不能发表意见、参与讨论和决策，至少还是希望大人能及时告知有关情况，如果大人能主动向孩子通报某些家庭大事，使孩子拥有相当的"知情权"，孩子往往会深受感动，也会因此更加爱家爱父母。家长可以让孩子拥有哪些家庭大事的知情权呢？以下这些事情可以让孩子拥有知情权。

1. 聘请保姆或家教

家长为孩子聘请保姆或者家庭教师，相当于为家庭引入新的家庭成员，而且这两者与孩子的关系密切，如果聘用期较长，他们对孩子的学习、生活、心理的影响也较大。因此家长在作聘用决定时，一定要提前告知孩子，使孩子心理上有所准备，并在一定程度上征求孩子的意见。有的家长喜欢在这些方面完全包办，搞突然袭击，在孩子毫不知情的情况下，就为孩子聘请来一位保姆或家庭教师，让孩子一时之间无所适从、手足无措。

2. 选择就读学校、选择学科

家长为孩子选择哪一所小学、初中或高中就读，事先应将选择的理由告知孩子；孩子是选读文科还是理科，家长要为孩子提供充分的指导和参考意见，而最终应由孩子自己作决定，不能在孩子毫不知情的情况下，由家长代替孩子做出选择。

3. 家庭危机

包括家庭面临的经济危机，家长事业受到重挫，如生意失败、自己的企业破产倒闭、家庭陷入财务困境等；家庭与外部关系的危机，如家长与亲戚、邻里交恶，关系破裂等；孩子的父母有一方遭遇重大疾病、灾祸等，如家长因罹患不治之症、遇到严重车祸而生命垂危、去世，等等。很多家长往往将这些大事掩着捂着，不让孩子知情，家长认为孩子会因此受到干扰、刺激，承受不了打击，并以为这样做是关心和保护孩子，实际上是骨子里不相信孩子有理解、忍耐、体谅的素质。孩子即使年龄尚小，他同样也能承受、忍受这些生活的磨难和苦难，并更容易因此而养成成熟、稳重、宽容的精神品质。当家庭面临这些危机时，从另一个角度看，对孩子来说其实是一个机会，让孩子提早接受、忍受这些压力或苦难，对孩子而说是很好的人生训练，但有不少父母却将这些机会白白放弃了。

4. 父母分居、离异或再婚

父母因感情破裂而分居、离异，或者单身父亲或母亲需要重新组织家庭，这些都应让孩子及时而充分地知情。家长虽有选择自己生活方式和追求自身幸福的权利，但应充分照顾孩子的感情、感受，尊重孩子以及其他亲人的意见，不能一味地从自身角度出发来考虑和处理问题。尤其是对那些年纪尚小的孩子，家长在这方面的决定往往会深刻影响孩子今后的性格定型和生活态度，因而家长在处理这方面的事务时，一定要同孩子充分地沟通，及时传达有关信息，以便在自己做决定时能更多地照顾孩子的立场。

5. 家庭的重大采购事项

包括购房，购车，购置电脑、冰箱、彩电、手机等，这些都可以告诉孩子，使孩子对家庭的财经活动有所了解，也可以从小培养孩子的理财意识。

尊重孩子的理想和追求

每一个人都渴望能够得到别人的尊重，孩子也是如此。

捷克的教育家夸美纽斯曾经指出："应当像尊敬上帝一样地尊敬孩子。"

苏联教育家苏霍姆林斯基也曾经说过："当一个人不能宣告自己的存在，不能在人类心灵的每一个领域里成为一位主宰者，不能在活动和成就中确立自己的地位；如果他没有感到自己作为一个创造者的自尊感；如果他不能自豪地抬起头来走路，那么所谓人的个性就是不可思议的。"

因此，尊重孩子已经是教育领域中不可忽视的问题了，同时，在教育孩子的时候一定要让孩子明白自己存在的价值，这也是表达尊重的关键所在。

孩子的心、脑和身体都是属于他们自己的，不能分割。每个孩子都希望能够在安全并有激励性的环境里游玩、成长和学习，不受到任何伤害和烦扰。所有的孩子都享有一切他们所需要的思想，妈妈们应该帮助孩子来充分发挥他们的潜能，从而使他们的头脑、身体和情感都得到健康的成长和发展。

尊重孩子，不仅仅要尊重孩子的生存权，同时，也有受保护权以及参与家庭、文化和社会生活的权利。一个孩子应该得到妈妈的尊重，尤其是孩子的理想和追求，妈妈们应该给予孩子应有的尊重。

在现实生活中，妈妈们往往喜欢为孩子设计理想。从上小学开始，很多妈妈就为了孩子的理想一步步规化好了，甚至想到了孩子以后要去哪儿上大学、要报考什么专业。为此，父母不顾孩子的爱好和理想，想要强迫孩子按照自己设计的轨道来发展，如果孩子没有按照自己安排的去做，那么妈妈们可能会觉得孩子在自毁前程，甚至会对孩子的所有努力和成绩全盘否定，有的还会打骂孩子。

作为妈妈，其望子成龙、望女成凤的心理是无可厚非的，自然也是可以理解的，但是为了孩子能有一个好的前途，而给孩子那么大的压力，并且只是按照自己的思想去规划孩子的人生，根本不顾及孩子的感受，结果只能让孩子不堪重负而走向极端。

要学会赏识孩子，尊重孩子的理想和选择，即便妈妈们再爱孩子，也不要去磨灭孩子的理想。

妈妈在培养孩子的业余爱好时，必须首先要征求孩子的意见，尊重孩子的理想，进而理解孩子的理想，知道孩子真正需要的是什么。即使孩子的理想与父母的设计产生偏差，也要平静地和孩子沟通，并在尊重孩子理想和选择的基础上，通过两个人的商量和探讨，让孩子充分地理解父母的想法，最终把选择权交给孩子。

在妈妈们赏识和尊重孩子理想的时候，当然，还要注意一个问题，那就是不要在孩子建立理想的初期给孩子太多的压力和警示，这样很容易打击孩子的积极性，孩子会放弃自己的理想。正确的做法是鼓励孩子树立理想，并为理想而努力。

我国古代，南北朝时代南朝有位科学家，名叫祖冲之，他小时经常受到父亲的责骂。祖冲之的父亲祖朔之是一位小官员，虽然他并没有多大的名声，但是他望子成龙的心很急切，总是希望祖冲之能够出人头地。祖冲之在不到九岁的时候，父亲就逼迫祖冲之去背诵深奥难懂的《论语》。但是两个月的时间里，祖冲之只背诵了十多行，父亲当然很生气，怒气冲冲地骂道："你怎么这么笨，真是一个大笨蛋啊！"

几天之后，父亲又把祖冲之叫到书房，对他说："你要用心读经书，将来就可以考取功名，做大官了；不然，就没有出息。现在，我亲自教你，你如果再不努力，我决不饶你。"但是，祖冲之却非常不喜欢读经书。他对父亲说："我不喜欢读，说什么也不读了。"父亲听了祖冲之的话，气得伸手打了他两巴掌，祖冲之当场大哭了起来。

这时，祖冲之的祖父听见孙子在哭，就进书房询问，当他得知事情的前因后果后，对祖冲之的父亲说："如果祖家真是出了笨蛋，你狠狠打他一顿，孩子就会变聪明吗？孩子是打不聪明的，只会越打越笨。"接着，祖父还批评祖冲之的父亲："经常动不动就打孩子，不仅不能起到很好的作用，反而会让孩子变得粗野无礼。"

祖朔之显得很无奈，对父亲说："我也是为孩子好啊！他不去认真读经书，这样下去，会有什么出息？""经书读多了就会有出息吗，读得少就没有出息？我看不一定吧。有的人满肚子经书礼仪，只会嘴上之乎者也，却什么事情也不会做！"祖冲之的祖父批评道。祖朔之问道："他不读经书怎么办？"祖冲之祖父答道："即便他不读，也不能硬赶鸭子上架啊。做父亲的，首先要明白孩子想做什么，将来的理想和追求是什么，不要阻挠孩子的思维，要正确引导，孩子才可能成才，不一定只读诗书才能成才。"

听了祖冲之祖父的话，祖朔之似乎明白了什么，从那之后，他不再把祖冲之关在书房里念书了，还让祖冲之闲着没事的话跟着祖父到建筑工地上去开开眼界、长长见识。祖冲之不用再被强迫读经书了，他感到非常高兴。

有一次，祖冲之对祖父说，他对天文地理感兴趣，将来想要做个天文学家。祖父对祖冲之说："孩子，爷爷支持你。正好，咱们家里的天文历法书有很多，我给你找几本，你先慢慢看一看，不懂的地方就来问我。"就这样，在开明的祖父的支持下，父亲祖朔之也改变了对儿子的看法。正是有了家长对他的尊重，祖冲之才成为了一个有作为的科学家。

面对孩子的理想和追求，父母如果觉得是合理的，那么就应给予支持，不要去阻碍孩子的发展。不是简单地说句好，也不是马上提出自己的要求，而是要孩子为实现理想去奋斗，有的妈妈们不觉得孩子的思想有那么重要，很少去尊重孩子的想法，这样对孩子的成长是没有好处的。支持是讲究方法的，是必须充分考虑孩子的心理准备和接受能力的。

1. 帮助孩子树立坚固的理想

每个孩子都会有自己的理想，但是理想的确需要有一个渐进的过程。妈妈既要尊重孩子的理想，也要给孩子施展理想的空间，让孩子明白初步设想到牢固树立有一个过程。在孩子理想的萌发之初，妈妈们需要点拨和给予正确的引导，需要精心地呵护。对孩子的理想不理不睬的方式显然是错误的，拔苗助长也是错误的。对孩子刚刚萌发的理想之苗，妈妈们要用正确的思想和态度去对待，千万不要让孩子有动摇思想的念头。如果妈妈们都用这样的态度来对待孩子的理想之苗，那么，孩子的理想就会实现。

2. 尊重孩子的理想

真正的支持就是尊重孩子的理想，无论妈妈做什么事情都应该建立在对孩子的充分理解和尊重的基础之上，必须以孩子的现实准备为基本前提，然后进行适当的启发和诱导，不是单纯说教，也不是命令孩子，而是支持孩子的思想。比如，当孩子提出以后想要当老师的时候，你不妨这样说："看来，当老师是很不错的。宝贝，你说当老师为什么好，让那么多的小朋友都敬叹不已？不知道他小时候读书怎样？"让孩子自己去思索，这样对孩子正确的引导，会让孩子感受到来自妈妈的尊重，并且能够让孩子坚持下去。

当孩子对妈妈的安排表示反感的时候，妈妈应该充分考虑孩子的爱好和兴趣。你可以对孩子说："告诉妈妈你最喜欢哪项活动呢？"当孩子对妈妈表达自己的爱好和理想之后，妈妈们可以通过话语去鼓励孩子，告诉孩子："你的理想真不错，我支持你，相信通过你的努力你一定会实现自己的理想的，妈妈永远支持宝贝！"

总之，对孩子的理想之苗，妈妈们要耐心地培养扶持，要像种花一样细心地去浇灌滋润。不要一看到小苗，就立即倾盆大雨，恨不得让它明天就成为一棵大树，这是不切实际的，对孩子的成长也是没有帮助的。

 ## 不要对孩子下否定的预言

有很多母亲都认为，自己的孩子缺点很多，甚至是一无是处，没有一点长处和前途，完全没有才能和特长。这样的想法是十分不可取的，如果妈妈们有这样的思想，那么对孩子的成长是十分不利的。任何一个孩子都会有自己感兴趣的目标，也会有自己的特长，如果使他们的兴趣得以正确的发展，他们一定能够在这个社会找到属于自己的一片天空。作为妈妈，不应该去过分贬低自己的孩子，而是要花点时间来鼓励孩子，让孩子尽快地找到自己的目标。

有的妈妈会经常想："为什么那么多的名人，能够做出那么伟大的事情，真不知道他们小时候是怎么进行的教育？"其实，有许多名人，在他们小的时候，学习也是一塌糊涂，有些甚至调皮不堪。比如，发明家托马斯·爱迪生和大家熟悉的安徒生，他们小时候的学习成绩并不怎么好，并且在别人眼中，他们并不是好学生。所以妈妈们一定不要光凭孩子的学习成绩来判断自己孩子的能力，更不要因为孩子的淘气而怀疑孩子的能力。

这个世界上，没有才能的人总是大大多于有才能的人，而所谓的才能也只是在一个领域中有突出的表现。美国哲学家威廉姆斯，在他的书中这样写道："从经验来看，那些没有才能却仍然希望成为优秀运动选手的人总能在人生中获得成功。因为他们在殊死的努力中确立了成功所需要的价值观。"他还说，"恰恰相反，那些有才华的人正因为他们不用努力也能取得一些成绩，当他们遭遇挫折时，由于他们没有锲而不舍的耐性，最终没有大的成就"。

强强最近很不开心，走路的时候也总是低着头，很少和同学说话；上课的时候，总是低着头，很少看老师，也很少看黑板，更不去积极回答问题，即便是老师提问到强强，他回答问题的声音也很小。老师感觉很诧异，要知道以前强强是一个活泼开朗的小男孩儿，在班里无论是上课回答问题还是课下做值日，他都是最积极的，也是最爱帮助别人的，现在怎么突然变成了这样。

强强的改变，是从上个周末开始的。那天，妈妈和强强一起去姑姑家，姑姑的女儿叫雪雪，雪雪比强强小两个月，当时，雪雪在唱歌，于是，妈妈让强强也唱首歌，强强唱得没有雪雪好，妈妈就说强强："你当哥哥的怎么还没有妹妹表现得好呢？"

在吃饭的时候，强强是小男生，因为自己不小心，将盛了米饭的碗碰到了地上，打碎了，吓得雪雪直哭，妈妈看到强强的这种表现，自然很生气，再看看雪雪哭了，便冲强强嚷道："吃个饭也不安生，把姑姑的碗打碎了，看你把雪雪吓得，这么毛手毛脚的，以后能干成什么大事。"当然，妈妈当时说的是气话，但是强强却不这么认为，他觉得自己什么也做不了了，吃饭都表现不好，自己还有什么能做好的？就这样，强强瞬间失去了做事情的自信心，不管是上课学习还是在家中做家务，都变得相当没有自信。

教育最重要的就是培养孩子的干劲与耐性，并且给予孩子应该有的力量和支持，培养孩子不断努力的品质。这样一来对心灵的教育就能达到要求。所以妈妈们应该认识到，如果总是用否定的态度来看待自己的孩子，真的可能会让他们变得一事无成。所以

说一定要抛掉这些负面的想法,向自己的孩子倾注自己全部的爱心。只有这样,孩子的心灵才能健康。

1. 用肢体语言让孩子感受到爱

妈妈们可以通过身体的接触来让孩子感受到妈妈的爱,随后培养儿童的健康心灵,可以让儿童保持健康茁壮的成长。如果在教育孩子的过程中能够注重对孩子心灵的培养,那么这样的儿童长大后不会因为压力而气馁和自卑,即便是遇到了困难,他们也能勇敢地去面对。对于那些发生问题的孩子,通常都对自己缺乏足够的自信心,所以,妈妈应该了解孩子,关爱他们,让孩子树立自信,并且让孩子感受到温暖。

如果孩子在成长的过程中能够经常被妈妈抱在怀里或者是得到妈妈的拥抱,孩子的心里有会有满足感同时也会感觉到尊重,对自己充满了信心,将来在发展中,也就会成长为一个性格比较稳定、接受能力比较强、充满爱心的人。如果妈妈不懂得用身体接触来鼓励孩子、表扬孩子,那么孩子会觉得自己很失败,甚至会缺乏安全感。长此以往,孩子就会对学习失去兴趣,干什么事也提不起精神,缺乏耐心。

2. 时刻给孩子制造出爱的氛围

不管是在什么时候,都要让自己的孩子处在一种爱的氛围里,给孩子爱,让孩子感受到来自妈妈的爱,多用积极的感情来对待他。靠打骂来是不可能改变孩子的任性情绪的,相反,通过拥抱孩子,让他的心里充满了爱,那么孩子就不会再任性、不听话了,孩子就会变成懂事的、温和的好孩子。儿童撒娇的真正理由是希望能得到妈妈的爱抚,如果妈妈能够时常让孩子感受到爱,那么自然会让孩子感受到幸福。

别用孩子的成绩长自己的脸

过去大人们比吃、比穿、比钱多,现在妈妈们不比较这些了,反而却开始比孩子了。妈妈们坐到一起,总是在比较谁家的孩子成绩优异、谁家的孩子有才华、谁家的孩子在学校参加什么比赛获了奖、谁家的孩子考上了重点的学校。很多妈妈都把孩子学业成绩当成装饰品和战利品,当成向别人炫耀的资本。

有一位妈妈这样说道,自己平时和同事们在一起总是在谈论孩子的学习问题,朋友们聚会的时候,也都会带着自己的孩子。别人的孩子都很优秀,如果自家的孩子不跟上别人的脚步话,大家在一起的时候,就会觉得很没面子。

喜欢用孩子的成就来为自己脸上贴金,这是一些妈妈的陋习,孩子的学习一时间成为了妈妈们的攀比之物。当孩子在别人面前为父母争足了面子、让妈妈们觉得脸上有光的时候,妈妈们就会拼命地去宠爱孩子,觉得孩子是一位"功臣",希望孩子能够继续表现得很好,然后在以后聚会的时候,更让自己有面子。当孩子让妈妈在人前面子尽失的时候,妈妈们可能会气急败坏,然后对孩子大呼小叫。在无形中,当父母们在对孩子进行这方面的教育时,"面子"则成了孩子主要考虑的因素。殊不知,这也是对孩子心灵的一种很强烈的摧残。有这种心态的妈妈们应该自问一下:我想做的事情我的孩子也一定想做吗?我的这种做法对孩子有什么好处呢?

"望子成龙、望女成凤"是天下父母的愿望,当然,这也是可以理解的。作为妈妈,都希望自己的孩子成绩最优秀,都渴望孩子成为自己的骄傲,为自己争光。于是,社会上便呈现出一种现象,那就是从平民百姓到高官巨贾,从普通工人到知识分子,工作之余谈得最多的就是孩子的成绩。孩子成绩出色的话,他们就会高声大嗓,眉飞色舞,觉得走路也变得舒服了,得意之情溢于言表;孩子成绩如果不如他人,不是在旁边保持缄默,就是低声叹息,总觉得自己是矮人三分的。因而在家庭里,孩子听的最多的话语就是:"宝贝真好,这样的分数给爸妈长了脸,我们总算没有白辛苦!"或者"你怎么这么没出息,这个分数叫我怎么去见人?说说都丢人"。当然,不管是称赞也好,斥责也罢,总而言之,在多数父母心目中,孩子的分数会直接和父母的面子挂在一起,似乎孩子的分数就是妈妈们的脸面。

在女儿期末考试结束之后,学校举办了一次家长会,王秀萍参加了女儿的家长会。家长会成了父母们聚在一起谈论孩子成绩的场合,大家说说孩子的学习,相互取取经、发发牢骚,当然也总免不了将孩子进行对比和夸赞。因为王秀萍的女儿一向成绩比较优异,大家都对她羡慕不已,这个说"看人家王姐的孩子多让人省心啊",那个说"王姐,你有什么教育孩子的好办法也教教我们啊",让王秀萍感到十分得意。

可是一公布成绩,王秀萍傻眼了:女儿这次的成绩很不好,只考了个班里的二十几名!尽管老师也劝说王秀萍,说孩子学习很努力,只是因为数学考试中的一道大题意外失手,才把成绩拉了下来,其他几门课都考得很不错,希望王秀萍别去责备女儿。

可王秀萍却觉得这对自己简直是晴天霹雳。回到家后,王秀萍就把女儿叫到身边大声训斥起来:"你这次考试是怎么考的呀?怎么会考得这么差,就因为一道大题,名次就这么靠后,怎么这么马虎,平时你都能考到班里的前三名,这回竟然考了二十几名!你知道当时我觉得多么丢人吗?你知道在家长会上妈妈多没面子吗?别的家长还要向我取经,结果我女儿考得还不如人家好呢!"

像王秀萍这样用孩子的分数来为自己挣面子的妈妈不在少数,孩子的成绩成了她们炫耀的资本。其实这是很不应该的做法,对孩子的发展也是很不利的。事实上,正因为孩子表现得不尽如人意,妈妈才更应该与老师多接触,真正发现孩子学习不好的原因,帮助孩子去改掉缺点,变得更好。与此同时,当孩子知道自己的成绩落后的时候,其实,他们的内心要比大人还难过,这个时候妈妈们应该去安慰和鼓励孩子,而不是因为自己"丢了面子"而责备孩子。孩子表现不好,同时妈妈们又错误地把孩子的成绩看成自己的脸面,那么缺少沟通的孩子也只会越来越学不好。

当孩子的学习成绩出现了问题,首先要反思的就是父母。父母的训斥,从侧面反映出对孩子的放弃和不信任。这一切,都会使孩子在无形之中慢慢丧失应有的尊重和信心。而且,在目前的教育机制下,孩子的学习承受很大的心理负担。作为父母,又怎能在孩子稚嫩的双肩上再强加"为父母挣面子"的沉重负荷呢?再说,父母是需要靠孩子给自己来挣面子呢,还是想让孩子一蹶不振?

因此,为了保证孩子能够健康成长,妈妈一定要纠正虚荣心,摒弃教育中的攀比现象以及急功近利的心态。那么,妈妈们该如何去做呢?

1. 妈妈要尊重孩子的独立性

要知道每个人都有自己的人生梦想,孩子也是一样的。而孩子并不是妈妈生命的延续,更不是父母生命的简单重复,更不是妈妈人生道路的升级版,而是另一个生命的新开始。在生活中,妈妈们应该尊重孩子的独立性,让孩子做他们能做到的事,而不应该将孩子当作工具,为了实现自己未能实现的梦想,把孩子的独立性扼杀掉,只要求孩子为妈妈争面子。

2. 不要以一次成败论英雄

作为妈妈,根本没有必要在考分上给孩子施加太多的压力,也并不是一次的考试成绩就能说明孩子的所有学习情况的。根本没有必要因为孩子偶尔的一次考试失误而感觉脸上无光,更不要因为这个问题而指责孩子,孩子是需要鼓励的,只有鼓励与理解才能够使孩子保持良好的学习兴趣。

3. 了解孩子,提出合理要求

从素质发展的角度来讲,应该配合学校进行教育,并且要尊重孩子个体的差异性,从孩子个性完整的视角来对孩子加以培养;并且多花一些时间来发现孩子的兴趣和特长,并且对孩子的各方面的情况进行全面的分析,正确估计孩子,在全面了解孩子实际水平的基础上,对孩子提出合理的要求。让孩子感受到生活乐趣与亲情的温暖,从而培养孩子良好的性格和品格,这样孩子才会真正成功。

人人都有青春期，接受孩子的叛逆

随着孩子年龄的增长，会慢慢出现一些抵触情绪，如对父母的话置之不理，甚至直接反对乃至反抗等。这种情绪任其发展就会养成习惯，形成逆反心理，制约孩子的人格发展，因此，必须采取有效的方式消除孩子的逆反心理。妈妈也是从青春期过来的人，所以妈妈应该理解孩子。

妈妈们应该好好去回想一下：自己是否也曾经有过叛逆心理？所以妈妈对孩子叛逆的心理要理解，当孩子出现叛逆的时候，妈妈们应该想办法去解决和应对孩子的"不听话"，而不是去指责孩子的不懂事。如果此时妈妈们还是一味地刺激孩子、批评孩子，那么只能是让孩子更加叛逆，甚至会做出害人害己的事情。

现在受韩剧影响，很多的男孩子也开始留起了长头发，板寸变得少之又少。鹏鹏也不例外，当妈妈看到儿子已经遮到眉毛的头发时便要求他立即去理发，而鹏鹏却觉得这样好看，便反驳道："很多男孩子都这样嘛！"

反抗也是孩子逆反一种表现，这种表现标志着孩子的精神成熟了。从本质上说，这时候孩子讲究自立且有主见，觉得自己可以做决定不需要父母的管制了。有时候尽管他们的想法与父母的极其相似，他们也不会轻易地去听从，而是将父母的想法归为可以考虑的一部分，只接受可以接受的部分。对于逆反期的孩子，则多数会表现为顶撞父母。有的家长觉得很奇怪，自家原本听话的孩子怎么变得事事都要与自己对着干。

看着一直对自己言听计从、老老实实的孩子，忽然间变得判若两人，事事都要与自己对着干，父母有时不免大动肝火。以前只要批评几句，孩子就会默默接受。可现在就不同了，你越是极力想控制他，他越是反抗。但是，永远只按父母的指令行事的孩子，同样也令人担忧。如果一直不让孩子独立，那么最终只能害了自己的孩子。不服从父母，甚至与父母发生争执顶撞，都是伴随着孩子的独立性增强而自然发生的现象。

一般说来，正常儿童中有60%～80%的孩子不按父母的要求去行动。随着年龄的增长，如果孩子总是与父母对立，这说明孩子的行为发生了问题，再不加以矫正，可能会埋下严重的隐患。

孩子在家里出现逆反心理，常常是由家长的教育方法不适当造成的。心理学家认为，只要父母指导得法，孩子的反抗情绪会逐渐减弱或消失。下面是专家们的一些有益的建议，父母们不妨试试。

1. 先减轻孩子的精神压力

减轻了孩子的精神压力，孩子心里自然就有了听取责备的准备，然后父母可以这样对孩子说："无论如何你让我说两句话。"父母一开始就创造出让孩子听的气氛，这样即使稍有些刺激的劝告，孩子也能听得进去。此外，父母还可以以期待和信赖的口气对孩子说："你一定能行。"避免用易刺激孩子的话。还可以用促使其行动的话，根据其过错的程度灵活地劝告他。

2. 以身作则

有些父母对孩子要求很严，但自身却很放任，而孩子认为父母都没有做到，却总是要求自己去做，因此不服管。所以，做父母的应以身作则。身教胜于言教，孩子会在潜移默化中受到父母影响，自然而然地接受父母的意见。

3. 把握重要问题

不要对孩子的所作所为都指手画脚，这只能使孩子们更反感。一位权威型家长说得好：女儿用什么牌子的化妆品、爱好什么体育活动，这都用不着我去管，应该由她自己选择决定，但如果她过早地迷上化妆，或是利用过多的学习时间去打球、游泳，我就要采取适当的教育方法去进行干预了。

4. 不要抱有成见

父母不要一看到孩子有独立意识的迹象就极力压制。要知道，父母反应越激烈、越过火，孩子就越会坚持己见，甚至会引发亲子之间的大冲突，其结果是两代人之间感情变得冷淡，孩子学会说谎、逃学、蛮横无理等。

5. 学会沟通

很多父母总认为自己是对的，孩子该听父母的。但是，孩子有孩子的思维方式和看问题的方法，因此父母应该超脱家长的角色，耐心听一下孩子的想法，从不同角度对待孩子，从感情上、从事件因果关系上与孩子达成一致，做一些适当的让步。

6. 不要盲目责怪孩子

孩子的逆反行为有时看来是针对父母来的，但实际上也许根本上不是那么回事。小强是那种很听话的孩子，每天早上都能按时起床上学。一天，小强赖床没起来，妈妈很生气，就责怪他不爱学习。其实，小强是因为前一天在学校参加植树劳动太疲倦了。

7. 循循善诱

有些问题如早恋现象等，应该对孩子有情、有理、有据地加以说服、疏导、启发，给他们独立自主、痛下决心的时间。必须尊重孩子的感情和人格，同时用具体的事例打破其幼稚的幻想，用自己的冷静、理智换取孩子明智的选择。

8. 先肯定后批评

孩子做错了事，有些父母就一味地批评，这会伤孩子的自尊心而让孩子出现反叛行为。如果先对孩子的优点或进步给予肯定的表示，再指出错误之处，孩子就会很乐意接受，这是孩子自尊心得到满足的表现。

第7章 好妈妈不吼不叫，夸出天才好孩子

 赞扬孩子的努力而不是聪明

聪明本来就是一种个人资源，不管是妈妈还是孩子，人们都会为自己拥有这一资源而倍感自信甚至自豪。所以说，孩子都希望别人夸自己聪明，甚至有很多孩子会为了得到聪明的"头衔"，经常在同伴面前装作不怎么努力的样子，然后回到家里却拼命地去学习，以此来保证能够有好的成绩。这样一来，很多孩子都容易形成一种错觉，以为只有聪明的孩子才会受到老师的重视，聪明可以一学就会，样样都做得很好，不需要任何的努力就能取得很好的成绩。所以孩子便会争相效尤，最终导致很多孩子都不努力学习。

对孩子不同方面的赞扬会引导出不一样的效果。同样是成绩优秀的两个孩子，一个被夸奖为聪明，而另一个孩子被夸奖为努力。在一段时间之后两人的成绩便会出现截然不同的变化。被夸奖聪明的孩子会觉得成绩是由于聪明所得，一旦遇到挫折就会失去信心。而被夸奖努力的孩子则会更加地愿意做出大胆的尝试，并在学习中取得更好的成绩。所以对孩子的夸奖最好是鼓励孩子努力刻苦地学习，而不仅仅是鼓励他们耍小聪明。

有一位到英国做访问的学者曾经历过这样的一件事，这件事情让他记忆犹新。

周末的时候，她到当地的一位教授家中去做客。一进门，学者就看到了教授四岁的小女儿。小女孩满头的金发，漂亮的蓝眼睛让人觉得特别可爱。她便情不自禁在心里称赞小女孩长得漂亮。当她把从中国带去的礼物送给漂亮的小女孩时，小女孩微笑着向她道谢。这个时候，她终于控制不住自己的心情，夸奖道："你长得简直是太漂亮了，真是可爱极了！"

要知道，这种夸奖是中国父母喜欢的，但是，那位英国教授却很不开心。在小女孩离开之后，教授的脸色变得暗沉，他对中国访问学者说："刚才你的话伤害了我的女儿，你应该向她道歉。"访问学者感觉非常惊奇，回答道："我只是夸奖了你女儿，我并没有伤害她呀？"但是，教授摇了摇头，坚决地对她说："你是因为她的漂亮而夸奖的她。要知道她长得漂亮，这并不是她的功劳，这仅仅是取决于我和她母亲的遗传基因而已，与她个人是没关系的。但是孩子年龄还小，她根本不会分辨这个，你的夸奖会让她认为这是她自己的本领。而且她一旦认为这是天生的本领，那么就认为这是一个值得骄傲的事情，就会看不起长相平平甚至丑陋的孩子，这会给孩子造成误区。"教授说道。

"我知道你觉得我的女儿真的可爱，其实，你完全可以夸奖她的微笑以及有礼貌，这是她自己经过努力才得到的结果。所以说请你为你刚才的夸奖向我的女儿道歉。"中国的学者只好很正式地向教授的小女儿道了歉，同时，赞扬了她的微笑和礼貌。

通过这件事情，作为妈妈的我们应该明白一个道理：孩子是需要赞扬的，但是在赞扬孩子的时候，只能赞扬孩子的努力，作为妈妈不应该去赞扬孩子的聪明和漂亮。因为聪明与漂亮是孩子先天的优势,根本和孩子的努力是没有关系的,这些不是值得炫耀的资本和技能。而努力则不然,它是孩子后天的应该予以肯定的事情。

在人生的旅程中,聪明的人,经常在最后的时候变笨;而笨的人,却常常在最后会变得很聪明。对于孩子也是一样的,如果让孩子觉得自己是无比聪明的,孩子就不会积极地去学习和面对自己的事情,而夸奖孩子的努力,孩子会更加努力,妈妈们应该让孩子懂得"努力不一定会成功,但成功却永远需要努力"的道理。

对于孩子的容貌也是如此的,长得怎么样是不能决定孩子以后生活得怎样的。在一般情况下,努力才是决定孩子今后生存状态的重要因素。

王启伟在小的时候总比同龄的孩子慢半拍,为此,他的妈妈感到非常苦恼。王启伟在上小学的时候,妈妈发现自己的儿子虽然看似很笨,但是学习成绩很好,在期末考试之后,王启伟带回了一张100分的试卷。这是一张数学试卷,上面全是老师画的红色的勾勾,妈妈看到之后有些惊讶。"启伟,这是你的卷子吗?"妈妈吃惊地问王启伟。"当然是我的卷子,上面有我的名字啊!"王启伟很自豪地对妈妈说道。"王启伟真棒,快来告诉妈妈你是怎么考出这么好的成绩的?"妈妈很开心地问道。"在老师平时讲课的时候我经常会听不懂,所以在下课之后,同学们都出去玩了,我就把听不懂的地方拿到老师的办公室,去问老师,老师会很认真地再给我讲一遍,这样我就全懂了!在做作业的时候如果是遇到不会做的题,我就把老师讲的课再去复习一遍,不会做的题慢慢地我也就会做了。所以考卷上的那些题目我都会做,然后就很自然地考了100分。"王启伟很高兴地对妈妈说。听了儿子的话,妈妈的眼圈一下子红了,她知道自己的孩子算不上聪明,却能够如此好学和努力。"王启伟真努力,是爸爸妈妈的好孩子!"妈妈含着泪夸奖道。

很多妈妈会为自己的孩子不够聪明而担心,然而一个有远见的母亲并不应该为孩子是否聪慧担忧,相比聪明与否更应该担心的是孩子是否努力刻苦。作为母亲不应该将"聪明"的理论传递给孩子,而应该让孩子明白"所谓天才,就是百分之一的聪明加上百分之九十九的勤奋。"要让孩子明白自己的一切收获都是与努力挂钩的,只有自己付出了努力才能够得到夸奖并且获得成功。

那么,到底如何夸奖孩子才能够让孩子更好地成长呢?

1. 当孩子在努力克服困难的时候,妈妈一定要夸奖孩子

妈妈们不要认为孩子的生活中不会有困难的存在,对于孩子来讲,他们的生活中一样会有困难,不管是学习上还是在生活中,当妈妈们看到自己的孩子面对困难的时候,一定要鼓励孩子去克服困难。这个时候妈妈们的夸奖对孩子的成功是十分有帮助的。所以说,妈妈们一定要夸奖孩子,千万不要吝啬自己的夸赞和鼓励。

2. 当孩子在努力地实现自己梦想的时候,妈妈一定要鼓励孩子

很多孩子有自己的梦想,并且在实现自己梦想的过程中,孩子总是变得相当的积极。当妈妈们看到孩子为自己的梦想在刻苦的努力时,就应该鼓励孩子,让孩子变得更加有动力。

及时赞扬孩子的每一个进步

孩子年龄还小,在学习或者是生活中会有许多让妈妈感到不满意的地方,很多妈妈总是觉得自己孩子的成绩没有别人好、做事没有别人有效率、脑筋没有别人转得快等等。但是,孩子一直都在努力和进步,此时,妈妈们应该想的是怎样引导孩子继续进步,这才是最重要的。

妈妈应该重视孩子的进步,对于孩子来讲,自己取得了一点点的进步,都是自身努力的结果,如果这个时候的孩子能够得到妈妈的赞扬和鼓励,那么他们的积极性就能够

得到很大程度的增加。可是，在生活中，大多数妈妈都不会站在孩子的角度去思考问题，总是用大人的标准来要求自己的孩子，总认为如果是取得了一点小小的进步就给予表扬，孩子最终也就会变得骄傲。但是，孩子毕竟是孩子，有时候很可能会因为一些原因，根本没有办法达到妈妈的要求，这就好比明明是一辆汽车，却要让它跑出飞机的速度来一样，这样的要求与孩子的能力相去太远，会导致孩子失去前进的动力。

在生活中，妈妈随时都希望看到孩子的进步，尤其是在孩子表现不够好的时候。所以，妈妈不要打击孩子的信心和积极性，而是应该用欣赏的眼光去发现孩子哪怕是一点点的进步，并对孩子的这些看似很小的进步给予真诚的鼓励和赞扬，这会让孩子树立将事情继续下去的勇气和信心。

小周是一名中学老师，妻子的职业也很稳定，是一名外科医生，小周的儿子今年九岁了。其实他的儿子很优秀，但是，就是作业总是不好好完成，因为这件事情，他的妻子没少去责备儿子，甚至还动手打过孩子。孩子的作业越是做不好，妻子就越是监督，她每天都会看着孩子去做作业，可是效果并不怎么好，时间久了，小周的儿子产生了抵触的情绪，故意将作业做得乱七八糟。他的妻子觉得很无奈，什么办法都用过了，就是看不到起色。

后来，小周告诉妻子说，儿子他来管，不要妻子再插手，于是他就亲自去指导儿子做作业。他在检查孩子作业的时候，故意惊讶地说："儿子，你的作业有很大进步呀。你过来看看，比昨天做得整洁多了，而且还少错了一道题，有进步，真不错！"在小周表扬孩子的过程中，他偷偷观察孩子的表情，发现儿子的眼睛里突然闪过了一丝自信。于是，他知道自己的这种做法有效果，便趁热打铁地说道："我相信我的儿子能做得更好！"紧接着，他又指出了儿子的作业中错误在哪里，孩子也很高兴地改掉了错题。此后，每天小周都会选择孩子的进步点来鼓励孩子，孩子每天也都有进步，慢慢地，孩子把所有的毛病都改掉了。他的妻子不明白小周是怎么做到的，小周说道："孩子的作业每天都有可以鼓励的地方，要根据孩子好的变化尽量把他往优点上引导，渐渐地就会形成好的习惯，他自己就改掉毛病了。"

如果在生活中，妈妈们对于孩子的进步不给予一定的赞扬，反而总是过于严厉地要求孩子，这样就可能会出现两种状况。第一种，有的孩子顽皮成性，自然就会产生逆反心理，妈妈的话在孩子面前也变得没有任何权威。第二种，就会让孩子渐渐产生恐惧妈妈的心理。孩子们最需要的是妈妈的理解和支持，孩子会想自己最亲近的妈妈都不支持自己，那么势必就会给孩子造成一个很巨大的心理阴影。

1. 妈妈不要无视孩子的进步

妈妈们千万不要无视孩子的进步，不要因为孩子进步太小而觉得孩子没有出息，更不要因为孩子没有达到妈妈心中的标准和要求就把孩子全盘否定，认为孩子是无能的，是一事无成的，这无疑是对孩子的一种巨大伤害。虽然妈妈并不是故意这样去做的，但也许就会在无意中亲手毁掉了自己优秀的孩子。

能否发现并欣赏孩子的进步，这会极大地影响孩子学习和做事的效果，还会影响到孩子对学习和做事的态度，也会对孩子的性格产生一定的影响。如果妈妈们对孩子的进步不给予一定的肯定，甚至否定孩子的进步，那么孩子的学习态度肯定会受到严重的打击，认为自己即使付出了努力也不会被妈妈认可，很可能就会产生自暴自弃的想法，这是十分危险的。

2. 妈妈不要吝啬自己夸赞的语言

妈妈在面对孩子的时候一定不要吝啬自己夸赞的语句，当看到孩子在任何方面有进步的时候，都应该给予孩子最诚挚的夸赞。在赞美的同时再加以鼓励，孩子才会更加努力地去改变自己，向着妈妈预想的方向发展。每当孩子在努力后看到来自母亲的赞美时，也会更加坚定地去努力。虽然每天的改变都是细微的，但是由于不断受到表扬，孩子的自信心会越来越强烈，也会越来越向着好的方向发展。

当孩子做事的成效不够明显，千万不要急于求成，更不要打击孩子的积极性，要知道，其实孩子也是很着急的，如果妈妈把自己急功近利的情绪传染给了自己的孩子，对孩子的成长是十分不利的。孩子们有了一定的进步，就要及时给予鼓励和赞扬。那么，孩子就会在得到赞扬之后继续保持自己的进步。哪怕是一些微不足道的小进步，都是孩子向好的方面发展的开始。可是如果妈妈对孩子的进步视而不见的话，那么就会在很大程度上打击孩子的自信心。所以要想让孩子进步，就从表扬开始吧。

要善于挖掘孩子身上的闪光点

孩子是每一个妈妈生命中的希望，而妈妈对于孩子的教育来讲也是十分重要的。父母希望自己的孩子能够成龙、成凤。在日常的教育中，对于孩子的教育，妈妈们是占有了绝对重要的位置的，因为妈妈是孩子的第一任老师，是孩子生活中最亲近的人，妈妈们怎样对待自己的孩子，对于孩子的将来都是有深远的影响的。

妈妈们要注意，在日常的生活中，要善于发现孩子的"闪光点"，在生活中，也许妈妈们会认为自己的孩子根本没有什么值得夸耀的地方，但是，每个孩子在成长的过程中都一定会有自己的长处。作为妈妈，要能够在生活中注意并善于发现孩子的优点，并根据孩子的特点，来加以引导，从而促进孩子的进步，还要及时给予孩子表扬和鼓励，使孩子认识到自己存在的价值，从而增强自我的信心，促进孩子的个性健康发展。

现代社会是一个充满了竞争和挑战的社会，要想让孩子能在这样的社会中站稳脚跟，家庭教育任重而道远。妈妈们要努力去发现孩子身上的闪光点，充分地调动孩子学习的积极性和主动性，给孩子以信心，这样才能够使孩子充分发挥自己的潜力，从而为孩子创造出一个美好的未来。

有一个人满怀欣喜地去朋友家做客，因为两个人聊得投机，客人不知道怎么回事把怀表弄丢了，这个怀表很珍贵的，是客人的爷爷留给他的纪念品，所以他心急如焚。因为怀表是在自己家里弄丢的，男主人感到十分抱歉。他对儿子说："宝贝，你也来帮叔叔找找吧。如果找到了，爸爸就买巧克力给你吃。"那简直是太好了！儿子心理这样想。听说找到了就会有自己喜爱的巧克力吃，男孩自然毫不犹豫地也加入了寻找怀表的队伍。可他们三个人忙了半天，依然是一无所获。

这时，女主人买菜回来了，她安慰客人道："请你放心，只要是在我家丢的，那么一定能找到。你们该办什么事就去办什么事去吧，怀表由我来找就行了。"三个人都出去了，只留下了女主人一个人静静地在沙发上坐着。这个时候，客厅里悄然无声，突然一个小小的声音从客厅的一个角落里传出来："滴答，滴答，滴答……"女主人便开始寻找，她很快找到了，在一个沙发坐垫的缝隙中找到了怀表。事后，男主人问妻子："我们三个人怎么找了这么久都没找到，而你一下子就找到了？这是为什么呢""因为客人心里存在着一份着急，你心里多了一份歉意，儿子心里有的只是巧克力，而我心里只有那块怀表。"女主人继续说道，"只有保持心中的那份宁静，你的心中才能放得下那块怀表。对待我们的孩子也是一样的，在教育孩子的时候，不要总是把眼睛盯着别人孩子的长处，却很少发现自己孩子的长处。其实，即使是人们眼中所谓的坏孩子，也是有自己的优点的。关键是有的妈妈心情浮躁，总是忽视这一点，容易受潮流的影响，总是把目光投向那些成绩优异的学生，却忽略了一些孩子所具有的爱心、交往能力以及思维活跃、合作能力等这些隐性的品质。"男主人听了之后也很有感触，于是他用心观察自己的儿子，说："我们的孩子原来也这么可爱呀。"

在生活中，妈妈们应该要注意，不要当孩子出现一点过错的时候就把他批评得一无是处，而是要善于发现孩子身上的闪光点。闪光点就是孩子身上表现出来的那些优点和

长处。每个人都有自己的优点和长处，而孩子也不例外。妈妈们要善于发现孩子身上的闪光点，也要千方百计地让自己孩子的闪光点找到用武之地，增强孩子的自尊心，强化孩子的上进心，这样孩子就会进步。

1. 细心观察孩子，就会发现其闪光点

只要妈妈们细心地去观察，最终就会发现孩子的闪光点。除了多去观察孩子身上的闪光点外，妈妈还应多了解和关心孩子，多和孩子谈谈心，了解孩子真正需要的是什么，让孩子知道自己真正想要的是什么。在孩子犯错误的时候一定要少发火，不要体罚孩子。只要认真地用心去观察孩子，那么就一定不难发现孩子的闪光点。

2. 从多个方面去了解孩子

孩子本身是一个多面体，每一个孩子都有所擅长和不擅长的方面，妈妈尽量不要在孩子不擅长的方面做太多的负面评论，不然，孩子会对很多事情丧失信心。在生活中，孩子自己也只会注意到自己的不足，这样就会忽略自己擅长的方面，必然会阻碍孩子的正常发展。每个孩子都希望妈妈能够给予肯定和认同，如果妈妈细心观察之后，发现了孩子身上的优点和闪光点，那么，根据孩子的特长渐渐培养出孩子的优势，不仅有助于孩子自信心的培养，还有助于孩子在这方面出色地发挥。妈妈们可以引导孩子其他方面也向擅长的方面看齐，最终就能使孩子真正做到"一专多能"。

孩子身上的那些闪光点是十分宝贵的，发现和放大孩子身上的闪光点，对孩子自信心的培养是十分有帮助的。

不要随便拿自己的孩子和别的孩子比较

很多人都见过甚至经历这样的情况：在街头巷尾看到一个母亲正大声呵斥着自己的孩子："你看看人家，人家跟你一样大。人家成绩比你好也比你听话。你什么时候能够懂事？"在公众的场合，一点也不给孩子留面子。妈妈总是不经意间将自己的孩子与别人比较，虽然妈妈只是希望孩子变得更好，却让孩子的内心无比受挫，这样对孩子的自信心也是一种打击。长此以往还会让孩子产生自卑心理。

15岁的男孩刘刚，经常出现烦躁的情绪，一不顺心就顶撞父母，而且似乎情况越来越严重。父母很担心刘刚，带他去看心理医生。

在心理医生的帮助下，刘刚说出了心里埋藏很久的话："我学习不太好，在班上属于中等，我妈妈就总拿我跟大伯、舅舅、二姨几家的孩子比。什么舅舅家的弟弟参加奥数比赛拿了第二名了，大伯家的哥哥考上名牌大学了，二姨家的妹妹去北京表演钢琴了，我妈妈整天就反复地夸别人，来刺激我，让我感觉特别难受。我后来听到他们几个的名字都烦，我也不想听到他们又取得了什么好成绩，免得我妈妈又拿来打击我。"

很多孩子是在听着父母"你看别人家的孩子如何如何"这样的话长大的，"别人家的孩子"仿佛成了孩子们的"天敌"——小时候，比学校、比成绩、比学过哪些技艺……；长大了，比学历、比单位、比工作、比收入……

一个孩子在激愤中写下这样一段话："从小我就有个宿敌叫别人家孩子，这个别人家孩子从来不玩游戏，从来不聊QQ，天天就喜欢学习，长得好看，脑子聪明，又听话，还喜欢做家务，每次成绩都第一；不向家里要生活费，领一等奖学金，自己还能打工赚钱；大学毕业后，考上了名牌大学的研究生，公务员考试也榜上有名，还找了一个很有出息的男朋友……我怎么就这么差劲，你们为何生我这样一个不争气的孩子！"

有人觉得，有比较才有进步，家长常常基于这样的想法，以为用别的孩子的长处来比自己孩子的短处，就可以激励自己的孩子。这样做的效果很可能并不能够激励孩子，反而让孩子丧失了自尊心、自信心和上进心。

确实，有比较才有竞争，但如果一个人，在班级里要胜过其他同学，长大后要打败身边所有同事，弄得"四面楚歌"，一生会活得很痛苦。

每个人战胜的对象，应该是自己。虽然这个过程中难免要跟别人竞争，但人的重点目标不是战胜别人，而是超越自己。在这种心境下，孩子才能取得真正的成功。

有些家长出于自私的攀比心理，不能正确对待功名和挫折，如果孩子没有取得家长预期的好成绩，家长便觉得没面子。这样急功近利的思想和教育方法，会让孩子产生强烈的逆反心理，对孩子的一生会产生负面的影响。

妈妈的教育方式是非常重要的。在生活中，妈妈随便拿自己的孩子和别人家的孩子进行比较。在社会心理学家看来，比较的手段在一个人的心理发展中，能够具有两种重要功能：一是让这个人去认识自己，人都是在与其他人的交往过程中来真正认识到自己的，所以，每个人都是以他人为"镜"的。二是让这个人去确立目标，人都需要在与其他人的比较中找到属于自己的人生目标和努力的方向。但是对孩子来说，比较得不好或者是不够合理，很容易给孩子造成心理上的伤害，阻碍孩子的正常发展。

小峰和小瑞住在同一栋楼，他们是上下楼的关系，又是同班同学。小瑞天资聪颖，学习也相当努力，所以学习成绩一直都很好。而小峰天资比较差，虽然也挺勤奋的，可是成绩怎么也赶不上小瑞。小峰的母亲经常便拿小峰与小瑞作比较说道："咱家什么都不比小瑞家里差，给你提供的都是最好的，就是你比小瑞差。"于是，小峰便认为自己是一个笨孩子，也越来越自卑，学习也就越来越差。

还有一个比较典型的例子：

马思琪是一名初二的学生，在班级中学习成绩属上游，他平日里学习也很努力，其他方面表现得也不错，在本次的期中考试中，共有五门得了A等，两门得B等，比上次是有明显进步了。老师也夸赞他进步了很多，可当他高兴地向妈妈报告自己的成绩时，本想能得到妈妈的表扬，结果被妈妈训了一顿："在我像你这么大的时候，哪会有你这么好的学习条件？我们辛辛苦苦每天拼命去工作，省吃俭用，都是为了谁呀？我们这样做，还不是指望你能够好好学习，将来能有出息。你看看人家邻居小莎，比你还小一岁呢，门门拿到了A，你怎么就不像人家学习学习，也给我们争口气呢？你真让我们失望！"这下惹怒了马思琪："又来了！我发现我就没有让你们满意的时候。你们什么时候说过我好？反倒经常把小莎挂在嘴边！她好的话，你们认她当女儿好了。"

孩子的话可能会伤害到妈妈的心，但又不无道理。人生在世，没有相同的两个人，各人有各人的天赋，各人也有各人的性格，能力也是有所差别的。如果妈妈只和高的攀比，只看到自己孩子的短处和缺点，看不到自己孩子的长处和优势，便容易使自己的教育达不到应有的效果，甚至失败。

家长最应该做的，是给孩子提供健康有益的生活环境，尤其要注意满足孩子对于亲情、快乐等正面的情感需要。

如果父母经常把孩子与别人作比较，会对孩子造成很坏的影响：

1. 孩子会产生很多负面情绪，情感受到困扰，表现为不开心、缺乏安全感、嫉妒、愤怒等。

2. 孩子觉得得不到父母的注意和爱，会刻意做出很多吸引父母的行为，而这些行为很可能不是父母所愿意看到的。

3. 父母对其他孩子的过分夸奖，会让孩子的自尊心、自信心和上进心都受到打击，不良的情绪长期堆积，容易引发负面的心理渲泄。

所以，父母在教育子女时，采用这种同类的比较法是不可取的。每个孩子有自己的个性和长项，也有自己的劣势。家长应该在尊重孩子发展的前提下，用积极的、正面的方式去引导和鼓励孩子。

每个孩子都不是别人的复制品。父母让孩子以出类拔萃的人物做榜样,向他学习,对孩子的发展是有益的;但父母不要急功近利,一味地苛求自己的孩子,拿他人的长处来贬低自己的孩子,挖苦他、打击他,这样的比较是有害的。

父母要想自己的孩子真正成才,就把眼光放在孩子身上,用鼓励的态度去对待他,关注他的每一点进步和提高。最好的比较,是"自己跟自己比,今天跟昨天比,这次跟上次比"。

面对这样的情况,教育专家建议妈妈这样做:

1. 教会孩子学会反问自己

"我现在学习中表现如何?自身有什么优点?有什么缺点?跟上个月或是上个星期比较,在哪些方面有进步了?哪些方面有退步?"妈妈们应该教会孩子自己对自己进行评价和反问,只有这样孩子才能够得到更好的发展,也才能有更好的发展空间。

2. 用欣赏的眼光看待孩子

孩子是需要赏识的,所以说妈妈们要懂得适当地赏识孩子,尤其是通过眼神去赏识孩子,让孩子感受到妈妈眼神中带有的鼓励和激励。经过专家的调查发现,孩子在经过妈妈的赏识之后,会更加有前进的动力,所以说在和孩子在一起的时候,千万不要总是拿自己的孩子和别人进行比较,更不要在比较中贬低孩子,要懂得欣赏孩子的进步,让孩子更加充满自信。

3. 承认孩子永远是最好的

很多父母都有望子成龙、望女成凤的心,并且是十分的迫切,他们似乎容忍不了孩子的暂时的落后与普通的成绩,往往希望孩子能够做到最好,并且会把自己急躁的心情强加在孩子身上,但这样做常常会适得其反。因此,作为妈妈要学会欣赏孩子。

 勿把物质奖励当作表扬手段

为了让孩子好好学习,妈妈们往往会想尽各种办法。甚至,妈妈们经常会许诺孩子"如果你期末考试分数排名在班级前五名,妈妈奖励你一部新款手机……"相信考试之后,会有不少妈妈们忙着兑现对孩子的"许诺"。

但是,在实际生活中,也会有一些妈妈们因为这样或那样的原因,对自己曾经做出的"许诺"无法去兑现。这也是很多妈妈们遭遇的"许诺"之后的困扰。但是妈妈们应该思考:究竟应不应该给予孩子物质方面的奖励、如何奖励等等。

倩倩是一名四年级的小学生,她看到别的小朋友家都有电脑,自己也非常希望家里能有一台电脑,于是便和妈妈约定,只要这次期末考每门成绩都能得95分以上,家里就给她买一台电脑。结果,倩倩说:"这次期末考我全得了100分,在年级得了第一名,妈妈真的带我去了电脑城,我们买回了一台电脑,妈妈讲话言而有信。我也答应妈妈,只在周末的时候玩三个小时的电脑,其他时间不去玩儿电脑。"

家长李先生告诉朋友说:"我的儿子鸣放上了五年级,他看到朋友都有手机,自己也一直希望有一部手机,我总觉得孩子还小,没必要用手机,再说学校离家又不远,所以一直都没满足他的要求。这学期,孩子又提起希望能够拥有一部手机,心想,明年他该上六年级了,于是,我对他说:'只要你期末考试成绩能在前五名,就奖励你一部手机。'期末成绩单发下来了,儿子的成绩进入了班级前五名。为了兑现诺言,一放暑假,我就带着自己的儿子去买了一部手机。"

为了让孩子能够完成某个特定的目标,妈妈们是不是也常许以物质奖励呢?比如孩子在考试中进了前五名,妈妈就奖励孩子一个玩具汽车,等等。但是妈妈们可否想过这种做法是否得当?对于孩子来讲,如果他们做什么事情都会得到妈妈的物质许诺,那么他

们会觉得，生活中什么事情都是存在条件的，也是具有一定的利益性的。比如说妈妈们给孩子许诺，只要他考个好成绩，就每个月多给他十元的零花钱，等等。对于孩子来讲，他们的心中会觉得这一切都是可以用金钱来衡量的，这自然不利于孩子价值观的形成。

其实，除物质奖励外，奖励的方式有很多，比如带孩子一起看场电影、旅游，或给孩子买一本课外读物等等，而给孩子主导权，让他选择一件自己比较喜欢做的事情则是最受其欢迎的奖励方式。

总之，妈妈们应该让奖励有意义，不要让奖励单纯地停留在物质上，让奖励留在孩子的记忆深处而非花很多钱，这样才能产生久远的作用。

1. 让孩子知道除了物质之外的表扬方式

一个人除物质需求之外，还有被人尊重、被人爱的需求，所以说对孩子的奖励和表扬有很多种，不要单纯停留在物质奖励上。妈妈们完全可以在选择激励方式的时候，多给孩子一些精神的鼓励。例如：当孩子开始学习走路的时候，绝不会有妈妈对孩子说："孩子，如果你现在能走上十步并且不摔倒，我就给你十元钱。"这个时候，每位妈妈都会无条件地为孩子高呼"加油"，甚至看到孩子能够连走三步就开心不已，冲孩子微笑。这时每位妈妈都是优秀的激励大师，然而孩子渐渐地长大了，妈妈们却忘记了为孩子喊"加油"，为孩子拍手叫好了。在鼓励孩子的时候，妈妈们便开始用成人的思想对待孩子，对孩子进行一些物质的奖励，渐渐地会让孩子觉得，妈妈除了物质上对自己的关心之外，根本不爱自己。这样自然对孩子的成长是不利的。所以说妈妈们在奖励孩子的时候，不妨多用鼓励的语言或者是多用赞美的微笑，让孩子感受到除了物质之外的表扬方式。

2. 妈妈可以引导孩子树立高尚的学习目的

妈妈们应该鼓励孩子向着更高的思想境界看齐，从而使孩子的学习充满动力，有一种向上的鞭策力。如果非要给孩子买点什么物质的东西，最好是给孩子准备一两本新书或其他学习用具，不要让孩子单纯地将物质，当作是自己学习的功力，这对孩子以后价值观和人生观的形成是没有帮助的。

用赞美点出孩子的缺点

在生活中，会有很多妈妈只看到别的孩子的优点，却看不到自己孩子的优点，甚至拿自己孩子的缺点和别的孩子的优点进行比较，总觉得自己的孩子这个也不如别人，那个也不行……其实，这样做很容易伤害孩子的自尊心，也很容易影响到孩子的性格，在生活中，妈妈们不妨用赞美的语句去指出孩子的缺点，这要比直接指责孩子的缺点要好得多。

美国心理学家加德纳提出了"多元智能理论"，理论认为每个孩子都不同程度地拥有八种智能，而每个孩子的优势智能都是不同的。也就是说，每个孩子学习成绩出现差距的原因是优势智能决定的。比如，有的孩子语言智能比较突出，有的孩子空间视觉智能比较突出，有的孩子运动智能很突出，所以妈妈们在教育孩子的时候，要善于发现孩子的长处，通过鼓励、表扬、引导等方式来克服孩子的不足，尽力去弥补孩子的短处，而不是整天打击孩子的自信。

一位享誉世界的教育家曾经说过的"好孩子是夸出来的"。所以说，当你年幼的孩子存在缺点的时候，千万不要大惊小怪，不要急于对孩子进行批评教育或者是指责，因为这样的方式是不利于孩子改正缺点的，更重要的是这样的做法会让孩子丧失自信。作为妈妈的你一定不要忘记夸奖孩子，即便孩子犯了错，也要用赞美的语句来指出孩子的错误，只有这样孩子才愿意接受，这样才会让孩子获得一定的成就感，从而帮助孩子增强自我的信心，甚至会给你带来意想不到的惊奇。

有一个故事是这样的：

有一位年轻的妈妈在厨房洗碗，听到孩子在后院蹦蹦跳跳玩耍的声音，她便对孩子喊到："宝贝，你在干吗？"

孩子听到妈妈的话语，回答道："我要跳到月球上去。"

听到孩子异想天开的话语，这位妈妈并没有给孩子泼冷水，也没有去指责或者是批评孩子，而是微笑地对孩子说："宝贝，说得好！真是个极聪明的孩子，但是不要忘记回来喔！"

这个孩子在长大后真的登上了月球，他成为第一位登陆月球的人，他就是阿姆斯特朗。当阿姆斯特朗在日后回忆起自己的成长经历时，仍然深有感触地说："我要感谢我的妈妈，可以说我所有的成功都源于母亲对我的鼓励和夸奖。"

这就是夸奖的力量。爱默生也曾经说过："有很多天资很好、很有希望成功的人，只因为没有得到及时有力的夸奖和鼓励，最后走向彻底的失败。"这句话是值得妈妈们深思的。当然，并不是所有的孩子都能成为登上月球的阿姆斯特朗，但是对于每个孩子来讲，他们在成长的过程中，都是需要妈妈们的表扬的，也是需要妈妈们的夸奖的。即便孩子存在缺点，妈妈们也不妨用积极的态度去对待孩子，或者是用积极的语言去鼓励孩子。

有一个孩子，性情比较活泼，整天快快乐乐的，做事也很主动，学习成绩也是名列前茅，非常讨人喜欢。很多妈妈都希望自己的孩子能和这个孩子一样，于是纷纷去找该孩子的妈妈，向她去取"教子经"——"你到底是怎么把你的孩子教育成这样子的？"

"用赞美或者夸奖的语气来点击孩子的缺点！"——很多人都没想到这位妈妈的回答竟然如此简单。但是，这位妈妈的教子经验就是这样的。在生活中，只要她发现孩子有哪方面做得好，就会选择适当的机会和语言去恰当地给予夸奖，即便这位妈妈看到自己孩子身上存在的缺点，也会选择用温柔的语言来为孩子指出缺点，孩子不但因为妈妈的夸奖变得更加自信，同时，也改掉自己的缺点，从而表现得更好。

夸奖的力量是无穷的，尤其是当妈妈们巧妙地把它应用于孩子的身上的时候，夸奖就会带来魔术一般的效果，夸奖会让孩子变得优秀、成为英才！所以说在生活中，妈妈们不妨多夸赞自己的孩子，让孩子感受到自己存在的价值，只有当孩子感受到自己存在的价值的时候，最终才会获得更良好的成长。研究表明，孩子经常会受到妈妈的夸奖和很少会受到妈妈的夸奖，其成才率也是前者比后者高出五倍。中国教育学家陶行知曾有过这样的论断："教育孩子的全部秘密在于相信孩子和解放孩子。而相信孩子，解放孩子，首先就要学会夸奖孩子，没有夸奖就没有教育。"由此可见，夸奖自己的孩子，这是每个妈妈们必须学会的教育方式。

具体来讲，妈妈们用夸奖的方式指出孩子的缺点至少有以下几大好处：

1. 可以增强孩子对妈妈的信任感

在生活中，经常奚落或责备孩子的妈妈们很难赢得孩子的信任。妈妈看到孩子身上的缺点时，应对孩子的言行作出正确的评价，并经常给予孩子夸奖。这有助于妈妈与孩子之间建立起积极的关系，从而使彼此之间更加亲近，孩子的积极性自然也会提高。因此从某种程度上来讲，对孩子的夸奖，说明你对他的尊重和爱护，这会让孩子感觉到妈妈的爱。

2. 有利于培养孩子良好的行为习惯和道德品质

在孩子道德品质形成的初阶阶段，孩子的内心还比较单纯，是非观念模糊、自制力也会表现得很差。因此妈妈的引导、奖励与夸奖至关重要。妈妈们在夸奖孩子的时候，能激发孩子正确的外在动机，帮助孩子产生好的行为，并能强化孩子的这些行为，以后当他碰到类似的事情时，便知道该怎么去处理了，并逐步形成良好的行为习惯和心理定势。

3. 能给孩子带来他所需要的价值感、信任感和自信心

妈妈们对孩子小小的成功表示夸奖的时候，能够强化孩子获得成功的情绪体验，从

而满足孩子的成就欲，并且能使孩子感觉良好，从而激发孩子继续尝试的兴趣和探索的热情，最终，使其努力地维持这种夸奖或是希望再度的获此"殊荣"。

因此，夸奖的力量是很神奇的！好孩子往往都是夸出来的。在孩子的面前，千万不要吝啬你的夸奖，你的孩子是需要夸奖的。

 激励孩子的方式要灵活多变

孩子是需要激励的，因为孩子的岁数还小，让他们做一些事情，他们会提不起兴趣，当然在这个时候，妈妈们就要努力地去想办法激发孩子的兴趣爱好，让孩子知道自己的兴趣点在哪儿。如果孩子被妈妈的激励方式激发，孩子自然会主动地去做某件事情。

当然，妈妈们在激烈孩子的时候，一定要选择多种鼓励方式，不要仅仅局限在物质奖励上，更不要只是表现在口头的夸赞上。不管是什么方式，都要让孩子找到一个比较好的方式，这个方式要适应当时的环境和情景，并且能够激发孩子的情趣或者是好奇心，如果能够做到这些，那么激励的目的也就达到了。

当妈妈们使用奖励的方式时，最好是优先考虑社会性的奖励。因为，这种奖励是不增加经济负担也不存在利益关系的，还不过于正式，而且对孩子的心理教育拥有长久的影响作用。并且对具体行为或者是品质的表扬，是能够帮助孩子发现自己身上的优点的，这样一来便能够增强孩子的自信心。

另外，社会性的奖励经常会使孩子感受到家庭的温馨、和睦，并且能让孩子对家庭充满信任，对孩子内化规则、自觉改进行为是最有好处的。当然，妈妈需要弄清楚，孩子在特定的情况下，到底喜欢的是哪种激励办法，这样不仅能够满足孩子的要求，也能够满足妈妈的愿望。

当孩子刚建立起一种良好的行为时，妈妈需要在每一次这样的行为出现之后，及时给予孩子奖励。等孩子的这种行为习惯稳定之后，妈妈就可以间歇性地给予孩子奖励了。

阿哲小的时候，胆子很小，只要到了晚上，就不敢一个人去黑暗的地方，不管是在屋子里还是在院子里。阿哲的妈妈很担心阿哲，她总想，一个男孩，从小胆子就这么小，长大之后，可怎么去生活呢。

于是，妈妈开始思考怎么样让阿哲变得胆大。阿哲上幼儿园之后，别的小朋友都敢从滑梯上滑下来，唯独阿哲不敢，他好像很害怕。

为了鼓励孩子去玩儿，妈妈对阿哲说："宝贝是最勇敢的，跟着妈妈做，阿哲一定会感觉到好玩儿的。"

就这样，阿哲的妈妈做了示范，让阿哲按照自己的做法从上面滑了下来，第一次阿哲还感觉很害怕，但是第二次阿哲已经不害怕了。

阿哲上一年级了。妈妈炒菜的时候，突然发现家里没有酱油了，于是给了阿哲十块钱，让他去楼下的小卖铺买一桶酱油。阿哲从来没做过这样的事情，很害怕。这个时候妈妈为了鼓励他，便对阿哲说："宝贝，帮妈妈买瓶酱油吧，剩下的钱，就归宝贝了，宝贝可以用这些钱买一块儿喜欢的橡皮。"听了妈妈的话，阿哲开心地去楼下买东西了。就这样，阿哲越来越勇敢。

在生活中，孩子的成长是离不开妈妈的一点一滴激励的，在孩子成长的过程中，妈妈们要主动地去鼓励和激励孩子，让孩子找到更加适合自己发展的方式。当然妈妈们在激励孩子的过程中也要注意自己激励的方式，一定要在不同的时候选择不同的激励方式，千万不可只用一种激励方式。

当然，妈妈们在激励孩子的时候，也应该考虑到孩子当时的心情，如果妈妈们不考虑孩子的心情，那么孩子也不会感到开心的。激励的方法有很多，妈妈们可以借鉴以下

几种方式:

1. 夸奖和赞扬孩子

这是一种最常用的方式,当孩子做了一件对的事或者是当孩子有了一定进步时,无论进步多小,也不管这件事情多小,妈妈们都应该夸奖一下孩子。

例如,当孩子看到地上的垃圾之后,捡起地上的垃圾丢进垃圾筐里时;当孩子看到路上有人掉了东西,帮助对方捡起来时;当孩子帮助自己扫地的时候,妈妈们都应该主动夸奖孩子,这就是对孩子的一种激励。妈妈们只要用言语去激励孩子,孩子就会感觉很开心和很幸福。这种夸奖不仅仅能够让孩子感到快乐,也能够让孩子感受到来自妈妈的关心和爱,会让孩子在以后的生活中变得更加自信。

2. 奖励"贴贴"

奖励"贴贴"是很多妈妈用来激励孩子更加努力的一种方法。每当孩子的成绩有所进步,或者是当孩子表现得很听话的时候,妈妈们都应该奖励孩子们一个"贴贴",孩子们可以把得到的"贴贴"贴在墙上有自己照片的评比栏上,这样一来孩子会觉得自己做的事情是非常有意义的,也会为了能够得到更多的"贴贴",而更加努力。

3. 奖励孩子一些优秀读物

很多妈妈可能会为了激励孩子前进和努力,选择物质奖励,这当然是没有错的,但是在奖励孩子的时候,妈妈们不妨选择一些读物,比如孩子喜欢看的书,或者是能够开发智力的玩具,这要比给孩子买贵的衣服、手机好得多了。

当然这也要看孩子的要求,如果是正当的要求,是可以作为激励的手段满足的。

4. 带孩子去旅游,开拓孩子的眼界

很多时候孩子缺少外出感受自然的机会,其实,妈妈们为了激励孩子学习更加努力或者是让孩子变得更加懂事,完全可以选择这种激励方式,因为在孩子接触自然的同时也开阔了眼界。

毕竟孩子每天都生活在狭小的空间内,很少有机会去接触自然,妈妈们可以利用激励的机会,让孩子感受自然的美妙,让孩子体会到生活的美好和丰富多彩。

 赏识孩子的努力和勤奋

作为父母,应该首先去赏识孩子的勤奋和努力,并对孩子的努力给予最热情的支持和鼓励。千万不要因为自己孩子的不聪明而气馁,而应该为孩子的不努力感到担心。很多情况下,妈妈们应该欣赏孩子,尤其是在孩子取得了进步之后,一定要对孩子进行赞扬,千万不要因为自己而让孩子的内心受到伤害。孩子希望妈妈们能对自己的勤奋和努力做出赞扬,千万不要去吝啬自己赞扬的眼神和举动。

有时候,也许孩子所取得的结果不太令人满意,但是孩子已经付出了自己所有的努力和心血,这个时候妈妈们就有必要赞扬孩子的努力,不要因为孩子没有取得成功,就责备或者是批评孩子,孩子需要的是妈妈的鼓励。尤其是当孩子失败或者是陷入困境的时候,妈妈们更是应该去关注孩子,不要让孩子感受到你不开心,也不要让孩子感受到你的漠不关心,这个时候不妨用赞赏的眼神告诉孩子,虽然他没有取得成功,但是他付出了自己最大的努力,这也是一种成功。

小于的女儿琳琳是一个很懂事的孩子,平时不用小于监督就能够自己完成作业,并且还会时常帮助妈妈做事情。对于她的表现,不仅老师会夸奖,其他的父母也羡慕琳琳的妈妈有这样一个懂事的孩子。他们问琳琳的妈妈为什么琳琳学习这么好,并且能力也这么强,琳琳的妈妈说道:"小的时候琳琳学东西比别的孩子都慢半拍,我们曾为此非常担心,当时也担心孩子以后会学习不好,会跟不上其他孩子的进度。后来琳琳上小学了,当我们都认为琳琳不会有什么好成绩的时候,琳琳却学习成绩很好。后来我们才知

道孩子在学校很认真很用功，别的孩子在玩耍的时候，我的女儿就在学习，并且将课堂上没有弄懂问题在课下向老师请教，就这样，她才有今天这么好的成绩，而对于我们来讲，我们做的也就是鼓励孩子和给予孩子肯定。"

妈妈们在教育孩子的时候，赏识孩子的努力和勤奋是必不可少的，并且要告诉孩子成功与失败并不是对立的，有的时候，成功只是比失败多了一点点，只要付出自己的努力与勤奋，就会在不停地前进。那么，在现实生活中，作为妈妈，怎样才能在赏识孩子的努力和勤奋中做得更好呢？

1. 为孩子设定"小目标"

妈妈们千万不要认为赏识就一定是想方设法去夸奖自己的孩子，针对孩子的实际情况，妈妈们应该为孩子设定一个"够得着"的小目标或者是符合实际情况的目标。为孩子设定一个合适的目标，让孩子在"跳一跳"的情况下，就能够实现，这样就是对孩子的鼓励。但如果孩子"跳起来"也够不着，那就不能让孩子获得成功和自信了，反而可能会让孩子感觉沮丧。

这个目标在设定的时候，妈妈们也要做出一些努力，妈妈们一方面应该对孩子的能力和现实条件有一个相对正确的认识，切忌急于求成；另一方面妈妈们在设定目标时，和孩子一起决定，这样不仅能听取孩子的意见，还能够让孩子更有积极性。

2. 强化孩子的目标意识

妈妈们应该让这个目标在孩子的内心里逐渐扎根。比如可以把自己的目标写在墙上或者用彩色纸写了贴在墙上。如果孩子的目标有了一定的时间限度，那么要再给孩子一本"目标日历"，目标应该完成的那一天被显著地标明。

3. 不要过分强调孩子的潜能

强调孩子"一定能行"，这是对孩子的鼓励，这种办法是对一部分孩子进行管理，而对另一些天性比较胆怯的孩子来说，可能反而会增加孩子的心理负担。

4. 不妨用激将法激励孩子

在生活中，妈妈们应该主动和孩子一起玩游戏，游戏中不仅能够拉近亲子之间的距离，并且也能够让孩子变得更加勇敢。有的游戏可能需要一定的胆量，这个时候，妈妈们不妨给孩子做出榜样，孩子在妈妈的"激将"下，便能积极地去实现自己的愿望，比如在孩子学步的时候，往往不敢迈开脚步，作为妈妈，不妨先走过去，然后对孩子说："你要是不过来的话，我们就走了。"让孩子处于一种必须靠自己力量克服困难的境地，这样对孩子的成长是十分有帮助的。

赞扬孩子的努力和勤奋是一种激励孩子的重要手段，它之所以有效，有一个十分重要的心理前提，即每个孩子都会希望讨妈妈的喜欢，每个孩子都会信任妈妈的权威。赞扬孩子的努力和勤奋，只有这样孩子才会从父母那里得到肯定，当然，这样跟妈妈的关系也自然就会更加融洽，孩子很多不听话的行为也就会减少。

及时夸奖孩子的好行为

妈妈们应该及时夸奖孩子良好的行为，这有利于帮助孩子塑造正面行为和习惯，这样能够减少孩子任性、逆反等负面的行为。中国教育学家陶行知对这方面也有研究：教育孩子的全部秘密在于相信孩子和解放孩子。而我们知道相信孩子、解放孩子，首先要求妈妈们学会及时地去夸奖孩子。没有夸奖就没有教育可言。

不论是平实还是浮夸的人，在内心深处都有希望得到肯定的想法，孩子更是需要来自家长的肯定或者夸奖。不论是当他在学校里得到了小红花，还是在考试后得到了满意的成绩亦或是挽老奶奶过马路，还是能够完整地讲完故事，孩子都希望从你的眼神里看到满意，都希望从你的话语里得到表扬。

作为妈妈,要时刻关注孩子的每次进步,对于每一个小小的闪光点,都要及时地给予夸奖和鼓励,让孩子拥有成就感和自豪感,这样能够促使孩子不断进步。

"妈妈,今天跳绳我跳得最多,我得了第一名。"乐乐高兴地对妈妈说。

"宝贝,和谁比赛跳绳了呀?为什么跳绳啊?"妈妈淡淡地问了一句。

"今天在上体育课的时候,老师让我们所有的女生比赛跳绳。我是跳得最多的,老师夸我很棒呢。"乐乐的脸上带着得意的笑容。

"哦,知道了。今天老师留作业了吗?快去做作业!"妈妈好像没有听到乐乐说的话。

在听到妈妈的话后,乐乐的内心十分受挫,她并不明白为什么自己得了第一名妈妈却不高兴。闷闷不乐的乐乐躲到了自己房间里。这时候爸爸下班回来了。刚刚到家的父亲就察觉到了乐乐的情绪不对,便问乐乐是怎么了。

乐乐听到父亲的问话更是委屈地说:"我今天跳绳比赛得了第一名,同学们都特别羡慕我,老师也夸我厉害。可是妈妈一点也不开心。"

了解到症结的爸爸满脸高兴地说道:"乐乐真厉害呀,和爸爸说说你是把哪些人比下去了?"

"体育课上老师让我们所有的女生都来参加跳绳比赛,我跳得最多呢。把她们都比下去了。"看到爸爸的神情,乐乐开心多了,眉飞色舞地和爸爸说着当时的情形。

"我家乐乐真是厉害!待会妈妈做好了晚饭,你一定要多吃一点,这样身体好了才能再拿第一名哦。"爸爸对乐乐的不断鼓励,让乐乐更是开怀不已。

作为妈妈,应该适时地对孩子的成绩给予积极评价和夸赞,告诉孩子因他的成绩而感到自豪,这将是对孩子极大的鼓舞,也会促使孩子乘势而上,从而取得更加优异的成绩。对孩子进行夸奖,好处有很多。学会夸奖孩子也并不是一件难事,关键是妈妈们有没有这种意识,能不能认识到夸奖对孩子成长的重要性。夸奖是一种激励的方式。激励比批评和强迫的效果要好得多。但夸奖孩子要注意很多,一定要掌握以下原则:

1. 要夸得准确

妈妈们在夸奖孩子的时候,所夸的事实要尽量准确,千万不要夸大或者是缩小。如果夸得不准,孩子就很容易会产生疑问,从而起不到激励孩子的作用。如果夸错了,孩子就会把错的当成是对的,这会产生严重的副作用。孩子如果真把错的当对是对的,以后想改过来就很难了,因为他心目中的是非标准会因你的错夸而变得混淆。要正确地去夸奖孩子,就必须要多陪陪孩子,多关注自己的孩子,只有熟悉了解了自己的孩子,才能及时给孩子必要的夸奖。

2. 要夸得及时

妈妈应该明白只有真心、真诚地夸奖孩子,孩子才能够给予积极的反应。如果妈妈总是心不在焉、敷衍了事,孩子往往会感到妈妈是在骗他。当孩子做了好事或是有了一些进步的时候,最好当时就给予夸奖和鼓励,这样就能够满足孩子的荣誉感和成就感,孩子就会把后面的事情做得更好。

3. 要夸得具体

对年幼的孩子来说,夸奖是不能够太过于笼统、模糊,不能简单地用"你真是一个好孩子"来代替所有的夸奖词汇,更不要用"你真棒"这样的赞语来夸奖孩子所有的进步,而应对孩子的优点和进步进行具体的描述和肯定,使孩子明白"好"到底在哪里、"棒"又在哪里,同时充分地去感受到妈妈对自己的关注和爱。

4. 要经常夸

孩子从出生的时候一点不懂到渐渐懂事再到成熟,并非是在朝夕间完成,而是要经过一个漫长的成长过程。有的父母想要问:为什么有的孩子非常优秀,而自己的孩子却不如别人呢。其实很简单,不论是优点还是良好的习惯都是需要一个养成的过程的。当孩子做得对的时候或者比较从前进步的时候就应该得到夸奖。这样的夸奖于妈妈只是一个不经意,却会让孩子牢牢记在心里,并为了得到更多的表扬而更加努力做得更好。每时每刻关注孩子的举动,当孩子有出格的表现时及时地制止,而孩子有好表现时给予适时的表扬，这样才能让孩子努力地改正错误，不断进步。

 **表扬孩子要适可而止**

夸奖孩子应该有一定的分寸，批评教育当然也是必不可少的。有时必要的批评，对孩子健康成长是有帮助的，或许可以成为孩子走向新的成功的推进器和催化剂。如果妈妈们一味地夸奖，那么这些夸奖就会成为孩子健康成长道路上的"糖衣炮弹"，最终夸奖也会变成健全人格塑造中的"温柔杀手"。所以，妈妈们一定要注意把握好夸奖的"火候"，否则就会过犹不及。

面对孩子的进步，一定要带着欣赏的心态，去发现孩子的优点和长处，从而敢于去夸赞孩子，让孩子在赞美声中不断长大，这就是"赏识教育"的理念。这种理念现在已经被越来越多的妈妈所接受了。然而，在运用赏识教育的同时，妈妈们还要注意，俗话说得好"物极必反"或"过犹不及"，而"赏识教育"也要把握好分寸，家长们不应该从一个极端走向另一个极端，把对孩子的赞美天天的挂在嘴边，让孩子觉得赞美自己是正常的表现，甚至是正确的表现。

周先生一直都很认可赏识教育，并且不折不扣地将这种方法用到对自己孩子的教育中。大到孩子学会做家务，小到孩子答对了一道题，他都会对孩子大加表扬。可是，他慢慢发现孩子已经听不进批评了，即使委婉地对孩子说出他的缺点，孩子都会很不开心，甚至还会发脾气，遇到解决不了的事也很容易出现自暴自弃的现象。周先生对此非常烦恼！

其实，周先生的烦恼并不是个别的现象。我们再来看看下面这个名字叫米米的小男孩的故事。

米米小时候是一个非常内向的小男孩。很少主动和别人说话，但是很偶然的一次机会，米米的妈妈听说，给孩子更多的鼓励和夸奖能够让孩子变得更自信，能让孩子变得更活泼、更可爱。于是，从那以后，米米的父母就开始不时地去夸奖米米。

米米摔倒后自己爬起来了，就会得到很多表扬："米米你真棒！"

米米学会了自己穿衣服，就会得到妈妈的表扬："米米真能干！"

米米学会自己洗手帕了，米米的妈妈就会表扬道："米米可真是长大了，真能干呀！"

米米考了100分，米米的妈妈就会去表扬米米："米米真是聪明啊！"

……

米米几乎做任何事情都会得到妈妈的表扬。即便是很简单地帮妈妈拿了个杯子，也会得到妈妈一堆的表扬。米米每天都会听到来自妈妈的十次甚至更多次数的表扬。有的时候，当米米干了坏事的时候，米米的妈妈为了不让孩子丧失信心，或者为了保护米米，也会违心地去表扬米米。

当然，这样的表扬也是有一定的效果的。本来性格十分内向的米米，现在已经变得十分外向和开朗。可是这种教育方式也有不足，米米上学之后发生了一件事情，这件事情一下子让米米的父母开始怀疑自己以前的教育方式是否得当是否正确了。

那是米米上一年级的时候，他上课的时候因为太困，睡着了，老师看到之后，就批评米米。没想到，第二天，米米跟妈妈说不愿意上学了。妈妈问他不想上学的理由，米米说："因为在学校老师批评了我，老师似乎不喜欢我。我不想再受批评。妈妈，你平时不是告诉我困了就要睡觉吗？我困了也睡觉了，可老师为什么不表扬我，反而批评我呢？"

其实，米米身上之所以会有这样的事发生，根源就是在于妈妈在平时的赏识教育中，根本没有把握好"度"。在当今社会，由于某些外界因素的影响，赏识教育在一些家长或教师那里受到了曲解或者是前所未有的重视，他们看到了孩子的所有优点，甚至是一点小事都会迫不及待地去夸奖孩子，认为这样能够增强孩子的进取心和自信心，却往往会忽略这一现实：过度的赏识也可能会使孩子变得自负或者是脆弱，一旦孩子遇到解决不了的困难，就会不知所措，甚至是不敢去面对，这就极大地影响了孩子的成长。

作为父母，要适时地对孩子所取得的成绩或是良好的表现给予积极且正确的评价，然后告诉孩子自己为他的成绩而感到自豪，这对孩子是极大的鼓舞，这样的做法会促使孩子乘势而上，从而帮助孩子取得更优异的成绩。对于孩子来讲，得到妈妈的认同和赞赏也是一件非常值得骄傲的事情。但是过度的夸赞往往会让孩子失去面对批评的能力。

形象一点讲，太多的鼓励就会像太多的糖一样，要知道，你若想要让孩子知道"糖"的美，就别让孩子掉进糖罐出不来。在很多情况下，家庭教育对孩子鼓励的"过分慷慨"或者是过分的夸张，事实上与社会普遍的鼓励原则并非是一致的，往往会形成了双重标准，这让孩子感到十分迷惑，从而使孩子乐意待在家中，不愿意和外人接触。

那么，作为妈妈，如何把握赏识教育的"度"呢？

1. 妈妈要正确认识赞扬教育

赞扬不可能解决一切的教育问题，我们经常会说"相信每个孩子都是天才"，但是这并不等于"每个孩子都是天才"。换句话说，"赏识"其实改变的并非是孩子的现实，而是希望通过这种方式来改变孩子的心理感觉。如果对赏识缺乏必要的控制，无限度地去对孩子进行一切方面的"赏识"，孩子的心理感觉自然会与现实出现很大的差距。在这个时候，孩子便可能会满足于"赏识"提供给他的幻梦，而不愿去面对现实。

2. 妈妈要知道，赏识只是一种重要的激励孩子的手段

在每个孩子的内心深处，都是极度渴望得到大人的肯定的，这也就让赏识变成一个非常有效的激励孩子的方法。可是一味的赏识并非不会带来坏的效果。若是妈妈一味地用赏识来满足孩子就很可能会让孩子患上"赏识依赖症"。一旦患上了这种依赖症就会使孩子迷失前进的方向。若是在未来的时候孩子的身边少了一个赏识自己的人，那么孩子还会继续努力下去吗？所以妈妈要掌握好一个度。

 ## 在众人面前多多赞扬孩子

孩子是需要赞扬的，不管在什么时候都要让孩子感受到妈妈的重视，所以说妈妈们可以在其他人的面前夸赞自己的孩子，让自己的孩子变得更加的有自信。

妈妈们不妨在众人面前去赞扬一下自己的孩子，因为在别人面前去夸赞自己的孩子，往往会让自己的孩子感受到快乐。人都有一种被赞美的欲望，不管是大人还是孩子，那么不妨夸夸自己孩子，让孩子更加有动力。

有一次，君君的爸爸请几位朋友来家中吃饭，几杯酒下肚，几个人就开始谈论起各家的儿女情况了。可是他们在交谈的时候，都是在夸奖别人的孩子，却没有一个人夸奖自己的孩子。

这时，君君的爸爸非常高兴地说道："你们都别相互夸奖了，还就觉得我们家君君最好，我这儿子平时既聪明又很听话，还特别会关心别人。就在前几天，我干活累了，他还帮我捶肩揉背呢。当时，儿子的小手捶在我的肩膀上，别提有多舒服和幸福了！"

说这话的时候，君君就在爸爸的旁边，君君爸爸的几个朋友都用羡慕的眼神看着他，其中一个朋友说道："君君真是个好孩子，真懂事，我们真的很羡慕你啊！"

君君爸爸说道:"其实你们的孩子也都表现得很好,只是你们光挑他们的毛病,忘了去看他们的优点了。"君君的爸爸这样说道。

此时,君君心里感到十分高兴,决心以后更加努力学习,不辜负爸爸对自己的赞赏!

俗话说得好:"数子十过,不如奖子一功",生活中,我们也经常会说"赞扬如阳光,批评如利剑"。作为家长,不应该吝啬自己对孩子的溢美之词,只要是有助于培养孩子良好的习惯和增强孩子自信心的话语,妈妈们就要慷慨地给予表扬和赞扬,当着众人也是没有关系的。在很多情况下,表扬和鼓励是改善妈妈与孩子之间关系的最重要的技巧之一。这一技巧的运用不仅可以帮助孩子建立自信和自尊,也能够使孩子成为能正视现实、克服困难的人。尤其是在人前表扬孩子,不仅能增强孩子的自信心,更是能加重孩子对家长的信赖感。

由此可见,当着别人的面夸奖孩子是一件非常必要的事情。妈妈要学会适时在别人面前夸赞自己的孩子,其实孩子是十分渴望母亲的称赞的。当孩子充分感受到自己被母亲重视的时候,才会积累下自信心。其实这很简单,可以当着孩子面和别人说:"我家宝宝很棒呢,我很爱我的孩子。"也可以将孩子的优秀作品也让别人欣赏,再通过别人的夸奖从另一方面来激励孩子的上进心。

一天,森森和妈妈从街上买回来了很多东西,恰巧在这个时候碰到了邻居家的母子俩出门。妈妈对森森说:"这是王阿姨!"森森大方地叫了声"王阿姨好"。这时,只听邻居家的阿姨对森森的妈妈说:"你家森森可真可爱,真乖,不但漂亮又很听话,不像我们家这个臭小子,整天就知道吵吵闹闹,只会淘气贪玩儿,真是被他给烦死了。"

听完自己妈妈的话,邻居家的小男孩生气了,他瞪大了眼睛看着自己的妈妈,然后抱怨道:"妈妈,我怎么不乖了?"妈妈并没有顾及孩子的情绪和感受,而是继续大声地说:"你就是不够乖,还想顶嘴,整天就知道淘气,真是烦人!"小男孩一扭头,自顾自地跑了。

从此,邻居家的男孩好像变了一个人,以前小男孩儿天真活泼,而现在每次都是垂头丧气地走路,再也不像以前那么开心了。

一次,他看到自己的妈妈下班回来,便躲在自己的卧室不搭理妈妈。妈妈说:"乖孩子,快过来亲亲妈妈!"小男孩不仅没有主动地去亲妈妈,反而非常怨恨地对妈妈说:"我一点也不乖,我不想亲!"

每个孩子都是有自尊心的,作为妈妈,应该清楚地认识到这一点,这样才能够避免一些不必要的麻烦。尤其是在别人的面前,孩子的自尊心更是强烈,这个时候,如果孩子得到了夸奖,自然会很开心,而妈妈们当着别人的面批评和训斥自己的孩子,将会大大地伤害孩子的自尊。时间久了,就会让孩子形成一种心理概念:我是天下最笨的孩子。孩子在生活中,一次次地接受大人们的苛责,这也就等于一次次地接受了对自己的否定:我什么也比不上别的孩子。妈妈们在别人面前赞美孩子时应该注意点什么?

1. 赞美不要过于夸张

很多妈妈都习惯性地夸奖自己的孩子,当然,有的妈妈会在别人面前很公正地夸奖自己的孩子,这样自然能够让孩子感觉到开心,但是有的妈妈在夸奖孩子的时候,却会过于夸张,这样,会很容易让孩子变得虚伪,所以说不管是在什么时候,妈妈都要注意自己夸奖的分寸,千万不要过分地去夸奖孩子。

2. 一定要让孩子知道

妈妈们夸奖孩子的原因有很多,但是不管是什么原因,都尽量让孩子在跟前听着,这样能够达到更好的效果。妈妈们表扬自己的孩子,目的就是让自己的孩子感受到快乐,如果孩子感受不到快乐,那么自然也就起不到夸奖的作用了。

第8章 好妈妈不吼不叫，发掘孩子的天赋潜能

 **抓住孩子智能开发的关键期**

对于正常的孩子来讲，适度丰富的环境，是十分有助于智力开发的，当然，也是有利于神经系统之间建立起多样的联系的，这会让孩子的反应变得更加灵活。但是智力开发并非那么简单，也是有最佳时期的，这个时期就叫作智力开发关键期。因此，要想让孩子的智力有所发展，最好的办法就是让孩子主动地运动，而不是用被动的方式，被动地去接受信息。

而从大脑重量的增长角度来说，在孩子三岁以前增长的速度是比较快的，到了三岁以后相对会缓慢一些。因此，很多人认为三岁以前是孩子智力开发的非常关键时期。在孩子三岁以前，由于孩子的大脑，还处于一个极速增长的状态中，因此对于那些有一定出生缺陷的孩子来说，妈妈们则可以利用这个时期，有针对性地对其进行训练，这样可以帮助孩子在大脑功能定型之前建立起新的链接。

对于大多数的孩子来说，丰富的环境会让孩子在神经系统之间建立更多的联系，这也是一种提高孩子反应速度的方法。若想要孩子有更多的运动可以参与，最好的方法就是让孩子避免被动地接受运动而是主动地去运动。在孩子主动地运动或者参与活动的过程中，会被动地接收到一系列的信息，这时候孩子就会主动地将信息整合，并将这些消息与自己的运动相结合，然而若是被动地去接受则不会对信息进行联系。

对于三岁以后的孩子来讲，学习能力会有所增强，因为其理解力在逐步地增强，孩子会迅速从环境中获取更多的知识，也会迅速地从各项运动中获得一定的体能和技能，这些都会增强孩子今后的生存能力。但是我们要做的是让孩子作为一个积极的、主动的知识探寻者，并实现自己的理想，而不是把他培养成一个只懂得接受被动信息的人。虽然这需要长时间的训练，但是妈妈们应该加强对孩子这方面的培养。

豆豆在三岁左右的时候，他的妈妈观察到孩子已经开始理解事情了，一次，豆豆的妈妈因为在单位里受到了同事的欺负，并且回家的时候在公交上将自己的手机丢了，自然很是不开心。没想到这个情况被豆豆看到了眼里。

小豆豆不声不响地走到妈妈跟前，摸着妈妈的脸说道："妈妈，你今天怎么不笑啊？是不是豆豆惹你生气了？"豆豆的妈妈很惊讶，她根本没想到孩子会说出这样的话，于是回答道："不是豆豆惹妈妈生气了，妈妈很开心，因为豆豆表现得很乖。"

这件事情之后，豆豆的妈妈觉得孩子开始明白事情了，于是，便更加关注孩子的思想和变化，不断地从各个方面来增强孩子的智力开发。比如，和孩子一起做智力游戏，给孩子讲故事，等等。

孩子的智力发展是需要一个过程的，那么作为妈妈要想很好地开发孩子的智力就需要找到孩子智力开发的最佳时机,那么作为妈妈的你,该怎么样来抓住孩子智力发展的最佳时机呢?

1. 学习育子经验

很多妈妈在教育孩子方面缺少经验,并且只花费很少的时间去学习育子经验,因为妈妈们一般都会在孩子稍微大一点的时候参加工作。妈妈们总是按照自己的意愿来教育孩子,却不知道这样往往会让孩子感觉不舒服。因此,妈妈们应该学习一些教子经验,这样就能够很好地去教育孩子。

2. 仔细观察孩子的举动,设定适合自己孩子的智力开发计划

每个孩子的成长都有每个孩子的特点,因此,在教育孩子的时候一定要遵从自己孩子的特点,这就需要妈妈们仔细观察自己孩子的举动。当妈妈们发现自己的孩子适合怎么样的智力开发特点的时候,不妨选择适当的手段和方法,对孩子进行开发和教育,这样就能够很好地实现孩子的智力开发。

怎样尽早发现孩子的天赋

现在很多家长都会盲目地培养孩子的特长,却忘记了特长本身除了努力之外还需要有一定的天赋。最好的办法莫过于发掘孩子的天赋和兴趣,并加以培养。每一个孩子都会在不同的方面表现出独特的天赋,有的孩子会擅长绘画,有的孩子则擅长写字。但天赋并不一定是孩子感兴趣的,家长切记不要逼迫孩子学习不感兴趣的东西。有调查表明,当孩子在某个特殊时期表现出对某一方面格外的敏感和好奇时,若父母抓住并且培养的话,则会有意外的收获。

肖邦被称为"钢琴诗人",他之所以有那样辉煌的成就,这也与他的天赋有着密不可分的关系。起初肖邦的父母并不希望孩子学习音乐,但肖邦从小就对音乐表现出格外的热爱,刚满4岁的时候就要学习钢琴,父母这才意识到肖邦对钢琴有着独特的热爱和敏感,这才让肖邦从师学琴。有着与身俱来的天赋和父母的支持,小肖邦学习得很快,并且很快成为了音乐界的神童。19岁的时候他创作的《钢琴协奏曲》就已经为众多人所知了。

如果说每一个做父母的都能像肖邦的父母那样,在孩子年幼的时候迅速、准确地捕捉到孩子的天赋,并且顺势引导,就能为孩子的成才打开通道。因此,身为父母不仅要养育子女还要对孩子平时的言语、行为等进行观察,以便帮助孩子找到成才之路。但每个孩子的天赋总是会有不同的类型,常见的类型为:

第一种是音乐天赋。当父母发现孩子的歌声音阶准确、音色甜美的时候,或者发现孩子会专注于聆听各项乐器的演奏时,无疑孩子对音乐是有着极大的兴趣的。甚至有的孩子还能够通过演奏辨别乐器,这无疑都是在告诉家长孩子在音乐上有着极高的天赋。

第二种是逻辑天赋。当孩子能够经常提出逻辑性很强的问题时,又或是将人、事、物的种类以及先后顺序表达得异常清楚的时候,这都是在告诉家长孩子在逻辑上有天赋。这时候父母就可以注意着重去培养孩子的天赋了。

第三种是认识自我的天赋。有的孩子很擅长将自己的言行举止与情感相联系,并且能够对别人做出的事情做出正确的评议,并且对自己所做的事有准确的评判,这也是孩子的一种天赋,人们通常称之为"认识自我的天赋"。

第四种是认识他人的天赋。有的孩子总是异常的敏感,能第一时间察觉出父母亦或是周围其他人的情感变化。这就说明孩子在认识他人这方面有着天赋。

每个家长都注意观察一下自己的孩子具体是具有哪一种天赋,若是发觉到了,就可以按照这种天赋进行引导,并且对孩子的天赋进行培养。但是对天赋的培养还需要注意以下几点:

1. 忌强迫孩子

虽然孩子在某些方面有着异于常人的天赋，但是这并不意味着孩子对这种天赋就是有兴趣的。比如说有的家长发现孩子在舞蹈上有天赋，便将孩子送去舞蹈学习班。于是每个周末孩子都必须去上舞蹈课，每天晚上还要在家里进行练习。这会将孩子的兴趣逐渐磨灭，渐渐地对天赋产生反感的情绪。所以作为家长不要强迫孩子去学习，要让孩子的天赋成为爱好而不是一项技能。

2. 忌三心二意

有些父母自己做事情都没有长性，没有计划。在对待孩子的事情上面也是如此。今天看钢琴好，就让孩子学钢琴，明天看笛子盛行，就让孩子改吹笛子，后天看到人家的小孩子拉小提琴很有风度，就让孩子去拉小提琴，结果孩子最后什么都没学会。

3. 忌拔苗助长

有耐心的爸爸妈妈现在越来越少，而心急的爸爸妈妈却有很多。许多父母总是希望孩子在一天内就变得懂事，在两个星期内就会做很多的事情，在对待孩子特长的培养上面，也经常有这样的个案。

怎样对孩子进行早期智力开发

做妈妈的都希望自己的孩子聪明，希望自己的孩子智力超群，甚至想把孩子培养成一个小"神童"。这就需要妈妈从各个方面来加强对孩子智力的开发，让孩子从小就接受训练。虽然说一个人的智力有遗传的因素，但是，后天的教育更为重要。

早期智力开发是需要选择正确的方法的，这个任务完全就落在了妈妈们的身上，所以说在孩子成长的这个问题上，妈妈们必须要付出心血。对于孩子智力的开发，如果方法不当的话会对孩子的成长产生不利的影响。

小董的儿子东东是一个很聪明的孩子，在幼儿园总是第一个回答问题，就连老师都夸赞东东聪明，很多家长也都很羡慕小董，有这么可爱和聪明的儿子。但是别人却不知道小董是怎么样教导孩子的。

"在我儿子小的时候，我就开始注意他智力的发展情况了，每次和孩子出去玩儿，回来我都会问孩子出去玩儿的感受和孩子有没有好奇的事情，当孩子有不懂的方面时，我会鼓励他去提问，这个时候我再帮他解答，解答完他的问题，我自然也会问他另外一些问题，这样久而久之，孩子也养成了提问和回答的习惯，并且成为了别人眼中的聪明宝宝。"

孩子的智力需要开发，这是一个毋庸置疑的问题。现在的妈妈都希望自己的孩子是一个高智商的人，就算不是一个高智商的人，也要想尽各种方法来培养孩子，开发孩子的智商。其实，孩子的智力是可以开发的，妈妈可以从以下几个方面着手：

1. 通过音乐教育开发孩子的智力

音乐对于孩子来说具有一种强烈的感染力，它可以非常容易就引起孩子在感情上的共鸣，孩子最早所接受的教育大多就是从感受音乐开始的。通过音乐，可以把孩子那份很可能被埋没的才智挖掘出来。

（1）感知觉的发展是智力发展的基础。

当妈妈在对孩子进行音乐教育的时候一定要重视对孩子的感官训练。妈妈可以让孩子闭上眼睛听周围所发出的声音，让孩子辨别声音的长短和高低。还可以让孩子模仿他所熟悉的东西所发出的声音，比如，小鸭子的叫声、青蛙的叫声、火车和汽车的鸣笛声。妈妈还要鼓励孩子把他对节奏的感受和反映用一些简单的动作表达出来。比如让孩子拍拍手、跺跺脚、说说、敲敲，这样可以培养孩子眼睛、嘴巴、耳朵和手脚的协调性。

（2）语言能力是智力发展的重要条件。

对于培养孩子智力的发展，语言能力是起着非常重要的作用的。在日常生活中，妈妈可以选择一些优秀的儿童歌曲让孩子听，因为歌曲对孩子有着非常强烈的感染力，可以让孩子在听听唱唱中不知不觉地丰富词汇，还可以让孩子凭借自己对音乐的感觉和理解，结合自己生活实际，编出自己喜欢的、生动活泼的小故事讲给别人听，从而促进语言的发展。

（3）思维能力是智力的核心。

孩子的思维是随着语言的掌握发展起来的。当妈妈在教孩子唱歌的时候，可以让孩子在熟练地掌握歌曲旋律的情况下自己编旋律，自己填上想唱的歌词，还可以让他编几个和歌词相对应的动作。这样对孩子思维能力的发展是有所帮助的。妈妈还可以为孩子选择不同的音乐以启发孩子根据不同的音乐来表达自己不同的感受。

2. 在游览中开发孩子智力

怎样利用参观游览来促进孩子身心健康和智力发展，同时还可以达到让孩子获得知识和开阔眼界的目的呢？

首先，妈妈带着孩子去参观和游览时，应该一边走一边和孩子谈话，在游览的过程中看到什么就要给孩子讲什么。如果发现孩子对一些事情感兴趣，就可以针对这些事物对孩子进行一些有关的知识教育，在讲解的时候一定要注意知识的准确性。

其次，如果是去一些定好的地方参观和游览，妈妈应该对要参观的地方事先做一些了解，也可以找一些资料，做好知识方面的准备。如果有一些资料找不到或是解说得不是很详细的话，可以根据里面的说明牌给孩子讲解。

再次，妈妈必须明确自己的目的，要知道除了游玩之外，最重要的是让孩子获得一些知识，让孩子从中学会观察，得到锻炼。所以，当观察动物时，要让孩子去注意动物之间的不同和相同之处；观看植物时，让孩子注意看不同的花和不同的树之间有什么区分，这样可能培养并提高孩子的比较和鉴别能力；当参观一些名胜古迹、古代建筑的时候，要让孩子注意建筑物的形体特征、比例和色彩等方面的问题。并且要让孩子懂得，今天之所以可以看到这些壮观的建筑和秀丽的风景，都是人们用智慧和辛勤的劳动创造出来的，这样可以培养孩子的爱国主义思想以及对创造活动的向往。

想要做到这些，妈妈必须要有渊博的知识，以及对一些旅游胜地的了解，才能正确地回答孩子所提出的问题，从而满足孩子的好奇心，并且扩大他的知识面，相对地，孩子的智力也就会有所提高。

3. 在劳动中开发孩子智力

很多家庭在周末清扫卫生的时候，往往是一个人在打扫卫生，而另一个人在照顾孩子。其实这并不是最佳的模式，妈妈完全可以让孩子试着参加家庭劳动，不久就会发现，孩子在劳动的时候是快乐的，并且通过劳动还可以提升孩子的智商和情商。

劳动是中华民族的传统美德。让孩子参与劳动不仅可以增长孩子的知识、锻炼孩子的意志力、增强孩子的责任心，而且还可以培养孩子做事有始有终、尊重他人劳动的良好品质。

通过研究发现，就算是一些年龄小的孩子，比如三四岁的孩子，他们的身心发展水平也都已经具备了参加一些简单劳动的基本条件。他们的体力随着年龄的增长而加强，身体的活动也比较自如，手的动作也比较灵活。当他们有一些简单的知识经验后，再加上孩子都有着超强的好奇心，并且是好动、好模仿的，如果在正确的教育影响下，他们是会很乐意去参加各种力所能及的劳动的，而且他们还可以从劳动中获得知识、找到快乐。所以，妈妈不要把所有的家务劳动都自己做，可以带着孩子一同劳动，并且一同分享劳动所带来的快乐。

 ## 打破思维定势容易成功

孩子正处于一个身体心智发展的成长时期,如果养成定势思维的不良习惯,就会对孩子思考能力的发展、智力水平的提高产生巨大的阻力,还会限制孩子想象的空间。这些对孩子的学业进步以及身心健康是有百害而无一利的。

阻碍人思维的并非是智力的高低,而是人的常规思维模式。当人形成了一个常规性的思维模式,就会理所当然地按照模式来思考问题。这对一个心智尚在发育阶段的孩子来说是一个不良的习惯。这不仅会让孩子的思考能力下降还会限制孩子的想象力,不论是对孩子的学业还是身心健康无疑都是没有帮助的。

当人的思维模式固定化之后就会困住人的思维,让很多其他的可能性被忽略。往往同样的问题换一个角度就会得到不一样的答案。比如有这样一则故事:有两个女孩子长得一模一样,个人的基本信息以及家庭信息也都是一模一样的,当她们第一次在学校出现的时候就会被问是不是双胞胎。然而当"双胞胎"的答案被女孩子否认的时候就会引起大家极大的关注,不住地有人在思考她们到底是什么样的关系。当女孩子回答的时候让周围的人都有一些诧异,原来她们是三胞胎中的两个。很多人的思维形成定式当看见两个一模一样的人的时候就会觉得是双胞胎,其实忘了世界上还有其他多胞胎存在的现象。

但是,怎么样才能打破孩子的定势思维呢?

1. 培养孩子善于思维的兴趣

每一个孩子在面对未知事物的时候都有问不完的"为什么"。其实这些"为什么"归根结底就是孩子的好奇心,也是孩子语言与思维的突破口。当孩子对未知事物表现得越好奇,孩子的思维也就越活跃。由此可见激发孩子的好奇心,也是有利于培养孩子独立思维的。

好奇心是孩子的专利,妈妈要通过正确的引导来保护孩子的好奇心,培养孩子打破砂锅问到底的习惯,对于孩子所提出的问题一定要表现出兴趣,并和孩子一起寻找答案,这样可以开发孩子独立思维的能力。

2. 培养孩子思维的丰富性

讲故事、猜谜语是激发孩子想象力的重要途径。孩子酷爱听故事,尤其是童话和神话故事,最能激发孩子的想象力。童话是通过幻想创造的情境和形象来曲折地反映生活的,家长可以在娱乐中对孩子进行启发和教育。

小娟的妈妈常常给她讲一些童话故事,常用一些童话式的语言,比如"月亮婆婆"、"太阳公公"等,或者用童话情节将生活中的道理给孩子讲述出来,或者在孩子的小房间里摆放一些玩具,在墙壁上张贴一些童话故事,家具样式小巧、别致、颜色丰富等,给孩子营造一个具有童话特色的小空间,让孩子在"童话世界"中遨游。也就是说让孩子的想象力在听童话、看童话、讲童话中得到启发。

实践证明,长期感受"童话氛围"的孩子,思维能力、想象能力、创造能力等各方面都会超过很少接触"童话氛围"的同龄孩子。

3. 培养孩子思维的细腻性

不论是培养孩子的观察力、还是培养他的想象力,在这些过程中,都无法忽略孩子在其中的存在和作用。观察是一种有目的、有计划、有组织的知觉,是一个主动的知觉过程。观察力就是指一个人对事物的观察能力,所以有人将观察称为"思维着的知觉"。所以妈妈应该从培养孩子的观察兴趣开始,向他们提供大量的观察环境与观察的感性题材,在此基础上来发展他们的思维能力。

丽丽经常会带着孩子走进大自然,和他一起观察花草树木的变化、虫鱼鸟兽的习性。孩子会提出一些"为什么天一下雨蚂蚁就搬家?"、"天为什么是蓝的?云为什么是白的？"、"鸟为什么会飞？虫为什么会爬？"等问题。丽丽总是耐心地回答他。大自然里会有无数的"为什么"从孩子的思想中迸射出来，荒诞的、奇怪的、值得成人深思的、甚至是现代科学仍无法解答的问题。无论其对与错，这些都是孩子思维运动的结果，他们的思维一旦飞起来就是神奇的，有时也是相当深奥的。如果同时，家长有意识地引导孩子去想象、比拟，这些事物就会在孩子头脑中变成无数美好而奇异的童话。在孩子想象的同时，家长可进一步引导孩子把自己的想象用语言描述出来，或用图画将其表达出来。

4. 培养孩子思维的灵活性

引导孩子对已经熟悉的事物变换一个角度或多个角度去认识，从而培养孩子灵活的思维能力，这样就会使孩子遇到问题时总是从多方面去发现事物的多面性、多样性、多变性，以形成考虑事情全面的好习惯。

当孩子在解答出一道数学题后，妈妈可以对孩子进行表扬，也要经常鼓励孩子："如果你能用另一种方法再将其解答出来，那样会比别人掌握得更好。"凭借孩子好胜的心理，他就会努力去找出另一种解题方法。然后妈妈可以用更动容的表情或语言让孩子明白他很聪明。当孩子的兴趣被激活时，妈妈还可以再次鼓励孩子分析这道题是否还有更简洁的解题方法。如此这样，一方面让孩子对数学产生一种"剖析"兴趣，另一方面使他明白事物具有的变通性。

一个人思维的发展，不仅与其智力因素有关，而且和一系列非智力因素的个性特征也是相关的。善于思维的好习惯可能是由众多特征构成，其中包括孩子的种种才能和其不同于他人的人格特征。

5. 让孩子走进自然，接触社会

现在的孩子生活面并不很宽，见识也比较少，再加上受传统的定势思维习惯的影响，思维水平自然就受到了许多限制。家长要利用一切有利时机让孩子走出家门，走入社会，到公园、博物馆、动物园、科技中心等地，了解社会生活，接触更多的人，开阔眼界，增加知识积累，扩大思维范围。孩子一旦具备了一定的见识，他思考问题的方向就会灵活得多，就不会被旧思维老办法限制。比如，孩子要写河流的作文，就到河岸上走一走，看看鱼虾飞鸟、山花野草，收集关于河流的传说、神话、历史等，激发写作灵感，增加知识，扩大思维的范围。

6. 营造宽松、自由的创新氛围

克服定势思维，其实就是打破传统，创造求新。创新思维只有在自由、宽松的环境中才能孕育、诞生。家长不要给孩子过多的限制和压力，应留给他们足够的自由思考的空间和放松的心情，以便孩子能深刻、全面地掌握知识，提高学习成绩。

 ## 怎样培养孩子的注意力

注意力分散是孩子的一个普遍问题。一般来说，孩子的注意力是不太稳定的，往往对什么事都感兴趣，注意力容易随兴趣转移；同时，孩子的注意范围较小，注意力常会受情绪影响，注意分配能力也较差。所以，妈妈要对孩子的注意力加以引导。

激发孩子学习潜能的一个必要条件就是专注。一旦孩子养成了专注的习惯和个性，那么他的智力活动便进入了一个质的提高期，而这种让他专注的事物也必将成为他日后生活中极其重要的部分。所以，当一个人在做某件事情的时候一定要专注。那些今天想当歌唱家，明天想当影视红星，后天又想当艺术家的孩子，注定要一生无所适从，一事无成了。

培养孩子做事专注的习惯，将会在他的人生中产生重大的影响。要知道，只有让孩子先形成一种专心的习惯，他才有可能在日后对自己的事业全身心投入，不会被其他事情所干扰。所以，妈妈要在孩子小的时候把孩子的专注能力给激发出来。当孩子在做某

件事的时候,妈妈可以要求他在规定的时间内完成并帮助他排除外界的干扰;让孩子对他所感兴趣的问题不断寻根问底,深入思考;让孩子在兴趣广泛的基础上,选择最着迷的对象深入下去,妈妈还要有意识地强化孩子这方面的兴趣。

1. 让孩子在一个安静的环境中学习

想要让孩子能够在学习的时候集中精力,妈妈就应该让孩子在一个安静的、没有任何干扰的环境中学习,因为,孩子周围的环境往往会导致孩子注意力不集中。所以,在孩子的学习环境中一定要物品摆放整齐有序,也不要有太多不必要的东西,更不要布置一些照片或是图画等和学习没有关系的装饰品,书桌上面也不要放和学习没有关系的东西,这样就不会让孩子的注意力集中到别的地方而忘了学习。当孩子在做作业的时候,妈妈要尽量不要讲话,保持安静,更不要打开电视机。

王娜在教育孩子方面经常会犯一个错误,"每次当我让孩子认真学习的同时,自己在孩子学习的周围,制造出一些让孩子不能专心学习的声音。比如,我会在孩子学习的时候在客厅看电视,我会用很大的声音打电话,甚至有的时候会在孩子学习的时候问孩子一些问题。"王娜继续说道,"妈妈们一定要记住,当孩子开始学习的时候,妈妈要尽量避免和他说话,也不要在孩子学习的周围制造出声音,更不要在孩子学习期间询问孩子一些问题,因为这些都可能会成为孩子不能集中注意力的原因。"

2. 让孩子按时完成作业

一般妈妈都会遇到这样的情况,如果要求孩子在一定的时间内完成作业的话,孩子就会按时完成甚至提前完成,而且正确率非常高。这个时候,孩子在学习时的注意力是绝对集中的,可是如果孩子没有被这样要求,那么,他用的时间就会很长,并且正确率明显比前一种情况低得多。虽然他用了很长时间来做,但是他的注意力却没有集中。所以,妈妈应该根据孩子的作业量订出时间,要求孩子在规定的时间内集中注意力,认真完成作业,如果孩子可以按时完成或者是超时完成的话,妈妈可以让孩子做一些适度的放松。

作为一个七岁男孩儿妈妈的王思思说:"如果孩子的作业实在是太多的话,妈妈可以把孩子的作业分开,让孩子一部分一部分地来完成,这样不但对集中孩子的注意力有所帮助,而且还能够让孩子的学习有松有紧,可以提高孩子的学习效率。可是,如果妈妈要让孩子一次性把大量的作业做完,不许孩子在中途休息,并且还在孩子的身边不停地唠叨的话,就会让孩子开始产生抵触的心理,从而对学习失去兴趣,注意力当然也就不会集中了。"

3. 给孩子玩的时间

妈妈总是希望孩子把大把大把的时间都花在学习上,成天趴在书桌上认真地学习,最好不要有想要玩的念头。可是,孩子的天性就是爱玩,如果妈妈把孩子的天性都剥夺了,那他怎么可能会专注于其他事情呢?如果妈妈硬要孩子只是学习,一点儿玩的时间都不留给孩子的话,那么孩子就会在学习的时候有意地拖延时间,有时候明明可以一个小时就做完的功课,他可能会花上2~3个小时,那么,多出来的那些时间他就会用到走神、发呆或者是玩铅笔上。因为他知道,妈妈只有在看到他学习的时候才会高兴,为了取悦妈妈,他只能这样做。

可能有的妈妈对于专注的含义不是太了解,专注的意思是指在一定的时间里高度地集中注意力,而不是说必须长时间地集中注意力。更何况,长时间地集中注意力对于孩子来说,不但不是什么好事,反而会让孩子不能更好地专注于一件事情。

4. 培养孩子有意识地注意

有意地注意一件事情或是一个东西对于孩子来说很重要,有一些孩子的学习成绩差并不是因为他的智力差,而是因为他的注意力太过涣散,精神也集中不起来,所以,才导致了学习成绩不好。大家都知道，对于学生来说，最重要的就是听老师讲课。如果孩子不能在刚刚接触听讲时养成良好的听讲习惯的话，他的学习生活将会遇到一些困难。所以，妈妈要在孩子上学之前让孩子多做一些需要集中注意力才能进行的活动，这样对培养孩子的注意力是很有好处的。

小菲在教育儿子的时候发现一个问题，她说："很多时候，我发现我的儿子会对老师所讲的内容没有什么兴趣，所以他的注意力才会涣散，才不能专心听讲，但是孩子又必须要注意听老师所讲的内容，因为，只有这样，他们才会学到知识。"小菲明白这种情况对孩子的学习是不利的，于是她总结出来了几点是需要自己来做的，她说："首先，我要让孩子知道听老师讲课的重要性，然后再找出对老师讲的有兴趣的地方，提高自己在听课时的注意力。如果孩子对于老师讲的实在是提不起什么兴趣，我还可以让孩子自己告诉自己，一定要认真听课，如果把这堂课听懂，下次考试的时候就会容易得多了，自己就会轻而易举地取得好成绩。另外还可以让孩子告诫自己，如果自己今天能够把这堂枯燥乏味的课听下来，就说明自己有很好的控制能力，这样不仅可以锻炼自己的控制力还可以让自己多学一些知识，何乐而不为呢。"

5. 不要对孩子重复交待

总是有一些妈妈在对孩子交待的时候重复好多遍，生怕孩子记不住，孩子听多了也感到厌烦，所以当妈妈说话的时候，他们总会显得漫不经心。而在和别人交谈的时候，也就没有办法准确地抓住别人所讲的主题，因为，他已经习惯了别人不断地重复。所以，当妈妈在对孩子说某件事情的时候，只要说一遍就可以了。这样，可以让孩子在听妈妈讲话的时候集中注意力，抓住事情的主要内容，就会提高孩子集中注意力的能力了。

6. 通过玩游戏训练孩子的注意力

游戏是让孩子最感兴趣的一件事情，也是能够让孩子的注意力在一定时间内保持高度集中的一件事情。妈妈不要认为孩子做游戏是在浪费时间，其实游戏是可以用来培养孩子注意力的最好方法之一。因为，如果孩子想要在游戏中取得胜利的话，他就必须在游戏时把自己的注意力集中在游戏上，克制自己不分散注意力。所以，让孩子多做一些游戏，这也是提高孩子注意力的法宝之一。

怎样培养孩子的观察力

现在的孩子就像是在蜜罐子里长大的一样，亦像是生活在老鹰翅膀下的小鹰，对外界社会和自然的接触机会越来越少。他们缺少社会实践，也缺少对环境的观察。经常让孩子接触自然不仅能够提高孩子的观察力，还能够使孩子养成仔细、严谨的习惯。

耳朵能听见，眼睛能看见，这便是积累知识最好的途径。而这一切都源于观察。虽然说听、看是每一个健康的人都能够做到的。但往往读完一篇文章在不同人的脑子里留下的却是不同的。有的孩子能够留下完整的印象，而有的孩子留下的却只有支离破碎的印象，甚至还有的留下的印象本身是错误的。由此可见，观察力并非人人一样，而是需要后天有意识地进行培养。孩子观察力的培养也是智力开发的一项重要内容。

观察是智慧的眼睛，是认识新事物的重要途径。没有敏锐的观察力以及良好的观察习惯，也就不可能算作聪明。这也是许多孩子成绩不太理想的原因之一。

王茜茜作为一名妈妈，她根据自己的教子经验说道："观察能让人更透彻地了解到自然、社会。养成了观察的习惯，就如同登山者获得了一把开山大斧，前进道路上的一切荆棘、迷雾都会被清除干净，隐藏在丛林深处的真理就会清晰地展现于眼前。观察力既是人通过眼、耳、鼻、舌、身感知客观事物的能力，也是孩子完成学习任务的必备能

力。孩子学习知识需要从观察开始，即使是间接地从书本上获得知识，也离不开眼睛、耳朵等感官的观察活动。许多孩子学习成绩不好的原因就是观察力极差，从而导致思考能力和判断能力低下，由此可见，培养孩子的观察能力是非常重要的。"

周围的环境与大自然每时每刻都在变化，妈妈可以充分地利用这一点来引导孩子对周围事物认真地观察，并激发孩子的兴趣、开阔孩子的视野。小到树木花草，大到日出星系，都可以成为孩子观察的对象。家长要利用有限的空间，为孩子提供可以观察的场所，使日常生活的细节都成为孩子关注的对象。

万事万物都是需要讲究方法的，有科学的方法才会使观察变得事半功倍。妈妈首先要教会孩子对于细微的事物要细致地观察，对于大范围的事物要采取重点观察的方式。家长可以根据自己孩子的情况引导孩子有选择地进行观察。比如有的孩子可以去观察动物园的稀有动物，有的孩子却可以去观察雨天前的蚂蚁搬家。这都是因人而异的。那么什么才是最好的观察方法呢？黑格尔曾经说过："培养观察的最好方法是教给他们在万物中寻求事物的'异中同，同中异'。"

观察是一种主动地从外界获取信息的手段，但观察并不是我们最终的目的。将获得的信息能够表达出来才是我们的目的。所以妈妈在培养孩子观察力的同时也要注意培养孩子的表达能力。比如说带孩子去动物园玩耍，回来后要让孩子将见闻讲述给自己听，这样不仅能够帮助孩子深度观察，还能够训练孩子的逻辑思维能力以及表达能力。

王茜茜为了培养儿子的观察能力，总是引导孩子一边观察，一边想象、联想。晚上陪孩子一起看月亮，边看边问他："月亮像什么？"儿子也许就会说，像镜子、像孩子的脸蛋、像盘子……这样将观察同联想、想象结合起来，儿子对事物的认识就会更全面、深入，而且能由此及彼，举一反三，这对孩子各方面能力的发展大有好处。

在上学后很多孩子在语文科目上都会出现写作困难的问题，这便是由于观察不够细致入微造成的。当孩子有这样的问题时，家长可以先引导孩子去进行事物间的对比观察，再进行现象观察，逐步培养孩子严谨的观察习惯。

那么，怎样培养孩子观察力呢？

1. 指导孩子明确的观察目的

很多孩子并非不会观察，而是因为观察的目的性不明确造成观察不仔细。凭借自己的兴趣去探求自己感兴趣的事物，就会造成孩子不感兴趣的事物被忽视。然而调查表明，当孩子的观察目的越明确的时候，孩子的注意力越集中，观察得出的结果也会越细致入微。所以，对于观察不细致的孩子可以让孩子先有目的地观察，当观察细致、深入之后再将目的放宽。同时也要教导孩子树立起观察的目的意识，让孩子在观察前先考虑为什么要观察、要观察的是什么。

2. 培养孩子的好奇心

"好奇心很重要，要搞科学就离不开好奇。道理很简单，只有好奇才能提出问题、解决问题。可怕的是提不出问题，迈不出第一步。"这是当代著名物理学家李政道博士说过的一句话。就如李博士所说的，当一个人对某项事物的好奇心越强烈的时候，观察也就会越细致入微。而当一个人对周围的事物都提不起兴趣的时候，也就不会发现新鲜的事物了。

3. 教孩子通过观察去验证所学的知识

当妈妈遇到孩子对自己新学的知识产生怀疑的时候，不要将答案直截了当地告诉孩子。因为死板的答案让孩子接受起来比较不容易。妈妈可以通过实验的方法，让孩子自己去探求正确的答案。当孩子通过实验找到真理的时候不仅对知识的掌握更加深刻，也能够提高观察能力。

在让孩子开始观察之前，妈妈要确保准备是充足的。充分的准备也是激发孩子观察兴趣的手段之一。当孩子充满兴趣地观察时，就会积极主动地去认识和观察事物。所以当孩子对某项事物要观察的时候，一定要先让他做好充分的准备，这样才能取得意想不到的观察效果。

4. 让孩子有计划地观察事物

观察并非是盲目的，首先要制订一个观察计划，最初的时候这些观察计划可以由妈妈来帮助完成。在计划中要明确地列出：观察对象、任务、步骤以及方法。并且在观察的过程中让孩子从简单的开始观察，逐渐到复杂事物。这样由浅入深的观察才能够逐渐提高孩子的观察力。例如，妈妈可以鼓励孩子种植一盆花草。每天对植物进行观察，并写下观察日记，年纪幼小的孩子也可以描述给家长听。这样不仅观察的内容丰富多彩，也会让孩子提高观察兴趣以及动手能力。

5. 在观察后对孩子进行提问

有的孩子在观察后就将得到的结果丢在一旁不管了，这个时候妈妈最好能够对孩子观察的结果进行提问。这样不仅能够帮助孩子找到观察的目的和重点，也能够检查孩子的观察结果，并且在观察中鼓励孩子多提问，并努力去寻找答案。

怎样培养孩子的记忆力

很多妈妈认为孩子的记忆力是天生的，其实，不尽然，它不仅和遗传因素有关，更重要的是和记忆的条件、方法有关。所以，妈妈要尽早有意识地培养孩子的记忆力，让孩子能够有效地提高记忆。

对孩子记忆力的培养很重要，这不仅关系着孩子能否学习好，更重要的是关系着孩子的成长，所以说妈妈们首先应该保证孩子成长时所需的营养，这是保证孩子拥有良好记忆力的基础。妈妈应该懂得，良好的记忆需要有发育良好的大脑和良好的环境。因此，要增强孩子的记忆力，妈妈要合理科学地安排孩子的饮食结构，安排好孩子学习的环境。

刘薇在培养女儿的时候很注意孩子的营养，因为刘薇觉得孩子如果营养达不到的话，不但记忆力不会好，就连身体也不会发育好，营养物质是保持孩子记忆力的关键因素之一。所以，她在饮食方面，努力保证孩子摄入足够的蛋白质，如蛋黄、瘦肉、海鲜、豆制品等，同时，也合理搭配蔬菜、水果等。另外，她还控制孩子的饮水，因为刘薇从书上看到当一个人大量饮水时，他血液中的水分就会增多，渗透压下降，血容量增大，从而会使下丘脑合成及神经垂体释放抗利尿激素减少，这是不利于记忆活动的。因此，她让孩子保持平衡的饮食结构，保证大脑的营养供应，控制孩子的饮水量。

当然，仅仅这些是不够的。记忆的过程是识记、保持、理解、再认、再现的过程。在这个过程中，识记是记忆的开始，保持是记忆的中心环节，理解是保持的基本条件，再认和再现是记忆水平和质量的反映。记忆有自身的规律，这是由遗忘规律所决定的。专门研究记忆的心理学家艾宾浩斯做过一个著名的实验。实验的结果是：熟记13个无意义的音节后，仅过一个小时，就遗忘了七个；两天后，又遗忘了一个；六天后，虽然遗忘还在进行，但是速度更慢了。可见，当记忆过程一结束，遗忘就开始了。遗忘的速度是先快后慢，记忆刚结束，在短时间内就会遗忘很多，越往后则遗忘越少。

正是因为已经记住的东西在遗忘的时候有先快后慢的特点，所以妈妈要教育孩子掌握记忆的规律，针对遗忘的特点来进行复习。一般来说，刚学过的东西要多复习，以后的次数可以逐渐减少，间隔时间可以逐渐延长。对于年级较低的孩子来说，最好间隔一天，如果孩子要准备考试，则妈妈要强调平时经常复习，多熟悉教材，进行有意识的背诵，这样可以提高孩子的记忆效果和对记忆的信心。那么作为妈妈应该怎么样来帮助孩子增强记忆力呢？

1. 帮助孩子找出最佳的记忆时间

虽然每一个人最佳记忆的时间并不完全相同，但一般来说早晨起床后与晚上入睡前

都是记忆力比较好的时间。当早上头脑清晰的时候记忆相对较为轻松，而晚上睡眠中的记忆力不会下降，所以睡前记忆的遗忘率较低。然而除了时间之外也有一些记忆小技巧，比如说在记忆之前不要吃得太饱，因为饱食过后人容易犯困。

妈妈们还要根据自己孩子的情况，帮助孩子找出适合自己的最佳记忆时间。然后在最佳的时间让孩子对英文、诗歌等需要反复记忆的资料进行记忆。同时也不要忘了引起孩子的兴趣，因为当孩子兴趣低落的时候则对孩子的最佳记忆时间有影响，造成孩子在任何时间段的记忆力都不高。

2. 激发孩子对记忆的兴趣

孩子的记忆力不仅是分时间段的，对不同事物的记忆力也是不同的。当孩子感兴趣的时候，记忆力就会超常。因此，若想要彻底地激发孩子的记忆力，首先要激发孩子对所记忆的资料的兴趣。并且给孩子营造出轻松温馨的氛围。当孩子心情愉悦的时候，记忆力也会随之增高。若是一边责骂一边让孩子学习只会让效率变低，甚至只能达到事倍功半的效果。

3. 让孩子在理解的基础上进行记忆

所谓"欲要记，先要懂"，说的就是记忆要在理解的基础上进行。理解记忆的基本条件是对材料进行感知和思维加工。有些材料，如概念、定理、法则、历史事件、文艺作品等，都是有意义的。记忆这类材料，最好让孩子先理解其基本含义，即借助已有的知识经验，通过思维进行分析综合，把握材料各部分的特点和内在的逻辑联系，从而使所要记忆的内容纳入已有的知识结构，保持在记忆中，而不要采取逐字逐句死记硬背的方式。孩子只有理解了学习过的内容，才能较快较牢地记住。

因此，妈妈应该让孩子在充分理解学过内容的基础上进行记忆，如果孩子对所学材料不是很理解，妈妈应该担负起老师的职责，耐心给孩子讲解，及时帮助孩子弄懂。

4. 丰富孩子的生活环境

有生活经历才有记忆，有的年龄很小的孩子，由于"见多识广"，能记住和讲出很多见闻。因此，妈妈要从小给孩子提供丰富的生活环境。给他玩各种彩色的、有声响的、能活动的玩具，听音乐，多和孩子讲话，给孩子念儿歌、诗歌，讲故事，带孩子去公园、动物园、商店和孩子一起做游戏等等。在耳濡目染中，对形象鲜明的、感兴趣的或引起他们高兴或惊奇的事物，都会留下深刻的印象，并较长时间保持在记忆中，这些印象在遇到新的事物时会引起联想，更容易记住新的东西。

5. 增强孩子记忆的信心

记忆力不完全是天生的，是可以训练的，记忆力是可以提高的。但对自己的记忆能力失去信心，就很难提高了。只有有信心，才能集中注意力、开动脑筋、想方设法把它记住。因此，家长切忌打击孩子记忆的信心。如有的家长骂孩子"你什么都记不住，一点记性也没有，对你说了也是白说"等等，是很不妥当的。家长要了解其记忆的不足之处，记不牢或记不正确的原因，耐心帮助孩子，多给予鼓励。从小培养孩子对自己记忆力的信心。

6. 指导孩子记忆的方法

善于运用各种记忆方法能提高记忆力，家长要针对孩子的不同年龄阶段，进行记忆方法的指导。年幼的孩子记忆保持时间短，记忆的主要方法是机械识记，要他们记住某种内容就要不断重复，可教他们背诵一些儿歌、诗歌，记住一些简单的科学常识。入学前的儿童已会运用意义识记，可以教他们运用顺序记忆、归类记忆、联想记忆等识记方法。入学后要记课文，可用整体记忆和分段记忆等方法。

 **怎样培养孩子的想象力**

孩子的想象力是无处不在的，妈妈其实不需要做太多的事情，只需要开放自己的思

维，放开孩子的手脚，让孩子在想象的空间里自由地飞翔就可以了，千万不要剪掉孩子那双飞翔的翅膀。

作为妈妈，应该正确地引导孩子的想象力，也要积极参与孩子的想象游戏，同时让孩子主持游戏，给孩子发挥自己的想象力留下足够的空间。也可以考虑为孩子提供独自游戏的机会，让孩子在游戏或其他创造性的活动中发挥无拘无束的想象。妈妈可以经常给孩子提一些开放式的问题，让孩子用多种答案来回答问题，这样也可以启发孩子的想象。讲一些有启发性的故事给孩子听，让孩子想象下面的故事情节，使孩子有发挥想象力的机会，培养孩子复述情节生动又富有想象的故事，这对培养孩子的想象力更有好处。

想象是人的一种思维活动，它是人的大脑对已有的表象进行再创造，进而创造出新形象的过程。想象不是凭空产生的，想象所需要的材料都来自于生活，来自于人的经验。无论多么新奇、多么古怪的想象，都建立在已有的信息基础之上。想象在发明创造中起了至关重要的作用，直接推动了人类的进步。

一般来说，想象包括无意想象和有意想象。无意想象没有自觉目的，不需要付出努力的一种想象，对孩子的智力发展意义不大。有意想象有自觉目的，需要孩子做出一定努力的想象，它是孩子智力的一部分，能直接促进孩子智力的发展。

有些妈妈认为，孩子会不会想象没什么意义，这种观点是不正确的。鲁迅是这样评价孩子的想象的："孩子是令人敬服的，他们常常想到星月以上的境界，想到地面以下的情形，想到花卉的用处，想到昆虫的言语，他们想飞上太空，他们想潜入蚁穴……"事实上，孩子的想象力有时候是足以让我们这些自以为是的成人感到惊叹的。曾经有一位6岁的小姑娘，因为画出一幅畅想未来到月亮上荡秋千的美术作品，而荣获了联合国举办的世界儿童绘画比赛一等奖。因此，妈妈一定要重视培养孩子的想象力。

那么，有什么好方法来培养孩子的想象力吗？以下是一些建议。

1. 丰富孩子头脑中的表象

人的想象总是以自己头脑当中的表象为基础。表象是外界事物在孩子头脑中留下的影像，它们是很具体的、很形象的，是想象的基础材料。想象就是大脑在外界条件的刺激影响下，对头脑中所存储的表象进行加工改造，从而形成和创造新形象的心理过程。比如，当老师朗读一篇优美的风景散文时，每个孩子的脑子里都会出现一幅非常美丽的画面，但是，每个孩子脑子里的画面是各不相同的。这是因为，每个孩子在想象的时候，需要借助各自存储在脑子里的表象进行加工和创造。如果头脑中的表象积累越多，孩子能够用来进行想象的资源就越多。

因此，妈妈在日常生活中要引导孩子多观察、多记忆形象具体的东西。妈妈要根据孩子的年龄大小和生活环境，经常利用节假日，带着孩子去接触新鲜的事物。例如，带领孩子去博物馆参观，参加各种公益活动，带领孩子去郊外游玩，指导孩子观赏各种事物，都可以让孩子记住许许多多的表象。尤其值得注意的是，农村的妈妈要多带孩子到城市去，让孩子认识城市的建筑、交通设施等；城市的妈妈要多带孩子到农村去，让孩子认识农作物，欣赏美丽的田园风景，了解花鸟虫草的生活习性等。

事实上，孩子认识的事物越多，想象就越广阔。如果妈妈只指望孩子通过课本来学习，是无法养成良好的想象习惯的。为了让孩子记得又多又准确，妈妈可以引导孩子用语言描述出来，或者以日记的形式记下来，这些都是孩子进行想象的重要资源。

2. 让孩子积累词汇

想象虽然以形象形式为主，但是需要用语言将想象的内容表述出来，词汇在这时起到了重要作用，词汇量大的孩子能很顺利地表述一件事情，词汇贫乏的孩子则常常由于找不到合适的词汇而中断想象。如，一个孩子如果词汇量不大，他在自己极度兴奋的时候，只知道用"高兴"来表达，再也找不到其他的词语了。因此，妈妈应该引导孩子有意识地积累词汇。比如，多给孩子提供一些富有幻想色彩的书籍，如童话、科幻作品、神话、寓言等。妈妈可以让孩子准备一个专门用来记录文学名句、名段的摘记本，随时把阅读中遇到的名句、名段摘抄下来，在空余时间多翻阅摘记本，巩固这些词汇。这

样，孩子的词汇量就不知不觉扩大了，在想象时就可以顺利表述心中的想法，从而促进想象力的发展。

3. 鼓励孩子讲故事、读故事、记日记、画画

讲故事能促进孩子的想象能力。妈妈要从孩子小时候就鼓励孩子自己编故事、讲故事。可以讲给同学听，也可以讲给爸爸妈妈听，这样不仅锻炼了语言表达能力，而且也促进了孩子想象力的发展。妈妈也可以引导孩子按照某个主题想象，并适时地给孩子以赞扬，并提供一些建议。

如果孩子已经识字，妈妈要重视让孩子自己去阅读，这对孩子想象力的发展是大有好处的。因为，依靠妈妈讲解，想象的余地总归有限，自己阅读则可以主动地进行再造想象的训练。因此，只要孩子达到一定的识字量，能够自己阅读了，妈妈就应该指导孩子阅读，并给孩子购买一些童话、神话、民间故事书等能够启发孩子想象力的图书。妈妈也应该鼓励孩子记日记，把好的故事记录下来，不断修改。通过不断想象，孩子的想象能力就能不断提高。

图片很能激发孩子的想象能力，妈妈可以有意识地让孩子多接触各种图画。例如，妈妈可以购买一些景色优美的风景图片和知识性、趣味性较强的图片，让孩子认真观看，并在此基础上画出来。当然，孩子画什么，妈妈不应该限定，应该让孩子想画什么就画什么，这样，孩子才能充分发挥他的想象能力。通过不断的锻炼，孩子的想象能力必定有所提高。

4. 用游戏启发孩子的想象力

爱做游戏是儿童的本能，对于孩子的自发游戏，妈妈应该给予关注，并引导孩子通过做游戏来发展想象力及其他能力。

创新性思维是想象力的基础。妈妈要积极培养孩子的创造性思维能力。首先，妈妈要培养孩子独立思考能力，让孩子敢于打破陈规，敢于标新立异地提出自己的见解。其次，妈妈要鼓励孩子提问，碰到自己无法解答的问题，要努力弄懂，或者向其他人请教，然后再向孩子解答。再次，妈妈要鼓励孩子求异思考，比如，当孩子在做数学题时，妈妈可以问孩子："除了这种做法以外，还有没有其他的解法？"阅读文学作品时，鼓励孩子不断问"为什么是这样"、"为什么不可以是那样"，这些都有利于培养孩子的想象力。

5. 鼓励孩子幻想

幻想是创造想象的特殊形式，它往往脱离现实，能跨越时空创造出未来事物的新形象。幻想越大胆，可能出现的错误也越多，但是其创新价值也是不可估量的。其实，幻想是十分可贵的。正如郭沫若在《科学的春天》一文中指出的："科学需要创造，需要幻想，有幻想才能打破传统的束缚，才能发展科学。"

因此，妈妈要鼓励孩子进行幻想，哪怕有时候孩子的幻想具有常识性的错误，例如，孩子想让鱼在天空飞翔、让人在海底生活等，妈妈没有必要去纠正孩子，因为，孩子正是没有受常识的限制，才可以想出一些成人想不出的景象来。

怎样培养孩子的创造力

一个人是否有创造力并不仅仅表现在是否有想象力上，还表现在其思维能力和个性特征上。只有正确地认识创造力这项综合性的能力，并且清楚地认识到创造力与想象力、思维能力以及个性特征的关系，才能够找到培养孩子创造力的方法。

创造力是在对传统知识的理解下，继续探索、发现并且掌握事物的能力。创造力并非单单从现有知识中可寻。创造力是一个人在传统知识和习惯的包围中，发现、探索、掌握事物的能力。也就是说，创造是无法在现有知识中找到的。而相较于想象力来说富有创造力的品质对人更加重要。因为它的品质可以决定一个人将来在事业上能够取得多

大的成就。

有一天，幼儿园张老师给同学们布置了一项作业，是让孩子按照自己的想象去完成一幅画作。等画作交上来的时候，张老师看到了有各式各样的花朵，也有没有见过的飞机，甚至还有外太空的世界，然而健健却什么也画不出来。接连几次这样的创作作品健健都没有完成，这引起张老师的注意。与健健的妈妈联系后才发现健健妈对孩子好奇的问题要么直接不予理睬要么就丢下答案。看到健健"不务正业"地拆东西自然又是一顿骂。经过张老师的一番开导，健健妈妈这才意识到是自己平时的做法扼杀了孩子的创造力。

孩子"破坏"带来的损失是可以预估的，然而如果能带来无尽的创造力，这些创造力却会给孩子带来一生的财富。

青少年时期是培养孩子创造力的一个重要阶段，当孩子的创造力开始萌发的时候，其总是对周围的一切都充满好奇。只要在这一阶段注意将孩子的智力挖掘出来就会让孩子有意想不到的创造力，与此同时智力也会迅速提高。

1. 营造宽松和谐的家庭氛围

专制与溺爱的家庭氛围培养出来的孩子的创造力都不如生活在宽松、和谐家庭中的孩子。因为在专制家庭中的孩子是没有发言权的，而在溺爱环境中的孩子总是孩子说什么，妈妈做什么，这两种环境都不利于孩子创造力的萌发。

然而在宽松、和谐氛围中的孩子，在与家庭其他成员相处的时候有着独立的人格，与其他人一样都是平等的。他们可以发表自己对事物的认知，遇到了事情也可以与妈妈一同商量。在这样的环境中，孩子会积极地开动脑筋。

所以，希望孩子富有创造力的妈妈一定要将家庭营造出和谐、宽松的氛围。对孩子的奇怪想法也要给予宽容，因为只有在这样的情况下，才有利于孩子创造力的形成。

2. 鼓励孩子的探索活动

孩子创作的动力往往通过对周围事物的好奇表现出来。当孩子的好奇心越强、想象力越丰富，孩子的创造力就越强。当孩子对未知事物无所畏惧地探求结果的时候，妈妈不要去抑制孩子的活动，反而应该引导孩子大胆地去尝试，允许他们去发挥自己的创造力。

儿童文学作家严文井说过这样一句话："人应该有探索，有追求。这些都要从幼小时培养孩子的独立性和主动性做起。"很多家长总是杞人忧天，并以此为理由去抑制孩子的探索活动。

然而，美国的幼儿园会鼓励孩子去尝试各种的冒险活动，去对未知的事物进行探究。事实上在探究活动中孩子不仅能够提高思维和创造力，还能够得到乐趣。

即便是在平常的生活中，家长也可以根据自家孩子的情况带孩子去参加一些探索活动，让孩子认识到更多的事物，这样有利于孩子新鲜想法的产生，这些孩子会比关在家中只知道读书写字的孩子更加具有创造力。

3. 正确对待孩子的各种各样的提问

在孩子的小脑袋里容纳着无数个"为什么"，这是孩子求知欲的表现。他们对未知的一切都有着十足的好奇心，对奇妙的世界是十分渴望了解的。孩子并不会像成人一样沉着地思考问题，对于他们来说提问就是思考和钻研的一种表现。从孩子会说话开始就会不断地提出各式各样的问题。有的妈妈会觉得问题十分荒唐，但是不论怎么说这都是孩子在思考的表现。这时候切不可用不以为然的态度来对待，那样只会扼杀孩子的求知欲。

作为家长，不但应该认真对待孩子提出的各式各样的问题，还应该鼓励孩子多提问，并且引导孩子积极地思考问题。这样，孩子的提问欲望会不断地增强，对未知事物的探索欲才会越来越强。

4. 启发孩子多角度思考问题

同样的事物，不同的人会有不同的看法。就像同样是苹果掉落，牛顿便研究出了"地心引力"。这便是因为他从别人没有发现的角度去思考问题。所以当我们想要了解一个问题的时候，最先要学会的就是多换几个角度去思考问题。随着视角的不断转换，我

们对事物的理解也会更加深入，直到最终抓住本质。

父母在平时对孩子的教育过程中要经常引导孩子多角度地分析事物，这样会让孩子养成多角度看问题的习惯。例如最初的时候让孩子去思考"碗除了盛饭还有别的用途吗？""笔除了写字还有没有别的用途"。其实不单单是这些，但凡是生活中的事物，其实每一样都可以作为启发孩子多角度思考的内容。

科学家哈定说："所有创造性的思想家都是幻想家，而幻想主要是靠发散性思维。"这意味着发散性思维的重要性便是突破原有的知识圈，往各处扩散。以不同的角度和方向通过观念重组等各种方法来探求答案。

5. 多带孩子走向大自然

经常带孩子到大自然中去玩、去学习，一方面可以让孩子感觉大自然的美，另一方面，大自然能教给孩子无穷无尽的知识，激发孩子的创造性思维。

6. 让孩子动手去做

有的家长只注重孩子的学习成绩而不注重孩子的动手能力，其实动手能力也是开发智力的方法之一。动手动脑有助于孩子创造性的提高。张今曾经在1983年获得青少年发明一等奖。当时还是16岁中学生的张今在发表获奖感言时说道："妈妈为我创造力的发展提供了重要的条件。在我小时候为我购买能发展感官、发展智力、能动手动脑的玩具，鼓励我动手实践。"其实，拼板是一种很能激发孩子创造力的玩具，在反复拼拆的过程中促进孩子创造力的发展。所以在家庭教育中要鼓励孩子多动手动脑。

怎样培养孩子的思考能力

有的家长在看到孩子总是像"十万个为什么"一样不断地刨根问底，会表现得不乐意。其实孩子多问为什么是兴趣的一种表现。作为家长不要怕烦，要尽量给予正确的回答，并鼓励孩子去寻求答案，孩子努力思考的过程也是孩子对知识探究的一个过程。有的孩子对事物好奇会表现在提问，但有的孩子会表现为动手去探求，比如说拆卸玩具，这个时候孩子是想要探求究竟，作为家长不要生气、谴责。

有的妈妈看到孩子不断地提问就会显得不耐烦，并将答案一下子抛出来，引来的只是孩子不断地新问题。明智的妈妈在面对孩子各式的新奇问题时，是不会直接将答案告诉孩子的，她们会引导孩子分析、思考，建议孩子通过看书、查资料等方式去寻找答案。当孩子通过自己的努力找到答案的时候，孩子不仅会提高思考能力，对问题的认知也会比被动接受更加深刻。

现在的父母都希望孩子变聪明。其实将脑子变聪明的方法很多，其中最重要的一点就是要形成善于思考的好习惯。在心理学中普遍观察力、记忆力、注意力、想象力、思维能力、语言表达力以及动手操作能力组成了孩子的智能结构。所以当孩子运用思维参与到其他活动中的时候，智力就得到了开发。

思维是思维主体处理信息及意识的活动，也就是人们通过思考问题达到对客观事物认识的过程。而思维力则是人们对客观事物的认知能力，也是解决问题的能力。其中主要包括：分析、综合、比较、抽象和概括、具体化。何为"思维"，简单的地说，是我们日常生活中所说的"考虑"和"想"。

白飞飞的女儿阿娇现在已经在念小学五年纪了，在班里算是脑子特别灵活的，有的家长很羡慕，和白飞飞一沟通才知道，原来她家阿娇也不是天生智商高。白飞飞说阿娇在三岁前，与别的孩子就不太一样。那时候她也焦急过一阵子，看着别的孩子思维很活跃而自己的女儿必须在动的情况下才能够继续思维。一旦手头的动作被打断，思维也就会停止。然而到了四岁的时候这种情况才逐渐好转，渐渐地可以摆脱动作式思维开始形象思维了。那时候的阿娇可以运用自己已经知道的或者从前听过的知识来思考问题。但是却必须依托在一个具体的事物上才能够展开。直到快到六岁的时候才逐步出现逻辑思维。这个时候，阿娇可以抽象地去理解一些事物的发展，慢慢地才能够靠着具体的物体形象，将自己理解的用语言表述出来。在往后的日子里白飞飞就刻意地按照这样的方法去培养阿娇的思考能力。

人们常说："教育就是叫人去思维。"由此可见，一个人的思维是多么重要。智商的高低主要就是通过思维来反应的。很多的家长都迫切希望自己的孩子学习成绩好，能考个好大学。其实孩子学习并不只是为了念一个怎样的大学读一个什么样的专业。学习的目的有两个：其一为掌握一定的知识，其二便是发展思维技能。若是单单追求高分就容易出现高分低能的情况。由此可见，培养孩子活跃的思维能力，是对开发孩子的智力非常有帮助的。

那么，怎样培养孩子爱思考的习惯呢？

1. 引导孩子独立思考

不论多大年龄的孩子，总是有依赖家长的习惯。因为在他们的眼里成人是万能的。有的妈妈对孩子提出的问题有问必答，虽然一时间解决了孩子的困惑，但这样的方法并非明智之举。当孩子在遇到问题的时候有简洁的方法可以直接找到答案的时候，就不愿意去动脑子，长此以往，孩子独立思考的能力就会偏低。明智的妈妈则会引导孩子去分析问题，运用自己所学过的知识和书本来探求问题的真相。孩子自己探求答案的过程也是孩子智力开发的过程。然而并不是每一个孩子的自主学习能力都很强，有的孩子并不能独立解决问题，这时可以在一旁帮助孩子，反复几次孩子也会掌握自己独立思考的能力。

2. 善于对孩子发问

所有的思维都起源于问题，当孩子对一切事物都充满好奇并不停发问的时候，也就意味着孩子的思维是活跃的。有的孩子并不喜欢主动地去认知事物，这个时候，妈妈要让孩子被动地动起小脑筋来。多向孩子提问，促进孩子思考。当然，提问也是需要技巧的。有固定答案的封闭性问题，就不如开放性问题对孩子思维能力的帮助大。

3. 营造平等的家庭氛围

有专家进行过调查研究，研究表明：当家庭氛围相对民主的时候，孩子的思维普遍比较活跃且对问题的分析也会透彻许多；然而在氛围较为专制的家庭中长大的孩子，则思维就容易随大流。因为在专制的家庭中孩子不时地注意家长的表情，会顺着家长的思维来说话，不敢将自己的思维发表出来，久而久之便阻碍了独立思维的发展。所以在家庭教育中妈妈要鼓励孩子表达自己的意见，哪怕是不正确的意见也到等孩子说完了再加以引导。

4. 培养孩子的探索精神

在孩子成长的过程中，总是对未知事物表现出格外的关注和好奇，就像变成了"好奇宝宝"一般，恨不得每天都要问上一万个为什么才好。这是由于孩子总是想要更加深入地去了解未知的事物。很多妈妈对孩子什么都要去摸去拆的行为很烦恼，一见到孩子有这样的倾向就会批评孩子。然而这样的批评会不断地打击孩子的积极性。对面孩子的这种做法，妈妈要采取正确的引导方式，让孩子的"发散思维"从另一个方面入手，学习更多的知识。

5. 让孩子自己来处理问题

孩子对未知事物的探索过程中经常会出现各式各样的问题，不论是来自问题本身的还是来自生活的。有的家长看到孩子遇到困难的时候会立马伸出手去包办，其实这样对孩子的成长并不好。妈妈应该多与孩子谈论，并引导孩子正确地分析、归纳问题。这样不仅对孩子思维能力的提高有好处，对实际问题的解决也有好处。

6. 丰富孩子的知识与经验

很多时候因为知识储备的问题，孩子并不能将思维进行到底。碍于知识和经验的限制，很多时候会没办法继续探究或者得出准确的结论。因此，妈妈在平时也要让孩子多

读课外书,扩大知识的储备量。这样孩子的思维才能得到拓展,当孩子的知识越来越丰富,思维也就会随之变得越来越活跃。

 怎样提高孩子的判断能力

每个人都有一定的分析判断能力,孩子也是一样的。妈妈们应该鼓励孩子去尝试做事情,孩子在每一次的尝试过程中都会或多或少有所感想。这个时候,妈妈们应该帮助孩子学会在实践中去分析问题,从而使孩子不断地完善自己。而每一次的尝试都会是一次很重要的提升,如此往复,孩子的能力就会得到提高。

现在的孩子大多都是独生子女,不仅在生活中风吹不着、雨淋不着,而且总有人哄着、疼爱着,似乎他们生活中根本不需要去尝试,也失去了尝试失败的机会。然而,尝试失败,然后分析原因,再去解决问题,这是一种自我完善。它能够让孩子在不断的尝试中,循序渐进地提升自己的能力,最终成长为社会的栋梁之才。

在生活中,个别妈妈的做法实在是令人担忧。妈妈们会在陪孩子玩游戏或者下棋的过程中,故意输给孩子,她们觉得这样会让孩子感受到快乐,而不愿让孩子去体会任何失败。一直在生活中为孩子伪造顺境,而等到孩子走上社会后,往往不能正确地去应对突如其来的各种挫折和失败。不去应对并不表明没有挫折和失败,一旦挫折和失败来袭,他们往往会比其他的孩子表现得更为沮丧、懊恼甚至是丧失信心,一蹶不振。所以说,妈妈应该让孩子从小就充分地去体会失败的滋味,然后帮助他们学会从失败中查找原因,然后分析原因,不断地完善自己。只有这样,将来孩子才能在学校里、社会上经得起各种考验和挑战。

实践是检验真理的唯一标准。妈妈们要通过实践来培养孩子的判断能力,让孩子能够更好地去判断自己的生活。当孩子能做出合理的判断时,他们长大后便能够在人生路上找准方向,只有经过尝试,才知道自己想要做的到底是否合理或者可行,也只有经过尝试,才能让人成长。

一个久居海外的人带着他七岁的孩子回到中国后,到北京的朋友家去做客。小孩一直在国外长大,从来没有见过馄饨,到厨房看到生的馄饨,便觉得很新鲜,于是抓起一个就往嘴里塞。女主人本来想制止这个孩子,但是被孩子的母亲拉住了。她微笑着平静地对女主人说:"没事的,不要去管他,这样他才会体会到生的是不能吃的。"之后,女主人看到那个小孩吃了一口,果然皱着眉头,咧着嘴吐了出来。

这个孩子通过自己亲自大胆的尝试得知生馄饨是不好吃的,也是不能吃的,而在以后的生活中,他肯定不会再去吃生的了。这是他通过自己的亲身实践得到的,这也将成为他的个人经验。

每一件事情都要靠孩子自己的努力才能够实现,让孩子适当地去体验失败,可以让他们在失败中学会很多的本领,从而提高自己,也只有这样,他们将来才能够自食其力,实现自己的愿望。国外的很多妈妈都是用这种方法来对孩子进行教育的,这种方式既能够很好地锻炼孩子的判断能力,又能增强孩子的正视失败的信念。

许多事实都证明了一个道理:安逸不仅不能让孩子一直感受到生活的幸福,还会给孩子以后的生活带来许多挫折。所以说妈妈们一定要学着去培养孩子的判断能力,让孩子自己掌握分辨事物的能力。即便是孩子做错了,或者是出现了错误,起码孩子能够通过错误进行分析,避免以后犯同样的错误。妈妈们千万不要因为怕孩子失败,就不让其尝试,小时候的失败经验能让孩子明白很多,让孩子知道失败不是什么大不了的事情,同时,让孩子知道怎么样去判断事物的对与错。

当孩子在不断的尝试中遇到了挫折和失败的时候,妈妈应该根据孩子的现状来分析

孩子的优势和劣势，让孩子明白今后应该如何提高自己。在锻炼孩子竞争意识的同时，培养孩子的心理承受能力。

1. 给孩子制造选项

每个孩子的生活都不可能全部在妈妈的预料之中，所以，为了避免孩子出现措手不及的情况，妈妈们不妨给孩子制造选项。这个时候的选项是为了培养孩子判断能力，让孩子知道自己存在的价值，而不是一味地依赖妈妈。给孩子制造选项，让孩子自己去判断，并且做出选择。

2. 妈妈要帮助孩子正确对待失败

孩子在选择的过程中难免会遇到失败，这个时候妈妈们就应该帮助孩子正确地对待失败，这也是培养孩子判断能力的关键一步。妈妈们可以给孩子分析失败的原因，帮孩子从中完善自己。因为，在以后的人生历程中，孩子会面对许多挑战，考试、升学等等，有成功的喜悦，更有失败的困扰，这就需要妈妈教会孩子在失败中成长。

 怎样培养孩子的语言表达能力

一个会说话的孩子，往往会赢得老师、妈妈、同学和朋友的尊重和喜欢；培养孩子的语言表达能力，是教育孩子的第一步，它是架起孩子自信与能力的一座桥梁。

相由心生，心口相应。在与人相处的时候，语言就是将自己的想法表达出来的工具，也是促进人与人沟通的工具。自闭孩子的显著表现就是不爱说话，然而作为家长要避免孩子自闭，就要从小培养孩子的语言表达能力。孩提时代是孩子学习语言技能的最好时期，在这一时期妈妈多鼓励孩子说话，多倾听孩子的心声也是培养孩子语言能力的一个较好的方法。当孩子正说得兴致勃勃的时候，家长最好能以朋友的身份去聆听，不必要的情况不要打断孩子，不然容易让孩子心灵上受挫，不愿再开口。

小帅帅已经上了一年级了，但是他是班里出了名的"闷葫芦"。即便是老师上课提问，他的回答也是很简短的。在平时和小朋友们一起玩耍的时候，更是不怎么爱说话，开始的时候，老师以为小帅帅的性格比较内向，所以不善表达。

但是后来，老师发现小帅帅非常爱笑，并且喜欢和小朋友们一起玩耍，也喜欢和老师在一起，但是就是不善于表达自己的思想。一次，老师让写一篇作文，发现小帅帅写得最好，但是让他表达自己的感受时，他却说不出话来。老师将这件事情告诉了小帅帅的妈妈，希望他的妈妈能够重点培养孩子的语言表达能力。

语言是作用最广泛的一种交往工具，在和别人交往的时候，能否恰当地使用语言，是一个人交往成败的关键。一个人很可能会因为自己的"不会说话"、缺乏有效的语言表达，而使别人觉得没有得到尊重，从而不再与其交往，这就是言语所造成的失误。所以说，有效的语言表达方式是交往的必要条件。妈妈一定要从小就培养孩子语言表达的能力。

那么，妈妈应该怎么做才能培养孩子的语言表达能力呢？

1. 给孩子说话的机会

语言是通过说话表达出来的，所以，妈妈一定要找机会让孩子自己说话，鼓励孩子说话。妈妈可以让孩子复述一下给他讲述的故事，或是让他讲一下今天所发生的事情；妈妈还可以在和孩子一起做事情的时候和孩子多做一些交流，并制造一些让孩子说话的条件，这些对培养孩子的语言表达能力都起着非常重要的作用。

2. 说话时要顾及到对方

当妈妈在和孩子说话的时候，一定要注意不要让孩子只顾着自己说，或是只说关于自己的事情，老是把话题围绕着自己打转。应该让孩子学会顾及到对方，谈一些让大家

都有兴趣的话题，也可以把重点放在对方关心的事情上，还要留心对方有没有欲言又止的动作。如果有的话，一定要主动询问，绝对不可以视而不见。这是和别人交流时最重要的一点。

3. 妈妈要注意与孩子对话的方式

很多家长可能还没有意识到这个问题的重要性。因为在妈妈的眼里，和自己说话的是自己的孩子，没有必要去在意什么对话的方式。如果和自己的孩子说话时还得绞尽脑汁地"绕圈子"，这样不是太麻烦了吗。可是，孩子的模仿能力是非常强的，你和孩子说话时所表现出来的方式、展现出来的特色以及说话时的语气都可能成为孩子模仿的对象。而且，有些妈妈常常会在家庭教育中用命令的口气和孩子说话，这种口气很容易使孩子产生逆反的心理。如果妈妈换一种说话的方式，很委婉地将自己的意思表达出来，这样会让孩子更容易接受。

4. 不要混淆孩子的语言

当孩子在学习语言之前，会有一段说话很不清楚的模糊发音期，这个时候的孩子所说的话一般都是片段而不完整的，这是因为孩子的智力还没有发展到可以对语言运用自如的程度。而有的妈妈在和孩子交谈的时候，常常会迎合孩子的声音或者是说话的方式，可能妈妈觉得这样做可以更亲近地和孩子进行交流，实际上，这样做非常不利于孩子的智力增长。如果妈妈一直去刻意模仿孩子的语气和说话方式和孩子交谈，这样只会延长孩子使用片段语言的时间，并且会使孩子的思维长时间处于一种幼稚状态。

比如，有的妈妈在让孩子认识事物的时候，把猫叫作"咪咪"，把狗叫作"汪汪"，这样做只会让孩子对叫声类似的动物产生一种模糊的概念。所以，当妈妈在教孩子说话的时候，一定要用正确的语言和孩子交流。

5. 丰富孩子的词汇

当孩子开始说话的时候，妈妈要注意丰富孩子的词汇。妈妈可以通过和孩子谈论身边的事物让孩子记一些简单的词语，但是绝对不可以让孩子死记硬背。比如家里所摆设的家具、厨房中所用的炊具以及院子里的花草树木，妈妈一定要用正确的发音告诉孩子这些事物的名字。然后再渐渐地让孩子对每个事物的组成部分进行仔细地分别，并且让孩子学会用一些形容词和动词来形容它们。这样，就会让孩子的词汇丰富起来。妈妈也可以通过讲故事的方法扩展孩子知识面的同时来丰富孩子的词汇。最好是让孩子一边听故事一边重复故事，这样可以加深孩子对词汇的记忆。但是，有一点妈妈必须记住，在丰富孩子的词汇量时一定不可以操之过急，因为丰富孩子词汇的教育过程是循序渐进的，一旦太过着急，只会适得其反。

其实对话的方式不仅仅只限于讲话的语气，更重要的是内容的表达。所以，妈妈在平常的言行或是在和孩子交谈的方式上一定要注意。

一个人的智力发展和形成概念的方法，在很大程度上是取决于语言的。对于孩子来说，有效的语言表达是学会与人共处的重要内容。如果说倾听的态度更多地需要一种修炼来支撑，那么说话的风度则更多地需要一种素养来呵护。要让孩子在增进素养中学会说话，在学说话中学会共处。

怎样培养孩子的动手能力

在日常生活中，妈妈总是认为孩子年龄小、能力差，所以很多事情都由自己一手包办代替。这样对孩子的健康成长是非常不利的。妈妈作为启蒙教育者，要培养孩子爱动手的好习惯。在培养孩子的动手能力时，妈妈要持之以恒，直到由技能变成技巧，孩子能熟练掌握。

手是人的重要感觉器官，通过它，可以获取更多的外界信息，这些信息能促使大脑积极活动，有利于大脑神经细胞功能的迅速发展，而大脑的神经中枢又能调节手指的活动能力。神经中枢与手指活动的相互作用，可以促进孩子大脑的发育，使孩子心灵手巧、聪明能干，因此，动手是促进孩子智力发展的重要途径。

在孩子自己动手操作的过程中，其他智力因素也就相应得到了发展。孩子动手操作，就有机会接触更多的事物，可以扩大他们的知识面，提高他们多方面的兴趣。为了完成一个操作动作，他们的活动就必须有一定的目的、计划，这些都必须借助一定的想象力和创造力，所以，孩子动手对发展他们行为的目的、动机、想象力、创造力、意志力都大有好处。让孩子自己动手，还有助于他们认识自我，培养他们的自我服务能力，克服样样都要依赖别人的不良习惯。

所以，要想发展孩子的智力，使他们成为全面发展的人，就要多给他们动手的机会，千万不要因为担心孩子出事，或怕他们损坏东西，就不让他们自己动手。而且，教导孩子动手操作是很复杂的事情，如果没有适当的教导，他们的操作就会乱七八糟，而这类杂乱无章的动手操作正是孩子的特征。如果妈妈教他们动作操作，动作就有了明确的目的，孩子就会静下心来认真动手。所以，妈妈要从小培养孩子动手操作的能力。

1. 依靠兴趣和好奇心引导孩子动手

在开始的阶段，孩子对身边的一切新鲜事物都有着好奇心，这是人的本性所决定的。他们会认为帮助妈妈做事是一件很光荣的事，妈妈应该趁此机会让孩子勤动手，并引导其成为一种兴趣习惯。有时候，孩子会摆出"小大人"的样子，说"我自己来，我会"、"妈妈放手，我能"等。在这种情况下，妈妈就应该放手，让孩子自己来。哪怕是孩子认为自己可以移动一只怕碎的花瓶，也要让孩子自己动手，如果可以因为碎一只花瓶，而换来孩子的自信或者是孩子勤动手的好习惯，那么，一只花瓶又算得了什么呢。

亮亮看着妈妈的手机出神，突然他问爸爸："为什么手机没有电线也可以和别人通话呢？""那是因为可以靠电波传送。"爸爸回答。亮亮追问："电波是什么？"爸爸挠挠头："唉，这个我现在也说不清楚，等你长大了，上学后自然会学到的。"于是，亮亮的好奇心被爸爸浅薄的学识阻断了。其实，如果爸爸稍微懂点电子学原理，深入浅出地给亮亮指点一下，他的心里就会早早烙印下物理学知识，也会为以后的学习打下基础。

在生活中，妈妈也可以用一些废弃物品与孩子共同动手制作工艺品，比如用蛋壳制作人头像或用泡沫雕刻一些形状简单的东西。这样一方面让孩子懂得生活中很多废弃物都可以利用开发、变废为宝，另一方面还可以让孩子产生自己动手的成就感，这种成就感更可以增强孩子的动手兴趣。所以，妈妈平时要多买一些手工制作图片或书籍，让孩子从中展开制作的想象力和制作的兴趣。也可以多让孩子做一些动手的游戏，像折纸、剪纸、撕纸张、粘贴、组装玩具等，多为孩子提供动手的机会。

2. 鼓励动手增信心

信心是孩子成长的助跑器，当孩子信心十足的时候无论做什么事，都格外有干劲。可是有的孩子总是没有自信心，很多妈妈都会问"这该怎么办呢？"其实这是由于妈妈吝啬称赞造成的。称赞不仅是一种鼓励孩子的方式，更是一种帮助孩子增加信心的激励方式。妈妈们切莫吝惜你的赞美之词，当孩子做出一些小成绩或者比起从前有进步的时候，就应该告诉孩子他是很优秀的，告诉孩子他在你心中是多么值得骄傲。诚挚的赞美会在孩子的心灵上发芽，会让孩子更加尊重你，也会让孩子更积极、认真地去做事。有些孩子力所能及的事情就放手交予孩子完成，当孩子感受到自己也能完成大人做的事的时候也会对自己充满信心。

峰峰家里有几台拼装四驱车，有的跑得快，有的跑得慢，他很好奇。咨询后才知道，汽车跑得快与慢，全由发动机决定。于是，妈妈鼓励峰峰自己改装发动机。他抠抠弄弄地搞坏了几台，越弄问题越多，爸爸花了不少钱，但峰峰最终还是改装成功了，他也因此对机械知识产生了浓厚的兴趣。

不要让孩子失去动手的机会。有时妈妈会因为孩子动作太慢,而代替孩子去做。这样容易养成孩子的依赖心理、惰性心理。不要强迫孩子做他不愿意做的事,或者他力所不能及的事。希望孩子做的,一定是孩子能够完成的,否则会挫伤他的信心与勇气。因为家长一道否定的目光或一句消极的话语,都对孩子有极大的"摧毁力";相反家长一道赞赏的目光或一句激励的话语,又有着使孩子充满自信并取得成功的魅力。

3. 手脑结合开启孩子的智力

有的妈妈看到别的孩子动手能力很强脑子转得很快,总是问自己的孩子为什么不是那样。其实这取决于在3岁之前有没有经常对孩子进行动手能力的刺激。有人常说左手连着右脑,右手连着左脑。事实证明,经常动手的孩子,脑的成熟度比别的孩子高得多。

现在的家长总是把孩子捧在手心里,一直教育孩子:"你只要把成绩搞好,其他的都不用你管。"然而这样的方式真的能让孩子成绩好吗?俗话说"脑子越用越灵光,手越用越巧"。其实多多动手也是对孩子智力的一种开发。适当地让孩子去完成必要的家务活,还会培养孩子的责任心,是一举两得的事情。

有的孩子并不想做家务,或许他们更偏爱一些小实验,这个时候妈妈也可以通过帮助孩子做实验来培养孩子的动手能力、开发孩子的智力。在做实验的过程中让孩子感受到成功的喜悦,并将从前被动地接受知识转变为主动地理解,手脑相互促进,让孩子受益终生。

4. 具体指导,技能训练

很多妈妈看到孩子学习一项技能一段时间后就停滞不前,不再进步。其实这是遇到了心理学上的"高原期"。每当遇到这个情况孩子就会想要放弃,这时候家长一定要鼓励孩子继续学习下去。因为所有的技能都是有一定的原动作的,就像是从小学习过钢琴的人,打字就会比别的孩子有天赋。多学一些需要动手的东西对孩子未来的发展是十分有好处的。但这些东西并不是东一榔头西一棒子地学,要讲究持之以恒的原则,只有当技能变成技巧才算是真正掌握了,也只有这样才对孩子有帮助。

怎样培养孩子的自我管理能力

孩子的发展就是在生活的方方面面中实现的,要知道孩子是生活的主人,家长一定要相信孩子的能力,然后放手让孩子自己去做,不要让孩子因为大人的"好心",使一些本应该得到锻炼的机会被大人剥夺了,从而失去了自我发展的机会。在生活中,我们应该具有自我服务的技能,要知道生活自理是一个人生存与发展的基本能力,是必须具备的,但是这种能力是后天培养的,要从小对孩子进行培养和鼓励才行,多给孩子一些锻炼的机会,才会让孩子在以后的发展中更加顺利。妈妈要积极引导孩子做些力所能及的事情,比如吃饭、穿衣、叠被、系鞋带、整理图书等。从孩子力所能及的事情开始培养孩子的独立自理的能力,从而让孩子学会说:"我能行!让我自己来吧!"

每个孩子总是不知不觉地喜欢依赖成人,因为孩子在最初的时候是羞涩的,害怕和其他小朋友打交道。很多的家长会觉得孩子年纪小什么都不懂,然而经过研究发现孩子往往比成人眼中更懂得道理。在孩子与小朋友之间发生矛盾的时候,妈妈切不要以为孩子没有办法解决,其实只要告诉孩子要怎么去和小朋友交流、在发生矛盾的时候怎样去处理,孩子会去尝试。在这样的教育下,孩子才能够交到好朋友,并且再遇相同情况的时候能够有足够的勇气去面对。

年幼的王月月是家里的独生女,平日里一些力所能及的事自己也不干,要做什么事情,都喊爸爸妈妈或者是爷爷奶奶帮忙,生活中什么事都不能够自理。

一天晚上睡觉的时候,王月月又说:"妈妈,我不会脱衣服,你帮我把衣服脱了吧!"要知道这是她每天都会重复的事情。这天晚上妈妈在给王月月脱衣服的时候,突然心想：孩子虽小，但是同龄的孩子都已经不用妈妈来帮着脱衣服了，孩子要加强生活上的照顾，但每天这样的"照顾"会有什么后果呢？

于是，在第二天，王月月的妈妈便把穿脱衣服的方法用自己的方式告诉孩子，她编成了一首生动的儿歌，告诉了月月："抓领子，盖新房，小老鼠爬小窗，左钻钻，右钻钻，吱哟吱哟上房子。"后来，王月月就学会了自己穿衣服，不仅仅这样，妈妈还将家里其他的事情，编成了儿歌，就这样孩子学做事情的兴趣越来越高。渐渐地，王月月的妈妈发现，孩子在穿衣服的时候再也不需要帮忙了，每次爷爷奶奶想要帮她做事情，她都会对爷爷奶奶说："爷爷，我自己能做。""奶奶，月月长大了，可以做事情了。"

在生活环境越来越优越的今天，孩子的劳动能力是普遍较低的，这主要是因为他们自己缺乏主动劳动的精神，在生活中，造成这种结果的原因是因为家长的普遍溺爱。很多家长习惯包办孩子生活上的一切事情。这会使得孩子的手脚得不到充分运动，同时，孩子的大脑也不会独立思考，这样很容易导致孩子在动作上发展缓慢，最终，独立生活的能力也会变差，同时，就增加了对家长的依赖。孩子一旦遇到了困难或者是要求不能够得到满足时，往往就会失去信心，继而会产生愤怒、不满足的情绪。妈妈们要树立让孩子做他们力所能及的事情的思想，帮助孩子去做他们能够做的事情。这样才能培养孩子的独立性、自理能力和责任感。

那么在生活中，妈妈们要怎么样培养孩子的自我管理能力呢？

1. 教会孩子要自立

孩子的自理能力是要依靠妈妈们的细心教导的，很多妈妈希望自己能帮助孩子做很多事情，甚至不忍心孩子做任何一件事情，这对孩子来讲其实并不是一件好事情。作为妈妈应该为孩子长远考虑，在孩子成长的过程中，要培养孩子的自立能力，让孩子知道什么事情是自己要做的，这样久而久之，也就能够让孩子学会自我管理了。

2. 让孩子做他们能做的事情

现在妈妈们习惯了溺爱孩子，不管是什么事情，都一手包办，恨不得孩子在家中除了学习就是玩耍，根本不希望孩子插手家务。对于孩子来讲要想能够管理自己的生活，那么就应该学会做一些家务，妈妈们不要心疼孩子会累，要让孩子去做一些他们能够做的事情，这样就能够从小培养孩子的自我管理能力。

第9章 好妈妈不吼不叫，培养孩子的独立能力

 **放手，让孩子打理自己的生活**

21世纪，科技发展更加迅猛，一个缺乏独立性的孩子是无法适应现代社会需要的。因此，家长要想树立适应社会发展的教育观，应该尊重孩子及培养孩子的独立个性，这样孩子才可能会获得自己想要的独立意愿。

孩子从出生那天开始，就是一个独立的个体了，就已经有了自己独立的思想和意识。无论是父母还是老师，都没有特权去支配和限制孩子的行为，尤其是妈妈，她们总是想要为孩子创造好的生活环境，不舍得孩子去做任何事情，希望用自己的双手来包办孩子所有的事情，觉得这样才是对孩子好。其实不然，这样往往不能让孩子感受到快乐，也不会给孩子带来任何的成就感。

在教育孩子的过程中，妈妈们要学会换位思考。孩子希望自己能够在思想上获得独立，妈妈们没有必要总是对孩子的事情指手画脚，要懂得放手，让孩子做他们想要做的事情。对于孩子日常的生活，妈妈们不要多加干涉，只要是孩子能够做的事情就让孩子自己去完成，千万不要让孩子感觉自己没事可做，这样在孩子长大之后会严重缺乏独立性，遇到事情第一时间想到的也是父母。所以，培养孩子的独立性，关键就是要鼓励孩子去做他们力所能及的事情。

可是，很多妈妈却把孩子当成是自己的珍贵的私有财产，百般宠爱自己的孩子，但从来不去尊重孩子，这样的例子太多了。在生活上，家长总是想包办代替所有的事情，总是想为孩子安排好一切；甚至在孩子的学习上，也替他们做好安排，比如说安排孩子怎样去学习、学什么。无疑，妈妈们在不知不觉中剥夺了孩子独立成长的机会。

刘美玲已经十岁了，她一直在爸爸妈妈的细心呵护下长大。平日里不管做什么事情，爸爸和妈妈都会把一切事情都给刘美玲准备得妥妥当当的。刘美玲对这一点是非常反感的，随着年龄的增大，刘美玲觉得妈妈还将自己当小孩儿看待，她想要独立。

刘美玲决定先从上学这件事情上做起，她觉得自己从小事上做起，总能够独立起来的。以前刘美玲上放学都是爸爸来接送的，但是现在她想自己马上就要升小学五年级了，她想要自己独立，不再让爸爸接送。再说从家到学校的路她已经很熟悉了，她想要自己一个人去上学，而不想再让爸爸接送。

在新学期开始的第一天，刘美玲将自己的想法告诉了爸爸："爸爸，我不想让你送我上学了。我已经长大了，自己能够上放学了，你在家休息吧，我自己上学去了，别的小朋友也都是自己上放学的，你再接送我，万一被同学们看到了，肯定会笑话我的。"

但是刘美玲的想法却没有得到家人的支持，爸爸说："学校这么远，你一个女孩子，还这么瘦小，怎么能够一个人去上学呢？万一路上遇到坏人怎么办。"妈妈也在一旁帮腔，说："车那么多，如果出点意外那可怎么办？没有大人跟着怎么能行呢？还是让你爸爸去送你上学吧！"

最终没办法，胳膊拧不过大腿。刘美玲还是在爸爸的"保护"下上学。

渴望独立是孩子的天性，不要以为孩子希望妈妈们包办他们所有的事情。如果限制孩子和束缚孩子必须去做某件事情，其实就是画地为牢。而让孩子自己探索着去打理自己的生活，他会不断地发现生活中的乐趣，也会有很多机会锻炼自己。但是现在很多家庭都是独生子女，妈妈们都舍不得孩子做事情，可以说孩子是家里的小太阳，全家人都围着他一个转。对孩子过分宠爱或者过度保护，甚至是过多照顾，都会让孩子觉得自己的存在没有价值，根本满足不了孩子成长中所有的欲望。孩子成长过程中，他们是需要成就感的，所有，妈妈们要想满足孩子的成就感，不妨让孩子在生活上自己照顾自己，妈妈们大胆地放开手，让孩子做一个小管家，管理自己的事情，尊重孩子的独立性。

有的妈妈担心孩子在做事情的过程中出现错误或者是失败，那么，妈妈们不妨去告诉孩子该怎么做，提醒孩子，但是千万不要一切都包办。在孩子尝试着自己做主的时候，千万不要对孩子说"你还小"、"你不懂"、"你不行"这样的话，这会让孩子失去自信。意大利著名的儿童教育学家蒙台梭利曾经这样说过："教育首先需要正确地引导儿童沿着独立的道路前进。"当孩子慢慢长大之后，他就会希望像大人那样承担一定的义务，并且也希望能够像大人那样拥有属于自己的空间。所以说，作为妈妈，不要太压抑孩子独立性活动的意向，应该去解放孩子的手脚，多给孩子一定的锻炼机会，然后让他们做一些力所能及的事情，多多培养他们的独立自主性和自主思维。如果真的这样去做，你会发现，孩子的成长速度是十分惊人的，他们潜力远远超出我们大人的想象。

妈妈应该尽量多给孩子锻炼自我独立性的机会和勇气，这样孩子便能够在自我服务中增强责任心。那么，妈妈们要如何来保护和尊重孩子渴望独立的意愿呢？

1. 注意保护孩子的自尊心

心理学家认为，自尊心是一种精神上的需要，是人格的内核。当然，人都会去维护自己的自尊，这种行为是人的本能与天性，并且，孩子的自尊心是他们成长中的动力。在生活中，我们要保护好孩子的自尊心，同时，增强他们的自信心，这当然是合格妈妈的责任。妈妈应懂得孩子的自尊心是他们一生做人的资本，不要随意伤害与践踏它。

2. 让孩子自主选择、自由探索

妈妈们有责任去引导孩子的行为变得更加合理，孩子在成长的每一个年龄阶段都会有其特有的身心发展特点以及生活发展内容，家长应该把原本属于他们的独立和自由还给孩子。只有这样，才能够发掘孩子身心发展的巨大潜能。

3. 为孩子创造一个思考的氛围

这对孩子形成独特的个性是十分有帮助的，在孩子发展的过程中，有创新意识的思维、举动也是很重要的。父母不能因为孩子的年龄还小，需要成人的照顾而把他看成是成人的思想附属品，要受大人们的支配。孩子也是一个完整的个体，妈妈们一定要为孩子营造一个独立思考的空间和氛围，这样才有利于孩子培养独立的思维形式。

4. 对孩子的独立成果应作出及时的反馈

积极的反馈能够让孩子意识到自己内心潜在的力量，对于家长来讲，他们的意见只能是参考，而不能是指导，当然更不应该是命令。在必要的时候，妈妈们应该尽可能地为孩子的独立活动创造一个安全的环境。当孩子在独立完成了一件事情之后，妈妈们应多给予鼓励，鼓励孩子更好地去实现自己的成功。

总而言之，随着孩子的不断长大，他们的自我意识是有所增强的，思维能力也是在不断提高的，对于大人的说教行为，他们不再是"照单全收"，而是会学着发表自己的看法和想法了。所以，妈妈们不妨去培养孩子的这种独立的思维，让孩子感受到快乐的同时，也感受到自己存在的价值。

 多给孩子一些信任与理解

自信心是孩子立足于社会的重要能力之一。但是自信力绝非是与生俱来的,关键在于妈妈们对孩子后天的细心培养。要想保证孩子有充足的自信,那么妈妈们首先要做的就是相信孩子,妈妈们往往习惯性帮孩子做很多事,出发点自然是爱孩子的,但这种行为往往会导致孩子丧失学会照顾自己的动力,甚至丧失与人交往的机会,并造就孩子以自我为中心、缺乏独立人格的性情。

在日常的生活中,妈妈们要善于发现孩子长处,并多多赞扬,从而来帮助孩子树立自信心和自尊心。通过这种方式来表现对孩子的信心以及信任,妈妈们可以对孩子说:"宝贝,妈妈相信你能做到。"当指出孩子优点的时候,妈妈们可以说"宝贝,妈妈觉得你的英语成绩很好"等。妈妈们应该用各种方法来让孩子感受到自信和来自妈妈的理解。

对于孩子来讲,他们需要妈妈们的信任,如果妈妈们对孩子不信任,他们会觉得很无助,同时也会觉得自己没有值得信任的地方。所以说不管在什么时候,妈妈都要让孩子了解到,妈妈是他最值得信任的人,而妈妈也是最信任孩子的。

一个懂得理解孩子的妈妈往往是一个知心的妈妈,对孩子来讲能够得到妈妈的理解将是幸运的事情。孩子希望最理解自己的是自己的妈妈,在他们眼中,只要妈妈们能够真正地理解自己,妈妈就是最值得信任的人。孩子也就会十分依赖妈妈,这种依赖不是缺少独立性,而是信任的一种表现。

刘漠漠的儿子今年已经七岁了。一次,儿子在学校和同学打架,刘漠漠就被老师叫到了学校,老师说希望刘漠漠回家管管儿子。刘漠漠知道自己的儿子虽然调皮,但是很少与别人打架,她想儿子和别的小朋友发生冲突,肯定是有原因的,于是便找到儿子,问儿子怎么回事。儿子说那个叫小山的男孩儿骂自己是私生子,骂自己没有爸爸,所以他才打那个小朋友的。

刘漠漠听完儿子的话,心里很不是滋味,因为刘漠漠的丈夫是一名军人,很少有时间回家照顾他们,一年也就能见一次面。刘漠漠对儿子说:"儿子,你的爸爸是一名光荣的解放军战士,你不是私生子,妈妈理解儿子这次打架行为,以后儿子不要再和小朋友们打架,只要告诉他们真相就行。如果他们还这样说,你就告诉老师,或者是回家告诉妈妈。要知道打架是不对的。"

儿子本以为回家之后妈妈会狠狠地骂自己一顿,没想到妈妈这么理解自己,于是,他从那次之后再也没打过架。

妈妈们不仅要表达自己对孩子的理解和信任,同时也要通过自己的行为表达出来。当孩子感觉到自己的妈妈很理解自己的时候,他们会十分开心,不管是做什么事情,要想让孩子听话,那就一定要让孩子信任自己。那么在生活中,妈妈们怎么做到让孩子信任呢?

1. 答应孩子的事情就不要轻易反悔

对于孩子来讲,他们希望妈妈们能够对自己做到诚信,尤其是答应了自己的事情。对于妈妈来讲,很多时候会不由自主地答应孩子做什么,一旦答应孩子就不要轻易改变。如果妈妈们总是轻易改变自己承诺,那么孩子会觉得妈妈不可依靠,自然不会对妈妈产生信任。给孩子一些信任的前提是让孩子能够去信任自己,如果孩子不信任妈妈,自然妈妈也更是理解不了孩子。

丝雨作为一位妈妈说道:"有的时候我不知道怎么样才算是理解孩子或者是信任孩

子，认为孩子还小，自己做了那么多的事情，只要是对孩子好不就行了。所以有的时候答应过孩子的事情，心想也没有必要去完成。但是我发现，这样的行为造成了孩子不理解我，可能是榜样作用吧，后来发现很多事情孩子不信任我，而我也开始不信任孩子了，这对孩子的成长是十分没有好处的。所以说，要想多理解孩子，首先要让孩子信任妈妈、理解妈妈。"

2. 理解孩子的过失，站在孩子的角度去思考问题

孩子会犯错这是很正常的，妈妈们不要急于批评孩子，也许孩子犯错是有原因的，对于孩子来讲，他们内心也是不希望自己会犯错的。所以，这个时候一定要站在孩子的角度去思考问题，千万不要误会了孩子或者是错怪了孩子，一定要考虑到孩子的感受。

王萍说："一次，我的女儿在幼儿园和小朋友闹矛盾，还动手打了对方，回家之后，我知道了这个事情，很生气，便去责备她。当时女儿感觉很委屈，还哭个不停。后来我才知道，女儿和小朋友闹矛盾是因为对方抢了她的玩具，并且给她弄丢了，这还不是关键，关键是还不跟女儿道歉。知道经过之后，我真的很后悔，后悔开始的时候怎么不多理解孩子一下。要知道我的女儿以前都一直很乖，从来没有跟小朋友打过架，我应该相信女儿，不该说她'越来越不学好'。"

从那次之后，王萍开始理解孩子，不管自己的女儿做错什么事情，她首先会站在孩子的角度去思考问题，并用孩子的思维去跟孩子讲道理，她的女儿也深深感受到了妈妈的关怀和理解。

鼓励并充分尊重孩子发表自己的见解

曾经有位外国人评价她的中国邻居说："很大一部分物质生活能够得到满足的孩子，不过是外表时尚的'提线木偶'而已。"当然，这也是一句令很多妈妈都感觉触目惊心的论断！但是妈妈们应该想一想，先撇去其中的偏激语气不谈，请妈妈们环顾自己生活的四周，应该可以发现很多已经被剥夺了话语权和选择权的孩子，他们没有权利去选择自己想做的事情，没有权利去挑选自己喜欢的朋友和玩具，没有权利发表自己的见解和认识，甚至没有权利去选择自己的人生。虽然妈妈们总是口上说着"宝贝，妈妈这么做是为了你好"，但是孩子的思想并没有得到尊重，妈妈们总是在做一些不尊重孩子的行为，根本不尊重孩子的观点和见解。

然而，妈妈们错了，很多时候，妈妈们真的是忽略了孩子的真实内心，如果站在我们成人的角度，会以为孩子什么也不懂，而却完全没有和孩子做好必要的沟通，以至于孩子会渐渐地不愿意和妈妈交流，或者会想到以其他的方式来进行反抗，比如当孩子哭闹或者是生病的时候。而妈妈们呢，却只会一味地埋怨自己的孩子"不懂事"。没错，他们的年龄还小，生活经验也是有限的，当然，判断力也会出现不足的情况，但是，这并不等于说，他们对自己的生活没有发言权。

曾有一项调查显示，在生活中有70%以上妈妈会承认自己没有耐心听孩子说他们自己的思想和观点。其实，造成这种现状出现的原因并非是单方面的，可能是社会节奏太快，妈妈们没时间，另一方面是因为妈妈们自我观念太强，以至于无法容忍孩子的"胡说八道"，或者说没有想过孩子也是需要有话语权的，也应该得到应有的尊重。

孩子有自己想事情的方法，孩子希望能够通过自己的思想来实现自己的愿望，所以说妈妈们应该鼓励孩子多思考。孩子需要养成独立思考的习惯，不管是在以后的生活中还是在童年时期，独立思考是孩子必备的素质。妈妈们鼓励孩子去思考、去表达自己的思想，其实就是在培养孩子的独立思考能力。当然，这就要让孩子发表自己的观点。

在妈妈们尊重孩子话语权和自己思想的过程中，还有一点是非常值得注意的，那

就是不要轻易打断孩子的话。不管是因为没有时间来听孩子细说，还是觉得孩子的话根本没有道理，当妈妈们和孩子进行交流或者聆听孩子说话时，都不能够轻易去打断孩子的话。

如果妈妈们尊重孩子的思想，这对孩子来讲是好的榜样，以后，孩子也就不会做出轻易打断他人的话的行为，因为他们知道这是不礼貌的行为，从而也就帮助了孩子养成认真去倾听的习惯。这样做还可以让孩子充分地表达自己的感受和想法，即便孩子心中有什么不愉快的事情，都能够大胆地表达出来，这样有助于孩子去发泄自己内心的负面情绪，也有助于孩子做得更好。有时孩子与妈妈们倾诉，并不是为了让妈妈帮助自己解决问题，而仅仅是想要妈妈们了解自己的感受，产生思想上的共鸣而已。

妈妈们通过鼓励孩子发表自己见解，可以保持孩子思维发展的连续性、紧密性和一定的逻辑性。孩子的思维相对来讲是有一定的局限性的，妈妈们可以通过聆听孩子的观点和见解，了解孩子思维中存在的问题，帮助孩子扩展思维。所以，当孩子说话时，妈妈们的注意力一定要保持高度集中，认真地去聆听，这不仅是为了表现你对孩子的尊重，也是为了帮助孩子发展完整的思维方式。如果孩子的思维经常被打断，那么他就很难建立一个良好的思维习惯，以及发展思维能力。

当然，要强调的是，让孩子说出自己的见解之后，千万不要一味地去批评孩子观点，一定要记得鼓励孩子和赞扬孩子，毕竟这是孩子动脑筋想事情的表现。如果妈妈们总是一味地去打击孩子，那么孩子会失去前进的动力，最终也是无法实现自己的成功的。所以说对于妈妈们来讲，要想让孩子变得自信，那么还是尊重孩子的发言权吧。

总而言之，孩子也和妈妈们是一样的，他们也是一个独立的个体，也有着自己的思想和理解方式，他们也希望能够有机会去表达自己的真情实感和真实的想法，而且在对待每一件事的时候，孩子也有自己的看法。因此，做妈妈的，就应该做孩子最忠实的听众，鼓励孩子动脑筋去思考问题，让孩子有表达自己见解的机会。当孩子有需要时，就应该尊重孩子的话语权，让孩子能够充分表达自己的个性。

在孩子成长的过程中，如果不懂得去尊重孩子表达自己的观点和见解，这样做的消极影响是显而易见的，主要表现在以下几个方面：

1. 会影响妈妈对孩子的了解

孩子在表达自己见解的时候，妈妈们能够通过孩子的话语来了解孩子的思想，如果孩子说话得不到妈妈的重视，他们只能将秘密埋藏在心里，做妈妈的也就很难知道孩子的所思所想，这样对孩子的教育就会变得盲目。

2. 导致亲子之间沟通变得困难

孩子的说话如果得不到妈妈们的认可，这样久而久之，孩子与妈妈的沟通会出现困难。经过调查显示，有70%~80%的儿童心理问题都和妈妈的教育有关，特别是与妈妈对孩子的教养和交流沟通方式不当有关。所以，妈妈们应该鼓励孩子说出自己的心事，这样孩子就能够更好地去锻炼自己。

3. 导致孩子自卑情绪的产生

妈妈不让孩子把话说完，这不利于孩子表达能力的提高，易使孩子变得自卑，如果孩子感觉妈妈不尊重自己的见解和观点，以后的日子里孩子很可能就会懒得去思考。孩子对妈妈诉说内心感受的过程其实就是在提高自己的表达能力、增强社会交往能力，这是极好的机会，如果妈妈们将孩子的这一机会剥夺了，孩子的表达能力就得不到提高，孩子以后在社会交往的过程中就会出现表达困难的现象，进而会产生自卑的情绪。

 **鼓励孩子积极与困难作斗争**

孩子的年龄比较小，他们的承受能力自然也是比较小的。如果不积极地鼓励孩子前进，那么遇到困难之后，孩子很可能会退缩。成功的过程中会遇到许多艰难、挫折、失

败，战胜它们最有效的方法就是坚持。妈妈要培养孩子敏锐目光，让他们看清成功背后的景象，还要培养孩子持续的毅力，坚持到最后。

在困难中坚持下去，已经成为所有卓越人物的共同点，也已经成为他们生活中的一个基调。妈妈要让孩子知道，每一个成功的人，在确定了自己的正确道路之后，都在不屈不挠地坚持着、忍耐着，直到胜利。波斯作家萨迪在《蔷薇园》中写道："事业常成于坚持，毁于急躁。我在沙漠中曾亲眼看见，匆忙的旅人落在从容者的后面；疾驰的骏马落后，缓步的骆驼却不断前进。"

在遇到困难的时候，一定要教会孩子去坚持，在困难面前一定要积极进取，千万不要让孩子感受到无助。坚持对于一个人成就事业是相当重要的，一个人克服一点儿困难也许并不难，难的是能够持之以恒地做下去，直到最后成功。

其实，在很多时候，成功和失败只有一步之遥。妈妈们要告诉孩子，只要能够咬紧牙关，坚持下去，便会得到胜利。很多成功人士在开始奋斗的时候受到了困难的阻挠，他们咬紧牙关突破了困境，才实现了成功。

因此妈妈们要避免孩子的性格变得胆怯。事实上，对于孩子来说，胆怯是一种普遍存在的现象。美国斯坦福大学的心理学家菲利普·津巴多经过调查发现，大约有将近40%的人会认为自己存在胆怯、腼腆的缺点。

那么在生活中，妈妈们要怎么样培养孩子做事有始有终、在困难面前坚持不懈呢？妈妈可以通过以下两点来教育孩子：

1. 让孩子做事有目标

妈妈可以为孩子设定一个目标，然后促使孩子针对目标来采取行动，并在其身边推动这种行动的进行。妈妈可以在孩子完成目标的过程中鼓励他，但是不可以帮助他完成，要让他独立完成；当孩子想半途而废的时候，妈妈要制止他的行为，一定要让他把这件事做下去，实现既定的目标，即便是在追求的过程中会遇到困难，那么也要告诉孩子不要放弃，要有积极的心态，只有积极地去面对，才能够克服困难，实现自己的目标。

2. "磨难"是培养毅力的沃土

随着生活水平的日益提高，"磨难"对于孩子们来说是一个较陌生的词语。但是许多事实证明"自古雄才多磨难，梅花香自苦寒来"。张海迪自幼截瘫，无法上学，但为了获得文化知识，她长期不顾一切地顽强学习，终于成为作家，便是很好的一个例子。能不能坚持下去，其关键在于能否以不屈的意志、顽强的精神与噩运抗争，创造出奇迹，做出常人无法做到的事。在顺境中成长的孩子，磨难可能成为他们的致命伤；而在逆境中长大的孩子，磨难却成了他们人生道路上一笔可观的财富。因此，妈妈们应该在日常生活中给自己的孩子设置一些障碍，让其独立克服障碍、跨越障碍，妈妈可以在旁边关注，必要时要给予适当帮助，以此锻炼孩子面对困难而坚持不懈的毅力。

 **把孩子当强者看，他就是强者**

有的妈妈会问：如果自己认为孩子是强者，孩子就能成为强者的话，那不是人人都是强者了？是啊，在生活中，人人都是强者有什么不好呢？其实，对于孩子来讲，他们需要来自妈妈的信任和鼓励，即使你的孩子在长大后没有成为一个强者，妈妈们如果能够把他当作强者来培养，至少也会让孩子成为一个聪明人或者是自信的人，不至于让孩子因为自卑而堕落。所谓"取法其上，得乎其中，取法其中，得乎其下"说的就是这个道理。

妈妈们或许认为这样的说话方式看上去，有点像是调侃，但是事实上这是有一定的科学依据的。在教育学中有一条十分重要的原则：学生的信心是来自于老师的信心的。这也就是说，作为孩子早期的教育者的妈妈，她们信心对孩子自信心的树立是十分重要的，如果孩子对自己做事情没有信心，那么在以后的生活中，他怎么可能会成

为强者呢？

我们先来看这样一个故事：

古希腊神话里有一位叫皮格马利翁的塞浦路斯国王，一天，他自己雕了一个少女像，渐渐地竟然爱上了这个少女像，并且十分真诚地期望自己的爱能在雕像上获得感应，这种真挚的爱情和真切的期望感动了爱神阿芙狄罗忒，她就给了雕像以生命，雕像幻化成了一位少女。

虽然这只是一个神话传说，但是，妈妈们对待孩子也是这样的，妈妈们爱自己的孩子，希望自己的期望能够在孩子身上实现。在生活中，妈妈们的期望使"雕像"变成"美少女"的例子也屡见不鲜。

美国心理学家曾做过一个实验，让研究人员主动给学校一些学生的名单，并很坚定地告诉校方，说他们通过测试发现，这些名单上的学生就是天才学生，只不过是尚未在学习中表现出来而已。其实，这些学生只是研究人员随机抽取的。然而，实验中却发生了一件不可思议的事情，就在学年末的测试中，这些学生的学习成绩的确偏高，比其他的学生要好很多。

这一实验就是教育史上著名的"皮格马利翁效应"实验。为什么会出现这样的现象呢？研究者认为，这主要是由于教师期望的影响。由于教师认为这个学生是一名天才，因而寄予他更大的期望，在上课的时候给予他更多的关注，通过各种方式，向他传达"你很优秀"的信息，学生也能够感受到教师的关注，因而便会感受到一种激励的力量，学习时加倍努力，因而才会取得好的成绩。

相反，有专家专门对犯罪儿童进行了研究，发现许多孩子会成为少年犯的原因之一，就在于妈妈们不良期望的影响。他们因为在小时候偶尔犯错，或者是在小时候经常顽皮，便被贴上了"不良少年"的标签，这种消极的期望会引导孩子们，使他们也越来越相信自己就是那个"不良少年"，最终走向犯罪的深渊。

从心理学角度来看，积极的期望能够促使孩子向好的方向发展，而消极的期望则会使孩子向坏的方向发展，所以说妈妈们应该经常对孩子讲一些积极的话语，比如说"说你行，你就行"。

管仲在做齐国的宰相之前，曾经做过负责押送犯人的差事，但是在做这个差事的时候，与别的押解官不同的是，管仲并没有亲自押送过犯人，而是让他们按自己的喜好安排自己的行程，只要是在预定日期赶到就可以了。犯人们感到这是管仲对他们的信任和尊重，因此，没有一个人中途逃走或者是不按期到达预期地点，由此可见，积极期望会对人的行为产生巨大的影响。

其实，对孩子的教育也是同样的道理，只要你相信孩子，孩子就会给你带来惊喜！但可惜的是，由于"望子成龙，望女成凤"的浮躁心态一直在作祟，有很多父母往往喜欢拿自己子女和别人的孩子来作对比，总会认为自己的孩子不行，总认为自己的孩子很笨、自己的孩子很差。而且，常常得出"自己的孩子不如别人的孩子"的悖论。其实，这样往往会让孩子更加不自信，从而更加技不如人。

有教育专家这样说过："生命之海是不可比的，父母应该深信自己的孩子是最好的。抱着一颗阳光之心，并且要保持阳光的心态，才能培养出一个具有阳光般性格与阳光般心灵的孩子。因此，即使孩子没有超人的本领或者是特长，只要他学会用灿烂的微笑来迎接自己将来的生活，用乐观积极的态度去面对自己的未来，他照样能够活出一片属于自己的天地来。"是啊，妈妈们用阳光的心态来对待自己的孩子，就能够使自己的孩子拥有自信，孩子也就有了动力，从最初的平庸走向辉煌。

母亲节的时候妈妈都会感到很幸福，在1975年母亲节的时候，在哈佛大学就读的比尔·盖茨就给自己的妈妈寄了一张祝福贺卡，他在贺卡上写道："您总是在我干的事情里寻找那些值得赞扬的地方，我十分怀念和您在一起的幸福时光。"当人们问起这段话的意思的时候，比尔·盖茨笑着自豪地说："我现在一切的成功都是源于我母亲对我的信任。"

正是因为比尔·盖茨有了这样一位善于欣赏和赞扬儿子的伟大母亲，才会有比尔·盖茨今天的卓越成就。在现实生活中，在妈妈眼里孩子是永远长不大的，其实孩子在慢慢地成长，作为妈妈，不仅要给孩子自由的空间，也要教会孩子在自由的空间中自信地翱翔。因此，为人母亲，千万不要对自己的孩子泄气，一定要用最有力量的语言来鼓励孩子，让他有一百分的自信，他会用自己卓越的成功来回报你。只要你相信他，他就会成为你眼里的天才！

1. 在孩子遇到困难之后，对孩子说"你是最棒的"

孩子需要鼓励，但是这并不表示在孩子的世界里没有挫折。当孩子面对挫折的时候，妈妈们要鼓励孩子，告诉孩子："你是最棒的，妈妈相信你。"因为对于孩子来讲，妈妈的话是最有动力的，所以说，这些话往往能够让孩子感受到快乐。

2. 在孩子做事情之前，告诉孩子"你一定能行"

孩子希望自己能够成功，但是有的时候往往会因为胆怯而不敢迈出大胆的脚步，这个时候妈妈们不妨去"推"孩子一把，告诉孩子"你能行"，这样孩子也会觉得自己能行，自然做事情也就变得更加自信了。

教孩子勇敢并不等于让他去冒险

妈妈们应该明白，勇敢不等于让孩子去冒险。在生活中，孩子因为第一次做某件事情，或是第一次接触某件东西，很可能会产生畏惧感，妈妈们应该鼓励孩子大胆做事情，千万不要吝啬自己鼓励的语言。可是，妈妈们也必须明白，鼓励孩子勇敢并不等于是让他去冒险。比如说自己的孩子跟别的小孩子闹了矛盾，严重的时候会厮打起来，作为妈妈你不去劝架，反而鼓励他说："别怕，勇敢一点，你打得过他的。"这就完全混淆了勇敢的概念，当然，这也是在怂恿孩子变得更加暴力，自然是万万不可取的。勇敢必须是正当的行为。做妈妈的不能给孩子做坏事的勇气，否则迟早是要害了孩子的，这并不叫勇敢。

而对于一些冒险的尝试，比如说游泳，在鼓励孩子去学习之前，也要先告诉孩子一些相关的知识和应该注意的事项，并且大人们应该从旁指导，千万不要盲目去鼓励孩子冒险。作为妈妈，不要让孩子有无意义的冒险行为，比如孩子说他想要爬到一棵大树的树顶上去，这样的勇敢其实不是真正意义上的勇敢，而是逞能了。这一点是必须让孩子明白的。除了行为上的勇敢，还有心理上的勇敢。当孩子想要表达自己观点的时候，妈妈们要鼓励孩子勇敢一些，千万不要害怕说错，只要孩子能够说出来就是一种成功。

作为妈妈的你是否给了孩子很大的勇气？你是否在孩子跌倒的时候，让孩子学会了自己站起来？你是否在孩子有新想法时给了他机会去"冒险"？你是否常常对孩子说"勇敢一点，你能行"？

妈妈们都不希望自己的孩子胆小怕事，可是，孩子的胆量是需要慢慢锻炼出来的。而作为妈妈，正是培养孩子的好老师。

有的孩子会很胆小，还怕黑，也怕自己一个人待在家里或者独处。这种孩子就需要妈妈的鼓励和勇敢教育，比如说恰好妈妈有什么事要出去，必须留孩子一个人在家，孩子肯定会哭闹着不肯一个人在家待着。这个时候有的妈妈可能会说："宝贝，你这么害怕呀，那还是算了，你跟着妈妈出去吧！"要知道，孩子的胆量是需要妈妈们去训练的，一些孩子到了十几岁还是很害怕黑暗，这是和勇敢教育有关系的，妈妈们不妨让孩子勇敢地去面对黑暗，而不是逃避。

而有的时候，孩子是有一些新想法的。妈妈刘涛说："本来一直是我送他上学的，但是有一天儿子突然说以后不要家长送了，想要自己一个人去上学。"刘涛说开始的时候，她还有点不习惯，但是发现这很可能是因为孩子觉得自己长大了，再让妈妈送自己上学了，这样会让同学们笑话。刘涛接着说："也可能是因为他体谅我吧，怕我太辛苦，总之这个想法对孩子来说，是个不错的改变，我很支持孩子的这种改变。"

可是其他的妈妈们能够理解吗？她们也许立即便会表示反对："不行！你一个人很不安全！"孩子自己已经有胆量去尝试他自己能做的事情了，为什么妈妈不对他的勇气给予应有的鼓励呢？

妈妈们可以支持孩子做事情，但是勇敢并不是冒险。

那么妈妈们要怎么培养孩子大胆而非冒险的行为呢？

1. 妈妈们要从小培养孩子胆大心细的习惯

让孩子从小懂得胆大并不是一定要做什么冒险的事，而是做事情一定要在有把握的基础上再采取行动。给孩子安排一些小事情去做，千万不要让孩子感觉到只要是自己想做的事情，不管多危险就能够去做。

2. 让孩子感受到勇敢去做事情的成就感

妈妈们要让孩子偶尔获得成就感，只有当孩子感受到自己有一些成就之后，才会有一种成功的感觉，才会愿意去主动地做事情。所以说妈妈们应时不时地满足一下孩子的成就感，让孩子感受到自身取得的成就。

 ## 让孩子做一些力所能及的事

任何一个孩子，都需要在父母的教育和环境的影响下发展自己的特点，这样才能够形成不同的人格品质和能力。儿童心理学研究表明，幼儿期心理活动的主动性是很大的，在这个时期，孩子喜欢自己去尝试和体验。家长可以因势利导，并且把握孩子这个时期的心理特点，在保证孩子安全的前提下，放手让孩子去做力所能及的事情。

妈妈们应该本着"大人放手，孩子动手"的原则，多去培养幼儿的自理能力。有一些家长害怕累着自己的孩子，也害怕孩子做得不够好，自己重新再做会太麻烦和太浪费时间，因而不让孩子做一些力所能及的事；还有一些家长认为，吃饭、穿脱衣服等生活技能是不用训练的，因为孩子在长大后，自然就会了。其实这些观念都是不正确的。

对于妈妈来讲，应该让孩子具备自我服务意识，这种意识也是幼儿发自内心的需要。对孩子进行自我服务能力的培养，通常是为了让孩子长大后能够更加适应未来社会的需要。妈妈对孩子的培养，一定要眼光长远，不要因为怕孩子受苦而什么也不让孩子去做，这样只会影响孩子的成长和发展。

在孩子的成长时期对他们进行自我服务能力的培养，正是为他们对未来的劳动心理奠定基础，同时也是培养孩子完善自我行为的关键所在。在我们日常的生活中，需要妈妈们用心去教育孩子自立，让孩子做他们力所能及的事情，这样他们会感觉到生活的快乐，也会因为自己的进步而更加的快乐。

小丽的儿子肖蒙已经六岁了，孩子长这么大还从来没有自己吃过饭，每次吃饭都要妈妈来喂。穿衣服也不会自己穿。小丽并没有觉得这有什么不好，但是偏偏问题就发生了。

肖蒙刚到幼儿园的时候，他竟然自己不会吃饭，他看到其他的小朋友都在吃饭，他却不知道要怎么吃。幼儿园的老师看到了，很好奇，问肖蒙为什么不吃饭，他说："在家都是妈妈喂我饭的，我自己不会吃饭。"在一旁的小朋友们听了都笑了起来，课下那些小朋友还在嘲笑肖蒙这么大了还要妈妈喂，肖蒙自然很不开心。

等到放学的时候，小丽来接孩子回家，看到孩子不开心，眼圈都红了，好像是哭过了，她连忙问孩子是怎么回事。肖蒙将事情的经过告诉小丽，小丽听了自然很惊讶，她没想到自己对孩子的宠爱竟然害了孩子，让孩子没有了独立的能力。从那之后，小丽开始教孩子怎么拿勺子、怎么夹菜，后来她又教孩子怎么去洗脸刷牙，她终于明白了，让孩子做他们力所能及的事情是对孩子的爱，也是对孩子独立性的锻炼。

妈妈们应该提供给孩子锻炼自己的机会，如果不给孩子机会，那么就等于剥夺了孩

子发展自理能力的机会，久而久之，孩子也就会丧失独立能力。所以说我们要本着"大人放手，孩子动手"的原则，让幼儿做一些力所能及的事情，这样对孩子是一种锻炼，也促进了孩子智力的发展。在家里，家长可以根据孩子的兴趣和自己的能力，因势利导地去做事情，随后通过自己具体、细致的示范，找到适合的方式来培养孩子的自理能力。那么在生活中，妈妈们要注意些什么呢？

1. 从身边的小事开始培养孩子

要从孩子身边的小事情开始做起，要注意做事情的先后顺序，由易到难，教给幼儿一些自我服务的技能，比如让孩子学习擦嘴、擦鼻涕、洗手、刷牙等简单的事情。这些看上去虽是很小的事情，但实际上是给幼儿创造了很好的锻炼机会，是在无形中培养幼儿独立生活的能力。当孩子能够完成一项工作后，妈妈一定要夸赞和给予孩子肯定，只有这样才能够增加孩子的自信心。

2. 当孩子做错的时候，不要打击孩子

在孩子开始做的时候，难免会出现错误，在这个时候，妈妈们千万不要去打击孩子的自信心，要鼓励孩子去完成自己的行为，即便是孩子错得很不像话，也要先夸奖孩子的勇敢。孩子会因为妈妈的鼓励勇敢地去完成自己的事，只有这样孩子才能够在以后的生活中变得更加主动。

3. 当孩子遇到困难的时候，妈妈要及时出现

孩子的年龄毕竟还小，在做事情的时候，可能会遇到一些困难。当妈妈发现孩子无法单独完成的时候，一定要主动提供帮助，要帮助孩子去完成，千万不要让孩子感受到很无助，只有这样孩子才会重新充满动力做下去。

为孩子提供更多的社交帮助

有的孩子不善于交朋友，很多孩子总是习惯自己待着，不喜欢与他人交往，这样对孩子今后的发展并没有好处，毕竟孩子以后的人生要面对社会，要面对社会中的人，这就需要让孩子变得更加善于与人交流。

为了帮助孩子更好的交际，妈妈们要提供给孩子更多的社交帮助，与此同时，妈妈们应该考虑怎么样才能够在让孩子社交的同时，又能够提高孩子的学习能力。

学习外国的语言是中国孩子的一个难题，不善于交际也是中国孩子的一个难题。交个外国笔友，不仅可以快乐学习语言，还可以培养孩子的交际能力。

斯特娜夫人是一个成功的教育家。在女儿很小的时候，就教她学习世界各国的语言，让她用世界语和世界各国的小朋友通信，这种做法一方面是为了提高孩子的学习兴趣和学业水平，另一方面是为了让女儿逐渐学习与人交往，培养女儿的交际能力。

斯特娜夫人的女儿和许多国家的小朋友结成了好朋友，他们通过写信进行交流，谈各自的生活和学习，各自国家的风土人情，以及对生活和社会的看法。经过这样的锻炼，斯特娜夫人女儿的外语突飞猛进。

对中国的孩子来讲，多会一种语言是有竞争优势的。但又不能逼迫孩子为了学习语言而学习语言。斯特娜夫人的做法就值得我们称赞和学习。

在这个过程中，另外一个收获就是斯特娜夫人的女儿因为和别人的交流，过去有点封闭和自卑的性格也有了很大的改善。斯特娜夫人不仅允许女儿和女生通信，还允许她和男生进行交流。她认为，女孩子敏捷并富于想象力，而男孩子则富于理解力。让他们交流，可以互相取长补短，女孩子可以从男孩子身上学到勇敢果断等品德，男孩子可以从女孩子身上学到亲切柔和等品德，这样对双方都有益。

在生活中，斯特娜夫人也让女儿和各种类型的孩子进行交流。当女儿长大一些后，母亲又鼓励她和其他小朋友一起组织开会等集体活动。当然，这类活动应是有益而愉快

的。在母亲的鼓励和支持下，女儿担任了"美国少年和平同盟"会长以及"少年慰问团"会员等职务。

斯特娜夫人从完善孩子性格的角度出发，鼓励女儿与同龄孩子一起游戏、组织活动。这是因为在以后的成长道路上，孩子要和许多的人交流。这需要懂得人际交往的技巧。

与人交往是人类特有的社会性需要，儿童也不例外。儿童在与成人的交往中，不仅能够得到关心和爱抚，而且通过成人的言行了解了一些简单的社会道德规范和行为准则，并逐步以成人的要求评价、判断和调节自己的行动。在与同龄伙伴的交往中，通过共同游戏和活动也能逐渐学会如何表达自己的愿望，如何彼此友好相处。

但好多妈妈对孩子关切过度，事事代为安排，往往令孩子失去发展合群性的机会。例如当孩子自己玩的时候，妈妈常过分注意他，拿东西给他、抱他，令孩子不能自由、充分地发展自己的兴趣。这样的孩子很少向人打招呼，因为总是妈妈先开口，教他叫某叔叔或某姨姨。妈妈常喜欢拿他来向人炫耀，次数多了则令孩子感到尴尬。孩子生病时，妈妈总是不眠不休地细心照顾，同样，当孩子顽皮时，妈妈也往往把事情看得太严重，以致小题大做。凡此种种，使孩子太少练习交际口才，不懂如何与人交往。入学以后，这类孩子也很难适应学校生活，不容易结识朋友。与同龄的伙伴玩耍时，不是畏缩，便是争吵打架，最后被孤立。

正因为以上原因，使当代独生子女的社会适应能力普遍发展较缓慢。如果不能及时引导，孩子便逐渐养成内向、孤僻、沉默寡言、软弱怕事的性格，失去一般小朋友的天真活泼气息。另一方面，也会造成做事过分认真，追求完美，以至容易钻牛角尖。

一个女孩走过一片草地，看见一只蝴蝶被荆棘弄伤了，她小心翼翼地为它拔掉刺，让它飞向大自然。后来蝴蝶为了报恩化作一位仙女，向小女孩说："为了报答你的仁慈，请你许个愿，我将帮您实现。"小女孩想了一会儿说："我希望永远快乐。"于是仙女弯下腰来在她耳边悄悄细语一番，然后消失无踪。小女孩果真很快乐地度过一生。当她年老时，邻人问她："请告诉我们吧，仙女到底说了什么，让您的一生都这么快乐？"她只是笑着说："仙女告诉我，我周围的每个人，都需要我的关怀，需要我真心以待。"

那么，如何培养孩子的交往能力呢？下面几点常用的方法可供参考：

1. 创造平等和谐的交往氛围

家长不能摆出"长道尊严"的面孔训斥孩子。家庭中涉及到孩子的问题，更应想到孩子，听听他们的意见。家庭中的大事，孩子可以知道的应该让孩子知道，适当地让孩子"参政议政"。

2. 教给孩子基本的交往技能

孩子的交往技能，如分享、协商、轮流、合作等过程中所需要的技能，需要家长在潜移默化中传授给孩子。通过一个个生动的故事，教孩子学会关怀别人、理解别人——这正是与他人友好相处、培养孩子的社交能力的根本。

3. 鼓励孩子走出家门

交往的技能只有在与人交往中才能学会，家长应该尽可能地为孩子打开生活空间，鼓励孩子走出家门，广交朋友，要提供更多的交往机会。如让孩子去找伙伴玩，邀请邻居家的小孩子、同班同学来家做客。心理学家指出，同伴对指导或训练儿童掌握社会交往技能，帮助孩子走出孤独具有特殊作用，因为这种技能，儿童是无法在成年人那里学到的。父母还应适当地带孩子进入自己的社交圈，外出做客时，尽可能带孩子参加，提醒孩子注意大人间的交往与谈话礼貌；家中有客来，把孩子介绍给大家，让孩子参与接待、倒茶、让座、谈话等等，不要一味地将孩子赶走。让孩子在实践中学习交往，有利于消除孩子交往中的胆怯、恐惧心理。平时家长还可以有意识地让孩子去完成一些需要交往的任务，比如说去楼下小店买个日用品，帮忙把什么需要转交的东西送到某处，等等。总之，很多帮孩子学习交往的机会就在生活中，家长只要花点心思注意利用就可以了。

4. 赞扬孩子的每一点进步

随着孩子的成长，在与他人交往时一定会有明显的进步，一见陌生人就胆怯退缩不敢说话等情况一定会有所改变。但这时候，别忘了，做妈妈的还有一件十分重要的事要做：及时去发现孩子的每一点变化——课堂上勇敢地举手发言；第一次主动与老师打招呼；热情邀请同学来自己家做客；向一个陌生人微笑致意；购物时学着讨价还价；同情弱者；帮助他人——所有这一切，你要随时看在眼里、记在心里，并持续不断地鼓励他。如此坚持下去，你一定能看到孩子的良好表现而倍感欣慰。

人是社会人，每个人要想在社会上生存就必须学会与他人沟通、交流，掌握一定的交往技巧有利于少走弯路，更快地融入团体。

 ## 妈妈如何面对在学习上遭遇挫折的孩子

现在孩子的学习负担越来越重，同样他们在学习的过程中一样会遇到挫折，这些挫折对他们来讲往往是大问题。在这个时候作为妈妈究竟应该怎么做呢？当自己的孩子面临学习上的挫折，妈妈们应该用自己的力量来帮助孩子摆脱消极的情绪，所以说这个时候妈妈们不妨去鼓励孩子，让孩子感受到来自妈妈的温暖和爱，让孩子重新恢复信心。

"宝贝，你能行"一句平常的话可以改变处在困境中的孩子。这不是一句假惺惺的敷衍之语，而是妈妈信任孩子的表现。

在新泽西州一座小镇上，一个由26个孩子组成的班级被安排在教学楼最里面一间教室里。他们中所有的人都有过不光彩的历史；有人吸过毒、有人进过管教所、有一个女孩子甚至在一年之内堕过3次胎。家长拿他们没办法，老师和学校也几乎放弃了他们。

就在这个时候，一个叫菲拉的女教师担任了这个班的辅导老师。新学年开始的第一天，菲拉为大家出了一道题：有3个候选人，他们分别是——A：笃信巫医，有两个情妇，有多年的吸烟史，而且嗜酒如命；B：曾经两次被赶出办公室，每天要到中午才起床，每晚都要喝大约1升的白兰地，而且曾经有过吸食鸦片的记录；C：曾是国家的战斗英雄，一直保持素食习惯，热爱艺术，偶尔喝点酒，年轻时从未做过违法的事。

菲拉给孩子们的问题是：如果我告诉你们，在这3个人中，有一位会成为众人敬仰的伟人，你们认为会是谁？

毋庸置疑，孩子们都选择了C。然而，菲拉的答案却让人大吃一惊。"孩子们，你们的结论也许符合一般的判断，但事实是，你们都错了。这3个人大家都很熟悉，他们是二战时期的3个著名的人物——A是伟大的美国总统富兰克林·罗斯福，B是英国首相温斯顿·丘吉尔，C大家也都知道，他就是希特勒。"

"孩子们，"菲拉接着说，"你们的人生才刚刚开始，以往的过错和耻辱只能代表过去，真正能代表一个人一生的，是他现在和将来的所作所为。每个人都不是完人，连伟人也有过错。从过去的阴影里走出来吧，从现在开始，努力做自己最想做的事情，你们都将成为了不起的优秀人才。"菲拉的这番话，改变了26个孩子一生的命运，他们后来大多成了社会的名流——医生、法官、飞机驾驶员、基金经理人等。

所以无论现在孩子是什么样子，并不代表将来，我们对孩子要充满信任和期待，教育孩子的全部秘密就在于相信孩子，并鼓励他说："孩子，你能行。"这是孩子在遇到学习挫折时最想听到的话语，也是妈妈们应该做的事情。

有一个爱拉小提琴的孩子，每天吱吱嘎嘎地拉，每个人都忍受不了他的嘈杂的声

音,甚至连家人都不愿理会他,他觉得自己失败极了,只有跑到后山,面对着花花草草,他才有继续拉的勇气。有一天,出现了一个老人,安静地听他拉完,甚至为他鼓掌,小孩子兴奋极了。老人说:"我是聋子,但我能感受到你拉得很好!"孩子开心极了,每天早早起来,到后山只想为唯一的聋子听众拉上一段,几个月后,孩子的琴技突飞猛进,而其实这位"聋"老头是一个资深的小提琴演奏家。

美国有一个家庭,母亲是俄罗斯人,他不懂英语,更看不懂儿子的作业,但每次她都认真地把儿子的作业拿在手上,仔细地看,由衷地赞叹:"太棒了!"然后小习翼翼地把作业挂在墙上,逢客便讲:"瞧,我的儿子的作业多棒!"客人当然点头附和:"真不错!"儿子受到了鼓励,每次都争取比上一次好,成绩一天天地提高,最终成为杰出的人。

一句"你真棒!"真的可以改变孩子的一生。生活、学习中为什么我们不能充当一下这样的"聋子"和"瞎子"呢?孩子就是这样,告诉他能行,他就能行;说他不行,他行也不行,这就是孩子,他需要的是观众,能为他喝彩的观众。你为他雀跃,他就会给你一个又一个的惊喜;你说他不行,不如他人了,他会证明自己真的很笨,看似寥寥数语,却塑造着一个孩子的一生。批评是一盆冷水,那么表扬就是一股温泉,批评使人凛然一振,而表扬却丝丝泌人心脾。

妈妈是孩子最信赖的人,她们的话能造就一个孩子,也能毁掉一个孩子。试想,当孩子想做一件事的时候,母亲总是说"你不行的"、"你做不好"这类的话,孩子本来潜在的能力或许就从此被遏制了,永远无法发挥出来。到最后,孩子自己很可能产生这样的错觉:"我真没用,什么都做不了。"长期下去,他会慢慢对事物失去兴趣,那个时候,也许就真的什么也不会做了。所以,当孩子遇到了学习的压力和遭遇学习中的困难时,妈妈们一定要去鼓励孩子,让孩子更加有动力,这是妈妈应该做的事情。

让孩子学会自己解决问题

孩子将来的一切都离不开自身的奋斗,独立生活能力是一个人生存与发展的基本能力。让孩子学会自己的事情自己解决,学会独立是帮助他成长的一大关键,让孩子从解决自己身边的问题做起。

每个孩子从出生到长大成人,是一个从依赖走向独立的过程。如果孩子过于依赖,成年后的他就将面临更多的困难,这对他的未来是极为不利的。很多家长为孩子承担了过多的东西,除了学习,其他事都由家长理所应当地代办,这样非常不利于孩子的独立精神的培养。

也许有的孩子会说:爸爸妈妈愿意去做,还不让我做,我也没有办法。的确,很多父母在无意识中剥夺了孩子们体验的权利。

的确,有些家长常常过分呵护孩子,不放手让孩子大胆尝试,过分宠爱孩子。但孩子总要长大,迟早要独立面对社会和人生,迟早要自己去解决面临的问题。所以有必要让孩子从小去尝试一些力所能及的事情,为孩子创造一些条件和必要的机会,让孩子从小学习自己去解决问题、适应社会。

小善妈这个家庭主妇当得可真不轻松,每天下了班回家,要服侍年迈的公婆,打理一家人的衣食住行,还要照顾刚读小学的儿子小善。每天下来,她都只有一个字来形容:累。特别是那宝贝儿子小善,已经7岁了还什么都不会做,事无巨细都必定要她亲力亲为。小善妈尽力事先替孩子做好一切,但偶有疏忽,就会被弄得手忙脚乱。头一天她加班回来已经很晚,忘了把小善第二天要穿的衣服准备好,第二天一早小善醒来后就冲着正在厨房忙碌的妈妈喊:"妈妈,今天穿哪件衣服?""妈妈,穿哪条裤子?""穿哪双鞋?""过来帮我系鞋带。"……满头大汗的小善妈不禁感叹:"唉,这孩子,怎么这么依赖大人,一点都长不大!"

但是,在抱怨的时候,这位妈妈有没有想过:这一切是谁造成的呢?因此,为了孩子的未来,家长们,放手吧,让孩子自己来!要知道,让孩子从小养成独立生活的习惯是父母的首要任务,因为独立是孩子真正成长为一个大人所必须具备的素质。

美国权威儿科博士詹姆斯曾告诫家长:"依赖本身就滋生懒惰、精神松懈、懒于独立思考、易为他人左右等弱点。"爱子之心人皆有之,但如果我们只是超负荷地物质供给,无限度地娇宠溺爱,能说是尽到了教育下一代的责任吗?

美国的教子观,很注意培养孩子的自立意识。具有独立性,极少依赖性,这是孩子成才的自我保证。据说美国许多跨国财团、亿万富翁,一般经过数十年,至多一二百年后,其家族就衰落了。但有个叫洛克菲勒的家族却几个世纪经久不衰,亿万巨富还是亿万巨富。这是什么原因呢?研究他们的家族史发现,他们特别注意培养孩子的独立意识和独立能力,要求孩子自立、自主、自强,不当败家子,一代代都是如此。

人的独立精神是立业的根基。孩子的独立性格应表现在从小自己会睡、会坐、会玩,不处处依靠大人;会走以后,能够独自串门;自己的事情自己做;在保证安全的前提下,还会自己上幼儿园、走亲戚、与陌生人交朋友等。那些胸前挂钥匙的孩子,独立精神往往是比较强的。

家长关心、爱护孩子不是错,满足孩子生理和心理正常发育的需求,也是家长的天职。但是,如果家长都像小善妈一样,对孩子的任何事情都大包大揽,不仅家长累得心烦,也束缚了孩子的手脚和头脑,久而久之,就会使孩子形成不良的依赖心理。很多家长觉得孩子依赖性太强,什么都不会做,可没想到孩子长不大的最根本原因往往就在家长自己身上。孩子的成长是身体和心理成长的组合,大多孩子吃得好长得壮,心理的"营养"却被忽视,自立能力和生存能力得不到锻炼,这样的孩子或许在学习上是优等生,可一旦离开家长走向社会,就会成为寸步难行、困难重重的"劣等生",甚至被淘汰。

所以,让孩子学会独立是帮助他成长的一大关键。家长们都要清楚地意识到孩子们将来的一切都离不开自身的奋斗,独立生活能力是一个人生存与发展的基本能力,而这种能力不是天生的,是从小培养起来的,而首先要培养孩子的就是自己照顾自己的好习惯,不能让他依赖大人。

既然已经了解了孩子的独立性发展的过程以及培养孩子独立性的重要性,那么家长应该从哪些方面来进行独立性的培养呢?

1.家长要有意识地树立孩子的自信心,让他相信自己不依赖大人也能做好很多事

孩子自信心的建立,应着重从"参与"入手。从孩子懂事开始,家长可以在适当场合多征求孩子的意见,让孩子参与一些事情。如买什么玩具、购什么图书,都要适时地放手,让孩子自己选择。这样既遵循了孩子的意愿,也让他在参与中无形地增强了自信心。

2.家长要战胜自己

在培养孩子独立做事时,最关键的是家长自己要战胜自我。有的家长一见孩子碰到困难,不是鼓励他去克服困难,而是立即代劳。还有的家长明知应要求孩子克服困难,坚持自己去做事,但只要孩子一哭一闹,立刻心软而妥协,依顺孩子,从而前功尽弃。因此,为了孩子的未来,家长应下决心甚至下狠心,培养孩子克服困难的精神和毅力。

3.让孩子自己的事情自己做

在日常生活中,尽量做到自己的事情自己做。如自己的衣服自己洗,自己的房间自己收拾,自己做错了事情要勇于承认过错。家长在生活当中注意适时让孩子做力所能及的事,多承担一些能承担的责任。随着孩子年龄的增长,让他承担责任的范围也要相应加大。如4岁时可让孩子学洗自己的手帕;5岁时收拾自己的床、抽屉;7岁时可教他做些简单的饭菜……

4.给予孩子充分的自由

孩子的独立自主性是在独立活动中产生和发展的,要培养独立自主的孩子,就应该

为他提供独立思考和独立解决问题的机会。在孩子"独立自主"时,家长不要干涉过多。如果一方面要求他自立,另一方面对他这也限制那也约束,会让孩子感到左右为难,产生怠慢情绪。

5. 给孩子一个独立自主的好榜样

榜样的力量是无穷的。如果你自己就是一个处处依赖他人,对什么事都拿不定主意、动不动就寻求帮助,那你不要指望你的孩子能够独立自主。你的一举一动,还有你的品质,都是孩子模仿和学习的榜样。所以,先从你自己独立自主做起吧!

6. 循序渐进,不要随便批评

独立自主性的培养是一个长期的过程,需要循序渐进地进行。切不可急于求成,对孩子的发展作出过高的、不合理的要求,也不能因为孩子一时没有达到你的要求,就加以批评和指责。

7. 鼓励孩子独立解决问题

成长是一个循序渐进的过程,矫正孩子的依赖心理,家长不要怕麻烦,嫌孩子添乱、费时,也不要嫌他做得不好,只要他有"参与",就应以鼓励为主,对进步做出充分肯定,勉励他下次做得更好,让孩子慢慢进步。这样既减轻了家长的压力,也为孩子日后独立进入社会奠定了基础。

孩子成长要靠自己,未来的生活要靠他们自己去创造。深爱孩子的父母们,为了孩子,就让他们学着自己走路吧!

第 10 章 好妈妈不吼不叫，培养孩子的责任感

 **让孩子学会对自己的事情负责**

生活自理能力是一个人生存于社会的基本条件，是孩子独立性的一种表现。父母应当珍视孩子不同年龄段的生活自理愿望，而不要过多约束，剥夺孩子"独立成长"的机会。这样不仅可以培养孩子的生活自理能力，还可以培养他们的责任心。

现在大多数家庭的孩子都是独生子女，因此在素质教育的探讨中，关于孩子的人格发展特点受到了更多的关注。尽管到目前为止，对于现在的孩子是否有独特的人格发展进程尚有争议，但大量关于独生与非独生子女之间的发展比较研究，至少给我们提供了许多极其有意义的启迪。

很多专家认为，总的来说，独生子女和非独生子女相比较起来，独生子女相对比较自私、任性，不知道尊重长辈。但是在大部分性格特征上，并不是说独生子女比非独生子女差，甚至他们有机会比非独生子女发展得要好，但也更有可能在这方面出现问题。这种向两端分部的情况说明，这种发展特点并不是独生子女生来就有的，而是教育不恰当、不完善造成的，特别是家庭教育。因此培养独生子女的健康人格，关键还在于恰当的教育方式。

对大多数父母来说，感情的分寸往往难以掌握，表达感情的方式也不恰当，常常是盲目的溺爱代替了理智的教育。因为就这么一个孩子，父母就把全部的爱都倾注在这唯一的孩子身上了。当孩子进入学校以后，如果学校又只是片面地看重文化知识方面的学习，忽视了学生性格方面发展的问题，那么，孩子就又错过了矫正不良性格特征的另一个重要发展时期。

那么，作为独生子女的父母，应该如何选择恰当的教育方式呢？那就是对孩子要"严格要求、不娇不纵"，掌握爱的分寸，不必对其行为过分担心和限制，并为其创造"集体环境"，这些是克服独生子女性格发展中所产生种种弊端的关键。具体地说，父母应该充分认识到孩子在各方面的发展需要，并采取相应的教养行为模式。

俗话说，"习惯成自然"。习惯不是某种行为的偶然表现，而是一个人习惯化了的行为方式。让孩子从小学会独立自主，父母可以通过以下六点来教育孩子：

1. 让孩子认识真正的自己

想让孩子全面正确地认识自己，就要了解孩子在各个年龄阶段所具备的一些能力。要知道什么年龄的孩子应该做一些什么事情，这样，父母就可以放心让孩子自己去做自己的事情，去慢慢地发现真正的自己，而不是依赖父母告诉他是一个什么样的孩子。除此之外，父母还要在日常生活中让孩子去发掘自己的个性、特点、习惯、兴趣和爱好等等。因为选择的过程也就是一个认识自己的过程，只有了解自己的方方面面，才能更好地决定取舍。有些孩子常说自己没有什么特别的兴趣和爱好，或者今天的兴趣是这个，明天又变成另外的了。这都是父母平时很少注意培养孩子的兴趣造成的。

2. 让孩子自己安排和自己负责

很多父母不给孩子自主选择的权利，因为他们对孩子没有信心，怕他们会做出一些错事，这样，也会让孩子对自己失去信心。很多父母对自己的孩子照顾得十分周到，从生活到学习，各个方面都替孩子想到并且帮他们做好，可以说，一切可以包办的父母都一手包办了，孩子只需要吃饭、睡觉和学习。从表面上看，父母对孩子真的是无微不至，但是，正是父母的这些无微不至的行为"培养"了孩子的依赖性。其实，对于孩子来说，他们也希望能够得到父母的信任，把自由选择的权利还给他们。如果父母经常对孩子说，"你可以做好这件事"，"这是你自己的事情，你可以自己选择"，类似这样的话语，这样，孩子就会勇敢地去做尝试，而不是一味地依靠父母。

如果父母对孩子管束太多，或者经常强迫孩子服从自己的意志去做事，就会使孩子的精神负担过重，心情受到压抑，个性发展受到阻碍，从而缺乏独立自主性。所以，有些时候，父母可以让孩子试着对自己的事情做一些安排，并且告诉他，一切事情的后果他要负责。比如，让孩子对他某一天的行动自己做安排，父母不要插手，如果在这天，孩子因为出现了什么错误而发脾气的话，父母千万不能自揽责任，而是要让孩子意识到自己想做的事情应该自己安排好，并且学着负责到底。这样，久而久之，孩子就会养成自立的好习惯。

3. 给孩子充分的空间，让孩子自由发展

让孩子在独立的活动中发展他的独立自主性。想要让孩子独立自主，就要为他提供一些独立思考和独立解决问题的机会。因为孩子还没有足够的生活经验，也许会对一些事情做出错误的判断。但是，这种错误是有必要的，也是可以理解的，因为他们需要从中吸取教训。如果父母不给他们自由发展的空间和机会，他们也就不会有足够的实践来面对将来需要做出自主选择的事情，到时候，他们很可能会束手无策，也可能会茫然以对，毕竟谁也不会一开始就具备自主选择的能力。

当然，这不是说父母对孩子就可以撒手不管了。父母可以对孩子做出选择的依据和动机做一些了解，还可以把自己的经验和想法告诉他们，以供孩子参考。如果孩子的选择确实存在着某些问题，也可以和父母一起来商讨解决。

和每个成年人一样，孩子也想拥有自己的时间。如果时间的安排完全由成人包办，孩子只是去执行，那么孩子的自主性就永远也培养不起来。

4. 与孩子建立亲密的关系，让孩子充分感受到爱

因为独立自主的培养，需要以孩子的信任感和安全感为基础。只有当孩子相信，在他遇到困难时一定会得到帮助，他才有可能放心大胆地去探索和尝试。因此，在孩子活动时，父母应该陪伴在其身边，给予鼓励。

5. 相信孩子能处理好自己的事

自主选择并不是让孩子进行盲目的选择，当孩子在进行某些重大决定的时候，父母可以帮助孩子收集资料，了解和熟悉各选项，这样有助于孩子进行科学、理性的选择。如果孩子没有很强的自主选择能力，父母可以和他一起分析资料，找出各选项的利弊，最后了解孩子做出选择的动机。如果孩子有较强的自主能力，父母则可以让他自主完成选择。只要父母在重大的事情上帮助孩子把好关，防止出现重大的错误即可。当然，不同年龄阶段的孩子具有不同的自主能力，父母这种把关的尺度也应该不一样。

培养孩子用揠苗助长这种违反客观规律的做法，肯定是要失败的，但是消极地完全"顺其自然"，也不利于孩子的成长。遵照客观规律，积极创造条件，让孩子去锻炼，这才是我们应该采取的正确做法。

6. 尊重孩子的选择

孩子的选择往往表现出他的自主性，但由于父母害怕孩子做出的选择是错误的，总是不敢把选择的权力交给孩子。可是，如果从来不让孩子有机会使用选择的权力，那么，他也就永远都学不会自己选择，永远没有自主性。

有的父母在把某些选择权交给孩子的同时，会事前为他提供有关情况，帮他分析各种可能，并且告诉孩子，一旦选错了，必须要负起责任。他们认为，在这种情况下，即

使孩子的选择是错的，也是对于孩子的一次教训，是很值得的。比如，有一位妈妈带孩子去少年宫报名，就先让孩子看看小组活动，本来，妈妈的意愿是让孩子学钢琴，可是发现孩子在舞蹈组门前看得出神。于是，妈妈尊重孩子的选择让她报舞蹈班，但要求孩子对自己的选择负责，一定要坚持把舞蹈学好。

父母和孩子做出的选择当然不可能是完全一致的，在这个时候，父母不应该不听取孩子的意见就否决它。如果经常否定孩子的选择，就会让孩子觉得父母不尊重他们的选择，这样就会打击孩子的积极性，更不利于培养孩子的自主能力。

孩子学会道歉，是学会承担责任的一种表现

小洋坐在靠近门边的书桌前写作业，外面风很大，作业本被风吹得"啪啪"直响。于是小洋不得不一次次跑去关门，每次关上没多久，猛烈的风就又把门吹开了。

这时，邻居有事来找妈妈，她没有进门，便和妈妈两人站在大门外闲聊起来。

恰巧此时门又被风吹开了，小洋跑过来用力关门，只听外面传来一声痛苦的叫喊声。

小洋打开门惊恐地看到，门外的妈妈五官痛苦地扭曲在一起，看到小洋出来，妈妈暴怒地冲他扬起了手。原来，刚才妈妈的手放在门框上，小洋突然关门，差点把妈妈的手指夹断。

小洋吓坏了，以为这次免不了一顿暴打。但是妈妈的巴掌一直没有落下来，小洋的脸颊感受到的也仅仅是一阵风而已。

事后，手指受伤的妈妈对小洋说："当时我实在痛得厉害，原想狠狠地打你一个耳光。但是，转念一想，是我自己把手放在夹缝处的，错的人是我，凭什么打你？"

小洋的妈妈用自己的行动告诉了小洋一件事情，那就是要勇于承担自己的责任，敢于说"对不起"。

有的妈妈认为孩子做错事时道不道歉并不重要，只要孩子下次注意就可以了，但是当错误产生时，妈妈一旦无原则地让步，对孩子姑息迁就，就是变相地提示孩子，自己的错误可以不用承担责任。

"对不起"这三个字虽然看起来很平常，却蕴藏着无穷的力量。

试想，当你在路边散步时，突然被一个骑自行车的人撞倒了，正当你怒发冲冠准备发火的时候，那人轻轻地对你说了声"对不起"，你是不是就生不起气来了。在生活中，当我们和别人发生了什么不愉快的事情时，若能够做到礼貌、时时多讲两句"对不起"，那许多大事就可以化小，小事便可以化无了。

而且，更重要的是，让孩子学会说"对不起"，其实是教育孩子要勇于承担自己的责任。一个做错了事而不敢去承担的人，就是一个没有责任感、没有价值感的人，他无法认识到自己在社会中的地位与重要性，也找不到前进的方向，就会失去创造的动力，最终将一事无成。这样的孩子是可悲的，这样的妈妈也是失败的。

一位哲人曾说，犯错是人的惯常行为之一，错误本身并没有可怕之处，最让人担忧的是，当错误已成事实的时候，我们却选择了逃避，而没能从中学到生活的经验。妈妈作为孩子最亲近的人，应该教孩子学会说"对不起"，让他学会承担起属于自己的责任。

每个人都不是天生就具有责任感的，责任感是在适宜的条件和环境下萌发的，并随着年龄的增长和心智的逐渐成熟而形成。因此，家庭是孩子责任感赖以滋长的土壤，妈妈对待孩子的态度以及教育方法，是孩子的责任感能否形成的重要条件。

为了教育好孩子，妈妈需要注意以下几点：

1. 明确告诉孩子是非对错

孩子不道歉不一定是孩子成心不认错，很多是因为孩子的是非观不明确，不懂对错是非。家长应该耐心地告诉孩子，错在哪儿、怎么做才正确。而且家长要让孩子有足够

的安全感,知道他不会因为认错而被家长责骂,这样孩子道歉就会顺理成章,也不会对认错产生畏惧感。

还有的孩子犯了错,总是寻找各种谎言来逃避责任,家长一定要及时纠正这种行为,让孩子明白说谎是一种恶劣的行为,比犯错误更不可原谅。

2. 鼓励孩子承担责任

勇于承担责任的孩子是受欢迎的,当孩子做错事后,家长要让孩子明白是由于孩子自己的过失才造成这样的后果。但错误并不是不可挽救的,可以让孩子提出一些可行的补救办法,以增强孩子的责任感。一味的指责只会加重孩子的逆反心理,父母不仅要注意孩子的言语上的道歉,更要让孩子摆脱自我为中心的想法,让孩子有愿意承担责任的勇气。

3. 做错了一定要说"对不起"

当孩子犯了错时,千万不要偏袒他们,而应该让他们为自己的行为担起责任。逃避责任,只会让孩子留下人生的硬伤,甚至一错再错。比如孩子吃饭的时候打翻了自己的碗,要向妈妈说"对不起";不小心踩了小朋友的脚,也要马上道歉,说自己不是故意的。

4. 适度的惩罚与表扬

孩子犯错后,家长不可听之任之,除了让孩子明白错误的原因及补救方法外,还应该根据错误的严重程度给予孩子必要的惩罚。让孩子知道做错事后必须承受后果,从而牢记教训。家长可以通过目光注视、远离孩子、拿走孩子的玩具等惩罚措施,让孩子对自己的错误行为产生内疚,从而减少再次犯错的行为。当孩子意识到自己的错误而主动道歉后,家长也应该给予适当的表扬,让孩子明白知错能改的行为是好的。

5. 要给孩子做最好的表率

家长是孩子最好的老师和榜样。当家长做错了,或者错怪了孩子,应该真诚地向孩子道歉,这样不仅不会降低家长的威信,反而会让孩子明白,每个人都会犯错,道歉不是丢脸的事。家长为错误主动道歉的行为反而会让孩子更尊敬家长,孩子也能从中学会主动认错。

比如你发现自己晾在阳台的衣服不翼而飞了,你以为是孩子淘气藏了起来,便不听孩子的解释把他教训了一顿,当你发现衣服其实是被风吹到了楼底下的时候,不能放不下面子就这样算了,相反,你应该马上向孩子道歉,孩子便能感同身受,下次自己遇到这样的事情,才会勇于承担。以身作则,是教育孩子的最好方法。

6. 教孩子做一个宽容、善良的人

当自己受到触犯的时候,要勇于原谅别人的错误,学会换位思考,比如在餐厅吃饭,一个小朋友不小心把饮料泼到了孩子身上,这个时候可以教孩子想一想:"如果你是他的话,一定已经非常内疚了,我们就不要再责怪他了。"让孩子做一个大气、宽容的人,才能得到幸福和快乐。

把价值观纳入到责任感教育中来

"妈妈,我要买一盒小彩笔。"
"家里不是还有吗?"
"已经旧了,也不全了。"
"笔有什么旧不旧的呢?只要能用。为什么会不全了呢?是不是没有用心收好?没有收好自己的东西是你的责任。丢了笔,只好凑合着用剩下的了,下回就知道收拾东西了。"
"妈妈你真抠门儿,要是爷爷早就给我买了。"
"我不认为省钱就是抠门儿。省下钱可以买其他有用的东西,而且不浪费东西,也可以节约资源,好处很多,为什么不省着点呢?"

这是一个富裕家庭的妈妈与孩子在收款台前的对话。

随着生活水平的提高，人们都渐渐"大方"起来，尤其是对孩子。更是大有"千金散尽还复来"的味道。曾几何时，花钱"大方"成了"爱"孩子的标志。这里不仅仅是孩子的问题，父母的思想也存在着误区。

过去，我们有"小小针线包，革命传家宝"的优良传统，我们的孩子也都懂得父母所讲的道理，但是，今天我们富裕了，怎样对待孩子的物质要求？怎样培养孩子节省的意识？可以说，节俭是一种美德，无论是贫穷的年代还是富裕的时代，我们都应当崇尚节俭。从小的方面看是为了居家过日子，从大的方面看是为了人类节省资源，无论从哪一个角度都应该理直气壮地崇尚节俭。

过去，孩子从小就受到了这种教育，现在孩子还应当从小就受到这种教育，无论你的家庭是否富有，勤俭持家的传统不能丢。有些父母自己很节俭，对孩子却很大方，这是一种爱，却是一种极不明智的爱。

对孩子来讲，教育他们省钱，主要看重在不浪费东西上。而有社会责任心的父母不妨更进一步，教育孩子为人类节省资源。

一位母亲曾讲了这样一个故事。

她在听了环保讲座后对女儿解释为什么要节约用水："因为我们城市的地下水位很低，气候又比较干燥，而用过的污水都被排水管道排到了大海，回不到地下水中，这样最终造成水源枯竭。所以我们每个人都要从自己做起，比如在淋浴时不要让水哗哗地流淌，自己去干其他事。"

从那以后，她经常听见7岁的女儿向她喊："别浪费水啦，不洗就关上。"而当她用浪费水来提醒女儿时，女儿也会马上行动。她忽然觉得自己变得高尚起来。她的女儿也长大了许多。

是的，不只是这位母亲变得高尚起来，孩子更是如此。让孩子从小接受对社会负责的意识，长大才能成为有责任心的人，而有责任心的孩子是最容易接受道理的，他们可以避开许多无益的纷争。

教育孩子节俭的美德，让孩子懂得不能要买什么就买什么。当他们接受了这种观念，就会免除付款台前的尴尬。

美国儿童心理学家詹姆斯·杜布森博士在《孩子管理法则》一书中提出，不要让孩子沉浸于物欲之中。

他指出，孩子对于贵重玩具的需求，是制造商通过上百万美元的电视广告所精心营造出来的。小消费者们在巨大的魔力面前张大嘴坐着，五分钟以后便能挑起一场战争。如果同街区其他三个孩子得到了令人羡慕不已的玩具，对此，妈妈和爸爸开始感到有压力，甚至有负疚感。

问题是爸爸经常能买得起新东西，用他很有"魔力"的信用卡。孩子为什么不能得到？孩子要什么买什么，便成了理所当然的理由。

一些人会问："为什么不呢，为什么我们不能让孩子享受家庭成果呢？"当然大家并不否认，对男孩们和女孩们所渴望的东西，应该有一个合理的购买量。但是许多孩子被对他们有害的奢侈行为所淹没了。繁荣富足比艰难不幸对人的品格提出了更大的考验。

让孩子感到无论他想要什么、无论什么时候想要，他都有权得到，没有什么比这更能抑制孩子对父母的感激之情了。

观察男孩或女孩在生日晚会或圣诞节打开礼物的情景，是很有启发意义的。

孩子的生日晚会上，孩子对贵重的礼物只看了一眼，就一个接一个地丢到一边去了。孩子的冷淡和不欣赏使母亲很不舒服，于是她说："噢，孩子！看这是什么？是一台小录音机！你要对奶奶说些什么呢？给奶奶一个紧紧的拥抱吧。你听到我的话了吗，孩子？去给奶奶一个热烈的拥抱和一个吻。"

孩子可能会或者也可能不会对奶奶说几句感激的话。他的冷淡源自于这样的事实，即凡是容易得到的东西都没有多少价值，而无论买主当初花了多少钱购买。

孩子们竟然会对他想要的某些东西不屑一顾，还有一个原因，尽管听起来不可信——但当你给孩子太多东西的时候，实际上是在骗取他的高兴。

当一个强烈的愿望满足时,快乐就产生了。如果没有需求,也就不会有快乐。一杯水对一个快要渴死的人来说,比黄金还宝贵。这一原理显然可以适用于孩子。

不给孩子缺少某种东西的机会,他永远也享受不到获得它的喜悦。如果你在他会走路之前给他买三轮脚踏车,在他会骑车之前给他买自行车,在他会开车之前给他买汽车,在他知道金钱的价值之前给他买钻石戒指,他会带着很少的快乐和更少的感激之情收下它们。这样的孩子是多么不幸啊,他永远没有机会去渴望一些东西,晚上梦到它,白天计划着它。本来他甚至有可能下决心为要得到它而工作。通过渴望而得到的同样的东西,可能成为战利品和宝贝。所以,让孩子品尝暂时失去的感受,这更加能使孩子懂得许多道理。

 帮孩子丢掉依赖,是培养孩子责任意识的开始

有一位妈妈领着四岁半的儿子去游玩,遇到一个土坑,儿子非要下去玩。当儿子玩得高兴时,妈妈躲到不远处的地方,不让儿子看见。儿子玩够了,要上来,开始喊妈妈。妈妈却一声不吭,装作没听见。儿子开始直呼其名,她还是不理。于是,儿子连哭带骂:"坏妈妈,大坏蛋!呜呜……"可无论怎样哭喊都不见妈妈露面,儿子只好自己想办法。他发现土坑里有一个小阶梯,便手脚并用地爬出了土坑。当他发现妈妈就在不远处蹲着时,便惊喜地扑上去,高兴地举着小拳头自豪地说:"我是自己爬上来的!没有妈妈,我自己也能爬上来!"

由于孩子小,家长出于对孩子的关爱,无微不至地照料孩子吃穿住行,安排好孩子的学习生活,让孩子按家长的命令行事。这种做法在孩子很小的时候是可取的,但随着孩子年龄的增长、自立能力的增强,家长就不能拘泥于这种方法了,因为这样容易使孩子产生严重的依赖心理,影响孩子独立自主地成长。家长这时的主要任务就是要锻炼孩子们的自理能力,渐渐帮助他们改掉依赖的习惯。其实改掉依赖的习惯是培养孩子责任意识的开始。

如果孩子什么事都依赖家长,那他自然不会想要自己做自己的事,也就不会有自我责任感,这是人类惰性使然。而家长不可能让孩子依赖一生,真正的爱是要培养其独立自主的能力。帮助孩子改掉依赖的习惯,做家长的就应该从自身做起,严格要求自己,不能什么事情都代替孩子做。因为孩子本身就是一个独立的个体。孩子也有独立的人格、尊严和决定自己未来的权利。

每个孩子都有自身的特性。有的家长不顾孩子的天性和意愿,以过来人自居,越俎代庖地为孩子一生划下明确的路线,让孩子按照自己制订的目标和路线去努力。而有些家长让孩子完全脱离集体这个大环境,在封闭的状态下按自己的方式教育孩子,给孩子的心理造成难以消除的阴影,造成孩子性格扭曲,孩子成了满足自己心理愿望的工具。这样的做法看起来似乎是为了孩子的将来,实际上不利于孩子责任意识的培养和养成,也是家长自私的体现。

鲁迅先生曾说:"子女是即我非我的人,但既已分立,也便是人类中的人。因为即我,所以更应该尽教育的义务,教给他们自立的能力,帮助他们改掉依赖的品行,锻炼他们的责任意识;因为非我,所以也应同时解放,全部为他们自己所有,成为一个独立的人。"鲁迅先生的话正表达了这样一种现代教育观念:子女,是我的孩子,又不完全等同于我,他从母体出来后,已与母体分开,成了人类中的一个独立的人。因为还是我的孩子,作为家长就有教育他的义务,而这种教育主要是教给他自立的能力,而不是任何事情都帮助他们处理,因为他不等同于我,所以要解放孩子,使他们完全成为独立的人。

孩子告别依赖,一个重要的表现是独立地生活。要独立生活,就要做到自己的事情自己负责。孩子在面对生活中的各种事情时,只有明确了自己的责任,并勇于承担自己

的责任，才能成为真正独立的人。所以，平常就要让他们养成自己的事情自己做的习惯。从现在开始，让他们自己动手做他们自己力所能及的事情：自己收拾、打扫自己的房间，整理自己的衣服，学习上遇到了困难要自己多想办法解决，不要依赖别人的帮忙，家长工作忙的时候要学会做饭，等等。这些小事，都可以成为锻炼孩子自理能力的机会，不能再事事让孩子依赖家长。

家长除了教会孩子自己的事情自己负责，让孩子生活能自理之外，还要让孩子从思想上做到不依赖成年人，这就要加强对孩子独立思考能力的培养，让孩子做到能独立地提出问题、思考问题、解决问题，养成自觉的好习惯。自觉的培养比起让孩子能生活自理则更进一步了，它是孩子全方位发展的体现，只有做到了自觉，才谈得上尽量不依赖成年人。

另外，家长在教育孩子的时候，要让他们懂得自己未来的道路是靠自己的力量走出来的，要他们学会依靠自己，这样才能使成功的道路越走越远，越走越开阔。

 不让孩子为自己的错误找各种借口

现在的孩子找起借口来简直就是"专家"，他们一张嘴就是借口，做什么事情、犯什么错误都有托词。生活中，孩子有时会做出父母不愿意让他们做的事，为了避免父母的责怪，他们便会找出一个个借口。

王成今年初二，他很聪明，也很努力，成绩一直是班里前三名，但是，他也比较顽皮，经常为自己的过错寻找借口。

一天王成上课迟到了，老师问他为什么，他随口就说："妈妈做早餐的时间晚了，我才会迟到的。"又一天，王成放学以后跟同学去踢足球，忘做家庭作业，第二天早上交作业的时候，他告诉老师说："我做好了，只是忘在家里，没带来。"诸如此类的事情还有很多。

一次期中考试，王成的英语成绩虽然看起来不差，但跟平时相比，考得很不理想。妈妈问他："英语不是你的强项吗，怎么考成这个样子？"王成又找了一个借口说："我们新来英语老师普通话不太好，所以他有些话我都听不懂。"妈妈说："聪明的孩子从不会为自己的过错找借口，他们会虚心地接受别人的批评，默默改正。其实，考得不好没有关系，积极总结经验，争取下次考得好就是了。"

王成想，老师也批评过自己这个毛病。于是他没有像往常那样跟妈妈争辩，而是决心改正自己的这个缺点。

在日常生活中，如果你的孩子也有常为自己找借口的不良习惯，父母应该反思一下，是否自己也有推卸责任的时候；或者孩子做错事情时，父母以严厉的责怪、打骂的态度来对待孩子。如果真是如此的话，孩子找借口的坏习惯根源在父母。

孩子不小心犯了错误，他们为了逃避成人的责骂和惩罚，就经常会推卸责任，跟撒谎的恶习还是有区别的，但长此以往也会向不好的方向发展。作为父母，应该理解孩子，但必须让孩子知道，他这样做会对别人造成伤害，以后注意就好了，不要过多地指责和惩罚孩子。

如果孩子犯了错误，父母应该心平气和地跟孩子讲道理，沟通彼此的看法和感受，并讨论不同的应付方法与结果。

有时候，孩子爱找借口是家庭和学校教育不当造成的，为了孩子的健康成长，不能允许他总是为自己找借口，必须培养孩子的责任意识。

根据这个问题，专家给父母的建议是：

1. 培养孩子的责任意识，出问题时要让孩子学会对自己负责

要让孩子明白这个问题的责任不在老师、父母，更不在其他人身上，这是一种对自己负责的人生态度。

比如，孩子说英语没考好的原因是英语老师普通话不好，那么就要问他："其他那么多的同学为什么都能听懂？"总之，父母应从这些点点滴滴的事情上，教育孩子不要为自己的过错或失败找借口。防微杜渐，就会慢慢地培养起孩子的责任意识，他们就能坦然面对自己的错误或失败了。

有一个重要的前提是，要允许孩子犯错误，给孩子改正错误的机会。

2. 告诉孩子："不为失败找借口，要为成功找方法"

失败与成功这对"冤家"，既是死敌，又是死党。因为失败是成功之母。谁也不能保证自己是现实生活中的"常胜将军"，所有人都曾尝试过失败的滋味。人在失败时，会沮丧、烦恼甚至堕落，在这个苦闷的时刻，也许给自己找些看似恰当的借口可以使自己更舒服一些。而这些看似恰当的借口，其实是在掩饰过错或者不敢正视自己的失败。父母要将这个道理传达给孩子，失败的时候要积极、勇敢地去分析原因、寻找方法，解决存在的根本问题，取得最终的成功。

十二岁以下幼儿、小学生的心理发展特点是以形象思维为主，因此，对儿童的教育应以行为训练为主，应针对孩子的个性，注重培养其形成良好行为习惯，少用说教、讲大道理的方式。通过对孩子的训练体验，激发他们的兴趣和自觉模仿。当形成自动化的行为习惯之后，就会显现家教对儿童的正面教育成果。

3. 分析造成孩子习惯找借口的原因

一般来说，孩子不知认错可能与以下原因有关：从小被夸奖太多；被过分溺爱；语言表达能力强，伶牙俐齿而学会找借口；家长无奈而办法较少；没有有效的奖惩措施；说教多而行为训练缺乏等等。最好对不同孩子的不同情况做客观的分析，家长从自己的教育方式上注意改进。

4. 用游戏和生活小事引导孩子形成是非观念

可先让孩子学会评价和批评别人，例如，和孩子做游戏时，家长故意犯错，让孩子来纠正。日常生活发生的小事，也让孩子学会评价，例如家长坐公车丢了钱，是不是个错误？怎样吸取教训？家长工作没做好，被领导批评了，是不是错误？应该怎么办？

引导孩子懂得，人人都可能犯错，但自己要承担犯错的后果。启发孩子认识到，有了认错和改错的勇气就好，不认错、不改错才是个胆小鬼。

有了这样的自我意识，孩子才可能改掉他的毛病。

5. 多进行"行为训练"

应尽量引导孩子学会"自我评价"和积极行动，家长如果总是对孩子的错误提出批评，孩子就会不服气，为自己辩解。

家长最好用提问的方式，来帮助孩子认识自己存在的问题或错误。年幼的孩子是非观还不是很明确，但他知道家长对他期望值很高，因此，总是强调自己正确的、有好的表现。家长应避免过多的唠叨说教和严厉批评，让孩子知道不看口头说得多好听，关键看行动，将家教的重点放在多训练孩子的良好行为习惯上。

家长可以帮助孩子制订一个简单的计划，针对孩子的一些毛病，每段时间重点改正其中的一个。可以用这样的方式，逐步克服孩子常出现的错误和毛病。

孩子是在错误和失败中成长的，所以，家长也不能对孩子要求过高，没有十全十美的孩子，出错很正常。注意要让孩子逐渐减少错误，不犯同样的错误。

6. 为孩子建立"成长日记"

对孩子的情况，每天做一些记录，也可适当运用摄像、拍照等方式，对孩子进行有根据的、有针对性的教育，这有利于令孩子心服口服。

家长可以跟孩子约定，孩子多长时间内，能够做到什么，做好了奖励什么；如果在一定阶段没有做到，如何进行惩罚。

这个奖励不是"物质刺激"，只是孩子学习或生活上的必需品，也不应太贵重；惩罚也不是体罚，可以用益于健康的方式，例如爬楼梯、跳绳、做家务、减少零花钱等方式。

父母对孩子做到奖惩分明，有利于帮助孩子学会自我评价和自我约束。

 孩子的责任感一定要从小培养

有责任心的孩子，能运用他的智慧、信心和判断力去作出决定，会独立行事、考虑他的行为后果，并且在不影响他人利益的情况下实现自己的需要。

几乎每一个父亲或母亲都希望自己的孩子有责任心，而且相信责任心是一个人立足于复杂社会，能担当重任的重要条件。但是，孩子并不是天生具有责任心的，它是在适宜的条件和精心的培植下，随年龄和心灵的成长而生长起来的。家庭是孩子责任心赖以滋长的土壤，父母对待孩子的态度、教育孩子的方法是孩子能否健康成长的重要条件。在家庭环境中长出责任心的"幼苗"，才能在更复杂的环境中经受考验，得到修正和磨炼，最终成为一个自强、自立的人。

有责任心的孩子明白自己的义务，并且愿意主动履行义务，愿意承担自己行动带来的后果。

家庭责任心主要是指能尊重其他家庭成员的权利，自愿承担家庭义务，为自己的行为承担责任。一个具有家庭责任心的青年，不仅能在现时的家庭生活中扮演好家庭成员的角色，在未来的生活中也有能力支撑，组织好属于自己的家庭，他的一生不仅能享受到家庭生活的充实、快乐，同时，也能创造出温馨、和睦的家庭气氛。

身为父母，可能会抱怨"我的孩子个子比我都高了，可事事都得为他（她）操心，自己的衣服不知道洗，房间乱糟糟，等着我们替他收拾，上学前总嘱咐带好东西"，"十几年来，我们为孩子付出了很多，自己省吃俭用，为孩子创造了优越的条件，希望他成人、成才。好不容易眼看着孩子快要成人了，他却不理解我们的良苦用心，总在埋怨我们管得太多。有时甚至指责我们不是合格的父母"，"孩子每一年都盼望着自己的生日，因为我们会按照他的意愿，送给他喜欢的礼物，精心为他安排一切，只要他高兴，我们就高兴。可是，他却很少记得我们的生日"，"有一次，我有事回家晚了，女儿为我炒了两样菜，虽然忘了放盐，却是我吃过的最好吃的菜"。

这些父母是有理由感叹的。孩子在家庭中享有特殊的权利，成为全家关注的"焦点"，却缺少对其他家庭成员应有的关心、照顾，不愿承担家务劳动，只会抱怨父母不理解自己，却很难理解父母，理直气壮地为自己争取权利，却意识不到自己对父母，对家庭应尽的义务。或者有的孩子在学校是三好学生、优秀干部、好人好事标兵，在家中却事事依靠父母。偶尔为父母做些事，父母就感动不已。

孩子家庭责任感淡化的原因主要是父母的观念、态度和教育方法造成的。父母惯于把孩子看成自己的私有财产，把自己的意愿强加于孩子，很少给孩子应有的尊重和平等参与家庭问题讨论决策的机会。或是父母把孩子的利益、需要一直放在首位，对孩子唯命是从，呵护倍至，唯恐孩子受委屈。再者，有些父母最关心孩子的学习成绩，认为只要学习好其他的问题都是次要的，为了让孩子有更多的精力和时间学习，包揽了所有的事情。

其实，未来生活所必需的观念、态度和技能不可能全在书本和学校中学到的，孩子在家庭生活中也时时处处在学习，这同样是一种学习，而且是很重要的学习。在家庭生活方面给孩子必要的指导，有意识地培养孩子的家庭责任感，是父母的责任。

怎样认识孩子在家庭中的地位呢？来看看这样一个故事。

在美国洛杉矶，有一个醉汉躺在街头，警察把他扶起来，一看是当地的一位富翁。警察说要送他回家，富翁说："家？我没有家。"警察指着远处的别墅说："那是什么？""那是我的房子。"富翁说。

在我们这个世界，许多人都认为，家是一间房子或一个庭院。

然而，当你的亲人一旦从那里搬走，一旦那里失去了温馨和亲情，你还认为那儿是家吗？对名人来说，那儿是故居。对一般的百姓来讲，只能说曾在那儿住过，那儿已不再是家了。

在这个世界上,家是一个充满亲情的地方,它有时在竹篱茅舍,有时在高屋华堂,有时也在无家可归的人群中。没有亲情的人和被爱遗忘的人,才是真正没有家的人。

孩子一出生便成为家庭中的一员,他是一个走向成熟独立的人。父母有责任照顾他、抚养他,有权利引导他、规范他,但无权以自己的观念禁锢他,以自己的意愿强加于他。孩子应受到尊重,孩子也应尊敬、关爱父母及他人,分担家务。

孩子不应是家庭中的核心,也不应是家庭的附属品或私有财产,而是与其他家庭成员一样,是一个独立的人。

随着年龄的增长,生理及心理逐渐成熟,孩子应越来越多地享有独立与自由,以及平等参与家庭问题讨论决策的机会,家庭责任感的增强是孩子心理真正成熟的表现。家长若能意识到孩子与父母之间是平等的,相对独立的,靠亲情相互联系的关系,并有意识地引导孩子明确自己在家庭中的地位,消除特权的、核心的、或附属的、被管制的等不良角色意识,不仅能创造出和谐的家庭气氛,也能促使孩子健康成长,为孩子的未来生活奠定良好的基础。

给孩子一点空间。这"一点空间"有两层含义,一是指生活的空间;二是指心理的空间。

每一个家庭,无论房间大小,也无论贫富,仅从房间的布置上就能看出家庭成员在这个家庭中的位置。整洁、肃穆的布置是家长权威,甚至专制的体现;杂乱无章是家庭人际关系不当的反映;每个房间或同一房间的不同空间风格有异都给人以和谐统一的感觉是人与人之间相互独立,又和睦共处的体现。后一种房间的格局是理想的。

给孩子一点空间,允许孩子按照自己的喜好去布置,但又给孩子限定范围,不要因自己的好恶而干涉、侵占了别人的生活空间。

也许年近中年的父母,并不喜欢某位歌星的特写,也看不惯那些所谓的"前卫"的小摆设,但那不等于孩子不喜欢。我们不欣赏的并不等于不好,我们不赞同的也并非都是错误的,为什么非要以我们的意愿去统治这个家庭呢!年轻人热情、有朝气,他们会用一种形式把他们这个年龄所特有的激情和审美表现出来,以此来表现自己,突出自我。理解了这些,我们应尽可能为孩子在家中留出一点空间,让孩子自己动手布置,家长可以提出建议,但仅仅是建议而已。让孩子在属于自己的生活空间感受到一份轻松。

生活空间是有形的,心理的空间则是无形的。给孩子一点心理空间是指给孩子充分的尊重和适度的自由。每个人都有一块属于自己的精神家园。不千方百计地窥视干涉别人的隐私这是最基本的尊重。也许每个家长都想知道自己的孩子在想些什么、做些什么,孩子自己不愿说,日记本和私人电话就成了许多家长的目标,但那是千万不能碰触的"禁区"。

尊重是相互的,家长一旦侵犯了孩子心理空间,亲子之间关系的恶化就不可避免了。孩子有一定的权利和能力主宰自己的生活了,尽管在校学习期间,经济上不能独立,但心理上却已开始独立了。给孩子更多的自由,意味着对孩子的信任和宽容。有些家长对孩子的一切事情都过问,例如放学后应该几点钟回家、跟谁一起玩、晚了一会儿便一再追问。

也有些家长抱怨在孩子的问题上总是操心费力不讨好,父母为管孩子已是身心疲惫,孩子不仅不领情,反而反感、厌恶。其实彼此多一些信任、宽容,就会多一点自由,也多一份轻松。

有一位心理学家说过:"一个孩子最初是从别人对待他的方式中学习怎么对待别人的。孩子对父母及他人的尊重、理解、信任和宽容是从父母及他人对孩子的态度中学习到的。因此家长在抱怨孩子不尊敬自己、不理解自己的同时,是否应该反思一下自己是怎么对待孩子的呢?"

给孩子多一点平等参与决策的机会。

家庭生活总免不了风风雨雨、坎坎坷坷,每个人的承受能力都是有限的,当风雨欲来时,你会希望至亲至爱的人与你相依相伴。父母希望为孩子支撑起一片蓝天或一把保护伞,让孩子生活得比自己更幸福快乐。但让孩子一起经受风雨,就更能磨炼他们坚强的意志和处理问题的技能技巧，同时也能让孩子体验到为人父母的良苦用心和辛劳，这种体验能加深亲子之间的相互理解和关爱。

上高中的孩子无论是生理还是心理的发展都已具备了作为成人与父母分担家庭问题的条件。家庭中的重大问题不应有意回避孩子，而是承认孩子有资格平等参与讨论，允许孩子的观点有些偏激，对他们来说，这是很好的学习机会。孩子的意见应受到充分的重视，或许孩子比我们的信息来源更快捷，头脑更灵活，也更富有创新精神，对父母来说，这也是向孩子学习的机会。

比如家庭问题；鼓励孩子参与讨论可以用这样的语气"我们很想听听你的意见"，"我想你有必要知道这些情况"，"你说的很有道理，但是我是这样想的"……经常用这种方式与孩子对话，并重视孩子的意见，会让孩子感到自己受到重视，享有一定的地位，同时也会意识到自己应该与父母共同担负起责任。

家是每一个成员共同的、相互的分享与承担，这不仅会使原本沉重的家庭负担减轻，还会使各成员之间关系更加亲密，孩子就是在这种被重视中成熟起来的。

有些孩子常抱怨："我好像是一根松紧带，做不好事情，父母说：'这么大了，怎么还不会！'发表自己的意见，父母又说：'你还小，不懂这些事！'一会儿被拉长，一会儿又变短，不知道自己是大还是小。"说大不大、说小不小的孩子常常使父母很为难，只要相信把属于他们自己的事情让他们自己去做，让他们学会理解，学会尊重，学会分享与分担才是对的。

培养孩子的家庭责任感的根源在于家长是否具有家庭责任感，还在于家长是否给孩子练习的机会。如果不是一个尽职尽责的父亲或母亲，怎能对孩子进行责任心的教育呢？父亲与朋友玩麻将通宵达旦，不顾及对家人的干扰；母亲忙于在外应酬，家里一团糟，父母有什么理由和资格去埋怨孩子不愿回家呢？

在一个专制的大人王国里，也难以培养出有家庭责任感的孩子，因为家长对孩子控制得太死，管制得太多，使孩子没有机会就某件事做出负责的行为，孩子做事只是服从，听命于大人的意见。而我们强调的责任感并不是指你的孩子按照你告诉他的方式去行事，而是一旦家里需要额外帮助时，他能主动发现并自主地做出反应。

只有民主的家庭，才是家庭责任感生长的最佳环境。在这样的家庭，人与人相互独立（并非各行其是，漠不关心），彼此尊重又相互关照，孩子受到重视，家长具有威信。

因此，在讨论家庭中的责任与分工之前，首先需要每一位家庭反思一下，自己是否是一个有家庭责任感的人？自己惯用的教养态度和方式是否有利于责任心的培养？在抱怨自己的孩子缺乏责任感之前，先对自己说一句："家长是孩子模仿的对象。"然后就有可能从抱怨孩子，转而反思自己。要想改变孩子，也应从改变自己开始。

在家庭生活中如何创造或抓住机会培养孩子的责任感？关键是，你必须赋予孩子一定的责任，以便有针对性地进行教育。空洞地说教是不能培养孩子的责任心的。通过赋予孩子责任，通过让孩子收获责任心行为的报偿，或忍受他们行为的不良后果，才能让孩子建立责任心。

鼓励并支持孩子参与社会实践活动

众所周知，在应试教育的大环境下，很多孩子整日埋头读书，忙于应付各类大考小考，极少有机会参与各类社会活动。长此以往，对于孩子的人际交往能力和社会活动能力的培养都将造成一定的影响，不利于孩子形成积极、主动、独立、奋进的良好个性。

因此，家长很有必要，让孩子更多地参与到各种社会活动中去，通过各种主题活动的正面影响和孩子自己的亲身体验，增进对社会的了解、学会广泛深入地了解他人的贫寒冷暖，体恤他人的情感。

通过社会实践活动，有助于孩子了解社会，培养其公民意识，引导孩子增强爱国、

爱家情感，确立远大志向，规范行为习惯，提高基本素质，增强社会责任感和适应力，为建设社会主义和谐社会做出贡献。

孩子所参与的活动，可以按照不同年龄段进行安排。

1. 幼儿和童年阶段

幼儿园、小学阶段的孩子，因为年幼需要家长更多的指导，所以所参与的活动最好有家长陪同。比如社区内的义卖活动，家长可以让孩子把穿小了的衣物、旧书本、旧玩具拿去参与拍卖，所得资金作为孩子今后一段时间内买书本或其他玩具的费用，也可以捐献给某些慈善机构，或者需要救助的人，让孩子加强跟周围人群的交往、沟通，同时建立更良好的价值观和人生观。

2. 中学阶段

中学生社会实践问题长期以来备受关注，由于始终缺乏安全良好的平台，学生自行寻找实践单位非常困难，绝大多数学生的社会实践处于临时性、应付性状态，"盖章族"现象十分普遍，青少年学生的成长缺乏社会的磨炼。也正因为缺失这样的锻炼与学习，青少年的公民意识往往比较淡薄，而对社会职业的不了解也导致了他们今后择业的盲目性及人生规划、发展的种种误区。

初中以上的孩子，相对已经有足够的自我管理能力，家长可以在假期给孩子报名参与一些孩子所在学校或当地教育局、团委、红十字会等机构组织的主题活动，参加针对更广泛层面的社会实践活动。

参加活动的选择，以就近、就地为好。立足学校、立足本地、立足社区，简单易行，有利于激发孩子参与社会实践的积极性，这样才能对孩子产生良好的影响。

活动内容可以包括以下内容：

（1）社区服务活动

内容包括：社区保洁活动、社区护绿活动、社区综合宣传活动、社区"陋习"纠察活动、社区敬老爱老活动、社区帮困助残活动、社区读书辅导活动、交通服务活动、环保志愿者活动、社区公益劳动。

（2）社会参观调研活动

可以协助有关机构或当地社区开展各方面调研，以当地的居民小区为调查研究的对象和内容，可以"物业管理"、"商业网点"、"文化娱乐"、"教育设施"、"交通路线"等为研究方向。

（3）参加志愿者沙龙

鼓励孩子参加志愿者沙龙，寻找身边那些默默奉献的人，大力弘扬"奉献、友爱、互助、进步"的和谐新风尚。

倡导快乐公益，让孩子根据自己的特长，在自己力所能及的范围内，组织并发起公益活动，在社区范围内形成健康、活泼、团结的公益团队，增强孩子的社会交往和组织能力。

（4）参与各类环保行动

在力所能及的范围内开展环境考察、环保知识宣传，考察分析当地环境现状，为家乡环保建言献计，唤起人们的环境危机意识，推动人们的保护环境意识。

（5）关注弱势群体

可以让孩子参加"关爱大别山留守儿童"等类似活动，了解贫困儿童的学习环境和生存现状，理解他们对跟父母生活在一起的幸福的渴望，可以帮助孩子深刻体验不同条件下的生存环境差异，从而更加珍惜自己的幸福生活。

让孩子在与之有关的事情上有发言机会

有的父母总跟孩子嚷嚷，"听话！"，"跟你说，你没听见吗？"，孩子惧怕父母的威严，不得不闭紧争辩的小嘴，看起来家庭秩序恢复了，孩子的心灵却受了伤害。

很多父母把孩子当作私有财产，总是站在教导者的立场上说话："孩子什么都不懂，至少在他们十岁前，就必须听我们的！"

他们用成人的思维，对孩子加以命令，加以说服，加以训导。结果并不尽如人意，孩子的确不听话——责任不完全在孩子，很多在父母身上。

孩子总是粗心大意、丢三落四，今天丢了笔，明天丢了书；孩子难免毛手毛脚，他学会了洗脸刷牙，但总是把水弄一地；总是忘记掀起马桶盖，弄脏了马桶圈，父母便对他唠唠叨叨，或者臭骂一顿；

父母不在家时，好奇的孩子把家里翻得乱七八糟，父母必定满脸怒气，或者暴跳如雷；

孩子拿着只有70分的成绩单给父母看时，父母怒发冲冠，甚至当着孩子的面撕毁孩子的成绩单，勒令他下次必须拿高分，因为他们觉得自己的孩子应该门门功课都考90分以上……

这样的场景我们似乎司空见惯。

孩子的大多数错误是在不知道的情况下犯的，可是父母却总是一口咬定孩子是明知故犯、知错不改。孩子见父母发怒时，总想申诉理由，因为有些事情从孩子的角度看是合情合理的。父母却觉得孩子的想法太小儿科，用过来人的经验给孩子断然下结论。有些结论深深伤了孩子的心——"你就是屡教不改"、"我看你是不可救药了"、"你脑子进水了，这么简单的都不会做"、"你怎么这么笨？"、"你跟谁学的这么坏？"

面对这样的评价，孩子常常张口结舌，内心很受伤，却不知如何是好。

很多孩子都会在学业上遇到困难，在交友问题上遇到障碍，他们很渴望能从父母那里得到安慰和理解。当孩子取得了好成绩，或者做了一件他们认为挺了不起的事的时候，总想在父母那里表现一番。但很多父母却自以为是地轻视孩子，让孩子在家里对各种问题没有发言权，或者对孩子吹毛求疵，百般指责，弄得孩子手足无措。

有这样一个母亲，她在女儿就学习问题、跟同学的关系问题向她诉苦时，时常像个法官断案一样，冷冰冰地评论，然后不断唠叨，说女儿这也不对那也不对。

后来女儿慢慢地不对母亲诉苦了，转而把精神寄托在朋友身上。后来她的朋友因为一点误会，突然疏远了她，女孩觉得自己无依无靠，差点自杀。母亲这才意识到事情的严重性。

如果这位母亲善于倾听孩子的倾诉，让孩子把心里的苦闷都说出来，就不会发生这种事情。

常常有些孩子离家出走，那些出走的孩子大部分觉得他们在家里没有发言权。孩子把发言权看得十分重要，父母训斥他们的话在他们听来，每一句都沉甸甸地压在他们心上。父母在盛怒之下脱口而出的那些的话，对孩子的斥责、讥讽、谩骂，很可能是导致孩子离家出走的主要原因。

孩子想不通："爸爸妈妈怎么能这样呢！连我的爸爸妈妈都不理解我，我只好离家出走。"

父母在气头之上，有时很难把握住自己，说一些伤害孩子的话，也算情有可原。但事后由于他们觉得自己是父母，如果像孩子道歉，他们的虚荣心受不了，所以他们很难坦率地对孩子说声"是爸爸妈妈错了"。下次父母生气，发怒依然对孩子恶语相向，他们才是真正的明知故犯。

如果父母发过脾气后，找个机会，心平气和地跟孩子谈谈，然后对孩子说："是我们错怪你了。"不仅不会降低他们的威信，反而会得到孩子的谅解。

有些父母觉得孩子总有些歪理，所以总想纠正孩子。当父母苦口婆心地跟孩子百般解释，孩子仍坚持自己的观点时，耐不住性子的父母便发起脾气，斥责或恐吓也随之而来。也许孩子不吭声了，但他内心并不认可父母的道理。

父母用训斥、威胁的方式跟孩子讲话，会激起孩子内心的逆反情绪。如果孩子在心里筑起一道防护墙，父母说什么也不管用了。

所以应该允许孩子在跟他们自己有关的问题上，有充分的发言权。

 在处理家务时培养孩子的责任感

事实上，家庭教育往往会"吃一堑长一智"，家长是随着孩子的成长而成长的，这不光是对孩子，而且对家长也是很宝贵的经历。

有一位家长，写下这么深有感触的一段话：

"最近看了一本关于教育孩子的书，书中有一个观点，就是要早日让孩子学会帮助大人做家务，这样能培养孩子的独立能力和对别人的关爱。如果什么都代替孩子，孩子会认为大人为他所做的一切都是理所应当的，就不会主动帮忙做事，也就是说眼里没活儿。到家长认为孩子长大了，该帮助做家务了，孩子却认为那是额外负担，容易产生抵触情绪。我对此深有同感。"

几个家长在一起议论孩子做家务的事，他们说：

"我家文文总想帮我洗碗，我怕他一不留神就玩起水来，弄得到处都是水，回头我还得帮他打扫半天，还不够麻烦的，所以不想让孩子干。"

"唉，我家小红也是，总想伸手去扫地啊、洗碗啊。但我是怕孩子干活干累了，手也弄粗了，到时候就没有劲儿去练钢琴了或者弹不好钢琴了。那不就因小失大了！"

"对啊，我跟我们家明明说了，我请保姆来，就是让她来劳动的。你只要学习搞好了，什么都不重要，劳动的事不需要你操心！"

研究表明，中国城市的孩子，尤其是独生子女，一个普遍的毛病就是"四体不勤"，在家里只管念书，百事不管，不爱劳动，不会劳动。

这当然不是天生的，其实，很多孩子小时候很喜欢做事情，但最终就像上述的情况那样，家长不准孩子动手。孩子喜欢动手，这是小孩好奇、好动的天性使然。可见，孩子最终动手能力差，不会做家务活，根源在家长，一方面是家长过分疼爱，另一方面是家长没有认识到劳动对孩子成长的好处。

让孩子做家务劳动不仅仅是劳动教育，而且对孩子的成长有诸多好处：

1. 适量劳动可以使孩子快乐

美国哈佛大学经过四十年的研究后得出结论，童年时参加过哪怕是简单的家务劳动的人，比从小不做事的人生活更快乐。

2. 劳动中双手的活动带动全身活动，可以强身益智

劳动中双手的活动，有益于左、右脑的开发。劳动可以促进新陈代谢，改善呼吸和血液循环，有利于大脑的发育。

3. 劳动能培养孩子的任务意识、责任感和义务感

劳动能培养孩子勤快、主动的工作态度，不仅对他现在有益，也会影响他一生。

4. 劳动能让孩子学会关心家长和他人，懂得珍惜

劳动能让孩子体会到劳动的辛苦，帮助孩子培养爱家人、关心他人的能力，懂得尊重别人的劳动，珍惜劳动成果。

5. 劳动可以帮孩子建立自主能力

劳动能帮助孩子提高独立生活能力，帮助孩子学会自理、自立、自强。

6. 劳动能锻炼孩子吃苦耐劳的意志力

在劳动中可以让孩子学会克服困难，懂得勤俭节约，使孩子具有良好的社会适应能力。

总而言之，让孩子参与力所能及的劳动对孩子的成长是有益的，而且，培养孩子的劳动意识应该从小开始，从贴近儿童的生活开始，从做家务劳动开始。

只要家长有让孩子参与劳动的意识，每时每刻都是培养孩子劳动观念的好时机，

比如周末，可以让孩子自己清洗自己的玩具，或者全家一起去小区花园里除草，让

孩子从中体会到劳动带来的快乐。另外，家长可以根据孩子的年龄，教孩子做简单的家务活儿。例如让三四岁的孩子在就餐前帮忙分筷子、端饭，自己吃饭；五六岁的孩子可以帮忙洗完、摘菜、取报纸，跟父母去超市的时候自己拿一样小东西；十岁左右的孩子可以让他们养个宠物或者种植花草，给花浇水、带狗下楼遛弯、给金鱼换水等，在这个过程中锻炼孩子照顾他人的能力……

　　家长对孩子的劳动应给予及时的肯定和表扬，还要鼓励孩子敢于动手，不怕困难，动脑筋想办法，使孩子越来越热爱劳动。

第11章 好妈妈不吼不叫，掌握批评孩子的艺术

 **站在孩子的角度看待和处理问题**

成年人处理孩子问题的一个原则，是站在孩子的角度看待和处理孩子的问题。成人自身的观点和方向性是必不可少的，但在此范围内，应把"同情心"和"同理心"作为处理孩子问题的基点，用孩子的心理和认知水准看待问题。

如同陶行知所说的"先做孩子的学生，再做孩子的先生"，就必须换位思考，站在孩子的位置和角度，否则，你看孩子的问题就如同局外人，不会对孩子起到引导和激励的作用。

小泽参加跆拳道红黑带考试时，居然忘了规定的动作，动作难免不够自然流畅，平时他总是说"这么简单的动作"，考试时竟然忘记了。小泽的父亲当时很生气："等他出来非得好好训他一通，甚至揍他一顿也不解气！"其实这就是局外人的表现。

小泽从跆拳道考场出来，没等他父亲开口，自己就伤心地哭起来。他父亲想：按照"同理心"来说，他的那些动作，我觉得简单，事实上我也不会做，那我凭什么生气呢？孩子有失误的时候，我自己就没有吗？孩子哭，不就是他意识到自己的过错，是他有上进心的表现吗？

孩子遇到问题跟成年人遇到问题，实质上没有不同，都是人生路上的某种困惑和为难。区别仅仅在于，成人的生活大多是重复经历的，而孩子遇到的问题都是之前他没有经历过的。所以，我们决不能在孩子遇到问题的时候对孩子进行讽刺、挖苦，孩子的问题，事关他的一生。

应该珍视孩子的每一个微小的进步。在孩子看来，只要自己取得一点点进步，父母就应该和自己一样高兴的。可是有的父母不站在孩子的角度看问题，总是用自己的标准要求孩子，因而孩子很多时候很难达到父母的要求。这样一来，孩子就很难看见自己的进步，就会产生自己没有用的想法，从而丧失了前进的动力。

因此，随时都要看到孩子的每一个微小的进步，尤其是在孩子表现不好或者成效不明显的时候，不要打击孩子的信心和积极性，而是应该善于发现孩子哪怕是一点点的进步，对孩子不好的表现给予宽容，对孩子的进步给予赏识，这将会让孩子建立或者重新建立做好事情的勇气和信心。

我国当代文学家老舍的教子方法很值得借鉴。老舍的教子方法有四：一是不必非考百分，特别是不必门门都考百分；二是不必非上大学；三是应多玩，不失孩子的天真烂漫；四是要有健壮的体魄。老舍给孩子营造了一个宽松的发展空间，使孩子的个性得到了充分发展。

作为家长，应当更多地站在孩子的角度看待和处理问题，坚持不断地为孩子的每一个微小进步加油，经常地对孩子说："你比以前进步多了，继续努力，一定会成为最好的。"

眼睛不要只盯着孩子的考试分数

家长不要只盯着孩子的成绩单。每个家长都希望自己的孩子能够有所成就，但教育方法是最重要的，宽容也是一种很有效的方式。

又到孩子期末考试了，平时特忙的家长常常无心顾及孩子的学习，到这时候就会过问孩子考试考得如何。考好了，家长很高兴，会夸奖孩子几句，会给孩子奖励，但考试没考好，家长就会说些难听的话，让孩子接受不了。

我们做家长的，理应换位思考一下，如果你是孩子，考试没有考好内心会有什么样的感受？父母再说些不好听的话，心里什么滋味？考试成绩有时候未必是完全真实的，有些孩子发挥不正常，有些孩子会考试作弊，有些孩子怕挨家长训会改通知书……家长不应该只盯着分数，不真实的考分会误导家长，而中考、高考的分数，却是任何人都无能为力去改变的。

现在的孩子实在太累了，他们要应付考试，还要应对家长只关注考分的情况。很多家长忙于工作、忙于社交，把孩子交给学校就认为万事大吉了。现在很多班级六七十人，最少也四五十人，老师也是凡人，他们工作时备课、上课、改作业、辅导学生、组织活动，回家还得做家长、做丈夫或妻子，他们怎么可能顾及到所有的孩子呢？

小雪高二的那年冬天，她学画画每天九点半才放学。为了节省时间，小雪的父母就让她在学校附近租房住。期中考试前一晚，小雪的母亲去看她，去了寝室才知道她去上美术课了，要很晚才回来，小雪母亲就留下一张纸条，告诉她："你感冒了，要注意休息，不要太关注考试结果，否则压力过大，只要平时注意学习就行了。"

小雪之前考试是第六名，那次期中考试是第九名，期末又赶了回来。如果小雪母亲不提前跟她说，小雪就会有压力，着急上火，一方面觉得对不起家长，一方面小雪本身很有上进心，考砸了，她自己都不会原谅自己。如果家长过分关注她的成绩、名次，她就会对考试有恐惧感，甚至会想方设法地欺瞒家长，最终让家长从充满希望变成失望。

家长都希望自己的孩子能够有所成就，但教育方法是最重要的，宽容也是一种很有效的方式。

很多家长最常说的一句话就是，"只要孩子学习好，他要什么我都答应他"。在这样情况下，孩子反而容易出问题，根源在于家长的关注点有问题。

孩子的成长包括很多方面，如果家长只关注学习成绩，而忽略了其他方面，孩子的人格发展可能就会不平衡，孩子的成长之路就会埋下陷阱，最终影响孩子的全面发展。

错误的方式有以下几种情形：

1.家长只关注成绩，忽略了孩子的心理需要，让孩子对学习产生抵触情绪。

2.家长只关注学习行为，忽略了孩子其他反面的发展，容易让孩子出现心理问题，导致人格发展不平衡。

3.家长只关注学习，其他方面对孩子没有要求，甚至越俎代庖，导致孩子自理能力差，甚至情感冷漠、内向孤僻。

家长和老师应注意孩子学习态度、学习习惯和学习方法的培养，从小培养孩子良好的生活习惯，培养孩子良好的品行。

包容孩子的过失，给责备加点糖衣

孩子损坏东西非常常见，对自己不小心造成的损坏，孩子都很后悔、很难过，甚至感觉恐惧。这种情况下，父母应对孩子更宽容，安慰孩子，而不是批评、指责孩子。这样不仅可以安慰孩子的心灵，还让孩子吸取有益的经验和教训。而对孩子指责甚至大骂，会让孩子感觉恐惧却淡忘了事件本身，更糟糕的是让孩子跟父母疏远，再有同样事情发生时，孩子可能选择瞒着家长，养成说谎的坏习惯。

宽容孩子的无心之失，好心办坏事的孩子更应该得到宽容和正面的引导。

父母可以跟孩子说："我知道你不是有意的，没关系，但以后要更小心点啊！"

有时候孩子因为好意而办错事，甚至给父母造成伤害。父母的宽容就更重要。父母应首先肯定孩子的本意，然后帮助孩子分析错误出在哪里，教他正确的方法，真正让孩子吸取教训，这样更有助于以后的学习和生活。

如果孩子好心办错了事，家长可以说："谢谢你的好意，但你这方法错了，反而让爸爸妈妈为难，应该这样做……"

以下的小故事可以帮助我们了解成功的父母会如何做。

当记者问一位名叫大卫·柯珀菲尔的医学科学家，他为什么比他人更有创造力，他说这跟他两岁时的一段经历有关。

两岁的他尝试从冰箱里拿出一瓶牛奶，瓶子很滑，他失手把奶瓶掉到地上，牛奶撒得一地都是。

他妈妈看到这种情况，没有对他大喊大叫，或者教训他、惩罚他，而是说："哦，你可真棒！我还没有见过这么大的牛奶坑呢，反正牛奶也不能喝了，在我们清理干净之前，你想不想在牛奶里玩几分钟？"

他真的在牛奶里玩了一会儿。几分钟后，他妈妈对他说："你知道吗，每次你制造了这样的混乱之后爸爸妈妈还得把这些清理干净，你想帮妈妈这样做吗？我们可以用海绵、毛巾或者拖把，你想用什么呢？"他选择了海绵，然后跟妈妈一起清理打翻了的牛奶。

接下来，他母亲又跟他说："你用小手拿大奶瓶，但没有拿好。妈妈教你，怎么才能拿好它。"于是他母亲把瓶子装上自来水，小男孩很快在母亲的指导下，学会了用双手抓住瓶颈，牢牢地拿住了奶瓶。

这个科学家那时候从母亲那儿懂得，过失是一个学习新东西的机会，因此不要害怕过失。

当孩子出现过失，恰好是父母对孩子进行教育的良机。因为过错使孩子内疚和不安，会让孩子更急于得到帮助，这种情况下，他们明白的道理会更深刻。此时的父母既不能毫不在意，也不要简单粗暴地训斥孩子，而应该教给孩子弥补过失的方法，让孩子吃一堑长一智。

从某种意义上说，孩子的成长就是不断减少过失的过程。善待孩子，也就是对孩子进行正确引导，避免再次出错。所以，父母的心平气和很重要，粗暴的态度不但于事无补，而且伤害了孩子，可能让孩子一错再错。更有甚者，会让孩子形成胆怯、退缩的性格，或者叛逆、攻击等不良心理。

很多家长有心宽容，但到时候就是控制不了自己的情绪。

建议父母们可以从以下几方面考虑：

1. 体谅孩子的过失

成人都难免出错，更何况不谙世事的孩子呢？所以家长在孩子出错时应学会制怒，以平常心对待。心平气和地给孩子分析过失所在、原因，告诉孩子纠正的办法。父母包容孩子的过失，孩子也可以从中学会包容他人。

2. 区别对待偶然性和主观性过失

偶然性过失是无意之失，对此父母应体谅孩子，帮他分析，并教给他正确的处理方法。主观性过失是孩子有意而为，一般主要原因是引起他人尤其是家长的注意。对此家长应严肃对待，给孩子讲清过失和危害，帮助孩子纠正。

3. 给孩子解释的机会

有的父母过于心急，不问青红皂白，不容孩子解释，先打骂孩子一顿。这样的父母很自私，这样做只能发泄自己的怒气，缓解自己的情绪，但对孩子，起不到丝毫的帮助和教育作用。

批评孩子要"偷偷"地进行

父母箴言：家长们对自己的自尊心往往比较敏感，当孩子有叛逆行为时，就怒不可遏，孩子觉得受委屈、伤面子时，家长却认为："小孩子家家的，什么面子不面子！"甚至还有意给他一点伤害，以示惩戒。

其实这是万万不可取的。如果家长能够照顾到孩子的自尊心，就可以避免许多不必要的麻烦。

9岁的小维同妈妈购物回来，帮着妈妈将买的东西从车中搬到厨房。妈妈见他抱了一堆玻璃瓶不禁担心："分两次拿，这样会打碎瓶子的。""不会。"小维倔犟地说。妈妈却说："你若不听妈妈的话，肯定会打碎瓶子的。"小维像是没有听见，只是往门里走，刚走到过厅，瓶子就接二连三掉下来，弄得满地狼藉。妈妈不禁火上心头："我告诉你了，你看看你搞得一塌糊涂！"

当瓶子摔在地上时，小维已经认识到自己的失误，这种事实的结果教育，比母亲的事前警告与事后教训的效果都要好。不听妈妈的劝导，打碎了瓶子使得小维很感窘迫。妈妈这时应体会到小维的心情，不要再火上加油，可以平静地对小维说："碎玻璃容易扎到人，先拿扫帚来扫一下。"将事情引到善后上，不使小维过于难堪。小维从心里会感激母亲没有"痛打落水狗"。有些母亲对类似的事情处理得很好，既教育了孩子，又增进了母子感情。

娜娜所在的幼儿园要求孩子从小就穿校服。但娜娜喜欢穿自己的漂亮衣服，于是每天早晨妈妈同女儿都要为此争论。尽管娜娜最终会服从，妈妈却被这件事搞得很疲惫。一天，娜娜对妈妈宣布今天不必穿校服，结果等妈妈带着女儿来到学校，看见所有孩子都整整齐齐地穿着校服，娜娜鲜艳的衣裙显得格外耀目。娜娜有些踌躇了，她对妈妈说："我有些肚子疼，我们回家吧。""噢。"妈妈似乎没有听见娜娜的要求，只是自言自语地说，"同学们穿得好整齐。"然后低头对娜娜说："我想过你可能会改变主意，所以把你的校服带来了，要不要去洗手间把它换上？"娜娜的脸上阳光顿现，亲热地吻了妈妈一下，拿起校服跑进了洗手间。此后，妈妈不必再与娜娜为穿不穿校服争执了。

妈妈的这一举动非常聪明，她将女儿不露痕迹地从尴尬中拯救出来，女儿当然会感激妈妈的"侠义"，也为自己"摆脱困境"而庆幸。这样以后再遇上穿校服之类的事情时，也就不好意思再与妈妈争执了。

试想，如果妈妈不给娜娜带校服，留她在学校忍受一天的不自在，回来后还用这一天的感受来教训提醒她，女儿是否会生出反感，产生对抗情绪，而且认为这一天的困窘

已经忍受过来了，为了反抗妈妈的"刁难"，再多忍受一天也无不可？如果激发出这样的心态，争执还会继续下去，而且更为激烈。

"不要当众批评孩子"，许多家长对这话并不陌生。但真正做到者却很少。有一位小朋友不知什么原因在舞蹈课上突然不跳舞了，她的妈妈忍不住进教室询问原因，可还是不行，没办法只好把哭着的孩子带出教室。孩子出来后，外面的妈妈们立刻围住孩子和孩子的妈妈又是劝、又是哄、又是教育，妈妈也在一旁也不断地说些教育孩子的话。可孩子一句也没听进去而且越哭越厉害，一直到下课也没有再进教室。

孩子妈妈以及周围妈妈是为了孩子好，可是让孩子一下接受这么多意见，有没有考虑到孩子的感受呢？那应该怎么批评孩子呢？

1. 不要当众批评孩子，这样会伤害孩子的自尊心，使他失去自信。当孩子出现错误的时候，要多理解他，多站在孩子的角度看待问题，不妨先听听他的想法，帮助他分析问题从而逐渐学会解决问题。

2. 不要当众批评孩子，因为孩子每一个行为都是有原因的。也许这些原因在成人看来是微不足道的，但在孩子的眼里那是很严重的事情，这是由孩子的心理、生理年龄特点所决定的。不了解原因当众批评孩子非但不能解决问题反而会使问题变得更遭，使孩子产生逆反抵触情绪，教育就很难继续下去。

3. 妈妈可以试试用眼神、手势等进行暗示；可以用冷处理的方式让孩子自己去调解，等下课后再找孩子谈；还可以把孩子带到无人的地方问明原因再进行教育。

4. 妈妈要先了解孩子犯错的原因。很多孩子犯错是因为害怕、难过，或者不懂自己做的事情的意义，他们也不是故意要让妈妈生气，妈妈们要先了解孩子犯错的原因，再对孩子进行教育。

孩子的心灵就像一株幼苗，需要小心呵护，我们在注意孩子身体健康的同时更要注意到孩子的心理健康，注意在日常小事中渗透对孩子的教育。

 批评也要保护孩子的积极性

有些父母面对孩子不用功、不听话，屡教不改时，常常对孩子骂出一些难听的话："你就是一个废物，我们养活你干什么？"、"你这样以后有什么用，你以后能改？鬼才相信呢！"父母一时感到痛快的气话，很可能造成孩子终身的伤害，让他们失去了对未来的希望和憧憬，对前途失去信心。

父母是孩子在这个世界上最亲近的人，如果连父母都不信任自己、给自己希望和勇气，孩子就会失去安全感和依赖感。

孩子的内心和意志是脆弱的，他们就像刚刚出土的幼苗，经不起风吹雨打。他们最希望得到理解和支持，每一句鼓励和赞扬，都是他们精神上的阳光雨露；而一句粗暴的呵斥，会让他们内心感觉无助，足以摧毁他们内心脆弱的尊严。

孩子难免因为这样那样的原因而出错，在这个过程中，他们可以学会成长，有所发现和收获。但如果父母轻易否定孩子，把他们定义为"傻、呆、笨、坏"，无形中给他们进行了最严厉的"判决"，把他们变成了连自己都瞧不起自己的"另类"。

如果父母能够从另外的角度，给孩子以鼓励和肯定，孩子就会以卓越的自己来回报父母。

大发明家爱迪生小时候是一个有极强好奇心的孩子，每当看到不明白的事，他总要抓住大人问个究竟。

一天，他看到母鸡把鸡蛋放在自己的肚子底下，就问妈妈："母鸡干嘛要把鸡蛋放在肚子下面啊？"

妈妈回答说："哦，那是母鸡在孵小鸡呢。"

结果，爱迪生下午就突然不见了，家人很着急，四处寻找，结果发现他蹲在鸡窝里，身下放着很多鸡蛋，父母问他在干嘛，他说他在孵小鸡！

父母哭笑不得，把他拽出来，给他洗脸换衣服。

有一次，他看到鸟在天空飞，心想既然鸟能飞，人为什么不能飞呢？于是他找到一种药粉，给一个小伙伴吃，结果那个小伙伴差点中毒，而爱迪生也被父亲狠狠地揍了一顿。

八岁的爱迪生去上学了，在那个乡村小学里，爱迪生依旧是喜欢遇事刨根问底，常常把老师问得哑口无言，无法回答他的问题。老师觉得他成心捣乱，上了三个月的课以后，老师就把爱迪生赶出了校门。

爱迪生的母亲是一位很伟大的母亲，她没有因此而责怪爱迪生，决心自己教爱迪生读书。当她发现爱迪生对物理、化学试验很感兴趣时，就给爱迪生买了大量的有关书籍，爱迪生的科学启蒙从那时候起就开始了。

其实，每一个孩子都是天才，都有自己优异的地方，而很多家长缺少发现的眼睛，缺乏培养天才的能力，于是跟一个个"天才"擦肩而过。如果我们也能像爱迪生的母亲一样，坚信自己的孩子会大有作为，也许我们自己的孩子就能成为"天才"。

孩子的自尊心很强，父母动不动就用"笨蛋"、"草包"、"没用的东西"来斥骂孩子，会损害他们脆弱的自尊心，孩子也会对父母产生抱怨："我这样，还不是你们生出来的！"更有甚者，就会产生挫败感，自暴自弃，从而滑入犯罪的泥潭。

因为孩子对父母天生的依赖感，父母对他们的否定，会对孩子造成毁灭性的打击。尤其是年幼的孩子，即使当时没有产生不良行为，也会对他们的人格造成极大伤害，对未来产生潜在的危险。

有些成功人士，由于家庭环境或者个性使然，小时候成绩也不好，甚至算不得好孩子。但人生的路很长，一个平淡无奇的人，只要抱着"将来一定大有作为"的心，也很可能成为一个具有特殊才能的人。

因此，父母千万不要随意否定自己的孩子，也许你就会培养出一个英才！

当孩子犯错，家长一味地指责、斥骂甚至打孩子，结果事与愿违。那么，家长批评孩子时，应注意哪些方法和技巧？

1. 低沉的声音

家长以低于正常的声音批评孩子，反而会让孩子格外留意，也更注意倾听你的话，比大声训斥的效果好很多。

2. 沉默

孩子犯了错，往往认为家长一定会指责他，如果家长真这么做了，孩子反而"如释重负"，觉得"不过就这样了"，而如果家长保持沉默，孩子反而会内心紧张，自己反省自己的错误。

3. 暗示

如果孩子犯错，家长不是指责他，而是心平气和地启发他，更容易让孩子感受到家长的用心良苦，从而愿意接受批评和教育。

4. 让孩子换位思考

孩子犯错后，往往想要推卸责任，以逃避责骂，"是那个谁谁谁让我干的"。此时最有效的办法，是告诉他："如果你是他，你怎么解释这件事？"让孩子自我思考，并反省自己的错误。

5. 适时适度

孩子，尤其是小孩子，缺乏时间概念，昨天发生的事，今天就不记得了，所以批评要趁热打铁，否则就起不到应有的作用。

表达不同意见，但不攻击孩子的人格

教育孩子是一件严肃、认真的事情，而且无法推卸责任。许多事情如果解决不了，就会影响全家人生活的质量，阻碍正常生活的进行，使全家人感到疲惫不堪，难以忍受。如果你认为教育孩子不需要聪明才智，那就错了。我们既不希望用"贿赂"、"恐吓"等一些短期行为来诱使孩子就范，对他的长期成长造成损害，又不能使自己的全部时间消耗在与孩子无休止的拉锯战中。这是一个高智商的工作。

带着孩子长途旅行是一件辛苦的事情，每次行前都要做大量准备工作。给孩子带一些食物和玩具，分散他的注意力，这种办法有一些用，但是起作用的时间很短，两三个小时后，孩子便不安起来，开始制造麻烦。

王珍是一个很有经验的社会工作者，而且是两个孩子的母亲。每逢假期的时候，王珍同丈夫经常带孩子们开车去旅行。旅途短的话还没问题，时间一长两个小孩子就会在后面吵闹甚至打起来，将带着的食物扔得满车都是。无论父母怎样斥责，都不能让他们停止举动。

后来王珍准备了一些玩具供旅途之用。所不同的是，她将玩具都用小袋子封好，然后告诉孩子们如果他们表现好的话，每隔半小时，可以拿到一个小袋子，里面装的是有意思的小玩具。自从这一办法实行以后，王珍家的旅行变得有趣多了。没有了孩子们在后座里嘶喊、打闹，父母可以更安心地享受车外的景色和旅途中的交谈了。

有人虽然也买了许多玩具，但孩子在一开始便都加以探究——拾起来玩弄几下，又丢了去玩其他的玩具。很快地，他们的好奇心得到了满足，太多的选择又使他难以集中注意力在任何一件玩具上。王珍的方法就比较明智。封起来的小袋子使孩子格外好奇，想知道里面究竟有什么玩具。半个小时的间隔可以使孩子对一件玩具保持适当的兴趣，同时对新玩具的企盼也促使其有意识地注意自己的行为。在旅行中，如果能采纳王珍的方法，效果自然要好得多。

做父母的常常有很多疑问需要解答：孩子不肯睡觉怎么办？不吃饭怎么办？打人怎么办？向亲友询问，向书本讨教，往往会得到很大启发，有豁然开朗之感。然而生活中的每一件小事都是千变万化的，结果父母往往发现别人的告诫与经验不适用。的确，我们不能依赖他人甚至专家来帮助我们解决问题，而是需要发挥我们的创造性。

在生活中有许多可以动脑筋、玩些小技巧的地方，也就是要富于创造性。例如我们一般认为要制止孩子的胡闹时，要板着面孔、晓之以理或动之以情，激烈一些的就是大声训斥。这种做法虽可以约束孩子的行为，但往往破坏了气氛和情绪，尤其在一个欢乐的聚会场合。

这里有一位妈妈的故事，大家都为她的机敏与幽默而叫好。

张娜一家三口与两家朋友及孩子一同出门旅行。三家的孩子都是10来岁的男孩，十分活泼好动，凑在一起自然碰撞出更多的活力来。这天他们在一个大型国家公园内露宿，营地内青烟袅袅，大家都在忙着烧烤，准备野炊。

孩子们原本是自愿帮助生火、腌肉、准备餐具的，但一会儿就各自拿着手中的食物和餐具舞动起来，继而围着篝火乱跑，不但没有帮上忙，还妨碍了大人做饭。于是大人试图停止孩子们的破坏行为，又不想扫了他们的玩兴。这时张娜直起身来宣布，如果孩子们不乖乖地坐到小木桌旁等候开饭，她就要抱住他们给他们每人一个热吻。男孩们"哄"地笑出了声，但却不敢抗争，乖乖地到桌边坐下，因为对十几岁的男孩来说，让妈妈或其他中年妇女当众热吻一番，的确太令人难为情了。尽管他们坐在桌旁还是嘻嘻哈哈地拿这个主意开玩笑,却没有人敢尝试违令的后果。

试想如果哪位家长大喝一声:"都给我坐下,否则不给烤肉吃。"那得有多扫兴啊!

 告诉孩子怎样弥补自己的失误

由于孩子阅历少、经验少,有时当孩子做错事情,往往不知道自己错在哪里。家长应该耐心细致地告诉孩子错在哪儿,以及修正错误的具体方法,千万不能含糊其词、语焉不详,甚至粗暴地跟孩子说"你自己去想"。

小鸣的父母都在外地工作,他跟着爷爷奶奶生活。爷爷奶奶总觉得孩子不在父母身边,需要好好照顾他;父母难得见一面,见面也是想方设法满足小鸣的所有要求。所以小鸣从小娇生惯养,什么都不会做。吃饭穿衣、铺床叠被,全都是爷爷奶奶包办。只要小鸣的意愿没有得到满足,就会用哭闹来发泄情绪,很任性。

小鸣上小学了,轮到他做值日,这他在家可没做过,都是爷爷来帮他。小鸣不愿意劳动,还像在家里一样大哭大叫,弄得老师和同学都很头疼。他的动手能力和学习能力也都很差。

小鸣的父母听说了此事,把小鸣接到了身边,开始反思小鸣的教育方式出了什么问题。

有些家长见孩子出错,内心着急,就用体罚的办法去惩罚孩子,期望用这种手段来帮助孩子记住曾经的错误以后不再犯。家长应该明确的是,处罚只是一种手段而不是最终的目的。要让孩子知道,不是犯错之后要受到什么惩罚,而是让他们避免下一次犯错。所以,在处罚孩子之后必须及时告诫孩子相应的道理,告诉他如果继续错下去可能的恶果是什么,比惩罚孩子本身更重要。

美国一位儿童教育家说过:"惩罚不能阻止不良行为,它只能使罪犯在犯罪时变得更加小心,更加巧妙地掩饰罪行,更有技巧而不被察觉。孩子遭受惩罚时,他会暗下决心以后要小心,而不是要诚实和负责。"

有些家长喜欢一遍遍地重复说过的话,觉得可以让孩子加深记忆,并一遍又一遍地问孩子:"你听清楚了吗?你记住了吗?"孩子为了不让家长继续说下去,会说"我听到了,记住了"。殊不知,过多的唠叨会让孩子内心烦躁,反而产生逆反心里,就会"这个耳朵进、那个耳朵出",甚至根本无动于衷,从而失去了教诲的意义,"点到为止"是家长需要注意的。

教孩子学会自我管理是很有必要的,这是孩子走向独立的基础和前提。孩子如果具备了良好的自我管理能力,就能更容易适应新的环境和变化,养成独立自主的良好个性。

1922年美国国庆前夕,一个男孩弄到了一种威力特别大的爆竹"鱼雷",这种爆竹是禁止燃放的。这个十一岁的男孩到一个桥边放了一个"鱼雷",结果爆炸的巨响引来了警察,警察把男孩带到了警察局,因违反禁令,他被罚款14.5美元。在当时这是一笔不小的数目。

男孩的父亲来到警察局,替他代缴了罚款,但说好是借给男孩的,并要他一年后归还自己这笔"借款"。

这个男孩在之后的一年里,靠擦皮鞋、送报纸来挣钱,最后把14.5美元还给了父亲。

这个男孩就是后来的美国总统里根。

他在回忆录里讲到这个故事时，说自己正是通过这件事，明白了什么是责任，那就是要为自己的过失负责。

家长可以用以下几种方式来帮助孩子改正错误。

1. 告诉孩子你的感受

当孩子犯错误时，家长不要急于粗暴地惩罚孩子，而是跟孩子说出自己此刻的感受，让孩子知道你的不满。比如，告诉孩子"我现在心情不好"、"我很不高兴你的做法"、"我不喜欢你这样"、"你让我很生气"等。这样可以帮助家长平静下来，同时让孩子了解你的内心，并反思自己的错误。

2. 间接地"惩罚"

如果孩子的过错不大，家长可以不做明显的批评或惩罚，通过对他的行动加以限制、限制娱乐时间、扣留他喜欢的东西、让他自己待在房间里等间接惩罚的手段与方式，让孩子记住教训，并对孩子今后应该怎么做、达到什么标准提出明确的要求。

3. 让孩子体验错误行为带来的后果

像里根的父亲那样，当孩子有过失或者错误时，父母不给孩子过多的批评，而是让孩子自己承受过失或者错误直接造成的后果，自己感受不愉快甚至痛苦，从而引起孩子的自我悔恨，自觉弥补过失，纠正错误。

4. 告诉孩子怎样弥补自己的失误

让孩子知道纠正错误的"出路"在哪里，让孩子有明确的方向去纠正自己，效果才更明显。孩子在反思自己所做的不当行为之后，就能通过改错，学会成长，重拾自信心。

当孩子以后再犯错误或者做了让自己后悔的错事，他就会想办法把过失弥补回来，而不会一味地自责"我真没用，我真笨，我怎么老出错"。

第12章 好妈妈不吼不叫，帮孩子改掉坏习惯

 **极为逆反，总喜欢跟大人对着干**

一个刚刚十六岁的孩子对父亲说："我不想继续读书了，我不想时时处处都听你们的唠叨和你们的调遣，我要自己去外面闯一闯，去寻找自己的天地和我自己的生活，去寻找我自己。"

父亲问儿子："你打算怎么做呢？"

孩子说："我只要一个指南针、一个背包，我要自己去尝试生活，不做你们手里的棋子，也不需要你们给我遮风挡雨。"

父亲答应了儿子，给他一些钱，告诉他："我跟你妈妈一起，等着你的好消息。"

孩子去了一个陌生的城市，那里有很多新鲜的东西，也没有了父母的唠叨，男孩感受到解脱的快乐。但手里的钱很快花光了，他一想到如果回到父母身边，还得忍受他们的唠叨和同学朋友的嘲笑，就咬牙留在那个陌生的都市里。为了寻找一个遮风挡雨的地方，为了一顿饱饭，这个以前衣食无忧的孩子只好去小店打工赚钱，这些小钱他之前都不曾珍惜过。

一年以后，这个孩子尝尽了生活的艰辛，终于知道父母的不易和良苦用心，明白他们对他的爱是多么的伟大。他终于在新年的时候给家里打了一个电话。父亲跟他说："儿子，你找到你要的东西了吗？找到了就回来吧！"

那一刻，这个男孩泪流满面。

很多家长可能觉得故事中的孩子不理解父母的爱，结果自己终于吃到了苦头，他活该，自作自受。但我们应该看到的是，这个男孩学会了成长，这是他一生中最大的收获。

我们每个人，都有某个阶段，觉得自己不再是孩子，有不同程度的对自由的渴望与憧憬，用叛逆的行为来表示自己的成熟，我们渴望被成年的世界所接纳和认同。

所以，叛逆是孩子成长中的正常现象，只是这种叛逆，让有些孩子奋起、有些孩子沉沦；有些完善了自己，有些却走向放纵。

家长指责孩子的叛逆，却忽略了孩子叛逆的根源——往往是家长的过度呵护、过度拒绝、过度指责和过度压制导致的。家长自以为为孩子好的种种看似温柔的束缚，让孩子无所适从，最终用叛逆来寻找自我解放。

如何解决或缓解孩子叛逆心理？家长可以从以下方面入手：

1. 把自主权交还给孩子

叛逆只是一种表象，不是什么不可原谅的错误。每个人都可能有过叛逆，多观察孩子，站在他的角度思考问题，把对他的不必要的束缚和限制都清除掉，也许他的叛逆也就随着消失了，因为他的叛逆原本可能就是对束缚和限制的反抗。

2. 尊重孩子正当的要求

当孩子一天天地长大，会逐渐有自己的想法和需求。很多家长往往从自己的角度来考虑是否适合孩子，而没有从孩子的角度考虑，所以很容易武断地拒绝孩子的需求，让孩子受到伤害，从而关闭心门，叛逆心理也由此滋生。

叛逆期是青少年心理成长、成熟过程中的一个特殊时期，很多家长认为，这个时期的孩子特别敏感、浮躁、不听话，很难相处。这一时期，孩子的自我意识和人格独立意识都迅速发展，往往不愿意再做一切听凭家长安排的"乖乖仔"或"乖乖女"，更希望用自己的思维模式来分析问题。

叛逆期是孩子成长经历的一个特殊时期，家长应该更多地理解孩子此时期的一些变化，一旦发现孩子有"叛逆"行为，家长就应该提醒自己，是时候改变自己教育方式和教育观念了。

我们来看看下面这个父亲的苦恼：

李先生的女儿小眉是个乖巧的女孩。李先生一直对她要求很严格，小眉也很懂事。

最近，李先生经常出差，忽视了与女儿的交流。小眉的母亲在国外工作，于是小眉变得越来越内向。

李先生惊讶地发现，以前很乖巧、听话的女儿好像变了一个人，尤其是上高中以后，小眉很少跟父亲交流，后来变得越来越孤僻。

在家里，小眉总是跟父亲对着干，什么都听不进去。

一天，李先生突然接到小眉班主任的电话，说小眉把头发染成了黄色。小眉放学回家后，怒不可遏的李先生打了女儿一巴掌。

但就在当天晚上，小眉离家出走，跑到一个实习老师那儿去住。

学校后来要求小眉把头发染回去，并要求她搬回自己家。小眉觉得学校就是跟她过不去，抗争了许久，闹得沸沸扬扬。虽然最终小眉把头发染回黑色，也回到了家中，但李先生不知道今后该怎么教育女儿，觉得很苦恼。

其实，处于青少年时期的中学生，很容易产生叛逆的心理。事例中小眉明显处于心理叛逆期，再加上特殊的家庭环境造成她跟家长缺乏正常的有效的亲子沟通，就出现了上述的问题。

家长只要学会和孩子沟通，跟孩子以心换心，叛逆期孩子的问题是可以化解的。当然，这需要家长掌握一些孩子叛逆期的沟通小技巧。

1. 学会尊重孩子

很多家长总拿自己的孩子跟其他孩子比较，这样对孩子的教育无益。家长不要总盯着孩子的缺点，看不到孩子的优点，总拿自己孩子的缺点跟别的孩子的优点比较。要多发现自己孩子的优点，并多鼓励和表扬孩子，以减少孩子对家长的抗拒心理。

2. 允许孩子犯错

叛逆期是孩子形成主见的关键时期，犯错误肯定在所难免。家长应该允许孩子犯一点儿小错误，不要过分束缚孩子。同时，家长是孩子最好的榜样，父母应注意自己的言传身教，家长的言谈举止能给孩子潜移默化的影响。

3. 适当地给孩子一些权利

当孩子进入青春叛逆期后，特别渴望得到外界的尊重和认可。家长应给予孩子适当的权利，帮助他们从不谙世事慢慢走向成熟。

4. 学会换位思考

我们每个人都是从青春叛逆期走过来的，家长也不例外，只是我们没有现在的孩子表现得明显，所以当家长面对孩子令人不解的行为时，不妨换位思考一下，想想孩子为什么会这样。待有了共鸣之后就会理解孩子，同样就能找出问题的症结。

5. 家长稳定自己的情绪

家长带着不良情绪去教育孩子，是很不明智的，会导致孩子的抗拒心理。因此，家长不应在心烦急躁及不冷静的时候教育孩子，等到自己的情绪稳定后，再去同孩子交流。

 挑食偏食，总是不好好吃饭

挑食是孩子常见的坏毛病，如果不及时矫正，不仅会导致孩子摄取营养不足，严重影响他们的身体发育，还会养成他们任性的坏习惯。

挑食，是当前孩子中常见的现象，主要是指孩子只挑某几种食物吃，而不吃其他食物。因为进食的食物种类过少，常常会引起某些营养素的不足，影响孩子生长发育。因此，孩子的挑食问题困扰着大多数父母。

宗宗吃饭和吃点心很有规律，定时定量。除了一日三餐外，每天上午10点左右、下午4点左右是吃点心的时间，吃的东西不太多，仅仅能够充饥罢了。家里人把食物放在冰箱里，为了让孩子知道食物应放在规定的地方，只能在适当的时候吃东西，不该吃的时候不能自己乱拿乱吃。宗宗也曾经自己打开冰箱拿东西吃，被爸爸教训了之后再没有发生第二次。所以宗宗吃饭时胃口很好，身体也很健壮。

邻居家的晶晶则不然，因为家境富裕，糖果、杏仁酥、茶糕、饼干应有尽有。父母宠爱他，以为孩子能吃是好事，他什么时候吃、想吃多少都随他意。这样，晶晶每天都吃很多零食，吃饭的时候却总是挑食，也吃不了多少。父母认为有些零食比饭菜有营养，也没有注意。慢慢地，晶晶的肠胃开始出现问题，人也变得非常瘦弱。

挑食（偏食或拒食）是孩子常见的坏毛病，如果不及时矫正，对孩子身心健康都不利。那么，孩子挑食是怎么形成的呢？通常有以下几个原因：

1. 因身体不适，消化力弱，食欲不振而挑食（这属于正常现象，家长不要太担心，平时保持孩子饮食有规律，多多调养肠胃就行了）；

2. 因身体原因对某种食物反感。如果孩子因身体原因（不适或胃口不好），偶尔对某种食物反感，有可能会造成对某种食物的拒绝。父母如果在孩子饮食上过度迁就会让孩子养成挑食的毛病。

3. 家长忽视了对孩子正常饮食习惯的培养，或对孩子过于迁就与放任，助长了孩子挑食的坏习惯；

4. 家长平时也挑食的话，孩子受了家长的影响也会挑食；

5. 饮食比较单调或者味道不好。如果父母不注意烹调的方法，不注意颜色的搭配和形状的多样化，或饮食比较单调，就很容易使孩子养成挑食的习惯。

那么，家长应该如让孩子摆脱挑食的困扰呢？

1. 制造进餐时的和谐氛围

不管是什么原因，家长切忌在孩子进餐时恐吓、责骂或以其他方式惩罚孩子，因为恐惧、担忧、愤怒等负面情绪会直接影响孩子的食欲。家长应善于营造就餐时的快乐气氛，使孩子心情愉快，乐于进食。

2. 避免让孩子挑食的行为得逞

小明不吃牛肉，妈妈怕他饿坏了，立刻为他预备别的食物，小明的挑食行为得逞，坏习惯就此养成。相反，假如妈妈告诉小明牛肉很好吃，全家都爱吃，吃了以后身体会强壮，而且这个时候只有牛肉吃，不吃就要饿肚子。这种积极、坚定的态度就会有效地阻止孩子的挑食行为。

3. 避免给孩子挑食的机会

不少家长习惯于每次吃东西时问孩子："你喜欢吃这个吗？""你喜欢吃什么呀？"这些问题容易给孩子挑食的机会，是不必要的。

4. 给孩子积极的暗示

吃饭时，家长要表现出对食物极大的兴趣，可以边吃边赞："真好吃！""我们都喜欢吃。"孩子得到积极的暗示后会主动地模仿。

5. 为孩子树立效仿的榜样

孩子最喜欢得到别人的称赞，可以在挑食的孩子面前，大大称赞名人或者其他孩子，从而使孩子因羡慕而积极地效仿。可以经常用一些小故事来启发孩子，比如：某个世界冠军就是经常吃了什么，身体长得好，就成了冠军，或者父母用赞赏的表情诱发孩子食欲。

当然，在树立榜样时避免孩子间的妒忌是很重要的。例如，小华不吃鱼，但大伟最爱吃鱼，成人可在大伟吃鱼的时候说："大伟真是好孩子，大伟爱吃鱼，又健康又聪明，我知道小华也会像大伟一样，喜欢吃鱼的。"这样说既使小华有了效仿的榜样，又避免了对他的打击。

6. 对孩子进行巧妙诱导

小珍不爱吃鱼，但最爱吃火腿蛋。妈妈就把鱼放进火腿蛋里，让小珍吃。最初放一点点，渐渐把鱼的分量加多，结果小珍爱吃的"火腿蛋"，其实已经变成了"火腿蛋和鱼"。这时妈妈不妨告诉她真相，然后说："小珍原来是喜欢吃鱼的！"

7. 养成孩子不吃零食的好习惯

孩子多吃零食会使消化功能紊乱，吃饭时，消化液就会供不应求，吃的食物在胃里，不能很好地被消化、吸收，孩子当然就没有食欲了，这样会渐渐形成挑食的毛病。

8. 耐心教育，不要强迫孩子进食

父母对于孩子的挑食千万不要急躁，不要在孩子面前表现出焦虑的情绪，更不要强迫孩子进食。如果孩子是因为身体原因而不吃饭，父母可以细心观察，调整饮食，孩子自然会好转；如果因为饭菜不合胃口而不吃，父母可以把饭菜拿走，等下一顿让他吃，两餐之间不要给零食，这样可以让孩子明白只有好好吃饭才能填饱肚子。孩子不良习惯的纠正需要长期、持久的努力，所以父母要有耐心。

如果孩子挑食严重，父母可考虑使用一些含多种元素的补充品。但这类补品只能暂时解决问题，家长还是需要采取方法，努力帮助孩子克服挑食的毛病，让孩子从营养均衡的正餐中摄取成长所需营养。

 迷恋电视，一回家就打开电视机

在生活中，我们经常会看到一些孩子迷恋看电视，他们会在放学到家的第一时间打开电视，除了看电视之外，似乎没有其他的兴趣爱好。对于孩子看电视过多的行为，妈妈可给予适当的批评，但是绝对不要对孩子的这种行为大呼小叫，更不可严厉的斥责孩子，以免孩子出现叛逆的心理。

当然，对于孩子看电视这个问题，妈妈们最需要做的并不是严格禁止，更不是打骂，而是正确引导孩子——把电视带给孩子的不良影响降到最低，并且要利用电视来辅助进行家庭教育。只要孩子从电视中能够获得更多的知识，那么看电视未必不是一件好事。

电视是传递知识、信息的重要手段和途径，丰富了人们的精神生活。只要一打开电视机，上下五千年，纵横数万里，天文地理，人文历史，便可一目了然。虽然电视已成为孩子开阔视野、获取知识的第二课堂，但有的妈妈却把电视机当作孩子的"保姆"和"伙伴"，孰不知，不加选择和长时间观看电视，对孩子的身心健康都是有害的，所以妈妈们应该帮助孩子选择适当的节目，杜绝孩子看不利于孩子成长的节目。如果孩子沉迷于看电视，那么不妨想办法，让孩子走出电视中的虚幻。

李小强是个电视迷，每次放学回到家里，他的第一件事情就是打开电视机，别的什

么事都不做，而且看起来没完没了，动画片一场接一场地看，武打片一集接一集地"观摩"，就是有同学找他出去玩儿，他也不去，只顾着看电视。就连吃饭的时候也不忘看电视，他将饭端到电视机前，边看边吃，每次大家都吃完了饭，他还没吃多少。看着电视，他的嘴都忘记吃东西。

李小强的妈妈最生气的就是儿子看电视，他看到电视每次连家庭作业也顾不上做，每次在被逼着睡觉之前，他才会想起来自己还有一大堆的作业，但是这个时候没有时间来做了，所以说成绩自然是很差。妈妈要是生气把电视关了，他会大吵大闹。李小强的妈妈无奈地说："这个电视迷，可怎么办哟！"

长时间地看电视并且极为孤独的症状，在心理学中被称为电视孤独症。儿童心理学认为，电视孤独症多发于三岁以上儿童，男孩多于女孩。患电视孤独症的儿童，大多对妈妈和同龄人漠不关心，对电视以外的事物视而不见，不爱与人交流，只愿意和电视中的人物交流情感，有时甚至误以为自己就是电视节目中的角色。另外，这样极端孤独的儿童，语言发展大多比较迟缓，有时给人以言语单调、刻板、重复的感觉。

长时间看电视对孩子身心造成的危害是很大的，孩子长时间看电视，严重影响了孩子身体素质。距离太近、姿势不当、边吃边看等不正确的观看电视的习惯，造成"小眼镜"、"小驼背"、"小胃病"的现象层出不穷。与此同时，电视节目是通过直观形象传播信息，所以不利于锻炼和提高孩子的思维能力。看电视太多，会消磨孩子的意志。长此下去，读书学习因缺乏娱乐性会使他们感到厌倦、疲劳，不能集中注意力把事情做好。孩子看电视往往精神非常集中，很少讲话，会影响孩子的口头表达能力和社会交往能力。电视看得多了，与妈妈接触的时间自然就会减少，以致影响了妈妈子女间的交流，使孩子性情变得孤僻、不善交流和交往，这对孩子的心理发展是不利的。所以要让电视有益于孩子，妈妈必须制订切实可行的方案。

1. 限制孩子看电视的时间、次数、姿势

妈妈要限制孩子看电视的时间、次数、姿势。电视要在完成作业的前提下，才允许看。时间一小时左右，学龄前的孩子看电视的时间每次以 30 ~ 40 分钟为宜。孩子看电视时要有正确的姿势。孩子看电视时，离电视屏幕不能太近，至少要在 2 米以上；不要斜着、躺着看；不要让孩子边吃饭边看电视。

2. 只看想看的节目

作为妈妈，最担心的是，当自己不在家时，孩子究竟看了多长时间的电视？看了些什么？

有个 4 岁的男孩，一进家门，便随手打开电视，无论干什么事，都不忘瞄一眼电视……他妈妈焦虑地说："电视几乎使他成了个'没魂'的孩子。"生活中有许多孩子可能是因为烦躁、孤独或是疲劳、无事可干而打开电视，不管屏幕上有什么，都盲目地瞪着眼睛看，一个节目接一个节目，一个一个换频道，连续不停。其实，这种时候，他们并不在看电视，而是看热闹。一旦养成了习惯，改起来就困难了。

因此，妈妈必须意识到自己有责任决定孩子看什么、不看什么。道理很简单，你能让三四岁的孩子自己定菜单吗？为了不让孩子随便打开电视，全家人可在周末时一起看电视报，根据电视节目预告，制订一张观看表，预告的节目到了，才打开电视，节目结束就关机。这样做，就能让孩子养成收看想看的电视节目而并非有节目就看的好行为。不让孩子盲目看电视的好处是：看的时间不多，从中收益却不少。

3. 和孩子一起看电视

作为妈妈，常常会被警告电视会影响孩子：成绩下降、视力减退、有暴力行为，等等。而生活中，妈妈听到更多的是，从孩子嘴里冒出来的自己未曾听到过的新知识，例如一个 5 岁的孩子居然要和他爸爸讨论有关雷龙（古生物）的驯良性情。确实，电视扩大和扩展了孩子的眼界和想象力，让他们看到了用其他方式无法看到的遥远的地方和遥远的人，更重要的是电视给他们带来快乐，使他们的生活变得丰富多彩。因此，孩子爱看电视一点也不足为奇。

但是当孩子坐在电视机前漫游荧屏世界，一小时又一小时，妈妈会是怎样的心情？他们在看什么，合适吗？他们的视力，他们的阅读、思考、判断、学习能力会受影响吗？对此，心理学家的忠告是——陪孩子看电视。妈妈和孩子一起看电视，即使是儿童节目，也会比孩子自己单独看学到更多的东西，孩子对事物的看法、态度、判断会因妈妈的反应而形成。此外，陪孩子看电视还能解决看电视时间过长和姿势不良的问题，对健康有利。共同看节目，也使亲子间的交谈有了话题，使妈妈能适时纠正孩子错误的判断，帮助孩子了解荧屏与真实世界的差距。若是在节目结束后，和孩子讨论这个节目有什么意义，请他说一说是什么使自己失望或开心等等，就更有意义了。

妈妈要充分意识到正确引导孩子看电视的重要性，并且要身体力行地进行正确地引导。妈妈只有正确地引导孩子看电视，才能扬看电视之长、避看电视之短。

 粗心马虎，大错误不犯小错误不断

有一个急着赶路的人，有一次，在经过一片沙滩的时候，鞋子里灌了好多沙子，他匆匆把鞋子脱下，胡乱地把沙子倒出来，便又急急地奔向前面的路程。可是还有一粒沙子仍然留在他的鞋里，磨着他的脚，使他跑一步，就疼一下。但是他没有停下来把那粒沙子倒掉，因为他怕浪费时间，怕在太阳落山之前赶不到住宿地。

于是，在痛苦的折磨中，他终于赶到了那个地方。天晚了，疲惫的他忘了脱鞋倒掉那粒沙子，就躺在床上沉沉睡去。第二天，天微微亮的时候，他便匆匆启程，奔向新的目标。就这样，他在痛苦中疲惫，又在疲惫痛苦中启程，却始终没把那粒沙子倒掉。

终于在离目的地不远的地方，他因脚痛难忍，不得不止步。当懊恼、痛苦的他忍着揪心的疼痛把鞋子脱掉的时候，发现让自己痛苦了几天的仅仅是一粒不起眼的沙子。

一粒沙，看似小，却是前进途中的极大障碍。如果故事中的这个人能够及早地排除它，说不定早就到达目的地，而不必忍受痛苦的折磨了。

在我们的学习和生活中也如此。往往一些小事情、小危险、小障碍、小错误，如果我们没有认真地对待，存在侥幸心理，就会造成极大的损失，比如学习上的粗心。

粗心是一种很常见的现象，不单是孩子身上有这种毛病，许多成年人也有。一般说来，粗心大意的毛病在孩子身上表现得特别明显。

"我们的孩子挺聪明的，可是总考不了一百分，这粗心大意的毛病可怎么治啊？"不少父母为此犯愁。

粗心的原因是多方面的，有的是性格问题，急性子爱粗心；有的是态度问题，对学习不认真就容易粗心；有的是熟练问题，对知识半生不熟最容易粗心；有的是认识问题，没认识到粗心的危害……父母一定要让孩子认识到粗心的危害，养成细心谨慎的好性格。

莉莉是一个漂亮的小姑娘，但是却有一个难听的外号——"粗心的莉莉"。因为她总是丢三落四，经常把东西到处乱放。这让莉莉的妈妈很是头疼，不得不每次都帮她收拾。妈妈提醒莉莉，这样粗心大意会造成不好的后果。但莉莉总是当成耳旁风，尽管她也不喜欢朋友们这么称呼她，但还是依旧觉得粗心没什么。

莉莉正在花园里浇花，她的好朋友云云来找："莉莉，我堂弟想看看我的画册。"

"哦，对不起，云云。让我找找吧，我记不起放在哪里了。妈妈，我上次拿回来的画册在哪里？"莉莉焦急地问正在看书的妈妈。

"一直在你的房间里的，难道你不记得了吗？"

"哦！我知道了，云云你等一下，我马上拿给你！"莉莉有些担心地说，心想如果真的弄丢了，云云一定会生气的。

但是，当莉莉和云云来到房间的时候，却看到她的宠物小狗已经将画册咬得

稀烂……

"哦，我的天，莉莉。你怎么能这样？"云云生气地喊道，"那可是姑姑送我的生日礼物。"

"对不起，我不是故意的。"莉莉愧疚地说，但是云云没有再说话，哭着离开了。

伤心的莉莉禁不住流下了眼泪。这时妈妈问莉莉是不是把画册放在了小狗容易够到的走廊里。

莉莉只好回答："我不记得了，妈妈！"

"我希望从今以后，你能够吸取这个教训，把你的东西都放在合适的地方。"妈妈轻轻地对莉莉说道。

"我会努力做到的。"莉莉说。

从此以后，莉莉真的不再粗心，朋友们再也不叫她"粗心的莉莉"了，好朋友云云也原谅了她……

因为粗心大意而犯下的错误，不仅会伤人，还会害了自己。任何一个小小的疏忽，都可能导致大错，而且，这一过错将有可能无法挽回。智者说，避免一切小小的失误，就能减少巨大的意外挫折。

在学习和生活中，父母应该对孩子严格要求。不要认为孩子忽略的只是一个小小的标点符号，只是一个小数点的位置。要知道，只有让孩子认真对待所做的每一件事，才能使他避免粗心大意，养成谨慎细心的好习惯。

下面是几种纠正孩子在学习过程中粗心毛病的方法，希望对家长朋友们能有所帮助。

1. 不要依赖橡皮

橡皮是造成孩子粗心的一个根源。孩子会认为，反正错了可以擦，写错了也没关系。于是错了擦，擦了再错，孩子蛮不在乎。父母可以适当限制孩子使用橡皮的次数。告诉孩子，做什么事都要"三思而后行"，想好了再做，争取一次做好。在做一般的练习题时，错了不许擦。当然，那种必须交给老师批改的作业除外。这样，孩子就会用心去写。时间长了，孩子就会变得细心，从而摆脱对橡皮的依赖。

2. 草稿不要太草

不少孩子粗心是从草稿开始的。所以父母要教育孩子草稿不要太草。从草稿开始就要严肃认真。这有利于克服粗心的毛病。

3. 给孩子准备一个"错题集"

让孩子把每次考试、作业中的错题抄在"错题集"上，找出错误的原因，把正确的答案写出。这实际上是一个错误档案。孩子出现错误的原因多是粗心，这样做有利于认识错误的危害，下决心改正。让孩子准备"错题集"是培养孩子进行自我教育的好办法。

4. 学会自检

有些父母总怕孩子做错题，得不了高分，于是天天给孩子检查作业。这样做使孩子养成了依赖心理，反正错了妈妈能给检查出来，所以做题时粗心大意。父母不要给孩子检查作业，让孩子养成自检的习惯。错了又没检查出来，就让他不及格。这样他才能认识到粗心的危害。有了自检的能力，粗心的毛病才能克服。

5. 让孩子考家长

让孩子出题考家长，孩子很感兴趣，他们会成心出些容易错的题，把家长考住。家长成心粗心，让孩子批评，这对孩子也是一种教育，将来他们自己做题时也会在这方面多加注意。

脾气暴躁，什么话都听不进去

在生活中，妈妈们可能会经常抱怨自己的孩子脾气暴躁，遇到一丁点的小事情，都会冲家人大吵大叫，不管妈妈们怎么样好言相劝，孩子就是听不进去。其实，爱发脾气是孩子的一种不正常的心理状态的反映，与他们身心发展的水平较低有关，另一方面也与父母的态度和教育方法有关。孩子爱发脾气，对健康性格的形成很不利。父母要想改掉孩子爱发脾气的毛病，就要搞清楚孩子为什么发脾气，才好对症下药。

孩子爱发脾气，也是有个过程的，当孩子第一次发脾气时，妈妈的处理态度就显得尤为重要了。有的妈妈一看孩子乱喊乱闹，就赶紧想尽一切办法，哄劝，对孩子提出的要求也一应百应，过分迁就。大人可能会觉得孩子嘛，哄一哄就好了。可孩子就会认为只有这样闹，才能达到自己的目的，从而认为自己是正确的，把发脾气、胡闹作为要挟大人的手段，长此下去就会养成坏习惯。

有的妈妈把问题看得很简单，解决方法也简单，一个字"打"。其实，打的结果更坏，孩子或是表面屈服于棍棒，或是越闹越凶，对妈妈产生敌视心理。那么，应该怎样对待孩子第一次发脾气呢？

妈妈应该持不予理睬的态度，专心于其他事情，或是告诉他："什么时候安静下来，我才跟你讲话。"渐渐地孩子会由大哭变小哭，由闭眼哭叫到睁眼看妈妈的反应如何，他的注意力也就会转移到妈妈身上来，静静观察妈妈做事情，渐渐忘记了撒泼。当他的情绪稳定以后，妈妈一定要告诉他那样做不好，并说明为什么不好。这样孩子就容易接受了，第一次发脾气就能被制止。在处理孩子第一次发脾气时，妈妈一定要有耐心，不能半途而废，这可以说是一场"意志与毅力"的较量。如果做妈妈的心软，以后就很难再奏效。

有的孩子从小就养成了脾气暴躁的性格，只要是大人不按照自己的要求去做，他们就会无理大发脾气，甚至还会乱扔东西，这个时候也是妈妈们最苦恼的时候。当然，每个孩子养成发脾气习惯的原因都不同，因此妈妈们最好分析一下孩子为什么发脾气，有的时候孩子的脾气暴躁往往是和家长的行为有关的，当然有的时候孩子不可能精心策划如何发脾气，但事情过后他会意识到发脾气的作用。他可能会意识到他可以靠发脾气迫使父母改变主意，得到他想要的玩具，或是推迟上床睡觉的时间或引起父母对他的注意。

孩子在不舒服的时候，比如，生病、疲劳时易脾气暴躁，这和大人是一样的，只不过大人会表达自己的意志，幼儿大都不会用语言表达自己身体不适的感觉。有经验的母亲善于结合情境和孩子的情绪状态判断孩子的身体状况，尽可能地避免孩子发脾气。有时候孩子受到冷遇，感到失望时也会发脾气。孩子自己玩了一天，很想和妈妈玩会儿，或者很渴望家长的表扬，可妈妈却毫不理会，照旧干自己的，孩子就会发脾气以示心中的不满。聪明的父母若能主动给孩子放松环境，沟通感情，了解孩子的愿望，就能避免孩子因情绪不佳而发脾气。

不管孩子为什么发脾气，也不管你多么同情他，这是一个不能接受的行为。必须让孩子明白这种行为毫无意义。让孩子明白他的乱发脾气不但对解决问题起不到促进作用，反而会让事情变得更加糟糕，只有这样孩子才会意识到自己发脾气是不正确的，在这个时候，去改变孩子的想法才会变得理所应当。

王娅的女儿甜甜是独生女，也是奶奶爷爷眼中的宝贝，甜甜从小就受到万般疼爱。正是这种溺爱，让甜甜养成了霸道的性格，成为了典型的"小公主"。不管是在家里还是在外，只要是她想要的东西，就必须得到满足，不然的话她就开始哭闹甚至会乱摔东西。对于女儿的暴躁脾气王娅也无能为力，因为自己打也打过，骂也骂过，但是丝毫没有起作用。

记得有一次，王娅带着女儿去公园玩儿，刚到公园，女儿就嚷嚷着口渴，要吃冰激凌。要知道想买到冰激凌必须回到小区，最少也要走十几分钟。王娅对女儿说现在先不吃了，等一下就回去，回去的时候买给女儿吃。没想到"小公主"当时就嚷起来了："不，我就要现在吃，我要在公园里吃冰激凌。"看到女儿这么暴躁，她又生气又无奈，只好打电话给婆婆，让她买上冰激凌来公园。

王娅向同事提起了女儿的事情，很是苦恼，因为她不知道孩子长大后会发展成什么样子，现在小小的年纪脾气就这么的暴躁，长大后怎么跟别人相处呢？同事告诉王娅自己的教子方法，她说道："每次我儿子给我耍赖或者是发脾气的时候，我都会分析一下他为什么发脾气，发脾气的目的是什么。如果是像你女儿这样，提出无理的要求的话，我会继续忙我的事情，先冷他一段时间，他看你不理他，对他的苦恼视而不见，他也就不再苦恼了，等这件事情过去了，孩子的情绪平静下来之后，我再跟他好好沟通这件事情，指出他做得不对的地方。"

王娅觉得同事的这个办法不错，后来在女儿发脾气的时候，她就按照同事的方法去做，没想到女儿真的不再哭闹了，脾气渐渐地也没那么暴躁了。

脾气发作不仅严重损伤孩子的情绪和生理状态，而且也使家长狼狈不堪，感到很棘手。所以家长要想方设法制止孩子发脾气。怎样制止呢？一定要根据发脾气的原因"对症下药"，方能奏效。

1. 冷落他一会儿

孩子会因为需求没有得到满足而发脾气。由于家长的溺爱，有的孩子稍不如意便大哭大闹，此时，妈妈们绝不要让步和将就，不然会助长孩子的脾气。最简单的办法是把他单独放在房间里，作短暂的隔离，冷落他一会儿，让他有时间冷静下来考虑下一步怎么办。即使在外面也一样。如此反复几次，孩子就会感到自己发脾气、哭闹都毫无意义，得不到家长的注意，得不到自己想要的东西，慢慢地就不再乱发脾气了。每次发作平息后，妈妈们要记住给孩子讲道理，及时进行教育。要告诉孩子刚才的行为是不好的，采取发脾气的办法要挟父母满足自己的需求，是达不到目的的。要让孩子知道父母是爱自己的，只是不爱自己的撒泼行为。这样既可以教育孩子今后不再乱闹，也可以避免孩子疏远父母。

2. 等孩子情绪平静后和孩子聊一聊

由于不被理解，孩子也会发脾气。孩子有自己的想法，对一件事也有自己的看法，妈妈们一定要给孩子提供充分表达内心想法的机会。有时候当孩子喋喋不休地向妈妈讲述某件趣事时，妈妈们却常因忙于自己的事情，漫不经心地点点头或哼哼两声，那么孩子会十分恼火的。所以，妈妈不妨暂时放下手中的事务，以专注的神情倾听孩子的话语，以欣赏的态度理解孩子的话语，并饶有兴趣地和孩子聊一聊、说一说，这对孩子将是莫大的支持和鼓励。

3. 适当表扬、奖励

当孩子不发脾气时，妈妈们必须对他进行表扬。你可以这样说："你能好好听我讲话，我很高兴"，"你真听话。"每当孩子有好的表现时，你就拿出一些时间陪他玩。孩子听话时要更关注他。这样，孩子就会知道你注意到并赏识他的好的表现。你甚至可以记"好行为"日记，帮助你和孩子记住这些表现。有时还可以用情景表演、记分、奖励制度来帮助孩子克服发脾气的毛病。

4. 转移环境和转移孩子的注意力

有的孩子在家里、在父母面前爱发脾气，而在其他环境则表现得比较好，这样的孩子可以让其暂时离开使之脾气发作的环境，到亲戚朋友家生活一段时间或到寄宿制幼儿园或学校过一段集体生活，这对矫正孩子爱发脾气的缺点会有好处。很多时候，孩子会由于受忽视而乱发脾气。对于这样的孩子，要安抚他们并转移注意力。孩子越小，情感越不稳定，注意力也越容易转移。当发生不愉快时，要采用活动转移法，让他们在游戏活动或体育活动中宣泄内心的紧张。比如，孩子想妈妈了，而妈妈加班还未回家，孩子委

屈得不得了，乱扔东西，怎么劝都不行。这时，家里人可以有意识地提起孩子平时最感兴趣的一件事，转移孩子的注意力。例如，给孩子讲个爱听的、好玩的故事，或者带孩子去玩最喜爱的荡秋千游戏，等等。一定要从爱心出发，从感情上安抚他，哄劝孩子不哭；要有耐心，千万不要训斥指责，更不能动怒打骂。否则，孩子的脾气只会愈演愈烈。

 ## 赖床不起，任由父母火冒三丈

一些妈妈们用最老的办法解决孩子赖床的问题：每天早上叫孩子起床；午饭后让孩子休息，自己不休息，而是等到时间了叫孩子起床。其实这种方法也不能解决根本问题，而且孩子会形成一种依赖心理，做妈妈的往往还要落下埋怨。

看到孩子睡得又香又甜，每个妈妈脸上都会洋溢着灿烂的笑容……可是如果孩子赖床不起，上学就要迟到了，相信没有一个妈妈会笑得出来。导致孩子赖床的主要原因有三点：睡眠不足、午睡过久、噩梦干扰。

有的妈妈会说，很多时候孩子总是为了赖床哭闹不停。其实，无论孩子怎样哭闹，该起床时必须催促他起床，并且要告诉孩子：现在我们必须起床了，否则上学就迟到了。但到了星期天，你就可以陪着孩子睡个懒觉，并且告诉他：因为今天是星期天，所以我们可以不起床。时间一长，孩子就知道，原来只有星期天，才可以睡懒觉，而其他时间必须按时起床。

小军在班里是典型的"迟到大王"，小军的妈妈王霞为小军赖床的毛病很是头疼，因为儿子总是在晚上的时候十分活泼。虽然才上三年级，但是小军的妈妈却发现儿子晚上总是喜欢熬夜，但是第二天早上却又起不来。很多次王霞都冲小军发火，但是无论她怎么生气，小军还是改不了赖床的习惯。

王霞问小军为什么晚上不早点睡觉，小军说晚上睡不着，只有早上才睡得香。但是这样一来，小军变成了班里的迟到大王，他几乎是班里去得最晚的一个，也是班里白天最无精打采的一个。

王霞每次被老师叫去学校都是为了小军迟到的事，但面对老师的批评，她却无言以对，因为小军赖床自己也没有办法，当然她也没有认真分析小军为什么会赖床，这是一个关键的原因。

晚上太晚睡，会造成睡眠的时数不足。从小就应该让孩子在固定时间上床睡觉，养成规律的作息习惯。而且只要就寝时间一到，妈妈即使还有事要忙，也应该先停下手边的工作，在床边陪着孩子，趁着入睡前的空当和孩子聊聊天、说说床边故事，一方面可以增加亲子互动的机会，一方面可以放松孩子睡前的情绪。

如果孩子的午睡时间太久，或是睡午觉的时间接近傍晚，都会让孩子在晚间精力旺盛，到了就寝时间还睡不着，于是间接造成晚睡、睡不饱的状况。孩子睡午觉的时间不宜过长，也不要在接近傍晚的时候才让孩子睡午觉。以幼儿园来说，午休时间通常是1点到2点左右，如果让孩子在下午睡得太久或太晚午睡，孩子很容易在晚上变成精力旺盛的小魔鬼，等他筋疲力尽入睡后，隔天早上势必又得花一番工夫才能把他叫起来，所以妈妈们别以为孩子午觉睡得越久越好。

孩子难免都会做噩梦，除了单纯做噩梦，有很大原因是担心害怕、心理压力或身体不适造成的。孩子做噩梦最常见的原因有"怕黑"跟"怕魔鬼"几种。"怕黑"是出自于人类对未知的恐惧，如果孩子因为怕黑而不敢睡觉，甚至还因此做噩梦，不妨在孩子的房里添置一盏小夜灯。市面上出售的夜灯都有许多可爱的造型，如果情况允许，让孩子挑一个他喜欢的卡通造型夜灯，在睡觉时有可爱的夜灯散发着微弱光芒陪伴他，会让孩子感到安心不少。此外，妈妈也可以在就寝前熄灯时，和孩子玩光影游戏。让孩子知

道原来"暗暗的时候",透过光线和手势的变化,影子可以变化多端,这样的游戏也可以有效降低孩子怕黑的心理。

为了改变孩子赖床的习惯,妈妈的心态和处理方式也要有所改变。以下建议可供妈妈参考。

1. 让孩子决定作息时间

和孩子讨论就寝、起床时间,也问问孩子喜欢妈妈用什么方式叫他起床。让孩子自己决定作息时间,可以让孩子知道该对自己的承诺负责。用孩子能接受的方式叫他起床,可以降低起床时的不愉快。

2. 给孩子买一个小闹钟

给孩子买一个小闹钟,让孩子按自己定的时间起床,这样孩子会根据自己的实际情况,不断使时间控制到合理,在这个过程中妈妈可以给孩子一些经验,但最好不要有强制性,要引导孩子分析什么样的时间更合理。妈妈可以把自己起床的时间交由孩子来订,孩子有一些掌握大权的劲头,他们会很有积极性,作为妈妈可以创造这样的机会给孩子,既省了自己的精力又锻炼了孩子的能力,何乐而不为呢?

3. 营造起床气氛

叫孩子起床的时候,随手播放一些轻松的音乐,或者放些孩子喜欢听的故事有CD,让孩子在轻松的气氛中苏醒,缓解被吵醒的不快。

4. 睡前准备就绪

睡前要求孩子整理自己的书包,把第二天该带的东西都准备好。如果天气寒冷,可以先把第二天要穿的内衣当成睡衣穿,起床后只要帮孩子套上毛衣、外套即可。这么做不但可以避免孩子在穿脱之间受凉,也可以减少起床后的准备时间。

5. 理清优先顺序

妈妈起床后,先把自己的问题都处理好,再叫孩子起床。这样妈妈就不用一边急着处理孩子上学前的准备,一边还要忙着整理自己上班前的琐事。在时间有限的情况下,只要妈妈一急躁,亲子之间很容易会产生摩擦。所以先准备好自己的事,或是以孩子为优先,都可以减少时间。

6. 提早起床发泄

如果孩子有严重的表现——只要一被吵醒就会大哭大闹,而别方法都不管用时,妈妈只好提早叫孩子起床,先让他发泄一顿再说。在他哭闹的时候,妈妈不用去管他,试着让他一个人宣泄情绪,等他闹够了,先安抚他,再去做出门前的准备工作。

很不听话,总找理由为自己辩护

多数孩子有哭闹的习惯,主要是由于孩子本身的性情和父母的娇惯造成的。对于孩子的哭闹行为,父母不要心烦意乱,应该视具体情况,理智而巧妙地处理,以便改正孩子这一不良习惯。妈妈都希望自己的孩子听话,按照自己的意愿去办事情,因为自己的想法都是为了孩子好,但是孩子偏偏不听话,有的时候孩子会犯很多错误,而且在犯错之后找各种理由为自己辩护,根本意识不到自己做错事情了。

如果孩子是偶尔淘气,不听大人的话,妈妈们或许会不以为然;如果孩子经常不听话,管不住,那么妈妈们可能就会深感头疼了。不幸的是,许多妈妈会发现这样一个情况,随着孩子年龄的不断增长,孩子不听话的行为愈来愈严重,而且不管妈妈怎么唠叨,孩子都不会改变,甚至还会找各种各样的理由为自己辩护。面对这种情况妈妈们也是十分苦恼的。

让明明的父母最头痛的事,就是明明动不动就哭闹。什么事都要听他的,而且还要立刻得到满足,否则就会哭闹一场。尤其是家里来了客人时,明明不听话,真让妈妈恼

火。一次,妈妈的几位老同学到家里聚会,事先妈妈已经和他讲好要懂事,不要哭闹,可是大家正谈得高兴时,明明一定要妈妈带他去外面玩。妈妈好给他讲,他还是不听,于是便哭闹不休,满地打滚,令明明妈妈感到尴尬。并且事后,他还跟妈妈顶嘴,找理由说自己当时真的想出去玩耍,反正就是不承认自己的错误。

其实,孩子爱哭闹,除了孩子自身的性情外,主要是被娇惯出来的。孩子哭闹是最容易引起家长爱怜的,于是由此而迁就孩子,但往往就是这一次、两次的迁就,养成了孩子爱哭闹的毛病。开始也许是孩子生病的时候或在他很小不懂事时要什么东西,他一哭闹,爸爸妈妈马上就乖乖地满足了他。以后每次他哭闹都奏效,于是这种坏毛病就养成了。

五岁的婷婷可谓是聪明伶俐,为达到自己的目的,会以各种理由说服家长,妈妈总是觉得自己的女儿不好管束,很不听话。比如,有一次,妈妈要带婷婷去朋友家玩儿,出门之前,妈妈叫她快穿好衣服,她立刻"回敬"道:"为什么要快?阿姨的家又跑不了,我现在要耐心地做事情,你又让我快,我要是快了你又说我不耐心。"面对女儿的种种理由,婷婷的妈妈真是感觉很无奈。

毫无疑问,面对这样的孩子,妈妈们必然会感觉到很头疼。这个时候妈妈们千万不要再给孩子讲一些大道理,更不要冲孩子嚷吼。妈妈可用日常生活中孩子经历过的事例,以故事的形式,具体指导孩子改正这些不听话的行为,让孩子不听话这个问题不再成为家长的烦恼。千万不要让孩子养成爱找理由的毛病,在孩子下次找理由的时候做好提前教育工作。那么作为一名妈妈,要怎么样才让孩子意识到自己的错误,避免孩子总是找理由呢?

1. 冷处理

不强迫孩子马上停止无理的狡辩,而是静静地坐在一边,或者干脆去做其他的事情,等待孩子冷静下来,再跟他讲道理,使他认识错误,让孩子自己意识到自己的行为是错误的,只有合理的要求,妈妈才会给予满足。如果由于妈妈的错误引起孩子哭闹,则妈妈应勇于改正。

2. 教会孩子换位思考

当孩子做错事情却找各种理由无理取闹的时候,不妨给孩子打个比方,让孩子学会换位思考,站在别人的角度思考问题,这样孩子很快就能够意识到自己的错误了,自然而然,在下次孩子犯错又找理由的时候,他会意识到自己的错误,这对孩子的成长是有帮助的。

3. 日常生活中,父母要多给孩子讲道理

应该常用一些较为形象、浅显的语言给孩子讲一些道理,使孩子懂得做客的规矩,知道到了别人家立刻就走,是不礼貌的行为。如果自己不喜欢,也要学会必要的克制与忍耐。父母不可溺爱纵容孩子,要采用适当的态度和方法,帮助孩子懂得服从与合作,以减少这种情况的发生。为了避免孩子总是出现一些不听话的现象,那么妈妈们可以在日常生活中多给孩子讲一些这方面的故事,让孩子明白更多的道理,这样一来孩子自然就会知道自己的不足所在,也就不会那么无理取闹了。

4. 当孩子有长进的时候记得夸奖孩子

每个孩子都喜欢得到妈妈的夸奖,当孩子有所改进的时候,不妨去夸奖孩子,让孩子明白这样做是正确的,也是会得到妈妈喜欢的,这样一来在今后的生活中,孩子会变得更乖、更听话,当然,在教导孩子的时候,妈妈们也应该做好榜样,当自己做错事情之后,也要主动向孩子道歉,不要总是找一些理由,因为很多时候孩子找理由都是在模仿妈妈,要想让自己的孩子更听话,就要控制好自己,在孩子面前千万不要为自己的错误找理由。

不讲卫生，总是把房间弄得乱七八糟

在现实生活中，经常会有一些人由于不讲卫生而染上急性或慢性疾病。孩子的抵抗力比较差，容易感染疾病，更应注意讲究卫生。孩童期是习惯养成的重要时期，抓紧这个时期进行培养，使孩子养成良好的卫生习惯，将收到事半功倍的效果。有的孩子总是将房间弄得乱七八糟，根本不注意卫生。

有人认为，"不干不净，吃了没病"，这种说法是缺乏科学根据的。在现实生活中，确实有一些人不怎么讲卫生，而身体也还健康，但是他们的身体健康并不是由于卫生造成的，而是受其他因素的影响，例如，阳光充足，空气新鲜，活动充分，营养齐全等。如果他们再注意讲究卫生，身体会更加健壮。当然面对孩子不讲卫生的行为，妈妈们经常头疼和苦恼。

李娜娜的儿子小品已经上了三年级，但是儿子却有着一个不好的习惯，那就是不讲卫生。他放学一回家，第一件事情就是将所有的东西随地一扔，紧接着连手也不洗，直接就去冰箱里拿东西吃。并且更为可气的是，拿出苹果、葡萄等水果后，也不洗，直接就往嘴里放，吃完之后将水果皮直接扔到了地上，总是把屋子里弄得乱七八糟。

李娜娜每天要做的事情本来很多，儿子回家之后还要帮儿子打扫卫生，更为重要的是儿子这样不讲卫生，会对孩子的健康产生影响。有一次，儿子将买回来的葡萄不洗就往嘴里放，李娜娜看到之后，很着急，但是她并没有指责儿子，而是拿起葡萄走到儿子面前，指着葡萄皮上的小黑点对儿子说："儿子，你知道这是什么吗？"儿子摇摇头，李娜娜继续说道："这是昆虫的粪便，它们靠吃发霉的葡萄存活。"儿子听了之后，立刻放下了手里没洗的葡萄。

从那次之后，只要是吃水果，儿子都会去洗洗，并且吃完之后也会将垃圾扔到垃圾桶里。

培养良好的生活卫生习惯是件平凡而细致的工作，要持之以恒地要求孩子。通常要运用示范、讲解、提示、练习等方法，给孩子以具体的指导和帮助。当孩子还不会做某件事情时，我们就要向孩子示范并伴随着讲解，教他们如何做。如果孩子已经会做这些事情，只是还没有完全形成习惯，那么大人就需提醒他们，从而帮助孩子完成这些他们应该做的事情，并逐渐养成习惯。那么，应该怎样培养孩子良好的卫生习惯呢？

1. 教孩子养成良好的饮食习惯

教育孩子不吃不洁净的食物。地上捡的东西绝对不能随便往嘴里放，生吃瓜果一定要洗干净，最好削皮。有的孩子生吃瓜果时只在自来水龙头下把瓜果一冲就算洗过了，其实这达不到消毒杀菌的目的。应该用刷子或丝瓜瓤擦上洗涤液把瓜果刷洗干净，再冲洗两遍，然后用干净的布擦干净才能吃。

2. 培养孩子养成保持身体和服装整洁的习惯

勤理发、洗头、洗澡、剪指甲。这不仅能清洁身体，保证卫生，而且能够促进血液循环，增进健康。

看书、绘画时保持正确的姿势，即眼距书本一尺，胸距桌沿一拳，握笔时手指与笔尖距离一寸，不在光线太强、太弱的地方看书和绘画，不用手或脏手帕擦眼睛。保护鼻道，不抠鼻孔，养成用鼻子呼吸的习惯。这样可以使吸入的空气在经过鼻腔时变得洁净、温暖和湿润，保护呼吸道和肺，使它们免受伤害。

3. 督促孩子养成良好的盥洗习惯

常言道：饭前便后要洗手，肠道疾病不会有。睡前洗干净，睡觉也轻松。其实好处何止这些，良好的盥洗习惯会给孩子带来更多的益处。比如妈妈应耐心地告诉孩子为什

么饭前便后要洗手:"因为手上摸了许多脏东西,在吃饭前不洗干净,吃进肚子里就会生病,肚子里就会长虫子。"孩子很容易明白这样的道理,会愉快地去洗手。但孩子往往新鲜几天,坚持不了多久,在这个时候妈妈一定要提醒孩子。妈妈的表率作用对孩子也有着很大影响,只要持之以恒,孩子就会养成良好的洗手习惯。妈妈要为孩子准备好肥皂、擦手毛巾,放在孩子容易取拿的地方,要让孩子用流动水洗手,这样符合卫生要求。妈妈还要提醒孩子,掌心手背都要洗,并教给孩子正确的洗手方法。往往通过妈妈的一次示范动作,孩子就能心领神会,很快学会自己洗手了。

4. 教育孩子养成保持周围环境整洁的好习惯

不乱扔果皮、纸屑,不随地吐痰和擤鼻涕,不随地大小便。这对保障人身体健康有重要意义。据化验,马路上 20% 的痰都带病菌,结核病人的一口痰里就大约有四五千个结核菌,这些带病菌的痰干了以后,病菌会随风到处飞扬,污染空气,危害人们的健康。因此,从孩子到大人都要养成不随地吐痰的良好习惯。另外,人在患病时咽喉和鼻腔里往往有大量的病菌,打喷嚏时很容易将病菌喷出来,所以应该教孩子在咳嗽或打喷嚏时用手帕捂住口鼻。不乱涂墙壁,不踩桌椅。不仅在家里要做到这些,而且在公园、电影院、公共汽车站等公共场所也要做到。

不让孩子沉迷于网络

家长一味地限制孩子上网,不仅不符合发展的趋势,也起不到应有的作用;如果对孩子上网放任自流,很可能会使孩子受到黄毒、暴力的侵害,得不偿失。正确的做法应该是趋利避害,让互联网发挥积极的作用。

在网络信息发达的时代,不让孩子上网获取知识、信息,不是一个明智的行为。通达的家长会指导孩子遵守上网的一些基本守则,这样可以使孩子既具有网络的基本知识,通过上网促进学习、生活,又不受有害信息、有害行为的影响。

孙欣沉溺在电脑游戏中不能自拔,虽然三番五次地向妈妈写保证书,但一点作用也不起。为了帮助孩子改掉坏习惯,妈妈采取了这样的措施:限制每天上网的时间和内容,并引导孙欣将上网与学习联系起来。结果孙欣通过上网来辅助学习,出现了一学就是半天,甚至忘记吃饭的现象,并由此对学习产生了兴趣。为达到一定的学习目标,孙欣还为自己制订了一个苛刻的学习计划表,并持之以恒,最终实现了这个目标。

我们必须承认孩子使用电脑的好处,但也必须承认让他们整天陷于电脑中的危险,家长面临的最大的问题是如何不让孩子沉迷于电脑之中。

1. 主动学习有关网络知识

家长应主动积极地学习有关网络知识,知道网络的负面影响后就不会出现束手无策的情况,还可以科学地要求孩子。事实上,当今社会家长的社会化问题已日显突出,相对于青少年而言成人面临社会化的情形更严峻、更困难。因此,家长要不断地去学习、不断地提升自己,只有在这个基础上才有资格、有能力去影响和教育孩子。

2. 循循善诱

家长可以直截了当地告诉孩子,网络作为一种资源、一种方式,能够为学习创造更多的便利条件,但网络上同样存在着不健康或青少年不宜接触的东西,从一开始就给孩子打上一剂"预防针"。家长还可以有意识地向孩子提供一些适合孩子的网址,让孩子减少受不良网站影响的机会。当发现孩子在网络上有不良倾向时,不能一味地训斥、封杀,而应重"疏"轻"堵",动之以情,晓之以理。

3. 监控指导

家庭买电脑、安装宽带,是希望帮助孩子开阔视野、增长知识、丰富生活;但同时家长也担心孩子跌入网络陷阱,受到不良信息或坏人的伤害。因此家长有责任和义务了解孩子每天上网的需要,控制孩子上网的时间、地点,了解孩子需要多少时间上网、在网上做什么，但不应对孩子严格限制，而应该用积极友善的方式进行。家长可以借助绿色上网软件，使用安全浏览技术，屏蔽少儿不宜的网站及信息，指导孩子提高辨别能力和审美能力，杜绝不良文化对孩子的侵害和污染。

4. 培养孩子的业余爱好

一方面，不能让孩子把所有兴趣全部集中在网络上，而应把孩子的兴趣引导到其他方面。例如，与孩子一起到博物馆、展览馆参观，一起看电视和球赛，一起玩球、下棋、外出散步等等。通过合理安排孩子的课外活动，培养孩子良好的业余爱好和兴趣。另一方面，不能让孩子把对网络的兴趣局限在浏览网页上，而应引导孩子参加有关网页设计的比赛等，从而激发各方面的兴趣，并有效培养孩子的创新素质。

5. 做孩子的榜样

要想培养孩子良好的网络道德和上网习惯，家长必须为孩子做好榜样，特别是家长与孩子共用一台电脑的家庭。如果孩子的家长经常利用家庭电脑浏览黄色网站，孩子就会由好奇、兴奋到效仿、试验，其后患无穷。如果要求孩子不要有"网瘾"，家长首先不要有"网瘾"。因此，每个家长都应当加强自身修养，以身作则，以良好的形象去感染孩子。

6. 必要时强力限制

孩子好奇心强，渴望知识，面对游戏以及网上花花绿绿的虚拟世界，常缺乏冷静而客观的态度。作为父母，面对"上瘾"的孩子不应掉以轻心，要多多引导，必要时强力限制。如果让孩子的黄金时代在游戏和虚拟中度过，最后受伤害的可是整整两代人！

网络有益于我们的学习工作，但也有一定的危害。为保护儿童安全上网，应该把以下上网规则告诉孩子：

1. 如果上网时，发现某人做的事让你不安或者难堪，先不要关闭电脑，要马上告诉父母，可以让父母举报他；

2. 上网时不要使用自己的真实姓名，不要泄露任何个人资料和信息给网上的人，例如家庭地址、电话号码、姓名，父母姓名和单位、学校等，也不要用看起来有诱惑力的名字。

3. 不要轻信聊天室里的陌生人。

4. 除非经过父母同意或者父母在场，否则一定不跟网友见面、通电话、相互邮寄东西。

5. 不要轻易把照片放在网上或者发给他人，除非父母同意。

6. 如果要网购，一定要征得父母同意，千万不要向他人透露信用卡信息。

7. 绝对不能透露你的密码给任何人，即使你最好的朋友也不行。

纠正孩子说粗话的习惯

孩子学说话了，做家长的都挺高兴，可令人烦恼的是，孩子学骂人也快。如果家里来了客人，逗逗孩子，孩子张口骂人，会弄得客人和家人都很难堪。几乎所有的孩子都说过一些粗话。他们之所以这样做，有的是想表现自己的独立性，有的是出于愤怒，还有的是觉得好玩。

说粗话是一种不文明的行为，是缺乏教育的表现，它直接影响到人与人之间的交往。那么，怎样纠正孩子说粗话的习惯呢？

1. 父母要以身作则

没有是非观念，是儿童的特点。"别人骂，我也跟着骂"，是孩子学骂人的一种普通心理。作为父母，要弄清楚孩子是跟谁学的，然后进行有针对性的教育。孩子刚学说话，好奇心强，有一种情不自禁的模仿本能，偶尔听见别人说一句脏话，他不知道这句话的意思就跟着学了。父母切忌觉得好玩而故意引逗他或哄然大笑，这样会强化孩子的这种行为；而应该告诉他："这句话是骂人的话，不好听，宝宝不学。"把不文明的行为

消灭在萌芽状态。有的父母平时不太检点自己的言行，孩子受其影响，也学会了说粗话。父母首先要提高自己的修养，严于律己，从自身做起，为孩子营造文明、礼貌的语言环境；其次通过讲故事、做游戏等形式教幼儿学用礼貌用语。如果父母偶尔再犯，那么就应该坦诚地跟孩子检讨："刚才是由于不高兴，说出了那句话，这是不对的，你也不要学，今后我们谁都不说这种话了。"

2. 净化孩子的语言环境

孩子生活在社会的大环境中，难免受到各种不良言行的影响，说粗话也是如此。父母对此要采取一些相应的防范措施：一方面要尽量让孩子避免接触周围不良的语言环境，让他们听不见脏话，学不到脏话；另一方面又要增强孩子的"免疫"力，教孩子明辨是非，告诉他们，骂人、说粗话是不文雅的行为。另外，父母要关注孩子周围小伙伴的情况，为孩子选择讲文明、懂礼貌的伙伴，以减少相互学骂人的机会。

3. 严肃对待孩子的黄色粗话

孩子对性的概念懵懵懂懂，黄色粗话对他们来说更像一种发泄情绪的符号，他们并不明白其代表的确切含义。有统计显示，目前在中小学生中，说黄色粗话的现象相当普遍。这与学生从电视、网络、杂志等多个途径接触成人世界有关。由于孩子辨别是非的能力有限，所以不少人错误地认为，说粗话就比别人威风、厉害，能一句话将对方噎得无言以对，是有本事的表现。于是听见一个词，尽管并不了解意思，也盲目模仿。

面对孩子第一次说黄色粗话，家长们通常表现得相当惊愕，而后严加指责，认为孩子"不学好，小流氓"，还不停追问孩子是从哪里学的。专家认为，这样反而会起到强化作用。

最好分阶段来纠正。一开始应装作没听到，表现得很镇静，让孩子知道说这种话并不会达到目的，以后他自然就不会说了。如果孩子并未体会到家长用意，一再重复脏话，家长应该严肃地告诉他："这句话我不能接受，换个词再说一遍！"慢慢地，孩子就知道哪些话该说、哪些话不该说。

接下来，家长应该对孩子进行"性别教育"，帮助他们认识自己的身体，告诉他们男女有别。随口说粗俗的性器官名称，不仅达不到目的，还会让他人觉得自己缺乏教养。

4. 采取恰当的态度和措施

对偶尔说粗话的孩子，成人应以文明的语言把孩子所要表达的思想、感情重复说一遍，形成正确示范。如孩子经常津津乐道重复一些脏话，家长应严肃地告诉孩子这句话不文明不好听，爸爸、妈妈和所有的人都不喜欢听，并和孩子一起分析孩子喜欢的、尊敬的成人以及小英雄们是怎样说话的。利用榜样的力量，可使孩子产生说粗话不好的感觉。

5. 对症下药

家长要解决孩子爱说脏话这一问题，就应先了解孩子说脏话的原因，然后再有针对性地给以指导。

如果孩子说脏话是因为没有明确的是非观念，家长就要在日常生活中，抓住每一个能增强孩子判断是非能力的机会，加以利用，进而给其深刻而有力的教育。孩子做得对的，应给以表扬；错的，及时给以善意的批评。通过正反教育使是非分明，从而在孩子的头脑中形成正确的是非观念。这样，孩子在生活中就能够排斥不良影响，为形成良好的语言习惯打下基础。

如果孩子说粗话是为了发泄不满，家长就要随时教给孩子表达情绪的正确方式。家长可在孩子安静时告诉他如何表达心中的不满，如告诉对方"你没道理"、"我认为你不对"等，甚至生气不理对方也行，总之比骂人更能解决问题。

如果孩子说脏话只是因为觉得新鲜好玩，故意说来取悦成人或表现自己，家长可在孩子每次说脏话时，表示出不高兴或觉得无味，几次下来孩子就不再津津乐道了。

6. 建立良好的行为规范

"冰冻三尺，非一日之寒。"出口成"脏"的孩子虽为数不多，但影响不好。对这样的孩子，应采用暂时的冷漠或不高兴的脸色、严厉的语调等来对待，这会帮助孩子明辨是非，抑制、减少他的不良行为，从而帮他建立良好的行为规范。不良行为一旦成了习惯，克服它是要有一定的过程的，在帮助孩子纠正骂人的坏习惯时，也可以鼓励孩子通过努力改掉坏毛病。例如，可把"不骂人"列入"一天行为要求"中，如果孩子做到了，就一定要表扬，坚持下去，定会有成效。

如果孩子屡教不改，家长可采取适当的惩罚措施，明确告诉他，如果不改掉说脏话的毛病，就会失去某些权利，如不让他看喜爱的动画片，或取消送给他的礼物等。

纠正孩子的攻击行为

从小有暴力倾向、攻击性强的孩子，如果不注意克制，长大后容易走上违法犯罪的道路。因此，如果孩子经常出现攻击性较强的行为时，父母切不可掉以轻心，必须及早予以矫治。

有一个叫毛毛的男孩，在幼儿园被称为"小霸王"。"哇——"有一个小朋友哭起来了，一边哭，一边用手指着毛毛。唉，不用说，一定又是毛毛干的"好事"！毛毛的父母和幼儿园的老师都为毛毛操碎了心。原来，毛毛是一个爱打人的孩子。他一会儿打哭了真真，一会又推倒了鹏鹏……真是闯祸不断！毛毛的爸爸妈妈经常要面对上门来告状的父母："你们家毛毛是怎么搞的？平白无故地就把我们家的孩子打哭了！"

毛毛并不比别的小朋友高大、强壮，但是他就是爱打人。当与别的孩子意见不统一时，他不是争辩，而是不管三七二十一，先打了再说；别的小朋友不愿跟他交换玩具，他不是继续央求或者找老师反映，而是伸手便打；他甚至会无缘无故地打人，老师说：就算是为了表示对某人的好感，他也会采用这种手段。

毛毛的"战术"很多，他有时用手打，有时用脚踢，有时用牙咬，还用指甲抓、脑袋撞……全班所有的小朋友身上，都有他留下的"记号"，差不多每天都会有一个小朋友带着新的伤痕回家去。

幼儿园里所有的孩子都怕他，因为大家时刻都在担心，不知道什么时候又会遭毛毛打。

毛毛的行为确实给别的孩子带来了很大伤害，这种无缘无故打人的坏习惯，说明孩子有"暴力"倾向，这种现象反映了我们家庭教育的失误。

现在的"小皇帝"由于家长的溺爱，有"小霸王"作风的并不在少数，这是应该引起全社会重视一个问题。有的"小霸王"到哪儿都欺负别人。对此，父母可告诫自己的孩子不要与他玩，同时警告"小霸王"，不许他欺负人。

有些父母惯于用暴力惩罚的方式来教育孩子，结果孩子也以同样的方式来对待其他孩子，表现出攻击行为。有的父母只要孩子做错事，就不分青红皂白地打他一顿。孩子挨打以后，容易产生抵触情绪。这种情绪一旦"转嫁"到别的人身上，就易找别人出气，逐渐形成暴力倾向。有的父母对自己的孩子说："如果有人欺侮你，你要狠狠地揍他。"在父母的纵容下，孩子容易形成暴力倾向。

美国心理学家班杜拉通过一系列实验证明，攻击是观察学习的结果。由于儿童模仿性强，是非辨别能力差，因此，很容易模仿其周围的人或是影视镜头里人物的攻击行为。有资料表明，经常看暴力影视的孩子，容易出现攻击行为。如果孩子经常看暴力影视片、武打片，玩暴力电子游戏，会使孩子的攻击性心理加强。

值得指出的是，如果一个孩子在偶然几次的攻击行为后，得到了"便宜"，尝到了"好处"，其攻击行为的欲望会有所增强。若再受到其他孩子的赞许，其攻击行为就会日益加重。

对于如何纠正孩子的攻击行为，有关专家给出以下建议。

1. 教孩子懂得宣泄情感

烦恼、挫折、愤怒是容易引起攻击行为的情感，因此要教会孩子懂得宣泄自己的感

情,把自己的烦恼、愤怒宣泄出来。

2. 引导孩子进行移情换位

心理学研究表明,攻击者在看到受害者明显的痛苦时,往往会停止攻击。然而,攻击性很强的人则不然,他们会继续攻击受害者。这是因为他们缺乏移情技能,不会同情受害者。父母应从小培养孩子的移情能力,告诉孩子,攻击行为会给别人带来痛苦,导致严重后果。再让孩子换个位置想想,如果你是受害者,那么,你将会有怎样的感觉和心情呢?想让孩子从本质上消除攻击行为,这是一种很好的方法。

3. 对孩子的攻击行为"冷处理"

所谓"冷处理",就是在一段时间里不理他,用这种方法来"惩罚"他的攻击行为,如把孩子关在房间里,让他思过、反省,这种方法的好处在于不会向孩子提供呵斥、打骂的攻击原型。如果把这种方法与鼓励亲善行为的方法配合使用,效果会更好。

4. 培养孩子丰富的情感

有些孩子见到小动物,会虐待它,以发泄内心的愤怒。父母可以让孩子通过饲养小动物来形成孩子的爱怜之心。这种鼓励亲善行为的方法,是纠正孩子攻击行为的一条行之有效的途径。

5. 及时制止

如果孩子打了人父母不制止,打人就成为攻击行为的"奖励物",使孩子觉得打人并没有什么不对,以后还可以去打别人。所以,当孩子出现攻击行为时,父母要及时处理,使孩子认识到什么行为是错的,应该怎样做才对。

6. 创造不利于攻击行为的环境

实践证明,生活在一个有良好家庭气氛、有充裕玩耍时间以及有多种多样玩具环境中的孩子,攻击行为会明显减少。父母应为孩子提供足够的玩耍时间和玩具,不让孩子看有暴力镜头的电影、电视,不让孩子玩有攻击性倾向的玩具,不在孩子面前讲有攻击色彩的语言。

孩子偷拿别人的东西怎么办

当孩子侵占别人的所有权或物品之时,父母要冷静分析原因,认真对待,不要骂孩子是"小偷",更不要指责其"屡教不改"。孩子日常犯的错误与这些话语的性质是不能等同的,孩子长期听惯了这些消极的词语,一会自卑,二会无动于衷,长期下去会把孩子推向反面。

现在的生活水平提高了,人们再也不会为吃穿发愁。应该说,孩子偷东西的事是不会发生的。但是,奇怪的是,即使生活条件很好的家庭,也时常会出现孩子偷拿别人东西的事情。

作为家长,当你第一次发现孩子拿别人的东西时,一定要弄清楚原因后再下结论。有的孩子有时会把误认为是自己的东西拿回家,比如一块有图案的手绢、玩具或书等。如果是这样,父母应该把自家的东西拿出来让他看,让孩子明白他拿的不是自己的而是别人的。然后告诉他不是自己的东西不能要,应向别人道歉还给别人。

从儿童心理学来分析,孩子偷拿别人的东西是由两种心理因素引起的:一种是孩子有一种强烈的占有欲望,他对自己没有玩过的东西,既好奇又想获得,而且企图马上获得。在私欲的引领下,他便悄悄将别人的东西据为己有。另一种是孩子有一种异乎成人的冒险心理,他们心想:我拿了别人的东西,只有自己知道,别人却不知道,这是多刺激和神秘呀。偷东西的行为大多发生在孩子幼年时,大多数孩子并不清楚偷盗这种行为的卑劣之处。

因此,家长要注意在这个方面进行正确的引导和教育。孩子有偷拿别人的东西的习惯怎么办?孩子有了这个毛病,一定要克服掉,而且越早越好。其实,很多孩子都有过偷拿别人东西的经历,只要改正了,也没有什么大问题。怎么帮助孩子克服呢?这里提几点建议供参考。

1. 先让孩子认识到拿别人东西是可耻的事情。跟孩子说清楚偷拿别人的东西是极为可耻的行为，它会使一个人身败名裂的。一定要克服这个坏毛病。包括家里的东西，如家里的钱，也不可以随便拿。

2. 当孩子再犯的时候，一定让他将偷来的东西当面还给人家，最好让他自己去，如果他不自己去，就带着他一起去。让他当面向人道歉。培养他的羞耻心，强化他的自制意识。

3. 规定孩子不论买什么东西都要征得家长同意，给他钱或者他自己花钱都要记账。发现他有来路不明的钱就要过问，防止他自己克制不住。

4. 警告他，如果再发现他偷拿别人的东西，包括家里的钱，就告诉老师或同学。严重时就送派出所，请警察帮助管教。这样警告他，可以给他抛下一个心锚，让他不敢轻举妄动。

5. 如果说孩子就是管不住的话，那就属于心理问题了，需要进行心理治疗。

一般来说，通过上面这样几招，孩子会有所收敛，逐渐就会改正了。

有的孩子经常偷拿家里的钱，这让很多家长大伤脑筋。孩子偷拿家里的钱，事后也不和家长说明，显然是一种很不好的行为。但一味地责备孩子，也不会有很好的教育效果。

孩子拿家里钱花可能只是为了满足某种需要，比如买喜欢的文具、玩具，买喜欢吃的东西，玩游戏机或参与其他娱乐活动等。他们要满足这些需要，以正当方式跟家长要钱往往通不过，于是采取私自去拿的办法。

当发现孩子偷拿了家里的钱，家长该怎么办？

1. 不要发火

家长发现问题后，不要怒不可遏、连打带骂，而应尽量控制自己。把孩子叫来，坐下来认真交谈。让孩子谈是怎么样想的，花钱买了什么东西，怎么处理的。根据实情，给孩子重点分析两方面问题。

一是是非问题。联系实际，给孩子讲清如何对待钱会反映一个人的品质，小的毛病发展下去，会铸成大错。

二是想花钱应该怎么办。告诉孩子，想买什么跟家长说，家长给钱或不给钱是经过思考的，要钱就给对孩子成长没有好处。如果家长平时忽视了孩子的某些合理需要，应该向孩子做自我检讨，让孩子服气。

2. 给孩子适度的零花钱

给孩子适度的零花钱。孩子需要零花钱，有的家长根本不给，这是不妥当的。给零花钱多少要从实际出发，看家庭经济条件和孩子实际需要，而且要指导孩子怎样花钱。

3. 培养孩子合理消费的好习惯

在家里专门准备一个抽屉或匣子，放上十几元或几十元钱，急需时取用。钱最好是一元一张的，还可放些零钱，里边放一个本做记录用。明确告诉孩子，这里的钱在急需时可以拿去花，不过拿多少、找回多少、买什么东西要记下来，还要写明时间。这样，把主动权交给孩子，孩子觉得家长信任自己，反而不会乱花钱。如果孩子花钱不当，要及时讨论、引导，培养孩子合理消费的好习惯。

4. 教孩子学会存钱

压岁钱和剩余的零花钱给孩子存起来，开一个活期存折，陆续存入，真正需要时，用多少取多少。这不仅能培养孩子积累资金的能力，而且培养量入为出的好习惯。

总之，改变孩子拿家里钱的行为，出发点首先是尊重孩子的人格，切不可一下子把孩子看扁了，随意惩治会伤害孩子的自尊心。家长要在整个教育过程中充满理智，要有孩子出现反复的心理准备，用反复的教育去解决反复的问题。

第13章 好妈妈不吼不叫，引导孩子爱上学习

 **教孩子学会自学，提高孩子的学习效率**

很多孩子每天都在为大堆大堆的作业而头痛。如果学习效率不高，那就更糟了。整天都在应付作业，玩的时间被挤掉了，生活和学习就会变得劳累无趣。所以，在提倡给孩子"减负"的同时，父母也应注意培养孩子高效率学习的习惯。

孩子们学习成绩的好坏，差别并不在于学习时间的长短，而在于学习效率的高低。作业拖沓，学习效率不高，反映的不仅是一个孩子的性格问题，更重要的是孩子对学习的态度问题。没有积极主动的学习态度，是不可能有高效率的学习效果的。

洋洋最不喜欢过的时间就是妈妈每天接自己放学的路上这段时间，因为每天妈妈来接他，问的第一件事情就是"学习如何"。

洋洋已经上二年级了，洋洋妈妈对每天的学习都要了解，而对于其他的事情，从来不问。洋洋每天见到妈妈的时候，很想把这一天发生的事情都告诉妈妈。比如说今天玩了什么游戏、今天老师夸奖谁了、今天班里的小明和蕾蕾吵架了，等等。

今天妈妈照常来接洋洋，问的问题，跟每天都差不多，又是学习！"洋洋，今天考试了吗？"洋洋没好气地说道："没有。"妈妈又问道："那今天老师留作业了吗？"洋洋懒得回答。妈妈又问了一遍，洋洋点了点头。妈妈似乎看出了洋洋不开心，然后就没有再问。

这一次考试洋洋没考好，平时第三名的他，这次只考了第六名。因为这件事情，妈妈很着急也很生气，并且对洋洋的学习更加上心了，每天都会仔细询问洋洋，并且还会给洋洋增加作业，洋洋更加厌倦学习了。于是，在上课的时候，总觉得听不进去，平时也不怎么爱说话了。渐渐地，洋洋妈妈发现自己的儿子更是不好好学习了。

妈妈关心孩子成绩原本正常，但如果家长只盯着孩子的成绩，让孩子觉得学习成了一个负担，再也没有乐趣可言，孩子的学习反而会更不好。要想孩子学习得好，就要培养孩子自主学习的能力，让孩子对学习产生兴趣，这样就算家长不盯着孩子的学习，孩子也能自觉学习，而且学得很好。如果洋洋的妈妈意识到这个问题，就不会让洋洋产生厌学情绪了。

学习的目的是掌握和熟练运用知识，一切学习方法都是为这个目的服务的。从这个角度衡量，现有的课堂教学方式并不是效率最高的做法。

其中很明显的一点原因是，孩子和老师的感情联系，通常不像和父母那样强烈。孩子在课堂上的注意力，也不会像在家里那么集中。这就说明，由父母进行亲子教学，在效率上要比孩子上课听讲更高。

学习的另一个目的，是让孩子掌握自学的能力。从自学的角度衡量，以大多数孩子的理解能力和智力水平，完全可以自行阅读教科书和参考书。而且这是一个连贯的思维过程，是一种智力上的探索，不会被外界因素所干扰。与课堂教学相比，效果只会更好，效率只会更高。

琳琳的暑假作业中，出现了正方体和长方体方面的题目，这是六年级的内容，妈妈为了激发她的学习兴趣，先卖了个关子，对她说："等六年级再说吧，其实20分钟就能学会。"孩子一听，兴趣来了，说："妈妈，你不是说笨鸟先飞吗？就让我当一回笨鸟吧。"

就这样，妈妈和琳琳一起分析长方体的表面积，琳琳自己很快就总结出了定理。妈妈再把参考书翻开，上面明确说这一段需要5个课时，而她们只花了几分钟，而且琳琳总结出的东西，与书中仅有个别文字上的差异。这使琳琳大受鼓舞。

能像这位妈妈那样，引导孩子在轻松、愉快的氛围中学习，只要能长期坚持下去，奇迹终究会出现。这个例子恰恰证实了自学和亲子教育在提高孩子学习效率方面有着怎样强大的威力。

父母在明确孩子学习效率之后，应认真分析造成孩子学习效率不高的原因在哪里。通常情况下，造成孩子学习效率不高的原因大致有以下几种：一是性子慢，做什么都快不起来；二是学习时精力不集中，边写边玩；三是对学习缺乏兴趣，做作业的积极性不高。

第一种情况很复杂，且不好解决，必要时需找心理医生给予治疗。

后面两种情况，父母则完全可以通过以下这些方法对孩子进行教育和帮助，让孩子改掉坏习惯。

1. 从生活中的事情入手

一般来说，做作业慢、学习效率不高的孩子，其他活动也较慢。因此，应该从各方面来提高速度。首先可从穿衣吃饭做起。晚上睡觉前，将衣服按次序放在顺手的地方，早晨起床穿衣时可节省时间，还能使穿衣服的速度加快。吃饭时不要过多说话，也不要边吃边看电视。平时做事情时，不断对自己说："再快一点，好吗？"长期坚持，就能养成良好的习惯。

2. 教孩子做作业要定时定量

如果以前孩子做五道数学题要用20分钟。那么，教孩子从现在起，努力做到完成同样的作业量只用18分钟。开始时，不要把目标定得太高，循序渐进，慢慢提高。这样做也可以培养学习兴趣，提高做作业的积极性。

3. 教孩子养成专心致志的习惯

教孩子开始做作业前，要把书桌整理好，把没用的东西放好，把有用的书本和文具放在伸手拿得到的地方。一旦开始做作业，就要平心静气，专心致志，尽力排除一切干扰和杂念。

4. 亲自给孩子讲解

对于那些孩子不易掌握、容易错的内容，父母可以先自学一遍，再给孩子讲解。这既可以加深孩子的理解，又能帮助父母掌握孩子的情况，还能在双方的讨论中，促使新知识和老知识融会贯通在一起。

5. 与孩子并肩作战

一次"卡壳"，不仅会耽误孩子的时间，也会降低孩子的信心和学习效率。当孩子挠头的时候，父母应该立刻过去，陪他一起分析和解决问题。这能增强孩子战胜困难的信心，提高学习效率。

6. 培养孩子的自学能力

父母应该鼓励孩子自学，对于难以理解的知识，通过工具书和网络来查找相关资料。自学能使孩子越学越爱学，而且效率更高，知识掌握得更全面，并且相关知识都能连成一个有机整体。

7. 帮孩子树立远大目标

父母可以经常和孩子谈论未来,帮孩子制订自己的长远目标,这就能让孩子真正懂得今天的学习是为了什么,从而增强上进心,提高学习效率。

8. 效率是为了轻松

父母应该跟孩子说明,提高效率会让学习变得更轻松,效果会更好。这能改变孩子的习惯想法,不再认为学习是苦事,从而消除抵触情绪,提高学习效率。

9. 从学习中寻找乐趣

乐趣会让学习的效率更高,所以,可以让孩子从学习中寻找乐趣。这样,孩子就会注意到原来没有发现的有趣之处,对知识会记得更牢。

10. 给孩子精神奖励

每次做作业,孩子速度有所提高,就要表扬孩子。让孩子清楚地看到自己的进步,起到自我鼓励的作用。

鼓励孩子多动脑筋,学会独立思考

许多年轻的爸爸妈妈都"望子成龙",很重视对孩子的智力开发,但却忽视了一种既经济又有效的开发智力的方法:让孩子独立思考。要知道,不会独立思考的孩子,就没有独立性。美国的教育之所以如此成功,就是因为特别推崇孩子的独立思考。

美国人非常喜欢看黑人笑星比尔考斯彼主持的电视节目《孩子说的出人意料的东西》。这个节目在让你捧腹的同时,也让你深思。

有一次,比尔问一个七八岁的女孩:"你长大以后想当什么?"
女孩很自信地答道:"总统。"全场观众哗然。
比尔做了一个滑稽的吃惊状,然后问:"那你说说看,为什么美国至今没有女总统?"
女孩想都没想就回答:"因为男人不投她的票。"全场一片笑声。
比尔:"你肯定是因为男人不投她的票吗?"
女孩不屑地:"当然肯定。"
比尔意味深长地笑笑,对全场观众说:"请投她票的男人举手。"伴随着笑声,有不少男人举手。
比尔得意地说:"你看,有不少男人投你的票呀。"
女孩不为所动,淡淡地说:"还不到三分之一。"
比尔做出不相信又不高兴的样子,对观众说道:"请在场的所有男人把手举起来。"言下之意,不举手的就不是男人,哪个男人"敢"不举手。
在哄堂大笑中,男人们的手一片林立。
比尔故作严肃地说:"请投她的票的男人仍然举手,不投的放下手。"
比尔这一招厉害:在众目睽睽之下,要大男人们把已经举起的手,再放下来,确实不太容易。这样一来,虽然仍有人放手下来,但"投"她的票的男人多了许多。
比尔得意洋洋地说道:"怎么样?'总统女士',这回可是有三分之二的男人投你的票啦。"
沸腾的场面突然静了下来,人们要看这个女孩还能说什么。
女孩露出了一丝与童稚不太相称的轻蔑的笑意:"他们不诚实,他们心里并不愿投我的票。"
许多人目瞪口呆。然后是一片掌声,一片惊叹……

这就是典型的美式独立思考。即使是在众目睽睽之下,女孩仍然能保持自己的个性，坚持自己的想法。西方的教育也许不是最好的，但却能充分开发孩子们的大脑，激发孩子的天赋，让孩子能走上最适合自己的一条路。

思考好比播种，行动好比果实，播种愈勤，收获也愈丰。一个善于独立思考的孩子，才能品尝到金秋的琼浆玉液，享受到大地赐予的丰收喜悦。所以，父母要培养孩子独立思考的习惯，给孩子创造一个思考的空间。

伟大的科学家爱因斯坦说："学会独立思考和独立判断比获得知识更重要。不下决心培养思考习惯的人，便失去了生活的最大乐趣。思考、思考，我就是靠这个学习方法成为科学家的。"有的父母把一切事物都安排得十分妥善周到，从来就不让孩子自己去考虑，长此以往，会扼杀孩子的思考能力，更谈不上解决问题的能力了。

家长们往往听到孩子这样的声音："老师，我妈妈说……"、"妈妈，我们老师讲……"其实这些声音无不折射出当今孩子独立意识的淡薄，没有自己的主见，也不去思考应该怎么做，仿佛回到了"只要听大人的话就是好孩子"的年代。这不由得让我们反思：是什么让我们的孩子变得如此依赖？究其原因不言而喻：正是家长过度的包办、过度的操心剥夺了孩子思考的能力。

让孩子学会思考应该是父母的责任。那么，如何让孩子学会独立思考呢？在机械的记忆和死板的活动中，孩子是不能学会思考的，只有在思考中玩耍，在思考中学习，才能学会思考。

1. 创造一个思考的氛围

环境和氛围，对培养孩子的思考能力非常重要，也是孩子思考的基本前提。有句话说："什么样的父母，教出什么样的子女。"因此，在父母努力启发孩子的创造力时，要给孩子一个平和温馨的环境，要让孩子有单独玩耍的时间和空间，不要给孩子太大的压力。聪明的父母会与孩子一起学习、一起成长，像挚友般地倾听孩子的心声，了解孩子的举止，知道何时给他掌声，何时扶持他一把，从来不嘲笑他……

2. 多问孩子几个为什么

父母在与孩子相处与交谈中，要经常以商量的口气，进行讨论式的协商，留给孩子自己思考的余地，要给孩子提出自己想法的机会。比如，孩子在玩电动汽车的时候，车突然不动了。这正是让宝宝思考的好机会，你可以这么问："汽车怎么不动了呢？宝宝自己想想是什么原因呀。"

对于已上学的孩子，可采用启发式诱导孩子逐步展开思考。当孩子在想问题时，父母不要太热心、太性急，而应该留给孩子足够的思考时间。尤其不要轻易直接地把答案告诉他们，孩子答错了，可用提高性的问题帮助他们思考，启发他们自己去发现和纠正错误。

如果家长能让孩子经常在问号中思考，则孩子通过自己的思考和妈妈的启发，就能在思考中学会思考，自小养成爱思考的良好的行为习惯。

3. 鼓励孩子凡事多问个为什么

父母要不厌其烦地给予正确回答。对孩子的提问努力表现出兴趣，与孩子一起去思考，去寻求未知的答案，孩子提出问题的欲望就会不断增强。

4. 让孩子自己的事情自己做

众所周知，独生子女普遍存在着一个不良的性格特征，其中之一就是懒惰。由于成人过分的包办代替，长此以往，孩子懒于动手动脑，不愿独立思考。所以，成人要培养孩子的独立性，教育他们要自己的事情自己做，遇到困难要想办法自己去解决，学会独立思考。只有这样，孩子在独立的基础上创造能力才会不断发展。

5. 要肯定赞赏孩子的独立思考能力

好孩子是夸出来，所以你要多鼓励和肯定孩子。比如"你是个有能力的孩子，妈妈知道你会有办法的"。孩子对自己思考出来的方法，有一种成就感，感到自己很有价值，孩子自信就是这样形成的。所以，没有难教育的孩子，只有不懂方法的父母。好父母不是天生的，是通过学习而来的。

6. 理解和尊重孩子的好奇心

独立思考能力强的孩子，往往具有较强的好奇心。家长应该尊重孩子的好奇心，千万不要因为孩子提的问题过于幼稚而加以嘲笑，以免伤害孩子的自尊心。如孩子为了看个究竟，拆卸了玩具和物品，大人不要生气、谴责，不应予以惩罚和打骂，而应该引导孩子弄清楚这些器具的机械原理，想方设法创造条件满足孩子的好奇心。这样，孩子不仅学到了新知识，也学到了获得知识的方法。

让孩子学会独立思考，其实是家长对子女的一种特别的关怀、一种成长的播种。给予孩子思考，才会让我们日后看到有创新、有个性的人才。因此，为了孩子的成长，让孩子去大胆地想、勇敢地说、果断地做……

 **充分调动孩子的探索、求知欲望**

世界对于孩子来说是非常新奇的，他们对世界从一无所知到逐步认识，好奇和求知是他们认识世界的开始。所以，父母一定要做到及时地、耐心地回答孩子提出的各种问题。

"人为什么要吃饭呢"、"飞机为什么会飞"、"月亮为什么会跟着我走"，孩子总是会不停地问问题，这些无休止的问题常常会使父母措手不及。

"学问学问，边学边问。"学问和知识就是人在不断的探索中，在不断地提出问题和解决问题过程中获得的。大人如此，孩子更是如此。区别只是大人有了问题，他会在没有适当的人可以求教时，自己去看书，寻找答案。而孩子由于知识有限，没有这方面的能力，或者这方面能力比较差，他们需要父母的帮助。孩子有问题找父母，这正是孩子对父母信赖的表现。孩子想了解周围的一切，渴望从大人那里得到答案。有些问题在父母看来是幼稚可笑的，但对于孩子来讲却是神秘好奇的。正是这种好奇心使牛顿从苹果落地的现象中发现了万有引力；正是这种好奇心使瓦特从水蒸汽推动壶盖的现象中发明了蒸汽机；正是这种好奇心使伽利略对教室里吊灯的均匀摆动产生兴趣，导致他发现了等时性……所有这些都说明了少年儿童的好奇心与人的创造力有着密切的关系。做父母的为了孩子的成长应尽一切努力来帮助孩子，比如帮助解答孩子的问题，孩子还没有查书寻找答案的能力，父母就应自己查书寻找答案。如果父母对孩子的问题不知该如何回答时千万不要敷衍了事，或横加指责，那样会把孩子求知的欲望扼杀掉的。

父母对孩子的好奇心应该十分珍惜。儿童的心理发育是从低级向高级发展的，学龄前期像一座桥梁横跨在幼儿期和小学期之间，这个时期孩子的认知能力、思维能力迅速发展。各种心理倾向的空白点也正在陆陆续续地填补，渐渐对各类事物产生个人兴趣，而且好奇心特别强，总爱问这问那，有时还会做出一些"破坏性行为"，如拆坏钟表、电动玩具等。

教育家陶行知曾对一位因好奇心而拆坏了金表的孩子的母亲这样说："小孩子拆金表是出于他对表为什么不停地走的好奇，这种探求知识的好奇心是十分可贵的。"他建议这位母亲带孩子到钟表店去看师傅修表，把钟表店当课堂，让修表师傅当老师，将修理费当学费，这样就可以满足孩子的好奇心，使之更加聪明。陶行知不愧是我们做父母的正确对待孩子好奇心的典范。好奇心满足了，智力水平也就提高了，好奇心不断得到满足，智力也就不断提高。所以，父母要充分珍惜学龄前儿童求知心理的最佳时期，及时地、耐心地回答孩子提出的各种问题。

要做到及时地、耐心地回答孩子提出的各种问题，以下五点建议可供参考：

1. 加强自身修养和学习

要使孩子懂，首先自己懂。知识是无穷的，希望孩子成长，父母就要博览群书，掌握丰富的科学文化知识。如果有些问题一时难以解答，可以带孩子一起查找书籍，直到弄懂为止。如果父母一问三不知，又怎样满足孩子的求知欲呢？

2. 讲究科学性

教给孩子的知识必须真实，符合客观实际，切忌把模棱两可、违背科学的东西告诉孩子。如果孩子提出的问题比较复杂，比如"人是怎样跑到电视机里去的"、"月亮为什么有时大有时小"，父母必须把正确的答案告诉孩子，切忌胡编乱造，使孩子接受错误的知识。如果父母也不懂，可以找书，也可请教别人。父母的这种尊重科学、实事求是的精神也会感染孩子。

3. 注重通俗性、趣味性

对孩子提出的问题，父母只有通俗地把具有趣味性的知识讲出来，孩子才能充分接受。

4. 注意正确导航

孩子好奇心是多方面的，他们提出的不一定都是知识性或有积极意义的，有些还是不切实际的。有时他们跃跃欲试，要去看、听、闻、尝、摸、捏、掂，有的还会做出些"惊人之举"，如用嘴尝任何东西、到池塘边玩水、摸电器插头、开关等，有时还会捅出娄子，给大人添麻烦。此时，父母要积极引导，讲清道理。

孩子的心灵发育一辈子只有一次，每一阶段的发育都是无法重复的，好奇心的发育同样如此。父母应珍惜和满足孩子的好奇心，不断提高孩子好奇心的水平，充分利用孩子求知的最佳时期，用科学的育儿方法，促进孩子的智力发展和身心健康。

5. 要有幽默感

对孩子不要摆出像法官般一脸的严肃，也毋须对其命令、威胁、说教或斥责，因为这样会使孩子产生恐惧而畏缩。所以，父母要给孩子温暖和安全感，然后发现问题并协助他解决问题。

认真地对待孩子提出的每一个问题

孩子的未来和幸福，往往就在一个个"为什么"中。

孩子从出生开始就对这个世界充满了好奇，当他们向你问问题的时候，说明孩子已经在用自己的眼睛观察这个世界、在用自己的大脑思考问题了，这时家长千万不能打击孩子的积极性，应该耐心地回答孩子的问题。

"妈妈，我是哪来的？"

"妈妈生的。"

"妈妈是哪来的？"

"妈妈的妈妈生的。"

"那么妈妈的妈妈……"

经常和孩子在一起，他们似乎有问不完的问题，弄得大人往往挺烦，往往会粗暴地拒绝。但只要你静下心来，便会从孩子问这问那中看出，其实他们是对大千世界充满了好奇，他们渴望通过自己的探索了解世界，探个究竟。要知道，经常提问题，是孩子洞察力、想象力和创造力的表现。

犹太民族是公认的优秀民族，对孩子的教育方法有很多过人之处，其中鼓励孩子提问是他们最重要的教育方法之一。犹太孩子回到家里，母亲会问："今天你提问了吗？"而中国的父母总会在孩子放学回来后问："今天的测验得多少分，全班最高分数是多少？"教育专家认为，提问比分数更能反映孩子的观察能力、思维能力和聪明程度。

古希腊哲学家苏格拉底也总是向周围的人不断发问——为什么必须这样、为什么应该是那样，这些问题聚集在一起，就形成了人类历史上一个个文明的高峰。而牛顿从小就爱问"为什么"，长大以后成为了著名的科学家。

如果家长能够保护和激发孩子的好奇心和想象力，保护孩子爱提问的天性，并鼓励其多发问，孩子一定能够健康聪明地成长。

鑫鑫刚开始说话的时候，说的最多的就是：这是什么、那是什么？妈妈总是耐心地告诉他。鑫鑫不停地问，妈妈就不停地耐心回答。

鑫鑫快2岁的时候，有一天妈妈惊喜地发现，鑫鑫在问完"这是什么"后紧接着就问"为什么这样啊"。这说明，鑫鑫开始思考问题了，妈妈为鑫鑫感到高兴，每次鑫鑫问"为什么这样啊"的时候，她总是在自己的大脑里搜索答案，如果实在是搜索不到，就会说："妈妈也不知道，让我们来查查书吧！"然后，他们一起会去查找有关书籍。

孩子在成长过程中，除了鼓励孩子要多问"为什么"，家长也要向孩子多问为什么。每次和鑫鑫在一起玩的时候，妈妈总会学着鑫鑫的口气问："为什么这样啊！"

鑫鑫刚开始总是答不上来，妈妈就会帮他回答，然后问："是不是这样？"

鑫鑫就会说"是"。

在鑫鑫回答出来的时候，妈妈都会夸奖鑫鑫一句："你真棒！"

在妈妈的培养下，鑫鑫慢慢地养成提问的习惯，变得越来越好学，也越来越聪明了。

当时鑫鑫还不认字，也学着妈妈把书翻来翻去，可能奇怪怎么妈妈能从书里找到答案呢。再大一点，鑫鑫很快就跟妈妈学认字了，因为妈妈告诉他，他想知道的答案都在书里，如果他自己认了字，就能自己找答案了。鑫鑫对认字产生了很大兴趣，而且速度惊人。不知不觉就认识了大量的新字，可以自己阅读书籍，不再向妈妈提问了，书成了鑫鑫不说话的老师。

鑫鑫妈妈觉得让鑫鑫一直保持对知识和新事物的好奇，是她这辈子做的最好的一件事。让孩子多问"为什么"，经常问孩子"为什么"，可以扩大孩子视野、活跃思维、培养他们的创造性。那么，如何让孩子养成提问的习惯呢？

1. 给孩子创造一个丰富多彩的学习环境

对孩子来说，千姿百态的东西会让他们感觉新奇，他们就会主动去探索其中的奥秘。比如能活动、能发声的玩具，带动力的汽车、飞机，以及大自然中的鸟兽鱼虫、草木山水，对孩子都有无尽的吸引力，都会让他们充满兴趣。

2. 利用故事增强孩子的好奇心

故事是用口语化的艺术语言来表达的，它有内容，有情节，形象生动，孩子一般都非常喜欢听。故事不但能丰富孩子的知识，扩展孩子的视野，使他们从中懂得人生的哲理和人生价值，而且还能起到增强好奇心、丰富想象力，从而激发求知欲望的作用。儿童教育专家建议：当孩子刚满6个月，可以坐在大人膝盖上的时候，就应当给他们读小人书或根据书、画讲故事给他们听，这种抚爱和温馨的气氛能培养他们对书籍的兴趣。

3. 鼓励孩子积极探索

好奇、好问、好动是孩子的天性，我们应加以爱护，并给他们充分的自由，允许他们大胆地去想象。即使产生了一些稀奇古怪的想法，也不能盲目否定，而应采取他们能理解的方式，耐心解答，共同讨论，或提出问题引导他们继续思索。同时，要关心他们那些在大人看来是错误的行为，要善于发现他们"错误"中的创造成分，帮助他们选用适宜的方法，继续展示出来，及时肯定他们与众不同的想法和做法，推动孩子好奇心的发展。

4. 为孩子提供动脑、动手的机会

根据孩子模仿能力强、爱动的特点，可以让他们利用手边的工具，充分运用各种感官，自己观察，自己动手操作，让其体验到自我成就感和乐趣。比如让孩子自己制作简单的玩具，自己设计游戏等。他们对自己动脑筋想出来、自己动手做出来的东西，有一种偏爱和特殊的兴趣，因而类似活动有利于激发起他们强烈的好奇心和求知欲，从而逐渐培养起学习兴趣。

5. 不要挫伤孩子好问的积极性

孩子对什么都感兴趣，有着强烈的探索精神。他们常会问父母，自己是怎么出现在这个世界上的。作为家长，我们应好好地回答他们的问题，而不要随随便便地搪塞过去，例如"路上捡到的"、"从石缝中跳出来的"等等。这样不但会使孩子幼小的心灵感到害怕，很可能会使其失去再提问题的兴趣。

相反，如果我们的回答既生动又活泼，例如直接回答孩子："是从妈妈肚子里生下来的。"孩子也许会有一连串的联想，例如"为什么妈妈的肚子里面会有我？""妈妈又是从哪里生出来的呢？"无形之中就能帮助孩子建立对生命、未来的好奇。

所以，我们应充分发挥自己的童心和想象力，用浅显、活泼的字眼来回答孩子的问题，不但可以使孩子能接受，也可以增进亲子间的互动与互信。

 让孩子拥有梦想，与孩子一起规划人生

在孩子们的精神花园中，是不能够出现真空地带的，否则，很容易滋生出毫无意义的杂草。在童年时期，所有伟大人物无一例外都曾孕育过个绚丽的梦想。为了让孩子的"花园"丰盈茂盛，为了提高孩子学习的积极性和主动性，就要对孩子的梦想多一些了解，尊重孩子的选择。

孩子成功最重要的一步，就是让他怀揣梦想，并且不断地刺激他实现心中的梦想。孩子没有聪明和笨的分别，只有有梦想和没有梦想的区别。

每个人小时候都有美好的梦想，正是这些梦想为我们未来种下了成功的种子。因为梦想就是希望，是与我们天性中的潜质最密切相关的。但是梦想又往往和现实有着比较遥远的距离，所以需要经营。

经营梦想，就是通过自己不懈的努力，把看似遥远甚至有些荒唐的梦想一步步变成现实。有位哲人说："世界上一切的成功、一切的财富都始于一个意念！始于我们心中的梦想！"也就是说，让孩子成功其实很简单：让孩子先有梦想，然后努力经营自己的梦想，不管别人说什么，都不放弃。

他生长在一个普通的农户家里。家里很穷，他很小就跟着父亲下地种田。在田间休息的时候，他望着远处出神。父亲问他想什么，他说，将来长大了，不要种田，也不要上班，每天待在家里，等人给他寄钱。

父亲听了，笑着说："荒唐，你别做梦了！我保证不会有人给你寄。"

后来他上学了。有一天，他从课本上知道了埃及金字塔的故事，就对父亲说："长大了我要去埃及看金字塔。"父亲生气地拍了一下他的头说："真荒唐！你别总做梦了。我保证你去不了。"

十几年后，少年成了青年，考上了大学，毕业后做了记者，每年都出几本书。他每天坐在家里写作，出版社、报社给他往家里邮钱，他用邮来的钱去埃及旅行。他站在金字塔下，抬头仰望，想起小时候爸爸说的话，心里默默地对父亲说："爸爸，人生没有什么能被保证！"

他，就是台湾著名的散文家林清玄。那些在他父亲看来十分荒唐不可能实现的梦想，在十几年后都在他的手中变成了现实。为了实现这个梦想，他十几年如一日，每天早晨4点就起床看书写作，每天坚持写3000字，一年就是100多万字。靠坚持不懈的奋斗，他终于实现了自己的梦想。

所以，不能把孩子的成材问题都押在智力上，每个孩子在先天因素方面可能会有一点点的差别，但是相差不大。人的成功主要靠后天培养。而要培养一个优秀成功的孩子，最重要的是激发他拥有一个梦想，并在这个梦想的世界里坚持不懈。那么，如何激发培养孩子的梦想呢？

1. 帮助孩子确立目标

光有梦想，是远远不够的，因为梦想可能是比较遥远、笼统的概念，只有把梦想细节化、具体化，才能在具体的实践中付诸行动。而细节化、具体化的梦想就是目标。

2. 要培育孩子必备的成功素质

你可以带孩子去看名山大川和海洋，因为仰视大山，他会感到自己的渺小；俯视大山，他又会感到大自然的广阔；当他置身于海洋时，会看到大海的波澜壮阔与变化莫测。当孩子站得很高时，就会有广阔的视野、无限的空间和开阔的思维。同时，多带孩子去参加各种体育运动，让他充满活力，培养他的沟通能力。

3. 鼓励孩子少空谈，积极行动

梦想重要，而行动更重要。一张再精确的地图，也不可能将旅行者直接送到目的地。因此，采取行动是一切知识和进步的关键。

4. 教孩子学会积极主动

积极主动是对环境刺激所做出的积极回应。凡事应该积极主动。当你积极主动时，是你让事情发生；而当你消极被动时，是事情在你身上发生。对待梦想永远要充满积极主动的热情。

5. 给孩子灌输梦想一定能成真的信念

自信对孩子来说非常重要。树立自信其实就是一个人战胜自己的过程。有了自信，就会主动参与一切活动，主动跟人交往，在机遇面前比其他人善于争取。只要孩子相信梦想会成真，就会充满动力、充满自信。

6. 增强孩子的想象力

一个人有无丰富的想象力，是能否获得创造性成果的重要因素。想象力是智力水平高低的表现。爱因斯坦曾经说过："丰富的想象力有时比知识更重要，因为知识是有限的，而想象力概括着世界上的一切，推动进步，并且是知识进化的源泉。严格地说，想象力是科学研究中的实在因素。"

7. 增强孩子的抗挫能力

几乎所有的家长都会担心孩子遭受打击，害怕其产生挫折感。但是只有经历困难挫折之后，孩子才会得到真正的成长。苦难是人生一笔难得的财富，它磨炼了人的韧性，焕发人的潜能。因此，当孩子失败时，家长应教导他如何接受失败。因为任何参与竞争的人都必须学会面对失败，学会如何从失败中走出来并继续前进。从失败中可以学到很多东西，没有失败，就等于从未尝试。

找到最适合孩子的黄金学习法

孩子掌握了正确而合适的学习方法，学习才会有效率，并从中受益一生。

21 世纪的文盲，不是不识字的人，而是不会学习的人。学习，不仅仅是为了学会某些知识，更重要的是学会如何学，也就是掌握获取知识的方法和能力。

伟大的科学家爱因斯坦在总结自己的探索生涯后，写出了一个成功的方程式：成功 = 艰苦的劳动 + 正确的方法 + 少说空话。学习方法即学生在学习时所采用的方式、手段、途径和技巧。因此，正确的学习方法在学生的学习过程中起着相当重要的作用。它可以使学生少走弯路，有利于发展学生的能力、提高学习效率。正因为如此，笛卡尔说："没有正确的方法，即使有眼睛的博学者也会像瞎子一样盲目摸索。"

孩子有没有正确的学习方法，直接影响他们获得知识的质量。因此，家长对孩子学习的辅导，着重应在学习方法的指导，教会孩子如何学习。

龙龙读五年级后，为了让他能上重点初中，家长一点也不敢大意，给他"装备"了最好的学习条件，从钢琴到电脑，还有大学生家教，其他的吃穿住用就更不用说了。龙龙也蛮用功的，常常到深夜还在看书，但成绩却没什么进步，甚至还有退步的迹象。龙龙爸妈很郁闷，不知道问题出在哪里。通过和班主任交流，了解了孩子的学习情况后，龙龙爸妈得到班主任的肯定答复："问题就在学习方法上。许多情况下，方法比钢琴、电脑和家教还要重要。"

后来龙龙妈妈刘欣去朋友家玩，朋友的儿子是班里的尖子生，刘欣想知道为什么朋友的儿子学习成绩这么好，朋友说："我儿子找到了适合他的学习方法。他每天早上起来会读一遍英语和语文课文，他说这个时候大脑清醒，容易记住。然后在课堂上很认真地听讲，至于课后作业呢，他都是回来之后立刻完成的，最多不超过半个小时，然后就出去玩。"

刘欣明白了，原来自己的儿子是在死学，没找到适合自己的学习方法。回到家，刘欣帮儿子制订了一个简单易行的小计划，要求龙龙将每天老师讲的所有内容都弄懂。刘欣向儿子保证，只要儿子能够很好地完成当天的作业，就可以跟其他的小朋友一起出去玩。

龙龙按照计划去做了，学习不带情绪了，写作业的效率也提高了。在期末考试的时候，龙龙竟然考进班级前十名，各科成绩都提高了。

法国著名心理学家贝尔纳说过："良好的方法可使我们发挥天赋和才能，而拙劣的方法可能阻碍才能的发挥。"孩子在学习过程中，要找到最适合自己的学习方法，它不仅依赖于孩子自身的探索和教师的辅导，也需要家长的参与。因为家长比任何人都了解孩子的兴趣与个性，更有可能参与到孩子的学习过程中来，通过培养孩子良好的学习习惯来提高孩子的学习成绩，应成为家庭教育的重要一环。

那么，学习方法较差的孩子在学习和生活中有些什么表现呢？
（1）学习无计划。
（2）不会科学利用时间。
（3）不求甚解，死记硬背。
（4）不能形成知识结构。
（5）不会听课。课前不预习，听课时开小差不记笔记，课后不及时复习等等。
（6）不会正确有效地阅读。
（7）学习时抓不住重点和难点。
（8）理论与实际脱离。动手能力差，不喜欢上实验课和操作课，不关心现实生活。
（9）不善于科学用脑。不注意劳逸结合，大脑终日昏昏沉沉，学习效率不高。

上述表现是中小学生中最常见的情况。一个学习方法不当的学生，总会有其中的一种或几种表现。认识到这些表现，进而弄清其背后的原因，家长才能够有的放矢，有针对性地对孩子进行指导。

数学家张广厚说过：学习方法有共同的规律，但因人而异。这和每个人的条件和特点有关系，要摸索创造自己的有效学习方法。作为家长，应该怎么针对孩子的特点，引导其掌握科学的学习方法呢？可以从以下几个方面入手：

1. 家长应该帮孩子找到适合他自己的学习方法

让孩子用自己的方式学习。家长千万不要从哪里看了一本书，或者听什么人讲一种学习方法特别灵，就拿回来强迫孩子照着办，这属于瞎指挥。家长也不要逼着孩子亦步亦趋地照老师说的办法学习，家长更不要撒手不管。比较好的办法是经常向孩子推荐一些学习方法，让孩子自己试用，最后自主决定弃取。如果孩子的学习状况家长看着不顺眼，不要轻易干涉，先看看效果再说。给孩子一个宽松的环境，给孩子自主权，给孩子提供足够的信息，他才能逐渐找到适合自己的学习方法。

2. 注意劳逸结合，不要强迫学习

孩子白天在学校的时间较长，大脑已经疲劳。根据对黑猩猩的实验，黑猩猩学习一小时便会很不耐烦，小孩更是如此。所以孩子回家后，不要立刻逼他做功课，让他先玩一会儿，这样可恢复脑力，从而提高效率。

3. 帮助孩子制订计划

家长可以帮助孩子做计划，让孩子养成独立学习的习惯。制订时间表，告诉孩子必须踏实地实践，建立责任感。学习计划是指一定阶段的一种全面的学习安排。它可以使孩子对学习做到心中有数，学习起来有条不紊。学习计划的制订首先是要确定学习重

点,学习重点可以是阶段学习的中心学科,也可以是自己的薄弱学科。其次是确定每门学科的奋斗目标并提出达到目标的得力措施。如此的学习计划才能对学生起到指导作用。当然,目标要切合实际,不要希望一步登天。

4. 培养孩子的兴趣

除了学校的功课,父母可根据孩子的喜好,培养他对事物的兴趣,使他的生活变得更加丰富,这样不但可以培养孩子的良好个性,还会增强他的学习欲望。

5. 把握亲子时间,关心孩子

父母在忙碌的工作之余,对有限的亲子时间更要善加把握。孩子的作业,父母绝不可代做。孩子很容易在同样的地方出错,所以在他做功课时,家长可从旁指导,告诉他正确的方法,态度必须亲切、耐心,切忌急躁、不耐烦。

6. 以肯定任何大小成绩的方法来建立孩子的自信心

让孩子体会到,无论成功或失败,只要他尽了自己的努力,父母都一样爱他。为孩子买参考书,请家教补习,不见得就能提高孩子的成绩。建立孩子的成就感及正确的学习动机,才能让他产生学习欲望,发挥本身具有的潜能。

7. 让孩子养成有规律的生活习惯

按时作息,准时上学,按时完成家庭作业,有充分的睡眠、运动、营养,纠正他的不良习惯。健康状况良好自然会拥有较高的学习能力。

8. 扩展孩子的视野,增加孩子的见识

孩子对世界知道得愈多,就愈想多知道一些相关的知识。知识并不是全都来自书本,在家庭中,讲故事、猜谜语、讲笑话、闲聊,都可增加孩子的自信和语言能力,同时也是培养感情、亲子沟通的良好渠道。

9. 对学习进行总结

在学习过程中,不断进行总结,能强化对知识的记忆和理解,使知识系统化。家长要教育孩子对每一个学习阶段都进行总结。教育孩子每天晚自习时要像放电影一样把老师这一天所讲的课程全部回顾一遍,看自己是否全部弄懂了。如不懂就看书,或问家长、问同学,然后再独立完成老师布置的作业。在完成一个单元或一个章节的学习任务之后,要对知识进行归纳分类,使知识系统化、条理化。同时,家长还要教育孩子做好学习内容方面的总结。

总之,学习是一种复杂的心智活动,需要掌握一定的学习方法,才能使学习变得更轻松、更愉快、更有效果。

怎样纠正孩子的偏科现象

孩子偏科这个现象非常普遍,这和孩子的兴趣有着非常紧密的关系。孩子对某门课程感兴趣,他这门课程的成绩就会好;孩子对某门课程不感兴趣,这门课程的成绩就会不好,甚至还会厌恶这门课程。父母要做的就是,让孩子重新对这门课程感兴趣。

其实,产生偏科的原因分析起来主要还是与兴趣有关。课程内容有趣,教师的教学方法生动形象,孩子学起来觉得有意思,对这类课程就有兴趣,愿意学。相反,如果孩子觉得这门课程没有意思,孩子就可能会采取应付的态度。有的孩子对功课的学习兴趣,很大程度上受任课老师的教学能力和教学效果的影响。老师教得好,孩子就爱学;老师讲得平淡无味,孩子听起来就没劲,不愿意学,没兴趣,因而导致偏科。

有的孩子偏科与学习基础有关。孩子对某门功课有兴趣,是由于原来基础就不错,喜欢学,掌握起来就比较容易。对另一门功课,因为基础没打好,学习起来吃力,成绩越来越差,就越学越没有信心。

孩子偏科与升学考试的科目也有一定关系。有些孩子对高考要考的科目很下工夫,认真学,对高考不考的科目就不愿学。理科班学生忽视历史、政治、地理的学习;文科

班学生则忽视物理、化学、生物的学习。他们往往认为不考的科目是副科，不重要，在学这些课时，就不用心听课。实际上各科知识是相通的，所谓的"副科"学好了，对学习"主科"也有促进作用。"读史使人明智，读诗使人灵秀，数学使人周密，科学使人深刻……凡有所学，皆成性格。"再者，学习各科知识的目的，从开发智能的角度来说就是使人变得聪明。试想，只要变得聪明了，学习其他学科也一定会轻松愉快。学习成绩优秀者，各科成绩都比较均衡，没有明显的弱科，道理就在其中。

孩子偏科现象较为普遍，有的偏科程度甚至比较严重，这是因为孩子的兴趣出现了一些新特点。孩子上小学时兴趣不太稳定，容易为外界条件所左右；到中学时兴趣一旦形成，往往非常强烈，不易动摇。但孩子的兴趣指向往往带有盲目性和片面性，这种情况反映在文化课学习上出现的偏科现象。

导致偏科的另一重要原因是心理因素。往往在最初，孩子没有明显的"弱科"，但因偶尔一次没有考好或者成绩不理想，便对这门课程"畏而远之"，害怕以后考试成绩更差，结果越害怕就越失败，越失败越害怕，以至陷入失败的怪圈，时间一长，导致偏科。

面对孩子的偏科，父母要做的就是告诉孩子，失败本身并不是一件可怕的事，可怕的是走进失败的恶性"怪圈"出不来。实际上，失败的事是经常发生的，在同一个孩子身上就同时扮演着失败者和成功者的角色。重要的是让孩子建立自信，不要心灰意冷，不要退缩。只要加倍努力，就会在"山重水复"之时出现"柳暗花明"。

总之，形成孩子偏科的原因是多方面的，父母必须帮助孩子找出偏科的原因，有针对性地对孩子进行正确引导。

那么，父母怎样有效帮助孩子防止和纠正偏科现象呢？以下建议可参考。

1. 帮助孩子认清偏科的危害

中小学教育是基础教育，只有学好各门课程，才能适应升学和就业的需要。要让孩子懂得，中小学阶段特别是小学和初中阶段，属于基础教育，学生只有学好各门功课，才能适应将来升学和就业的需要。进入高中阶段，如果单纯从高考的角度来讲，不管是文、理各考五门还是实行"3＋X"考试，都必须均衡发展。如果能有一门冒尖学科，能提高标准分衡量的总分更有利；但是如果有一门偏科，会导致用标准分衡量的总分大幅度下降。

从就业角度看，偏科不能适应工作和社会发展的需要。从孩子走上社会来看，不管做什么工作，都需要多方面的知识，特别是在科学技术突飞猛进的今天，没有丰富的科学知识，就不能适应工作的需要。

父母要让孩子懂得，各门课程的学习，在培养能力和发展智力过程中，担负着不同的任务，不能互相代替。缺少了任何课程的学习，都不可能形成完整的知识结构，会影响孩子全面、协调的发展。偏科对孩子现在的学习、将来的发展危害都非常大。

2. 有偏科现象时要及时纠正

孩子在学习中出现偏科现象，在思想情绪上会有所流露，父母要随时观察、了解，发现有孩子偏科的情况，要及时提醒。

有的孩子偏科，是不理解开设各种课程的目的、意义，父母要给孩子讲清道理，使他们懂得学好这些课程的意义，鼓励他们树立信心，端正学习态度。

3. 帮助孩子解决学习中的实际困难

孩子在学习中有困难，父母要给予帮助。家长还可以与任课教师联系，同学校密切配合，想办法给孩子补习功课。总之，父母对孩子偏科的现象不能放任不管。

有的孩子一门或几门功课学得特别好，这不是偏科。父母要支持和鼓励孩子的特殊爱好和特长，同时，也要鼓励孩子将所有的课程学好。

学好各门功课，不仅是为了掌握多学科知识，更重要的是培养孩子的综合应用能力，开发他们的智力。随着社会的进步和科学的发展，实践要求人们必须具备多种能力和智力素质。各门功课都有其自身的系统性和逻辑体系，体现了特定的思维方式。不同

的学科在培养能力和开发智力中,会从不同的角度起作用。缺少了任何课程的学习,都不能形成完整的知识结构,都会影响孩子将来在学业和事业上的发展。所以,家长们要花大气力解决孩子偏科的问题。

 培养孩子学习数学的兴趣

数学这门课程逻辑性强,知识系统性强,而且和其他科目相比起来,有很多术语和记号需要孩子去记,由于这两点,很多孩子在学习的时候会觉得吃力。在孩子学习数学的时候,父母如果能用巧妙的方法把数学变得生动起来,就能培养起孩子对数学的兴趣了。

数学是一门高度抽象与概括的科学,是一个神秘而浩瀚的领域,它抛弃了世界万物丰富多彩的具体内容,不管是一个人、一个苹果还是一个本子,它只研究其中最抽象的数量关系和空间形式,数学的这一特点决定了学习数学对于孩子来说,不仅是对已有能力的锻炼与考验,同时也有利于孩子潜力的发掘与提高。所以,父母要善于在一些有趣的题中培养孩子学习数学的兴趣,使孩子在这片天空里自由飞翔。

所有的学科中,数学是最难引起孩子兴趣的科目。那么,怎样培养孩子的数学兴趣呢?

在辅导孩子学习数学的时候,激发出孩子的学习兴趣是最重要的一环,从心理学角度上讲,如果抓住了孩子的某些心理特征,对辅导过程将有巨大的推动作用,兴趣的培养就是一个重要的方面。兴趣能激发大脑组织运用,有利于发现事物的新线索,并进行探索创造,兴趣是学习的最佳营养剂和催化剂,孩子对学习有兴趣,对学习材料的反映也就最清晰,思维活动也就最积极、最有效,学习也就能够取得事半功倍的效果。

培养孩子学习数学兴趣的途径是多种多样的,除了和谐、融洽的父子和母子关系外,更重要的是选择适当的辅导方法,作为父母应努力使孩子热爱数学,才能让孩子对学习有兴趣,只有有兴趣,才能学好数学。因为兴趣是学习成功的秘诀,是获取知识的开端,是求知欲望的基础。父母可通过以下方法来激发孩子兴趣。

1. 培养孩子的观察能力

观察能力是认识事物、增长知识的重要能力,是构成智力的重要因素。在孩子学习小学数学的时候,父母就要引导孩子掌握基本的观察方法,让孩子学会在观察的时候透过事物的表象,抓住本质、发现规律,达到不断获取新知、培养能力和发展智力的目的。

在辅导孩子数学的时候,父母要尽量列举一些孩子熟悉的实例,运用幻灯、模型、实物等教具,形象而又直观地引导孩子去观察、分析、综合,从而激发孩子学习知识的兴趣,使孩子在轻松愉快的环境中能够化繁为简、化难为易地掌握所学的知识,让孩子不至于在深奥的数学迷宫中迷失方向。

2. 加强直观辅导

在辅导孩子学习数学的时候,父母单从提高观察力上下工夫还远远不够,要解决数学的抽象性与形象性的矛盾,还应充分利用直观辅导的各种手段,直观具有看得见,摸得着的优点,直观有时能直接说明问题,有时能帮助理解,会给孩子留下深刻的印象,使孩子从学习中得到无穷的乐趣。

3. 及时鼓励

"好表扬"是孩子的重要的心理特点。可以点头表示肯定,说"好"或者"对"表示赞许,也可以说一句鼓励的话"真好"、"真会动脑筋",还可以奖给小红花等形式,对孩子学习上的进步表示祝贺,这样做可以给孩子极大鼓舞。要善于发现孩子的闪光点,对其加以肯定,最大限度地调动孩子的积极性,增加孩子克服困难的勇气,增添孩子对学习数学的兴趣。

对于怎么提高孩子学习数学的兴趣,著名教育家斯托夫人的方法很值得我们借鉴。

斯托夫人用她的方法，很快就教会她女儿维尼夫雷特数数和数字，而且她还用做买卖的游戏轻松地就使女儿学会了数钱。然而，当斯托夫人教女儿乘法口诀表的时候，女儿第一次表现出厌烦的情绪。虽然斯托夫人把口诀编成歌唱，可还是不行。

5岁的女儿可以用8种语言说话，在历史和文学方面，已经具有初中毕业的水平，还在报刊上发表了不少文章和诗歌，却学不会乘法口诀。这让斯托夫人感到非常担忧，女儿的智力是否出现了偏向，她的目标是使女儿获得全面发展，智力的片面发展造就不出真正幸福的人生。虽然斯托夫人很担忧，但她并没有强制女儿硬背乘法口诀，因为她很清楚强制是达不到目的的，而且可能会挫伤女儿的性格。

正好在那个时候，斯托夫人为了宣传世界语，带着女儿到纽约的肖特卡去讲演，在那里，她遇到了数学教育专家洪布鲁克女士。斯托夫人向她讲了女儿的问题，洪布鲁克女士回答道："虽然你的女儿在数学上没有天分，但还不是过于片面，问题是你的教法不对，你没有能够有趣地教，她自然没有兴趣去学。你喜好语言学、音乐、文学和历史，所以能够很有兴趣地教女儿，她也喜欢学。至于数学呢，你自己没有兴趣，因而教起来也就勉强，你女儿自然就感到厌恶。"然后，她把教数学的方法教给斯托夫人，斯托夫人运用这样的方法教女儿数学，取得了很好的效果。

首先，斯托夫人接受洪布鲁克女士的建议，想办法使女儿对数学产生兴趣。她经常和女儿玩一些关于数学的游戏，例如：在纸盒里装入一把豆子或者纽扣，她们每人抓一把，数数看谁手里的多；或者吃葡萄的时候数数它们有多少种子；在剥豆子的时候，她们一边剥一边数豆荚中有几颗豆子。她们还经常掷骰子玩，开始是掷两个骰子，把出现的点数加起来记在纸上，这就是所得到的分数。如果正好是6分，就可以再掷一次。玩过几次之后计算一下，看谁胜谁负。

女儿对这个游戏很有兴趣。根据洪布鲁克女士的建议，每次做游戏的时间不超过一刻钟。因为洪布鲁克女士说，数学游戏很费脑力，最好不要超过一刻钟。两三个星期以后，她们玩的骰子增加到了3个，后来是4个，最后达到6个。

接下来，她们玩一种分组游戏，把豆子和纽扣两个一组分成两组，或者三组，要么是三个一组，分成三组到四组，再排列开来，计算总数是多少，写在纸上。为了方便计算，斯托夫人就把这些做成乘法口诀表，并且写出来挂在墙上。不久，维尼夫雷特就理解了二二得四、三三得九的道理，而且十分开心。

斯托夫人还经常同女儿做模仿商店买卖的游戏，这是为了使女儿能够将数学知识运用于实际生活中。这个"商店"里的东西有的是计量长短，有的是计数量，有的是用分量计算。价格就按实际的价格，货币用真钱。她到女儿的"商店"去买各种生活用品，女儿计算多少价钱，并给斯托夫人找零钱。

女儿有自己的储蓄，在她学习用功，或者帮助他们做事的时候，斯托夫人都会给她钱作为奖励，还有杂志社和报社给她邮寄来的稿费，这些钱都用女儿的名字存在银行，并由女儿自己计算利息。

按照洪布鲁克女士指点的方法，斯托夫人很快使女儿对数学产生了兴趣。有了兴趣以后，学起来就容易多了，从算术到代数、几何都十分顺利。

由此可以看出，数学辅导需要在父母的指导下，让孩子主动、积极地学习，这样才能有效地培养孩子独立获取知识、应用知识的能力。知识、智力、兴趣关系非常密切，而孩子的行为在很大程度上是受他们的情感来支配的，父母应根据孩子的这一心理特点，有意识地创造良好的辅导气氛，让孩子热爱学习，并对所学的学科产生兴趣。

培养孩子学习英语的兴趣

在当今这个人才辈出的时代，如果没有掌握一两门外语的话，是不太容易在社会上立住脚跟的，而英语这门全世界最通用的语言就成为大家争相学习的科目。为了顺应社会发展的趋势，父母有必要让孩子对作为第二语言的英语产生兴趣，并辅助孩子学好英语。

当孩子们在接触英语的时候，已经过了学习语言的最好时期，这个时候孩子对语言的学习就没有太大的兴趣。所以，想让孩子学好英语，就要让孩子对它产生兴趣，把学英语当成一件开心而愉快的事情去做，而不是让孩子硬着头皮去应付。

众所周知，在学习过程中，兴趣是最好的老师。许多孩子不愿学英语，关键是他们对英语没有兴趣。因此，作为父母，首先应该激发孩子的学习兴趣。

1. 转移孩子的兴趣，激发求知欲

让孩子学英语是一件让很多父母都头痛的事。学好英语需要持之以恒的毅力，而有的孩子缺乏的往往就是这种锲而不舍的精神，如果只是从正面向他们大谈学好英语的种种好处，恐怕收效甚微。如果能把孩子在其他方面的兴趣，转移到学英语中来，则可事半功倍。

2. 用口诀帮助记忆，提高学英语热情

英语语法规则、词的用法区别、发音规则等，常常让孩子因为迷惑而感到畏惧。鉴于此，父母可以编一些口诀来帮助孩子记忆，降低学习难度，使孩子学英语的热情升温。

3. 制作学习工具，激发学习英语兴趣

对于初学英语的孩子来说，直观教学尤其显得重要。一般初学英语的人适合用这个方法。因为初学者所接触的词汇量比较少，所学的单词也比较简短，词与词之间的联系也不多，容易记忆。所以，可以做一些小卡片，把生词写在上面，然后随身携带。这样，就可以激发出孩子学习英语的兴趣了。

4. 自编短剧，调动学习积极性

学习要学以致用，而英语的学习更是如此。父母要让孩子在学了英语后会开口说英语。所以，父母可以和孩子一起表演书本里面的情节，或是自己编一些情节来演。这样可以让孩子处于一种积极主动的学习状态，也能培养孩子的创造性思维能力。

5. 开展竞赛，调动学习兴趣

孩子一般都有进取心和荣誉感，孩子的竞争意识更加强烈。将孩子的这种竞争意识引入到学习英语中来，则是一种非常有效的形式。比如，平常在家的时候，父母可以和孩子搞一些竞赛。孩子的好胜心一旦被激起，学起来也就容易多了。

总之，兴趣是推动孩子学习的内在动力。父母要为孩子多创设一些能激发孩子学习兴趣的方法，以提高孩子的英语水平。

学英语是一个漫长的过程，走走停停很难有成就。比如烧开水，在烧到90°时停下来，等水冷了又烧，没烧开又停，如此周而复始，既费精力又费能源，最后还很难喝到开水。学英语也是一样，要一鼓作气，天天坚持，在完全忘记之前要及时复习、加深印象，如此反复，直至形成永久性记忆。

学习英语的人都知道，记忆单词是英语学习中面临的难题和任务。英语是拼音文字，26个字母经过排列组合构成几十万个英语词汇，如果只靠死记硬背，那真是太难了。但是，如果科学巧妙地抓住规律去记忆，采用灵活的记忆方法，就会收到事半功倍的效果。下面推荐几种记忆单词的方法。

1. "五用"法

所谓的"五用"法就是：用眼睛看、用嘴巴念、用耳朵听、用手写、用脑子记，达到眼、口、耳、手、脑同时并用。要知道，学习和记英语单词时需要精力集中，需要调

动这五种感观来参加训练学习，以获得最佳效果。这种方法可以提高学习效率，以达到最好的学习效果。

2. 理解法

这种方法是利用单词之间的各种联系，按照不同的类别，一类一类地学。比如把重读音节的读音相同，拼写的结构相同，词性相同，词义相反或相近的词进行科学的分类集中地去学。这样学习，就会让七零八散的单词有了可以遵循的规律，记忆起来也就容易多了。

3. 奇想法

那些奇异独特的事物总能给人留下深刻的印象，孩子们对那些奇特的事情更是有着强烈的好奇心，也都喜欢去想一些奇怪的事情。如果把英语单词造出一个个奇异的特征，让它们都有鲜明的形象，让孩子采取奇特的趣味记忆，他们就会记得更牢固，效果也就会更好。

4. 分类法

这种方法就是把英语单词按照它本身的性质、用途等进行归纳分类，使它们系统化，这样就容易记忆了。可以分为人体部位、学习用具等，还可以分为交通、动植物等多个类别。这样一来就可以活学活用，更可以方便记忆了。

记忆英语单词的方法很多，不要只局限于以上几种，如比较记忆法、机械法等等。但是，不管采用哪种方法记忆，都需要把学习过的单词经常复习，做到温故而知新，才能熟能生巧。

要想孩子真正学好英语，就要训练孩子的口语，要想训练孩子的口语，就必须让孩子找出要说的话题，可有的孩子学习口语时经常会遇到的一个问题就是觉得没什么可说的。说来说去还是那几句，不是"What is your name"就是"How old are you"，慢慢地，兴趣没了，热情也淡了。为此湛立老师创立了"五说法"，在教学实践中很受欢迎。孩子们再也不为缺少可说的话题而苦恼了。这"五说"依次是：

1. 概说

"概说"就是在预习课文的基础上，经过思维，用三、五句话加以概括总结课文中心思想或主要内容。这样做，既培养了孩子们的思维能力，又综合检验了他们的基础知识掌握情况和运用能力。

2. 变说

"变说"就是充分发挥孩子模仿性强的特点，用所学知识来改变局部课文的原来写法，重新组织文字，进行表达的一种训练方式。由模仿到创造，举一反三，融会贯通，有利于求异思维的培养。

3. 补说

"补说"是就特定语言环境扩散联想，进而由孩子对原文进行补充的训练形式。先给孩子一定的语言环境，然后启发孩子的扩散思维想象能力，对理解记忆中的表象进行加工改造以后，得到一种新的形象思维，或更精炼的逻辑思维。

4. 评说

"评说"是一种更高层次的思维训练。要求孩子必须加深对文章中心思想的理解，捕捉文章中主人公的心理活动，鉴赏挖掘课文的真正思想，在此基础上利用英语来表达自己对文章主题或主人公性格特点的评价与认识。这样既提高了英语口语能力，更训练了思维能力。

5. 推说

用英语进行推断讲述，是一种升华，这种训练也是很有必要的，是让孩子利用所学语言进行创造性思维的过程。

实践证明，"五说法"是提高英语水平和表达能力的好方法。通过一段时间的训练，不少孩子已达到或超过了"英语教学大纲"的要求，能够独立阅读和理解与课文难易程度相当或高于该程度的课外阅读材料。

培养孩子学习物理的兴趣

爱因斯坦说过，兴趣是最好的老师。杨振宁教授指出，成功的真正秘诀是兴趣。因此父母在辅导孩子学习物理的时候，尤其要注意培养孩子学习物理的兴趣，从而为孩子在后续的学习中打好扎实的基础。

有些孩子一提到物理就头疼，问及原因也是各种各样，十分复杂。父母千万不要因为孩子不能学好物理而认为孩子脑子笨或是不用功。其实，学习的好坏不只是取决于智力因素，更多的时候取决于父母的态度。只要父母耐心地对孩子进行辅导，让孩子从学习中得到乐趣，久而久之，孩子就会对物理产生兴趣了。

其实，物理这门学科最大的特点就是"趣"，因为，在这门课程中有很多有趣的小实验。所以，父母要充分发挥实验的魅力，用它来激发孩子的学习兴趣。这样就会让孩子对物理产生兴趣，让孩子变得爱学物理，有信心学好物理。

物理学是一门以实验为基础的自然科学，物理学的研究离不开观察和实验。

观察是在事物或现象的自然状态下，让人通过感官去认识事物或现象。可以说，没有观察就没有物理学。大家知道，牛顿发现万有引力定律，是和开普勒发现行星运动三定律密切相关的。开普勒是一位视力极差的天文学家，他的研究素材完全依靠他的老师、天文学家第谷长期进行天文观察的结果。第谷在赫芬岛上建立了天文台，在那里辛勤观测了 20 年之久。每当夜深人静的时候，他都在月下静坐，凝视天空。他的工作细致、准确到令人惊讶的地步——他测量的各个行星的角位置的误差小于 0.067 度（这个角度大约相当于把针尖放到一臂远处，用眼睛看到针尖所张的角度）。不要忘记，第谷的测量是在望远镜发明前用肉眼进行的！第谷逝世后，把观察所得的浩若烟海的资料传给了开普勒。第谷长于观察，但缺乏理论思维能力；开普勒勤于思考，他对第谷的资料进行了长期的研究。可以说，没有第谷的精确观测，就没有开普勒三定律，也就没有万有引力定律，更不会有整个牛顿力学。可见，观察对物理学是何等的重要！所以，父母要在平常的生活中让孩子学会观察，这样孩子对物理的兴趣就会有所提高了。

有了兴趣，养成观察的习惯，再掌握一些特有的思维方法，孩子的物理成绩自然就会提上去了。在初学的时候，物理规律并不多，但物理现象和过程却千变万化。所以，孩子只掌握基本概念和规律是不够的，还必须掌握科学的思维方式。只有掌握了科学的思维方法，才能提高推理能力、分析综合能力以及把复杂的问题分解为简单问题的能力，灵活地运用所学知识去解决物理问题。

1. 分析与综合的方法

分析是把研究对象分解成各个组成部分，然后再加以研究的一种方法，简而言之，分析就是从整体到部分的思维方法。在力学中常用的"隔离法"，就是一种分析方法。

2. 归纳和演绎的方法

从个别事实出发，推出普遍性结论的方法称为归纳法，归纳是从个别到一般的方法。从一般性知识的前提出发，推出特例性知识结论的方法称为演绎法，演绎是从一般到个别的方法。牛顿说过："在实验中各个定理都是从现象中推论出来的，然后再通过归纳而成为普遍的原理。"爱因斯坦也说过："适合于科学幼年时代的归纳为主的方法，正在让位于探索性的演绎法。"总之，牛顿和爱因斯坦，这两位物理学的专家都从不同角度出发，对归纳和演绎的方法给予了高度的评价。

所以，孩子在学习物理的过程中也要让他善于归纳。例如：对于大量的物理习题，要善于归纳，找出某一类问题中隐含的共同的本质规律，也就是"多题归一"。这样可以帮助孩子从茫茫题海中解脱出来。

3. 理想化方法

物理学研究的理想化方法包括理想实验和理想模型。所谓理想实验，就是指运用逻辑推理手段，想象出对理想化客体的"实验"，实际上是一种逻辑推理过程，是在思想上"做实验"。伽里略的理想斜面实验就是把经验事实与抽象思维结合起来的研究方法的鼻祖，爱因斯坦给予其高度评价："伽利略的发现以及他所应用的科学推理方法，是人类思想史上最伟大的成就之一。"

4. 对称方法

对称也是一种重要的思维方法。最初，人们接触到的是几何图形的对称性。以后，随着人们对自然界认识的深化，对称的概念已不局限于空间图形了。例如，季节的轮回、钟表等时间上的周期性可以理解为时间的对称，自然界运动规律在空间和时间中的不变性则是运动规律的对称等。对具体的物理问题而言，运用对称的方法往往可以化繁为简。

5. 几何方法

用图形来研究物理问题也是一种常用的方法。美国数学家斯蒂恩说："如果一个特定的问题可以转化为一个图形，那么，思想就整体地把握了问题，并且能创造性地思索问题的解法。"用图形来研究物理问题，具有直观、形象、便捷的特点。从思维方式的角度看，用图形研究物理问题是形象思维与抽象思维相结合的好方式。物理学中的几何方法主要是指图示法和图像法。图示包括矢量图、力线图、流线图、谱线图等，其中矢量图是孩子们最熟悉的。

总而言之，物理需要将兴趣、观察和方法结合在一起才可以学好。所以父母要注意培养孩子在这几个方面的能力。让孩子先对它产生兴趣，再进行观察，最后结合方法，最终达到学好物理的目的。

培养孩子学习化学的兴趣

化学这门课程一般要到初中三年级的时候孩子们才接触到，由于以前没有接触过，孩子们对于这门课程就充满了好奇。所以，父母要在孩子好奇心没有减退的时候，让他们对化学产生兴趣。

化学是自然科学的重要组成部分，它侧重于研究的组成、结构和性能的关系，以及物质转化的规律和调控手段。化学课程以提高孩子的科学素养为主旨。激发孩子学习化学的兴趣，可以帮助孩子了解科学探究的基本过程和方法，可以培养孩子的科学探究能力。

通过学习化学，让孩子能够认识身边一些常见物质的组成、性质及其在社会生产和生活中的应用，能用简单的化学语言予以描述；让孩子形成一些最基本的化学概念，初步认识物质的微观构成，了解化学变化的基本特征，初步认识物质的性质与用途之间的关系；让孩子了解化学与社会和技术的相互联系，并能以此分析有关的简单问题；让孩子初步形成基本的化学实验技能，能设计和完成一些简单的化学实验。让孩子能够认识科学探究的意义和基本过程，能提出问题，进行初步的探究活动；让孩子初步学会运用观察、实验等方法获取信息，能用文字、图表和化学语言表述有关的信息，初步学会运用比较、分类、归纳、概括等方法对获取的信息进行加工；让孩子能用变化与联系的观点分析化学现象，解决一些简单的化学问题；让孩子能主动与他人进行交流和讨论，清楚地表达自己的观点，逐步形成良好的学习习惯和学习方法。

化学需要记忆的知识较多，化学用语的掌握是化学课程的重点。化学用语具有"约定俗成"的特点，必须通过强化记忆来掌握。可以利用顺口溜、生活术语等方法来帮助快记、熟记，这样既把住了"说、记、用"三关，又培养了孩子严谨的学习作风。

化学学习是一个系统工程，从一开始就要进入角色，让孩子把学过的有关概念、元素化合物的知识，通过实验观察认真地去理解去分析，同时要及时地进行复习，要抓住问题不放手，这样学习过程中的问题会逐渐减少，才能让孩子树立学好化学的信心。化

学学习的内容与生活的实际直接相关，比如空气、氧气、氢气、水和溶液都和日常生活有联系，因此，想让孩子学好化学不难，但是有些知识特别是化学用语这部分知识，像元素符号、化合价、化学式、化学方程式等，应该记忆的知识，孩子还需要下功夫。下面就是一些学习化学的方法。

1. 掌握"化学用语"这个工具

"化学用语"是在学习化学的时候必须要掌握的重要工具，课堂学习、化学实验、化学记录、化学习题计算都离不开它。既然它这么重要，那么，应该怎样加强这方面的学习呢？想要加强这方面的学习就要抓住三大关，也就是元素符号、分子式、化学方程式。当它们出现的时候，一定要紧紧记住。

2. 分析、理解，找出规律

化学中的一百多种元素，要怎么记才能记得住、记得牢呢？其实，可以让孩子反复分析和理解。这里有两种方法，第一种方法：从周期表中可以看出，左下方的元素是金属元素，右上方的元素都是非金属元素，金属与非金属之间有一明显的从硼到砹的分界线。有的同学为了帮助记忆还编了一首歌谣："从硼到砹画条线，金属都在左下边。右上全是非金属，非金属不满二十三（22）。还有元素靠近线，它们都把两性显。"这样一分析，复杂的周期表就好记多了。

3. 相关知识，进行连锁记忆

例如，同周期元素（除惰性气体外）自左至右原子结构和化学性质的递变关系为：核电荷数递增→核对外层电子的引力增大→原子半径减小→得电子能力增强→氧化性增强→非金属活动性增强。

这样用核电荷数递增这条主线将相关知识贯穿起来记忆，就容易融会贯通了。

 写一手漂亮的汉字

字是一个人的脸面，所以很多名人都能写一手好字。如果一个人的字写得不入流，是上不了台面的，甚至会贻笑大方。如果小孩子能写一手漂亮的字的话，不但多了一项技能，而且对他以后的发展也是很有好处的。古话说得好"字如其人"，字就是性格的延伸。王羲之的字俊朗飘逸，颜真卿的字雄强大气，赵孟頫的字婉转流丽，无不是他们个人性格的外在表现。

学习书法可以影响孩子的一生。常言道：字好一半文。据说2001年高考作文阅卷组、业务组印发的《评卷专刊》第3期全文影印了一位考生的作文《诚信是最美的行囊》。文章写得不算好，甚至有一个错别字，但是该文书法精美，见者无不啧啧称奇，遂被业务组相中作为该年度满分范文印发。随着计算机网络化的不断提升，高考试卷实施电脑评阅的推广，一份"眉目清秀"的答卷和一份"蓬头垢面"的答卷相比哪一份便于评阅，不言而喻。

那么让孩子学习书法，具体有什么好处呢？通过学习书法，孩子对中华民族的文化特点会有较深的认识，最显著的收获是：不仅毛笔字写得有模有样，而且钢笔字也写得更漂亮了。除此之外，还有许多意外的收获：

1. 书法要靠连续持久的练习，这对人的意志、毅力是极大的考验，所以孩子练习书法，可以锤炼意志，陶冶性情。经过一段时间的书法练习后，孩子能平心静气地写字，注意力更集中了，学习效率也高了。

2. 有利于孩子养成勤于观察、思考、总结的好习惯。通过老师的引导，孩子们学会了观察字的间架结构，比照字帖学习运笔，会让孩子们充分感悟、领略书法的美妙之处。这种勇于思考、善于思考的好习惯必将转移到学科学习中去，最终有助于提高学习成绩。

3. 书法对人精神的要求比较严格——必须认真细心。孩子学习书法的时候，手部肌

肉、大脑神经都会得到有益的训练。这本身也是对智力的开发。

4. 书法简单而复杂，可以适应不同年龄孩子的学习。在学习书法过程中可以培养孩子持之以恒的毅力、专心致志的定力、细致入微的眼力、周密分析的脑力、准确表现的手力。

总之，书法博大精深与奇特的特点，使我们很难全面罗列孩子从小学习书法的好处，只能说从小学习书法，对孩子一生的影响是无可估量的。

因此，教育专家们认为，无论是有志于成名成家还是作为兴趣爱好，让孩子从小练习书法都是一项很好的活动，这对孩子心智的锻炼、习惯的养成都大有裨益，也将对孩子未来产生积极的、深远的影响。

鹏鹏在上小学二年级的时候，班主任向妈妈反映，鹏鹏的成绩很好，为班上也争得了不少荣誉，但他有一个小缺点：字迹太潦草。妈妈也深有感触，自己最大的遗憾就是从小没练出一手过硬的好字，这个缺憾，孩子可不能再有了！于是，妈妈马上买回了几本软硬笔名家字帖，如王羲之、庞中华的描红范本。鹏鹏一听说让他练字，急了，大声抗议："我的作业都做完了，为什么还给我增加练字的任务呢？我不干！"

妈妈和颜悦色地说道："写好字一生受用不尽，妈妈就是没有一手好字，这是我一直以来的缺憾，你也要改正过来。要不然，老师看不懂你写的字，你学习再好也没用啊。你难道不想把自己的名字写得漂亮一点吗？"

鹏鹏听了，歪着头想了想："好吧，先把我的名字写好。"

吃完饭，鹏鹏果然照着字帖，一撇一捺老老实实地练起来。为了更好地培养孩子的书法兴趣，妈妈陪儿子一起练习。母亲的示范作用深深地影响着孩子，鹏鹏渐渐对书法产生了浓厚的兴趣，练字成了一种艺术享受，一天不练，就好像缺少什么。经过数年坚持不懈的练习，鹏鹏的书法水平得到了突飞猛进的提高，在国家、省、市各级的学生书法竞赛中，屡屡获得好名次，受到老师们的一致表扬和同学们的羡慕。

那么，父母应该怎样培养孩子练好书法呢？

1. 准备工具，给孩子营造一个良好的环境

在学习书法过程中，父母必需做到硬件到位。给孩子准备一张专门的写字桌，以及存放孩子学习工具用的专用抽屉和学习书法需要的笔墨纸砚和笔架、笔洗等，使他能随手捡起工具随时作书。同时，家长要多陪孩子一起写书法，对其加以指点，与其进行沟通，给孩子创造一个和谐、安静的环境，让孩子始终保持坚持不懈的学习状态。

2. 以讲故事来激发兴趣

孩子年龄比较小，对事物的理解能力比较差，书法与其他艺术相比显得有些单调。孩子又活泼好动，所以孩子在写书法的时候往往会没有耐心，容易疲劳，产生厌烦的心理。每当这时，家长就要鼓励他，给他讲一些古人学习书法的故事，例如"墨池"、"笔冢"的故事，这些生动的事例一方面提高了他的学习兴趣，另一方面也提醒了孩子不论做什么事情都要养成持之以恒的意志品质。同时，家长要多给孩子打气，告诉他爸妈相信他能把字写好，让他相信自己是最棒的。

3. 培养良好的习惯

培养良好的习惯分为两个方面。一方面是培养孩子的独立性，自己的事情自己做。每次学书法之前都要把所带的东西整理好，把纸叠好格，把毛笔放在笔帘里，上完书法课以后再把用过的东西整理好放回原处。另一方面是培养孩子良好的坐姿习惯，只有姿势正确才能把字写好。两腿放平，身子要正，做到人正、笔正、纸正。在家里练习书法的时候，按照老师的要求严格要求孩子，姿势不正确时，及时提醒，及时纠正。

4. 要坚持不懈，持之以恒，每天至少练习20分钟

学习书法需要日积月累的练习，才可能达到预期的效果。很多家长把孩子送去学书法，但真正能坚持下来的没有多少。书法讲究的是持之以恒，否则三天打鱼两天晒网，只会让孩子半途而废。

5. 因材施教

如果不想在书法上成名成家，家长应当让孩子把书法当成一种兴趣和爱好。孩子最好是按指导老师的要求来练习，每天练一练，贵在坚持，每天写两三张都行，绝不可以中断。如果想让孩子将来在书法上有所造诣，就要使孩子接触更广泛的书法知识，博览众家，多欣赏名贴，在达到一定的水准后，还需要拜师学艺，进行专业的训练。

6. 家长甘当配角，不要喧宾夺主

很多时候，孩子写的每一笔是在家长的带领下完成——从笔画的长短、高低，到整个字的大小、形状，都由父母说，孩子写，孩子很少去揣摩和思考。家长须摆正位置，明确辅导是辅而不是主，是导而不是包，要充分调动起孩子的主观能动性，引导他们去观察，让他们去尝试。否则孩子不会观察、思考，便没有协调处理的应变能力，也自然写不出精彩的作品。

7. 循序渐进，不要操之过急

有些家长说：孩子怎么没有进步了？其实，是你要求高了！无论做什么都必有一个从易到难的过程，就如小学数学，低年级学加减法，然后乘除法，年级再高些学应用题，这是根据思维的发育和学习的深度来安排的。书法亦是如此，写时要考虑用笔、变化、结构、章法、墨法等等，没有几年的硬功夫是不行的。所以，家长切不可操之过急，而要让孩子一步步地提高，一步步地完善，超前要求只能让孩子束手束脚，顾此失彼，欲速则不达。

8. 给孩子一个足够的时间空间

现在的孩子学习压力比较大，竞争比较激烈，在孩子学习之余，不要忘记也要给孩子玩的空间，要让孩子有一个良好的心态，有一个健康的体魄。多接触一些小朋友，多长一些见识，多参加一些体育活动。要让孩子快乐起来，这样他们的学习潜能也会被挖掘出来。

 ## 鼓励孩子每天写日记

写日记能锻炼孩子的书写和语言表达能力，也是对自己成长过程的一种记录形式。写日记不但能提高写作能力，还能提高思想认识，培养严格要求自己的好习惯。当孩子翻阅自己的日记的时候，还能回忆起过去，感觉生活的奇妙，从而更加热爱生活。

写日记，发展了孩子的语言能力，积累了丰富的语言素材，培养了孩子的观察兴趣和能力。现在的小学生，感到生活比较单调，在脑海里没有留下多少痕迹。久而久之，他们就会形成一种对生活素材视而不见、听而不闻的不良行为习惯。这就要求引导孩子仔细观察生活，认识生活。有了生活的源泉，就能言之有物，心有所思，情有所感，才能有所创造。

妈妈要求雯雯每天写日记。刚开始，雯雯觉得写日记很有意思，放学一回到家里，就拿出她的日记本，按照日记的格式，一行行地写上在学校发生的事情。但是慢慢地，雯雯就开始发愁没有什么内容可写，开始产生了厌烦心理，像记流水账似地记日记。日记上写的往往是：妈妈送我上学，同学上课讲话了，晚上放学了，妈妈接我回家了，妈妈做的饭很好吃……妈妈看了很是担忧，觉得孩子应该写得更好一些，便想指导孩子一下。

晚上，妈妈在看完日记后说："写得不错，可是不能打100分。"

雯雯不解地问："妈妈，我哪里写得不对？"

妈妈说："日记不能什么都记，也要有主次。比如，昨天上课迟到了，为什么迟到？今天没有迟到，说明自己自觉了，比昨天有进步。能帮助妈妈洗碗，妈妈夸我懂事了，我很开心等等。"

雯雯听了，若有所思地点了点头。

后来，妈妈还和老师沟通，老师也对这种教育方式给予肯定。通过妈妈和老师的努力，雯雯慢慢改变了流水账记法。虽然她在日记本上写的内容仍很幼稚，但比以前有了不小的进步。在妈妈的指引下，雯雯开始留意自己对生活的感悟，捕捉生活中的瞬间，然后把它写下来。随着日记数量的不断增多，雯雯的写作水平也得到了相应提高。

后来，省里搞了一个小学生征文大赛。雯雯把自己的一些日记稍作整理，投稿参加大赛，得了优秀奖。虽然是个鼓励奖，但是雯雯和妈妈已经很满足了，毕竟，这是对付出的一种肯定。

古今中外，许多著名作家、学者都是从写日记起步并走向成功的。鲁迅之所以成为我国伟大的文学家，这与他20余年从未间断过写日记是分不开的。郁达夫是日记的主要倡导者和热忱的实践者。他的《日记九种》再版过八、九次。托尔斯泰坚持写了51年日记。他的小说《昨天的事》就完全是从日记里构思出来的。要让孩子学习他们写日记时那种坚持不懈、持之以恒、锲而不舍的精神。也可以教孩子试着写日记体小说，不成功没关系，达到练笔效果就可以。

日记是人的随笔记录，生活、学习、工作情况都可以记。如果从孩子会写字、造句开始就教他写日记，一直让他坚持下去，那将是一笔巨大的财富。很多家长觉得孩子写日记是一件好事，应该支持，但对于怎样指导孩子写日记不是很懂，希望得到一些指导。这里有一些建议，家长们可以参考一下：

1. 选一本孩子喜欢的日记本

可以陪孩子到商店里去选购，也可以和孩子一起动手制作。每一个孩子都需要一本喜欢的日记本，因为它可以记录下他的生活和梦想。

2. 教孩子写日记的内容

日记内容丰富多彩、广泛有趣。可从日常生活所见所闻中最简单的部分记起，从自己身边记起，比如自己的身体发育、学习、家庭生活、所见所闻和观点评论等。不要规定写什么内容和题材，让孩子想写什么就写什么、想怎么写就怎么写。

3. 持之以恒，化为习惯

要培养一种习惯不是一朝一夕就能做到的，必须长期坚持、持之以恒。孩子开始写日记后，父母应该要求每天都写，有话则长，无话则短，实在来不及或者有特殊情况哪怕只写一句话，比如"我生病了"，也要坚持写，一般不补写，至于质量不要做过高要求。习惯重于质量，有了良好的习惯，提高质量只是时间问题。

4. 鼓励孩子写特色日记

尽量摒弃以往单一机械式的抄写，而改之以向多样新颖、富有创造性、灵活性的日记倾斜。下面仅列举几种最实用的日记方式。

（1）摘抄日记。

苏联的拉德任斯卡雅教授说："训练孩子们从书本上搜集材料，从某种意义上说就是训练他们走向生活。"因此，家长可以布置摘抄的内容，如"名人名言"、"名人小档案"、"生活百科知识"、"奇闻异谈"、"时事栏"、"好词库"、"佳句库"，使日记成为孩子以后习作取之不尽的宝库。

（2）剪贴日记。

将报刊、车票、公园票、实况照片和电影戏剧以及展览会的入场券等剪贴在日记本上，在旁边或后面写上说明或简短的感想。比如，孩子参观了集邮展览，便让他将入场券贴在日记本上，并将报纸上对这次邮展的报道也剪下来贴上去，然后写出自己的感受。这种剪贴日记的优点是：能保存许多直观的原始材料与具有纪念意义的东西，帮助孩子扩大知识面。

（3）两年日记。

将一种较大的日记本的每一页分成两部分。今年写日记时只用上面一栏。到了明年这一天，可使用下面一栏。这样一本日记能连续使用两年，每一页可记载两年中同一天

所发生的事情。这种日记的优点是能温故而知新。回顾一下去年的今天自己在干什么，前年的今天自己又在干什么，一年来或两年来自己取得了哪些进步，孩子会不断前进。

5. 丰富孩子的知识面，充实孩子的阅历

充实的生活积累是学生写日记的起点和源泉。外面的世界很精彩，但不可否认孩子的生活却相对单调，知识面比较狭窄。因此，父母要让孩子尽情尽兴地去参加丰富多彩、生动活泼的室外活动、社会活动和读书活动，让孩子的世界精彩和丰富起来，从而拓宽孩子的视野，丰富他们的日记源头。有条件的话，还可以多带孩子出去旅游，到处走走看看。

6. 提供舞台，肯定成绩

现在发表学生日记的媒体不少，有的作文杂志也辟有日记栏目。家长要经常将孩子的优秀日记推荐给这些媒体。推荐就是对孩子写日记的一种肯定、鼓励。日记发表了，会更加激励孩子写日记的热情；若不能发表，家长和孩子可反思一下为什么不能发表。这也是一种学习和进步。

7. 共同参与，让日记成为沟通的桥梁

日记是沟通父母和孩子感情的桥梁。家长通过日记，可以及时了解孩子学习、生活、思想等方面的情况，便于对症下药，帮助孩子解决问题。而对于孩子来说，日记也成为可以吐露心声的朋友。事实上，孩子日常生活的喜怒哀乐都可以在日记中找到影子。所以，父母一定要做好引导和督促工作。

关注孩子的兴趣，避免其产生厌学情绪

兴趣爱好是孩子的第一个老师，是蕴藏在孩子天性中的宝藏。孩子的兴趣是一种非常宝贵的资源，保护孩子的兴趣往往是为了孩子能够更好地合理开发利用它，任何形式的不尊重、限制或否定态度都不利于保护孩子的兴趣。同样，对孩子的兴趣进行任何形式的过度挖掘都是竭泽而渔，都是极不负责任的行为。

爱迪生出生在美国北部一个叫米兰的小镇上，他一生拥有1200多项发明，是世界上最为知名的科学家之一。他之所以能取得这么大的成就，从某种意义上来说，正是由于他母亲的正确认识和引导。爱迪生母亲教育最成功之处就是善于发现，挖掘和保护孩子的天赋，以及对孩子的事业充分的理解和支持。

爱迪生从小就表现出强烈的好奇心和求知欲，在一般人眼里他是怪孩子，在老师的心里他是糊涂虫，只有母亲认识到这是孩子的天性，是最宝贵的品质，这也就是爱迪生所呈现出来的和别人不一样的地方。爱迪生母亲紧紧抓住这些"不一样"，因势利导地开展教育。

爱迪生母亲是怎样引导爱迪生的呢？针对孩子好问好思考的特点，她总是循循善诱地开导，注意开发他的潜能。爱迪生刚7岁时，母亲发现他对自然科学很感兴趣，于是就借来一些浅显的自然类书籍供他阅读。当孩子由于爱问问题被恩格尔老师看成怪人、糊涂虫而被撵出学校的时候，母亲并没有责怪他，她深知儿子的性格，儿子不是什么糊涂虫，只不过是好奇心强罢了。

爱迪生母亲甚至在家独自挑起教育孩子的重担。亲自给他讲课，给他讲历史的兴衰，让他读《鲁滨逊漂流记》、《悲惨世界》等古典名著。在自然科学书籍中，介绍意大利伟大科学家伽俐略生平事迹的书深深地吸引着他，伽俐略通过实验来探求真理的科学态度使他深为钦佩。从此，"实验"一词一直没有离开过爱迪生的脑海，他的一生都在为实验而忙碌。

母亲发现爱迪生对物理、化学特别喜爱，就专程上街买了《自然科学与实验科学入门》一书。爱迪生对实验着了魔，随着时间的推移，他的各种实验越做越多，越做越

大，费用支出也不断增长，而家里的日子又过得非常窘迫，于是12岁的爱迪生不顾妈妈的劝阻，在休伦斯至底特律的火车上卖报纸和食品，每天长达14个小时。爱迪生还利用卖货的间隙在火车的实验室里做实验。一次，他做实验时不慎失火，险些酿成大祸，因此被赶下了火车，只好踏上了返乡的路途。

正所谓"好事不出门，坏事传千里"，爱迪生在火车上闯祸的事，早已传遍了家乡，有人甚至添油加醋地说，爱迪生把人家整列火车都快烧光了，被人家给撵走了。只有母亲了解儿子，她不相信那些流言蜚语。爱迪生在回家的路上，遭受到不少熟人的冷眼，心上像压着一块石头。

但当爱迪生快到家门口的时候，忽然看见母亲正在门前等着他，母亲告诉他说："孩子，坚强一点，不要被人家打趴了。"爱迪生心中原本是委屈和痛苦，现在顿时烟消云散。他感觉自己的身上又有了无穷的力量。

母亲重新为爱迪生开辟了实验场所。为了防止意外，新实验室设在自家阁楼顶上，地窖里只堆放器材和杂物。这样万一再发生爆炸，最多只会把房顶炸掉，不会使住人的底楼受到影响。就这样，他们家的小阁楼成了爱迪生的实验室。爱迪生的一生几乎都是在实验中度过的。

正是在母亲的关心和支持下，爱迪生凭着对科学技术的热爱和痴迷，坚持不懈地探索和实验，一生获得1200多项专利，为人类的文明和进步做出了巨大的贡献。

爱因斯坦说，对于一切情况，只有"热爱"才是最好的老师。著名作家张洁老师也说过，任何一种兴趣都包含着天性中有倾向性的呼声，也许还包含着一种处在原始状态中的天才的闪光。兴趣是孩子最好的老师，有了兴趣就成功了一半，因此发现和培养孩子的兴趣对妈妈来说就成了至关重要的事情。

孩子虽小，但他们也有着鲜活的思想和情感，有自己的兴趣，但孩子的兴趣也表现出一定的不稳定性。孩子们的兴趣和我们成人的兴趣完全是两回事，两者之间完全是独立的。即使孩子的兴趣显得简单、幼稚，我们也不能因此而无视它的存在。成人需要做的是，主动积极地接受孩子的兴趣，尊重孩子的兴趣，而不是把我们的兴趣强加在孩子身上。还可以积极地创造一定的条件和空间，鼓励孩子发展自己的兴趣。实际上，尊重孩子的兴趣就是让孩子拥有快乐，就是我们给孩子的最好礼物。发展孩子的兴趣就是给孩子提供了成长的沃土。

兴趣是在较大的生活背景下对其中某些事物的偏好和主动关注。趣味是吸引孩子关注的最佳方式，而快乐是维持孩子兴趣的稳定剂。抓住这两个环节，就掌握了培养孩子兴趣的金钥匙。不要让孩子在许多种兴趣之间穿梭，那样会使孩子应接不暇，疲于应付。不要指望孩子的兴趣会在一夜之间就奇迹般地开花，也别认为"狂轰乱炸"有利于培养孩子的兴趣，相反，那将破坏孩子的兴趣。

兴趣进一步发展，则成为终身为之奋斗的志向。儿童兴趣爱好非常广泛，但保持时间短，特别是新鲜劲一过或一遇到困难便会退缩、回避。所以，培养持久爱好和兴趣，对一个孩子成材至关重要。如何正确引导和培养孩子的兴趣爱好呢？

1. 培养孩子的兴趣爱好要针对孩子的特点，不能完全凭家长的好恶而主观臆断。要根据孩子的性格、气质选择最适合孩子的项目。

2. 妈妈要循循善诱，使孩子的爱好相对稳定。在教育孩子的时候妈妈们步步深入，在很多爱好中形成一个中心爱好。

3. 儿童分辨能力较差，易被不健康的事物所吸引。妈妈要从小注意为孩子提供良好的环境和有意义的兴趣爱好，逐渐引导孩子形成健康积极的兴趣爱好。

4. 提供给孩子可发挥创造性思维的环境。在教育孩子的过程中妈妈们不要一切包办，要珍惜孩子的好奇心，要耐心、仔细地引导孩子打开创造性思维的大门满足他们的求知欲。

允许孩子出去玩，注意劳逸结合

"望子成龙，望女成凤"是妈妈们的期望，但一味地让孩子学习，而不注意休息，孩子就会成为"病龙"。注意培养孩子劳逸结合的习惯，使孩子积极进行体育锻炼，不仅有助于提高孩子的学习效率，还能给孩子一个强健的体魄。因此，妈妈们不要担心孩子因为出去玩耍而耽误了学习，在孩子学习累的时候，不妨让他出去玩儿一会儿，这样不但能够起到劳逸结合的作用，还会间接达到提高孩子学习效率的作用。

孩子需要学习的科目多，知识量大，如果不善于调节，一味增加压力，不仅学习的效率无法保证，还有可能给孩子带来意想不到的危害，甚至损害孩子的健康。劳逸结合的学习方式，要比单纯给脑子加压的学习效果好得多。

对孩子来说，休息很重要，选择合适的休息方法更重要。休息的方式有很多种。对学生来说，最有价值的一种，就是转移注意力。在充分放松的基础上，对一段时间以来掌握的知识做一次回顾。像放电影一样，把学过的知识点过一遍，再逐一编织进自己的知识网络中。这样的休息相当于复习，而且有助于知识的融会贯通。还有一种休息，是在放松的状态下，查找自己的缺陷和不足。哪一部分自己感觉比较模糊，哪一门科目自己比较发憷，在休息时的第一感觉，往往都是最准的。这样的休息相当于做大量的自测题，在很短的时间内，就能迅速找到自己的问题所在，及时进行弥补。

出去玩耍或者是参加一些运动是一种积极的休息方式。玩耍或者运动时，运动中枢兴奋，可快速抑制思维中枢，使其得到积极的休息，有助于提高学习效率。经常参加运动锻炼的孩子，在智力和反应方面明显高于未参加锻炼或极少参加运动的孩子。培养孩子劳逸结合的习惯，妈妈们应该注意哪些问题呢？

1. 注意孩子的精神状态

当妈妈发现孩子出现走神、精力不集中、疲劳等状况，最好叫他立刻放下课本，休息一会儿。这样，既能让孩子觉得妈妈关心自己，又有助于加强孩子的上进心，休息之后更努力地投入到学习中去，效率一定会更好。

2. 休息时和孩子交流

休息时和孩子交流，查找孩子存在的问题。孩子休息时，妈妈可以用和缓的态度陪孩子闲聊，问他新学了什么、哪些有意思、哪些兴趣差一些。孩子兴趣差的地方，往往就会成为学习中的漏洞，需要有针对性地进行弥补。可以和孩子共同讨论用什么方式，来保证这些内容不拉学习的后腿。

3. 在休息时鼓励孩子

孩子休息时，常常会有心理压力，认为自己在浪费学习时间，自己笨，越想心理负担就越重。这时，妈妈的鼓励会让孩子重新拾起自信，以更好的状态投入到学习中去。鼓励的方法，通常是引导孩子发现自己的优点，让孩子知道，他在妈妈眼中永远是最棒的。

4. 每天给孩子玩耍的时间

孩子用脑强度大，需要适当运动和玩耍。妈妈可以和孩子约定，每天学习疲倦后，和妈妈一起去跑跑步，或做一些别的锻炼。共同锻炼的过程，既有助于孩子的放松、增强孩子的体质，也能增进双方的感情，更能帮助妈妈了解孩子的真实想法。最好不要把时间规定得太死，孩子什么时候需要休息，妈妈就什么时候陪他锻炼。

王倩的儿子已经上四年级了，可以说儿子的学习压力很大，并且每天课余学习量也很大，王倩知道自己的儿子很乖，每天放学回到家的第一件事情就是趴在书桌上写作业。看到儿子这样用功，她心里既开心又心疼儿子。

每次儿子写完作业总是显得十分疲倦，于是，她想出了一个好办法，在儿子放学回家之后，先陪儿子下楼玩耍半个小时，然后再让儿子上楼写作业。这个方法很管用，不仅儿子写作业的时间缩短了，在写完作业之后，儿子还有精力去看其他的课外书籍。

时间一长，王倩发现儿子的体质也变好了，以前儿子总是三天两头生病，每次只要是别人一感冒，儿子肯定被传染，而现在儿子的免疫力也提高了不少。王倩觉得让儿子劳逸结合地学习，不但对儿子的成绩提高有很大的帮助，对儿子的身体素质的提高也是十分有利的。

妈妈们要培养孩子多参加锻炼的习惯，当然，出去玩儿就是一个不错的选择，这种劳逸结合的方式对孩子来讲是十分重要的，不仅能够提高孩子学习的积极性，更能够增强孩子的身体素质和免疫力。出去玩儿对孩子养成劳逸结合的习惯很有益，在此过程中妈妈们需要注意的方面：

1. 妈妈们要注意孩子出去玩的安全

对于孩子来讲，一旦玩闹起来往往会不注意自己是否安全，所以说妈妈们在让孩子玩耍的时候一定要保证孩子的安全问题，尽量让孩子在安全的地方玩耍，如果妈妈们实在不放心，那么可以在一旁关注孩子，但是千万不要影响到孩子的玩耍。

2. 不要让孩子玩儿"疯"了

所谓的玩疯了是指孩子玩耍的时间过长，因为时间过长，孩子会产生不想学习的心理，即便是硬让孩子坐下来学习，也要花费很长时间来"收心"，所以说妈妈们要帮助孩子控制好时间，这样一来孩子才能够在适当的玩耍时间过后，对学习更加感兴趣。

3. 培养孩子持之以恒的意志力

这一点主要是指孩子的日常锻炼活动，在对待那些有浓厚的锻炼兴趣，但意志力不够坚强的孩子时，妈妈应多鼓励，制订锻炼计划，并适当地创造奖励条件，以巩固强化孩子的兴趣。有的时候甚至可以采取一些惩罚的措施，纠正孩子不爱锻炼的坏习惯。

第14章 好妈妈不吼不叫，让孩子拥有健康体魄

从幼年开始培养孩子的生活技能

让孩子从小懂得自己的事情自己做是每个家长的责任，这不但可以培养孩子独立生活的能力，也有助于他们心理健康的成长，有助于他们早日完善独立人格。

在教育孩子的时候，应该遵循孩子的天性，但必要的规则要从小制订，不能听之任之。要让孩子懂得，自己的事情自己做。许多孩子六岁了还没有掌握起码的生活技能，包括自己吃饭、睡觉、大小便、洗脸漱口、穿脱衣服等。造成这种现象，家长的教育不到位、过于宠溺孩子是问题的根源。

这个问题，看起来是小事，但很可能影响孩子进入小学后的生活和学习，因为小学跟幼儿园最大的区别在于，幼儿园的老师会对孩子的饮食起居负责，像家长一样照顾孩子，但小学老师则既没有义务也没有责任这样做。我们经常看到，小学校园里常常发生让人啼笑皆非的事情，有的孩子不会剥鸡蛋壳，而把带皮的鸡蛋囫囵地塞进嘴里；有些孩子因为不会穿脱裤子，而无法正常上厕所，甚至弄脏了裤子……

所以，在孩子的幼年期也就是学龄前阶段（四五岁时），家长有必要让孩子掌握必要的基本生活技能，这不仅对他们提高生活能力有直接帮助，也对他们的心理成长有所帮助，同时也让家长轻松不少。

开始时孩子可能不一定情愿这样做，他们更习惯衣来伸手饭来张口，也许会因此闹情绪，家长此时一定要耐心、细致，同时坚定地对孩子进行持续教导，一旦孩子掌握了这些基本技能，家长随时对他们进行表扬和鼓励，会让他们更有兴趣和信心继续做下去，直至养成良好的生活习惯。

1. 饮食

四五岁的孩子基本能够自己吃饭，即使比大人慢一点，而且可以学会用筷子。

开始时可以不必强求孩子一定要用筷子，可以先用勺子。等用勺子自己吃饭已成习惯之后，家长有必要教孩子使用筷子吃饭，开始可以先告诉孩子使用筷子的要领，孩子的手势很可能不对，家长不要急于纠正他们，先培养他们用筷子的兴趣。等稍微熟练一点再纠正他们。同时，应该让孩子自己学会盛饭、夹菜、倒水、剥蛋壳等。还要教导孩子吃饭懂规矩，吃饭要专心，不要东张西望、边吃边玩，也不要拿着碗到处走。

2. 睡觉

四五岁的孩子已经有一定的时间概念，但往往贪玩或者想看电视而不肯入睡，所以常常在上床前磨磨蹭蹭。

家长千万不要认为晚睡一次两次不是什么大问题，养成好习惯需要持之以恒的教育和贯彻，所以一定要孩子到时间就上床睡觉。入睡前，不要让孩子看太刺激的节目、听刺激性的故事，不要喝太多水，以免尿床。可以在睡前陪孩子待一会儿，给他讲一个小故事，然后让孩子自己睡觉。开始孩子可能很排斥，用哭等方式拒绝自己睡觉，但家长这个时候一定不要心软,让孩子习惯自己入睡。可以把孩子喜欢的绒毛玩具放在他的身边,这能让孩子睡得更安稳。

3. 大小便

一般情况下,四岁以上的孩子能够自行上厕所,但有时候可能因为玩得太专注,忘记了去厕所,而尿在了裤子上,才想起让家长来帮忙处理。

这时孩子已经觉得很羞愧了,家长不要过于责备孩子,帮他(她)换好衣裤,再耐心跟孩子讲道理,让孩子记得下次不要这样就好了。给孩子穿的裤子,最好是方便他们自己穿脱的有松紧带的裤子,这样穿脱容易,独自去卫生间也方便操作。背带裤看起来漂亮,但穿脱很麻烦,而且不小心带子就容易弄脏,四五岁的孩子尽量不要穿那种款式的裤子,以便于培养孩子独立上厕所的习惯。要教导孩子养成大小便后洗手的卫生习惯,女孩子要养成小便后用卫生纸擦拭的习惯,母亲要逐步教会孩子正确的擦拭方式。外出或者旅游的时候,出门前让孩子提前去卫生间,教育孩子不能随地大小便。

4. 穿脱衣服

一般四岁的孩子都会穿脱衣服了,如果孩子不会,很可能是没有掌握要领。

遇到这种情况,家长应该有足够的耐心,开始时可以手把手地教孩子,注意讲清楚穿衣服的动作要领,几次以后孩子一般都能掌握。如果孩子总是说自己不会,要家长给做,家长不要轻易妥协,也别怕他们穿脱耽误时间,要让孩子习惯于自己去做。因为这种"我不会"很可能只是一个借口,只是孩子想偷懒或者撒娇。家长要教导孩子,懂得穿衣服跟天气冷热的关系,适当增减衣物,冷了就多穿一件,热了就脱掉些。在幼儿园脱下的衣服,也要提醒孩子记得拿回来。家长要教导孩子衣服脱下来要放整齐,放在固定的地方,不能乱扔。可以给孩子准备独立的衣柜,让他按照需要拿出、放进;换洗的衣服也要放在固定的地方。如果孩子忘记了,家长要及时提醒或督促孩子,让其养成习惯。

5. 养成良好的卫生习惯

四岁的孩子一般都会自己洗脸洗手,懂得搓手等基本动作,他们也很乐意自己去做。家长要培养孩子独立漱口、刷牙、洗脸等洗漱卫生习惯,可以给孩子准备一套洗脸刷牙工具,等家长洗漱的时候,让孩子跟家长一起做,孩子就会很有兴趣跟着家长去学。家长应提醒孩子每次外出回家、饭前、便前、便后、玩耍以后,都要记得洗手。有些孩子贪玩,衣服脏了也不记得换,家长就应该提醒孩子及时换下脏衣服,让孩子知道干净的衣服穿着才舒服,养成从小就爱清洁的习惯。五岁以后的孩子喜欢自己洗澡,家长应该教会孩子正确的方法,教育孩子不要马虎,要洗干净。还要提醒孩子,及时剪指甲;男孩子头发长了及时理发,养成良好的卫生习惯。

避免孩子沾染不良习气

在孩子的身上出现一些不良行为是正常的,父母不必大惊小怪。当父母发现孩子的不良行为时,要及时想出应对的方法,让孩子改正不良行为。这样,既纠正了孩子的不良行为,又增强了孩子出现错误的免疫力。

一些父母常这么说:"我的孩子有很多行为让我觉得非常生气。他非常懒,在家里什么事情都不做,经常犯错误,说了他也不改,还常常做一些愚蠢的极欠缺考虑的事情。"确实,很多孩子都会有上面所说的行为。当发现孩子有一些不良的行为时,父母常常会不假思索地做出一些过火的反应,尤其是当孩子屡教不改的时候,父母往往会更愤怒。

有很多父母都认为,不管什么事情,孩子都一定要按照父母的意思去做,最好不要出现什么不良行为。其实,这是不可能的。父母们应该好好想一想,有没有一个人一点不良的行为都没有做过,即使是大人也会出现一些不良行为,更何况是一个孩子。孩子出现了不良行为,关键是父母怎么样去面对和处理。

的确，孩子需要约束，但是父母要怎么做才能在做法得体、不失沉稳的前提下，让孩子去做正确的事情呢？

1. 改变孩子生活的环境

很多孩子对周围的事物会感到好奇，也总会想对某一件东西研究一下，所以他们喜欢东摸摸、西看看，可是一摸到什么容易破碎、损坏的东西时就会遭到父母的训斥。然而父母的训斥除了让孩子耍一顿脾气，然后对这个不让碰的东西更加感兴趣之外，不会收到任何效果。如果父母不想让孩子碰到这些东西的话，那就把这些易碎、易损的物品放到让孩子拿不到、看不见的地方，这样，问题很容易就解决了，根本就不需要对孩子大喊大叫。

针对孩子的一些行为问题，有时候没必要训斥孩子一顿，甚至不需要和孩子商量就可以解决。例如，父母不必对孩子说："不要把你用的玻璃茶杯打碎了。"为什么不让孩子平日使用塑料茶杯呢？每次你发觉自己对孩子大喊大叫时，就把它记录下来。随后，看一看是否可以通过简单的改变环境，来解决反复出现的问题。

2. 与孩子进行有益的对话

在家中和孩子扮演不同的角色，演练那些孩子容易出现问题的情景，可以教孩子懂得什么该做、什么不该做。还可以和孩子进行一些对话，让孩子从中发现自己的不良行为，进而自己改正。这样，比父母在一旁大声喊叫的效果要好得多。

3. 让孩子学会自我管理和自我控制

"自我管理"这种技能可以帮助成年人实现自己确立的目标，成为事业上的成功者，而父母可以也让孩子掌握这种技能。

有一位家长说自己的孩子有一段时间非常迷恋音乐碟和影碟，每次和父母出去的时候就会买一大堆碟回来。而且这些碟的质量很差，其中还有很多是重复的，并且价钱非常贵，花了不少钱。

为培养孩子的理财意识，建议父母为孩子在银行开一个账户，每月为这个账户提供一定数额的可支配资金，这样就把消费自主权给了孩子。但是同时要求孩子建账管理，订立"财务制度"，如果一有超支就要"扣税"，如果有结余就要予以奖励。这样的话，家长就只需要负责孩子的生活学习用品，其他的一切开支都由孩子自己承担。这样不仅可以控制住孩子乱花钱的行为，而且还可以让孩子在平时的购买活动中学会节省。

4. 巧妙地变批评为表扬

当孩子已经犯了错误，同时孩子又固执己见，不听家长和老师的忠告，这通常会引起家长更大的愤怒。但是如果家长仔细想想，对于已经犯了错误的孩子，他们心里肯定也有很大的压力，他们的自尊心又不允许他们"盲从"，所以，家长首先应该做的不应是责骂或训斥，而是与孩子进行有益的对话。

这种对话式的教育，不仅保住了孩子可贵的积极性，也保住了他的自尊。实际上也是给他以认可和鼓励，让他不必在心中放太多的包袱，认为自己是个不守纪律的孩子。而批评与指责，却可能挫伤他的自尊，令他产生逆反心理，故意重复同样的错误。

5. 父母要以身作则

让孩子们懂得什么该做、什么不该做的最为有效的途径之一，就是让他们向父母看齐。只要父母能够在行为举止方面给孩子们做好榜样，他们迟早会仿效的。俗话说，榜样的力量是无穷的，只要父母能够处处起到表率作用，那么孩子总有一天，会向父母看齐。

现在的孩子大多是独生子女，这就造就了孩子在家庭中的特殊地位。从小就生活在以他自己为中心的氛围里，家里所有的人都宠着他，要什么有什么、什么都听他的，要是哭起来就会被抱在怀里哄着。在这种过度的溺爱中，会让他产生一种什么都要顺着他、都要为他服务的观念。这样就会让他养成爱发脾气、骄傲、任性、不听管教等不良性格，而且独立生活能力也差。再加上没有兄弟姐妹，缺少孩子之间的互助、互让和分享的体验，缺少兄弟姐妹之间的情谊和关怀，这样，许多不良的心理和性格就会形成。所以，如果父母想使孩子养成良好的品德，减少孩子的不良行为，就要维持一种正常的家庭关系，让孩子感受到家人之间的互相关心、爱护和尊重，这样，才会拥有一个各个方面都健康的孩子。

 ## 选择适合孩子的体育锻炼方式

父母应根据自家孩子的不同情况，并针对其性格中的不同特点，有选择地给孩子安排适合的体育训练项目，不同的项目侧重培养的品质有所不同，比如游泳属于耐力性项目，更需要坚持，而球类运动因场上瞬息万变，则更需要果断和独立性。

孩子应多参加促进身体全面发展的运动项目，或进行多种体育活动的锻炼。父母应该替孩子选择可以促进身体全面发展的运动项目。广播操、武术、田径、体操、游泳、球类等运动，不仅对身体各部分的肌肉、骨骼和器官的生长发育都有好处，而且对主要的身体素质如速度、力量、耐力、柔韧性、灵敏度等都具有良好的促进作用。

不同的运动项目和动作类型对身体各部位的影响不同，对身体各种素质的锻炼也各有侧重。单一的运动项目、片面地发展专项素质容易导致身体畸形发展。

家长在帮孩子选择运动项目时，应考虑以下几方面：

1. 根据孩子的特点选择适宜的运动

根据孩子的性别、年龄、健康状况、身体素质的特点选择适宜的运动。不同的运动项目对身体部位及身体素质的训练有所不同。如加强足部弹跳的项目可以锻炼足弓承重能力，预防扁平足；进行基本技能训练如跑、跳、投掷、游泳等活动项目，可以发展平衡、协调、反应、灵敏、柔韧等身体素质。

2. 有针对性地选择运动项目

根据个人身体素质的具体特点，有针对性地选择运动项目。例如：力量不足的可以练习单、双杠；速度不够的可选择短跑；耐力不好的可选择竞走、游泳；灵敏度差的可以选择武术和乒乓球运动；臂力不足的可以练投掷等。体弱多病的孩子也应坚持适度的体育锻炼，可进行体操、快慢交替走步、太极拳等活动。

3. 体育锻炼应照顾到女孩子的生理特点

女孩更适宜参加如高低杠、平衡木、体操、跑步、花样滑冰、游泳等力量性要求不高，而要求柔韧性较好、平衡性较强的活动。不宜多做支撑、悬垂、负重等静力性练习。训练的时间也应较男孩稍短。女孩在月经期间宜选择那些不太剧烈、震动较小、不用憋气的运动项目，如徒手操、活动性游戏、羽毛球、慢跑等，不宜进行短跑、拔河、跳高、游泳等活动，以免引起经期紊乱或造成感染。

除此之外，在指导孩子进行体育锻炼时，父母应注意以下事项：

锻炼时注意运动量要逐步增加或减少。练习应有节奏地以中等、平稳的速度进行。要注意运动后的身体反应，如脉搏、食欲和睡眠等，以便随时进行调整。

不宜让孩子过早地进行超负荷锻炼。进行体育锻炼会使人体承受一定的生理负荷。孩子的骨骼富有弹性，虽不易骨折但易发生变形，关节活动范围虽大但牢固性差，因此超负荷锻炼会造成一定危险。

 ## 让孩子养成正确的饮食习惯

对于孩子来讲，饮食是保障孩子健康发育的关键因素，妈妈们一定让孩子养成正确的饮食习惯。有的孩子为了早上能够多睡一会儿，宁可不吃早饭便去学校，久而久之，便养成了不吃早饭的习惯，这是完全不正确的，这样的习惯对孩子的健康是没有好处的。因为，早餐的好坏决定了孩子一天体能消耗对食物的需求，所以不仅要孩子吃早餐，还要他吃得好，按照科学的规律，合理饮食。

研究工作者从大量的资料中分析发现，我国青少年的体质与发达国家的青少年相比，有较大的差距，甚至低于日本、东南亚等国的青少年。虽然造成这种差距的因素很多，但其中很重要的一个原因即是饮食营养不良，尤其早餐的质和量不高。

中国预防医学科学院营养研究室曾对北京2500余名中小学生进行调查，发现有40%的中学生不能保证每天吃早餐，多数学生的早餐以含蛋白质较少的馒头、饼干等谷类食物为主，有60%的青少年从不喝牛奶或豆浆，近50%的学生不能保证每天吃到鸡蛋。

美国波士顿"儿童发育与营养研究中心"的一份报告指出："经过一夜12小时不吃东西，孩子的血糖下降得很快，如果孩子不吃早餐，快到中午的时候，就会对其大脑的功能产生微妙的影响，这与他们的心理思维及智能的发展密切相关。"研究显示：吃够了占全天1/3并含有优质蛋白质早餐的孩子，在课堂上的最佳思维期相对较长。

人的大脑对血糖波动最为敏感，因为脑细胞只能从糖这一种营养素中获取能量，而不能从脂肪和蛋白质中获取。所以，当血糖下降之后，大脑兴奋性随之降低，思维变得迟钝，注意力不集中，儿童若在低血糖的状态放学习，成绩是不会好的。上午消耗的能量占全天总能量的35%～45%，早餐进食量要达到一日量的25%～30%。而事实上，一般早餐的摄入量仅占三餐总量的15%～20%，差距很大。所以，要保证青少年的体质，早餐的质量是不能忽视的。

对于孩子来讲，上午的活动量很大，如果不吃早餐或少吃早餐，活动所消耗的热能要靠前一天晚餐提供，而人体内不能储存很多糖原，如果不吃早餐，就会引起血糖浓度下降，就会出现头晕等低血糖症状，甚至引起低血糖休克。尤其青少年，正处于生长发育时期，除了补充活动消耗能量外，更需要大量营养支持，这样供给少消耗大，必然要消耗体内储存的脂肪和蛋白质，长期消耗过多就会造成消瘦，并且影响生长发育和学习能力，因此，妈妈们应该保证孩子的早餐吃得好，并且养成吃早餐的习惯。

有的孩子喜欢吃零食，喜欢用零食来代替主食，这样一来，在吃正餐的时候，他们往往不爱吃东西了，正是因为正餐孩子吃不了多少东西，妈妈们担心孩子会饿，便会给孩子们买大量的零食，这样久而久之，孩子便养成了爱吃零食的习惯，也正是这样，孩子更加不喜欢吃饭，总是喜欢吃零食，最终的结果是导致孩子营养不良，身体发育出现问题。

因此，妈妈们应该控制孩子的零食量，合理地调配孩子的饭菜，尽量做孩子喜欢吃的饭菜来吸引孩子的食欲。如果孩子不好好吃正餐，那么妈妈们就不要让孩子吃零食，以免扰乱孩子的饮食规律。

然而，有的孩子小小年纪却体重超标，成为人们眼中的"小胖墩儿"，这往往和妈妈们所做的饭菜有关，有的孩子喜欢吃过分油腻的油炸食品，而妈妈们觉得孩子爱吃，便会不加节制地让孩子去吃，这样一来，孩子往往会出现肥胖的情况。如果早餐吃得太腻太多，就会给肠胃增加过重的负担，使血液长时间地集中在胃部，影响大脑的血液供应，使孩子早晨前两节课不能迅速地集中注意力进入紧张的学习状态。因此，饮食中要有点脂肪，又要容易消化，不可使动物脂肪过量。

身体较弱、肠胃不健的孩子消化力差，如果吃了冷凉的荤食，容易发生胃肠不适，影响一上午的学习。妈妈要按照孩子的体质，安排温热、清淡、可口的饭菜。那么妈妈们要怎么帮助孩子养成好的饮食习惯呢？

1. 定点吃饭

不管孩子多么淘气，也不管孩子当时饿不饿，都要让孩子养成按时吃饭的习惯。如果孩子能够按时吃饭，就能够很好地控制自己的食欲。

2. 对孩子不爱吃的有营养的物质，要合理地引导孩子

有的孩子在吃饭的时候，总是挑自己喜欢吃的东西，有些蔬菜有营养，并且对孩子的健康有很大的好处，但是孩子却因为不喜欢便一口也不吃，这样一来总是给妈妈们造成心理上的负担。在这个时候，妈妈们不妨用正确的方法去引导孩子，帮助孩子摆脱挑食的习惯，如果孩子总是挑食，那么最终影响的是孩子的健康。

3. 耐心地对孩子的饮食进行指导

很多妈妈遇到孩子挑食的情况之后，往往会大发雷霆，甚至会斥责孩子，这样往往会让孩子产生叛逆的心理，久而久之，会让孩子失去了改善的动力，这样必定会影响孩子的饮食习惯。妈妈们不妨耐心地给予指导，这对孩子的健康是十分有帮助的。

孩子减肥，全家人都要动员起来

近年来，儿童肥胖的问题有越来越严重的趋势。长期肥胖会使孩子在中年，甚至是更年轻时患上冠心病、中风、高血压等病。况且，约40%的肥胖儿童胆固醇也过高，另有15%的肥胖儿童更在第一次接受检验时，发现患有二型糖尿病。

研究人员将超过正常体重20%的肥胖孩子与同龄正常的孩子相比较，发现智商尤其是操作智商的相差十分大，不管是视觉、听觉还是接受知识的能力，前者均处于低水平的状态。神经解剖学家对此的解释是，肥胖儿大量脂肪进入脑内，挤压脑的沟回，妨碍神经纤维增生与沟回形成，致使大脑皮层平滑，神经网络简单，医学上称为肥胖脑。所以，父母一定要注重孩子的平衡膳食，让孩子坚持体育锻炼，削减超标的体重，这是提高肥胖儿智商的重要一招。

每个人都有快乐和烦恼，李俊烦恼的就是他的体重。回家爬4层楼梯，他都累得气喘吁吁，更别说其他运动了。体育考试从来都是不及格。而且李俊还特别容易累，精力也差，上课老打瞌睡，成绩自然也是上不去。家里人都为他的肥胖担忧，试了很多种减肥方法，都不凑效。

为什么会出现这种情况呢？原来，作为独生子的李俊，从小父母对他百般呵护，含在嘴里怕化了，捧在手心怕掉了，更不用说让他到外面东跑西跳的。在父母的关护下，李俊从小就待在房间里，养成不爱运动的坏习惯。而且父母为了李俊健康成长，给他买大量的营养品。没想到，盲目地给孩子吃补品不但起不到促进作用，反而引起了李俊病态的肥胖。

今年暑假，在医生的建议下，李俊给自己订下了一个运动计划，开始坚持锻炼。

经过一段时间的锻炼，走路已不再是什么大问题了，体重也有些下降了。世界杯开始后，李俊喜欢上足球。他每天坚持到附近的操场上踢球，到世界杯结束时，李俊的体重已经从暑假前的82公斤降到63公斤了，整个人看上去精神了许多，学习起来也更有精力了。

要解决儿童的肥胖问题，家长和家人的积极参与是非常关键的。

1. 以家庭为核心

只有在家长和全家人为了活得更健康、吃得更健康，都愿意并决心改变生活习惯，肥胖儿童才有可能成功减肥。也就是说，要孩子成功减肥，整个家庭原来的生活和饮食习惯，就必须要朝向健康生活的方向。

父母有责任帮助孩子建立一个有利于保持健康体重的生活环境，另外，祖父母也应该积极参与进来，不要认为孩子的肥胖是小事。如果孩子的家长都关注到健康体重问题，那么所有家庭成员成功减肥的机会就会大大增加。

体重管理成效最佳的孩子来自于家庭成员有良好互动关系的家庭，以家庭为核心的方法最有效。

孩子在家长营造的环境中成长，家长决定了家庭的饮食习惯和活动模式。他们决定何时进食、食用什么食物，以及孩子参与哪些活动，所以家长也有义务对家人采取有效的措施来保证全家人的健康体重。

2. 履行家长的责任

家长在创造和维持健康体重的家庭环境时，有几项重要的职责：孩子的行为模范、食物的供给者和强制执行者。

所以，在选择食物、建立家庭饮食模式、选择对食物和进食的态度方面，家长是孩

子最有影响的第一位的行为模范。如果父母认为吃早餐很重要，并且坚持在家里这样做，孩子就可能养成每天吃早餐的良好习惯。父母应当对儿童的食物和饮食行为强制施加正面影响，帮助孩子学会只在真正饥饿的时候进食。

对于忙碌的家长来说，平时亲子时间不多，因此利用现成的场地、设施、器材，陪孩子做运动，不仅可以有效利用亲子时间，提高亲子质量，而且可以从小培养孩子良好的运动习惯，也有助于肥胖儿的减肥和良好体格的建立。

 给孩子一个良好的睡眠环境

睡眠不仅使身体得到休息，恢复体力，还能让大脑得到休息，恢复脑力。对于正处于发育时期的孩子来说，睡眠尤为重要。

足够的睡眠是孩子生长发育和健康成长的基本条件。睡眠有利于恢复疲劳，同时体内的生长激素比平时增加3倍，有利于生长发育和大脑成熟。所以，每个父母都希望自己的孩子能在每天晚上乖乖地按时睡个好觉，这既是孩子健康的保证，又在某种程度上为自己争取了一些自由的时间。可是，这个小小的愿望还真不那么容易实现呢！

浩浩精力充沛又好动，一天到晚没有几分钟安静的时候。但是，浩浩却怕上床睡觉，不管午睡也好，晚上就寝也好，总是能拖一会儿就拖一会儿。要不就常常在就寝时闹得鸡犬不宁——闹来闹去，哭哭啼啼，或者要求妈妈再读一个故事书，再多陪一会儿……每天都要折腾到十一点多才肯睡觉。结果，晚上不肯睡，早上又不肯起床，上课还经常打瞌睡，老师都向妈妈说了好几次了。妈妈也很纳闷，一边为孩子的成长和学习担忧，一边抱怨："我到底该怎么让我那宝贝儿子按时睡觉？我说什么他都不听！"

事实上，睡眠问题正在困扰着中国的家长，影响着孩子的健康成长。研究人员对上海市内1812名1～10岁孩子的睡眠状况进行调查，结果表明，中国孩子的平均睡眠时间明显低于国外同龄孩子，孩子睡眠障碍的发生率为47%，明显高于国外1%~10%的标准。其中梦游的发生率为2%、梦呓（说梦话）的发生率为25%、鼾症的发生率为17%、磨牙的发生率为19%、大于5岁的孩子遗尿症的发生率为4%、做恶梦及夜惊（指入睡后不久突然坐起来，惊恐状，数分钟后安静渐入睡）的发生率为12%。种种睡眠现状，值得家长高度重视，以改善孩子的睡眠质量。

在辉辉家，每到晚上小辉辉该上床睡觉时，孩子与父亲之间总要发生一次"战斗"。

"我不困！我不要睡觉！"孩子哭着抗议，父亲把孩子硬拉上床，气呼呼地骂着："我知道你不愿上床睡觉，可是你得听我的，而我说你得睡觉！"

强迫孩子上床睡觉使孩子每晚躺在被窝里哭，做父亲的也不好过，即使他觉得要孩子听话守规矩是应该的，仍然不舒服，总希望能想出一个两全其美的办法。

终于，有一天晚上，他决定控制自己不发脾气，而让闹钟来决定上床的时间——在就寝时间前一小时，他把闹钟定到五分钟之后，待闹钟响了，父亲向瞪大了眼睛的儿子解释道："是开始准备就寝的时间了。如果你能在下次闹钟响之前准备好，我们就再定一次时间，你可以一直玩到下次钟响；如果在钟响之前准备不好，那你就得马上上床，一直到第二天早上才能起来。"

辉辉像跟谁比赛一般地换衣服、洗澡……此时，父亲当然把时钟重定到十五分钟之后。孩子果然在钟响之前准备妥当，父亲依诺再定一次闹钟，时间是规定的就寝时间。

父亲给孩子念了几个孩子最爱听的动物故事，又唱了几首新的就寝歌曲，一直到闹钟再响起。

"上床的时间到了，对不对？"孩子说，由于猜得出游戏的步骤显得开心又得意。

"对！小辉辉真聪明！"父亲也开心得很。

当父子两个走向床边时，父亲还一直夸赞他的动作很快，能把闹钟"打败"。从此，辉辉每天都能乖乖睡觉，就寝时间再也不是父子之间的战争时间了。

由此看来，家长很有必要让孩子形成一种规矩，然后养成良好的睡眠习惯，并让习惯变成自然。为了让孩子茁壮成长、有充沛的精力去学习，家长可以参照下面几条建议：

1. 给孩子足够的安全感

小孩怕黑是很平常的事。如果经常这样，无论你怎么解释也不能使其消除疑虑，不妨在孩子的房间里开一盏光线较暗的灯，或者把其房门打开，在客厅里点一盏灯，让孩子抱一个自己所熟悉的大玩具（如布娃娃、大狗熊等）睡觉。这样会使其感到安全。

2. 环境不要过分安静

研究表明，约有30%的孩子并没有学会"抗干扰"——他们往往一有"风吹草动"便难以入睡，或在熟睡中被惊醒。家长应该自觉地培养孩子"抗干扰"的调节能力，否则，孩子很可能养成这样的不良睡眠习惯：只有在极度安静的环境里才能入睡，而这种环境是不现实的。

3. 不宜亮灯睡

有的家长为了方便自己照看孩子，喜欢让卧室整夜灯火通明。但婴幼儿对环境的适应能力远远不如成年人，如果夜间睡眠环境如同白昼，孩子的生物钟就会被打乱，不但睡眠时间缩短，生长激素分泌也可能受到干扰，最后导致孩子个子长不高，或低于正常体重。

4. 给孩子选择一套舒适的床上用品

舒适的床上用品能改善孩子的睡眠质量。枕头要软和，适合孩子。被子不要太厚，否则会引起呼吸不畅或者温度过高而影响睡眠质量。

5. 让孩子养成白天运动的习惯

身体累了就需要睡眠，孩子的身体会提醒他该睡觉了。

6. 最好能让孩子午睡

无论什么人，从生理上讲来，都应睡一会儿午觉。孩子从早上到中午，学习了半天，身体必定疲倦。午饭后稍睡片刻，必能精神焕发，神清气爽，也促进消化。小孩子身体尚未发育完全，饭后需要睡觉。至于睡眠时间的长短，应根据孩子的年龄、个性及季节的不同而区别对待。夏天的时候一般孩子都应该午睡，冬天则可以看情况而定。对不要睡午觉的孩子，最好让他安静休息一会儿，如看看图画、跟他讲讲故事，以休养精神。

7. 孩子最好独自睡（至少是独睡一床）

大人和孩子同床睡虽然方便照顾，但容易养成依赖性，影响孩子独立。另外，需要注意睡姿。要想睡个好觉，睡姿也是很重要的。不宜让孩子俯睡，因为孩子的口鼻等呼吸器官最易受阻塞。推荐侧卧和仰卧。

8. 安排睡前交谈

在午睡或一天结束之前养成与你的孩子谈谈话、背诵儿歌，或讲讲故事的习惯，使睡前时光成为亲密的情感交流时间，是他所盼望着到来的时刻；即使只是一种单向的谈话也是有帮助的。

9. 制订作息时间表

先观察孩子的生活习惯，确定他所需要的睡眠时间。比如：有午睡时需要多少时间？没有午睡时需要多少时间？九点就寝睡到何时？七点就寝又睡到何时？然后再制订适合他的时间表。父母要做好监督，让孩子晚上准时睡觉，白天定时起床，不能让他养成赖床的坏毛病。

 营造一个愉快、舒适的进餐环境

全家一起聚餐，原本是件很快乐的事，无论是春节全家一起包饺子，还是生日的时候全家人一起切蛋糕，或是中秋节全家一起吃月饼，又或是元宵节全家一起吃元宵，都是多么热闹而温馨的时刻啊！

但很多家长因为平时忙于工作，没有时间来教育孩子，于是就把餐桌当成了教育孩子的阵地，一到吃饭时间，家长就开始问功课、查成绩，批评孩子的不足和过错，弄得孩子满心委屈、愁眉苦脸或者哭哭啼啼，好好的一顿饭，弄得全家都笼罩在不愉快的紧张气氛中。

一位儿童心理学家给出的意见是，"餐桌教育"不仅不会收到家长预期的教育孩子的结果，而且会给孩子造成心理压抑和情绪低落，使父母和孩子隔阂加深，从而导致亲子不睦甚至关系紧张的局面。

也有的人家是另一种场面，餐桌成了家长与孩子之间争夺控制权的一场战阵地。

5岁的吉米每次吃饭时不是看电视就是正玩得高兴，总是不来吃饭，气得妈妈打他几下。但有时刚刚揍完，他泪痕未干，就又东张西望不好好吃饭，或者只是这顿好好吃，下顿又不按时吃。妈妈为难了，端着盛好饭的碗束手无策。

妈妈总是想要告诉吉米："让你吃饭你就吃。"而吉米的行动却告诉妈妈："我想什么时候吃，我就什么时候吃。"

如果我们采取强迫手段一定要孩子吃饭，孩子就会反抗，互相对抗的结果会变成我们在鼓励孩子反抗。如果妈妈和孩子天天较量，这种关系就很难改变。我们不妨用自然结果法来解决这个问题。如果叫了吉米两声，他还不来按时吃饭，等大家用完餐后，就把饭菜收起来，不再给他吃。如果他再来要零食、要喝牛奶、吃儿童饼干，则坚决不给，要吉米等到下顿饭一起吃，就这样坚持下去。吉米饿了，又不能吃零食，下次就会按时来吃饭。我们的态度应很明确："吃饭是自己的事，你不来吃，就只有饿肚子。"

而有时候，带着孩子外出就餐的父母，因为孩子不懂得就餐礼仪，弄得自己尴尬，孩子不开心，又是另外一种不和谐。

并不是说不能在餐桌上教育孩子，关键看说什么、怎么说。家长可以在以下方面多留意，把餐桌变成教育孩子的课堂和亲子沟通的桥梁。不仅有利于父母了解孩子的内心世界，同时还有利于活跃进餐的心理气氛。

1. 餐桌上的礼仪同样很重要

不争、不抢、不挑剔食物；不大声说话；吃东西不要发出很大的声音；使用餐具尽量不要发出很大的声音；不要谈论不适宜在餐桌上谈论的话题，对别人的问话要礼貌回应……

2. 教孩子认识食物

家长完全可以教孩子认一认餐桌上的美味佳肴，告诉孩子这些菜生的时候是什么样子、烧熟了后又是什么样子，并让孩子记住它们的名字。这样，一边吃东西一边学习，孩子会吃得更香。

3. 制造进餐时的和谐氛围

不管是什么原因，家长切忌在进餐时谈论令家庭成员彼此不快的话题，无论夫妻间还是亲子间的。

切忌恐吓、责骂或以其他方式惩罚孩子，因为恐惧、担忧、愤怒等负面情绪会直接影响孩子的食欲。家长应善于营造就餐时的快乐气氛，使孩子心情愉快，乐于进食。

让孩子愉快地度过节假日

家长应该尊重孩子的天性，让孩子有效地利用节假日体会更多教科书之外的东西，充分地感受假日的快乐、生活的美好，从而唤起对理想的追求。

童年和少年时期，是应该更多体会快乐的黄金时期，更应该充满快乐。童年充满了各种童趣，捉知了、抓蜻蜓、捉蝴蝶，捕鱼捞虾，去小河里游泳，玩各种游戏——打沙包、踢毽子、跳皮筋、斗鸡、弹玻璃弹……童年充满了快乐。

现在，应试教育给孩子带来无尽的重负，课业负担越来越重，让快乐的星期天、寒暑假悄悄地远离孩子们的童年和少年时代了。

一名小学生在作文中诉说："我们根本没有什么双休日的概念，更不敢奢望有什么寒暑假。学校专门为我们开设了培优班，进入培优班的是通过考试挑选出的一批有希望为校争光的学生。我们这几十个人除了每天的正常课程外，还要在放学后上语文、数学、英语课，回到家天已经黑了。有些同学回到家还要请家教，经常学到凌晨一两点钟，睡得早一点反而会招来别人惊讶的目光。我们的童年生活十分单调，十分乏味，十分疲惫……"

很多家长为了让孩子不输在起跑线上，周末和假期给孩子请家教，上若干补习班、特长班，逼得孩子说"我宁愿没有假期"。

家长的心情可以理解，但不能违背少年儿童身心发展规律去强求孩子，这样不仅达不到预期目的，反而会造成不良后果。

孔子曰："好之者不如乐之者。"

好成绩不是补习班补出来的，也不是家教带出来。培养孩子的学习兴趣，激发孩子的学习热情，是更为关键的重点。

聪明的家长，不是利用寒暑假给孩子请家教、上补习班，而是利用节假日和寒暑假，鼓励孩子根据自己的爱好，大量地、有选择性地读课外优秀书籍，从中学习更广泛的知识，汲取人类文明的营养。

有条件的家庭，应该更多地利用节假日和寒暑假，让孩子去各处旅游，游历名山大川，体验自然之美和人类文明的博大精深，增长广博的见闻和切身的体验。

让孩子在假日里愉快地学习、自由地玩耍、快乐地成长，这才是每个孩子所真正需要的节假日。

每个孩子身上，都有自己的特点和潜质，都蕴藏着极强的能量，关键在于父母的引导。只要父母引导得当，孩子潜质就会被极大地发挥出来。因此，家长要尊重孩子的天性，顺着孩子的生活模式、节奏、氛围去开启他的心智，让孩子充分享受节假日应有的轻松和快乐，让孩子感受生命的价值，从而唤起孩子对理想的追求。

让愉快而幸福的节假日，帮孩子养精蓄锐，进而精力充沛地面对新的竞争和挑战。

第15章 好妈妈不吼不叫，教出有教养的好孩子

怎样培养正确的生活观念

正确的生活观念有很多，不可能一下子全部教给子女。其中的好学、知耻、求上进，是父母必须想尽办法，趁早培养的。

正确生活观念的培养，最好分成婴儿、幼童、儿童、少年四个阶段来分期培养。

在婴儿和幼童阶段，只能用身教，因为对婴儿、幼童来说，语言只能够传达感情和一些简单的讯息，他们还不足够了解父母所说的内容，这时候父母唯有以身作则，带着子女一起动、一起做，然后说一些简单的道理，帮助其慢慢去体会。

到了儿童和少年阶段，除了以身教之外，还要简单地说明理由，使孩子明白道理，形成自己的生活观念。

培养孩子正确的生活观念，家长可以从五个方面入手。

1. 让孩子觉得父母是爱他才教他

无论如何让孩子有被爱的感觉，是最重要的事情。

子女知道父母爱他才会教他，就比较容易接受父母的指引，发挥模仿的能力，从父母的身教和言教中吸收宝贵的经验，孕育成他自己的生活信念。

2. 尽量避免长篇大论的说教

孩子三四岁大的时候，经常会问"为什么"。这时候父母如果不能满足他的好奇心，老是骂他"不要啰嗦"或者敷衍他"以后再告诉你"。孩子就会逐渐减少好奇心而降低求知欲，养成不好学的坏习惯。

为了培养子女好学的正确生活观念，无论父母多忙，只要孩子提出问题来，一定要为孩子解答。实在顾不上，如果回答孩子"以后再告诉你"，也要守信用，记得一定找时间来回答孩子。

和孩子说话，有一个原则就是站在孩子的立场上来思考，用他听得懂的话来表达，说到他听清楚明白为止。应该避免长篇大论的说教，唠唠叨叨反而是一种反教育，会让孩子越来越不重视父母的教导。

3. 对自己的孩子也要有起码的尊重

很多父母看到别人家的孩子做错事，总是用和善的态度对待。比如别的孩子打破汤匙或饭碗，大多会笑着说一些"岁岁平安"、"没事没事"一类的安慰话。可是遇到自己的孩子打破汤匙或饭碗，就会板起脸来生气地责骂："怎么搞的，都告诉你小心点了，现在怎么办？你用手吃好了。"末了再加上一句："笨，什么都学不会。"说起来是爱之深、责之切，但是孩子哪里懂得这个道理？只知道父母爱那些汤匙、那些饭碗比爱自己还要多，自己远不如那些汤匙、饭碗来得重要，父母只心疼东西破碎掉，却不惜打碎自己的心。这不仅对子女的伤害很大，而且对父母的伤害也很严重。

成人之间有一种熟不拘礼的观念，觉得很熟悉的人之间不需要太多讲究，也是基于爱之深、责之切的延伸，反而常常弄得彼此非常不愉快。不如从小养成互相尊重的好习惯，不但可以培养子女不做错事的知耻信念，而且可以减少以后做错事情都喜欢找借口、推责任的坏习惯，同时又可以避免熟不拘礼所产生的一些后遗症。

4. 生气的时候不要喊叫孩子的名字

有的父母，情绪不好的时候或者生气的时候，才大声喊叫子女的名字。长久下来，孩子一听到自己的名字，就会紧张万分而不知所措，以为自己又做错了什么事情，惹父母生气。一个人不喜欢自己的名字，对自己的名字觉得害怕、讨厌，结果也会讨厌自己，做起任何事情来，都不会起劲。

对任何人而言，名字都是非常重要的。从小开始，父母就用轻柔、愉快的声音来呼喊孩子的姓名，孩子听到自己的名字，心情是愉快的，感觉是快乐的，于是愈来愈喜欢自己的名字，也就愈来愈看重自己。

5. 尽量让孩子在愉快的气氛中成长

家是每个人的港湾，是一个可以充分倾诉失望、克服挫折感的地方。每当孩子遇到不快，感到沮丧、失意甚至伤心的时候，一想起自己的家，马上就有信心。父母会给他安慰、给他鼓励、给他指导，帮助他渡过难关，协助他解决问题。这样才能帮助孩子重新点燃希望，让孩子从黑暗中走出来，再度看到光明的一面。

如果父母对孩子的过错不能包容和体谅，那么孩子就不敢向父母倾诉，只好一个人躲在房间里闷闷不乐，慢慢产生各种不正常的生活观念，所以父母的责任是互相尊重，让家里充满了快乐、温馨的气氛。夫妻相互不数落对方的不是，父母都不要随时给孩子难堪，使他们心中不安，活得不愉快。

家长如何防止孩子养成不良的生活习惯

为了帮助孩子更好地成长，父母需要帮助孩子建立良好的生活态度和习惯，同时也要防止孩子养成不良生活态度和习惯，这两者同样重要。

儿童不良习惯的家庭成因，除了遗传等不可掌控的先天因素，主要有三个：

1. 模仿

习惯源自模仿。调查发现，一般孩子容易出现的坏习惯，绝大部分是受到父母和家人的影响。

如家长睡觉时间晚，让孩子无法养成早睡早起的好习惯；家庭吃饭时间不固定或家长习惯一边吃饭一边看电视，让孩子没有良好的就餐习惯；家长用完东西随手放置，让孩子无法养成物归原处的好习惯；家长鼓励孩子学习孔融让梨，而自己却在公共汽车上与老人、儿童抢位子，让孩子无法养成文明礼让的好习惯；或者家长明明看到"禁止入内"的牌子，却让孩子爬到雕塑上摆造型等。

婴幼儿时期孩子的模仿力极强，大人的一言一行容易为孩子所吸引、模仿，进而养成一些不良习惯。

一位父亲在谈到女儿的不良习惯时，检讨说："我女儿有些习惯不太好，总是随手乱丢东西；做作业时，不专心，一会儿找削笔刀，一会儿喝饮料，一会又看动画片……作业总是需要我们再三催促才写完，字迹潦草、错误很多，实在令我们头痛，也不得不令我们反省。我想，女儿的坏习惯养成是有原因的，女儿的情况不能说与我们无关，杂乱的屋子、无规律的生活方式，影响了她的注意力，是导致她形成上述坏习惯的主要原因。"

2. 重复

习惯是某种行为不断重复而产生，并根据自然法则养成的。一个动作、一种行为重复多次，就会成为习惯。

有一次，大哲学家柏拉图因为一件小事，毫不留情地训斥了一个小男孩，因为这个孩子总在玩一个很愚蠢的游戏，弄不好就会伤到自己或别人。

小男孩很不服气地跟柏拉图说:"您就为这一点小事而谴责我?!"

柏拉图回答说:"你经常这样做就不是小事了,你会养成一个终生受害的坏习惯。"

重复的力量是巨大的,一旦形成习惯,就会不自觉地在这个轨道上运行。如果是好习惯,则会终生受益;如果是坏习惯,就会在不知不觉中害孩子一辈子。

所以,家长应密切关注孩子的一言一行、一举一动,尽可能地避免不好的行为或举止重复造成的不良习惯,抓好"第一次",哪怕是当众挖鼻孔这样的小毛病,在初期也要及时发现并设法制止。

3. 纵容

一个孩子,从小调皮捣蛋,很多人跟他母亲告状,说她的儿子不学好、偷东西、跟人打架。男孩的妈妈觉得儿子很小,他做的坏事没有什么大不了的。男孩在母亲的纵容和娇宠下,越发地胡作非为。

长大后,他更加作恶多端,成为了江洋大盗,最终被处以极刑。临刑前,他请求再吃母亲一口奶。母亲最后一次纵容了这个早已成年的儿子。儿子却一口咬掉了妈妈的乳头,他哭着说:"妈妈,要是小时候我犯错的时候,你不惯着我,我就不会有今天了!"

试想,当他第一次偷人家东西的时候,母亲及时予以制止而不是采取赞许和鼓励的态度,他也许会有另一种人生。

很多孩子的不良习惯,都是在父母的纵容下形成的。当孩子第一次做了错事,父母一定要明确地表明自己的态度,并予以制止,否则一旦形成恶习,改起来就难了。

有时候,父母对孩子偶发的不良行为,采取不闻不问的沉默态度,觉得孩子这样,不过是偶尔的一两次,没什么大不了的。这样的态度也是不对的。因为沉默也是一种纵容,是一种默许的心理暗示。它会使孩子觉得这样做没什么不可以,于是更加放手去做,最终酿成恶习,贻害终生。

远离坏习惯,养成终生受用的好习惯,家庭教育就会事半功倍,孩子也就比较容易走向成功。对孩子寄予厚望的父母们,怎么会不希望看到这样的事实呢!

 孩子必知的一日三餐餐桌礼仪

吃是人类甚至所有动物的本能,但通过孩子不同的吃相,往往可以看出他背后家庭的文化、教养和个人的修养品位。

有的孩子吃相令人作呕:趴在桌上,目中无人,在餐盘里把食物"翻江倒海";或者边吃边说,一边大快朵颐,一边高谈阔论,唾沫横飞,使周围与他一起用餐的人食欲大减;或者见到自己喜欢吃的,不顾他人,把整盘菜独霸、独享……父母见怪不怪,习以为常。这不是孩子的即兴表演,而是家庭长期熏陶的结果。

很多父母,如何给孩子增加营养、怎样让孩子吃好吃饱考虑得足够多,却很少考虑餐桌上的家庭教育——怎样教会孩子起码的餐桌礼仪、怎样在吃的过程中,培养孩子良好的习惯,让孩子怀有感恩之心,树立家庭责任心。

1. 餐桌上,培养孩子的感恩之心

在很多学校食堂可以看到,很多孩子把整碗的米饭、整个的馒头弃之于垃圾桶,却毫无珍惜之心,他们都读过"锄禾日当午,汗滴禾下土。谁知盘中餐,粒粒皆辛苦",却从不认真想。作为父母如何从小培养孩子的感恩之心?其实,生活是一本最好的教科书,餐桌是最好的课堂。

一顿饭,天地化育而成,农民辛苦劳作,父母认真烹调,才能让我们捧在手中,我们理应从中学会感恩。我们要感恩自然和大地,赐予我们丰硕的食物;我们要感恩农民,是他们辛苦劳作,才能生产出粮食;我们要感恩父母对我们的关爱,他们用合理的饮食来维护我们的生命,让我们具有强健的体魄,健康成长。

2. 餐桌上，培养孩子的文明"吃相"

无论跟父母共同进餐还是跟朋友、同学一起聚餐，文明、礼貌的用餐习惯，是保证孩子将来适应社会规范、创造跟他人和谐的人际互动，在各种条件下事业成功的重要前提。如果从小能养成文明的用餐习惯，是父母留给孩子最有价值的、无法用金钱来衡量的无形资产。

孩子在餐桌上要养成哪些好习惯呢？

①用餐前，全家到齐后，再开始吃饭；
②学习筷子的正确拿法，并养成习惯；
③用餐过程中，随时保持桌面的整洁；
④用餐时，细嚼慢咽，餐食在口中不说话；吃东西，喝汤不出声；
⑤不在盘中乱翻、挑拣食物，有些菜食使用公筷、母匙；筷子上沾有食物时不夹菜；
⑥用餐过程中交谈要轻声；
⑦单手不可同时拿两种餐具；
⑧不能用餐具指人；
⑨三餐定时、定量，不偏食、不暴食，珍惜食物不浪费；
⑩退席时要将残渣收拾在自己的碗内，坐椅放正，向同桌用餐的人告退说："慢用"。

在用餐过程中的每一个细小动作，都反映了每个人的教养。

每个人的"吃相"，不是个人私事，在社交场合，与朋友一起吃饭，"吃相"便成了社交礼仪。文明的"吃相"应从小培养，父母自己首先应为孩子做出榜样。

3. 餐桌上，让孩子学会分享、承担责任

有个孩子的作文写的是："妈妈喜欢吃鱼头"。在他们家，只要餐桌上有鱼，妈妈吃鱼头，爸爸吃尾巴，中间的那一大段鱼身，理所当然属于孩子。

在很多独生子女家庭里，由于过分凸现了孩子的"独"，助长了孩子吃独食，独霸、独享的家风，在餐桌上，孩子"以我为中心"，物质上难以实现家人之间的共同分享，精神上就更难以获得共同分享的快乐。

餐桌上的分享不止是物质上的分享，更重要是精神的分享、文化的分享、学习成果的分享，具体表现在：晚餐时，家人团聚，互相关怀一天的生活；谈论交流生活中的趣事，营造餐桌上和谐宽松的氛围；交流一日来的各自获得的各种信息，所见所闻，所感所悟，这是全家人共同交流，相互学习，共同分享的平台。

但也有个别家庭，每日晚餐，父母把餐桌变成了声讨孩子的战场，孩子则极力反抗自卫，这样的晚餐对孩子的身心健康都有百弊而无一利。

作为家庭中的每一位成员，都应该分享家庭中的成果、快乐，同时承担家庭中的责任和义务。无论晚餐是爸爸妈妈谁做的，孩子都要学会欣赏、夸奖和激励，而不是一味挑肥拣瘦、说长道短。

晚餐后，让孩子承担一点洗碗扫地的家务，也不是无关紧要的小事，而是从小培养孩子家庭责任心的重要途经。

要让孩子成为一个有教养的人

一个高素质、有教养的人，必须有良好的文明礼仪。这样的人谈吐文雅、有风度、被人尊重、受人欢迎，有利于打开局面，建立和谐的人际关系，发展事业。

"少成若天性，习惯成自然"。文明礼仪要从小培养，形成良好习惯。有些家长认识片面，对培养孩子的文明礼仪习惯不够重视。一些家长认为，现代社会讲个人自由，懂不懂文明礼仪没关系，只要学习好、有本事就行了。这些家长只要留心一下周围人物，注意一下大众传媒，事业有成的人有几个不懂文明礼仪？

现代社会的确尊重个人的选择，自由度大了，然而对人的文明礼仪要求更高，因为

文明礼仪是社会文明程度的重要标志。

一些家长认为，小孩子天真无邪，想怎样就怎样，长大了就自然懂得文明礼仪了，这也是误解。一方面，孩子从小不养成好习惯，就必然形成坏习惯，坏习惯形成了，再改就很难。想一想，现在有些孩子说话没大没小，家里来客人不懂礼貌，饭桌上挑挑拣拣旁若无人，浑身汗味不洗，指甲老长不剪……这些孩子如果不教育、不矫正，会在某一天早上突然变个样吗？另一方面，在孩子小时候培养文明礼仪习惯，与孩子天真无邪表现并不矛盾，越是懂礼仪的孩子，越能获得自由发展的广阔天地。

我国自古以来就是礼仪之邦，讲文明、重礼貌、和善待人是我们中华民族的传统美德。待人接物是否彬彬有礼是一个人的修养水平高低的体现之一，而讲文明、懂礼貌的良好习惯应该是从小养成的。父母可以从以下几个方面来培养孩子的文明礼貌的行为习惯。

1. 让孩子注意仪表

人的容貌、姿态、服饰是内心世界的外在表现。一般说来，衣冠不整、蓬头垢面的人，大多比较消极；而浓妆艳抹、矫揉造作的人，往往给人以精神空虚的感觉。所以不能忽视孩子的仪表，它对孩子的心理变化和发展有很大影响。训练孩子仪表，首先要让孩子每天坚持洗脸、刷牙、梳头，饭前便后要洗手，勤剪指甲、勤理发、勤洗澡。其次，要爱护孩子天真率直的童心，及时纠正孩子那些装腔作势、忸忸怩怩、任性胡闹的表现，并在此基础上教孩子对客人表示友善，对成功表示愉悦，对挫折表示惋惜，对前途表示信心。

2. 教孩子使用礼貌用语

语言是表达思想感情的工具，礼貌语言像丝丝细雨，能滋润人的肺腑。"请、您好、谢谢、对不起、没关系"这些常用礼貌用语，父母要教会孩子使用，而且要求孩子表里如一，真正从内心尊重他人。如说"对不起"时就应是真心表示歉意，而不是把"对不起"当作推卸责任的挡箭牌。上学前要对家长说："妈妈，我上学去了，再见。"请别人帮助时态度要诚恳："麻烦你帮帮我好吗？"而不可以说："喂，你来给我……"别人帮你后，要说"谢谢"。

父母要培养孩子学会以下礼貌常用语：

（1）见到成人要称呼"伯伯"、"叔叔"、"阿姨"、"爷爷"、"奶奶"等。说话时要称呼"您"，不要叫"老头"、"老太婆"，更不能叫名字。

（2）早晨和长者见面时，要说"您早"或"您好"，不能不打招呼，或装着没看见。

（3）当客人要走时，要说"再见"。

（4）当孩子请求父母或其他人帮助时，要说"请"或"劳驾"，而不能用命令的口气说"喂"、"哎"等。当别人帮你做完事时，要说"谢谢"。

（5）当别人表示感谢时，要让孩子说"别客气"。当孩子妨碍了别人做事，或给人家添了麻烦时，要让孩子主动说"对不起"、"麻烦您了"或"请原谅"。

（6）当接受别人道歉时，要回答说"没关系"或"不要紧"。

3. 对孩子进行行为训练

孩子能否做到文明礼貌，重要的是看他如何待人接物。父母应从每一件小事上培养孩子良好的行为习惯。比如，告诉孩子到别人家去要先敲门，得到主人允许后再进门；客人来时应起身主动迎接，让座、倒茶；长辈之间交谈时孩子不要随便插嘴，长辈问话时要热情、诚恳地回答；要爱护公共卫生，不随地吐痰、乱扔废物，不损坏公共设施，要遵守公共秩序。父母还要教育孩子对待老、弱、病、残、孕等行动不便的人，更要尊重和帮助，给他们让座、指路，帮他们拿东西、买车票。当孩子做了好事回家时，父母要以喜悦的表情对孩子的行为报以赞许，可以这样说："你长大了，真是好样的。"

4. 不要强迫孩子

不要认为孩子这么小，就听父母随便指挥，他们有自己的个性，甚至有些叛逆。很多父母在孩子没有礼貌的时候强迫孩子，比如有客人来家里，孩子躲着不叫人，家长就拉着孩子，拼命地让孩子向客人问好，结果以孩子大哭而告终，这样非但达不到目的，还会产生反作用。孩子不肯说,可能有很多原因,也许是害羞,也许是不明白为什么要跟客人打招呼……如果孩子就是不肯说的话,父母可以暂时放弃,等到孩子平静了以后,再告诉他:"这是应有的礼貌,你去别人的家里,也希望他能够热情欢迎你呀。"让孩子设身处地地想一想,或许能够帮助他理解。

5. 父母要做好榜样

孩子有没有礼貌不是天生的,是后天培养出来的,而且孩子天生就喜欢模仿别人,所以父母在家里的时候要注意自己的言行举止,注意讲礼貌,给孩子树立好的榜样。比如有客人来的时候给予热情地招待;接受了别人的帮助以后,对别人说"谢谢";在收到礼物的时候邀请孩子和你一起写感谢卡等。有了父母的示范,再遇到类似的情形时,孩子自然而然就会学你的做法。

孩子缺乏诚实的品质,妈妈该怎么办

人的一生都是在真与假的斗争中度过的,父母要引导孩子从小说真话,一步步养成说真话的好习惯。这种习惯一旦养成,就会变成一种做人的准则。这对孩子将来的发展大有益处。

孩子在发展初期,看不出自己言行之间的直接关系,对他们来说,行为远比语言重要得多,而语言都是模糊的,是有多重含义的。

当孩子慢慢长大后开始发现,故意说谎而误导别人是错误的,当他们发现父母、兄弟姐妹或朋友欺骗自己时,会非常愤怒。他们逐渐开始区分谎言的类型和轻重的程度。

著名的哲学家罗素说:"孩子不诚实几乎总是恐惧的结果。"孩子说谎并不可怕,可怕的是面对孩子的谎言,父母听之任之、任其发展。但是,父母想要控制孩子说谎,培养孩子诚实的品性,的确是件不容易的事。

在孩子的成长过程中,有一个能保护和培养孩子说真话的环境,孩子就会自然而然地养成说真话的好习惯,长大后也一定会成为一个正派、真诚的人,并且会受到他人的欢迎和尊敬。因为只有一个人说真话,相信别人,对生活有信心,才会问心无愧地面对各种事情,也才会得到别人的信任和理解。

怎样杜绝孩子说谎呢?

父母自己首先一定要说真话,为孩子做出榜样,无论在什么情况下,都不撒谎不作假,有一说一,说到做到。要让孩子看到爸爸妈妈是怎么做的,并要让孩子懂得为什么不能撒谎说假话。

有些父母在孩子不高兴的时候,或是在自己很高兴的时候,常常会哄孩子,给孩子开空头支票,许下种种并不准备兑现的诺言。这样很容易在孩子心目中留下"爸爸妈妈说话不算数"的坏印象,从而面临家庭教育失去基础的危险。因为不被孩子信任的父母,是没法教好孩子的。也只有孩子说真话,父母才能知道他们究竟在想什么,从而才能适当地给孩子以鼓励、引导、帮助和劝阻。要是孩子说假话成了习惯,孩子的行为就会变成当面一套、背后一套,很容易犯错误、做坏事甚至走上违法犯罪的道路。所以,为人父母者,一定要教育孩子不撒谎、说真话。

孩子如果连父母都信不过,天下还有谁值得信赖?既然父母是孩子最信得过的人,孩子听到什么事情或是想到什么东西,都会统统告诉爸爸妈妈。这时,不要管孩子说的是什么,父母都要认真、耐心地听完。就算是孩子有些地方说错了,甚至使父母不愉快,父母也不要吹胡子瞪眼发脾气,而要亲切地跟孩子交谈讨论,说出自己的心里话,而不要应付、糊弄孩子。如果孩子因为说真话在外面吃了亏,父母应想办法做孩子的思想工作,明确表示支持孩子讲真话,鼓励孩子做一个真诚的人。总之,不论在何时何地都要鼓励孩子说真话。

父母控制孩子说谎,培养孩子诚实,要注意以下五点:

1. 要澄清孩子的谎言

当警告孩子不要说谎时，父母不要对孩子说："如果你说谎就把你的舌头割下来。"孩子说谎了，父母当然不会真的割他的舌头，这使孩子认为父母的警告本身就是谎言。孩子的想象转化成谎言，有时仅一步之遥，这就需要做父母的正确引导。孩子拥有想象力是天性，但如果父母对其想象力一味地赞许，就有可能发展成谎言，而父母如果一味反对孩子的想象力，又会扼杀孩子的智力发育。所以，父母必须调整教育方法，循循善诱地更正孩子不当的想象。

2. 要找出孩子说谎的原因

如果孩子到了能够分辨是非的年龄仍然说谎，父母应找出原因。孩子说谎的原因，许多心理学家都给出了答案。概括起来有如下几种：

（1）说谎有时比说真话更能免受处罚。

大多数父母认为，孩子主要是因为不知道撒谎的严重后果才说谎的。事实上，孩子说谎有时是因为说了真话反而受到了惩罚。

（2）出于无奈而撒谎。

许多父母可能无法接受，孩子有时撒谎是父母逼的。父母应该知道孩子也有沉默的权利。许多成年人在处理一些棘手的两难问题时，经常保持沉默。如果非要逼孩子说出真相，孩子就只能说谎了。鉴于这种情况，可以给孩子一定的缓冲，等大家都心平气和了，再让孩子主动把事情的真相说出来。

（3）为了讨父母欢心而撒谎。

著名心理学家皮亚杰博士发现，4岁以下的孩子判断自己的言行是否正确的标准，通常是看爸爸妈妈脸上的表情。为了不让爸爸妈妈生气，他们最本能的反应就是不承认自己所做过的错事。

3. 要树立良好的榜样

对于说谎的孩子，威胁或强迫他承认自己的谎言都不是正确的方法，父母最好找个时间，冷静、严肃地与孩子谈谈。在孩子承认错误以后，父母一定要称赞孩子的诚实表现，要说一些类似这样的话："我虽然不满你做错了事，但幸好你说出了真相，妈妈爸爸实在很赞赏你的诚实。"

4. 让孩子感到安全

所有的孩子说谎都是因为需要安全感，如果父母能够给孩子安全感，孩子就会诚实起来。

5. 减少孩子的心理压力

父母对孩子过高的期望，会给孩子增加压力，导致孩子说谎。因此，父母对孩子的期望值要合理，不要希望他们做出超出自身能力的事。父母要以宽容之心对待孩子，经常与孩子倾心交流，减少孩子的心理障碍，做孩子的知心朋友。

总之，面对孩子的谎言，要去分析、研究，找出孩子说谎的原因，对症下药，进行善意的引导和教育。父母都望子成龙，虽然不可能每个孩子都能成为杰出青年，但却有可能让他们做人格健全的人。诚实，则是培养孩子健全人格的唯一方法。

让谦逊成为孩子一生最好的"通行证"

谦虚是一种美德，"枝横云梦，叶拍苍天，及凌云处尚虚心。"我国古代诗人曾以竹子来歌颂谦虚的品格。谦虚也是一种求实的态度。它能使人比较清醒地认识自己所取得的成绩和存在的问题，比较清醒地认识主观与客观、个人与集体的关系。

孩子也必须明白，骄傲是谦虚的对立面，是前进的大敌，是失败的先锋。一个人的成绩都是在他谦虚好学、俯下身子实干的时候取得的。当他骄傲、自满自足的时候，那么他就必然会停止前进的脚步。而骄傲自满、故步自封不但是个人成长进步的障碍，而且还会造成伙伴关系的紧张。

所有骄傲的人都会认为自己有学识、有能力或有功劳；而谦虚的人却总是认为自己还差得很远。骄傲的人也许真的有其骄傲的资本，然而谦虚的人难道就真的没有让他们自豪的条件吗？

实际上，使一个人产生骄傲的真正原因并非饱学，而是因为无知。同样，一个人会谦虚也不是因为他差得很远，恰恰相反，他甚至会超越那些自以为是的人。谦虚与骄傲的原因在于一个人的总体修养如何，而不在于是否多读了几本书或是多做了几件事。

有关古希腊大哲学家苏格拉底的一则小故事，可以充分说明这个问题。

苏格拉底是古希腊哲学家中最受人尊敬的一位。他不仅学识渊博，而且非常善于辨析，任何人提出的任何问题，只要到了他的手里，没有不迎刃而解的。尽管这样，他还是非常谦虚，从来不以权威自居。

由于博学而且谦逊，苏格拉底被公认为最聪明的人，好像没有什么事情是他不知道的。但是苏格拉底却完全不这样认为。他说："不可能！我唯一知道的事情是，我一无所知。"

但众人仍异口同声地称赞他是天下最聪明的人，并建议他到山上的神庙去占卜，看看天神的意见如何。于是苏格拉底来到神庙占卜，占卜的结果明白无误：他确实是天下最聪明的人。面对神谕，苏格拉底无话可说了，但是口里仍然喃喃自语："我唯一知道的事情是，我一无所知。"

像苏格拉底这样博学多才的大哲学家都认为自己什么都不知道，可见他是多么谦虚，这种谦虚让他不断地进步。但是却有很多人认为自己天下第一，这样的人，哪有不跌跟头的。

一些独生子女往往不能正确对待荣誉与成绩，他们之中有的会因为骄傲自大而看不起同学，有的会因为自己成绩拔尖而逞能，有的会产生盲目自满的情绪，有的会有一点进步就沾沾自喜，甚至有的会把集体的成绩看成个人的，这些表现将会使他们不再进步，甚至会脱离同学、脱离集体，进而失去目标。不过父母也不用太过紧张，孩子骄傲的毛病是可以纠正的。

首先，家长要向孩子讲明谦虚使人进步、骄傲使人落后的道理。一个人如果谦虚就会永不自满，就会不断学习新的知识和新事物，他们会学习别人的长处和一些先进的经验，进而使自己不断进步。而一个骄傲的人就会自满自足、故步自封，他会认为自己什么都掌握了，也就不会学习别人的优点长处和新知识新事物。这样，他就会原地踏步，就会掉队。此外，谦虚的人能虚心好学，尊重他人，团结他人。而团结谦虚的结果往往能凝聚起更大的力量，取得更大的进步。而骄傲自满瞧不起别人，往往会自以为是、盛气凌人、伤害别人、影响团结、导致失败。所以谦虚会迎来成功，而骄傲最终只会导致失败。

其次，在培养孩子的谦虚品格时，还应当结合讲道理、多举实例的方法。"勤于学，严于分，善于比"的教育方法，很值得借鉴和参考。

1. 勤于学，就是让孩子不断学

让孩子知道，取得了一点成绩并没什么了不起，只要继续学习，就会发现自己原来这个也不了解、那个也不明白，这样，他就会知道自己有很多不足的地方。所以，当孩子在某个领域取得一些成绩后，不要让他产生骄傲的情绪，一定要让他继续学习。为他确立新的目标，只有这样他才会知道自己原来还有那么多东西不会，而自己所取得的成绩实在不值一提，正所谓"学问茫茫无尽期，为人第一谦逊好"。

2. 严于分，就是要严于解剖自己

每当孩子取得成绩后，父母一定要和孩子一起冷静分析，用"两点论"来看待自己，要告诉孩子寸有所长、尺有所短的道理，而每个人总是有长处也有短处。所以既要看到自己的优点，也要看到自己的不足。这种方法可以有效防止骄傲情绪的滋生。

3. 善于比，就是要教育孩子以己之短比人之长

和比自己强的人比，找差距，确定自己应该向别人学什么。应该知道"山外有山，人

外有人"。有首民歌写得好：山外青山楼外楼，英雄好汉争上游，争得上游莫骄傲，还有英雄在前头。

我们还要让孩子认识到：他自己现在年龄还小，知道的少，经验也少。所以，必须要认真学习，向成人学习，向别的小朋友学习，要知道"三人行必有我师"的道理，只要虚心学习就能向任何人学到东西；如果他一旦产生了骄傲的情绪，他就会变得看不起人，也就不可能前进，结果必然会影响到自己的进步。

此外，在家庭生活中，父母不要代替孩子做他自己该做的事，让孩子自己学会思考问题，以免孩子以为世界上的一切事情都很容易。

如果有可能的话，家长甚至可以有意识地制造一点困难让孩子去克服，使孩子认识到不管做什么事情都并不是那么容易，在人生的道路上还有很多困难等着他去解决，从而就会促使孩子虚心学习，取人之长，补己之短，不断进步。

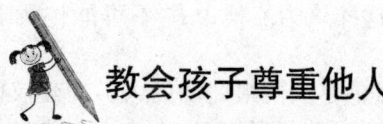

教会孩子尊重他人

在人际关系中，要得到别人尊重最好的办法就是尊重别人。让孩子学会怎么去尊重别人，也就教会了孩子怎么得到别人的尊重。这样，孩子以后踏入社会就会对别人表示出尊重。

懂得尊重别人的孩子更能为别人着想，更关心别人的权利和感情；懂得尊重别人的孩子，也会懂得呵护别人。

下面这个简单的小故事就能说明一个孩子是否懂得尊重：

一位妈妈带着儿子去亲戚家玩，表哥好意拿了一瓶饮料招待表弟。妈妈为了要引导儿子说"谢谢"，就问他："你要跟哥哥说什么呀？"

儿子想了想，说："吸管呢？"

俗话说：不怕没有钱，就怕没尊严。尊严可以改变一个人的命运。所以，父母要培养孩子从小就要有骨气、有尊严。不仅如此，还要让孩子学会尊重别人。只有学会尊重别人，才是真正的尊重自己。

让孩子知道，也许只是一个微笑、一声问候、一句夸赞、一个祝福，就可以为人与人之间的沟通与交往架设一座心灵的桥梁。让孩子在相互尊重中传递出温暖与关爱，接受祝福与帮助。

现在的人们在考虑怎样处理和别人相关的一些问题时，通常95%的时间是在考虑自己，如果我们多分出一些时间来忘掉自己，好好地想一想对方的优点，不讲任何无价值的奉承话，真诚地评价对方，由衷地称赞对方，表现出你对对方的尊重。那么，你所说的话，对方将牢记，并且在他整个生命长河中都会重视同你交往的情形，一直到永远。

可是，怎么样才能培养孩子尊重他人的习惯呢？父母可以考虑下面的五点做法。

1. 真诚地欣赏别人

美国哈佛大学的心理学家威廉·詹姆斯指出，人类本性最深的需要是渴望得到别人的欣赏。想要让孩子学会尊重别人，就必须让他学会诚实地、真心地欣赏不同的人，只有这样，他才会找出别人身上的特点，从而让他尊重和敬佩。所以，应该让孩子学会找出每个人身上独特的地方，并欣赏他的特点，从而形成一种习惯。

现在的孩子都喜欢把人分类，诸如老师、学生、家长、孩子、同学、朋友等等，并认为只有少数人和他是同一类的。这样一来就限制了他自己。假如他认为自己喜欢某种人的话，他就会和他所喜欢的那类人走得很近。但是，当他和其他类型的人相处的时候，就会觉得非常紧张。而且和他不欣赏的人相处的时候就不会找出别人身上的特点，也就不会对其表现出他的尊重。所以，父母要教会孩子和不同的人相处，不要把自己锁在一个小圈里，要学会欣赏不同人的特点，学会尊重所有的人。

2. 真诚地关心他人

你若不尊重别人，别人也很难尊重你。而尊重一个人最基本的做法就是去关心他。心理学家亚德洛说："对别人不感兴趣的人，生活中困难最大，损害也最大。"所以人类中的失败，都在这些人当中发生。美国前总统罗斯福非常受欢迎和尊重，一个重要的原因就是关心别人。想要与别人很好地相处，就应学会关心他人、尊重他人。当然，热心助人是要花时间和精力的。比如，孩子要交朋友，他们就有必要记住朋友的生日，并按时致贺，与朋友打招呼挂电话时，都要表现出热忱。

3. 学会体会别人的感受

要学会"体会"别人的感受，这将使孩子的生活更丰富。如果孩子经历过某种感受，就可以体会到别人在某个特殊情况下的感觉。譬如，当他还记得心爱的东西被弄坏时的那种感觉，现在他的一个朋友的书包上被人划了一条口子，他就可以体会朋友的那种感觉。他们或许还可以谈一下自己心里的感觉。父母要告诉孩子，要尽量记住别人的话，并且尝试体会他们的经历和感受。

4. 记住别人的名字

美国总统约翰逊，把与人相处的九条原则写在纸上，放在自己的办公桌里。其中第一条就是记住别人的名字，如果做不到，就意味着你对那个人不太关心。许多人往往对自己的事物较有兴趣，尤其是对自己的名字最感兴趣。如果能记住一个人的名字，并能脱口叫出，是对一个人最大的尊重。

5. 避免讥讽别人

讥讽别人不仅不讨人喜欢，而且是危险的。因为它伤害了一个人的自尊心，并会激起他人的反抗。所以，父母应该让孩子知道，即使你不喜欢一个人，你可以减少和他的交往或是接触，但是，绝对不能对他有不尊重的话语和行为。

在人际关系中要得到他人的尊重最好的办法就是尊重他人，任何人在心底都有获得尊重的渴望，受到尊重的人会变得宽容、友好、容易沟通。所以，让孩子学会怎么去尊重别人，也就教会了孩子怎么得到别人的尊重。这样，孩子以后踏入社会就会对别人表示出尊重。

 ## 教孩子学礼貌，让他更可爱

有礼貌，是社会对一个人最起码的要求。如果孩子没有养成讲礼貌的习惯，就会成为一个不受欢迎的人。

6岁的晨晨成绩挺好，邻居们常常夸奖他，晨晨妈妈觉得脸上很有光，所以，在家里什么事都由着他，遇到一些小矛盾，爸妈宁肯委屈自己，也不会委屈孩子。有时候晨晨乘电梯时横冲直撞，不懂说"对不起"、"谢谢"，不跟人打招呼……晨晨妈妈虽觉得孩子没礼貌，但认为这些都是小事，而且男孩子嘛，大大咧咧没关系。

后来发生一件事，却让晨晨的爸妈倍感难堪。

一天，晨晨跟着爸爸妈妈去参加一个婚礼。

去的路上，在公交车上晨晨跑来跑去，他爸妈喊都喊不住。晨晨一会儿抱着柱子跳"钢管舞"，一会儿撞到别人身上，连"对不起"都不跟别人说。被撞到几次的乘客说："怎么会有这么没礼貌的孩子？"

婚宴开始了，晨晨不管别人还没入席，就自己坐到正中位，旁若无人地要可乐，而且菜一端上来，他就急不可待地去吃。等服务员端上龙虾，他就像在家里一样，整盘端到自己面前来吃。

新郎新娘过来敬酒，晨晨张口就说："妈妈，新娘好丑。"当时新娘的脸色很难看，所有的人都很尴尬。

虽然大家都说"小孩子嘛，没关系，没关系"，可晨晨妈妈还是觉察到了别人鄙夷的目光……

孩子不懂礼貌不是天生的，而是后天学会的。家长有礼貌，家人相互之间讲礼貌，而且要求孩子也要有礼貌，他也就学会了礼貌。如果家长对孩子的不礼貌行为不以为意，孩子就会变得没礼貌。

一个人在与人接触的时候，别人并不能很快地了解你的学识能力，可是待人接物是否诚恳有礼，却马上给人留下深刻印象。如果孩子没有形成良好的礼貌习惯，就会成为一个不受欢迎的人，会严重地影响到他以后的生活和事业的发展。

晨晨的父母没有教他学会社交礼仪，他们认为学习好才是最重要的，其他都是小事情，这样的教育观念是不对的。

孩子从小学会讲礼貌，其实是为孩子以后的人际交往打下良好的基础。那么，如何教育孩子养成有礼貌的习惯呢？

1. 教给孩子一些基本的礼貌

（1）主动打招呼。见到认识的叔叔阿姨、邻居小朋友，都要主动问好。"叔叔早上好！""玲玲，你好！"这些简单的问候能够帮助孩子和别人融洽相处。

（2）学会道别。简单的道别语言如："再见！""下次见！"当然还可以说："晚安！""玩开心点！""路上小心啊！"等等。家长给孩子一些道别的建议，孩子慢慢就会习惯有礼貌地与人道别。

（3）教孩子说礼貌用语。如果希望孩子有个良好的交流习惯，就要在日常生活中随时说"请"、"谢谢"、"对不起"，因为这都是保持人际关系的礼貌用语。要孩子养成这个好习惯，父母要以身作则。如果孩子常听到爸爸妈妈用"请"字与人沟通，自然而然会明白它该怎么使用。

（4）学会做客。去别人家里做客，有礼貌是最重要的，不然别人就不会邀请你下次再来。进门问候；对主人的热情招待说"谢谢"；欣赏主人的厨艺；不在主人家里乱跑；使用主人家的厕所、用具、玩具要先征得主人的同意，等等，这些基本礼仪，都要一一教会孩子。

（5）遵守公共场合礼仪。电梯先下后上，女性、老者优先；公共地方小声说话，不要旁若无人大声喧哗、到处乱跑；坐公车、用公用电话、上公厕等使用公共设施要排队等候，享受公共服务如银行、购物付款、邮局等要耐心等待，不乱扔垃圾，用完厕所冲水，爱护公共设施等。

（6）餐桌上的礼仪同样很重要。不争、不抢、不挑剔食物；不大声说话；吃东西不要发出很大的声音；使用餐具尽量不要发出很大的声音；不要谈论不适宜在餐桌上谈论的话题，对别人的问话要礼貌回应……

2. 细心指导，耐心教育

对有不礼貌表现的孩子，家长要不厌其烦地反复提醒。最好是事前提醒，比如赴宴之前把相关的礼貌行为告诉孩子。如果孩子有不好的表现不要人前教子，要顾全孩子的面子，在事后和他讨论他行为上的不妥。切忌在孩子表现不好或是屡教不改时失去耐心，因为一味地责备、打骂孩子只会让他与家长越来越对立，让事情变得不可收拾。另外，家长也可以用漫画和故事的形式来说明礼貌的重要性。因为漫画里有许多有意思的人物角色，足以启发孩子的同理心、同情、怜悯与爱心，比讲道理更容易培养孩子温柔关怀的能力。

3. 成人礼仪不要强加给孩子

爱玩好动、对新鲜事物充满好奇心是每个孩子的天性，没有什么比扼杀孩子的天性更残酷的了。所以，对于一些成人的礼节，家长不要强求孩子。

4. 让孩子学会赞美

网络上曾有个笑话，一个每天要骑脚踏车送孩子上课的妈妈，有一次为了孩子的一句话兴奋不已。原来，是孩子在上学途中，附在她耳边说："妈妈，你内向贤淑。"过了好多天，她才搞清楚，原来是孩子发音不清楚，把"逆向行驶"说成"内向贤淑"，但已经让妈妈高兴好几天。

的确，孩子的赞美，常常会在最恰当的时刻发挥最好的效果。

幼教专家建议，教孩子从小学会赞美，不只是赞美别人，更重要的是，培养他关怀、安慰人的能力。当然，家长的身教还是最重要的，如果爸爸妈妈常常赞美他人，孩子的嘴巴也比较甜；如果家长严苛批评，孩子也难说出好话。

让孩子养成早睡早起好习惯

对于很多上班族爸妈来说，清晨时光就好像是在打仗，总是分秒必争。如果孩子偏偏不肯跟爸爸妈妈合作，赖床不起，那父母就得大费脑筋了。

要让孩子早起，关键在于调整好全家人的生活作息。

早睡早起、健康有序，全家人一起来让生活变得更有规律吧！

尤其是冬季，很多父母都在为孩子赖床而烦恼。孩子赖在被窝里不肯起来，让父母原本就十分紧张的清晨时光变得更加手忙脚乱，但须知"早睡早起"是相辅相成的，想要孩子早起，首先得做到早睡。这也是全家人都该养成的良好作息习惯，只要生活有规律了，无论什么季节，您和孩子都能拥有健康、精神的每一天。

孩子清晨赖床的原因通常有以下几种可能：：

爸妈是夜猫子一族、孩子白天的运动量不足、孩子难以入睡、孩子对爸妈的唤醒方式表现出厌恶。

常言道"早睡早起身体好"，为什么这么说呢？

俗话说，小孩子"睡一睡就长一长"；美国最新的科学研究报告也表明，孩子小时候睡眠不足或睡眠习惯不良，长大后有可能成为"问题少年"。

早睡早起，对于孩子的生长发育及智力发展都具有重大影响。对于正在迅速成长的小孩子来说，爸妈如果只是一味要求孩子早起，但却不能确保孩子足够的睡眠时间，绝对是对孩子的健康有害的。因此，爸妈不仅要让孩子养成早睡早起的好习惯，更要注重他们的睡眠质量，把握好孩子在睡眠中的生长发育契机。

影响孩子正常睡眠规律的因素

1. 全家人都晚睡，孩子也只好"作陪"。
2. 白天睡得过多或时间过长。
3. 临睡前太兴奋，兴奋感迟迟不能退去。
4. 身体不适或心情不佳。

如何让孩子养成早睡早起的好习惯，家长应该注意以下几点：

1. 全家动员，营造良好环境

帮助孩子调整好生物钟，养成早睡早起的好习惯。

2. 爸妈也尽量做到早睡早起

为了孩子的健康，少享受一会儿美好的夜生活，尽可能以身作则地培养孩子的生活节律吧。

3. 良好、安静的睡前活动

有些孩子会因为白天玩得很"疯"或睡前泡了热水澡而变得不易入睡或睡不安稳。此时，爸妈如果催促孩子"快睡"、"闭上眼睛"，孩子反而更睡不着。给孩子安排一些安静、有趣的睡前活动，比如用温柔低沉的声音给孩子讲故事等，能使孩子更顺利地进入梦想。

4. 调整饮食规律，建立良好睡眠

饮食也会影响睡眠。晚餐不要吃得过饱或摄入热量过高的食物，否则孩子会因肠胃不适而睡不着，或因精力异常充沛而不想睡觉。因此，爸妈和孩子都要注重"早餐吃饱、午餐吃好、晚餐吃少"的原则。

5. 让孩子定时就寝

如果父母有事需要晚归，在此之前需要先请家人帮忙，安顿好孩子就寝，回家时也要注意别吵醒孩子。

6. 给孩子安全感

父母最好让孩子自己入睡，但孩子入睡前爸妈最好陪着孩子，给孩子讲故事，不但可以增进亲子感情，也比较容易让孩子感到安全感。

7. 白天让孩子得到充分的运动

白天孩子的运动量是否足够，也会直接影响到孩子的睡眠。孩子白天经过充分的运动，感到比较疲倦了，夜间的睡眠自然也会好些。

8. 营造良好的睡眠环境

如果孩子睡不着，父母看电视、走动的声音大或者灯光太亮，会更影响孩子。就寝时间一到就关灯，让房间变得昏暗，孩子就容易入睡。

在确保孩子安稳、充足的睡眠之后，早晨父母可以用灵活的方式，让孩子开心地醒来。医学证明，只有自然苏醒的人才能整天神采奕奕。

父母可以用一些比较巧妙的方式"自然唤醒"孩子。

1. 听觉唤醒

给孩子准备一段清新、欢快的音乐，清晨放给孩子听，让孩子在乐音中快乐地苏醒过来。

2. 触觉唤醒

父母可以轻轻触摸孩子的肌肤，一边触摸一边说："孩子的小手醒了，孩子的小脚丫醒了，孩子的小脸蛋，孩子的眼睛也醒了，孩子睁开眼睛了……"

如果在冬天用这种游戏的方式唤醒孩子的话，父母要注意别让凉凉的手接触孩子，以免孩子感觉不适。

3. 嗅觉唤醒

父母准备好一顿香喷喷的营养早餐，让孩子在美妙的嗅觉中苏醒过来，并迫不及待地享受丰盛的早餐。

4. 视觉唤醒

到起床时间父母拉开窗帘，光线变化是最好的自然闹钟，同时告诉孩子"太阳公公出来了，孩子起床了"，时间一长，孩子自然养成习惯。

培养孩子爱劳动的习惯

一个人有无劳动的兴趣和习惯，将影响其一生。大量事实表明，不论知识水平、家庭背景、经济收入如何，凡是从小爱做家务、热爱劳动的长大以后往往特别能干，工作成就大，生活也很美满。凡是从小就好吃懒做、不爱劳动的人，长大了多不能吃苦，独立自强能力差，工作成绩平平。

随着孩子年龄的增长，独立性逐渐增强，看到大人劳动，也产生了自己动手跟着干的愿望和要求。做父母的要抓住孩子的这一特性，鼓励、放手让孩子跟着自己一起干，使他们增强独立活动的能力，以养成热爱劳动的品德和习惯。

1. 让孩子做小帮手

孩子很小就有了自己动手做事的愿望，只是由于受到父母过多的干预、训斥才逐渐地被压抑、被驱除了，这其实是很可悲的事。为什么不利用孩子好奇好动的特点，让他们自己动手干点活呢？当然，孩子有时会显得笨手笨脚，甚至把事情弄糟，这是不奇怪的。只要父母热心又耐心地教给他们有关的知识与技能，鼓励他们去做，他们最终是能学会并做好的。平时要给孩子分配点任务。让孩子完成的事，是孩子力所能及的，任务要布置得具体、明确，比如给花浇水，几天浇一次、每次在什么时间浇、怎样浇，都要

教给孩子。这种家务劳动责任制,有利于培养孩子的劳动习惯和对家庭的责任感。

2. 给孩子指导和鼓励

有的父母嫌孩子干不好、干得慢而不让孩子劳动;也有的父母因怕孩子弄脏了衣服或手脚,或因打翻摔碎了东西而不让孩子干活,这些都是不对的。父母要耐心地教孩子学会劳动的程序和方法,如洗脸,要教他先用湿毛巾擦眼周、脸部、鼻子、前额,然后擦耳朵、耳背,最后擦颈部,毛巾擦脏了洗干净再擦。孩子劳动过程中遇到困难要给予鼓励,有进步时要表扬。特别是在劳动后,孩子看到自己的劳动成果常常会感到愉快。这种劳动后愉快的感受是培养孩子热爱劳动的思想感情所不可缺少的,父母要给予赞扬和鼓励,切不可无动于衷,否则孩子劳动的积极性就不能持久。

3. 增强劳动的趣味性

增强劳动的趣味性,是调动孩子劳动积极性的一大法宝。比如采取竞赛的形式,既可以满足他们争强好胜的心理,又可以使劳动富有情趣。父母还要通过劳动来发展他们的观察力、注意力、记忆力、表现力和思维能力,因为孩子的劳动离不开这几种能力。正确地组织孩子参加劳动的过程,也就是发展他们智力的过程。例如,孩子试着洗衣服,就可以让他们观察肥皂在水中会溶解、起泡,能够洗净东西等,来发展孩子的观察力。

4. 扩大孩子的劳动范围

培养孩子的劳动习惯,宜逐步扩大孩子的劳动范围。孩子的劳动范围,至少可以分为三个层次,第一是个人生活自理劳动,第二是家务劳动,第三是社会公益劳动及生产劳动。在孩子做到自己的事情自己做的前提下,在力所能及的范围内,也要让他们做些家务劳动,参加一些社会公益劳动。只有在这些实实在在的劳动过程中,才能培养孩子的劳动习惯。对孩子来说,参加一些简单的生产劳动是有益处的,如在房前屋后种丝瓜、小白菜、向日葵、小葱等,做小木凳、小垃圾斗、小布垫等。这些活动可以使孩子掌握劳动的基础知识和基本技能,可以让他们体会劳动与生活的关系,知道劳动成果来之不易。现在城市家庭没有开展这些简单生产劳动的条件,父母可以利用周末带孩子到近郊去看看菜农是怎样种菜的、到工厂去看看工人是怎样生产的。寒暑假时间较长,可以联系一两个固定的地方(如农村亲戚朋友家),让孩子亲身体验劳动的乐趣。

第16章 好妈妈不吼不叫，培养孩子的优秀品质

 **培养孩子的孝心，这是做人的根本**

孩子孝敬长辈，不仅是一种美德和责任，也是一种做人的态度，它应该代代相传。如果一个人连父母都不孝顺，那么他的人品也是值得怀疑的。父母应该强化对孩子的孝道教育，这样才能培养出一个孝顺的孩子。

大家知道，乌鸦虽然外表丑陋，但在养老、敬老方面却堪称人类的楷模。当乌鸦年老不能觅食的时候，它的子女就四处去寻找可口的食物，衔回来嘴对嘴地喂给老乌鸦，且从不感到厌烦，直到老乌鸦临终，再也吃不下东西为止。这就是人们常说的"乌鸦反哺"。

乌鸦尚知反哺，作为人就更应知此道理。只是孩子太小，还没有明确的是非观，他们是否有孝心就看父母的教育了。

近年来，很多家庭患上了"四二一综合征"，即四个老人和一对父母共爱一根独苗，溺爱已成为严重的社会问题。研究人员曾对武汉1000个儿童家庭溺爱孩子的情况作了调查，概括出八种溺爱现象，这里摘录一些，便于家长朋友"照镜子"。

1. 过分注意孩子，把孩子当作欢乐的中心，一家人围着他/她转。
2. 轻易满足孩子的物质要求，对孩子有求必应。
3. 对孩子放任自流，使其生活懒散，允许孩子的饮食起居没有规律。
4. 不敢严格要求，害怕孩子哭闹，只有祈求央告。
5. 不让劳动，剥夺独立要求，一切包办代替。
6. 大人管教不一，当面袒护孩子，导致孩子是非不分、性格扭曲。
7. 给孩子特殊待遇，使孩子变得自私自利。
8. 孩子在家中地位高人一等，处处特殊照顾，如吃独食。

长辈盲目的爱是否得到了回报呢？先看看下面这个真实的故事吧。

奶奶六十大寿，孩子非要先吃一块生日蛋糕，爸爸不允许，孩子犯了横："不让我先吃，你们也别想吃！"一巴掌把生日蛋糕打翻在地。奶奶哭着说："我爱你十二年，你爱我一天也不行吗？"

十二年的爱得到的回报却是"爱我一天也不行"，令人寒心，发人深省。孩子为什么会这样冷酷无情、自私自利呢？很大程度上是因为父母过于溺爱孩子，没有使其养成孝敬老人的习惯。

事实已告诉了我们，假如孩子连孝敬父母都不懂，又谈什么尊敬其他长辈？谈什么关心他人？

那么，家长应该怎样教育孩子孝敬父母和老人呢？

1. 言传身教为孩子树立榜样

家长要给孩子讲道理、举实例，让孩子明白长辈辛苦劳动换来了一家的幸福，理应受到孩子的尊敬。

俄国作家列夫·托尔斯泰曾写过一个《爷爷和孙儿的故事》。

父亲老了，行动不便，吃饭时口水鼻涕一起流出来，儿子、媳妇嫌他脏，不让他同桌吃，把他赶到灶边独个吃。

有一次，老父亲不小心把吃饭的瓷碗打碎了，儿媳破口大骂："老不死的，以后给你一个木盆吃饭算了。"过了几天，夫妇俩发现儿子米沙拿着斧头好像在做什么东西，男的问："米沙，我的宝贝，你在做什么？"米沙一本正经地回答："亲爱的爸爸，我在做木盆，等到你和妈妈老了用它吃饭，免得打碎碗。"

这时，这对夫妇猛然醒悟，感到十分惭愧，把父亲请回来，并拿出家里最好吃的给老人吃。

故事的道理很明白，父母是榜样，孩子耳濡目染，自然会学习父母、效仿父母。

2. 要从小事做起

让孩子多体验，如让孩子关心父母健康，参与家务劳动，父母生病时让孩子照顾，端水送药等。

经常让孩子做一些力所能及的事情是很必要的，因为只有在他们有了切身体验之后，他们才能领会父母照顾他们的辛苦，从而知道体谅父母，尽自己的力量帮父母做事，为父母分忧解愁。

父母要使孩子懂得，在家庭中，他不仅有享受父母爱抚的权利，同时又有应尽的义务。比如，听从父母对于饮食起居、生活制度和用品购买的合理安排，乐于接受父母的正确要求，并参加一些力所能及的劳动等。在这种和睦的家庭气氛中，孩子对父母的尊敬就会自然养成。

在独生子家庭中，孩子在物质和精神方面都享受到最大的爱，如果这种爱仅仅是向儿女的单向倾斜，而不能实现爱的双向交流，那么这种爱就是畸形的溺爱，甚至还没有脱离动物的本能。只有把大家给予孩子的爱转化为孩子对大家的爱，这才是理性的爱，才是爱的升华。

王凯是个独生子，但他却对爸妈缺少关爱之情，也不能正确理解爸妈对他的爱。为此，父母感到很伤心。在一位教育专家的建议下，王凯的父亲采取了一系列的措施。

双休日爸爸骑车带王凯到公园里玩。回家的路上行人稀少，爸爸问道："你觉得骑车有意思吗？"王凯说没骑过，不知道是否有意思。爸爸问他想不想试一下，王凯高兴地表示同意。于是爸爸骑坐到后车架上，双手伸直了把住车把，王凯跨到大梁上骑车，凭自己的操作使自行车滚滚向前，这使王凯兴趣陡生。可他毕竟还小，骑过800米后就有些体力不支了，额头上也渗出了小汗珠。

最后他喘着粗气停下来，好奇地问："爸爸，你骑车带我上学也这么费力吗？"爸爸说："尽管我力气大些，不过每天也都挺累，尤其是上坡时更费力气。"

星期一爸爸照常骑车带儿子上学。骑到一个上坡处时，坐在后边的王凯忽然跳下来，用一双小手推起车来，爸爸心满意足，真诚地说了一句："感谢儿子，你现在知道关心别人了，这太使我高兴了。"

王凯为什么变了？当然是专家的方法起了效果——让孩子多体验。只有让孩子体验到别人的疾苦，才能激起他们的爱心和同情心，从而促使他们设身处地为别人着想。

3. 父母应树立自己的威信

有威信的父母才能获得孩子的尊敬。父母的威信，严厉打骂"打"不来，单纯疼爱"疼"不来，用钱买它"买"不来，反复说教"说"不来；只有在他们自己模范行为的

影响下,在他们对孩子的帮助中,威信才能真正树立。

父母的威信来自他们的事业。当孩子闪动着好奇的眼睛开始观察周围世界的时候,家长就应该向他说明自己的工作。比如,爸爸是一位建筑工人,他可以指着新建的大楼告诉孩子,"这是爸爸亲手建成的,会有许许多多的人高高兴兴地搬进去住。"让孩子觉得自己的父母很能干,这种自豪感可以让孩子从心底里尊敬、佩服你。

 ## 教孩子懂得每天反省自己,不断进步

孩子在成长的过程中,因为阅历不足或者缺乏方法,难免会犯错误或者走弯路。犯错不要紧,只要及时反省,调整自己,就能保证向正确的方向茁壮成长。

舅舅送给悠悠几条漂亮的小金鱼。悠悠十分喜欢,特喜欢看它们在水中自由地畅游。有一天,悠悠突发奇想,把金鱼从水中捞出来,丢在地板上。看到金鱼在地上拼命挣扎,不停甩动尾巴,悠悠觉得很好玩。

"悠悠,你怎么这么残忍!鱼会死的,还不快把它们放回去!"在厨房忙碌的妈妈刚出来,看到这一情景,就大声呵斥悠悠。

悠悠就跟没听见似的,继续看着金鱼在地上挣扎。这时,奶奶走过来把鱼放进鱼缸,说:"悠悠,如果你口渴时不给你水喝,你会怎样呢?"

"我会很难受。"悠悠不假思索地回答。

"是啊,你没水喝很难受,鱼没有水喝也很难受啊。而且,鱼只能生活在水里,更是离不开水。一旦离开水,它会很快渴死的。你刚才看到它们拼命地跳来跳去,就是因为它们太难受了啊。"奶奶和蔼地开导悠悠。

悠悠歪着头沉思了片刻,对奶奶说:"奶奶,我错了,我以后再不把金鱼丢到地上玩了。"

面对悠悠的不当行为,妈妈只是一味责骂,却收不到任何效果。奶奶循循善诱就能引导悠悠自我反省,从而认识到自己的错误,收到良好的教育效果。

"金无足赤,人无完人",每个人都有缺点,都会犯错,孩子也不例外。孩子在成长的过程中,只要学会自省,就能不脱离正轨,快乐成长。自古以来,凡是成就大业的人,无不把反省作为自我修养的重要手段。早在两千多年前,周公一日三省其身,孔子提出了"吾日三省乎",越王勾践就以"卧薪尝胆"的方式进行反省。犹太人习惯于在周六长时间反省,因此他们即使在二战中遭受毁灭性打击,战后却迅速崛起,成为世界上最有名的商人。所以,每天只要花一点点时间好好反省自己,孩子的人生道路就会大大改观。

由于孩子尚未形成完备的自我意识,自我反省的内在人格智力还处于萌芽阶段,因此需要家长正确引导,从小培养孩子的自我反省能力。要培养孩子的自我反省能力,家长不妨借鉴以下几点:

1. 多加引导,不要对孩子的错误横加指责

当孩子做错事时,家长不要一味斥责,这样易引起孩子的反感,对家长产生抵触情绪。这时,家长可采用冷静的态度,从侧面引导孩子进行自我反省,明白自己的过失。

2. 让孩子自己承担犯错的后果

孩子做错了事,许多家长常常替孩子去承担犯错的后果,使孩子觉得做错了也没关系,从而丧失责任心,不利于培养其自我反省的能力,使他以后容易再犯类似的错误。

所以,家长应该让孩子自己去承担犯错的后果,让孩子明白,一旦犯错,将会造成不良甚至严重的后果。

3. 重视负面道德情感的良好效应

当孩子犯错时，应让他懂得羞愧和内疚。如孩子做错事，家长可直接平静地指出错误所在，促使孩子自我反省，激发起他的羞愧感和内疚感，以后不再犯类似错误。

4. 八个问题

家长可以把下面八个问题，贴在孩子课桌上和床头，让他每天反思。

（1）我今天充分利用时间了吗？

鼓励孩子每天根据自己的生物钟，合理安排时间，明确任务，踏踏实实地把握每一分钟。

（2）今天上课我积极动脑了吗？

课堂是激发孩子大脑的最具活力的阵地，学习中最可怕的危险就是孩子坐在课桌后无所事事。

（3）今天的作业，我独立完成了吗？

做作业是学生的职责，要自己去完成，才能得到真正属于自己的知识，体会到学习的乐趣。

（4）今天，我帮父母做什么了吗？

孩子在校衣食无忧地学习，父母们在外勤恳地劳作。所以，要让孩子时刻记得父母的辛劳，形成家庭责任感和社会责任感，多帮父母做一些力所能及的事。

（5）今天，主动帮助同学了吗？

主动帮助别人也是一种快乐、一种幸福。每天多问问自己：今天给同学送个微笑了吗？借给同学橡皮了吗？帮同学解答问题了吗？

（6）今天，不懂的问题解决了吗？

今日事，今日毕，不懂的地方要今日解决，不能让问题过夜。否则一旦形成拖沓的习惯，就很难改掉。

（7）今天，做无效劳动了吗？

上课说话、做小动作、上课分神、抄袭作业、旷课……这些都是对学习毫无好处的无效劳动。如果学生不时时提醒自己，就会小问题铸成大错误。

（8）明天，我怎样去改变自己？

在每天晚上睡觉的时候，思考这些问题："今天已经过去了，那么，今天我什么地方做得不够好，有哪些地方需要加强，明天怎样才能做得更好……"只要多做思考，善于反省，那么每一个明天都将是美好充实的一天。

意志力决定孩子的路能走多远

培养孩子具有恒心的方法有很多，如参加体育锻炼、读书自律等。父母要根据自己孩子的意志特点，有针对性地培养训练，刚柔相济。但根本点在于启发孩子的自我需求，让其主动养成持之以恒的好习惯。

持之以恒是一个主观能动的心理过程。具体来说就是，人在自觉地确定目标之后，能够根据目标来支配、调节自己的行动，坚持不懈，克服种种困难，最终实现目标。

其实，一个人要想生存就得不断积累经验，让自己不断地自我创新。而无论是经验还是不断的创新，都需要持之以恒的毅力。毅力不是瞬息而就、说有就能有的，它的形成需要一个过程。持之以恒的毅力对于孩子的意义是不言而喻的，但它恰恰又是孩子容易缺乏的。

"千里之行，始于足下；九层高台，起于垒土"，凡事业上有所作为的人，无不是从小事做起，锤炼自己意志的。

一个孩子，如果连自己的学习用品都丢三落四的，怎么能保证演算习题时不粗枝大叶呢？所以父母培养孩子的意志要持之以恒地从小事抓起，决不姑息迁就，要一抓

到底。

曾有学生问大哲学家苏格拉底,怎样才能学到他那样博大精深的学问?苏格拉底听了并未直接作答,只是说:"今天我们只学一件最简单也是最容易的事,每个人把胳膊尽量往后甩,再尽量往前甩,"苏格拉底示范了一遍,说,"从今天起,每天做300下,大家能做到吗?"

学生们都笑了,这么简单的事有什么做不到的?

过了一个月,苏格拉底问学生们:"哪些同学坚持了?"有九成同学骄傲地举起了手。

一年过后,苏格拉底再一次问大家:"请告诉我,最简单的甩手动作,还有哪几个同学坚持了?"这时,只有一人举起了手,这个学生就是后来的柏拉图,古希腊另一位大哲学家。

人人都渴望成功,人人都想得到成功的秘诀。然而,人们常常忽略这样一个道理:即使最简单、最容易的事,如果不能坚持下去,也绝对不可能打开成功之门。成功并没有秘诀。

培养孩子的恒心应从小事做起,不断进行训练。一个人的意志是否坚强,可以从他的意志行为中得到体现。在成长的过程中,独生子女缺乏恒心与毅力的现象比较普遍,这在很大程度上会影响孩子的学业、交往、品德及心理健康。很多时候,成功与失败往往就取决于一个人能否坚持到最后一刻。

培养孩子持之以恒的方法有很多,在此简单介绍几种:

1. 用兴趣引导孩子具有持之以恒的决心

兴趣是孩子把事情高效率做好的前提。在现实生活中,并不是对必须去做的每件事,孩子都一定感兴趣,但是孩子对自己感兴趣的事,都有着明显的自觉性、持久性等高效率特点,而对于自己不感兴趣的事则往往需要父母的约束与督促。为了使孩子提高做事效率,父母应该引导孩子对事物产生兴趣。

很多上学的孩子比较喜欢的口头禅是"郁闷"或者"烦"。事实上,学习本身的确没有多少乐趣可言。然而父母并不这么认为,他们一厢情愿地认为学习是最有意义的事情,并且一味地强迫孩子对学习产生兴趣。孩子的学习兴趣是需要父母加以引导的,而不能靠强迫来获得。

2. 让强烈的欲望与责任感激发孩子的行动

不管做什么事情,只有明确的目标而没有实现目标的强烈欲望是难以完成的,必须具有完成目标的强烈欲望和社会责任感,才能更好地达到目标。

例如攀登泰山,很多人都有这样的目标,但从山脚下的红门到山顶的玉皇顶,七千多级台阶,而且越上越陡,越上越难。对于普通游客来说,如果体力不支,半途而返也无可厚非。但对于有着责任的挑夫来说就不同。泰山上建筑所用的水泥沙石,每次一百多斤分量,全靠他们挑上山去。支撑他们艰苦工作的力量,是他们的工作责任和家庭责任。

许多孩子不能攀登成功的顶峰,并非没有目标,而是缺乏由强烈欲望和责任感所激发的意志。

3. 适度创设困难,磨炼孩子的意志

逆境、困境能铸造一个人顽强不息的意志品质,中外历史上不乏这样的事例。现在大多数孩子养尊处优,稍遇逆境决心就动摇。如果父母能人为地给他们适度创设困难,让他们接受强大心理承受能力的锻炼,那么有朝一日他们面对逆境和困难的考验时,就能经受住锤打。

1999年,18岁的成都女孩刘亦婷被美国哈佛大学、哥伦比亚大学等四所世界一流高等学府录取,还获得全额奖学金,成功的背后总蕴藏着艰辛。刘亦婷10岁上四年级时,父亲给她设计了一个奇特的"忍耐力训练":捏冰一刻钟。刘亦婷捏的是冰箱里特意冻得结结实实的一大块冰,父亲手拿秒表,一声"开始"刘亦婷就把冰放到手里。

第一分钟感觉还可以；第二分钟就觉得刺骨的疼痛，她急忙拿起一个药瓶看上面的说明，转移注意力；到第三分钟，骨头疼得钻心，她就用大声读书的方法来克服；到了第四分钟，她感到骨头都要被冰冻僵了，这时她使劲咬住嘴唇，让疼痛转移到嘴上，心里想着：忍住、忍住；第五分钟，她的手变青了，也不那么疼了；第六分钟，手只有一点痛了；第七分钟，手不痛了，只觉得冰冰的，有些麻木；第八分钟，她的手完全麻木了……当爸爸说："15分钟到了！"她高兴得欢呼起来。而她的手却变成了紫红色，摸什么都觉得很烫。爸爸急忙拧开自来水龙头给她冲手。此时此刻，她的父亲为女儿有这么顽强的意志力而由衷地高兴。

手捏冰块自我折磨，这是对感受极限的挑战，是对毅力的考验。一些好奇的大学生都试过，可没有一个人能坚持一刻钟。由此可见，刘亦婷的成功绝非偶然。

艰苦的环境，特别是艰苦的生活环境和劳动，往往是对一个人意志最好的考验和锻炼。

3. 鼓励孩子挑战自己的弱点

急躁、懒惰、缺乏毅力、什么事都干却都难干到底……这些都是人性的弱点，也是实现人生目标、理想的巨大障碍。一个人若能有勇气挑战自己的弱点，便能逾越障碍，获得成功。

春秋时期，吴王夫差打败了越王勾践，并霸占了勾践的妻妾。越王勾践忍辱负重，十年不食珍馐，不着锦缎，每天睡柴堆、舔尝苦胆，在艰苦的环境里挑战自己的弱点，以图他日能复国雪耻。后来，在勾践的不懈坚持下，吴王夫差终于被打败。

诸如此类的例子很多。家长可针对孩子意志的薄弱点，选取一两个突破口，鼓励孩子挑战自我。可以说，这是为孩子铸造恒心的良方。

培养孩子的恒心的方法还有很多，如参加体育锻炼、读书自律、在集体中接受监督、严守诺言，等等。父母要根据自己孩子的意志特点，有针对性地培养训练，刚柔相济。但根本之点在于启发孩子的自我需求，让其主动养成持之以恒的好习惯。

教育孩子从宽容中得到快乐

教会孩子学会宽容，不仅是为了孩子今天能处理好同学关系，而且也是为孩子将来的幸福打基础。

宽容是一种非常珍贵的性情，这种性情对于孩子个性的健康发展，以及孩子良好人际关系的建立都有着非常重要的意义。富有宽容心的孩子往往心地善良，性情温和，惹人喜爱，受人欢迎，而缺乏宽容心的人往往性格怪异，易走极端，人际关系往往不好。宽容能使人和气亲切，能消除许多无谓的矛盾，赢得广泛的尊重。

著名主持人白岩松在教育自己儿子时这样说："如果所有的美德可以自选，孩子，你就先把宽容挑出来吧。也许平和与安静会很昂贵，不过拥有宽容，你就可以奢侈地消费它们。宽容能松弛别人，也能抚慰自己，它会让你把爱放在首位，万不得已才动用恨的武器；宽容会使你随和，让你把一些很重要的东西看得很轻；宽容还会使你不至于失眠，再大的不快、再激烈的冲突，都不会在宽容的心灵里过夜。于是每个清晨，你都会在希望中醒来。一旦你拥有宽容的美德，你将一生收获笑容。"

今年8岁的明明和翔翔是表兄弟，因为年纪相仿，两人相处得一直很好。可是有一天，翔翔却哭着向妈妈告状说，明明哥哥打了他，而明明也嘟着嘴告诉自己的妈妈，是翔翔有错在先。细问之下才知道，原来翔翔到表哥家玩，表哥刚好不在，在等表哥回家时，翔翔不小心摔坏了明明最心爱的变形金刚。明明回家一看，气得抡起拳头就打了翔翔。明明觉得自己没错，翔翔也觉得很委屈，两人一直闹别扭，好几天不说话。

明明妈听了明明的话，觉得孩子间的矛盾应该让他们自己化解，才能学习和成长，于是她决定不用惩罚和批评的方式来解决这件事。妈妈对明明说："哥哥比弟弟大，应该爱护和照顾弟弟，同时，也要能够包容弟弟的错误。想象一下，如果是你不小心弄坏了妈妈的东西，你希望妈妈怎么对待你？如果妈妈打你，你伤不伤心？"明明想了想，说："我希望妈妈原谅我，因为我不是故意的，如果妈妈因此打了我，我也会很伤心。"

妈妈笑着说："那你刚才因为一件玩具就打了翔翔，那他不难过、伤心吗？要知道，他也是不小心弄坏了你的玩具的啊。"

说完，明明明白了自己应该表现出的大度和宽容，主动要求妈妈带自己去给翔翔道歉。明明原谅了翔翔的无心之过，展示出哥哥的风范；而翔翔也由此感受到哥哥宽容，暗自下决心以后不再犯错，两个孩子又重新言归于好了。

人与人的相处过程中矛盾冲突不可避免，孩子也一样，一件小小的事情都会引起纠纷，甚至争吵、动手。现在，受到独生环境的影响，很多孩子习惯了以自我为中心，宠溺让孩子变得自私，娇纵让孩子变得狭隘。自私和狭隘，会造成孩子度量小，不懂原谅，不会宽容。这样的孩子不仅处理不好和同学朋友的关系，还会造成人际交往的阻碍。

有一个坏脾气的男孩，他父亲给了他一袋钉子，告诉他，每当他发脾气的时候就钉一个钉子在后院的围栏上，当他能控制自己脾气的时候，就拔出一根钉子。一天天过去了，最后男孩告诉他的父亲，他终于把所有钉子给拔出来了。

父亲拉着他的手，来到后院说："你做得很好，我的好孩子，但是看看那些围栏上的洞。这些围栏将永远不能回复到从前的样子。你生气的时候说的话就像这些钉子一样，会留下疤痕。如果你拿刀子捅别人一刀，不管你说了多少次对不起，那个伤口将永远存在。心灵的伤痛就像真实的伤痛一样令人无法承受。"

人与人之间常常因为一些误会和固执，而造成永远的伤害。钉子钉下去，留下的疤痕无法消除。伤害了别人，心灵的伤痛不是一句简单的对不起就能弥补的。伤害了一个人，也许就为以后的人生道路埋下了隐患。因此，家长应该培养孩子健康向上的心理，及时指导孩子面对与人相处时的矛盾冲突，学会处理与同伴的关系，在宽容中获得快乐。

宽容是一种美德，教孩子学会宽容，尤为必要，这不仅仅是为了孩子能处理好同学关系，而是为孩子将来的幸福奠定基础。

宽容的种子往往需要父母去播种。宽容的孩子，长大以后往往更会体味幸福。做父母的，既可以将自己的孩子培养成胸怀广阔的人，同样也可以将孩子培养成心胸狭窄的人。你的孩子成为前者还是后者，就要取决于你了。

那么，应该怎样培养孩子的宽容之心呢？

1. 让孩子认识自己

孩子在家中往往都是中心，习惯了被大人们让着、哄着。学会宽容第一步，就是要教育孩子摆正自己在家庭中的位置，让他懂得他只是家庭中的普通一员，而不是全部。不能对他娇惯，不能无限度地满足他的愿望，不能给他特殊权利，让他高高在上。要让孩子认识到，爸爸、妈妈甚至其他亲戚都是很重要的成员，爸妈也有看想看的电视、吃孩子爱吃的东西的权利。

2. 父母要为孩子树立榜样

孩子的宽容之心最主要的来源就是父母。孩子最初是从父母那里学会待人接物的。父母宽容、大度、遇事不斤斤计较，与邻里、同事之间融洽相处，孩子就会学着父母的样子处理同学之间的关系，也会变得宽容、好善、乐于与人相处。

同时，家庭成员间要友爱宽容，让孩子从小就生活在一个温馨、和谐、友爱宽容的家庭环境中，使其在潜移默化的影响中，逐步形成稳定的宽容忍让的良好品质。

3. 让孩子在与人交往中学习相处之道

要多给孩子与同伴交往的机会，使之从中得到锻炼。让孩子在发生矛盾的后果中体味到只有团结友爱、宽容谦让，才能享受共同玩耍的快乐。

所以，不妨多带孩子到朋友家串串门儿，鼓励孩子多与邻居的小朋友交往；另外，公园、球场等地都是孩子们开展人际交往的好地方，让孩子多跟不同的人接触，懂得更多的"交际守则"。孩子通过接触不同的人，会逐渐明白，每个人都有缺点和错误，相互容忍和谅解，世界才会更和睦。

4. 学会站在对方的立场思考问题

当孩子和同伴发生不愉快时，引导孩子设想一下：如果你是对方，此时会怎么想、怎么做？让孩子体会他人的心情和感受，这种"换位思考"的方式会训练孩子凡事多替他人着想，处理人际关系的水平也会提高，遇到矛盾便能迎刃而解了。

佳佳借了一本《小学生》杂志，她一下课就翻出杂志高兴地翻阅起来。不巧，同桌起身时不小心把墨水瓶碰翻，墨水洒到了杂志上，把一本精美的杂志弄得脏兮兮的。佳佳很生气，不但让同桌赔她新的杂志，还把这件事告诉了班主任老师。结果，佳佳的同桌被老师批评了一顿。

回家后，佳佳得意地跟妈妈说了这件事情。妈妈听完严肃地对她说："谁都有不小心犯错误的时候，如果你犯了同样的错误，你的同桌大喊大叫，让你赔，还告诉老师批评你，你舒服吗？"

佳佳毫不犹豫回答："我会很难受的。"

妈妈告诉佳佳："那你今天这么对同学，她也会很伤心的啊。所以你要和气待人，尤其是对待同学，更要宽容，就像今天这样，应该说'没关系'。这样，同学才会喜欢你。"

在妈妈的启发下，佳佳渐渐理解宽容的含义，也开始学着去宽容他人了。

5. 把握教育时机，让宽容的种子在孩子心里发芽、开花

比如，孩子不小心犯了诸如打破杯子这样的小错误，不要用惩罚或者责备的方式来教育孩子。而是要告诉孩子，其实爸爸妈妈有时也会犯这样的无心之错，只要下次小心就可以避免。从原谅孩子的错误开始，用宽容的心去引导他认识自己的错误，让孩子知道，解决问题的办法除了批评、惩罚外，还有宽容。

6. 让孩子知道人人都有缺点

金无足赤，人无完人，有缺点和不足乃是人性的必然。和同学相交，和朋友相处，完全没有必要求全责备。完全可以求同存异，只要同学和朋友的缺点不是品质方面的，不是反社会的。对于朋友的缺点和不足，对于同学心情不好时所说的话和所做的事，我们没有必要事事计较，事事都摆个公平合理。多原谅一次人，多给人一次宽容和理解，同时也就为自己多找了一份好心境，也会使自己在个性完善的道路上又向前迈进了一步。

当然，宽容不是怕人，不是懦弱，更不是盲从，也不是人云亦云，这一点是必须向孩子讲清楚的。必须让孩子知道宽容是明辨是非之后对同学、朋友的退让，而不是对坏人坏事的妥协，对坏人和得寸进尺的人是没有必要宽容的。

懂得乐观，才能拥有永久的幸福

乐观的品格，对一个人的一生很重要。一个孩子如果拥有乐观的品格，便会生活得快乐。让灿烂的笑容永远洋溢在孩子的脸上吧！这样的孩子才会觉得自己能够驾驭生活，能够克服学习中的困难，能够摆脱一切挫折。

乐观是人对未来充满信心和希望而又不断进取的个性特征。乐观的人对那些能够满足自己需要的事物或对象，会产生一种积极的情绪，而对无法满足自己需要的事物则会产生消极的情绪。乐观的性格是应对人生中悲伤、不幸、失败、痛苦等不良事件的有力武器。如果一个人无法乐观地面对人生，就会意志消沉，对前途丧失信心，长此以往，还会损害身体健康。

心理学家马丁·塞利格曼认为，乐观不但是迷人的性格特征，它还有更神奇的功

能，它能使人对生活中的许多困难产生心理免疫力。乐观的孩子不易患忧郁症，他们也更容易成功，身体也比悲观的孩子更健康。

从心理学角度讲，乐观的情绪，能够提高人的大脑及整个神经系统的活力，使体内各器官的活动协调一致，从而有助于充分发挥整个机体的潜能，有益于健康水平和工作效率的提高。相反，悲观的情绪可能使人的整个心理活动失去平衡，对人的身心健康都可能造成严重的不良影响。

值得庆幸的是，孩子乐观的性格是可以培养的。早期诱发理论认为，人的性格是在后天的环境中逐步形成的，乐观的性格可以通过实践逐步培养，悲观的性格也可以在实践中逐步改塑。

想让孩子成为一个快乐小精灵的父母不妨尝试下面的方法：

1. 不要对孩子控制过严，不妨让孩子拥有他们自己的选择权

很多孩子不快乐的主要原因是他们没有自己的自由。有些父母由于对孩子太过溺爱，往往会抑制孩子们的一些行为和举动，甚至会替孩子包办一些事情。这样，孩子就事事不用做，但是，这样一来，孩子就无法在做事中得到乐趣了。并且，孩子们也不见得就喜欢这样。所以，父母要把选择权交给孩子，让他们自己决定自己要什么东西或是做什么事情。比如，年纪小的孩子可以选择要吃什么样的午餐，大一点的孩子可以选择穿什么样的衣服上街，再大一点的孩子可以选择在节假日的时候去什么地方玩、可以选择买什么玩具，或是可以选择看什么电视，这样有充分选择权的孩子才会感到快乐自立。

2. 鼓励孩子多交朋友

不善交际的孩子大多性格抑郁，因为享受不到友情的温暖而感到孤独痛苦。性格内向、抑郁的孩子更应多交一些性格开朗、乐观的同龄朋友。这样孩子就能接纳各种性格的人，有助于养成豁达的心胸、快乐的性格。此外，家长自己也应与他人相处融洽，热情、真诚待人，给孩子树立好榜样。

3. 让孩子拥有广泛的爱好

开朗乐观的孩子心中的快乐源自各个方面，一个孩子如果仅有一种爱好，他就很难保持长久的快乐。试想，只爱看电视的孩子如果当晚没有合适的电视节目看，他就会郁郁寡欢。假如孩子是个书迷，但如果他还热衷体育活动，或饲养小动物，或参加演出，那么他的生活将变得更为丰富多彩，由此他也必然更为快乐。

4. 引导孩子摆脱困境

生活中不如意者十之八九，没有谁能够没有一丝烦恼地走过整个人生，谁都会遇上一些让自己烦恼的事情，即使他是一个乐观的人。但是乐观的孩子和悲观的孩子在遇到同样的事情时，他们的处理方式却是截然不同的。他们的反应虽然和先天的遗传有关，但大多方面还是父母教育的问题。所以，当孩子遇到困境时，父母要多留心孩子的情绪变化。如果孩子闷闷不乐，父母无论自己多忙，也要挤出一点时间和孩子交谈，教育孩子学会忍耐和坚强面对，鼓励孩子凡事多往好的方面想，不要尽往消极的方面想。

父母对于孩子情绪的变化也一定要注意观察，只要孩子愿意与父母沟通，父母就要引导孩子把心中的烦恼说出来。这样，孩子的烦恼很快就会消失，他也就很快会恢复快乐。当然，父母也可以帮助孩子克服一些困难，教孩子以正确的态度和措施来保持乐观的情绪，这些都是促使孩子摆脱消极情绪的好方法。

5. 拥有自信十分重要

一个自卑的孩子通常比较内向悲观——这就从反面证实拥有自信与快乐性格的形成息息相关。对一个智力或能力都有限，因而充满自卑的孩子，家长应该仔细观察他的言谈举止，适时适当并审时度势地多对其进行表扬和鼓励。来自家长和亲友的肯定有助于孩子克服自卑、树立自信。

6. 父母要做乐观的人

父母在教育自己的孩子时，要以身作则，每个家长不管是在工作上还是在生活中也都会遇到各种各样的不如意，而父母对待这些事情的方式会直接影响到孩子的做法。如果父母在面对困境、挫折时能够保持自信、乐观，那么孩子也就会受到父母的影响。当

他们在遇到这种情况时，也就会乐观面对。

 怎样让自卑的孩子昂首阔步

自信是成功的一半。每一个孩子都能成为非凡的人，关键是孩子对自己有没有信心。

有一个女孩子，她的皮肤很粗很黑，很多同学都不愿意和她拉手，她很苦恼。她的妈妈是个很开朗很明智的家长，听了女儿的诉说后，她笑着跟孩子说："他们没错啊，你的皮肤是很黑很粗糙的啊，如果你能够多吃水果，多吃蔬菜，皮肤会好起来的。你可以跟小朋友说，15年后我们再来比，看谁的皮肤好！"就这样，孩子再也没有为此事烦恼过。慢慢地，她和妈妈一样开朗，一样讨老师喜欢。

家长看似不经意的几句话，其实给了孩子自信。

一个孩子能不能成为天才，关键是孩子对自己有没有信心。信心是能够传递的，只有家长对孩子有了信心，孩子对自己才会有信心。

自信是孩子一生受用的礼物，只有对自己深具信心，对未来充满憧憬，满怀希望，即使人生里有风有雨，都可以顺利度过。研究也告诉我们，缺乏自信、不相信自己的孩子，很难享受愉悦的人生，更无力接受挑战。自信的建立是一种必要，对孩子的未来有深远的影响。

现今，越来越多家长对孩子的关心和照顾事无巨细，这样事事不必自己操劳和付出努力，孩子很容易养成一种凡事均要依靠家长的心态，认为自己离开家长就一事无成，依赖性极强，对自己没有任何信心。而孩子一旦对自己某一方面的能力丧失自信，就可能连带对自己的其他能力也丧失自信，最后造成多方面、甚至全面地落伍。

根据心理学家的研究，孩子失去自信的原因可能包括：

1. 追求完美对自己要求太高，经常被要求做超过能力所及的事；
2. 尝试时，因为害怕失败而胆怯；
3. 遭受歧视，经常得不到肯定和表扬；
4. 没有特长，能力欠缺；
5. 有缺陷而阻碍自信心的发展。

由此可见，除了衣、食、住、行等基本需求外，孩子要建立起自信心，更需要安全感、自尊心、满足感和爱。

自信心对孩子一生的健康成长至关重要。自信是一个成功者最重要的心理素质之一，但它并非与生俱来，必须由家长对孩子从小加以正确引导，使孩子逐渐学会相信自己，信心十足。那么，该如何科学、有效地培养孩子们的自信心呢？专家提出了如下建议：

1. 发现孩子的优点

没有完美的人，也没有一无是处的人。所以，父母便该竭尽所能地挖掘隐藏在孩子身上的才华，发现他的优点。台湾有位老师，身上有本优点簿，专门记录孩子的优点。他依座号记下孩子的名字，各留三页，记录他们的优良表现，比方说助人、画图生动、口才一流、鬼点子多……他的本子里充满赞赏的词汇。一个学期后，他买了三十多本优点簿——"让每个孩子都有个专属于自己的优点簿"。两年之后，他把这些送给他们做礼物。这位老师已经送给孩子们一生受用的自信了。

2. 让孩子有成就感

孩子有成功的表现或得到肯定的评价，就容易建立自信心。家长可经常引导孩子做一些对家庭或社区有益的事，即便只是鸡毛蒜皮的小事。要知道，正是由于完成了这些"鸡毛蒜皮"的小事，孩子会觉得自己并非无用之人，小小的成就感也会提升孩子的自信心。

3. 勤于鼓励，多多肯定

培养孩子的自信心，鼓励和肯定最重要。不信你可以在孩子身上做试验：如果今天夸他手干净，第二天他的手会更干净；如果今天夸他的字比昨天写得好了，明天的字准写得更工整；如果今天夸他讲礼貌了，明天他会更注重礼貌……孩子毕竟是孩子，在受到大人的夸奖时，他不仅心情愉悦，而且懂得了什么是对的、什么是错的，什么是大人提倡的、什么是大人反对的。这样，比直接对他说应该做什么、不应该做什么，效果要好得多。

4. 对事不对人

让孩子知道，不管他好看与否、健康与否，父母都会爱他，这将是孩子自信心滋长的最佳土壤。作为父母，应该慷慨地给孩子爱，更多地拥抱他、亲吻他。在帮他改正某个错误时，明白地告诉他，你不能接受的是他的行为，而不是他这个人。

5. 满足孩子的安全感

有安全感的孩子，才会有自信。孩子成长的每一步，做父母的都要让他感觉到安全。比如，一个4岁的孩子第一次到公园荡秋千，父母关心他，扶他坐上秋千后，用手轻轻地推，并边推边唱"荡秋千，真好玩，小小心心荡秋千"，孩子很容易就会建立荡秋千的自信心。相反，孩子刚坐上秋千板，父母就一味用力去推，孩子一定会感到害怕，以后很可能再不想玩秋千了。孩子的安全感得不到满足，是不能建立自信心的。

6. 允许孩子犯错误

毫无疑问，孩子会时不时犯些错误。事实上，这些犯错体验，也是孩子树立自信心的必修课。孩子犯错时，父母不要横加指责，而应帮他找出改正错误的方法。这样不仅不会伤害孩子的自尊，还会使他明白，接受和改正错误是件很容易的事情。

7. 给予鼓励

当孩子"成功"时，父母应给他适当的奖励，可以送给他小小的奖品。不一定是奢侈的礼物，可以是一张小卡片、一只纸船、一件小饰物。这些奖励会使孩子更加努力。建议以精神鼓励为主，小心使用物质奖励。

8. 平等尊重，培养孩子的自尊

让孩子自己动手做事。任何人都有自尊和被人尊重的需要，孩子也不例外。而自尊、被人尊重，是产生自信的第一心理动力。孩子的自信首先来自自尊，一个没有自尊的孩子是不可能产生自信的。

在生活中，父母要把孩子当成与自己平等的人一样看待，有意识地让孩子多参加一些家务劳动，并让孩子感觉到自己的能力和父母对他的信任。如果父母过多地为孩子做事，就剥夺了孩子发展自己能力的机会，也就剥夺了孩子的独立与自信。

9. 随时巩固孩子的自信

树立孩子的信心需要一个不断巩固的过程。当父母看到孩子因不断成功而逐步建立起信心时，千万不要以为大功告成，而要不断鼓励孩子，巩固其自信心。孩子只有在不断的鼓励中，通过自己不断的努力来树立起自信。在这个过程中，父母要注意以下几个原则：第一，不要讽刺孩子，以免孩子受到不同程度的打击；第二，不要过分赞扬孩子，以免孩子产生骄傲情绪。只有随时的鼓励，才能不断激起孩子的自信。

 ## 怎样让"胆小鬼"勇于挑战

有的孩子，胆子很小，怕见生人，上课不敢举手发言，外出不敢向人问路，买东西不敢问价，对人有了意见不敢说，紧张、怯懦、犹豫、打退堂鼓。这实际上是自卑和怯懦的性格在作祟。

胆怯的人，别人并没有吓唬他，而是他自己吓唬自己，自己把自己打倒了。所以克

服胆怯第一是要战胜自己。要战胜自己并不是件容易的事，需要经历一个痛苦的过程，但是不迈过这一步，胆怯是赶不跑的。

　　人的胆怯往往是在犹豫中产生的。外出问路，刚想问就赶紧去问，越快越急越不易产生羞怯心理。如果考虑来考虑去，会让胆怯占上风。"人家要不告诉我怎么办？""人家要拿眼睛盯着我怎么办？"这么一想就不敢问了。家里来了客人，心里好奇就有了想看看客人的念头，这时立即去看，就不会害怕，如果稍一犹豫，就会想到"人家和自己说话怎么办？""人家问起自己怎么办？"……胆怯心理就在犹豫中产生了，所以办事不要犹豫，要果断，一旦干了，习惯了，也就会觉得没什么可怕的，经常锻炼，胆怯心理就会得到克服。

　　胆怯往往会造成情绪紧张，致使本来很熟悉的事情也变得陌生了。例如，原来会回答的问题，一站起来就张口结舌了，造成了这种尴尬的局面，下次再回答问题就更紧张、更胆怯了。解决这个问题的办法是转移兴奋点。什么事情容易引起紧张、胆怯，就先不想它，先不看它，把大脑中这个兴奋点转移到其他地方。有的演员第一次登台，胆小、怯场，他往往采取眼睛避开引起怯场的观众，直视前方，"目中无人"，心里不想演出的事，而只想台词、歌词，这样就不紧张、不怯场了。演出一顺利，胆儿就大了。我们遇到胆怯的时候，也要采取转移兴奋点的做法，慢慢地，就不会怯场、不会害羞了。

　　胆怯的心理很多人都有，谁要认为自己胆怯，谁就更胆怯。要是认为别人比你还胆怯，就不会胆怯了。比如说，在与人的交往接触时，你心里想：他比我还害羞、还胆怯，我怕什么？这样当你抬起头来说第一句话时，也就不会脸红了，敢于正视对方了。你心里若是总想着看对方怎么害羞的，那你就绝不会再扭捏了。变被动为主动是消除交往中胆怯、害羞的最好方法。当你首先伸出手去握住对方的手，当你首先开口问话，羞怯的往往就不再是你了。

　　任何新的、陌生的、有异于你以往经验的事都有其神秘之处，都有令你畏惧的色彩。对这类事，你尝试一次，就会获得一次经验，随着经验的积累，胆怯就将后退。建筑工人刚上脚手架时有些胆怯，但天天上，就不胆怯了。宾馆的服务员第一次接待外宾有些胆怯，但天天接待就不胆怯了。我们与人交往也是同样的道理，第一次与陌生人谈话有些胆怯，多次与陌生人接触就不胆怯了。第一次在集会上发言有些胆怯，多次发言就不胆怯了。经验丰富了，才干增长了，就会由胆怯变为勇敢，由焦虑变为精神享受。消除胆怯的唯一办法就是面对现实勇敢地实践，全身心地学习，熟悉那些没有体验过的事物。"习惯成自然"讲的就是这个道理。

　　害怕、胆小往往产生于无知。古代人怕打雷，因为他们对雷处于无知状态，迷信的人怕"鬼火"，因为他不知"鬼火"为何物。依靠知识他们可以消除害怕和胆小。很多害怕的原因是自己想象的产物，用自己想象出来的东西吓自己，人为地画地为牢，给自己设置心理障碍。你害怕什么就要多学习什么，一旦你对那件事了解了，你就不害怕了。我们对事物有了较高认识，就会发现你所害怕的事无非是两类：一类是可以控制的，那么你努力控制就可以了。另一类是不可控制的，既然无法控制，无论怎么害怕也还是那样，解决不了什么问题，害怕只是增加自己的痛苦，毫无价值，所以也没有害怕的必要。认识到这些也就用不着害怕和担心了。

　　由于这两种完全相反的心理不可能同时存在于人的心中，一种心理可以被另一种心理中和或淡化。所以可以用爱中和恨，用喜中和悲。也就是说，在害怕时要用勇敢去中和。换句话说，就是用积极的心理去战胜消极的心理。

　　具有自卑、胆怯心理的孩子往往表现为孤独、不善交际，对人对事态度冷漠、怕在别人面前表现自己。说话声音低、吞吞吐吐。做作业遮遮掩掩，生怕别人耻笑。忧心忡忡，没有信心，总感到事事不如人。对他人处处迎合，不敢坚持己见，不敢据理力争，逆来顺受，形成"自我压缩性人格"。

　　造成孩子自卑和怯懦的原因很多，有身体方面的因素，如生理缺陷、经常生病、身体不好等。有教育方面的因素，如父母娇生惯养、溺爱袒护造成的依赖性，遇事缩手缩脚，压抑了孩子的自由发展，遇到困难畏难发愁。还有的是父母过分严厉，经常打骂、

恐吓、羞辱，把孩子吓破了胆，形成怯懦性格。还有个人因素，如智力缓慢、能力差、性格内向、失败体验过多过强等，使自己失去信心，从而变得胆小、自卑。

独立精神是克服怯懦的精神药方，要事事想着独立，提醒自己要独立思考，不要心存依赖。有了独立精神，解决问题时胆子就会大起来。同时还要有意识地多接触人，主动参加集体活动，与人接触多了就不怯懦了。

能力弱往往容易自卑，要真正丢掉自卑就要提高能力，努力奋斗。"勤能补拙"，要多给自己设置困难，多尝尝战胜困难的滋味，成功体验多了就能增强自信，而且能改变周围人对自己的看法，提高自己在他人心中的地位，再与别人相处就不胆怯了。

锻炼自己的意志，培养勇敢的品质，也是克服懦弱的好方法。比如胆小怕夜黑，就应壮着胆子在黑路上走走。学着干点冒险的事（如爬山、郊游等）。意志强了，神经系统脆弱的毛病就没了。在锻炼意志时要向英雄人物学习，向强者学习，经常想想英雄人物的形象，思想受鼓舞，胆子就会大一些，就会有勇气去迎接挑战。

胆小、自卑的人往往身体素质也较差，强壮的身体有利于树立自信心，因此要多锻炼身体，提高抗病能力，提高抗挫折能力，提高自信，增加胆量。

国外有人提出克服怯懦的10个法则，这里介绍给大家参考：
1. 理直气壮地迎着别人走上去，好像他欠了你的钱似的。
2. 训练自己盯住对方的鼻梁，让人感到你在正视他的眼睛。
3. 开口说话时声音洪亮，结束时也会强有力；相反，开口软弱那么闭嘴也就软弱。
4. 有时，为了在喧哗中让人听见，有必要大声讲话。
5. 学会适时地保持沉默，以迫使对方讲话。
6. 会见一位陌生人之前，先列一个话题单子。
7. 熟记演讲的首尾，那么你从头到尾都会口若悬河。
8. 想方设法接触伟人，和比自己年纪大、比自己强的人交往你会学到知识，同时还可以观察强者的弱点和缺点，从而增强信心。
9. 不断给自己出难题，不断实践克服怯懦的方法。
10. 要努力学习，有知识有能力才会有信心，也才有在社会上存在的价值。

 ## 教孩子有一颗感恩的心

感恩是人的一种美德，父母应该教孩子学会感恩，让孩子感激养育他们的父母，感激给予他们各种知识的老师，感激给予他帮助的同学和朋友，感激生活中一切美好的事物。

美国有一个小孩，名叫汤姆。他的父母是开杂货店的，汤姆常常去店里打工。一天晚上，汤姆想买点糖果吃，但是他没有钱，于是他就在妈妈的枕边放了一张账单，上面写着：扫地5美分；洗碗2美分；拖地10美分；为有一个这么好的儿子10美分。共计27美分。第二天早晨，汤姆又来到妈妈的枕边，发现了27美分和另一张清单：妈妈怀胎十月生下汤姆得0美分，妈妈为汤姆喂奶换尿布得0美分，妈妈在汤姆发烧时48小时没合眼得0美分；这么多年辛苦抚育你，0美分；总之，妈妈为汤姆所做的一切，得0美分。汤姆看了，羞愧不已，又把27美分还给了妈妈。

从这个故事里，我们不但看到了汤姆的纯真和懂事，也看到了父母的伟大和辛苦。汤姆在向母亲索要劳务费的时候，他并没有意识到父母养他的艰辛。当他看见第二张账单的时候，他一下子明白了父母的辛苦与不求回报，所以将钱还了回去。的确，他做的洗碗、扫地、拖地这些事情比起父母的培养实在是微不足道。

其实，这样的事情在平常生活中屡见不鲜，很多小孩帮妈妈洗碗时，都要收"劳务费"，因为他们还没有意识到父母培养自己的艰辛。等他们长大了或者做父母了，就会

知道，和父母讲条件和回报，是很幼稚的一件事情。

在现实生活中，父母紧紧盯着的只是孩子的学习，一切围着智能转，视上重点、读名牌、成大业为头等大事，却忽略了最基本的道德和感恩教育，忘记了教育孩子做一个堂堂正正的人。

可怜天下父母心。没有人怀疑父母的爱是最博大、最无私的，他们把所有的爱、所有的情感都灌注给了儿女，而丝毫不顾及自身的辛劳和艰辛。可是，即便如此，依然很少有孩子感动，懂得感恩者更是寥寥无几。孩子或许还小，不太懂得知恩图报。但父母应该让他明白什么样的爱才是真爱。

报纸上有这样一篇让人感动不已的故事：国外一个从一流学府毕业的大学生，参加一家大公司的应聘。在经过几回合的激烈竞争之后，终于到了最后一关——总经理的亲自面试。

他忐忑不安地走进总经理办公室，在总经理面前的椅子上坐下。

总经理看过他的简历后，看着他的脸，问道："你替父母洗过澡、擦过身吗？"

"从来没有过。"年轻人很老实地回答。

"那么，你替父母捶过背吗？"

他想了想后说："有过，那是在我读小学的时候，那次母亲还给了我十块钱。"

面谈结束前，总经理突然对他说："明天这个时候，请你再来一次。不过，有一个条件，刚才你说从来没有替父母擦过身，明天来这里之前，希望你能为父母做一次，做得到吗？"

年轻人答应了。这个年轻人出生后不久，父亲便过世了，全靠母亲一个人含辛茹苦把他抚育成人。年轻人后来以极其优异的成绩考上了一流学府，他的母亲就四处打工挣钱，供他上大学。

他回到家后，母亲去做工还没回家。"等母亲回来，要怎么替她洗呢？"他想，"母亲出门在外，脚一定很累吧？待会儿她回来，便好好为她洗脚吧！"

母亲回来后，见儿子预备好水盆，要为她洗脚，觉得很奇怪："我还洗得动，我自己来吧！"

年轻人便告诉母亲为什么想为她洗脚。母亲听后，便依着儿子，坐在已准备好的椅子上，把脚放进儿子端来的水盆里。

当他握着母亲的脚时，才猛然发现母亲的那双脚，在岁月的侵蚀下，已经像木棒那样僵硬。

他情不自禁地搂着母亲的脚，潸然泪下，深切地感受到了母亲的辛劳。

第二天，他如约到那家公司，很伤感地对总经理说："我能不能被录取，对我来说已经微不足道。现在我才明白母亲为了我，受了很大的苦，是您使我明白了在学校里没有学到的道理，谢谢总经理。如果不是您，我恐怕不会握到母亲的脚。我只有母亲一个亲人，我要好好照顾她，再也不能让她受苦了。"

总经理点了点头，说："你明天到公司来上班吧！"

父母的爱是血浓于水的亲情，是值得用一生去报答的。然而，实际上学会感恩的又有几个呢？更多的孩子在获得的时候是心安理得，从来没想过感激或回报。感恩教育，看来是刻不容缓。

一个人要理解社会，了解人生，入门的第一堂课便是要体会父母养育自己的辛劳，如此才能真正地珍惜自己，热爱生活，从而勤奋工作，回报社会。学会感恩，不仅是一份应尽的义务，而且也是衡量一个人的品德的重要标准。

因为心存感恩，孩子就拥有了极为可贵的美德和崇高的境界，就能胸怀宽阔，知恩图报，明辨是非，他的人生之路就会越走越宽广，受到的恩惠也将源源不断。不懂感恩甚至恩将仇报的人是冷血、心胸狭窄、唯利是图的，他们的人生之路必然越走越狭窄，他们得到的社会或他人给予的恩惠也会越来越少。

那么，如何让孩子学会感恩、孝敬父母呢？

1. 教孩子学会感恩，首先让孩子从感谢父母开始

鸟有反哺之义，羊有跪乳之恩。一个连父母都不爱的人，一个不懂得感恩父母的人，一个不会爱父母的人，又怎么可能会爱事业、爱社会？所以，父母要让孩子知道，即使是来自父母那最简单的衣食、最质朴的关怀，也无不倾注了父母对他们的辛劳和热爱。这种爱是独一无二的。这样孩子才能珍惜自己拥有的一切，理解并爱父母。

2. 要让孩子了解父母的辛劳

现在不少孩子不知道父母的工作情况，不知道父母的钱是怎样得来的，只知道向父母要钱买这买那，认为父母给孩子吃好、穿好、用好是天经地义的。这样的孩子怎么会从心底里孝敬父母呢？为此，父母应当有意识地经常把自己在外工作和收入的情况告诉孩子，说得越具体越好，从而让孩子明白父母的钱得来不易。自然，孩子会逐渐珍惜自己的生活，也会从心底里产生对父母的感激和敬重之情。

3. 从小事入手，让孩子逐渐养成习惯

孩子在道德品质形成的过程中，家长有责任对他们进行行为方式的指导，如要求孩子对父母要有礼貌；学做力所能及的家务事，体验父母的辛苦；记住父母和长辈的生日；当父母生病时，让孩子参与护理；妈妈做完家务，爸爸可提醒孩子给妈妈搬个小椅子、捶捶背等等。不要小看这些小事，正是它们一点点孕育了孩子对父母的关爱。

4. 父母应该让孩子知道，每一个人都是平等的

要获得别人的关心帮助，首先要学会关爱他人。有这样一句话："投之以桃，报之以李"，一个懂得关照他人的人，才能得到更多的人关照，才能获得更多的机会，也才能取得更大的成功。我们的社会，人人只要都能献上一点爱，这个世界将会变得更加美好与和谐。

5. 教育孩子学会感谢，懂得报答

在这个世界上，没有人必须为我们做什么，我们的生存和发展并不完全是靠自己的成就得来的。无论是父母的养育之情，师长的关切之爱，还是朋友的嘘寒问暖，或者只是陌生人的一个帮助，都是生活中应当而且必须感激的。这样孩子才会知道别人的付出，并不是理所当然的，从而才会关心体谅别人。

6. 及时强化，以身作则

对孩子在这方面的点滴进步给予鼓励和表扬，以巩固这些良好的道德行为；当孩子出现不良行为时也要及时批评，让孩子明白哪些是对的、哪些是错的。同时父母之间、家庭成员之间要互助互谅，尊敬老人，为孩子树立起良好的榜样。

7. 尊敬长辈，关爱老人

尊老，意味着一种感恩，意味着继承，更是体现了一个人的人格。家长也必须从小培养孩子尊老的习惯，学会关爱老人。在日常生活中，父母必须处处留意，对孩子从小事入手加强培养。如经常让孩子帮老人做事情，用礼貌语言与老人交往，关心、慰问生病的老人等等。多次训练，日积月累，孩子的良好习惯便会逐渐养成。

在物欲横流的今天，学会感恩，能使孩子始终保持平和的心态，学会感恩，能使孩子遇事时为别人着想。孩子应从感激父母开始，学会感激老师，感激同学，感激哪怕是送给他一个微笑的陌生人，感激生活中一切美好的事物。让孩子学会感恩，这将有助于孩子好的品格的形成，使孩子一生都受益无穷。

有意识地培养孩子与他人合作的能力

与人合作的能力已成为当今世界人才的重要素质之一。目前由于孩子中独生子女的数量大大增加，任性、脾气大、与人合作能力差成为大多数孩子的弱点。所以，培养孩子与人合作的能力是父母刻不容缓的工作。

合作是现代人的一项基本素质与品格。如果一个人不能与人真诚合作，他就不可能成功。

合作不是一般意义上的人际交往，而是为了一个共同的目标结成的互助互利的双赢关系。一般来说，有交往与合作习惯的人，在心理学上被认为是外向的人。外向的人往往能够自觉地与人交流，做事的时候也喜欢询问他人，获得他人的帮助。但是，外向的性格并不是天生的，这种性格是可以后天培养的。

那么，怎样来培养孩子与人合作的能力呢？

1. 让孩子懂得与人合作的重要性

在日常生活中，有许多事情必须要两个或两个以上的人一起合作才能完成，只靠一个人的力量是无法做到的。父母可以利用这种机会让孩子体验一下个人无法完成的挫折感，让孩子从中懂得与人合作的重要性。

2. 让孩子体验合作的乐趣

成功的合作可以让孩子产生良好的体验，这种体验能够带给孩子无穷的乐趣，进而促进孩子的合作意识和合作行为。

3. 让孩子与同伴交往

让孩子有足够的时间与同伴在一起，他们可以一起交谈，一起分享玩具，一起做游戏，一起出去玩耍，一起做作业。父母要知道，孩子们应当有他们自己的生活，如果孩子不喜欢与别的孩子交往，父母要有意识地鼓励他（她）与同伴接触、交往。如果父母和老师因为怕孩子学坏而过多地干涉，甚至禁止他们的交往，那就无异于因噎废食，因为这种交往是孩子获得合作的能力与情感体验的最基本的条件，它有利于养成合群性，消除孩子执拗或孤僻的性格。

4. 让孩子与同伴共同承担一定的任务

想要提高孩子的交往水平，可以让孩子与同伴分担一些任务，并通过力所能及的活动努力完成它。有时，对于一些复杂的任务，可以进行必要的分工，但必须保证他们活动的相互牵制性，以便他们通过必要的主动交往与协调达到总体任务的完成。

否则，合作就会变成单干，不利于培养合作精神。另一个需要注意的是，一旦交给了他们任务，就要鼓励他们完成，即使遇到困难或者发生争执，只能提供指导，而不要越俎代庖，代替他们完成任务。

5. 鼓励孩子独立解决与同伴交往中的矛盾和问题

这样做是进一步提高孩子的合作能力所必需的。孩子在交往中遇到矛盾是不可避免的，如果学不会妥善解决这些矛盾，就永远学不会合作。而且善于解决交往矛盾，是高水平的合作与交往能力的标志。因此，孩子交往时遇到矛盾与问题时，不要回避，家长也不要代为解决，而要鼓励孩子独立解决，最多也只能提些建议。培养孩子独立解决矛盾能力的主要途径，是让孩子迎着矛盾去主动交涉，而不是闭门思过，也不是回避或拖延。有的孩子只喜欢和一些同伴交往，而不肯和其他同伴交往，这种过于挑剔的交往倾向实际上就是回避交往的困难与矛盾。对于这种孩子更应有意识地引导、鼓励，设法使其体验到交往中解决矛盾的成功与满足感，从而乐于学习和各种人交往。

6. 让孩子知道竞争和合作是可以同时存在的

现在的孩子一般都是独生子女，家里不会有人跟他争什么东西，父母也通常不会对他的言论提出什么不同的意见。但是在家里以外的地方，比如学校，会出现竞争者和反对者。这样，孩子就认为反对他以及和他竞争的同学是不会成为合作对象的。所以父母要及时教育孩子端正他的竞争心理。

竞争目的主要在于实现目标，而不在于反对其他竞争的同学。父母要教孩子把其他同学作为学习上的竞争对手、生活上的合作伙伴，千万不可一味地把他人当成竞争对手和敌人，不顾一切地对立他人。这种思想是不健康的。同时，父母要教给孩子与人合作的技能，教育孩子考虑集体的利益，学会在关键时刻约束个人的行为，牺牲个人的利益。如果孩子缺乏这种意识或者精神，与人合作是不可能成功的。

能让孩子很好地和别人合作，前提是孩子必须具有和人合作的能力。那么，怎么样才能让孩子具有和人合作的能力呢？

1. 给孩子创造一种良好的家庭气氛

如果一个孩子生活在一个整天争吵不休的家庭里，是很难让他具有和谐的人际关系的。父母一定要把家庭成员之间的关系处理恰当、合理。对邻居、对来客都要热情、平等、谦虚、有礼貌。这样，孩子就会以父母为楷模，逐步养成尊重别人、爱护别人的良好品德。

2. 树立平等观念

想要让孩子在平等的原则上为人处事，就要让孩子明白，不管对谁或是对什么事情都应树立平等的观念。要让孩子懂得，在人格上，人和人之间永远是平等的。不管碰到什么事情都要无私地对待，要言而有信。只有这样做，人与人之间才能互相信赖、和睦相处。特别是要教育孩子严于律己，宽厚待人，尊重他人。

3. 要让孩子多参加集体活动

有一些孩子常常会以自我为中心，这些孩子很难融入集体的生活中，也很难和同龄的小伙伴和睦相处。但是，当他们碰了几次钉子之后，就会慢慢地改变了这种以自我为中心的行为。可能是因为在经历了几次碰钉子的事情后，意识到了在集体活动中一定要想到别人。所以，父母要让孩子多参加一些集体的活动，这样会让孩子在活动中获得与他人相处的经验，在以后和别人的合作中孩子才不至于犯以自我为中心的错误。

4. 保证孩子受锻炼的机会

孩子从小在家庭中学到的知识、培养的精神，都会渗透到他们的性格中去，并且会在长大后带入社会。一个具有合作精神的孩子会很快适应工作岗位的集体操作，并发挥积极作用；而不懂合作的孩子在生活中会遇到许多麻烦，产生更多的困难，而无所适从。

培养孩子的纪律性和对自己严格要求

有些父母经常讲的一句话是："一点规矩也不懂。"经常像炸了窝似地训斥孩子"你怎么能这样"，"我简直不能相信你会做出这样的事"。通常孩子是一脸的惶恐，不知道自己究竟干了些什么，这样惹父母发火。

其实父母认真回味一下，会发现不少情况下，孩子是无辜的，因为他们并不知道为什么不能做那件事，或者哪件事不该做。父母们也常常只是在事情发生时才猛然发觉，出来制止，并未做过"预防"工作。

将责任一股脑儿地推到孩子身上，会使孩子感到自卑，或因不公平而产生愤慨之情，这将影响到他的为人处世。

这种救火式的行为不但效果不好，孩子下次很可能重犯，而且由于带有很大的随机性，孩子会觉得委屈，拒绝接受父母的强制命令，于是一场冲突不可避免。

张林随父母去餐馆进餐，坐下不久就开始大声讲话，妈妈用手势制止了他，无聊之中他又敲开了盘子。"张林，不能这样。"妈妈感到不好意思了，皱起了眉头。于是张林开始玩桌子上的调料瓶，一不小心，调料撒了一桌子。"张林！不许玩桌上的东西。""妈妈，我要回家。""吃完了就回家。""我不饿，我要回家。"显然，这是一次不欢而终的用餐。

张林不懂得公共餐厅里的礼仪，这是谁的过错呢？父母可以很轻易地判断儿子的对错，因为作为成人，他们知道在公共场合，在一个公共餐厅里应当如何表现自己，在这种场合里的公共认可的行为准则是什么。然而张林未必懂得。他把在家里用餐的行为习惯带到外边来，并没有意识到自己影响了他人的进餐。父母对此负有直接的责任。

带领张林外出进餐之前，父母就应当向张林讲明那样的环境中如何做，才能举止得当。在预先讲好的情况下，孩子一时忘情，举止"犯规"，父母可以温和地提醒："我们讲过在餐馆不能大声喧哗,是不是?"一般来讲,孩子们会通情达理地收敛自己的行为。如果父母没有事先"警诫",而当场不断训斥,使得孩子不知所措,孩子就会对整件事产生反感,甚至故意挑衅。

因此,为孩子订下规矩是第一步,其次才是要求孩子守规矩,如果没有制订规矩,就不能将过错推给孩子。

再精明的父母也会有遗漏。我们经常会发现孩子做出意料之外的举动,使得父母心中暗暗叫苦不迭。在这样的情况下,最要紧的是不能任凭自己的怒火喷发,尤其当愤怒的主要原因是面子上过不去时,就将所有的不快都发泄在孩子身上,这是很不公平的。例如孩子在看展览时用手触摸展品,被工作人员喝止,又如孩子在收款台按动收款机的键码,引起一阵惊恐。这些情景都会使父母感到脸上无光,似乎不呵斥孩子几句便过意不去。其实孩子又如何懂得。如果当时的情况允许,可以即刻对孩子做一些解释说明,但如果大家情绪都比较激动,可以过后再讲,使孩子在尽量平静的状态下接受这一训导。这样孩子首先在情绪上不产生敌对情绪,再者也不会觉得动辄得咎,因此对外界产生恐怖畏缩感。

偷东西的行为在孩子幼年时可以说并不鲜见。父母应随时随地教育孩子遵守社会规范,懂得约束自己的行为,不给他人造成伤害。

在对孩子进行此方面的教育时,同样要注意方式表达,不伤害孩子的自尊心,不激发他们的对抗与报复心理,或产生对自身的厌恶,从而失去自信心。我们要针对事情,而非人的本身。明智的教育既能使孩子改正自己的不良行为,又能帮他们树立正确的道德观,保持良好的心态,增加对别人的关切之情。

郭琼发现9岁的儿子杰杰从店里偷东西,杰杰的行为让她大吃一惊。她仔细地想了想该怎么办。一天,当家里只有妈妈和儿子两个人的时候,郭琼把杰杰喊进来,她用很慈祥的眼光看着儿子,将他抱在腿上。然后告诉他,她听说有人昨天从一些店里偷东西的事,她接着讲自己在五年级时,曾从店里偷过橡皮。她知道这是小偷行为,心里很害怕。这样做后,很长时间都觉得惭愧,有犯罪的感觉,所以这种行为是不好的,以后便不再这样做了。

开始时杰杰试图为自己辩解:"可是店里有的是泡泡糖,拿一点也没关系。"郭琼便仔细地同他讨论起来,店主要卖多少泡泡糖及其他物品,才能赚足够的钱付房租,付雇员的工资及进货,有足够的钱养家糊口,经营者也很不容易。再说这个商店不是我们的,是别人的,拿别人的东西是不对的。杰杰同意妈妈的说法,他从来没有从这个角度考虑过问题。

他们又接着谈到杰杰和妈妈也不喜欢别人从自己家里偷东西,最后杰杰同意,他再也不会偷店里的东西了,同时他要为偷来的泡泡糖付钱。

郭琼没有指责、训斥或简单地对杰杰进行说教,也没有使杰杰感到自己的行为显示出自己是一个坏人。他们一起探索了为什么不该偷东西,偷东西对社会利益与他人利益的损害,使杰杰在良好的心理状态下接受了正确行为的教育。

把孩子培养成一个正直又懂变通的人

在我们尊重孩子的同时,同样在教育他们尊重别人,包括父母在内。允许孩子自己处理与其他人的关系,做父母的责任是帮助孩子培养正确的态度与方式,但绝对不能卷入其中。

尊重孩子,意味着我们将孩子看成一个个体,而这个个体有权利像我们成年人一样

做出决定。当然，说他们有权利，不等于他们就能够做成人所能做的事情，因为，他们毕竟没有成年人所具有的经验和知识。只有当孩子在以后的人生经历中慢慢学会变通，慢慢学会用理性的思维判断问题，才能后在其整个成长的过程中慢慢学会独立，慢慢学会依靠自己的能力去处理难题，与别人友好相处。事实上，孩子之间的事情本身就不需要大人的过多介入，作为父母，假如我们一定要对他们的事情强行介入，说不定本来没多大的事情会因为我们的介入变得越来越复杂。

宁宁8岁生日的时候，爸爸给他买了一整套珍贵的邮票，希望这能够鼓励他对集邮产生兴趣。后来，宁宁在朋友那里发现了一套篮球明星卡片，非常眼馋，就用这套邮票换了那套明星卡片。后来，爸爸发现了这件事，感到非常生气。他认为这是他送给宁宁的礼物，宁宁这样轻易地换掉，是对他的不尊重。他知道和宁宁换卡的小孩比宁宁大，应该懂得这套邮票的价值，要远远超过那套明星卡片的价值，却没有告诉宁宁，因此，占了宁宁的便宜。当然，最重要的是爸爸认为宁宁并没有和他商量，就把整套邮票换出去。因此，他决定要教训宁宁一下。他向宁宁指出两件东西之间是不等价的，强迫宁宁去朋友那里要回那套邮票，并退回这套篮球明星卡片，这使宁宁非常窘迫，而且感到自己十分地蠢笨，和朋友之间的关系也就此破裂了。

在这里我们应当指出的是，换邮票是宁宁自己的决定，无论他成熟与否，我们都应当尊重这个决定。既然邮票已交给宁宁，他应有权利决定如何安排这份礼物，父母无权横加干涉。的确，宁宁应该从这个交换中学到一些东西，但是我们应当从不同角度来看待这件事情，既表现对宁宁的尊重，也教会他应该学习的知识。

理想的做法应是，当宁宁向爸爸显示他新换来的明星卡片时，爸爸应该和他一起欣赏，而不应该立刻提出任何异议。过一段时间，在一个适当的机会，爸爸再向宁宁解释两件东西不同的价值，而不要提起宁宁当时的交换行为。这样宁宁可以醒悟自己是以大换小，上了当，但并没有面子上过不去。那么是否去找朋友要回邮票应由宁宁自己决定，爸爸不再参与。

如果按爸爸原来的处理办法，宁宁会觉得非常羞愧，而且认为自己无能，一切错都在自己身上。事实上，宁宁怎么懂得这些东西的价值呢？如果他不懂我们又怎能随便怪他呢？其实，在父亲要教训宁宁的行为中，也夹杂了对自己尊严的重申与维护，这种居高临下的态度，是对孩子很不尊重的表现。

在我们尊重孩子的同时，我们也应教育他们尊重别人，尤其是要尊重父母。

6岁的小辉有一个爱收集昆虫标本的妈妈，妈妈的行为引起了小辉对标本的兴趣。有一天，妈妈在客厅里看见几张散在外面的标本，有些标本已经破损，妈妈感到非常生气，就找来小辉问是怎么回事。小辉说他自己拿了妈妈的标本册，打开来看，觉得很有意思，就掀开，取了出来，不小心弄坏了。妈妈于是向他解释这些标本都是很珍贵的，一定要很小心地对待它们，不要把它们拿出来。但是，后来几次妈妈还是看见标本被丢在外面，于是妈妈就对小辉说："下次如果你想看这些标本的话，一定要经过我的许可，我们一起看，否则的话，对不起，小辉，不许动它。"但是过了几天，同样的事情又发生了。

标本册是妈妈的珍藏物，妈妈在这一点上，应该让小辉知道得很清楚。小辉已经6岁，应该能够懂道理，知道什么可以做、什么不可以做，妈妈应该对小辉很郑重地说："这些标本是妈妈的私物，没有经过妈妈的允许，你不准玩它们。"如果小辉不能尊重妈妈的意愿，就不应该让他走进妈妈的房间，去取这些标本。这样做，既表现了对小辉的尊重，又给了他一个机会，自我做决定，同时也教育了小辉必须尊重别人的权利。

孩子有时候会以为自己有特殊的权利，去做所有的事情，在这种情况下，父母应该教育他们，使他们懂得己所不欲、勿施于人的道理。

尊重孩子还应表现在不能以自己对事物的认识代替孩子的感受。

毛毛在房间里钻来爬去，跳高跳低，玩着他各式各样的玩具。妈妈坐在旁边看报纸。忽然妈妈看见毛毛把夹克脱下来了，于是急急叫道："毛毛，把夹克穿上，房间里很冷，你看我都穿上毛衣了，你怎么只穿一件单衣呢？"毛毛说："我一点也不冷，我都出汗了。"妈妈说："不可能，快把夹克穿上，要不然你会感冒的。"

在这里，妈妈完全不考虑孩子是和自己在不同的状态中，用自己的冷暖感觉代替儿子的感觉，这表现了对儿子的不尊重。同时，这种过分的保护，也对孩子的心里和身体造成了障碍。在妈妈这种过分的保护下，孩子会产生一种依赖心理，认为自己毫无自理能力，凡事都要靠妈妈，因此完全放弃自我。

尊重孩子也表现在不过分保护孩子，使他们有机会经历生活中的各个方面，从而积累并增强处理与解决各种困难的能力。对于患了重病的孩子，做父母的往往倾向于把病情淡化，甚至完全隐瞒病情的真相。父母的这一举动，是可以理解的，因为他们不希望孩子，尤其是还很小的孩子，在心理上经受过多的打击。但是做父母的，并不能够代替孩子与病魔做斗争，尤其患慢性疾病的孩子，需要有良好的心理准备，在这一点上父母必须帮助他们。既要培养孩子对疾病的健康心态，给他一切的帮助与鼓励，又要使他能够正确地对待病症。

尊重孩子还包括，允许孩子自己处理与其他人的关系。父母的责任是帮助孩子培养正确的态度与方式以发展和别人的关系，但绝对不能卷入其中。

咪咪回到家里，对妈妈说："我不想再上李老师的课了，她不懂得怎么当老师。""出什么事了？""她总是在全班面前拿我的作业开刀，说我的作业不整洁、不干净，今天，她居然把我写的作业向全班同学展示，将所有潦草、脏乱的地方向同学们指出来。我真是无地自容。我恨死她了！"妈妈一听，也非常生气，忿忿地说："这种老师，太没有水平了！我要去找你们校长谈一谈，她没有理由这样对待你。"

作为教师，应当懂得尊重学生，不能将学生的弱点到处宣扬。但是，妈妈并不应该直接参与到女儿和校方的关系中。妈妈的态度只能是火上加油，而在这件事中，咪咪同样是有自己的责任的，很可能她当时表现出不屑一顾的态度，使得老师更加气愤，做出了不应该做的事情。

要想帮助女儿处理好和老师的关系，妈妈不应该直接去和校方进行交涉，那样做对老师来说是无礼的，对女儿也不尊重，因为这样做剥夺了她自理其事的机会。妈妈应该从女儿身上下功夫。她所应该做的是帮助女儿分析为什么她和老师的关系变得这样糟糕，并且提出一些建议，帮孩子改善双方关系。更重要的是，应该让咪咪认识到她要对自己与他人的关系好坏负责任，并自己找出解决办法，别人的帮助不可能从根本上解决问题。

当然，在这场谈话中，妈妈不能表现出对任何一方的赞成和支持，如果她表示老师的态度是可以理解的，会使女儿更加愤怒，而完全拒绝听取妈妈的意见。如果她表示支持女儿，对老师的态度表示愤怒，女儿也不会很好地听她的建议。最好的办法是表达对女儿愤怒的理解。

在生活中，我们会遇到各种各样的人，很遗憾的是，并不是每一个人都很尽善尽美，每个人都有各种各样的缺点，让孩子懂得这种现实也是对其的一种现实教育。我们应引导孩子去考虑怎样通过自己的努力对形势有所改善，而不是被动地让环境及他人来适应自己的需要，妈妈可以这样讲："我可以理解，这件事情让你很不愉快。也许我们可以想一想，怎么样做可以让你不再遭遇这样不愉快的局面。"这样可以把女儿从对老师的愤怒与敌对中引开，把注意力集中到自己身上，使女儿从这件事中找到积极的心态。

培养孩子诚实守信的好习惯

从小培养孩子诚实守信的好习惯,对于孩子来说终生受益。要从小事中培养,在大事中受用。久而久之,孩子就会变得格外信守诺言。

诚实守信是一种言出必行、绝不欺骗的优良品格。诚实守信是一个人最基本、也是最重要的品格,我们要把它作为人格教育的起点,教育孩子养成诚实守信的好习惯,对孩子的成长是有很大影响的。

生活在社会大家庭中,每个人的行为都要受到社会规范的约束。社会规范不是玄妙的观念,也不是空洞的说教,它是一种行为法则,是植根于我们头脑中的趋于本能的对事物的理解与尊重。不论社会发展到什么程度或处于哪个时代,都有自身独特的社会规范,有自己独特的价值系统。不论是国内还是国外,都有一些共有的对基本价值的尊重与遵守。这些基本的价值包括:诚实、勇敢、自律、忠诚、守信、无私和公正等。无论在家庭还是学校,我们的孩子都在有意无意地接受这些价值观的熏陶,学校中更偏重于直接的灌输、纪律的约束和名誉的鼓励,那么在家庭中,如何最有效地培养孩子的道德、价值观念呢?

1. 父母要敢于承认错误

孩子诚实守信品格的习惯,首先是从模仿开始的,做父母的如果答应了孩子的事情就一定要做,努力为孩子树立诚实守信的榜样。一旦父母没有遵守诺言,就意味着为孩子种下了一粒不守约的"种子"。如果父母真的无法遵守诺言,一定要以道歉的方法予以解决,并且一定要告诉孩子遵守诺言是一种好习惯。

"小安,我和你讲了许多次要遵时守约,否则会浪费别人的时间,也给别人留下不好的印象,你不这样认为吗?"

"的确不好,不过,也没有什么大不了的。"

父亲有些生气了:"千万别不把它当回事,你养成这样的毛病,长大会怎么样呢?还有谁会信任你呢?"

看见父亲生气,小安也有些沉不住气了:"你是大人了,不是也过得很不错吗?没见你有什么麻烦呀?"

"你是什么意思?"父亲不懂为什么话题扯到了自己身上。

"你大概忘记了,好几次你答应我来参加我们学校的活动,我都告诉老师你会来,可是到最后也没看到你的影子。"

父亲想了想,很快回答:"小安,我没有意识到自己的行为对你造成的影响,我当时的确有急事不能来,但我应当事先或事后同你解释一下,甚至去同你的老师解释,我真的很抱歉,你能原谅我吗?"

小安有些感动:"没关系,我知道你很忙。下次打声招呼就可以了。"

"你们下一次家长座谈是什么时间?我一定安排好时间,当然如有意外我会和你联系,好吗?"

在现实生活中,许多父母都有可能不自觉地对孩子讲了一些不诚实的话,或者讲过的话没有兑现。这时候,父母一定要放下架子,以平等的身份向孩子承认错误,这样仍然会赢得孩子的信任。要知道,只有家长做出了优秀的榜样,孩子才能受到良好的影响。孩子的道德观、价值观的构筑也是从生活中一点一滴的小事开始的。

2. 给孩子树立诚信的榜样

要让孩子守信用,父母首先要做到言行一致。孩子的模仿能力很强,很容易受到某种行为的暗示。如果父母言行不一,不履行承诺,孩子就会受到暗示,跟着模仿。例如,父母如果答应了孩子星期天带他到公园去玩,就一定要去。如果临时有事,也要先考虑事情重不重要，若不重要，就要坚守诺言；如果事情确实比较重要，一定要向孩子说明情况，并争取以后补上去公园的活动。而且，应该尽量避免这种推迟或失约的事情发生，这样才能取信于孩子。

曾子是我国著名的思想家。有一次，他的妻子要出门，儿子要跟着一起去。她觉得孩子跟着很不方便，想让孩子留在家里，于是对儿子说："好儿子，你别哭，你在家里等着，妈妈回来杀猪给你炖肉吃。"

儿子听说有肉吃，就答应留在家里。曾子把这一切看在眼里，记在心里。

当曾子的妻子回到家时，看到曾子正在磨刀，就问曾子磨刀做什么。曾子说："杀猪给儿子炖肉吃。"

妻子说："那只是说说哄孩子高兴的，怎么能当真呢？"

曾子语重心长地对妻子说："你要知道，孩子是欺骗不得的。如果父母说话不算数，孩子长大后就不会讲信用。"

于是，曾子与妻子一起把猪杀了，给儿子做了香喷喷的炖肉。

父母的这种诚信行为直接感染了儿子。一天晚上，儿子刚睡下又突然起来，从枕头下拿起一把竹简向外跑。曾子问他去做什么，儿子回答："我从朋友那里借书简时说好要今天还的，虽然现在很晚了，但再晚也要还给他，我不能言而无信呀！"曾子看着儿子跑出门，开心地笑了。

"人无信不立"，为了培养孩子的诚信习惯，在日常生活中，父母对待孩子一定要诚信，不要说话不算话。有位母亲经常警告孩子，如果撒谎，他的鼻子就会变长。有人问这位母亲："如果孩子真的撒谎了，你有办法让他真的长出一个长鼻子吗？"显然，这位妈妈对孩子说的话本身就是不现实的，用这种方式来教导孩子不要撒谎是非常不可取的。

3. 适当奖惩

父母的言行一致、赏罚分明，会对孩子产生积极的效果。如果事先与孩子定好了制度，父母就要认真对待。对孩子行为的优劣，设有一定的奖惩原则。奖要奖得头头是道，恰到好处；惩要惩得心服口服，适可而止。奖励之前，要让他明白原因，以鼓励孩子继续坚持好习惯；惩罚之前，要警告孩子，犯错之后一定要按照奖惩原则言出必行，并且对他讲清原因，告诉孩子其惩罚原因。

比如为了让孩子养成按时起床的好习惯，父亲和孩子有这样一个小协议：每天早上必须6点起床，否则要放弃吃早餐的权利，并且要为自己失信的行为负责。

如果孩子哪天起床晚了，父母要言出必行，父母一定要把早餐收起来，让孩子明白诺言是不可随意破坏的。其实早餐并不是最重要的，而是让孩子明白每一个诺言都是认真的，是不可随意更改与破坏的。

诚信是人性一切优点的基础，诚信这种品质比其他任何品质更能赢得尊重和尊敬，更能取信于人。诚信是立身之本，是一个人最宝贵的财富，它不但能让孩子保持正直，挺直脊梁，光明磊落地做人，还能给孩子以力量和耐力。

合理安排时间，培养孩子珍惜时间的好习惯

父母要注意观察孩子平时是怎样利用时间的，表扬其合理利用时间，批评其浪费时间，并给孩子提出合理安排时间的建议。如一个星期看几次电视、读几篇文学作品，以及每天晚上先做作业还是先整理自己的房间，使孩子体验巧用时间之妙处。

爱因斯坦说过："人的差异产生在业余时间。"达尔文也说过："我从来不认为半小时是我微不足道的很小的一段时间。"从这两句话里，我们可以看出伟人们往往都是运用时间的能手，也能看出他们是多么重视时间、珍惜时间。

惜时是成功的秘诀。有的孩子平时做作业磨磨蹭蹭，边做边玩边听音乐，一个小时就能做完的作业结果做了三个小时还没做完。这很容易使孩子养成动作慢、注意力不集中的坏习惯，浪费时间和精力。

"一寸光阴一寸金，寸金难买寸光阴"，从小培养孩子的时间意识，使孩子懂得珍惜时间，学会管理时间，成为时间的真正主人，对孩子的成长可谓大有裨益。作为父母应该重视培养孩子安排时间和运用时间的能力。

莹莹做事没有一点条理，放暑假后，天天到处玩，说好一个月完成的暑假作业，都快开学了还没写几个字。妈妈心里是又气又急。

有一次，妈妈想了一个办法。她跟莹莹约定，做作业的时间只有半小时。然后，妈妈把闹钟上好。同时，莹莹开始做作业。半小时一到，闹钟就响起来，莹莹还差两道题目没做完，向妈妈投来求助的眼神。但是，妈妈毫不犹豫地说："时间到了，你不要做了，睡觉吧。"

第二天，妈妈把莹莹没做完作业的原因告诉了老师，老师也支持妈妈的方法。这天晚上，妈妈又上好了闹钟，莹莹一开始做作业就很抓紧时间，效率明显提高。仅仅一个星期，莹莹居然顺利地在半小时内做完了作业。

从这以后，莹莹做作业的速度和质量都提高了，而且做其他事情的时候，她都会有意识地给自己设定一个时限，有计划地去做了。

教育孩子珍惜时间不是一件容易的事。因为年幼的孩子还不能真正理解时间是怎么回事，更不懂生命对于自己只有一次。一般要到少年期，抽象思维比较发达，自我意识逐渐成熟时，孩子才能逐渐明白时间和生命的有限性。但是我们不能消极地等孩子到了少年期才对其进行惜时教育，而必须从小就培养孩子珍惜时间的好习惯。因为"开窍"表面看来是突然发生的，其实对生命的热爱，对效率的体会，对无限和有限的理解，都有一个量变到质变的过程，没有早期的充分准备，就不会有"开窍"的到来；何况珍惜时间还有一个养成习惯的问题，习惯的养成并不是和理解认识的程度完全相对应的。

父母培养孩子珍惜时间的好习惯可以从以下几个方面做起：

1. 教育孩子树立时间观念，增强时间意识

父母要教育孩子充分利用每一分钟，要让其懂得讲究效率，时间会相对变长；而不讲效率，时间则会相对地变短的道理。

有的事情必须在某个时间内完成，父母甚至可以建议孩子采取"倒计时"的方法来安排时间。例如，在一个月内必须完成的事情，算算还有多少天，自己就要规定每一天的任务。如果不能按时完成，错过了机会，就会前功尽弃，十分可惜。

父母还可以用别人珍惜时间的事例来教育孩子，从而使孩子认识到时间的宝贵。

如爱迪生为人类做出了一万多项发明，他为了做实验，甚至在新婚之夜忘记了新娘和前来祝贺的客人。

又如，居里夫人为了节约时间，每天只在实验室里啃几片面包。鲁迅先生更是惜时如命，他把随意占用浪费他人时间的行为视为"谋财害命"……通过这些事例，孩子就会逐步认识到珍惜时间的重要性，逐步树立时间观念，增强时间意识，从而在学习、生活中养成珍惜时间的习惯。

2. 教育孩子学会集中精力做事

有的孩子做事情时三心二意，甚至边玩边干，这是最浪费时间的。父母应让孩子明白，做事就做事，玩就是玩，而且事情要一件一件地做，不可一心二用，为此，父母要指导孩子养成做事有头有尾、善始善终的习惯。比如打扫卫生，就要在规定的时间内把房间里的每件东西都摆放在合适的位置。然后清扫地面、擦抹桌凳，也不能忘记倒垃圾。房间没清扫完毕，不能停下来玩或干别的事情。

一件事情做好了，父母要对孩子进行表扬，强化他的行为习惯；如果没做好，就要批评或让他重做。至于孩子效率提高，提前完成任务而节约下来的时间，则应由孩子自己去支配，以示奖励。

居里夫人就是这样对待孩子的。布置任务时她总是告诉女儿："干完了你随便玩。"这样，不但有利于调动孩子完成任务的积极性，而且有利于培养孩子在规定时间内集中精力做好一件事的习惯。

3. 让孩子意识到浪费时间是要吃苦头的

现在很多孩子做事磨蹭拖拉，不珍惜时间，这些毛病与父母的娇惯有很大的关系。如，爱睡懒觉的孩子大多是作息时间安排不合理，早晨叫一遍不醒，叫两遍不起，最后实在没办法了才起来，但一看表，时间已经不早了，于是家长急忙帮着穿衣，准备书包，甚至连早饭都来不及吃就上学去了。实际上，家长这样做，非但不利于培养孩子的时间观念，反而会助长孩子依赖家长的懒惰习惯。

其实，家长可以这样实验一下：在孩子的床头放一个小闹钟，并向孩子申明："以后爸爸妈妈不再来催你起床了，早晨闹钟响，就自己起床。假如起床晚了，就没有时间吃早饭；假如拖拉的时间多了，就会上学迟到，就会受到老师的批评。"如果孩子能按父母的要求做，那么，他就会逐步养成按时起床的习惯；否则，就会因睡懒觉，不按时起床而受到惩罚——吃不上早饭、迟到、受批评。一旦孩子品尝到耽误时间的苦果，心里就会不舒服，自然会吸取教训，今后重犯的可能性就少了。

这种教育方法被教育专家称作"自然后果惩罚"法。当然，在特殊情况下，如考试或有重要活动时，家长还应该帮助孩子，除用闹钟外，还要及时催促孩子按时起床。

4. 安排好常规学习时间和自由学习时间

常规学习时间指按学校规定的学习时间，主要用来完成老师布置的学习任务，消化当天所学的知识。而自由学习时间指除常规学习时间外的归自己支配的时间，可以用来弥补自己学习中欠缺的，或者提高自己对某一学科的优势和特长，或者深入钻研一件有意义的事情。

自由学习时间的安排是制订学习计划的重点。抓住和合理利用的自由学习时间，对学习和成长都会有极大的好处。所以要让孩子提高常规学习时间的效率，增加和正确利用自由学习时间，掌握学习主动权。

5. 帮助孩子学会合理安排时间

说到巧妙利用时间，父母还可以从以下几个方面培养孩子。

（1）精力最充沛的时间，干最费精力、最重要的事。

教孩子在脑力、体力最充沛的时候，选择最重要，又最费脑力和体力的事情；体力差时，做些费脑力的事情；脑子疲劳时，就做专用体力的活，这样反而能使脑子得到休息。

（2）集中时间干大事，打歼灭战。

有些事情，最好是用一整块时间，一气呵成，才能干出个结果。比如计算一道复杂的数学题，每天想一会儿，又去做别的事，第二天又得从头开始想，因为昨天的思路已经忘记了。遇到类似的事情，告诉孩子，集中时间，专心致志，打个歼灭战，往往会得到事半功倍的效果。

（3）专门抽出时间，整批解决零散问题。

对一些零散的小问题，急于拿出时间去完成，往往容易打乱别的事情，但是如果总是不做，也会误事。解决的办法是来个零存整取，把零散的问题留下来，专门用一个时间，来整批解决这些零散问题，来个快刀斩乱麻。

值得注意的是，培养孩子珍惜时间的好习惯，并不是要孩子牺牲必需的休息来学习，而是尽量让孩子做到不浪费时间、不虚度光阴。有时，我们还必须告诉孩子：为了明天有效率，今晚要睡个好觉。有很多事情，不是一口气就能做完的，它往往需要孩子艰苦奋斗很长时间，在这种情况下，就要提醒孩子，不要犯性急的毛病，要稳扎稳打，一步步来。

当然，父母可以帮助孩子制订一个合理的作息时间表，要求孩子按作息时间表学习、生活、游戏。开始时，也许孩子不能严格遵守作息时间的规定，父母可以督促孩子使其逐步适应，直到最后自觉遵守。这样孩子按计划做事就不会手忙脚乱了。

谦虚是孩子不断前进的基石

有些父母觉得自己的孩子很优秀，逢人就夸。这样做满足了父母的虚荣心，对孩子心理的健康发展却极其不利，孩子会认为自己就是最优秀的，导致看不起别人，狂妄自大。

法国资产阶级革命时期的风云人物拿破仑，也是吃了骄傲自大的亏，早年他曾以"神速和勇猛"的战争手段，常常以少击多，出奇制胜，大军所向，望风披靡，被人称为"战争之神"。然而，胜利冲昏了他的头脑，丰功伟绩使他骄傲如狂。他居然认为"不可能"只是庸人字典中的字眼，与他无关，于是武断专横、为所欲为。在他大获全胜的奥斯特里茨战役后的第七年，他又亲率60万大军进攻俄国，被打得一败涂地。后来被流放到圣赫勒拿岛，从巅峰跌到了谷底。

巴甫洛夫说："绝不要陷于骄傲。因为一骄傲，你们就会在应该同意的场合固执起来；因为一骄傲，你们就会拒绝别人的忠告和友谊的帮助；因为一骄傲，你们就会丧失客观方面的准绳。"

无数事实说明，巴甫洛夫说的是正确的。人一骄傲起来，那么等着他的，必然是脱离实际、脱离真理的情况，挫折和失败的厄运就将接踵而至了！

在现代家庭中，由于受到特殊的家庭环境的影响，独生子女容易养成骄傲自大的性情。谦虚使人进步，骄傲使人落后。骄傲自大会对孩子的发展产生消极影响。骄傲自大的孩子往往不屑于与别人交往，心胸变得很狭窄。他们虽能取得一定的成绩，但往往只满足于眼前取得的成绩，而且他们看不到别人的成绩。骄傲自大的孩子很难和同学们友好相处，因为他们不能做到平等相待，总是以高人一等的态度对待人或喜欢指挥别人。

7岁的佳佳刚上小学一年级。在父母的精心培养下，她2岁多就会背几十首诗；3岁能做加减乘除的数学运算；5岁会用电脑，还读了不少书。可开学仅一个月，佳佳的妈妈就接到老师的电话，说佳佳不遵守课堂纪律，不管老师讲什么，她总喜欢插话发言，代替老师讲课。此外，佳佳平时对班上的同学常常表现出不屑一顾的态度，有时还取笑别人。

"妈妈，我这次考试又是满分！"佳佳一进家门就高兴地告诉妈妈这个好消息。

"是吗？你真棒。"妈妈称赞道。

"王鸿才考了78分，他没有一项可以超过我。在我的朋友中，我是最棒的。"佳佳抬着下巴说。

"佳佳，你不可以这么说你的朋友。"妈妈不高兴地说。

"可是，这是事实啊，他就是不如我。"佳佳并不认为自己有什么不对。

爸爸听到母女两人的谈话，连忙打断，"佳佳，来，到爸爸这儿来，爸爸给你讲故事听。"

"好的，我先放书包。"佳佳蹦跳着去放书包。

妈妈皱着眉头看向爸爸。

"别担心，亲爱的，我会让她把这种性情改掉的。"爸爸朝妈妈眨眨眼。

佳佳从房间出来，坐在沙发上听爸爸讲故事。于是，爸爸给佳佳讲了下面这样一个故事：一望无垠的草原上，有棵高大的橡树，许多动物都喜欢到树下遮阳、避雨。

"还好有这棵树，要不然我们就热坏了。"

"是嘛！它是这片草原上唯一的风景。"

它们总是这样称赞。日子久了，接受的赞美多了，橡树竟然也渐渐觉得自己的确了不起。

它开始看不起身边的小草们了。

有一天，草原上刮起了暴风，声势之大前所未见。小草们一株株全随风势弯下身子，只有橡树依然高傲地迎风直立。

"快弯腰啊！风太大了，和它硬挺是会吃亏的。"

"我就是这样的个性，"橡树不但没有屈服，为了显现它的威武，反而挺得更直。"不论遇到多大的阻碍，我永不低头。来吧！尽管来吧！"

说实在的，它的树干那样粗壮，想弯腰恐怕都不可能。

它舞动着枝丫向狂风挑战，霎时间，一阵风席卷而来，不客气地将它连根拔起。

"啊！"它惨叫一声，砰然倒地。

风雨过后，小草又挺立起来，每一株都像原来那么完好，而橡树已奄奄一息地横卧在草丛里了。

"大树死了吗？"佳佳问。

"是啊，它认为自己是最强的，认为谁都不如自己。最后，它还不如一株小草。佳佳，你一定不会想做那棵大树，对不对？"爸爸问佳佳

"是的，我想，我不愿意做那棵大树。"佳佳说，"爸爸，我想我应该去给妈妈道歉，刚刚她是对的，我不应该那样说王鸿。"

"妈妈不怪你。"妈妈的声音从佳佳的身后传来。

"妈妈！"佳佳转身投进妈妈的怀抱。

"谦虚使人进步，骄傲使人落后"，谁都知道骄傲、自负的人将来难成大器。而孩子这种骄傲自满的情绪，却需要父母从小处着手加以分析、思考才可能彻底根治。当孩子骄傲的情绪刚露头的时候，父母就应毫不手软地迎头痛击，因为骄傲自满将是阻碍你聪明的孩子未来发展的魔鬼。

骄傲自满是在孩子有了一定的自我意识、自我评价能力后产生的。有的孩子可能取得过一些优异成绩，听到过不少的赞誉，认为自己确实优秀；有的孩子只看到其他孩子的缺点，从而总认为自己优于他人；有的孩子虚荣心强，因而听不进逆耳忠言；有的孩子受个人英雄主义影响，总喜欢表现自己。总之，骄傲自大会对孩子的发展产生消极影响。骄傲自大的孩子常在自己的周围树起一道无形的墙，形成与外界的隔膜，这使他们的心胸变得很狭窄。他们虽能取得一定的成绩，但往往没有远大的理想和志向，而只满足于眼前取得的成绩。而且，他们看不到别人的成绩，只会坐井观天。

作为父母，应该耐心地教导孩子，让孩子学会正确地评价自己。既要认识到自己的优点，又看到自己的不足。父母还需要规范孩子的行为，督促他们改正骄傲自大的坏毛病。告诉孩子，在交友中应该怎样做和不应该怎样做，并加以训练和指导，使其养成良好的行为习惯，多发现其他人的优点、长处，虚心向他人学习。这样，才会受到大家的欢迎。

父母要通过给孩子讲一些具体的事例，来让孩子知道"人外有人，天外有天"的道理，让孩子知道世界上总是会有比自己更优秀的人存在，切不可因为取得一点点成绩就沾沾自喜、盲目自傲。告诉孩子人各有长短，即使是最卑微、最弱小的人，也有其他人所不及的地方，同样，再强大的人也都有他自己的弱点。不可用自己的长处去与他人的短处比较。

父母还应该减少孩子的物质优越感。过于优越的环境会让孩子产生一种高高在上的心理感觉，从而会看不起一些条件普通的同伴。尽量不要给孩子过多的物质奖励，要防止孩子获得过多的物质奖励而产生畸形的满足感，从而削弱进取意识。父母要让孩子明白，好条件是父母创造的，他其实和其他同学一样，没有什么特别的地方。

第17章 好妈妈不吼不叫，培养出孩子的好性格

 **教育的关键就是培养孩子的好性格**

家长不可能永远充当孩子的保护神，也无法让孩子的未来尽善尽美，家长能帮助孩子做的最重要的一件事，就是培养孩子的良好性格，让他们勇敢地走向前，创造属于他们自己的幸福。

人的一生很短暂，想要功成名就，往往要经过艰辛的努力去争取，能够努力、探索、争取最终成功的人，大多数都是性格坚强、乐观、自信、刻苦的人，他们永不言败，在困难面前不退缩，勇于创造，富有恒心。

父母都希望孩子早日成才，除了必要的智力投资，从小培养孩子良好的性格也非常重要，因为孩子性格直接决定了其一生的命运。

什么样的性格是孩子们所需要的呢？

1. 快乐活泼

孩子从小要快乐活泼，爱笑，无忧无虑、无拘无束，不呆板，不胆怯，但并不吵闹多动。真正活泼的孩子应该是表情、动作、感知、双手、思想五方面的活泼以及口齿伶俐。还有一种活泼是内在的，表现为喜欢提问、讨论、辩理、识字读书等，外在的看起来反而显得比较安静。

2. 安静专注

活泼有外在和内在的表现之别，而内在的活泼就表现为安静，无论哪种活泼，专注都是必要的。玩也要专心致志地玩，全身心都倾注在游戏里，才能更多地感受到快乐，获得更多的收获。否则心猿意马，注意力涣散，该动该静都不能做到，做事不能坚持到底，这样就很不好。学习时也会难以专注，智能发展也会受到性格的不良影响。

3. 勇敢和自信

凡是成功的人，必定是强者和有自信的人，懦夫是无缘于成就的。

孩子的勇敢、自信表现在"不怕"上，不怕黑、不怕疼、不怕苦……这是孩子"自我意象"好的表现。也就是说，自信的孩子总觉得自己是个好孩子，很能干，因而也很快乐，这一切，跟骄傲、没礼貌、不友好完全不能等同。

4. 独立自主

成功者总是自我意识强，独立自主，相信自己的力量。

很多成功人士在很小的时候，就已经很有独立性了，比如大名鼎鼎的比尔·盖茨，他小学时就利用课余时间去图书馆做兼职为自己赚零用钱了。

有独立意识的孩子小时候自己睡觉、自己玩、不过分依赖大人，以后会做自己力所能及的事，喜欢自己处理自己的事情。

5. 爱劳动，关心人

从小爱劳动的人以劳动为快乐，富有同情心，会从关心家长开始，关心周围的人，会关心家长做事累不累、受伤疼不疼、生病难受不难受，也会留意不打扰别人，所以勤劳和善良是密不可分的。孩子从小有这样的性格，就一定是个道德高尚的人。

6. 好奇心和创造性

具有这种性格的孩子喜欢问"为什么"，表现为对新奇的事用眼睛看、用手摸、用耳朵听、用脑子想，更关键的是，用心感悟。他们喜欢别出心裁，与众不同，精益求精，喜欢动手试验，喜欢搞小发明等。有着以上充满求知欲望和创造精神的孩子，求异思维和发散思维优于常人，自学能力也比较强，将来会是开拓型、创造型的人才。

那么，作为父母，怎样让孩子形成好的性格呢？以下几点至关重要。

1. 要让孩子有强烈的自信心

当孩子对自己充满自信时，他才有可能战胜困难。家长要注意发现孩子的天赋，有意识地去诱导他们，鼓励孩子建立必胜的信心。

2. 要让孩子有饱满的热情

无论任何事，有足够的热情，才能取得成功。对大多数孩子来说，热情生来就有，但热情很脆弱，很容易在挫折中伤害，甚至被摧毁。因此，家长要格外留意，保护孩子的热情不被伤害。

3. 要让孩子富有同情心

大多数孩子对生命是敏感而关切的，比如他们看不得小动物受伤害就是例证。如果一个家庭经常关心他人，孩子幼小的心灵就会播下同情的种子。

4. 要让孩子有较强的适应能力

让孩子了解父母一定的难处，可以帮助孩子们尽快成熟起来，这样可以避免由于孩子过分幼稚和脆弱而经不起各种打击。

5. 要让孩子充满希望

家长要教会孩子对生活充满乐观，在黑暗中看到光明，就能让孩子敢于迎接挑战，遇到困难就能勇于面对，遇到危险就会临危不惧，从而建立坚强的个性和韧劲。

按照孩子的天性培育孩子

在独生子女占大多数的当今，父母对孩子的溺爱和偏爱已成为一种病态现象。很多家长不管孩子是否愿意接受，对孩子的所有日常生活事无巨细地大包大揽，并按照自己设计的宏伟蓝图左右孩子。有的家长不在乎孩子是否分得清五谷杂粮，是否懂世情、明事理，只要孩子能考上名牌大学，当上美术家、钢琴家……什么要求都可以答应孩子，什么事都可以为孩子代劳。

随着这种教育方式和教育观念的发展，很多孩子的天性在这种特殊而几乎变味的父爱、母爱中迅速泯灭。如同鲁迅在《我们现在怎样做父亲》一文中说得那样："一待放到外面来，则如樊笼的小禽，不会飞鸣，也不会跳跃。"——这是一件多么可悲的事情！

其实，育人如同育树，家庭教育中尊重孩子的天性至关重要，让孩子自由发展，可以促进孩子完整人格的形成。

在具体的家庭教育中，我们可以根据家庭生活的规律，尊重孩子的天性，按照孩子的天性来进行教育。从家庭生活的小事做起，从小处着手，可以获得很好的效果。

糟糕的是，在家庭教育实践中，很多家长并没有意识到这一点。

小波的爸爸给小波报了钢琴班，让他学钢琴，但小波喜欢足球，不想学钢琴。

小波是在爸爸的逼迫下去学习钢琴的，因为小波一说不爱学钢琴，爸爸就责骂小波，还说有了钢琴特长，考大学可以加分！

小波总是对小伙伴们说："我最恨钢琴，恨不能把琴砸坏了！为了学钢琴，我爸爸打骂我很多次了。"

小伙伴就问:"那你喜欢什么呀?"

小波伤心地说:"我想踢球,我舅舅送我一个足球,但刚玩了两天就被我爸爸扔出去了。爸爸天天盯着我,哪都不让我去!"

孩子心中的幸福就是有一个宽松和谐的成长空间,现在很多孩子却失去了这样的机会。小波的快乐被爸爸挤压到了小小的空间。小波特别难过,以后跟小伙伴在一块儿踢足球的日子什么时候才能回来啊?

从天性来说,孩子天生就是探索者,有着强烈的探究和学习欲望,好奇心驱促使孩子一次次地尝试,不怕困难、不怕失败,直到掌握为止。正像孩子学走路,绝不因害怕摔跤而放弃。这比很多成年人面对困难时的态度要强得多。孩子往往喜欢自己动手做事,在做的过程中寻找答案,并把新的信息储藏在大脑中。这些信息储存得越多,他将来的智力水平就会越高、学习新的技能就会越快。

詹天佑是中国首位铁路工程师,负责修建了"京张铁路"等工程,有"中国铁路之父"之称。

詹天佑小时候不喜欢读书,却十分喜欢摆弄机械,常和邻里孩子一起,用泥土做成各种机器模型。有时,他还偷偷地把家里的自鸣钟拆开,摆弄里面的构件,提出一些连大人也无法解答的问题,村里人都很佩服这个孩子。但是詹天佑的母亲不是很喜欢孩子整天玩那些机械设备,于是警告过詹天佑很多次:"你以后再敢玩这些东西,不许你吃饭!"

好在詹天佑有个开明的父亲。

詹天佑的父亲认为:"既然孩子喜欢,就让他玩吧!"他还鼓励詹天佑做自己喜欢的事情。

事后证明,正是这小时候的兴趣,成就了詹天佑。经过后来的努力,詹天佑终于成了中国铁路的第一人!

顽皮是孩子的天性,但是许多孩子正是在顽皮中发现秘密,获得真知。如果父母对孩子的顽皮粗暴干涉,那无疑就扼杀了孩子的天性。

试想一下,如果詹天佑有个跟母亲一样专制的父亲,詹天佑很可能成为一个碌碌无为的读书人,但开明的父亲却有效地保护了詹天佑的兴趣,使他能够继续追求自己的梦想。

现在不少家长一门心思只关心孩子的考试成绩,孩子的"业余爱好"在他们眼里就是不务正业。事实上,一张一弛是文武之道,一个孩子玩不好,那肯定也就学不好。这是许多家长没有认识到的。

詹天佑的父亲对待孩子的做法值得我们很多家长借鉴。

其实,在孩子成长过程中,学习固然十分重要,但如果孩子只有单调而乏味的学习生活,就可能会在成长的过程中出现一些不健康的心理表现,比如厌学、易怒、感情脆弱、多攻击性。久而久之,孩子会失去了认知能力,没有成就感,没有上进心,对身边的人和事都极端的冷漠,在最初人格形成时,在孩子的心里种下不良因子。所以说,在家庭教育中,父母一定要清楚地认识到,孩子的求知欲是对生活的最初发现,也是他们认识生活、热爱生活的开端。

孩子成长有这种好的开端,在孩子人格的形成过程中,同样也就有一个好的开端。

总之,孩子来到这个世上,只是一张白纸,但我们不能完全用成年人的眼光来要求孩子,要适当地给他们一些空间,让他们去描绘他们自己的"心中乐园",让他们在玩乐中去学习知识,学会生活,学会做人。家长只要做好引导和看护工作即可。

教育可以重塑孩子的性格

人的性格虽不是一成不变的，但一旦形成也会相对地稳定下来。一般来说，3岁的孩子在性格上已有了明显的个体差异，且随着年龄的增长，性格改变的可能性越来越小。因此，孩子的性格主要取决于父母的养育方式。

世界上每个人的相貌各不相同，其性格也是千差万别。那么什么样的性格才是好性格呢？一般来说，好的性格应该包括以下几个方面。

1. 饱满的热情

一个人如果缺乏热情，那么他做任何事都不可能成功。热情，对大多数孩子来说，是与生俱来的，然而，要使其不受伤害，继续把热情保持下去，却不容易。因为热情是脆弱的，很容易被诸如考试的分数、他人的嘲笑等挫伤，甚至摧毁。因此，父母要十分注意保护孩子的热情。

心理学家认为，孩子从小无意识地受到父母态度的影响而形成的性格，儿时一般不易发现，进入青春期之后，这些影响才开始明显地显露出来，并且在以后都难以改变。

2. 充足的自信

一个人只有相信自己有能力迎接各项挑战，他才有可能成功。要做到这一点，父母首先要尽可能早地发现孩子的天资和才能，有意识地去引导他们，鼓励他们具有充满成功的信心。

3. 热切的同情心

大多数孩子对有生命的动物所遭受的痛苦都是很敏感的。父母经常关心他人，自然会在孩子幼小的心灵中播下同情的种子。

4. 较强的适应能力

怎样培养孩子的适应能力呢？最好的方法是尽早用成年人的爱心和感情去对待孩子，使他们能早日成熟，避免由于过分幼稚和脆弱而经不起来自社会的各种打击。

5. 满怀希望

这种特性能使人在黑暗中看到光明，并敢于迎接挑战。要想使孩子对生活充满希望，父母本身就应该是乐观主义者。如经常教育孩子：失败乃成功之母。这样，当困难真的来到时，孩子就不会萎缩不前，而会挺起坚强的脊梁，去战胜困难。

父母的教养方式是影响孩子性格发展的重要因素。曾有人将几百名4岁幼儿的家长按其"权威"和"关爱"程度分成溺爱型、忽视型、严厉型、关爱型、理智型五类。在这五种教养类型中，孩子的发展水平表明，溺爱型、忽视型家庭中长大的孩子，其各方面发展的水平都较低。在思想上接纳子女的非期望行为，行为上部分限制的关爱型父母培养下的孩子，其智力发展较快。思想、行为都部分接纳非期望行为的理智型家庭教育，则使孩子在各方面的能力都高人一等。可见，较好的教养方式对孩子优良品格的形成具有积极作用。

同时，父母常常是孩子的偶像，他们的一举一动都会被孩子模仿。生活中我们常常会发现，父母和孩子在举手投足、一颦一笑之间都有着惊人的相似之处，真像是一个模子中刻出来的。这虽然说明了遗传在孩子性格形成中的特别作用，但似乎更能说明后天环境对孩子性格影响的巨大作用。

这就是不仅父母与子女之间存在着奇妙的相似之处，就是同一父母所生的兄弟姐妹之间，在言谈举止中也会有或多或少的相似之处的原因。所谓"近朱者赤，近墨者黑"。现实生活中，我们也常常发现，夫妻二人感情较好的，他们彼此之间会越来越相似，这与他们日厮夜守，天天生活在一起有很大的关系。

因此，环境对性格形成的作用也是不容忽视的，因此为人父母者，还应努力为孩子营造一个良好的成长环境。

古时候孟母为了让儿子有一个良好的生活环境,不惜三次搬家。这就是"孟母三迁"的故事。孟子最终没有让母亲的苦心付诸东流,终于成为中国历史上伟大的思想家。

现代人大多由于客观条件的限制,不可能再像孟母那样因对周围环境的不满意而频繁搬家,但父母至少可以为孩子营造一个良好的家庭环境。

孩子性格的形成与早期生活习惯有着密切的关系,这一点尚未引起人们足够的注意。常听到有的父母抱怨孩子天性胆小、娇气。殊不知,正是家长自己无意中错误的育儿方式造成了孩子的这种毛病。培养孩子性格品质要从小抓起,从建立良好的生活习惯着手,如饮食、睡眠、自理能力训练等,这些先入为主的习惯就是孩子日后的习性。

常与他人交往的孩子在处理人际关系方面有很强的能力,在人面前显得落落大方;相反,与人交往较少的孩子多会形成文静内向的性格,羞于与人交往,一说话就脸红,表情和举止极不自然。因此父母还应该注意为孩子创造一个良好的家庭环境,让孩子学会与人交往。

父母的情感态度对孩子性格的导向作用十分重要。现代父母的情感流露比以往更明显,频率和强度更高,这样会使孩子变得非常脆弱和具有依赖性,在娇宠中变得批评不得,甚至父母的声音稍高一点,孩子也会因此受惊而大哭不止,显示出脆弱的性格特征。一般情况下,娇气脆弱的孩子常缺乏足够的心理承受力,一旦受到挫折就容易出现心理障碍。

再则,如今独生子女多,父母的悉心照顾表现在各个方面,对孩子的很多事情进行包办或限制。这些过分"担心"的心理,不可避免地通过言行举止显露出来,对孩子起到暗示作用。不少父母在孩子想参加某项活动之前,总是向孩子列举种种危险,结果使孩子产生了恐惧的心理,并因此畏缩不前。年龄愈小的孩子愈容易接受暗示,父母的性格特点极易潜移默化地传导给孩子。

有的父母还把孩子的身体健康寄托在各种食品和药品上,而不是让孩子在阳光、新鲜空气和户外运动中锻炼身体。一般来说,体弱多病与性格懦弱之间有着一定的内在联系,因为病儿会受到父母更加细心的照顾和宠爱,从而助长了其软弱性格的形成。这种保护过度的育儿方式,会使孩子的性格具有明显地惰性特征,表现为好吃懒做,缺乏靠自身能力解决问题的内在动力。

另外,恶劣的环境可能导致孩子恶劣的性格,这也就是在社会风气极度不良的情况下,容易导致青少年犯罪呈上升趋势的原因。所以专家们一再呼吁:保护未成年儿童,让孩子远离毒品、暴力、色情等一系列社会垃圾。

孩子性格的形成一方面取决于先天遗传,一方面取决于后天生活的环境。身为父母,在注意纠正自己性格中的不足之处,并努力为孩子营造良好的成长环境的同时,还应注意与孩子多谈心,多关心孩子,随时了解他们的所思所想,发现他们成长中的一些性格缺陷,并及时给予纠正,如果等到孩子性格已经成型后再纠正就很困难了。

澳大利亚心理学者罗拉黑尔这样概述性格形成中遗传与环境的作用:

(1)在心灵与思想的一些特性上,家庭成员之间存在遗传这个事实;

(2)在许多个别的性格特质中,哪一个会得到发展、能发展到什么程度,则由环境因素决定;

(3)若是先天已经具备非常强的性格特质,则在任何环境中都可以得到发展。

从罗拉黑尔的结论中,我们可以得到这样的启示:父母在为孩子营造成长的环境时,要注意发现孩子身上潜在的特质,为孩子该特质的发掘与发展创造一个最佳的环境。

俗话说,性格决定命运,性格是影响孩子一生生活、学习、交往的最本质、最关键的要素。

良好的性格会让孩子始终采取各种积极的言行,还能够极大地调动孩子的积极性并激发其潜能,能够最大限度地发挥孩子的创造性,从而使得他更接近成功。不良性格会使孩子表现出各种不良的心理和行为,甚至会使他在生活中采取错误或极端的言行,最终会导致孩子的人生走入一个错误的方向。

 积极调整孩子的放纵和任性

任性是孩子性格中容易发生的不良倾向，表现为高度的以自我为中心，想干什么就干什么，不听劝告。任性是孩子一种不正常的心态，是孩子要挟大人满足自己某种需要的手段，如果不予以纠正，长大后容易形成偏执、狭隘的性格。

一天，苏苏约了一个小朋友到家里玩。两个孩子玩得挺愉快。本来，如果事情一直这样下去，也就没什么了。可是，即将结束游戏时，那个小朋友忽然从包里取出一辆遥控小汽车。小汽车顶上，亮着个红灯，闪啊闪的。

"给我玩，给我玩。"苏苏开心得不得了，"我玩一下。"

"好，就玩一下，"小朋友倒也大方，"玩一下我就要回家吃饭了。"

苏苏好奇地拿起小汽车，上上下下地翻看了一番，然后用遥控器指挥着它，在房间里绕起了圈子。绕了两圈，小朋友就把车收回包里，坚决地要回家了。苏苏留不住小朋友，只好任由他离去。

"妈妈，我要小汽车。"小朋友走后，苏苏向妈妈提出了要求，"我也要小汽车。"

"好，"苏苏妈满口答应下来，"明天去买，今天商店关门了。"

"不，我要小汽车，我现在就要。"苏苏坐到地上，哭叫起来。

"你这孩子，怎么这么不听话。"苏苏妈急了，一把拉起苏苏，"都答应你了，你还想怎样。"

"我现在就要小汽车！"

"唉，这孩子怎么变得这么任性？！"苏苏妈悄悄地叹口气，"快去睡吧，明天就买。"

然而，苏苏却一直没有安静下来。反反复复地重复着那句话：我要小汽车。

苏苏妈刚加班回家，疲惫不堪，还被苏苏的任性气得没办法，只能无可奈何地摇了摇头，叹气道："唉，这孩子，总是这么任性。"

任性，是指一个人不顾客观环境和条件，自己想说什么就说什么、想做什么就做什么、想怎么做就怎么做，任何人的劝告和阻拦都难以发挥作用的一种性格品质。任性的主要特征是放任自己，对自己的行为不加约束。

现在独生子女越来越多，任性的孩子也越来越多。孩子产生任性的原因主要有三个方面：

一是孩子受认知水平的限制，不善于从其他人的角度考虑问题，只考虑自己的需要、自己的情感。尤其是3~4岁的孩子，由于活动能力比3岁前大有进步，于是在活动中追求自主，力图表达自己的意志，进入了所谓"第一反抗期"，常常不肯按家长的意图办事。

二是由于家庭教育不当，家长对孩子过分溺爱，对孩子百依百顺，甚至明明是不合理的要求也迁就答应，养成了孩子以自我为中心的习惯。一旦有不顺心的事，孩子就会大哭大闹，直到家长让步为止。孩子很快发现，只要自己坚持，家长总会让步。于是，养成了任性的性格特征。

三是家长对孩子采取高压、强迫的教育方式，过多地责骂孩子，也容易使孩子形成固执、任性的坏脾气。

孩子任性是不懂事的表现。如果家长对孩子爱抚过多，要求过少，甚至有求必应，那么孩子任性往往比较严重，不易纠正。

那么，怎样纠正孩子的任性呢？

1. 讲清道理

在孩子任性、吵闹的时候，家长不要劈头盖脸地严厉批评，更不能打、骂，可以因势利导，正面耐心地讲道理，给孩子说明不合理的要求不能满足的道理。孩子由于对周围事物认识不足，对自己应该做或不应该做的事分不清楚，同时抑制能力又很差，家长讲道理时应浅显、简短、有趣，以讲故事的方式把问题讲清楚。如三四岁的孩子睡前非要吃糖果不可，妈妈就可以讲一个简短的龋齿是怎样形成的故事；遇到电视里有医生治牙病的画面，可叫孩子看一看，对得牙病的人痛苦给以强化，这样孩子就不会在睡前吃糖果了。

2. 必要时来点惩罚

比如对孩子的哭闹，谁也不理睬，即使他不哭不闹了也要冷他一段时间，待他沉不住气主动接近大人时，抓住这个时机，严肃地向他讲清不满足他无理要求的原因，指出他任性不对，让他保证再不这样做。只有这个时候，批评才是有效的。如果是在公共场所孩子发生任性行为，应严肃地予以制止，将孩子带离现场，并宣布中止活动，待孩子平静下来后，再继续活动。

3. 不要百依百顺

对孩子的合理要求，家长要支持鼓励。对孩子不合理或过分的要求，家长决不能毫无原则地迁就，应表示坚决地不允许，并让孩子知道什么可以做、什么不可以做、什么必须做。家长决不能因为孩子的哭闹而放弃对孩子的严格要求。要知道，如果孩子的企图第一次得逞，以后就会习以为常，由着性子来。伟大的思想家培根有一句意味深长的话："你知道用什么方法一定可以使你的孩子成为不幸的人吗？这个方法就是百依百顺。"因此，家长应注意不能对孩子的不合理要求稍有让步。

4. 家长之间的意见要统一

父母之间意见要统一，而且同祖父母之间的意见也要统一，防止孩子有"空子"可钻，否则家长的正确意见难以付诸实施。例如，当孩子任性时，往往是父亲动手打孩子，母亲忙着护孩子，外婆出来拉孩子，甚至相互埋怨、指责、争吵，这就更助长了孩子的任性。所以，家长在教育孩子方面千万不要产生分歧。即使有分歧，也不要在孩子面前表现出来。

5. 转移孩子的注意力

转移孩子的注意力，这是对较小年龄孩子的有效教育方法。如2岁的孩子一定要做不该做的事时，可把孩子抱走，让他玩平时喜欢玩的玩具，这样大脑皮层的兴奋点转移了，孩子也就不会硬要做不该做的事。

总之，对待孩子既不可溺爱、百依百顺，也不可过分限制以硬对硬，而是要有爱护、有要求，既不用糖果、饼干引诱孩子，也不用棍棒拳头威胁孩子，任性的毛病是可以纠正的。

顽强和执着是搏击风雨的盾牌

培养孩子坚强的意志品质，尤其需要父母的榜样力量。懒懒散散，生活懈怠，做事没有信心、经常半途而废的父母，是难以培养出具有坚强意志品质的孩子的。

由于家庭条件优越，很多孩子从小不太可能经历艰难困苦。这就使得他们很容易产生依赖心理，也很难养成坚强的性格。然而，孩子将来所要面对的却是复杂的社会，难免遇到挫折和困难，没有坚强的性格，是不能适应激烈的社会竞争的。

美国心理学家威蒙曾经对150名有成就的智力优秀者做过研究，发现智力发展与三种性格品质有关：一是坚持力，即勇敢面对困难，并坚持到底；二是善于为实现目标不断积累成果；三是有自信，不自卑。可见，坚强的性格对人生十分重要。

不同的教育方式，造就孩子不同的意志力和自信心。比如有的孩子坚忍不拔，有些孩子有自立精神，有的孩子就不能承受一点挫折，有的孩子胆小怕事，有的孩子自理能力差。

为了培养孩子良好的心理素质，使孩子具有坚强的意志、活泼开朗的个性和健康向上的心态，父母应从小注意锻炼孩子的意志，重视孩子的自信心和勇敢精神的培养。

性格是长久养成的对现实的态度和与之相适应的习惯方式，是人格的一个重要方面。性格不由智力决定，但性格与智力相互联系、相互影响。坚强的性格有利于调动人的积极性、主动性和强化脑细胞活动，使人在学习和工作中产生超常的效率。

在现实生活中，人的性格是多种多样的，在各种各样的性格中最优秀的性格是坚强性格，具有坚强性格的人具有坚持力、自制力，能不怕困难勇往直前，在学习生活中不断取得成功。

那么如何培养孩子坚强的性格呢？父母们不妨从以下几点做起：

1. 给孩子独立锻炼的机会

如让孩子单独活动，同生人谈话，与小朋友来往，独立完成作业等。即使有一定困难也要让孩子自己去做。因为只有让孩子经常完成具有一定难度的事情，他才能体验克服困难后成功的喜悦，从而增强自信心并变得坚强起来。

2. 要求孩子从小事做起

千里之行，始于足下。从小事做起，持之以恒，是磨炼意志的好方法。许多在事业上有成就的人，都曾通过小事情磨炼自己的意志。

著名科学家巴甫洛夫，以工作精确、细致著称。他写字十分工整，像印刷出来的一样。原来在年轻时，他就是把工工整整地书写作为自己磨炼意志的开端的。

我国体育名将周晓兰，在球场上吃苦忍痛、意志坚强，也与她小时候在小事上的磨炼分不开。上小学时，她常因看电影而耽误功课，在父亲的帮助下，她从克制看电影做起，功课做不完，就把电影票退掉，再好的电影也不去看。经过一段时间，她战胜了自己，培养出了很强的自制力。

正如著名文学家高尔基所说："哪怕对自己一点小的克制，都会使人变得强而有力。"因此，父母培养孩子的意志品质，要从孩子"小的克制"入手。从小事做起，只是起点。培养坚强的意志品质，要随着孩子的成长而进步，从小到大，从易到难，从低到高地磨炼孩子。当孩子能够迎接越来越大的挑战的时候，一个意志坚强的孩子就站在你面前了。

3. 劳其筋骨，增益其所不能

大家知道，"劳其筋骨"是磨炼意志的重要方法。适合孩子的艰难一些的劳动、体育活动，能使孩子坚强起来。长途远足，爬山、跑步、游泳，较重的劳动……可供选择的内容很多，父母要指导孩子选择，关键在于坚持。当然，其前提是避免盲目性，不能冒险，不能脱离实际。要教育孩子：明确行动的目的，选择适合的内容和方式，一旦行动，不达目的不罢休，才能练出好身体。

4. 相信和尊重孩子

试着让孩子担负一定的责任，从而培养孩子的自我要求能力和坚持力。心理学认为，让孩子担任一定角色可以使其性格向这个角色靠拢。如某幼儿园的一个幼儿个人卫生不好，让他负责检查其他小朋友的卫生后，他自己的卫生明显好转，并且在其他方面，如自尊心、责任心、协调性等方面也都有明显改善。这个例子说明孩子的性格受大人期望的影响较大，所以在日常生活中父母应把孩子当作坚强的孩子来培养。

5. 让孩子保持健康的身体

一个身体虚弱的孩子对自己的身体没有信心，心情不好，必然怕这怕那，对人对事积极不起来，性格也就很难坚强起来。相反，孩子的身体素质好，有信心，有勇气，就容易培养自信坚强的性格。

6. 培养孩子积极的良好品德

良好的品德受人喜爱和尊重，知识和智慧使人有信心。人的各种心理品质是相互影响的，培养各种积极的良好品德，都能有效地使孩子的性格变得坚强起来。

7. 要求孩子做一些力所能及的事情

如要求孩子摔了跟头不哭，打针不哭等。父母应利用孩子的好强心理，在孩子未哭时给予鼓励，如孩子真的不哭，那么就要及时强化效果。如有的孩子不愿意去幼儿园，常在送幼儿园时大哭大闹，那么父母一方面要设法消除孩子去幼儿园的不适心理，另一方面应鼓励孩子"去幼儿园不哭的孩子才是勇敢的孩子"，一旦孩子不哭了，应及时鼓励，加上适当的奖励，这样孩子就会逐渐形成坚强的性格。

8. 防止因性别差异而形成偏见

有的父母认为，男孩子玩布娃娃没出息，女孩子不应该玩冲锋枪。好像女孩子生来就应做饭带孩子，男孩子生来就应该舞枪弄棒，做大事业。成人这种偏狭的观念极不利于孩子性格的健康发展。过早的女性化会损害女孩子的独立性和自信心，过早的男性化也会影响男孩的细致性和敏感性。

9. 对孩子要有耐心

有些孩子虽然一心想独立自主，凡事都坚持自己做，但实际上却往往是心有余而力不足，每件事情都无法做好，如吃饭时把桌面搞得一团糟，衣服穿得东歪西扭。有一些急性子的父母没时间等待孩子慢吞吞无秩序的自主行为，所以凡事一手包办以提高效率和节省时间，这不但会剥夺孩子自主学习的机会，同时也会致使孩子形成依赖心理。因此专家们强调，父母一定要有耐心，让孩子慢慢学着自我探索成长，千万不可操之过急，凡事为孩子代劳，只会使孩子永远也长不大。

另外，好奇、爱发问也是孩子最大的特点，父母在面对孩子提问时，不要急着给孩子一个标准答案，以免影响孩子独立思考的判断能力，最好是解释出前因后果慢慢启发诱导。

总之，坚强的性格某种程度上决定了人的成长。当遇到复杂的问题需要果断做出决定时，性格坚强的人就会沉着冷静地加以分析、判断，最终做出决定，而性格软弱的人则可能优柔寡断、瞻前顾后，最终把事情弄糟。

坚强的性格对孩子成长如此重要，想要提高孩子素质的父母，就不能忽视这个方面。

从容果断能谋大事

一个孩子在山里割草，被毒蛇咬伤了脚。孩子疼痛难忍，而医院却在远处的小镇上。孩子毫不犹豫地用镰刀割断受伤的脚趾。然后，忍着剧痛艰难地走到医院。虽然少了一个脚趾，但孩子以短暂的疼痛保住了自己的生命。

上面这个故事看似简单，实际上却蕴含了很深的道理。故事中的孩子果断地舍弃了脚趾，以短暂的痛苦换取了整个生命。在某些特定的时刻，只有果断地舍弃，才有机会获取更大的利益。

德国伟大的诗人歌德说过这样一句富有哲理的话："长久迟疑不决的人，常常找不到最好的答案。"我们的祖先也给过我们这样的教训："当断不断，反受其乱。"决策果断是一种宝贵的人格品质。然而，在现实生活中却有很多人因缺乏这种优秀品质，在关键时刻迟疑、拖拉、犹豫不决，终致错过成功的大好时机而以失败告终。

很多父母也知道培养孩子果断性格的重要性，但往往还不能明确界定孩子的某些行为是不是优柔寡断，是不是缺少主见。比如，很多父母都喜欢问孩子："爸爸好，还是妈妈好？"孩子可能会回答："爸爸好，妈妈好！"刚开始，父母听了可能还会很高兴，觉得孩子聪明乖巧，年龄不大就懂得不厚此薄彼。可是久了，父母可能就会发现，对于这样的孩子，当你问他两样东西哪样好时，他也总是回答这个好、那个也好。这其实就是孩子没主见的表现。

那么，做父母的要怎样做，才能让孩子养成遇事果断选择，有主见的性格呢？专家给父母们提了以下一些建议：

1. 让孩子明白鱼与熊掌不可兼得

很多孩子跟妈妈一块儿逛超市的时候，总是这也想要、那也想要，妈妈不给买，就大哭大闹。这跟父母平时溺爱孩子，什么都由着孩子有关。父母的这种行为使孩子养成了不懂得取舍的习惯。因为孩子觉得，自己要什么就会得到什么，至少哭闹之后就会得到自己想要的东西，那为什么还要取舍呢？全都要岂不更好？

对于孩子的这种想法，父母一定要及时加以引导和改变。平时，父母可以经常要求孩子做出唯一性的选择。比如，父母可以拿着苹果和香蕉问孩子吃哪个，并提醒他只能选择一个。对于孩子模棱两可的回答，要提出批评，而如果孩子做出了果断的决定，则要给予表扬。时间长了，孩子就会懂得鱼与熊掌不可兼得的道理。

2. 让孩子自己做选择

每次和孩子上街的时候，在经济许可的范围内，尽量让孩子自己挑选所需的物品。这时孩子会非常高兴，主动性极强。而对于孩子要买的众多物品，父母要提前规定他可以选取的数量，否则以后就不带他出来买东西。这样做，尽管孩子心有不愿，但慢慢地，孩子就会变得果断起来，因为他已知道果断地选择，比什么都得不到要强得多。

3. 尊重孩子自己的决定

给予孩子做决定的机会，可以培养孩子的果断性。所以，日常生活中，父母要给孩子发表意见的机会，并支持孩子合理的决定。切忌对孩子的生活做出全方位的强制规定。

例如，父母可以以征求意见的方式，让孩子决定是买变形金刚还是买小汽车、星期天活动的内容，是逛公园还是打电子游戏。

父母这样做可以使孩子觉得自己也有作决定的权利，在这种感觉的作用下，孩子往往就会拿出自己的果断来。

4. 引导孩子迅速做出合理的决定

未经深思熟虑就做出决定是鲁莽冲动，而深思熟虑后迟迟不能决断则是优柔寡断，这两种行为是与果断相对立的。父母既要教会孩子仔细思考，审慎地做出选择，又要引导不能决断的孩子尽早作出决定。

父母可以给孩子讲有关鲁莽冲动、优柔寡断和坚决果断的故事，让孩子自己说出哪种性格好。遇到具体的问题，也要让孩子说出怎样做才是对的，并果断地付诸行动。

5. 督促孩子坚持自己的决定

果断的品质还包含着作出决定后把决定贯彻到底的素质，即对孩子毅力方面的要求。

父母可以在孩子作出决定之后，与孩子达成口头或书面的协议，规定明确的奖赏与惩罚条款。当然，惩罚条款一定要由孩子自己提出，父母只要觉得合理，就要严格监督孩子执行。

6. 让孩子变得更自信

充满自信的孩子是不会犹豫不决的。帮助孩子克服优柔寡断的最好办法是让孩子肯定自己的能力，坚信自己什么都能干。

在幼儿园里，当老师提出一个问题的时候，有些孩子总爱悄悄地和旁边的小朋友交流，明显地表现出缺乏自信。而当老师问他："××，你知道吗？"他会点点头，但眼睛仍在左顾右盼，顾及周围人对他的看法。

有些孩子过于敏感，凡事都会想很多。在行动之前总是会有长时间的权衡，以他自己的角度来考虑行为的后果，结果造成了孩子的欲做还休，犹豫不决，缺乏果断的判断力，从而产生不自信的表现。

比如，有个孩子在妈妈接他放学回家的路上对妈妈说："妈妈，今天小朋友都去围着老师呢。""那么你呢？""我也想，可是已经没有位置了。""好哦，下次你第一个上去好不好？""好的。可是别的小朋友也会没有位置的。"

对于这一点，做父母的应该尽快寻找突破口，帮助孩子改变这种心理状态，千万不要把它归咎于孩子的个性置之不理。父母平时应给孩子较多的鼓励和认可，当孩子犹豫

不决或打退堂鼓的时候，告诉孩子："你会干好的。没问题。爸爸妈妈都相信你！支持你！宝贝，去吧！"这样给孩子打气，孩子有了信心，自然也就不会犹豫不决了。

7. 不要对孩子犯冷热病

日常生活中，年轻的父母常会因各种事情的影响而产生心理波动。心情好时，对孩子亲近爱怜，关怀备至；心情不好时，则对孩子训斥打骂，往孩子身上撒气。父母随着自己心情好恶的变化而对孩子忽冷忽热，会对孩子的身心健康产生很大的影响。

父母对孩子的态度不同，孩子不能完全明白。当孩子没有做错什么事，却受到父母的冷遇或训斥，父母的反复无常会使孩子感到莫名其妙，有时又感到万般委屈，在父母面前无所适从。久而久之会就造成孩子在言行上优柔寡断，遇事六神无主。

作为父母，不管自己的心情好坏、空闲还是忙碌，对孩子都要一如既往，该指导的时候悉心指导，该关心的时候体贴关心，使孩子觉得父母永远爱自己、关心自己，从而给孩子一种稳定感、安全感和信任感。孩子有了坚强的后盾，往往就会有果决的底气。

另外，父母培养孩子果断的品质，要因孩子的年龄、性别等的不同而区别对待，千万不要认为那些成功的教育方法对自己的孩子就都是适用的。父母只有有针对性地选择那些适合自己孩子的教育方法，才能培养出做事果断、有主见的孩子。

 ## 让孩子永远拥有一颗上进的心

上进心是指一种积极向上、追求进步的心理特征。如果一个孩子有强烈的上进心，他就有了学习的积极性和接受教育的自觉性，就能发挥自身的潜能和激情，就能健康、有序地朝着成功的方向发展。

如果一个孩子上进心比较强并且一直能够持之以恒地保持下去，即使他的智商不太高，也能取得较好的成绩，将来成为对社会有用之人。相反，孩子比较聪明，但如果没有上进心的话，孩子的成绩也不会太理想，他也很难取得成功。因此，在家庭教育中，引进上进心的教育非常重要。

有个女孩名叫李梅，从中学开始，成为一名著名的电视节目主持人就一直是她的梦想。周围的人也认为李梅具有成为电视节目主持人的条件，因为她外形亮丽，善于与人沟通。李梅家境优越，加上她较好的自身条件，应该说她完全有机会实现自己的人生理想。但随着李梅慢慢长大，她的理想逐渐被淡忘了。李梅一直觉得自己各方面条件都很优越，不用付出什么努力也能有一个很好的未来。

而另一个名叫刘露的女孩却实现了李梅的理想——成为了一位著名的电视节目主持人。刘露没有李梅那样优越的条件，她白天打工，晚上要上夜校学习舞台艺术。但刘露很努力，她没有像李梅那样坐等机会出现，而是自己努力谋职，跑遍了上海的广播电台和电视台。虽然她得到的答复都差不多："如果你没有几年工作的经验，我们不会雇用的。"

刘露丝毫没有气馁，仍然不断主动寻找机会，随时留意广播电视方面的信息。一天她看到了某省电视台招聘天气预报节目女主持人的广告，她争取到了这份工作。工作2年后，积累了一定经验的她，在上海的一家电视台找到了主持人的工作。几年后，刘露凭借出色的工作业绩成了一名著名的电视节目主持人。

李梅与刘露的成败差异，关键就在于她们一个甘于现状，一个有积极的上进心。刘露因为拥有一颗不断进取的心，为了理想不断努力，充实自己，最后终于如愿以偿。其实，那些取得巨大成功的人，都因卓越的上进心成就了自己。

孩子的上进心和进取精神是自我意识的一种表现，是健康成长、努力成才的重要动因。气可鼓，不可泄。家长在家庭教育中培养孩子上进心的时候，要依据每个孩子的特点，用"爱"和"教"结合的方法，提高孩子的思想境界，让孩子憧憬未来，思考人

生，从而产生一股积极向上的力量。

父母可以在家庭教育中采取以下一些方法，来培养孩子的积极性，激发孩子的上进心。

1. 发现孩子的特长

每个孩子都有自己的特长，父母只要细心观察、耐心寻找就能发现，然后从这一特长着手，提高孩子的上进心，让孩子肯定自己的价值。

可以引导孩子讲自己的理想，确定成功的目标。例如，孩子喜欢唱歌，可以让孩子向往一下成为登上央视舞台、向亿万观众一展歌喉的感受，等等。再让孩子把这种上进心转移到学习上去。

2. 多肯定孩子的进步和优点

很多父母总喜欢拿自己孩子的缺点跟别的孩子的优点比，会特别注意自己孩子的缺点，对孩子刻意指责，这容易给孩子造成困扰。其实，孩子的优点更值得肯定，这是孩子积极进取不可缺少的辅助力量。而缺点也并非不可改变，一旦孩子有改变缺点的表现，家长应给予赞许，相信孩子从鼓励中获得力量，激发孩子的上进心。

3. 为孩子确立一个合理的奋斗目标

给孩子确定一个切实可行的短期目标，让孩子通过努力，体会到成功的喜悦，从而激发上进，慢慢形成他积极进取的态度。

4. 不断让孩子设立小目标

小目标设立了就尽量完成，这样可以增强孩子的信心，要适当给孩子精神奖励和合理的物质奖励，以此来提高孩子的积极性。也要教育孩子，说到就要做到，不能半途而废。这样继续下去，孩子就会学会给自己设立目标，就会有奋斗的方向，有进取的动力，这样他自然会不断地为达成目标而努力，最终就会成功。

5. 孩子失败的时候给予鼓励与安慰

在孩子失败的时候，父母应该给予孩子积极的同情、安慰和鼓励。这样可以使孩子建立自信心，激发孩子继续上进。

6. 通过榜样的例证进行引导

父母可以给孩子讲科学家等有作为的人物小时候上进心强，从而成才的故事，这样可以增强孩子的进取心。

爱迪生、达尔文、爱因斯坦等小时候学习成绩都不好，长大之后，他们也都取得了不起的成绩，关键是自己的努力。

也可以找身边熟悉的人作为例子，更直观更生动，教育就更加有效。

7. 找出孩子缺乏上进心的原因，激发孩子的上进心

孩子都有一定的上进心，但有些孩子受到挫折后，上进心会锐减，最后萎靡不振；有些孩子是因为成绩平平，没有体会到成功的喜悦，从而阻碍了上进心的发展。家长要找出孩子缺乏上进心的原因，并采取相应的方法，从而使孩子成为有上进心的孩子。

 **天真活泼的孩子人见人爱**

天真活泼是孩子健全人格的开端。不活泼的孩子很难受到小朋友们的欢迎，长大后也不易融入社会。孩子正处于可塑性极强的阶段，只要父母平时注意教育孩子的方式和方法，及时进行正确的引导，就会培养出一个天真活泼的孩子。

有些孩子胆小怕生，不够活泼，家里来了客人，总喜欢躲到爸爸妈妈身后。

对于这样的孩子，父母要有耐心，不要对孩子吼："你躲什么躲，叔叔又不是老

虎。""你哑巴了？阿姨问你话呢。"

这些不合情理的话，非但不利于改善孩子的性格，反而会给孩子造成更大的压力。父母应该找出其中的原因，从根本上解决问题。

其实，孩子不活泼除了与遗传有一定的关系之外，很大程度上还与孩子后天的成长环境和父母的教育方法有关。

有的父母对孩子期望过高，要求孩子像大人那样自觉地坐着，聚精会神地看书，孩子感到十分好奇的东西不准去摸、去玩，使得孩子习惯于按照父母的意愿去做事；有的父母为了保持室内环境和服装整洁，怕弄脏房间、衣服，对孩子的游戏加以限制，使孩子不敢玩、不敢动，逐渐变得死板；有的父母自己本身就很忧郁、易怒，天长日久，孩子也变得情绪恶劣；有的家庭气氛紧张，父母对孩子态度严肃，孩子经常感到紧张、压抑；有的父母平日里忽视给孩子创造足够的与小朋友交往的机会；有的孩子身体不好会影响做事的态度……

可见原因各式各样，十分复杂。让孩子性格活泼，是为人父母者共同的心愿。活泼的孩子做事积极主动，思维活跃，勇于探索，能够通过自己的活动获得新知识和新信息；活泼的孩子适应性强，对周围的事情能够保持一种乐观的态度，对人非常热情，也乐于与人交往。活泼的性格能使孩子保持愉快的情绪、健康的心理，有利于孩子想象力与创造力的发展；能使孩子更容易得到同伴和社会的欢迎，使孩子的个人生活充满欢乐和情趣；还能使孩子较好地对待挫折和烦恼，有较强的心理承受能力。

那么，父母应怎样做，才能培养孩子活泼的性格呢？

1. 健康的身体是活泼开朗性格的体质基础

如果父母们注意观察，就不难发现，孩子在健康的时候情绪通常是非常好的，而如果生病了，他的情绪和活动就会出现异常。有的父母反映，孩子平时很好，做什么事情都按照规律去做，可是得了一场病之后情况全变了，这是因为生病容易打破他原来已经养成的好习惯。因此父母要重视孩子身体的健康，让孩子有好的营养、充足的睡眠、足够的运动，以此作为培养孩子活泼性格的基础。

2. 良好的家庭氛围是孩子活泼开朗性格形成的土壤

家庭应保持民主、和睦、宽松的气氛，家长不盲目按照自己的意愿去安排孩子的活，保留孩子对合理要求的选择权。孩子在这样的环境中心情轻松愉快，言行无拘无束，有什么想法都敢于、乐于和父母交流，容易养成活泼的性格。

父母要注意把孩子看作是平等的人，尊重孩子的自尊心，关心他们的成功与失败，切勿用粗暴简单的方式对待孩子。建议父母每天抽出15～20分钟时间和孩子聊天，内容可以是孩子喜欢的图书、游戏、活动等等。

另外，父母应注意自己的情绪、性格以及为人处世对孩子潜移默化的影响，做到乐观豁达，不把自己的坏情绪传递给孩子。

3. 及时帮助孩子摆脱不良情绪

孩子往往有时因为一点小事不高兴，或哭或闹或闷在心里，整天情绪低落。这时父母应注意引导孩子，让其在心情不好的时候出去活动，转移注意力，调整自己的情绪。同时，也要多鼓励孩子自己去克服困难。建议如下：

（1）鼓励孩子从事体能运动，如跑步、爬山、跳绳等；

（2）鼓励孩子将心中的不悦或委屈用画画表现出来，并可以在画中做任何处置；

（3）鼓励孩子用唱歌的方式排解心中的不畅。

4. 不要让知识扼杀孩子的天真

过早地对孩子进行知识教育会扼杀孩子活泼的天性。一位童话作家说，一个民族如果小孩说大人话办大人事，那么大人必然说小孩话办小孩事。可惜的是，有的父母虽舍得为孩子花时间，却盲从社会上盛行一时的早期教育风潮，热衷于让幼儿园里的孩子学认字，学算术；有的家长一心想把孩子培养成天才，让孩子在一个又一个的特长班之间奔波……

还有的父母对孩子进行科学教育，他们给孩子证明地球是椭圆的，但孩子生活的大地分明是平坦地向四面八方展开的。而且，孩子们直观地看到，并不是地球围绕着太阳旋转，恰恰相反，分明是太阳从东向西在他们头顶上转。

孩子的确错了，但父母没有必要急于纠正孩子的这种常识性错误，这样做只会在孩子头脑中留下一个解不开的疙瘩。

孩子的世界要比成人的那个所谓客观世界丰富、广阔、有趣得多。在他们看来，星星会眨眼、树叶也会沙啦啦地絮语长谈……他们自由自在地生活在自己的天方夜谭里，而父母向其证明的科学真理，在孩子心目中，恰恰是不着边际的天方夜谭。所以，父母不必急于向孩子灌输那些科学知识，孩子早晚会明白那些道理，给孩子留一个思想的空间不是更好吗？

5. 避免对孩子要求过高

对孩子要求过高，难免会严厉地指责和批评孩子。孩子的本性是很活泼很爱说话的，有的父母嫌孩子唠唠叨叨，就严厉斥责孩子，结果造成孩子不敢说话、死气沉沉。在孩子该练习说话的年龄，如果不让他说话，他怎能学会用语言流利地表达呢？所以，只要顺其自然，不吓唬、压制孩子，他便能养成活泼大方的性格。

6. 帮助孩子扩大生活面

有的家长，特别是孩子的爷爷、奶奶总怕孩子受别人欺负，于是就不让他跟别的小朋友玩；或还没等孩子把话说完，已经按孩子的要求去做了。孩子既不需要动口，也不需要动手，这种过分依赖的孩子是不可能健康活泼的。

父母可以经常带孩子串串门，先从小伙伴开始，逐渐扩大至亲朋好友。举行生日会，与小朋友一起表演节目、画画、做泥塑等；也可以在菜场、商场购物时，大人站在一旁让孩子自己去付款，习惯与生人接触后还可让孩子单独去便利店买一些零星物品；还要经常和孩子一起观看《欢乐蹦蹦跳》之类的儿童电视节目，鼓励孩子一起唱一起跳。

7. 不要让物质代替亲情

物质生活的丰富并不等于童年的快乐，对孩子更为重要的是，父母时间与精力的合理付出。值得警惕的是，一些经济条件很好的成年人，以优越的物质条件代替自己与子女同在的时间，把孩子寄宿在幼儿园里，孩子成了情感生活的贫儿，高兴不起来，自信心也不足。

父母做到了上述几点，时间长了，孩子自然会恢复天真活泼的天性。

孩子性情活泼，当然令人喜欢，但如果活泼得过了头，太放肆了，没有一点儿规矩，同样会令父母们头疼。做父母的都希望，自己的孩子性情活泼又规矩。然而，父母在培养、教育、训练和管理孩子的实践中，要达到预期的目的，实在是一件很不容易的事。

现实生活中，许多父母往往不由自主地走到了两个极端。为了让孩子活泼，就不讲任何纪律，任其为所欲为，一点儿规矩也没有，结果，孩子无法无天，放肆任性；为了让孩子有规矩，就不给孩子一点自由，这不许做、那不许做，结果把孩子弄得缩手缩脚，"未老先衰"，成了父母手中呆板的木偶，牵之则动，息之则止。

要把孩子培养成既活泼又守规矩的孩子，父母一定要掌握分寸，根据自己孩子的实际情况，确定究竟是要对孩子管得严一点还是管得松一点。如此，举一反三，触类旁通，才能培养出既不失天真活泼，又落落大方的孩子。

第18章 好妈妈不吼不叫，培养孩子的阳光心态

培养孩子不急不躁的平和心态

每当人做事急于求成的情况下，往往不等深思熟虑，也等不及做好准备，就开始匆匆动手去做，这样当然很难取得圆满的结果。同样，急躁也是孩子常出现的情绪反应之一。

小宁是个急脾气的孩子，一天妈妈让他去小超市买酱油，话还没听完，小宁就嚷嚷着"知道了"，一边说一边跑了出去。可到了超市他却傻了，超市里的酱油牌子有很多种，还分什么生抽、老抽，小宁没听清妈妈说要哪一种、哪个牌子的，只好返回家去问妈妈。刚下楼，又想起把钱放在家里了。

小宁学习上也是这样，平时不好好学习，考试前两天就急得抓耳挠腮，起早贪黑地看书，由于平时不努力，这种情况下太着急了，常常也是成效不大。

父母和老师都替小宁着急，这孩子什么时候能改了毛手毛脚的毛病啊？

小宁这种情绪反应就是急躁。

急躁的人通常会表现为：不论做什么，来了兴致马上动手，无准备、无计划，急于求成，兴趣一过马上扔在一边；遇到困难时就烦躁不安，坐立不安；处理矛盾和问题时容易冲动；没有目标，盲目行动，往往事与愿违。在学习上则表现为好高骛远，急于求成，如果稍加努力效果不显著，马上就垂头丧气，形成越着急越不成的恶性循环。

父母应该先认真分析孩子急躁个性形成的原因，通常孩子急躁是由以下原因造成的：

1. 家长的溺爱

家长事无巨细都替孩子去做，事事对孩子姑息迁就，过分的溺爱使孩子缺乏独立性，养成了依赖的不良习惯。这样的孩子，一旦在学习和生活方面出现不如人意的情况，觉得不称心，就会急躁。

2. 不能正确对待困难和挫折

孩子的兴趣爱好容易变换，当他对一件事情感兴趣时，常常对这件事抱有很大的热情，但由于知识的欠缺或是其他原因而导致失败，兴趣便随之减弱。不久对另一事物又产生兴趣，又没成功，如此一而再再而三，孩子又缺乏对付困难和挫折的能力，如果没有得到父母正确引导和帮助，就会烦躁不安。天长日久，急躁个性得以形成。

3. 不好的学习生活环境

孩子的学习负担量普遍偏重，承受着相当的压力。如果孩子的学习环境不好，家长唠叨、酗酒、赌博、吵架、打闹或是劲歌狂舞，就会影响孩子学业，长此以往恶性循环，使孩子看见书本就烦躁不安，在焦躁中度过学习时光，急躁的个性就会形成并逐步加重。

急躁会使人心神不安，甚至会出现情绪上的紊乱状态。急躁的人容易灰心。然后更加急躁。时间长了，就会使人丧失对自己的信心。

家长可以用以下方法，帮助孩子摆脱急躁情绪：

1. 加强计划性

家长可以跟孩子一起，帮孩子制订学习计划。比如期末考试要到了，每天复习多长时间、复习哪些科目安排一下，做到心中有数。

2. 事前做到自我暗示

很多孩子都有一个毛病，老师要求他们做的事还没有交代清楚，听半截就跑了，要做的时候才发现要求都没有弄清楚。家长要提醒这样性情急躁的孩子，让他们随时在必要的时候暗示自己，无论做什么都要沉着、冷静，在弄清楚该做什么、怎样做之后再动手，这样就会取得明显效果。

3. 加强素质训练

急躁是一种个性，家长可以有意识地锻炼孩子，培养一些性格向沉静方面发展的兴趣爱好，如下棋、书画、钓鱼、做小手工艺品等，磨炼孩子的耐性和韧劲，久而久之就会养成不急躁的习惯。

4. 提醒孩子做事要始终如一

性格急躁的人做事的一个共同特点是虎头蛇尾，因此家长要随时提醒急躁的孩子，凡事要切记保持善始善终，在行动时，不但要有一个好的开头，更要有一个让人满意的结尾。

培养孩子用乐观的态度面对人生

乐观是一种情绪，是一种能让人愉悦的心理感受。

乐观能让孩子勇敢面对生活中的一切，能增强孩子的心理承受能力。面对顺境，乐观的孩子能戒骄戒躁；面对逆境，乐观的孩子也能从容应对。

哪些方法可以让孩子更乐观呢？如何培养孩子乐观的心理素质呢？

心理学家认为，愉快既是一种心境，也是一种性格。愉快的心境来得快，去得也快；而愉快的性格则比较稳定，它表现为一种良好的情感倾向。比如乐观主义的人生态度。愉快的性格是可以培养的，尤其是在童年时期。

父母如果能够把精力集中在下列方面，就能够培养孩子的愉快性格。

1. 让孩子自己去选择

父母常常认为孩子天真无邪、无忧无虑，什么事都不用操心，是人生最愉快的时期。但是事实往往与此相反，孩子们并不喜欢什么事情都由大人决定，他们对于强加给他们的任何决定都是排斥的。孩子们同样需要自己去选择、体验，只有亲身经历才能产生真正的愉快，因此，父母应尊重孩子自己的选择的权力。

2. 建立和谐的关系

良好的人际关系对一个人的愉快心境有重要的影响。父母应该跟孩子建立和谐的关系，同时不要控制孩子的社会交往。孩子想跟他人建立良好的关系，就需要和自己父母建立和谐的关系。

3. 培养广泛的兴趣

也许，父母不知道孩子对什么感兴趣，但他们可以提供各种活动和各种机会，帮助孩子进行选择。通常孩子会全神贯注于自己的兴趣所在，而对于另外的事情却抛之脑后。父母很容易从孩子关注的事情上寻找孩子的兴趣所在。

如果父母能够帮助孩子寻找另外一些感兴趣的活动，那么，孩子们可能更加快乐。

4. 引导孩子迅速恢复愉快的心情

性情愉快的人也有不快的时候，也会陷入消极的情绪。但是，相比别人，愉快的人

能够很快恢复愉快的心情。父母应帮助孩子学会这种最重要的技巧。

当生活中有事情使孩子陷入痛苦时,父母应当帮他们找到自我安慰的源泉。

任何孩子都会遇到多种不愉快的事情,有些是有害的,比如争吵让孩子的自尊心受到了伤害,所以孩子很沮丧。因此,父母应当帮助孩子恢复良好的感觉,可采取听音乐、阅读、骑自行车和与朋友交谈等方法。

5. 给孩子一个幸福的家庭

教育专家指出,为孩子做的最好的事情就是使他成为一个愉快的、充实的人。

著名心理学家法迪斯说,"愉快的性格可能有一部分来自遗传,更主要来自父母所创造的环境。孩子们很小就开始懂得感情","在孩子学会语言之前,他们是从感情的氛围来下结论的:这个世界是一个忧虑、愤怒的地方,还是一个安全愉快的地方。"

愉快的父母可以给孩子最大的幸福感。

6. 防止过分的物质满足

研究表明,家境特别富裕的孩子并不像一般人想象的那么愉快。对孩子来说,对所拥有的一切感到满意,是更为重要的。

过分的给予会让孩子觉得得到很容易,这种基于物质满足的愉快是暂时的,难以持久的,这样的孩子一旦遇到挫折,就会陷入困境,导致失败。

父母有义务帮助孩子成为一个内心充满快乐的人,乐观地学习,开心地生活。

 ## 平衡孩子心态,让其明白知足常乐

周周的父母给他买了很多漂亮的玩具,汽车、火车、飞机、火箭……但最近他却特别喜欢玩一些妈妈看起来觉得脏乎乎的小东西,比如小石头、小树叶、小纸片、小塑料块等等,都是从外面捡来的。妈妈总是告诉他别拣,他就是不听。一天,妈妈洗衣服,从周周衣服口袋里掏出了一堆这样的"破玩艺儿",妈妈摇了摇头,把这些都给扔到垃圾筒里。等周周来找他心爱的"玩具",发现没有了,听妈妈说扔了,周周大哭大闹起来。妈妈不明白,家里那么多的好玩具,他怎么偏偏喜欢这些没价值、没意思的东西呢?

孩子天性自然纯朴,他们没有成年人的价值观,也没有那么多乱糟糟的烦心事,越是自然而朴实的东西,孩子们越是把它们当宝贝。如果把一个玻璃球和一块钻石摆在孩子面前,让孩子挑选,他们很可能会被漂亮的玻璃球吸引,而不会挑选昂贵的钻石。

孩子的天性更容易知足常乐。他们的要求很简单,饿了会哭,不满会叫,只要需要得到满足,他们马上会对父母甜甜一笑。成年人对自己期望过高或要求过多,让自己感觉很多困扰。我们也许应该向孩子学习,对生活充满好奇和感激,也就会更加快乐。

通常成年人都用一种"社会交换理论"来与人交往,也就是说,我们无论和谁交往,都要达到一种心理平衡,因此我们经常被一些得失成败所困扰,没有对等条件就不肯付出自己更多的情感。而孩子与人交往却不计较得失,孩子对妈妈的依恋是没有条件的,即使打他骂他,他仍然会扑进妈妈的怀里寻求安慰,不像成人的爱往往会附带一些条件:你好好学习、你听话,妈妈就爱你。通常父母都会说自己对孩子的爱是无限的,但如果对孩子的接纳是有条件的,那么对孩子的爱也是有条件的,而有限的爱给予孩子的成长的动力就太少了。

孩子有时候会拒绝父母,父母因此就会有失落感,而且也很委屈:我是为孩子好,他为什么不领情呢?

我们成年人通常对学习有一种刻板的印象,认为学习就要刻苦和勤奋,学习就是要"头悬梁,锥刺股",但孩子们最喜欢的也是最有效的学习方式却是快乐学习,在生活中学习。

孩子每天都在学习,一片落叶让孩子知道了季节的更迭;一块玻璃让孩子看到了太

阳的七彩颜色；如果周围有小朋友可以作为交往对象，孩子很愿意去尝试沟通，哪怕冒着被别人拒绝的危险，哪怕会和小朋友发生争执，他也不怕……

所以，父母应该相信，孩子每时每刻都在观察、模仿和学习。而且，孩子需要在生活中快乐地学习，而且，在孩子心中，学习本身是一件非常快乐的事！

现在，很多的家长有一个通病：喜欢拿自己的孩子和别人的孩子比来比去。或许家长这样做的目的，只是单纯地想让自己的孩子向别人学习来取长补短，但是在家长的不知不觉中，已经伤了孩子的自尊心。而家长间一些虚荣的攀比，会毁掉孩子的自信甚至葬送孩子的前程。

孩子有自己的思想，有自己的认识，最重要的是孩子也应得到别人的理解和尊重。每一个人都有他自己的成长过程，孩子的心理成熟显现出很大的个体差异。如果孩子经常处于被轻视、被当众贬低或受指责的地位，会使孩子产生自卑、对自己缺乏信心、胆小、畏缩的心理问题。

作为家长，应该自己先懂得知足常乐，那样也会给孩子带来快乐。

 培养孩子逆境中也乐观的心态

几个家长在讨论自己的女儿，他们的女儿有一个共同点：她们都不快乐。

"我女儿上小学时是个开心果，成天乐呵呵的，可是升入初中后性情大变，很少见她开心，天天紧张兮兮的。问她怎么了，她就说作业做不完，考试太多，总之是学习压力太大。有什么办法呢？老师对学习抓得紧，也是为孩子好。再过不到半年就要参加中考了，用老师的话说，是到了冲刺阶段，我女儿比平时更紧张，开始头疼、失眠。听说别的中学学生也是这样。我很担心，女孩子脆弱，万一把弦绷断了怎么办？"

"我女儿也是学习压力超大，晚上做作业能做到后半夜。别说开心的笑容了，就是不皱眉的表情都很少看到，天天愁眉苦脸的。我从网上搜罗来好多笑话讲给她听，可她很少被逗笑，就是笑也仅仅是礼貌地咧咧嘴。"

"我女儿也是天天一张苦瓜脸。我想，她可能是因为自卑吧，因为她的成绩老上不去，几个月后就要参加高考，希望渺茫。"

"我女儿学习成绩在班里是中下等，报班儿、请家教、吃'脑轻松'，什么法子都用过了，就是不见效。这种情况下，她怎么乐观得起来？她要是乐观，不就是没心没肺吗？"

青春期的孩子很多都会精神抑郁，原因多种多样，但都可能让人感觉是因为学习压力造成的。学习压力也好，青春期焦虑也罢，都是孩子成长道路上要遇到的坎坷，父母不应怨天尤人，而应该想办法帮助孩子建立乐观心态。

乐观不是说对什么事都无所谓，更不是颓废，相反，它是诱发孩子采取积极行动的强烈动机，是每个人都应该具备的健康心态。

乐观对苦难意味着什么？请看看下面这个故事：

美国有一位名叫迪翁的潜能开发大师。他富有激情，演讲极具感染力，经常应邀到世界各地去巡回演讲。他常常用一句话来激励人们保持乐观心态："任何一个苦难与问题的背后，都有一个更大的幸福！"他的女儿在很小的时候就会说这句话，并会用这句话来劝慰手划破了或鞋子掉了的小伙伴。

不幸某天突然降临，迪翁的女儿遭遇了一场意外，一条腿被截去了小腿。迪翁从国外赶回来，看到缺了一条小腿的宝贝女儿躺在病床上，心如刀绞，往日的激情似乎已经熄灭，情绪一落千丈。他甚至难过得不知该说什么，不知道怎样安慰这个热爱运动、充满活力的小天使。

乐观的女儿反过来安慰痛苦不堪的爸爸，她笑着说："爸爸，您不是常说，任何一个苦难与问题的背后，都有一个更大的幸福吗？不要难过，这或许就是上帝给我的另一

幸福。"迪翁心疼地说："可是，你的脚……"女儿说："爸爸放心，脚不行，我还有手可以用呀！"迪翁虽然心酸，听到女儿说出这么懂事的话，却也有几分欣慰。

刚装上假肢的时候，迪翁的女儿一天只能走几步。

两年后她升入中学，居然入选学校的垒球队，成为该队有史以来最厉害的全垒打之王！

知道这个奇迹是怎样创造出来的吗？迪翁的女儿是个残疾女孩，脚不灵便，即使装了假肢，能够奔跑，速度也不能跟正常的双腿相比，所以她苦练臂力和击球的准确度。她很清楚，唯一能赢的办法是将球猛力击出球场底线之外，让对手根本接不到。

这就是迪翁所说的苦难背后更大的幸福。小女孩用实际行动验证了父亲的话。

一个心态乐观的小女孩，在苦难面前，留给人们的依然是微笑，因为她父亲的那句口头禅深深地印在她的大脑里，也就是说，她心里早已储备了克服困难的神秘力量，关键时刻发挥了作用。生活在这个世界上，谁能一帆风顺？没有灾难也有磨难，没有苦难也有挫折，所以乐观是每一个人必备的心理素质，而且越是处境艰难，越是遭受生活打击的时候，越是需要乐观心态来支撑一个人的勇气和尊严。

有些家庭遭遇了不幸，母亲下岗，孩子小时候受伤的脸没有钱可以整容，但这个时候，家长的消沉悲观所带给对孩子心理的不良影响，要远远大于孩子小时候意外事故的伤害。

乐观心态能够让孩子从容面对压力和挫折，也能帮助他们在逆境中积极进取，重振旗鼓，所以，乐观心态对孩子来说，是一笔无比珍贵的财富。

父母教育孩子的方式正确与否，极大地影响着孩子的性格。

要培养孩子的乐观心态，父母可以从以下四个方面入手：

1. 父母首先具备乐观的思维方式

父母是孩子的榜样，孩子一直在看着父母。如果父母在处理问题时持乐观态度，孩子就会通过观察和模仿逐渐养成乐观品质。迪翁的女儿之所以有稳定的乐观心态，是因为她从小受到父亲持续不断的积极影响。所以，乐观的父母，总是能够培养出乐观的孩子。

父母应该为孩子营造一个乐观而温馨的家庭环境，教会孩子正确面对批评和挫折，帮助孩子克服羞怯和抑郁的悲观因素，多给予孩子赏识与鼓励，用快乐和温暖激励孩子，使他们学会乐观向上。

平时在家，父母的言行都要尽量平和、友好，做事以理服人，让孩子保持轻松、积极的情绪。

2. 参与让人快乐的活动

在家庭生活中，父母可以带领孩子，参与让人快乐的活动，比如听音乐、旅游、琴棋书画，以及各种文娱体育活动。

一个人乐观与否，与阅历和见识有直接关系。生活面狭窄的人最容易抑郁，而朋友多、见识广的人则心态比较乐观。利用假期带孩子旅游，到大自然中去陶冶性情既能休闲娱乐，也能修炼身心。

3. 引导孩子完成力所能及的任务，使其体验成功的快乐

心理学认为，一个人最大的快乐，莫过于完成任务的满足感和自豪感。因此，父母应该有意交给孩子一份"工作"，培养孩子生活能力的同时，给孩子自豪的机会，一举两得。要点是：工作必须是孩子力所能及的，如果孩子能够顺利完成，再慢慢加码。学习上也可以给孩子树立力所能及的目标。

4. 尽快消除孩子的不良情绪

当孩子出现悲观情绪时，父母一定不能不当回事，要及时介入，尽快消除孩子的不良情绪，必要时向专业人士寻求帮助。近年来，因学习压力和情感受挫而自残、自杀的孩子不少，家长不可不防。

 ## 教孩子战胜恐惧，战胜困难

有这样一个令人觉得很痛心又可悲的故事：

一个在家里很得宠的九岁男孩，在学校是个少先队中队长，品学兼优，老师喜欢，同学赞扬。

有一天，这个孩子向哥哥要糖吃，哥哥没有给他吃，说要把糖留给爸爸。结果这个九岁的男孩一气之下，竟用红领巾上吊自杀了！这个孩子心理脆弱到了何等地步！那么，父母该怎样做才能帮助孩子战胜内心的恐惧，成为解决问题的能手呢？

1. 父母要树立挫折教育意识

很多父母都认为，年纪小的孩子心理承受能力也是弱的，所以对孩子的保护就显得有些过了。父母认为不应该让孩子遭受过多的挫折，这样对他们没有什么好处。父母的这种观念直接影响到了孩子对于挫折的认识和理解。

有很多父母把挫折教育看成是一种吃苦教育，专门让孩子参加一些以吃苦教育为主的夏令营，或者参加一些探险、到边远穷困山村去体验的活动等，只能说，这是一种片面的挫折教育，或者只能说是挫折教育的一个方面。

要让孩子对挫折有一个全面的认识，让孩子正确对待各种挫折和不如意，父母可以把自己在事业和家庭生活中遇到的挫折和不如意告诉孩子。在这种情况下，父母对生活的热爱、执着、不怕困难的态度和坚强的意志，就是孩子在面对挫折时最强有力的精神支柱。

2. 培养孩子独立生活的能力

让孩子在现实生活中具有独立生存的能力，能独立面对挫折，较好地解决问题，这些就是进行挫折教育的目的。教育专家认为，培养孩子的抗挫折能力，就是要培养孩子独立生活的能力。美国的孩子从小就单独拥有自己的房间，自己活动，锻炼独立生活能力。很多美国大学生都是自己去挣钱来交学费的。孩子成家的时候，父母往往也只送上一个祝福，而不像中国父母那样要为儿子买房子、为女儿置办嫁妆等。

因此，父母应该从小就锻炼孩子独立生活的能力，父母可以让孩子从两三岁时开始独立睡眠，让孩子自己吃饭、穿衣服、整理床铺、收拾玩具等；孩子的年纪稍微大一些，就可以让他打扫房间、替父母买东西等；再大一些，可以要求孩子独立解决问题，自己挣钱来花等。父母对孩子的要求要一致，不要产生分歧，否则不利于孩子的培养。只有从小让孩子学会独立生活，他才可能在生活中成熟起来，提高抗挫折能力。

3. 给孩子设定一些挫折障碍

挫折会光临每个人，不管是成人还是孩子。对于孩子来说，在其成长的道路上难免会遇到苦难、阻碍。如果孩子平时的一切都很顺利，那么，一旦遇到了一些不顺利的事情他们就会感到紧张，从而找不到解决的办法。所以，父母可以有意识地在孩子的生活或是学习中安排一些困难，让孩子习惯面对挫折，当他们一次次地经历挫折之后，他们就会从中找到解决挫折的方法。

在安排挫折的时候，父母要有目的、有针对性地组织障碍性活动。这样既可以提高孩子的适应能力，增强其韧性，同时又不会超过孩子的心理承受限度。比如说，对于年纪小的孩子，如果孩子想要一种东西，父母可以不用马上拿给他，让他自己动脑筋去想办法，看怎样才能够拿到。对于年纪稍微大一些的孩子，可以让他参加各种劳动，在劳动中体验生活的艰辛；也可让孩子多参加集体游戏，在游戏中让他体验到失败和不如意等境况。

4. 鼓励孩子克服挫折

有的孩子一旦遇到挫折就容易产生一些消极的反应，他们往往会用逃避的方式来避开那些挫折。想要改变这种现象，唯一的方法就是在孩子遇到挫折时，父母要教育孩子勇敢面对挫折，向挫折发起挑战。当孩子一次次面对困难并且一次次战胜困难的时候，

他们就会增添勇气，激起战胜困难的愿望。这样，他们害怕的心理也就会消失，而自信心也会随之增强。这时候孩子会认为自己已经有能力去克服困难了，抗挫折能力也就培养起来了。

5. 在孩子失败后，温情地鼓励孩子

可以说，不如意的事情充斥着我们的整个生活，对于孩子来说，家人的温情与支持就是他们信心的来源。尽管所有的父母都希望自己的孩子一帆风顺，不希望任何磨难降临到孩子的头上，但是挫折却会像影子一样跟随着孩子的一生。面对这种情况，我们也只好把它当作生命中正常的一部分，用一颗平常的心去对待它。所以，当孩子在面对挫折的时候，父母要用温情去温暖孩子受挫的心，对孩子进行引导，避免挫折对孩子的心灵造成伤害。孩子只有具备较强的应变能力，遭到任何紧急情况才会将损失降到最低程度，争取到最好的结果。

一个人的人生注定既有高潮也有低潮，既有峰顶也有低谷，没有谁可以永远春风得意、一帆风顺，也不可能永远背时背运、道尽途穷。所有的挫折都会有尽头，只要努力攀登，就可以更快地到达顶峰；只要勇敢奋斗，就可以更快地突破逆境。

在积极进取中坚持才能够成功

很多孩子看到大人做事，喜欢跟大人一起做，他们会抢着去扫地、去洗碗……这是孩子参与意识的表现，也是孩子独立意识的表现。家长应该鼓励和支持，给予孩子积极参与的机会。有些家长担心孩子什么都做不好，习惯于越俎代庖，对孩子的主动性和表现欲采取不理睬的态度，替孩子包办一切，结果阻碍了孩子身心的健康发展。

可以让孩子从力所能及的事情做起，教孩子一步步学会自己管理自己。

家长可以从身边的事情教起，循序渐进，穿脱衣服、吃饭、洗手、收拾玩具、叠衣服……把每件事分解成若干个步骤，不要急于求成。每次做一件事，教孩子一两个步骤，多练习几次，孩子就可以自己做好了。

如果孩子做好了，家长要给予孩子热情的鼓励，即使孩子没有做好，也不应责备，更不应该从此以后不让孩子做这样的事情，因为任何事情都有一个学习和熟悉的过程。

不要对孩子泼冷水，比如说"看你洗手绢，弄得到处都是水"、"看你洗的碗，都没有洗干净"，这样的话，很伤孩子自尊心，也会打击孩子做事的积极性。

家长可以专门为孩子准备一些小工具，方便孩子参与家务劳动，这样既教会孩子技能，还可以给自己添个小帮手。

如果孩子试图做某种尝试，即使家长知道有很多困难甚至根本不可能成功，也不要轻易打击孩子的积极性，让他们有尝试的机会，考验自己的才能，思索自己的想法是否可行。

孩子的创造力是无限的，他们有可能想出家长都想不到的办法，产生超乎寻常的构思。家长不要没等孩子做就告诉他们，"这样做是不行的"，这种害怕孩子失败的心理会压抑孩子的积极性，使他们内心潜藏的能力得不到发挥，从而养成孩子懒惰、不愿思考、不敢轻易尝试、不愿参与意见等消极被动的不良习惯。

事实上，每个人都可能经历无数次的探索与失败才能成功，想做好一件事，都需要不断学习与实践，才能从做不好到做得很好。

"失败是成功之母"，有失败，才能有成功。很多家长明白这个道理，但看见孩子没有把事情做好，就心里着急，或者不耐烦，干脆自己代劳。这样对教育孩子是极为不利的。

对孩子自己想做的事，可以让孩子自己做出选择和决定，家长给予监督、检查和必要的帮助，但如果没有什么不良后果，家长应该尽量不干预，让孩子自己去总结，并从中取得经验，吸取教训，这样有利于孩子今后取得更大的进步。

儿童心理学专家做过一项测试，家长带孩子去超市购物，如果让孩子全程参与，让他帮忙选择买水果的种类，或者让孩子帮忙找商品，孩子就能很听话，很少出现使性子的情况。

在让孩子做事的时候，家长态度要温和，目的和要求要明确，不要用不耐烦或粗暴的口吻，要让孩子明白父母到底要他做什么。比如家长教孩子自己吃饭，就要提前准备好适合孩子的餐具，如适合孩子拿的小碗，长把、口比较小而深的饭勺，用围裙护住孩子的衣服，把饭晾到合适的温度，再放在孩子面前，把勺子交给孩子。要带孩子出门，不能说"快，走了"这样很笼统的话。而应该蹲下去，正眼看着孩子，很和气地说："把外衣穿好，帽子戴好，我们要出门了。"孩子如果按照要求做了，父母就应该及时对其进行表扬，强化孩子的这种行为。

具体地说，父母可以采用以下几种方法强化孩子的参与意识。

1. 给孩子选择的权利

家长想让孩子参与家庭事务，就要给孩子相应的权利。对于年龄较小的孩子，家长可以让孩子在"是"和"不"之间选择，让孩子建立规则意识。大一些的孩子，就应该给予他们更多自主选择权。认为孩子如果有了适当选择的权利，父母就没有了控制权的想法是不对的，这样会限制孩子的思考范围。

如果孩子的选择超出了父母给出的选择范围，家长可以说："你的选择不错，但它不在我们选择的范围之内。"比如问孩子："我们今天吃面条还是吃饺子呢？"孩子回答"我要吃麦当劳"，家长就可以这样回答他，但可以告诉他，尊重他的选择，周六全家去吃。

2. 帮孩子培养兴趣

孩子喜欢跟父母一起做事，取决于他们认为这件事有意思或者好玩。对于年龄小的孩子，家长可以借助儿歌或者把物品拟人化的方式，帮助孩子喜欢做事。

比如编一些有关吃饭、刷牙、洗脸、睡觉的儿歌，教孩子念，孩子就会愿意做这些。再比如孩子不肯穿衣服，可以说"我是你的裤子，裤子说了，快点穿上我，我们好一起出门"。这种方式成人可能觉得搞笑，但小孩子很喜欢，能够帮他们养成一些好习惯。

3. 要强调合作的益处

家长要用孩子能听懂的语言跟孩子讲道理，要让孩子懂得，跟大人合作也是为了他自己好。孩子懂道理的能力比成人想的要强很多，两三岁就可以明白很多道理，如果父母能够让孩子明白了，他们就会产生很高的积极性。比如说，"你帮妈妈擦桌子，然后就可以画画了"、"你穿好衣服我们就可以出门了"，他们就会很自觉地照做了。

只要孩子愿意积极参与，即使中间会经历挫折或失败，最终总会获得进步和成功，孩子就会逐步地建立起积极的人生态度，从而健康快乐地成长。

第19章 好妈妈不吼不叫，培养出高情商的孩子

 **对孩子加强情商培养**

现在的父母对孩子的教育是越来越重视了，在孩子教育方面的投资也越来越大了。父母们聚在一起所谈论的最多的一个话题就是：孩子的学习怎么样，谁家的孩子学习好，谁经常考第一名，谁家的孩子不知道学习……等等。其实，父母关注孩子的学习是一件好事，是应该得到提倡和发扬的。

可是，有一些父母的教育方法却把孩子领入了一个误区：

为了让孩子各个方面都得到发展，一到周末，就把孩子送往各种补习班，对孩子进行盲目地恶补。其实，父母只注意到了孩子智力的开发，却忽略了让孩子走向成功的另外一个更加重要的因素，也就是情商的培养。那些在父母的精心呵护下长大的孩子，就像是生长在温室里的花，禁不起一点挫折和磨难。不能清楚地认识自己，对自己的能力也不能很好地把握，更别说去控制和调节自己的情绪了。遇到困难的时候也不会自我激励，只会一味地退缩。对于别人的情绪、感觉和需要更是采取事不关己的态度。这样一来，就不能正确认识自己和他人，更谈不上什么同情心理，人际关系也会处理得一团糟。心理学家们认为，情商是影响个人健康、情感、人际关系的一个重要因素，更是一个人生活的动力，它可以让智商发挥更大的效应。

我国从古代起就提倡"忍"、"三思而后行"、"不以物喜，不以己悲"、"淡泊明志，宁静致远"，现在风靡全球的"成功教育"、"愉快教育"也都无一不包含着情商培养的因素。因此，今天的父母们在全方位开发孩子智商的同时，更应加强对孩子情商的培养。

说了这么多情商的重要性，那么，到底什么样的做法才是高情商的表现呢？

1. 高情商的人做任何事情的动力都是来自于内部

他们有很强的自觉性和主动性。在决定做一件事情之后，没有完成是绝对不肯罢休的。做任何事情，他们都有明确的动机、强烈的兴趣以及积极独立和不甘落后的精神，并且有勇气，自信心强。一个高情商的孩子，懂得自动自发，自动做事、自动读书、自动做功课……所有的一切都是自动的，不用别人来督促。因此，就算他的智商不比别人高，但成绩也会比别人好。

2. 高情商的人目光是长远的

他们不会沉溺于一些眼前的利益，不管想什么问题、做什么事情，他们都会把眼光放得很远，而不会满足于眼前的一点点既得利益。

比如，研究者告诉孩子们说："这里有糖，你们可以马上吃，但只可以吃一块，如果等我出去办完事回来再吃，你们可以得到两块糖。"跟踪实验的结果表明，那些有耐心等待的孩子，长大后比较能适应环境、敢冒险、自信、可靠；而那些只满足眼前欲望的孩子，长大后各方面的成就都不是很高。

3. 高情商的人善于控制自己的情绪

他们在任何时候都头脑冷静、行为理智，能抑制感情的冲动，克制急切的欲望，及时化解和排除不良的情绪，使自己始终保持一种良好的心境，心情开朗，胸怀豁达，心理健康。一个高情商的孩子，会把自己的情绪控制得很好，当他们遇到烦恼的事情时，他们懂得自己化解，绝不会做出一些极端的事情来。

4. 高情商者常常会自我反省

差不多每一个人都有某些连自己也看不清楚的个性上的盲点，高情商者常常会自我反省，从不同的角度了解、认识自己，对自己有比较客观的评价，具有自知之明，并且能正确地为自己定位。因此，其能够处理好周围的一切关系，而成功的机会也总是比较大。一个高情商的孩子，会很清楚地看到自己的优点和缺点，他既不会因为成绩好，受老师赏识而自傲，也不会因为自己在某方面不如别人而自卑。

5. 高情商的人善于洞察并理解别人的心态

高情商的人善于控制自己的情绪，善于领悟对方的感受，尊重他人，设身处地为他人着想，善于与人沟通和合作。因此在复杂的人际交往中游刃有余。一个高情商的孩子，容易被老师喜欢，被同学赞美，人缘好，很少感觉孤独。

其实情商就是一种能力，是一种创造，又是一种技巧。既然是技巧就会有规律可循，就能被人们所掌握，就可以熟能生巧。只要让孩子多一点勇气、多一点机智、多一点磨炼、多一点感情投资，孩子们也会像"情商高手"一样，营造有利于自己生存的宽松环境，建立属于自己的交际圈，创造更好发挥自己才能的空间。

教孩子早日学会自我激励

小齐是个高中生，他性格内向、沉默寡言。他最大的弱点是没有足够的勇气来面对自己所遇到的挫折，更不会自我激励。

虽然他学习也很用功，但是期末考试成绩却很不理想。还有一年就要高考了，小齐觉得这样的成绩让他无法面对父母殷切的目光。于是，他投河自尽了！

其实，在这个学期中小齐已经有了不小的进步。但小齐却没有意识到这一点，也没有借此激励自己，而是把自己送上了绝路。

德国人力资源开发专家斯普林格在其所著的《激励的神话》一书中写道："强烈的自我激励是成功的先决条件。"

在1972年墨西哥奥运会马拉松比赛中，出现了非常感人的一幕：一位黑人选手在左膝盖受伤的情况下，凭着自己坚强的意志跑完了全程。当他到达终点时，其他选手早已回去休息了。无论这个选手是否跑到终点，都已经拿不到名次了。但是，他还是坚持跑完了全程。

当他跑到终点时，一位记者问他："你已经拿不到名次了，是什么力量让你坚持跑完全程的？"他回答："我只是不断地告诫自己，一定要跑完！"

这位选手积极的自我激励精神赢得了全场最热烈的掌声。

另一个例子是这样的：

1991年，一个名叫坎贝尔的女子徒步穿越非洲，不但战胜了森林和沙漠，而且通过了400公里的旷地，随时需要面对野兽、毒蛇。

当有人问她为什么能完成这令人难以想象的壮举时，她回答说："因为我说过'我能'。"

当别人问她"你对谁说过这句话"时，她的回答是："我对自己说过。"

一个善于自我激励的人，总是能够发挥自身的潜能，创造出超越自己能力的神话；而一个不会自我激励的人，就算拥有良好的天赋，也无法开发出自己的潜力，甚至会走上绝路。

对孩子来说，通过自我激励可以提高自我评价和自我形象，从而使自己能够拥有良好的心态；而良好的心态反过来又会使孩子充满信心，不断激励自己。孩子学会激励自己，可以让他获得前进的动力，也可以让他在面对挫折时有信心重新崛起。而不善于自我激励的孩子，往往就容易陷入悲观绝望的境地。诺贝尔物理学奖获得者尼尔斯·玻尔的父亲为了激励儿子产生强烈的求知欲和良好的行为，常常给儿子用一些有意思的方法激励儿子。

有一次，小玻尔帮助邻居修好了自行车，父亲专门摆了一桌"庆功宴"以示激励。

还有一次，玻尔与父亲争论关于水张力的问题。这对身为物理学家的父亲来说，并不是一件难事，但是，父亲的讲解并不能使玻尔信服。为了激励孩子自己探索的精神，父亲与儿子达成了一项协议，即由儿子去父亲的实验室做实验，让实验的结果来说明问题。在这项协议中，父亲要求玻尔自己动手制作仪器，而玻尔则要求父亲担任仪器制作和实验的顾问。结果，玻尔的实验成功地证实了自己的看法是正确的！

自我激励可以用各种方法进行，比如，对自己进行正面暗示，多说"我能行"，少说"也许会出现意外"等；教育孩子记录自己的成就，用事实让孩子看到自己的潜能，帮助孩子树立信心，积极行事。父母要为孩子树立良好的榜样，以身作则。如果父母只要求孩子不断努力进步，而自己却只担当督促孩子学习的"监督员"，那么孩子显然会产生不满心理，从而影响他的学习状态。

帮助孩子学会如何激励自己行动的几个简单办法：

1. 改变表扬用语的代词

戒掉孩子依赖外部赏识的一个最方便的方法，是在你对孩子的表扬中改变代词：

把表扬行为的主语改为孩子自己，把父母（我）对孩子（你）的表扬，改成孩子（你）对你自己（你）的表扬，这种简单的变化去除了赞许声中的强调色彩，更多地让孩子认识到自己的行为是正确的。如："你做得真好，我真为你感到骄傲。"改为："你做得真好，你一定为自己感到骄傲。"

2. 鼓励孩子自己表扬自己

父母可以从早到晚告诉孩子，父母是多么为他们骄傲，但是，孩子不能总是依赖父母和老师的赞许，还要依靠自己内心的动力前进。因此，父母要及时指出孩子做得好的事情，然后提醒孩子自己鼓励自己。

有些孩子完全依赖成年人的赞许，连怎样认可自己都不知道。帮助他们的一个简单办法是指出他们做得正确的事，然后提醒他们从内心承认自己。

当孩子做错事后主动认错时，你可以告诉他："你这样做需要非常大的勇气，你应该对自己说：'我做了一件正确的事，一件了不起的事'"。

可以教孩子自己跟自己玩一个游戏，让他自己跟自己谈心。让他给自己一个大人物的头衔，或者一个可爱的昵称，然后让他对自己说："猛张飞，你干得不错，还会干得更好，我相信你！"

当孩子感觉疲倦、烦躁、懒惰的时候，都可以这么做，最后的结果如何都不重要，孩子已经尽力了，他们都应该在心里赞赏自己。

3. 强化孩子的自我激励

把孩子对自我的肯定稳定下来，并且加以强化。这非常重要，孩子们可以从中领会到，自己的努力和良好的行为本身就是一种很好的奖赏。

教孩子控制冲动，对其延迟满足

日常生活中常常可以看到这样的情况，有的孩子在父母没有立即满足他的愿望时，又哭又闹，甚至答应了以后再满足要求仍然不依不饶；而有的孩子即使没得到满足，也很乖，甚至表现出为了以后能有更大的满足而放弃立即能得到满足的精神，这种现象背后的原因是什么呢？

任何事情的成功，都以牺牲暂时的快乐为代价。

对孩子来讲，在马上能吃块巧克力与明天可以吃两块巧克力之间作出选择，是一个多么难取舍的选择！这个选择是冲动与克制、放纵欲望与自我控制之间冲突的缩影，从中折射出孩子的性格特征，从一定程度上预示了他未来所走的人生道路。

抵制冲动是最基本的心理技能之一，抗拒诱惑、控制情绪、维持理智、遵守道德莫不与此相关。有研究表明，那些4～5岁时能接受延迟满足而放弃即刻满足的孩子，进入青春期后，在情感表达、社交技能、人格特征上与那些无法抵御即刻满足诱惑的孩子差异明显。前者往往有较强的社会竞争性、较高的社会效率，自信、头脑清晰、善于把握大局、能较好地应付生活中的挫折；而后者则有约1/3的人缺乏这些优良品质，并且出现心理问题的人相对较多，比较羞怯，遇到挫折时自我否定，嫉妒心强，脾气暴躁。

可见，能够忍受一块巧克力诱惑而默默等待拿到两块的孩子，成了睿智、成熟的青年，而更愿意迫不及待享受一块巧克力的孩子，则有一部分成了冲动、不顾大局的青年。

其实，人们取得的种种成就应部分归功于抑制冲动的心理功能，因为成功常以牺牲暂时的快乐为代价，比如说戒烟、学业成功、道德情操的形成等等。因此，父母应对孩子的延迟满足能力有所了解，并有意识地培养孩子的这种满足能力。

1. 加大延迟满足的力度

比如告诉孩子：你今晚要是弹钢琴而不看电视，明天就带你去游乐场。这比告诉他：今晚你弹钢琴明天就可以多看1小时的电视对孩子的吸引力要大。在前一条件下，孩子更愿意选择延迟满足，但是这仅仅是培养孩子延迟满足的手段而已，在他们随着经验的积累越来越认识到延迟满足的好处时，也就能更好地克制自己的冲动了。此时父母要有意识地逐渐减低延迟满足物的价值强度，以免孩子形成依赖。

2. 让孩子认识到即刻满足的"不合算"

事实表明，在团体中人们作出延迟满足还是即刻满足的选择与独处时是不同的，在群体中，孩子更倾向于选择延迟满足。比如告诉孩子你今天可以吃一块巧克力，而小姐姐决定今天不吃，所以她明天可以吃两块，而你明天则不能吃了。孩子到明天发现别人享用两块巧克力而自己只能看着时，也会后悔。几次之后，孩子就会明白克制欲望是为了以后更大的满足，会渐渐地把眼光投向更远的未来，而不是仅仅只看到眼前利益。

3. 让孩子学会抵御诱惑

引导孩子学会用适当的策略抵制诱惑，是行之有效的方法。那些顺利地等到延迟满足的孩子，为了抵制即刻满足的诱惑，千方百计转移自己的注意力，而无法忍受延迟满足的孩子，多半想的是唾手可得的满足品的味道香气等等，以致无法忍耐。因此，父母应教孩子一些等待延迟满足的技巧，比如通过唱歌、做游戏来转移注意力，自我劝说，想象得到满足后的兴奋与自豪，反复告诉自己"我的选择是正确的，不要改变"来进行自我强化等等。

生活中有些父母过于溺爱孩子，一旦孩子提出要求则立即满足。殊不知，这样非但惯出了孩子骄横性格，还泯灭了孩子克制冲动、总揽全局的延迟满足能力，使孩子成为经不起诱惑的人。与之不同，有些父母则告诉孩子今天不看电视明天去公园，可却把说过的话忘了。数次之后，孩子又如何能信任他们呢？在孩子眼中，父母许诺的延迟满足是

空口白话，于是便学会了有欲望立即满足、有东西立即享受——谁知道明天会怎样？这样的孩子长大后就成了及时行乐的典型，经不起诱惑，放纵自己的冲动，常常害人害己。

 培养并引导孩子的好胜心

好胜心在孩子的成长过程中能够发挥巨大的积极作用。美国著名心理学家布鲁纳指出，好胜的内驱力可以激发人的成就欲望。所以，父母从小培养并引导孩子的好胜心，对孩子的成长至关重要。

故事一：

6岁的小刚好胜心很强。平时让他练琴，他一点没兴趣。有一天，妈妈带他去亲戚家玩，无意间看到表妹照着那蝌蚪似的五线谱用电子琴弹出几支他所熟悉的歌曲时，小刚羡慕极了。回家后，他赶紧找出电子琴，擦干净上面的浮尘，拿出来弹，还让妈妈教他弹。有一段时间，小刚一听到别人家的琴声，他就连忙拿出自己的电子琴来弹，让他出去玩都不肯，好像在和表妹悄悄比赛似的。

看到小刚这样，妈妈想，这正是利用他好胜心的好机会。于是就给孩子请来了音乐老师，并买了一些正规的音乐教材，让小刚好好练。

小刚颇有音乐天赋，简谱掌握得很快，两只手弹起来也非常协调。仅仅半年的时间，小刚就熟练掌握了音乐的基础知识，并且在全国少年音乐大赛中还获得了二等奖。

故事二：

著名的教育学家斯宾塞的儿子小斯宾塞，一直被铁匠的儿子强尼视为竞争对象，因为小斯宾塞的成绩在班里总是遥遥领先。

小斯宾塞对这件事向来都不在意。直到有一次他在体育课上长跑输给了强尼，并且被强尼和其他孩子奚落，小斯宾塞才愤怒了，冲上去打强尼，但是强尼个子比他高，力气也比较大，小斯宾塞反而被推倒在地。

当斯宾塞了解了整件事后，说："孩子，你输给强尼是很自然的，"他安慰孩子说，"但是这并不是你的错，而是因为我没有加强你平时的体育锻炼……现在弥补还来得及，你愿意吗？你还想赢他吗？"

"想！"小斯宾塞擦干脸上的泪痕，精神马上就足了。

于是，从第二天，小斯宾塞就开始锻炼——为了超越自己，在跑步上胜过强尼，并且一直坚持。

在第二个学期的长跑比赛中，强尼和小斯宾塞并列第一。小斯宾塞对这个结果感到很满意。

这就是好胜心带给孩子的动力。在孩子的生活和学习中，适当地激发孩子的好胜心，可以增强孩子前进的动力，把自己的潜力发挥出来。

孩子的好胜心及参与竞争的意识并不是与生俱来的，而是通过培养和锻炼获得的。父母可以有意识地为孩子创设一些合理的竞争环境。如早上起床，可以让孩子与父母比一比，看谁能按时起床。

平时，可以鼓励孩子和小伙伴一起做游戏、学习，并有意识地用比赛的形式让他们比高低、赛胜负。如比一比谁跑得快、谁跳得高、谁的积木搭得好等。在这些简单、轻松的小竞赛中逐渐激励孩子的好胜心和竞争意识。

在家庭教育中，父母在培养并引导孩子的好胜心方面要注意以下几个问题。

1. 好胜的重点应该是超越自我

竞争取得胜利的关键在于实力，而要提高实力，关键是超越自己。当然，孩子要提高自己就得向别人学习，要进行横向的比较，以发现自身的优势和不足，但是无论怎样

横向比较，最终还要改变自我，才能有成效。连自我都不能超越的人是无法超越别人的，超越自我是超越别人的前提，超越别人只不过是超越自我的一种自然结果。

很多家长把超越自我和超越别人的关系颠倒了，他们总是搞横向比较，忽视了孩子自己跟自己比是否有进步。这样时间久了，孩子就会形成眼睛盯着别人位置的不正常的"排队心理"，于是很自然就会滑向嫉妒的泥坑。

2. 让孩子敢于面对失败

在竞争中，孩子难免会遭到失败，受到打击。这时，父母千万不能责备、讥笑孩子，这样会使他气馁，甚至失去信心，丧失竞争意识。父母可以引导孩子从竞争中发现自己的进步和长处，帮助孩子走出失败的阴影，使他懂得竞争既能展示自己的力量，也能检验自己的不足，其目的是求得进步。

3. 好胜应该对事不对人

所谓"胜"，只是说在某一件事情上比别人做得好，如此而已，并不是说整个人比别人高一等。语文不如你，但数学可能比你好；学习不如你，但体育可能比你强；绘画不如你，但音乐可能比你好。

也就是说，所谓胜负，主要是对事而不对人的，人都是平等的，都是好孩子。这样的"好胜"和"竞争"就不容易造成某些孩子的妄自尊大和另一些孩子的自卑，就比较健康。如果对孩子某次考试成绩的高低和某次比赛的输赢太在意，老要分出个"好生"和"差生"，这种竞争的结果就会影响孩子，于是一下子就把孩子的注意力从事情转移到人的身上去了。

4. 注意培养良好的品德

父母在培养孩子好胜心时，特别要注意避免嫉妒心理的产生。父母有责任多从正面客观地引导孩子，避免消极的、不与人为善的暗示和态度，不要时时拿自己孩子的长处与别人孩子的短处相比，以出人头地压倒别人而后快。在鼓励孩子不甘落后的同时，必须注意培养孩子的爱心，善于发现并学习同龄人身上的长处，并积极倡导良好的竞争道德。

教孩子遇到突发事件时镇定自若

一个小男孩在玩耍的过程中不小心把鼻子碰伤了，血不停地往外流，在这种情况下，有的孩子吓得捂着眼睛、有的孩子被吓哭了……但竟然没有一个同学想到要去找老师，或者送这个受伤的孩子去校医室。

事后当班主任问起班里几个高高大大的男孩："同学受伤了，你们怎么不知道来喊老师呀？"

没想到这几个男孩几乎异口同声地回答："我当时都吓蒙了，根本就不知道该做什么了。"

女孩们胆小，遇到这种突发事件被吓哭情有可原，但如果男孩们也像女孩那样被吓得不知所措，就让人觉得，现在的孩子也太脆弱了。

突发事件是检验一个人是否勇敢的重要标准。勇敢不仅表现在天不怕、地不怕的性格上，还表现为能镇定自若地面对突发事件，能积极地想办法解决这些突发事件。

在今后的生活和工作中，孩子们不知道要面对多少突发事件，像上述故事里的孩子们的"胆量"，很让人为他们的未来担心。

有人说，这样有些杞人忧天，随着男孩年龄的增长，随着社会阅历的增多，他们自然会勇敢地处理这些突发事件的。

问题是父母常常不给孩子们机会让他们去增加社会阅历。当家里遇到了某些突发事件，父母常常瞒着孩子，家长们的理由是："这些压力应该由我们大人来承担，不要给孩

子的成长施加太大的压力。"

每位父母，都希望自己的孩子能够镇定自若地去面对突发事件、能够积极地想办法去解决突发事件，然而，在对孩子的教养中，家长又不愿意让孩子独自去面对突发事件。不论是孩子自己的事还是家庭的事，遇到突发事件，家长都不让孩子参与，孩子怎么能独自面对突发事件呢？他们只能不知所措。

想培养孩子镇定自若的气质，家长就应该给孩子面对突发事件锻炼的机会，明智的家长还会有意制造一些"突发事件"，帮助孩子演练，当他们真的遇到相似事件时就懂得如何处理。

一个男孩的父亲分享了这样一个经验：

"我教育儿子的观念是：让他经历的越多，他的能力越出众。因此，为了使他更加勇敢，我经常会有意给他制造一些'突发事件'。

一个周末，就我和儿子在家，我让儿子下楼扔垃圾，当儿子上楼时，我穿着睡衣站在门口沮丧地对儿子说：'我想看看你回来了没有，但一不小心把门反锁了，现在我们该怎么办呢？'

当时正是冬天，我和儿子都穿着睡衣、拖鞋站在门口，没有别人帮忙，儿子只能积极地想办法。

儿子先后想出去邻居家等妈妈加班回来、找锁匠来开锁……等等办法，我都否决了。

就这样，儿子积极地想办法，我来分析这些办法是否具有合理性。能想到的办法几乎都想到了，突然，我一拍脑门说：'对了，我记得还放在邻居王叔叔家一把备用钥匙呢！'就这样，这件'突发事件'轻易地解决了。"

这位父亲后来说："门当然是我故意反锁的，其实我这样做并不是期望儿子能够想出多么好的解决办法，我只是想能过这样的突发事件让他知道，面对这些突发事件时，只有自己不乱阵脚，只有做到镇定自若，它们才能得到圆满的解决。"

实际上，案例中这位爸爸的做法是在给儿子制造机会，并与儿子一起演练如何面对突发事件。这种做法是非常科学的。

孩子的成长就是这样，经历的越多，各种能力提升得就越快，成长得就越快。作为家长，为了使孩子在面对突发事件时不至于六神无主、惊慌失措，从现在开始，你也可以有意制造一些"突发事件"，与孩子一起演练。

 注重培养孩子分辨是非的能力

很多家长担心，孩子还小，过早地让他们了解一些丑恶的事，会在他们的成长过程中，影响他们的心理。所以许多时候，不愿让孩子过早接触到一些负面的东西。

但是，我们的孩子不是白雪公主和王子，他们并不是生活在美妙的童话世界中的。我们生存的这个世界，有美好也有丑恶，有善良也有残酷，孩子到了一定的年龄，家长就应该尝试着将一些不好的事情讲给孩子听，让孩子提高警惕，培养孩子分辨是非的能力。

一个案例是这样的：

一个从小品学兼优的乖乖女，一帆风顺上了大学，大学毕业后倍受公司重视，不到一年的时间就升职加薪，前途一片光明。但她交了一个外国男友，后来，她的男友就开始让她出境，为他偷偷带回一些违禁物品……她甚至带她的女朋友一起去做这事，就这样稀里糊涂地成了一名毒贩子，等待她的将是法律的严惩。她的父母怎么都不肯相信，

他们的乖乖女，居然会变成了毒贩。

这个女孩，在她成长的过程中，家庭、学校给过她分辨善恶的教育吗？我们的教育过多地注重分数，对于孩子的心理是否健康和心智是否成熟却关注不够。尤其是一些品学兼优的孩子，他们太顺了，从小到大，他们拥有的赞誉太多，受到的挫折太少，因而他们对世界的认知能力远远不够。当这个女孩被抓时，她的所谓男友正跟她在一起，但她却向警方一口否认该男子与毒品有关，极力保护那名男子。明明是他把她推向了火坑，她却独自承担了所有罪责。

所以，在孩子有了认知能力之后，作为家长，就要客观地跟孩子讨论一些现象，包括不良现象，教会孩子正确地分辨对与错、善与恶，更重要的，要教孩子学会保护自己。教孩子正确地看待问题，也让孩子认识到，世界上不仅有白雪公主，还有大灰狼。

教育孩子从小逐步学会辨别是非，这既是培养孩子思维能力的需要，也是培养良好品德的需要。作为家长，以下几点是应该注意的：

1. 大人要有明确的态度

小孩面对许多是非问题，大人应该细心观察，不可掉以轻心。和孩子一起看电视时，剧中人说了一句脏话，家长应该及时指出，表示这样说不对。和孩子一起上街，孩子要随地大小便，家长应该及时制止，并立即帮助他找厕所。2~3岁的孩子提出不合理或办不到的要求时，家长应该明确地用摇摇头来表示否定。相反，对于孩子的正确意见和行为，则用点头、微笑来加以肯定。

2. 要循序渐进，不要急于求成

儿童的分辨能力是要逐步提高的。1~2岁，是初步建立良好习惯的时候，要让孩子从家长的肯定或否定的态度中，逐步了解哪是对的、哪是不对的。比如小孩用哭来要求家长满足他的不合理要求（非要吃地上的脏东西之类），家长不理睬他或制止他，几次以后，小孩就记住这样做是不对的了。3~4岁，家长可以对孩子讲些浅显的道理，比如随地吐痰有什么不好、打人为什么不对等，孩子渐渐懂道理，也就能比较自觉地辨别是非了。

3. 让孩子学会自己进行比较和辨别

对孩子来说，家长的教育总是外因，要通过孩子的内因才能起作用。所以，要培养孩子辨别是非的能力，必须注意引导孩子学会自己进行比较和辨别，也要注意不要用空洞的说教去教育孩子。

培养有爱心的孩子

一个孩子有爱心才会有其他优秀品质，将来才会更容易获得成功与幸福。其实，很多时候，并不是孩子生来就缺少爱心，而是由于父母对孩子的溺爱、不注意教育方式等，把孩子的爱心在不经意间给剥夺了。

爱心教育是让孩子受益一生的教育，一个充满爱心的人，会活得更自信更快乐。俗话说，种豆得豆，种瓜得瓜。孩子爱心的培养，需要父母用爱心浇灌。世界五彩缤纷、丰富多彩，需要有爱心的人去发现，去欣赏，去领悟。

如何培养孩子的爱心呢？

1. 爱心培养从娃娃抓起

婴幼儿期是人各种心理品质形成的关键时期，爱心的形成也是在婴幼儿时期。因此培养孩子的爱心，要从孩子很小的时候抓起。在婴儿时期，父母要经常爱抚孩子，对孩子微笑，让孩子感受到父母对他的爱，这是孩子萌生爱心的起点。随着孩子一天天长大，父母要把自己看作孩子的伙伴，陪孩子游戏、聊天、学习，让孩子感受到家庭的温暖，感受到被爱的幸福，为孩子打下爱的基础。

2. 给孩子正确的爱

有位哲人曾经说过："爱自己的孩子，那是母鸡都能做到的事。"关键在于怎样去爱，如何去爱。独生子女是家中唯一的孩子，特别是在"四二一"式的家庭中，独生子女自然成了全家人爱的中心、爱的焦点，父母几乎是别无选择地把所有的爱给了这唯一的独苗。爱孩子要有理智地去爱，而不是溺爱。严格要求正是爱孩子的一种体现。严格要求并不意味着对孩子装出一副严厉的面孔，更不是动辄就训斥打骂，而是对孩子提出合理的要求，坚定不移地要求孩子做到。

3. 保护好孩子的爱心

有时候父母由于工作忙或其他原因，对孩子表现出来的爱心视而不见，或训斥一番，把孩子的爱心扼杀在萌芽之中。比如有个小女孩为刚下班的妈妈倒了一杯茶，妈妈却着急地说："去去去，快去写作业，谁用你倒茶。"再如有个小孩蹲在地上帮一只受伤的小鸡包扎，小孩的妈妈生气地说："谁让你摸它了，小鸡多脏呀！"孩子的爱心就这样被父母剥夺了。事实上，在很多情况下父母并不知道自己的行为会在不经意间伤害或剥夺孩子的爱心。

4. 强化友好行为

父母要在日常生活中注意观察孩子的表现，一旦发现孩子的友善行为，就要及时地亲吻、拥抱或赞扬孩子，也可以采取奖励孩子小礼物等方式鼓励他，受到鼓励的孩子下次会比较容易再次出现类似行为。如果父母对孩子的闪光点视而不见，孩子表现同样行为的频率就会降低。鼓励孩子的友好行为，让孩子的友善的行为形成一种习惯。

5. 拓展孩子的交往范围

父母总是把孩子关在家里，这样是培养不出真正的爱心的。因为在家里，孩子属于"弱势群体"，理应享受很多"特权"和"优惠"，大人总是不知不觉地让着孩子。父母必须把孩子带出去，让孩子在社区里活动，让他自由地与同龄小朋友交往、一起玩耍。父母要注意观察孩子在没有"特权"和"优惠"的情境下，能否识别他人的好意、回应别人的好意，以及如何向他人表达自己的喜好。如果孩子的交往出现了不顺利的情况，父母要仔细观察孩子的应变能力。这些都能反映孩子"爱心情商"的高低，可以帮助父母有针对性地培养孩子的爱心。

6. 为孩子提供奉献爱心的机会

许多父母只知道一味地疼爱孩子，却忽略了给孩子提供奉献爱心的机会。其实施爱与接受爱是相互的，如果让孩子只是接受爱，渐渐地，他们就丧失了施爱的能力，只知道索取，不知道给予，并且觉得父母关心他是理所当然的。有的父母以为给孩子多点关心和疼爱，等他长大了，他就会孝敬父母、疼爱父母。其实这是一种误解，你没有给孩子学习关爱的机会，他们怎么会关爱父母呢？还有的父母认为孩子的任务就是学习，其他的都不重要，只有学习好了，将来才会有一个好的前程，于是什么事都为孩子着想，孩子衣来伸手，饭来张口。学习固然重要，但是孩子的性格、习惯、品质、心理对孩子的成长、成才更重要，并且这些都需要在生活、学习中慢慢培养的，不会一蹴而就。

7. 让孩子热爱动植物

孩子与大自然的花草、植物、动物和谐相处，也是培养孩子爱心不可缺少的内容，是锻炼孩子爱心的重要途径。让孩子学会爱护花草，爱护小动物。经常带孩子到动物园，告诉孩子人类热爱动物，是动物的好朋友，让孩子了解和热爱小动物。或者买只小动物，如小猫小狗小兔放家里养，让孩子亲身体验接触小动物，孩子会很疼爱小动物。要让孩子从小就知道爱护大自然、保护大自然是一种美德。父母可以多带孩子到植物园、郊外走走，让孩子领略大自然的美，让孩子在轻松愉快的氛围中培养爱心。

8. 转移孩子的坏习惯

人非圣贤，孰能无过？要冷静地对待孩子的缺点，要宽容地给孩子尝试错误的机会，善意的批评要讲方式，用爱去感化孩子。尊重孩子、理解孩子，这才是爱。先听听孩子的想法，你会有新的体会，才能有目的地、恰当地进行评议，也只有恰当的评议才能使孩子信服、接受你的建议。不直接地去指责、埋怨，多给孩子建议性的引导；不说不能怎么样，多说如果能怎么样会更好。让孩子确实认识到父母是为了自己好，能让孩子信服的父母是拥有博爱的父母。作为父母，放下架子，循循善诱是关键。不怕孩子出错，就怕孩子产生逆反心理和抵触情绪。孩子坏习惯的纠正，全在父母的正确引导上。

9. 教给孩子关心他人的方法

孩子年龄小，生活经验少，父母要教给孩子关心他人的方法。如，父母实在太累了，不能和孩子一起做游戏时，不妨直接告诉孩子："妈妈太累了，想休息一会儿，宝宝自己做游戏好吗？"如果孩子答应了，父母一定不要忘记说："宝宝真懂事，知道心疼妈妈了。"爷爷想要看报纸，可以请孩子帮忙拿眼镜，如果宝宝做到了，可以表扬宝宝说："真是好孩子，知道爷爷腿不利索，能帮助大人干事情了！"经过多次练习和提醒，再遇到类似的情况时，孩子便会主动地关心他人，为他人提供力所能及的服务，为自己帮助了他人而感到快乐！

10. 进行情感教育

父母可以巧设意境，不失时机地对孩子进行情感教育。父母要做爱的发现者和讲解员，及时进行爱的传递，让爱从小在孩子心中萌芽、成长。如看到母鸡保护小鸡时，可介绍母爱的伟大、无私和奋不顾身。讲故事、阅读书籍也是培养爱心的方式之一。

11. 让孩子在实践中塑造爱心

与别人分享好吃好玩的东西，对别人说一些关心体贴的话，同情并帮助有困难的人，不计较别人的过错，对别人能够宽容和谦让，孩子的爱心就是通过这样一次次的行为模仿和强化而逐渐形成的。从孩子还只有几个月大的时候起，父母就要让孩子学着与别人分享东西。孩子长大后，在餐桌上，可让他学着给长辈夹菜；鼓励孩子给爸爸妈妈拿东西；给客人让座，让孩子做这些力所能及的事，并感受由此带来的喜悦。

12. 父母要富有爱心

父母是孩子的镜子，孩子是父母的影子。只有富有爱心的父母，才能培养出富有爱心的孩子。孩子时时刻刻把父母作为自己的榜样，父母的一言一行都潜移默化地影响着孩子，身教重于言教就是这个道理。因此，父母平时就要注意自己的言行举止，做到孝敬老人、关心孩子、关爱他人、乐于助人等，让孩子觉着父母是富有爱心的人，自己也要做一个富有爱心的人。

帮助孩子正确对待偶像崇拜

从歌星到影星再到球星，无论什么星，这些大大小小的明星，总有不少崇拜者——追星族。

无论衣服款式、发型身材还是举止言谈，追星模仿的范围之宽、内容之广，让人惊叹。追星族的成员分布，遍布现代都市、偏僻小城和乡村。明星对青少年的影响远远大于英雄楷模。

在大多数家长、老师看来，考试成绩才是最重要的。他们觉得那些"蹦蹦跳跳，奇形怪状、奇装怪发，不拘一格"的偶像只会教坏孩子，让孩子们变得不伦不类。追星不仅会影响孩子们的学习，恐怕还会影响孩子们的生活。

因此，面对青少年追星现象，大多数家长、老师都持否定态度。他们把孩子们的追星行为视作孩子犯错误的源头，必欲除之而后快。

但是即使老师和家长围追堵截，青少年对他们所崇拜的偶像的崇拜之情依旧是痴心不改。为了听周杰伦的一首歌，他们宁愿跑到千里之外；为了见莫文蔚一面，他们宁愿在剧院整整等候一夜；有个女孩子竟然为了买张国荣的一张唱片和妈妈发生争吵，最后选择了自杀。在他们看来"若为追星故，一切皆可抛"！

其实，孩子对偶像的崇拜并不可怕。老师和家长只要弄清楚孩子偶像崇拜的原因，就没有必要对孩子追星的行为感到如此不安。

偶像是青少年的目标。人的成长过程，就是一个不断树立偶像和否定偶像的过程，相信无论是家长还是教师曾经也都有过自己的偶像。家长、老师应该明白偶像崇拜不过是孩子青春期的一个正常现象罢了。

从一线教师的观察和记者的调查结果中发现，学生"追星"的原因有以下四个方面：

1. 盲目跟风

时代在发展，一个时代有一个时代的时尚，一个时代有一个时代的潮流。20世纪六七十年代学雷锋成为全国人民的一个时尚，到90年代，年轻人开始追星，港台明星是他们崇拜的偶像。当社会发展到今天，中小学生开始崇拜周杰伦、"快男"、"快女"，崇拜一些偶像明星。与过去不同的是，现在的这些孩子对偶像的认识并不是很清楚，他们没有明确的目标，只是崇拜偶像表面的光鲜，看到的是那些明星漂亮的外表和华丽的妆容，而没有主动学习所崇拜的偶像的精神内涵。大多时候，这种崇拜是一种盲目的跟风。因为我们每个人都有从众心理。

"现在谁要是在班里说他不知道周杰伦是谁，不知道谁是李宇春或者曾轶可，那准会被同学笑话死的。也太Out（落伍）了！"

2. 他们需要榜样

现代社会，人们似乎更重视经济利益，一切向"钱"看。这种思想也严重地影响着心理还未完全成熟的中学生。持这种态度的人到一定阶段就会觉得迷茫，不知道路在何方。没有了目标，没有了方向，所以他们需要榜样。

3. 榜样的力量是无穷的

对于青少年来说，更需要好的榜样来激励他们前进。虽然有很多学生迷恋影星、歌星，但是也有些学生崇拜像比尔·盖茨、科学家袁隆平这样的人物，这些人身上体现出的勤奋敬业、刻苦钻研的精神会激励学生努力奋进，这些人物是学生成长过程中的正面教材。

4. 逆反心理

大多数教师和家长都有一个通病，那就是总将自己的意志强加给孩子，他们希望孩子成为他们的接班人。但我们也知道不是师长所有的想法、设想都是正确的，都有利于孩子。而且孩子肯定不会乖乖地听话，特别是对于处在青春期的孩子来说，做乖乖孩几乎是不可能的事情。处在青春期的孩子，家长越不让他们干什么，他们就越对什么事情感兴趣，而且特别上心。

面对老师的高压政策和家长的大棒政策时，孩子们往往是敢怒不敢言，师长们的行为伤害了孩子的内心，他们需要一个渠道来宣泄对老师和父母的不满。迷恋偶像、模仿偶像成了他们减压、宣泄的最好途径。

其实对于每个人来说偶像都会随着年龄和认识的变化而不断发生变化。各位家长大可不必对孩子追星这件事太紧张。只要教师、家长能在孩子追星的过程中适当地对他们加以引导，帮助孩子树立正确的偶像崇拜观念，平时多与孩子交流，相信追星不会对孩子造成什么危害。

培养孩子的审美能力

培养孩子的审美能力，能有助于其形成高尚情操、愉悦精神、美化心灵和启迪智慧，将会使其获得更多的幸福，达到更高的境界。

爱美之心，人皆有之。孩子生下来几个月就喜欢色彩鲜艳的东西，爱听优美的音乐；一两岁的孩子就懂得穿新衣服好看，愿意别人夸他美。但是，孩子在幼儿时期，对真正的美与丑是缺乏辨别能力的，往往以为衣服色彩鲜艳就好，不管颜色是否协调，有的以为式样新奇就美，不管好看不好看。随着年龄的增长，孩子的审美能力会逐渐提高，但毕竟还是很不成熟的，这就需要父母进行有益的引导，不断给予培养和提高。

人的审美观念，是受时代、民族、阶级、传统、习惯、文化教养的影响和制约的。不同时代、不同民族、不同阶级和不同文化教养的人，有着不同的审美观念。这种不同的审美观念表现在审美理想上，有的高尚，有的低级；有的远大，有的渺小。表现在审美的趣味上，有的健康，有的庸俗；有的向上，有的没落。表现在审美的判断上，有的正确，有的错误；有的深刻，有的肤浅，等等。

因此，做父母的一定要教育孩子分清什么是真善美、什么是假丑恶，从小就培养他们健康的审美趣味，给他们听优美的音乐，教他们唱健康的、适合他们年龄的歌曲，给他们讲有教育意义的故事，指导他们正确理解欣赏大自然的美、劳动的美、日常生活的美以及艺术作品的美等等，使他们逐步具有高尚的审美思想、健康的审美情趣和正确的审美判断，逐步养成积极、开朗、朝气蓬勃、热爱生活的思想情操，为将来具有较高的文化艺术修养、美学修养以及创造美的能力打下良好的基础。

作为父母，怎样培养孩子的审美能力呢？

1. 为发展孩子美感和审美能力提供条件

孩子天天生活在家庭环境之中，家庭环境的好坏，直接影响着孩子的情趣和习惯。家庭环境美，最基本的标志就是干净、卫生、整洁、明亮。父母把家里布置得井然有序，家具摆设合理，疏密适度，门窗明亮，干净的家庭环境给人以愉悦的感受，会使孩子感到舒适愉快，无形中培养了他们爱整洁、爱干净的情感和美的习惯。若是把屋里的东西摆得杂乱无章，装饰庸俗土气，没有一块孩子玩耍的空间，这些都不利于对孩子进行美的熏陶。

2. 教育孩子懂得审美的辩证法

父母还应该教育孩子懂得美的辩证法。许多哲学的道理都是可以用现实中平凡的例子去说明的。如外表漂亮的金龟子、蝶类和各种蛾类，虽然它们鲜艳夺目，但因为它们啃食农作物，与人类为敌，往往不被认为是美的；而外表并不好看的蝙蝠、青蛙，却因为能够消灭害虫有益于人类，人们都记得它们，它们的本质是美的。又如下肢瘫痪仍然顽强学习的张海迪、耳朵聋了的音乐家贝多芬，他们都克服了生理上的巨大痛苦而为人民做出贡献，成为受人尊敬的人。他们的心灵美，是值得每一个身体健康的人好好学习的。

这些生活中的例子，历史上和现实中的人物事迹，证明了一条朴素的真理：为人类做出贡献，虽然外表差一点，但他们是美的，而那些损人利己的，即使看起来很夺目，但本质是丑的。这些道理，靠泛泛而谈，不容易使孩子信服，而从故事和生活中的例子加以启发和诱导，却容易取得良好的效果，通过这样的审美教育，孩子就懂得了美的真谛。

3. 培养孩子广泛的艺术兴趣

父母应借助艺术的手段，培养孩子广泛的艺术兴趣，丰富孩子的生活，培养孩子高尚的情操，这对发展孩子通过艺术的美来提高审美能力是十分重要的。对孩子来说，文学作品、音乐、舞蹈和工艺美术等都有巨大的感染力，并且富有形象性、直观可感性等特点。如音乐可以陶冶孩子的情趣，优美的旋律能培养孩子的音乐听觉，引导启发孩子性格的温柔面。歌声进入幼小心灵，起着潜移默化、发展智力和想象力的作用。

父母还可以从小培养孩子学习一两种乐器，如钢琴、小提琴以及管乐等。玩玩具可以发展孩子的想象能力和思维能力，看图书、听故事能培养孩子对文学作品的欣赏兴趣和求知欲望。

4. 重视孩子观察力的培养

审美的过程离不开生动丰富的感性材料，因此要重视观察力的培养，哪怕是一束花的放置、一幅图画的悬挂、一个装饰品的陈设，都应具有形式美感的特点。可以从形状、色彩、结构，以及平衡、对称、变化、统一等方面引导孩子仔细观赏。另外，还可通过观看图画、电视、工艺品、生活用品等，获得造型美的粗浅知识。

5. 引导孩子领略自然美

丰富多彩的大自然山清水秀，鸟语花香，欣欣向荣。对孩子来说，这一切都充满了神奇的色彩。父母应利用大自然的美好对孩子进行美的熏陶，如带孩子到郊外野游、到公园做游戏、到动物园观赏动物等等。在欣赏时，家长最好把简练的语言和眼前的风景

融合在一起，进一步启发孩子的灵感和想象力，加深对大自然美的领会，把孩子的思想感情带到优美的境界中去。这些自然的景象，孩子们天天看得到，但都不知不觉地成为过眼烟云，脑子里似乎没留下什么。只有家长用适当的方式来启发和诱导，孩子们才能从平凡的事物中体会到自然美，体味到其中蕴涵着的美。对于山水景物的欣赏更需要家长慢慢地加以引导，使孩子去领受自然造化的美。孩子们徜徉在种类繁多的动植物大观园中，能学到知识，开阔视野，丰富想象，同时也接受了美的熏陶。

6. 运用知识提高孩子审美能力

运用知识提高孩子审美能力，可从多方面入手。比如，建筑美的欣赏，建筑艺术历来被称作为"凝固的音乐"。那些造型精巧、风格多样的古今中外建筑，以其巧夺天工而被世人赞叹，我国是建筑艺术驰名世界的国家，在辽阔的国土上，有数不胜数的宫殿、寺院、石碑、桥、塔、亭、台、楼、阁、轩、廊，像明珠一样灿烂夺目。平时，父母有机会就可带孩子观赏，观赏时，先让孩子看建筑物的全貌，讲解建筑物的布局、功能、结构、色彩、造型上的特点，使孩子真正感受到古代建筑宏伟、雄壮的美。有的古代建筑和风景胜地还有动人的神话传说，让孩子了解这些故事和传说，既可增长知识，又能激发孩子的想象力，使审美达到一定的广度和深度。父母应该积极创造条件，用知识启迪孩子发现美、感受美、欣赏美，全面提高孩子的审美能力。

第20章 好妈妈不吼不叫，有效提升孩子的"财商"

 给孩子"金山"不如给他"点金术"

犹太人有句谚语："给孩子一座金山，不如教给他们点金术"。

汉朝的刘邦打下天下之后，为100多个功臣分封土地和田宅。在分封土地的时候，丞相萧何要了一块很贫瘠的土地。因为土地贫瘠，如果不辛勤耕作就没有饭吃，这样后代的子孙就会懂得勤劳节俭的好处。

汉朝建国100年之后，有一位史学家做了个考察，想了解一下最初被分封的这100多个功臣，一百年后他们的后代都怎样了，结果这个史学家非常吃惊，因为这些功臣的后代，基本上已经都没落了，而丞相萧何的后代还生存得很好。人们不得不佩服萧何的深谋远虑，留财产给子孙的做法是最不明智的，重要的是留下做人的智慧给子孙，留下做人的榜样给后代，这才是他们取之不竭的财富。

一般人富贵了之后自然想到封妻荫子，给子孙留下一笔可观的财富。但是，我们从历史上看，留下财富越多的人家，越容易养出不成器的败家子，于是就算是富可敌国，传到第二代，也就破产了。"电脑大王"王安有数亿美元的财富，传到第二代也就破产了。所谓"富不过三代"，这是一种比较普遍的社会现象。

中国不是世界上最富有的国家，中国的家长却是最会对孩子"娇生惯养"的家长。他们是天底下最辛苦的父母，他们疯狂工作的目的，似乎就是想给他们的孩子营造一个密不透风的安乐窝，让孩子高枕无忧。

其实，有钱并不是养育孩子的弊端，问题在于这些人把钱的作用扩大化了，把钱看作万能，因而只重视给孩子充裕的物质享受而忽视了孩子的教育以及独立生活能力的培养。积累财富任其消费，以为这样就是爱心的充分体现。实际上，这是危害子女的做法。"坐食山空"，即使有金山、银山也会花完的。

"金山""银山"都不是留给孩子最好的靠山，妈妈究竟应该给孩子留些什么呢？林则徐做出最好的回答："子孙若如我，要钱干什么，贤而多财，则损其志；子孙不如我，留钱干什么，愚而多财，益增其过。"

曾国藩写信给儿子说："银钱田产最易长骄气逸气，我家断不可积钱，断不可买田，尔兄弟努力读书，绝不怕没有饭吃。"

经常听说某某官员铤而走险给子女安排一份好工作，谋求一个好职位，用心可谓良苦。这些人总是"聪明一时糊涂一世"，把老祖宗"财富不长宜子孙"的忠告置于脑后。就算你现在可以保护他享受特权，但一旦离开你的庇护后，孩子能站住脚吗？

妈妈假若不下苦心培养子女的一技之长，在当今乃至今后"凭本事吃饭"竞争日趋白热化的社会里，你的孩子的那个饭碗如何能端得牢靠？你纵然财大气粗富甲一方，给你的孩子留下一座金山，也架不住子孙坐吃山空、挥霍耗尽。

养尊处优并不是妈妈送给孩子的最好礼物，恰恰可能埋下祸根。倒是那些从小就挣

311

扎在社会最底层的人们，没有别的出路，没有任何依靠，靠自己努力奋斗，建功立业。理性的妈妈一定要学会用金钱为孩子健康成长提供基本条件，而不是让孩子在挥霍金钱中消磨意志，自毁前程。不要用金钱财富作为给孩子的礼物，而要培养他自力更生的能力，为他找到一条最好的出路！

 培养孩子正确的消费观

父母最好和孩子一起制订出一个消费计划，比如多少钱用于买学习用品、多少钱用于买自己喜欢的日用品、多少钱用于买零食等，这样可以防止孩子乱花钱，还可以培养孩子把钱用在刀刃上的良好习惯。

亿万富翁洛克菲勒说过："对钱财必须要具有爱惜之情，它才会聚集到你身边，你越尊重它、珍惜它，它越心甘情愿地跑进你的口袋。"很多犹太商人对任何的开支都精打细算，为的就是尽量降低成本、减少费用，他们总是说："要把一块钱当作两块钱来使用。如果在一个地方错用了一块钱，损失的不仅仅是一块钱，而是两块钱。"犹太人的用钱原则就是这样，只把钱用在该用的地方，他们认为不该用的地方，一分钱也不会花。

现在很多父母讲阔气图享受，追求超前消费；有的对孩子娇生惯养，对于孩子的物质需求有求必应；有的对孩子进行"全包全替"的"周到"服务，使孩子缺乏劳动锻炼，导致生活自理能力很差。在这样的"大气候"和"小气候"的影响下，无形中在孩子的心灵播下了奢侈浪费的种子。其实，只有会精打细算的孩子将来才会聚敛财富，也才会成为真正的富人。

洛克菲勒四五岁时，他的父亲就让他帮助妈妈提水、拿咖啡杯，然后给他一些零花钱。他的父母还把各种劳动都标上了价格：打扫10平方米的室内空间可以得到半个美分，打扫10平方米的室外空间可以得到1美分，给父母做早餐得到12美分。他再大点的时候，父亲就不给他零花钱了，告诉他如果想花钱，就自己挣。

于是洛克菲勒到父亲的农场帮父亲干活，帮父亲挤牛奶、跑运输，包括拿个牛奶桶都记在账里，把每一个细小的环节都量化。他把自己给父亲干的活都记在自己的记账本上，到了一定的时候就和父亲结算。每到这个时候，父子两个就对账本上的每一个工作任务开始讨价还价，经常会为一项细微的工作而争吵。

洛克菲勒早年在一家大石油公司做焊接工，任务是焊接装石油的巨大油桶。在焊接时，焊条上总会有铁渣掉落。细心的洛克菲勒发现，每焊接一个油桶要掉落的铁渣不多不少正好是509滴。他想：要焊接摞得像山一样的油桶，要浪费多少焊条呀。于是，他改进了焊接的工艺和方法，让每次滴落的铁渣正好是508滴。这样这家大石油公司全年的节约资金是5.7万美元之多，洛克菲勒本人也因此获得了一次极佳的晋升机会。

洛克菲勒成为亿万富翁以后，他的经营管理也是以精于节约为显著特征的。他给部下的要求是提炼一加仑原油的成本要计算到小数点后的第三位，每天早上他一上班，就要求公司各部门将一份有关成本和利润的报表送上来。多年的商业经验让他熟稔了经理们报上来的成本开支、销售以及损益等各项数字，他常常能从中发现问题，并且以这个为指标考核每个部门的工作。1879年的一天，他质问一个炼油厂的经理："为什么你们提炼一加仑原油要花19.8492美元，而东部的一个炼油厂干同样的工作只要19.849美元？"

洛克菲勒是善于精打细算的，他的故事对我们很有启迪。

要想培养孩子精打细算的好习惯，父母可以从以下几个方面入手。

1. 让孩子学习珍惜金钱

不管是买东西给孩子还是给孩子零用钱，都要教育他们好好爱惜物品或保管金钱，

若物品是因为孩子的疏忽而损坏,不小心弄丢了钱或是恣意浪费时,要让他们对这些失去或损坏的金钱或物品负责。在提供这些金钱或物品之前,要很明确地告诉他们好好爱惜,并强调在任何情况下都不会再供应,这样才会让孩子更珍惜他所拥有的金钱或物品。

2. 给孩子钱要有节制

无论孩子年龄多大,也无论父母的经济条件如何优越,给孩子的零花钱一定要有所节制,把数额控制在孩子有能力支配的范围之内。一般来说,零花钱的数额并没有一个定数,父母要根据孩子的日常消费来做预算,这些开支大多包括买零食、午餐费、车费、购买学习必需品的费用。另外,父母要鼓励孩子储蓄,这样孩子就会精打细算,尽量使自己的钱有剩余。

3. 训练孩子有计划地使用钱

很多孩子花钱都没有节制,花完再找父母要。为解决孩子这种问题,家长最好跟孩子一起制订消费计划,把买学习用品、日用品、零食等物品的钱一一列出来,就可以帮孩子把钱花在最需要的地方,防止孩子乱花钱。如果孩子开支超出计划,家长可以跟孩子商量,把可买可不买的东西延期购买。等到周末或月末,父母帮孩子核算一下,把实际支出跟计划对照,结余的钱可以作为奖励,让孩子自由支配。

4. 给孩子体验成年人生活开支的机会

孩子们虽然接触了钱,但他们很少接触到真正的成年人的生活,所以,当他们长大以后需要自己支付水电费、房租、物业费的时候,常常会觉得束手无策。因此,父母最好从现在开始给孩子一些机会,让他们去买菜、交电话费等,使孩子知道家里的钱是怎么花出去的,父母每个月都需要支付哪些开支。这样,孩子有了了解家中"财政"的机会,也会在这些小事中养成精打细算的习惯。

5. 向孩子示范理智消费

一位父亲带着 6 岁的孩子逛了 3 家商店,目的是为了买一辆物美价廉的自行车,最后父亲把省下来的钱买了孩子向往已久的乒乓球拍。这位父亲的做法很聪明,他的行为给孩子做了很好的示范,使孩子了解了什么是价格差、什么是理智消费。这样,孩子在自己支配钱的时候,也会注意精打细算。

让孩子自己处理压岁钱,但是妈妈要当顾问

据有关资料显示,我国青少每年的消费达到三四十亿元,这是一个不小的数字。

相关媒体曾经做过一个关于零用钱支配方式的调查。结果发现,有将近 70% 的孩子承认,家长每月会给他们数额不等的零花钱,而且过年收到的"压岁钱"钱任由他们自由支配;大部分孩子都拥有自己的"小金库"。当然,大多数家长给孩子的零花钱不会多,一般每个月几十元。但是,一些家境宽裕的孩子得到的零花钱就远不止这个数,花钱时显得非常潇洒大方。对于零花钱,孩子们支配起来都很简单,"随意买喜欢的东西"几乎是九成以上孩子的选择与愿望。

今年小琼的压岁钱也是"大丰收",往年的压岁钱都是全部上交给妈妈,现在自己上初中了,是不是应该自己保管并支配自己的压岁钱呢?小琼决定和妈妈好好协商这件事。

妈妈笑道:"嗯,可以。不过,你打算怎么支配这笔钱呢?"小琼想了想,回答:"我把 3/4 的钱存起来,剩下的钱买些书。这样可以吗?"

妈妈很赞赏小琼的计划,就放心让小琼支配自己的零花钱了。

压岁钱是我国的传统习俗,长辈借此向晚辈表达关爱,现在更成为孩子们过年的重

要精神动力。过年的时候,孩子们最高兴的事之一就是收到许多压岁钱,兜里装着各种各样的红包,心里乐开了花。可是,这些压岁钱应该怎么处理呢?

小琼对压岁钱的分配还停留在储蓄和买书的阶段,是非常规矩的选择。其实孩子也可以用压岁钱自助游,或者买一辆单车,或者报一个自己感兴趣的业余学习班……孩子的想法有很多,家长不一定能察觉。当他拿到压岁钱的时候,正是展示自己想法的时候,家长正好可以借此机会了解孩子的愿望。不论是好是坏,都会有很多收获。

有的孩子想去旅游,说明他想换一个环境,对生活充满好奇,这是值得家长支持的;有的孩子想买一双名牌的球鞋,这时家长也不必敏感,想想自己平时是不是有名牌情结,影响了孩子,或者孩子在学校受到一些影响,一切都可以交流;有的孩子想报名学绘画,家长也不一定要抱着孩子会成为艺术家的想法,也许孩子只是想尝试一下。

不管是怎样的想法,都有它存在的原因,家长千万不要停留在对孩子愿望的表面理解上,体贴地想想孩子的生活情况,才是最佳的选择。对孩子来说,事物没有绝对的善与恶,家长不能拿成人的标准来衡量孩子的梦。每一种想法,都值得小心翼翼地对待。最可怕的不是孩子有不好的想法,而是孩子一点想法都没有。

有的家长认为,完全没有支配意愿的孩子才是最单纯、最乖的孩子,但生活是需要人自己打理的,完全不愿意参与,与逃避有什么区别?

庆幸的是,很多孩子都有独立意识,有对压岁钱的支配欲,他们认为压岁钱是他们神圣不可侵犯的私有财产。

家长对于想要自己处置压岁钱的孩子,有截然不同的两种做法:绝对没收和绝对放任。大多数家长属于前者,他们担心孩子乱花钱,养成挥霍的坏习惯,因此不给孩子花钱的机会;也有些家长认为孩子的压岁钱是成人之间的人情往来,理所应当由家长支配,因此应该收回。他们不管孩子的花钱计划是否合理,也不给孩子机会让他们自己去合理安排自己的生活,而要求孩子遵从家长的旨意。

也有部分家长误解了西方的"民主"观念,让孩子自己处置压岁钱,完全对此不闻不问,直到发现孩子把钱花在不合理的地方,再对孩子发一通脾气。

孩子是简单的,所以生活得无忧无虑。面对亲友送给孩子的压岁钱,家长不妨将它理解成长辈对孩子的关照,让这份钱成为简单美好的礼物,带着爱意走向孩子。既然压岁钱是给孩子的,就该让孩子自己保管,如果丢失了,孩子也能吸取教训。

将钱交给孩子后,妈妈还有后续工作要完成,那就是与孩子交流,倾听他们的心声,并协助孩子做一个财务计划表,监督孩子执行、评价和总结。相信通过坦诚的沟通,孩子会听取妈妈的意见,也会渐渐懂得花钱的学问。

 ## 把节俭的美德留给孩子,而不是留下财富

节俭是一种美德。它不仅能使我们家庭富裕、温馨,还能培养孩子艰苦创业的精神和奋发向上的品质。

某小学开学伊始组织了一次特殊的展览。"展品"都是该校学生们丢弃的文具,包括橡皮、小刀、直尺、胶棒、圆珠笔、涂改液等,堆得像小山一样。重要的是,这些文具几乎还都能用。

尚能使用的文具为何无人认领?很大程度上是因为孩子们还没有珍惜自己物品的意识,还没有养成良好的节约习惯。

在这一代孩子的铅笔盒里装满了幸福,而这幸福来得太容易。父母们都觉得自己当年没条件,而现在有条件了,再苦不能苦孩子,再穷不能穷学习。于是孩子学习上要什么给什么,缺什么买什么。这就导致孩子不拿这些小东西当回事。

节俭是一种美德。它不仅能使我们家庭富裕、温馨,还能培养孩子艰苦创业的精神和奋发向上的品质。很难设想,一个挥金如土、贪图享受的"小少爷"或"大小姐",

将来能成为艰苦创业的栋梁之才。

关于节俭，有这样一个故事。

有一个人从一无所有变成了全城最富有的人，许多人就去找他询问致富的方法。

富翁说："假如你有一个篮子，每天早晨在篮子里放进10个鸡蛋，每天晚上再从篮子里拿出九个鸡蛋，最后将会出现什么情况呢？"

"总有一天，篮子会满起来，"有人回答，"因为每天放进篮子里的鸡蛋比拿出来的多一个。"

富翁笑着说："致富的原则就是在你放进钱包里的十个硬币中，最多只能用掉九个。"

这个故事告诉我们，除非养成节俭的习惯，否则你永远不会积聚财富。一元钱对你来说可能微不足道，但是它却是财富得以生长的种子。如果一个人能够节俭地利用自己的收入，尽量减少开支，取消不必要的消费，那么几乎所有人都能够自给自足。

但不幸的是，这却是世界上最困难的一件事情。许多人甘愿艰苦地工作，但是能够做到生活节俭、量入为出的人却非常少。那些把辛苦工作赚来的钱立刻就花掉的人，他们的收入没有多久就会被吃喝一空，他们从不拿出一小部分作为积蓄，以备在疾病或者失业等紧急情况下使用。所以在金融危机来临的时候，他们陷入了困境，甚至破产。这些从来不为将来准备的人不会比一个乞丐过得更富足。

在培养孩子节俭的习惯上，父母们完全可以从一些小事做起。

我们不妨就以孩子常用的作业本为例来讲个故事。

鹏鹏上五年级了。平时他的作业本未用完就急着换新的。看着一本本未用完的本子，妈妈很心疼，多次提醒他，但收效甚微。

放假前，妈妈让他把未用完的作业本整理一下，清点出来。清点完了，妈妈问："一共有多少页没用的。"

鹏鹏回答："96页。"

"能订几个本子。"

"每本30页，可以订三本。"

"如果我今天不让你清点，你就把这些当废纸扔了吧？"鹏鹏低下了头。

妈妈又说："一两张纸，看起来不起眼，但积少成多，不用了，就是浪费。你平时最爱看书，你也知道造纸是多么不容易！但你却毫不心疼地把一本本没用完的本子丢掉，这不是几角钱的问题，这样长期下去，你就会养成大手大脚、不注意节约的坏习惯。节俭，可是做人的美德啊！"

教育孩子节俭其实就是一种理财教育，因为节俭就是一种理财观。只是有许多父母刻意避免在孩子面前提到"钱"字，生怕过早让孩子接触钱而形成对金钱的错误认识。

而在美国，对孩子的理财教育从三岁就已经开始；在英国，政府决定在小学就开始设置理财教育课，并随着年龄的增长开设不同的理财教育内容，让孩子从小就正确地对待金钱和使用金钱，并学会初步的理财知识和技能。

现代消费市场上，琳琅满目的商品不断更新换代，它们不仅吸引着成年人的目光，对喜欢追求时尚的青少年来说，也是一种极大的诱惑。

然而，生活在比利时的孩子们，却从八九岁起就懂得了如何精打细算地支配自己有限的零花钱。在比利时，常常能听到孩子们说"我还没有攒够钱，不能买自己喜欢的东西"、"我的钱要等到商品降价时才能用"之类的话，因为他们知道，父母在给零花钱方面是绝不会迁就他们的。在比利时父母眼中，零花钱是孩子们初学理财的工具，而不是单纯的物质享受条件。

翻开比利时孩子们的德育课本，你很难在里面找到专门教育孩子要节俭的话语或经典故事，因为学校和父母们更注重从生活道理上对孩子言传身教。

在比利时，通常从八岁开始，孩子们每周就能从父母那里得到零花钱了，但金额不多，多是几枚硬币。孩子们要想买到自己喜欢的东西，必须一点一滴地慢慢积攒。虽然每个家庭给孩子零花钱的标准不一，但父母们培养孩子节俭意识的原则是一致的，即不会给孩子额外的"补贴"，他们必须有计划地支配自己的零花钱。当然，如果孩子攒的钱还不够，而他又确实想尽快买到自己想要的东西时，可以先向父母借，然后再用以后的零花钱慢慢偿还。这种办法能让孩子体验到满足消费欲所要付出的代价，从而帮助他们节制消费欲，避免任性消费。

布里吉是五个孩子的母亲，其中三个孩子用慢慢攒钱的方法买了手机，目前还有一个孩子正在攒钱，准备在三到五年后买一台电脑；还有一个孩子用向父母借钱的方法买下了自己喜欢的一张游戏碟，但后来三个月的零花钱也被陆续扣掉了。这张碟对孩子来说得来不易，他付出的是三个月没有零花钱的代价，学到的却是在消费面前应有的谨慎和思考。

对孩子来说，从小养成节俭意识既是一种美德，又是一种生活能力。父母的消费方式和行为对孩子起着潜移默化的作用。在这方面，父母们应谨慎行事。在花钱之前，先制订一个消费计划，告诉孩子哪些该花、该怎么花。

同样，父母在给孩子零花钱时也应建议他们存一部分，并帮他们制订一个有计划的消费目标。这样，孩子们在买东西前就会再三权衡自己最需要什么，由此学会选择并意识到自己不可能拥有所有喜欢的东西。

心理学家认为，父母要根据家庭的实际情况制订零花钱标准，尤其应该符合孩子的实际需要，不能一味地张口就给，更不该给孩子买大量礼物、品牌服装和时尚用品。因为钱来得太容易对孩子们来说并不是件好事，它不仅会造成孩子自命不凡和不合群的性格，还会使他们缺乏自立能力和吃苦耐劳的精神，会给他们将来的生活带来不利影响。

为了培养孩子节俭的习惯，建议父母们从以下几点做起：

1. 教育孩子正确认识金钱的含义

要让孩子从小懂得钱是什么，钱是怎么来的和怎样正确地对待钱财。

2. 教孩子学会花钱

孩子的消费行为是由被动逐步走向主动的，从小学低年级开始就应该教孩子买东西，如何用钱，如何选择物有所值的物品。教孩子把钱保管好，防止丢失、被窃。让孩子养成先认真思考再花钱的习惯，避免盲目消费。让孩子"一日当家"、记收支账，是教孩子学会理财、培养节俭品质的好方法。

3. 教孩子学会积累

孩子手里的零用钱、压岁钱应该有计划地使用，适当积累，让孩子在存钱、用钱的过程中获得节俭的好品质。

4. 教孩子懂得量入为出

要让孩子明白，花钱必须有经济来源，花钱要看支付能力如何。即使家庭经济富裕，也要坚持前面提到的三条标准。

5. 教育孩子珍惜物品，不浪费

让孩子懂得所吃、所穿、所用皆来之不易，随意浪费是不珍惜劳动果实、不尊重劳动的表现。让孩子经常参加劳动，体会劳动的艰辛。

不要让孩子太富裕，让孩子有意识花自己的钱

美国的一份调查报告显示，在继承15万美元以上财产的小孩中，有两成左右会放弃进取，多数会一事无成。他们得到的越多，反而会越不满足。

"好好对待你的小孩，不要给他们太多的财富。"在美国最新的《商业周刊》中首次出现了"富裕病"这个词，指的是那些由于妈妈给予的太多而使小孩过度地沉湎于物质，从而使生活失去了目标。这个词是由"富裕"和"流感"两个词合成的。

在美国的家族企业中，到第二代还能够存在的只有30%，到了第三代还能存在的只有12%，到了第四代还能够保持旺盛生命力的就只剩下3%了。在美国的破产族中有超过七成是来自于中产阶级或是高收入的家庭。这些破产者失败的原因并不是因为他们资源太少，而是他们在成长的过程中资源的供给非常充裕，甚至是太过充裕了。

妈妈无偿地给予一切，导致孩子从来不去想东西是从哪里来的，也不懂得珍惜眼下所得到的一切。不懂得珍惜也就会浪费，以后走到了社会上，就容易导致事业的失败。明智的妈妈确实要想一想如何让孩子的生活少一点富裕，让他们体会到自力更生的喜悦。

许多人都会认为得到的物质越多，人就会越满足。

事实上，耶鲁大学的罗伯·连恩教授在"幸福的丧失"这一研究中就已经发现，当人的需求与供给刚好对等的时候，满足感与愉悦感是最高的。而过多的供给反而让人比物质匮乏的时候更为失落。而现在美国很多物质过剩的"白金小孩"中就有很多是"被满足感剥夺"的一代。哥伦比亚大学也曾经进行过相关的研究，认为富有的小孩比较容易出现物质滥用、焦虑、抑郁等问题。很多出生在富裕家庭的孩子一生孤独，出现不同程度的精神问题甚至做出违法乱纪的事情。

明智的妈妈确实要"思身后之身"，为下一代的考虑不仅仅是如何让他们的生活更舒适，而是怎样让孩子们的生活能够少一点富裕。这方面，中国的妈妈可以向美国人学习。美国的百万富翁在10年的时间内增长了400%，使得如今的美国人对财富出现了反思的浪潮。在全美国，在320万名百万富翁中约有60万人因为担心会宠坏孩子而捐出大笔的财产。他们只将其中很有限的一笔钱留给子女，够他们买房子、受教育，如果还想得到其他的就要靠自己去挣。

连续13年蝉联全球富人排行榜第一名的微软创办人比尔·盖茨，他的身家有500亿，而他只会留其中的1/500给自己的孩子，剩余的财富全部捐献给慈善机构或用于社会福利事业。

让孩子有意识花自己的钱，教导孩子树立正确的用钱观念，做到自己对自己负责，是给孩子最大的财富。

其实，"富不过三代"，并非是打不破的魔咒。深入了解一些能够富好几代的家族就可以发现他们对如何与财富相处都有非常严谨的方式。比如德国最老的投资银行梅兹乐家族富过三代的秘诀就是：不把孩子关进"金鸟笼"。他们的小孩上的是同地区最普通的学校，每天走路或者搭公交车去上学，与所有的同学一起玩耍，一起生活，吃同样的食物。

世界上最富有的家族——沃尔玛集团的沃尔顿家族的财富教育核心理念就是"劳动让人有价值"。老沃尔顿从来不给孩子零花钱，他们的4个小孩很小就开始打工，在商店里擦地板，帮助修补仓库的房顶，晚上帮助装卸简单的货物，老沃尔顿则根据一般工人的标准付给他们工资。现任的沃尔玛掌门人罗布森·沃尔顿说："这些儿时的锻炼让我喜欢自力更生的感觉。"

可见，对孩子进行正确的财富教育才是最好的良方，让孩子认同自力更生的价值观才能够使他们的一生处于不败之地。现代的妈妈应该教育孩子具有3大财富能力：正确运用金钱的能力、处理物质欲望的能力、了解匮乏与金钱极限的能力。这些能力的形成会使孩子懂得自己对自己负责，自己可以自主解决自己的问题。

妈妈对孩子的爱是无条件的，不过这种无条件的爱弄不好就会误导孩子。应该有意识让孩子感觉是在花他自己的钱，这样他就会懂得俭省，懂得自力更生，懂得为自己负责。

孩子"摆阔"是恶习，家长千万要留意

近年来，在大中小学生中间，出现了一种"摆阔"的现象，而且有愈演愈烈的趋势。这种现象已经引起了社会各界和学校的注意，有的学校还组织学生开展讨论。然而，有的家长却认为这是鸡毛蒜皮的小事，讨论这种事有点小题大做，对此，很不以为然。

学生"摆阔"，问题表现在学生身上，责任在家长。

孩子没有固定的收入，不具备成熟的金钱意识，他们不懂得如何管理自己的钱，但对金钱的要求和欲望是很强烈的。这很容易使孩子在用钱的时候犯一些错误，而这些错误会影响孩子的成长。所以家长应该从小对孩子进行严格的金钱教育，要教孩子如何使用钱，这是一种素质，它关系到孩子一生的发展和幸福。孩子对金钱的诱惑缺乏抵抗力，所以，让他们树立正确的金钱观尤为重要。

一些孩子喜欢花钱，而且滥用家长的钱去享受，只是把钱当成买东西的工具，没有养成存钱的习惯，买东西的时候喜欢一次把钱花光。花钱时有满足感，容易轻信别人的承诺。金钱本身并不可怕，可怕的是不能正确地认识金钱。孩子驾驭金钱的能力较低，时常是在相互攀比中、在商品广告的诱导下决定自身的消费行为，购买"儿童不宜"的用品、进入"儿童不宜"的场所，陷入盲目消费、高档消费、炫耀消费的误区。所以，经常有小孩喜欢"摆阔"，似乎花钱大手大脚是一种光荣和骄傲。

孩子的"摆阔"，责任在家长。因为孩子"摆阔"用的钱，是由家长提供的。即便是孩子自己通过打工挣来的钱，却用在了吃喝穿戴上以显示自己的"阔气"，这其中主要是受到了家长的价值观念的影响。所以家长一旦发现孩子有"摆阔"的现象，一定要提高认识，检查一下自己的价值观念，再来引导孩子。

爱摆阔的孩子表面上看来是显示了自己的"阔气"，其实反映出的是对待物质生活的态度。我们不是苦行僧，物质条件好点可以适当让自己过得更加舒适。但是如果刻意地追求享受，甚至故意追求"阔气"的效应，就有点庸俗了。

在美国最受人尊敬的，是那些的白手起家的富人们。即便是在美国的富贵家庭中，家长也非常注意让自己的孩子懂得吃苦自立。在他们看来，让自己的孩子从小就养尊处优，等于剥夺了他们自己白手起家的机会，这对孩子来说是不公平的。

罗拉是美国一个大学校长的女儿，她婚后生子，全家都靠丈夫助理教授挣的工资生活，日子过得紧紧巴巴。双方的父母都是大名鼎鼎的人物，每周都是兴高采烈地来看自己的孙子，但是看完之后一拍屁股就走人，谁也不会接济一下。罗拉的爸爸曾经把家里的一辆破旧车，以优惠的价格转卖给了罗拉。这种"穷相"，让人看了着实有点吃惊。美国的富家子弟常常会露出"穷相"，但是富起来却是长盛不衰，这其中的道理，值得深思。

家长有义务让孩子明白大手大脚地花钱是多么的不应该，当他明白了这一点，也就更懂得今日的生活是多么来之不易，也就懂得了要感恩家长，也懂得了要自己去创造美好的生活。要想让孩子改掉"摆阔"的坏毛病，改掉大手大脚花钱的作风，除了家长要对孩子的"财源"加以适当控制之外，还要让孩子懂得钱的价值。让孩子了解家庭的收入来源、开支、储蓄等经济情况。

孩子往往不知道家长的钱是从哪里挣来的，并对家长给予的每分钱持一种无所谓的态度。但是，当他参观了家长工作的场所，特别是体力劳动者流血流汗的挣钱场所，情况就大不一样了。家长的劳动会对孩子的心灵产生一种震撼效果。看到家长为了这个家，为了自己，不辞辛苦地工作，用汗水甚至是血水换取生活必需的钱，他会为自己的大手大脚而惭愧。慢慢地，他就能够学会心疼父母，尽量减轻父母的负担，做个明事理的孩子。

孩子"摆阔"这个恶习是可以改变的，只要家长用心引导孩子对金钱形成正确的认识。

穷不能造成孩子的自卑，而要成为孩子的财富

如今社会的分化已经是越来越严重了，不同的阶层，在生活水平方面都相差甚远。孩子在很小的时候也能感受到这样的一种"阶层差距"。

有钱家的孩子或许穿的衣服都是高档名牌，玩的玩具全部都是电动化的，居住的环境舒适明亮；而普通人家的孩子就没有这样优越的待遇了，同龄的孩子们平时在一起交流玩耍，却发现彼此原来是生活在两个世界的。

面对这样的状况，家长难免会担心孩子知道自己家不如别人家有钱之后会丧失做人的自信心。但是，家长也要知道，孩子观察世界的眼光和成人相比有着多大的差别。他们并不在乎自己是否穷苦，他们在乎的是满足和情感，他们在乎的是生活中是否可以玩得尽兴。

实际上，家长只要自己不会感到有差距，也不必掩饰自己的穷，孩子就完全不会产生自卑的心理。我们在教育孩子的时候也要注意，努力从孩子的眼光来看世界，并且及时地教给他一些基本的人生价值观。

一个非常自信、非常快乐的女孩的妈妈写下这样一段话：

"在抚养女儿时，我们注意从她的眼中看世界，让她看到一个诚实的世界，并利用家里穷这个现实，教育她一些基本的人生价值。

下面是我们一贯信守的几个信条：

第一，不要掩饰自己的穷。孩子的观察力非常敏锐。家长遮遮掩掩，不仅遮不了穷，反而会让孩子看到你的心虚，觉得穷实在是丢脸的事，这才真正会打击她的自信。

所以，女儿到店里看见别的孩子买的玩具好，自己也想要，我们从来老实告诉她：'我们买不起'。在幼儿园，别的孩子问她：'你们家怎么没有车？'她回来问我们是怎么回事。我们痛快地告诉她：'爸爸妈买不起。'家长能理直气壮地这么说，孩子就不会觉得穷会低人一等。后来孩子上学了，一个小朋友来家里玩。那孩子看看我们家，问：'你们家算穷的还是算富的？'女儿大方地说：'我们是算穷的。你呢？'对方说：'我们算富的。'

我的女儿从小就是如此。穷对她来说，从来不是件难以启齿的事情。

第二，穷给父母对孩子表达爱意提供了机会。我们从小她就设法使她懂得：她要一个东西，父母要付出比别的家长更大的努力才能帮她得到。这一来教育她珍惜，二来给她自信：不管怎么样，父母会为你付出一切，会全力支持你。"

家庭条件不好固然是个劣势，如果家长善加利用也可以变成优势。比如家长可以让孩子了解到他想要的东西家长要付出多大的努力才能帮他得到，这样的话，家长对他的爱会让孩子很满足，觉得自己虽然拥有的物质很少，但是拥有的感情很多，这样他就会自信而不是自卑。

父母还可以告诉孩子，要坦然接受现实，但是不是一成不变的，一切都要靠自己来努力，相信在这样的环境下成长起来的孩子，一定是快乐而上进的，怎么会自卑呢？

自卑对孩子的心理发展有很大的负面影响。心理学家认为，每个人都有先天的生理或心理欠缺，这就决定了每个人的潜意识中都有自卑感存在。但处理得好，会使人超越自卑寻求优越感，处理不好就将演化成各种各样的心理障碍或心理疾病。另外，自卑容易销蚀人的斗志，自卑者就像一把潮湿的火柴，再也燃不起兴奋的火花。

如果一旦发现自己的孩子有自卑感，家长也要让孩子懂得，凡事都应有必胜的信心，自信是消除自卑的最好方法，因为自信会使人获得更多的成功。

第21章 好妈妈不吼不叫，帮孩子平稳度过青春期

正确对待叛逆的青春期孩子

预想青少年会产生逆反心理或情绪的父母实际上是在挑起这种情绪。孩子的成长过程中，都会经历一个青春叛逆期，这一时期的孩子缺乏适应社会环境的独立思考能力、感受力和行动能力等；另一方面，初步觉醒的自我意识又会支配他们强烈的表现欲，即处处想体现自己，想通过展示自己和别人不同来证明自己的价值。所以，这一时期的孩子喜欢打扮得与别人不一样，喜欢做一些引人注目、与众不同的事情，也爱说一些令人吃惊的话，希望别人能够对他们另眼相看，这都是他们想要的效果。如果了解到这些，相信很多父母就不难理解孩子这一时期的叛逆表现了。

此外，父母的教育方法不当，也是孩子产生叛逆的主要原因。比如有的父母不尊重孩子的人格，随意对孩子进行讽刺、挖苦、辱骂，甚至殴打，伤害了孩子的自尊心，从而使孩子对父母产生对抗情绪。

最近一段时间，丽群的父母正在为养了一个"叛逆"的女儿而烦恼呢。自从上了初中后，丽群就越来越不听话了，经常顶撞父母，有时候父母说多了，她甚至理都不理他们，一副大义凛然的样子，随他们怎么说，她依然我行我素。

丽群上小学的时候，比较听话，爸爸妈妈不让她玩耍，她只好忍着。但她在课下喜欢上了乒乓球运动，偶尔征得父母的同意才去打打球。

上初中后，父母为了让她能够考进重点中学，对她的管教更严格了。但是，丽群觉得自己打球并没有影响学习，慢慢地，她与父母的矛盾越来越大，而且还常常闹情绪，打乒乓球的次数反而越来越多了，学习成绩也是直线下滑。

这天，丽群放学后打了一会儿乒乓球才回来，一进家门，父亲就开始质问她："你又去打球了？"

丽群只是看了父亲一眼，没吭声，径直朝自己的房间走去。

"我跟你说话呢！你这是什么态度？真是越大越不懂事了！"

"我怎么了？不就是打了会儿球吗？小时候我什么都听你的，可现在我长大了，我有自己的主见，你别再干涉我，行不行？"

"你还有理了？看看你的学习成绩，直线下降，还不都是因为天天打球？"父亲越说越气。

"我打球从来就没耽误过做作业，也没有影响到学习！"丽群理直气壮。

"还不承认，那你的成绩怎么越来越差了？"

"还不是你们整天这不行，那不许的，我心情不好，学不下去！"说完，丽群走进了自己的房间，重重地关上了门，门外，是目瞪口呆的父亲。

有的父母对孩子的期望过高、要求过严，当孩子不能达到父母的要求时，父母就大发雷霆，甚至打骂孩子。还有一些父母由于缺乏心理学知识，不按照孩子的心理发展规律施教，说话过头，爱摆长辈的架子等，这些父母不注意的行为，都会导致孩子的叛逆。

有一句话很在理，有压制就会有反抗、就会出现叛逆，反抗是孩子成长的轨迹，是孩子正在顺利成长的标志。当孩子出现反抗言行时，做父母的应知道孩子在顺利成长呢。可令人遗憾的是，很多父母一遇到孩子反抗，马上就发起火来："怎么能对父母这样，真是不听话的坏孩子。"而欧美等国却非常重视孩子说"NO（不）"，在反抗期里不会反抗的孩子才是令人担心的。

对于孩子的反抗和叛逆，父母不要与之对抗，而要巧妙地应对。

这时家长最好能记住4个关键词：一是无知，二是兴趣，三是放权，四是温柔地坚持。这是许多心理学专家共同的认识。

1. 所谓"无知"，就是装不知

别总是觉得自己比孩子懂得多很多，总想居高临下地指点他们，而应该启发孩子让他自己放手去做。家长不如有意识地显得弱势一些，让孩子感觉到超越父母而带来的信心，让他从自己的成功中得到快乐。

2. 所谓"兴趣"，就是不要只对孩子的学习感兴趣

要学会对孩子生活中的所有细节感兴趣。比如孩子爱唱歌，你要学会欣赏他。欣赏对孩子的健康成长是非常有效的法宝。

3. 所谓"放权"，就是适当地让"权"

在孩子慢慢长大时，他需要在家庭里寻找自己的空间，这时候家长要学会闭嘴。比如孩子有自己的生活方式了，和原来你给他的生活方式发生冲突了，不要那么快就作出反应，可以用"等待的战术"。

4. 所谓"温柔地坚持"，就是有时候对原则性的问题要坚持

如果孩子早恋或者沉迷网吧，家长就必须"温柔地坚持"，不要强制孩子不出去，应该在出现那种情况时及时提醒孩子，那样做对他是不利的，以防这些行为对他的身体、品行和人生发展造成负面影响。

虽然反抗期的孩子是最难"对付"的孩子，但家长也不必太过担心，因为每个孩子都是在反抗中逐渐长大的，他们不断完善自我意识，形成独立人格，为将来适应社会打下基础。作为父母，我们只要巧妙地应对孩子的叛逆，帮助他们化解青春期可能会遭遇的危险，让他们少走点弯路，就是对青春期孩子最好的照顾了。

 ## 给青春期孩子一个自由的空间

青春期是每个孩子必须经历的人生旅程，也是孩子从孩童成长为大人的过渡时期。严肃、认真而开明地对待青春期的孩子，让孩子们敞开心扉，是每个家长都必须重视的。

一个母亲讲了她女儿的事：

"我女儿叫赵莉，刚上初二。她性格开朗，活泼好动，但就一个毛病，喜欢跟我们顶嘴。我想，如果我强迫她不许顶嘴，就算她表面做到了，但有什么事压在心里，不告诉我们，反而更麻烦。

孩子在成长中，其实有自己的是非观，知道什么对、什么不对。总把孩子当小孩也不是事儿啊！

所以，我就主动跟我女儿谈谈单位或者家里的事，有些能让她参与意见的事，我都听听她的意见。我想给女儿一个感觉：我们已经把她当大人看了。女儿除了能够感受到我们对她的爱之外，也能明显感觉到我们对她的重视，因此孩子更能够感觉到一种自豪。

自觉不自觉地，女儿也把她身边发生的事跟我们说了，就连一个男孩子给她写小纸条要跟她约会的事都告诉我了，主动征求我的意见她该怎么做。我很高兴女儿跟我们更

亲近了，要是以前她绝不会这样做。"

青春期是孩子人生中必然要经历的，也是一个人从孩提时代逐步向成人转变的过渡期。怎样对待处于青春期的孩子、怎样才能让青春期的孩子向父母敞开他们的心扉，是家长们必须要重视的问题。

家庭既是家长也是孩子安全、可靠的港湾，孩子回到家中，有权利在这个港湾中获得心理上的调整与生理上的恢复，以便更好地投入到学习与生活去。由此可见，孩子在家中向家长敞开心扉，家长理应高兴，并格外予以关注。

孩子喜欢对家长说话是对家长的信任，这很可贵。只要可能，家长千万不要打断孩子的话，或者表示厌烦，因为，这么一来，孩子比较脆弱的自尊心就会遭到伤害，弄不好，还会从此向你关闭敞开的心扉，实行自我封闭，这样下去，后果将不堪设想。

也许，孩子在校内外遇到不愉快的事情，一时又找不到可以信任的人诉说，只好独自闷在肚子里，待回到家再向家长倾诉。孩子这么做，无非有两个目的：一是孩子在倾诉过程中，不满的情绪获得充分的宣泄，从而使身心恢复到常态；二是孩子的一番倾诉是为了寻求解决问题的良策。对于前者，家长自然不必多话，只需坐下来热情关注即可。对于后者，家长就得认真思索一番，用自己比较丰富的人生经验去指导孩子如何解决问题。

另外，也可能是孩子在学习或其他校园与社会活动中获得了优秀的成绩。这时，孩子向家长诉说的目的无非是想让家长与他一同分享成功的喜悦。对于这类诉说，家长更应该认真对待，并且向孩子祝贺：昔日的汗水与努力没有白费。可能的话，家长还可搞个家庭活动，以表庆祝，与孩子一同分享成功的喜悦。

具体说来，父母怎样才能让孩子对自己敞开心扉呢？

1. 创造合适的机会

"孩子，让我们来谈谈！"如果你们的谈话是这样开始的，结果往往是说话的只有你一个人。然而，在你们一起打完篮球、开车回家的路上，或周末一起洗衣服时，往往是孩子滔滔不绝、喋喋不休的时候。要想多了解孩子的生活，就要多创造这些对他们没有压力，和你一起活动的机会。

2. 奖励诚实

当你的孩子承认他开了你的车去看电影，并且不小心在车的侧面划了一道时，确实他犯了不小的错误，但你必须首先对他的诚实表示肯定。孩子最担心因为他的错误行为而失去父母的爱，所以要特别注意鼓励孩子养成主动承认错误的好习惯。

3. 控制你的反应

和孩子的谈话中，可能会有很多令你不高兴或失望的事情，你必须很好地控制你的情绪。比如，尽管当儿子告诉你他没有被校足球队选中时，你和他一样很失望，也不能让这种情绪表现出来。孩子都不喜欢让家长失望，如果你过分表现出失望，会造成他以后只报喜不报忧的后果。

4. 慎用批评

不要过早地跳出来下结论，等待他把事情全部说完，边听边用"嗯！""我知道这很伤你的感情"，这样表示理解的话，来鼓励他们把事情叙述完。听完了他的故事，更重要的是诱使他们自己发现问题的答案或者解决办法。随着孩子的不断成熟，我们越来越应该走到幕后，给孩子自己通过深刻的思考解决问题的机会，当然只要他们愿意，随时都能在我们这里获得帮助。通过这种方式不但能增强孩子的自信心，让孩子获得良好的自我感觉，而且他会逐渐把你当成一个可靠又对他有帮助的朋友，而不是高高在上的"大人"，会更愿意和你交流。专家们说，自我感觉良好的孩子往往更愿意与人交流。

5. 尊重孩子的隐私

即使对于最开放的、最友好的父母和孩子的关系来说，他们还是有他们自己的秘密。特别是青少年时期，他们开始学着和父母分离，越来越多地依靠朋友。这时，应该降低对孩子的期望值，不要要求他们把什么都告诉你。我们应该做的，只是让他们知道，如果你需要，我们永远在你身边。在轻松、民主的家庭环境里，他们反倒更能表现出他们的童心，不必装出大人的样子。

父母是孩子最早的生理老师

张老师正在讲台上滔滔不绝地向同学们讲述八国联军侵华的史实，却发现林扬有点心不在焉，完全没有在听讲。课后，张老师将林扬在课堂上的表现告诉了班主任秦老师。秦老师也发现了，最近两个星期，林扬上课经常走神，脸色也不是很好，还经常称不舒服请假。秦老师几次关心地询问林扬是不是生病了、要不要去看医生，每次林扬都涨红了脸，连连摇头。秦老师觉得很奇怪，以前他可不是这样的。最近是怎么了？秦老师决定找林扬的父母谈谈。

林扬的父母跟老师说了一些林扬在家的反常表现：经常锁着房门不让父母进去，甚至还自己洗床单、被套，这在以前可是从来没有的。细心的秦老师似乎明白了什么，追问道："你们是否发现林扬有过遗精的现象呢？"林扬的妈妈愣了一下，不好意思地说："上个月我给他叠被子时，发现床单上有块污渍，就告诉了他爸，他爸还笑他早熟呢。"

"那当时林扬怎么样？"秦老师又问。

"很不好意思，什么话也没说。唉，现在的孩子，才12岁，就……"妈妈觉得不可理解。

"那他锁门，洗被子是不是那次遗精以后的事情？……"在秦老师的追问下，林扬的母亲才意识到儿子最近一段时间表现异常的原因了。

"那你们给他讲过这方面的知识吗？"秦老师问。

"这还要讲啊？以后慢慢地不就知道了。再说，这些事怎么对孩子讲啊？"

听到林扬父母的回答，秦老师愣住了。

其实，父母不知道的是，最近一段时间，林扬已经陷入了深深的自责之中，他为自己的行为感到很愧疚，有一种罪恶感，甚至，他觉得自己很下流……

生活中，可能很多青春期的男孩都有过林扬的这种困惑和烦恼，包括一些青春期的女孩，她们也有自己的苦恼和困惑。

青春期是儿童发育到成人的过渡阶段，是人体成长发育的最后阶段，伴随着青春期的到来，孩子们的身体快速发育成长，他们会产生一连串的疑惑、烦恼、惶恐，甚至伴随着严重的焦虑，影响了他们的日常学习和生活。而青春期的烦恼与焦虑正是由于缺乏适时、适当的性教育引起的。

据调查，很多家庭中父母从来不对孩子进行性教育，当被好奇的孩子问到时，父母不是躲躲闪闪，引开话题，就是自作聪明地欺骗孩子。对孩子的生长发育、身体变化进行因势利导的性教育，这原本是十分自然的事情，但在很多家庭却被忽视了。林扬第一次遗精后，爸爸竟然笑话他早熟，这使得他产生了强烈的耻辱感，似乎性的发育是他的罪过。试想，如果林扬的父亲不是嘲笑（当然，这种嘲笑并无恶意），而是拍着儿子的肩膀说："儿子，爸爸恭喜你，你已经是个男子汉了。"同时，再给他讲一些有关的知识，那么林扬的心态就一定不是罪恶感、挫折感，而可能会是骄傲感和成就感，更不会产生一系列的烦恼、困惑和焦虑了。其实，不仅仅是青春期孩子需要性教育，性教育应该开始于儿童和少年时期，父母应积极参与性教育，使孩子从小就获得正确的性知识。

心理学家认为，要根据孩子的年龄对孩子进行不同内容的性教育。

对5岁以前的孩子的性教育，着重在于解决性别认同问题。家长可以在洗澡时很自然地教他们认识自己的身体，留意不要把孩子打扮成相反性别，以免影响孩子正确的性取向。

对于6～10岁的孩子，父母应对他们进行系统的性知识教育。可以借助自然现象、童话故事、寓言故事等，采取比喻的手法，把正确的性知识内容教给孩子们。比如可以从植物的开花、结果引申到孩子的孕育成长，父母就像培育一颗种子那样，终于有了一

个鲜活的新生命——可爱的宝贝。

对于11～15岁的孩子，父母应该更关心他们的性困惑。比如男孩子的遗精会让他们自己以为是病，却又不敢告知父母，可能会让他们从不正当的途径去了解性知识；或者女孩子的月经让她们担惊受怕。对这些知识，家长应当及早地教授给孩子，也可以通过书信的方式交流。

需要强调的是，对孩子的性教育，要及早开始，要有系统、循序渐进地进行。另外，性教育的重点，并不只是传授与性有关的知识而已，更要培养对性的正确认识和健康的性心理，包括正视自己身体的变化，大方、坦然地讨论与学习，要及早让孩子明白，性并不神秘，更不污秽。

 **允许青春期孩子申辩，给他解释的权利**

君君是家里的独子，是爸爸妈妈的心肝宝贝，他圆圆的脸蛋上嵌着黑溜溜的大眼睛，笑起来还有两个小酒窝，属于让人一见就喜欢的孩子。但是，君君更让父母喜欢的一点是，君君从小就很听话，虽然是个小男孩儿，但是君君却不怎么淘气，就算偶尔小小放纵，爸爸妈妈一瞪眼，他就收回了。然而，谁知这个又乖又可爱的小男孩上初中以后竟然变了一个人，他不再对父母的话百依百顺了，随时会顶嘴，有时还跟爸爸妈妈吵得很凶，他还经常和其他同学一起出去玩，爸爸妈妈一跟他说道理，他就关上门不听……爸爸妈妈很头疼，为什么君君突然不再听话了啊？

一个小时候的乖孩子，到了初中突然变得很难管教，父母都感觉像是换了一个孩子，这种情况并不少见。"青春期叛逆"并不是唯一的理由，事实上，小时候越乖的孩子长大就可能更逆反。

家长总是跟孩子说"乖乖，听话"，父母总是希望孩子乖巧、顺从，遵守家长的旨意，听大人话、听老师话、遵守纪律。但这种听话的表象，可能埋藏了压抑的"种子"。

孩子听话当然是好事，但过于听话就很可能会压抑孩子内心的想法。如果孩子有话不敢说，有想法不敢付诸实践，反而特别在意对家长"察言观色"，这就是压抑了。

有些孩子为了能让家长疼爱、老师喜欢，宁可牺牲自己的意见和主张，过于听话，最终的结果是他们没有了独立思考的能力，一旦失去成人的指点，就会手足无措。

正常情况下，每个青春期的孩子都会表现出较强烈的叛逆来，不听父母的话，不想要父母为自己安排，什么事情都要自己来。他们这样做，只是为了脱离对父母及重要亲人的依赖，走向独立的自己。

当孩子正常地走过这个叛逆期之后，他们在18岁左右就形成了一个完整的自我，他们逐渐开始了解自己是一个什么样的人，而这也意味着他们终于成了一个成年人了。有了这个自我，他们就会有比较强烈的欲望，知道自己想要什么不想要什么，从而不需要别人提醒和监督，他们自己也能有很强的动机去追求自己的人生目标。

另外，家长们还要知道，长期要求孩子听话可能会使他们失去独立性。可能家长觉得孩子对他们有依赖性是件好事，但家长却不知道自己正把孩子培养成一个没有责任感、不懂得用头脑而且怯懦的人，这类孩子在长大后也难有作为。

有关心理学家做过一个分析和研究，结果表明，当被问及"你要喝什么"时，回答"我想喝咖啡，不想喝红茶"的人比回答"什么都可以"的人，将来在社会上更有作为。

因为前者遇事有自己的主张，而且敢于表达自己的主张。因此，为了孩子的健康成长，应该培养孩子的独立精神，允许孩子有自己的主张。正确的做法是：鼓励孩子发表自己的意见，提出自己的要求；当孩子的意见和要求不妥当时，立即给予纠正，并说明父母不能满足孩子要求的原因。

研究证明，淘气的孩子往往比听话的孩子更有创造力。其原因就是淘气的孩子接触面广,大脑受的刺激多,激活了孩子的智能。因此,给孩子一点"不听话度"对提高孩子的创造力是有好处的。

家长如果想要一个富有创造力的孩子,就得给孩子一定的时间和空间,不能把他们"捆"起来,限制了他们所有的自由。别再强求他们一味地听话,允许孩子们适当地淘气,让他们自由自在地去遐想、去创造,别让听话变成懦弱和平庸的前奏。

 ## 和早恋孩子讨论一下什么是爱情

早恋是令父母头疼的一个问题,也是父母需要用智慧来面对的事情。如果父母置之不理,或者反应过激的话,都是对孩子不负责。父母摆正自己的心态,适当地和孩子讨论一下爱情,是引导孩子形成正确爱情观的最佳途径。

处于青春期的孩子情感冲动,十分脆弱,情绪又不稳定,考虑问题简单,很少顾及后果,这种心理状况使早恋好像天边的浮云一样变幻莫测,早恋者的情绪也会随之波动起伏,彼此之间感情往往反复无常。

长期以来,父母一向把早恋视为洪水猛兽,过度担心早恋会影响孩子的学习和成长,所以只要一有点什么风吹草动便会全家出动制止,尽管采取种种措施严加防范,但早恋还是不期然地走近了正处于花季的少男少女。

有些家长对"爱情"两个字讳莫如深,从不敢跟孩子提及,仿佛这两个字是病毒,一不留神孩子就会被传染。但父母越是遮遮掩掩,就越会让孩子失去恋爱前的必要教育,反而更容易出问题。

但是,要和孩子谈"爱情"这个话题时,父母多少都会面临到尴尬,主要原因大多是不习惯。

一位妈妈面对早恋的宝贝女儿,突破了"不习惯"的局限,语重心长地告诉孩子妈妈眼中的爱情:

"女儿,听别人说你有男朋友了,呵呵,其实这并没有什么不正常,但我需要提醒你的是,现在还不合时宜。因为你目前正处于人生的关键时刻,正需要投入全部的精力在学习上,所以不妨等过了这一关再说。

人都要经历不同的人生阶段的。而你现在这五六年,将是变化最多的。随着你长大,学习环境会不断变化,你自己素质也会不断提高,你可能对异性的认识和审美也会发生变化。虽然初恋很美好,但如果你过分地投入,影响到你的学习,就不合适了。

而且,每个人的择偶标准也会不断变化。你现在会被男孩子英俊的外貌所吸引,这很正常。但随着你长大,你就会发现,人的内涵比外貌更重要。

还有,随着你不断成长,你会结识更多更优秀的异性朋友,也许会从中找到更适合你的人。

所以,作为母亲,我建议你现在把你的初恋先淡化,变为友情珍藏起来,等你更成熟了,再来审视你的这段感情,看是否还是彼此适合,那个时候再来选择可能更好。"

困惑、羞涩的女儿,听到这些脸上露出了真诚的微笑,似乎明白了很多……

这位妈妈诚恳的话语点拨了处于爱情幻想中的女孩,让她对人生与爱情有了重新的认识。这位妈妈的做法很值得借鉴,父母们应该像她一样,多和孩子沟通、交流,了解孩子的心理和情绪,及时帮助孩子找到解决问题的方法。适当的时候,和孩子讨论一下什么是爱情,以帮助其形成正确的爱情观。

另外,当发现孩子早恋的时候,父母不应该大惊小怪、反应过激,要知道,青春期的孩子对异性产生好感是再自然不过的事情,对异性有好感,并不意味着一定会早恋,一定会有什么恶果。

而有些家长错误地认为,男女同学走得近一点就是早恋,所以他们不让孩子与异性同学一起结伴上放学,更不让孩子出去跟异性同学玩,经常打电话追问孩子的行踪,有

异性同学打电话来也不让孩子接……父母的这些做法势必会对孩子造成心灵伤害，孩子既觉得没有受到尊重，又觉得自己的自由被剥夺了，于是孩子必定会对父母产生反感。

其实，早恋是防不胜防的，家长不可能24小时都能控制住孩子，而且有的孩子因为厌恶父母的控制，故意反叛地早恋起来。所以，对待孩子与异性同学的接触，父母应该给予引导而不是盲目禁止。当父母发现孩子与某个异性同学交往过密时，应该处变不惊地巧妙地加以引导，让孩子把注意力转化到其他方面上来。

有位妈妈的做法就十分高明：

一次，这位妈妈偶然发现女儿早恋，对此，她不仅没有斥责女儿，反而比过去更加关心女儿，知道女儿喜欢语文，便鼓励她去参加年级朗诵组，还启发女儿写日记，帮助女儿提高写作水平。

于是，女儿的习作频频出现在班级的墙报上。女儿开始由一对一的交往转向了集体，常为班级做好事，而且在一次班干部选拔中被同学们推荐当了生活委员。

期末考试时，女儿的成绩比以往有了很大的进步，进入了年级前5名，还被评为了三好学生。

现在，学习、集体活动几乎成了女儿的主要活动，当初对异性的爱慕心理也渐渐平息、淡化了。

每个人在青春的萌动时都有过朦胧情怀、淡淡忧伤，父母年轻时这样，孩子也同样会这样。家长应该给予孩子适当的理解和引导，让他们明白什么才是真正的爱情。只有这样孩子才能更加理性地对待自己的情感，更加清楚父母的良苦用心，当然也就自然而然地明白自己眼下最应该做的是什么了。

对孩子进行青春期性教育

父母是孩子性知识、性道德的启蒙者，父母在性教育中的作用是无可替代的，父母对孩子进行性教育有着不可推卸的责任。真心爱护自己孩子的父母应该把这种教育当作一件重要的事情来对待。

青春期是指从童年期向青年期过渡的时期，是人生长发育中的一个特定阶段，这是一个非常特殊又非常重要的时期。主要表现为自我意识开始觉醒，独立意识增强，不喜欢别人尤其是父母的约束，出现不同程度的逆反行为。

青春期是自我意识觉醒的时期，是初步形成一定的人生观、价值观、世界观的重要时期。父母一定要抓住这个时期及早进行性教育，否则就会错失良机，影响孩子一生的成长，影响家庭的幸福和睦。

提起性教育，很多家长认为就是生理卫生书上写的、围绕生殖器官进行的教育。其实，这是一种狭隘的看法。性教育除了包括"性"内容以外，重点包括以下几方面内容。

1. 性别角色的教育

就是教育孩子认识自己的性别，认识异性的性别，了解性教育的相关知识。一位母亲特别喜欢女孩，谁知偏偏生了个儿子。懊恼之余，她干脆把儿子当女儿养。从小给他穿花衣服，扎小辫。慢慢地孩子长大了，言谈举止比女孩还女孩，而且一直嚷嚷着要去做变性手术。由此可见，如果在幼儿期不搞好孩子性别的认同教育，轻者容易混淆自己的性别，严重者导致孩子的心理变态。剖析要求异性手术的求助者个人成长经历，我们不难看出，让孩子接受自己的性别、认同自己性别的重要性。

2. 两性之间协调的人际关系教育

就是教育孩子如何与异性正确交往，交给孩子掌握一定的技能和技巧。有的家长重男轻女思想严重，比如一位父亲对儿子说："别搭理那些臭丫头，事儿多。"从此儿子不和女同学搭腔，偶尔说句话也是满脸的不耐烦。由于缺乏和异性交往的能力，结婚后，他和妻子的关系一直不协调，以至于走上离婚道路。

3. 性道德、性伦理等知识的教育

很多家长担心对孩子进行性教育有负面作用，怕孩子知道多了会出事，而世界卫生组织的一项调查结果表明，恰当地进行性教育并不会导致青少年较早地发生性行为，恰恰相反，它可以促进青少年对于性知识、性发育采取科学的态度，对健康的性行为予以理解和尊重，从而帮助他们克制自己，采取认真、负责的行为。

进入青春发育期的孩子开始亲身体验到身体的微妙变化，如果在这之前，他们已经接受过来自父母亲的科学指导，便不会对月经初潮或遗精感到紧张。但是他们仍然会感到害羞，父母亲要以巧妙的方式引导孩子坦然对待性成熟。

怎样进行性教育？这是目前很多父母和老师都在讨论的问题。

在我国，怎么和孩子说性还是一个大疑惑。其实，父母也不用特意说这个问题，但是，一旦父母觉得孩子可能对这个方面有疑惑的时候，就要勇敢地正视孩子的成长和变化。性教育方面出现的问题，在男孩和女孩的身上表现是不一样的。一般来说，女孩的问题，主要是自我保护。

有的女孩比较开放，也从来没有注意过性别差异的问题，可能有的早熟的男生对她有意思，她却没有防备，这时候就需要妈妈站出来引导她。对于年龄较小的女孩，有的妈妈交代的是"凡是衣服遮住的地方，都不能给别人看，更不能让别人碰"，这样孩子就有一个执行标准；年龄较大的女孩子，这时候要和她交流孕育生命、十月怀胎的辛苦和不易，更要让她知道，性关系对女性的影响，需要承担的东西，所以女孩子要保护好自己。

对女孩的建议，光说"你是个女孩子"这样一句没有下文的话，并不能让她明白性别差异，所以还是要讲清楚：女性是容易受伤害的，身体上的伤害和心理上的伤害，都会影响她的一生。

相对于女孩来说，男孩更早熟一些。男孩之间，会私下讨论性这个话题。其实，只要男孩是一个正常的青春期少年，他就肯定会充满好奇心，会想弄明白性这个东西，所以，父母可以早早告诉男孩一些性知识，这样他会少走一些弯路。

成绩一向优异的小迪在初三上学期突然间成绩滑坡，他甚至都不想上学了。起初，父母还以为是学习压力大，他不适应初三生活。但3个月过去了，小迪的成绩仍然没有提升，班主任老师给小迪的父母打来电话，说小迪上课总是走神，有点精神恍惚。小迪的父母这才着急了，周末下午，父母想和小迪好好谈谈。没想到还没张口，小迪就先哭了，一边哭一边说："妈妈对不起，我是个道德败坏的坏男孩。"

听儿子这么说，妈妈愣住了。她急忙把他抱在怀里，对他说："宝贝，快告诉妈妈发生了什么事，不管如何，妈妈都会原谅你的。"

小迪说："自从初二下学期，我就经常陷入了性幻想之中。一开始，还能控制自己的理智，但逐渐就控制不了了，每时每刻都在想那些事，像强奸啊什么的。其实我也不想这样，可就是不知道怎么控制自己的思想。"

小迪说，这件事让他非常痛苦，他觉得自己年龄这么小，就想这些肮脏的事真的是道德败坏。他不敢对任何人说，他怕所有的人都瞧不起他。

其实小迪现在的状况是典型的强迫症倾向。但是如果他能够很早就知道一些关于"性"的知识，也就不会因为"性心理"压抑而产生这种状况。性既不神秘，也不龌龊。父母不要让孩子觉得这是特别下流的东西，如果父母和孩子都能平静地对待它，把它当成饥饿、疲乏这种生理现象来认识，孩子的身心发展将会更加健康。

父母千万不要再把男孩们当成小毛孩，应注意提醒他们注意身体，不要太过疲劳，或者在选购内衣的时候，尽量选择较为宽松的等，而且要及时对男孩进行较系统的性知识教育。父母要避免直接、详细地介绍人类的性行为，否则很容易给这个年龄段的男孩

带来心理阴影。在性知识教育的同时，还须进行性道德教育，避免男孩因为性冲动犯下过错。

父母不要等到男孩问才说关于性的一些问题，可利用身边或社会上发生的事件与男孩一起进行讨论，并且告诉男孩一些正确的性观念。如果一味在男孩面前遮掩性这个问题，只会越变越糟。

很多专家都认为，家庭进行"性"教育具有个体化、生活化的优势，是对孩子进行性教育的最为理想的渠道。

许多家长认为，孩子的性教育应滞后于他们的生长发育，无师也能自通。据一项调查显示，1/3的母亲在其女儿初潮前没有告诉过孩子如何处理。这些家长错误地认为，对孩子进行性教育是破坏孩子的纯洁性，会在无意中起到不良的教唆作用。

这就是我们面临的严峻现实，一方面处在青春期的孩子，他们存在着各种性困惑，正处在探索阶段，如果他们得不到有关的性知识，学校及家长没有针对他们的成长发育进行性教育，他们便会主动去寻找。

处在多媒体时代的青少年，对来自各种途径的性知识很难分清良莠，他们容易在对性和两性交往的神秘感和好奇心的驱使下，自己去尝试、体验。另一方面，家庭、学校、社会对青少年性教育遮遮掩掩、欲言还休，使"性"在青少年眼中愈加神秘，偷吃"禁果"也就不难理解了。

性生理教育专家认为，孩子的性发育是其生长发育的重要阶段，家长和老师应该教会孩子正确对待有关性的问题。父母是对孩子最有影响力的人，也是承担子女教育的最佳人选。子女的性教育应该在青春期前就开始，因为一般来说，儿童时期的小孩就对男女性器官不同产生了好奇心。父母应该多读一些有关性知识的书籍，或者向专家求教如何正确解答孩子提出的有关性的困惑。

青少年性教育是一个社会问题，如果处理不好就可能引发更多性犯罪和性暴力。除了家庭和学校是青少年性教育的主要阵地以外，社会上的一些心理咨询机构在这方面可帮助青少年，比如，心理咨询机构可以借助成熟的个案咨询和集体活动模式来开展青少年性教育。

作为父母，对孩子进行性教育责无旁贷，那么该怎样做呢？

1. 通过拉家常的方式进行教育

美国性教育家戈尔顿教授认为，受过家庭性教育的青春期少男少女，大都能推迟首次与异性接触的时间。同时，戈尔顿教授还强调："不要指望仅仅用某种教科书来解决孩子青春期的所有问题，而最好的家庭性教育的方法是与孩子拉家常。"

教育专家指出，父母可以借某个性方面的问题，打开话匣子，让孩子了解性活动及相关知识。了解这些并不等于允许他们过早地这样做，而是要让孩子知道过早这样做有害无益。

2. 给予适当的性知识和婚姻知识教育

目前这方面的教育很不够，而处于青春期的孩子又渴望了解这些，如果他们从正常的渠道不能满足需要，他们就会感到神秘，从不正常的渠道去探求，比如色情文化就会引诱孩子走上邪路，这岂不是更坏？

所以，家长要给孩子正确地讲解性和婚姻的基本常识，或者给孩子挑选健康科学的书籍让孩子看，跟孩子说："你长大了，应该了解一些正确的青春期常识，给你一本书，好好看看，它会帮助你走上正确的人生之路。"不善言辞的父母可以把这种话写在书的扉页，对孩子有很好的激励作用。

3. 家长生活要检点，不给孩子性刺激

科学的性知识是理性的，正确的性教育也不会给孩子以性刺激，而直接作用于人的感觉器官的感受是非理性的，往往会诱发孩子的性冲动。家长在日常生活中要检点，不要在孩子面前有性行为或过分亲昵的举动，在家里不要看色情录像。

4. 转移孩子的注意力

鼓励孩子参加有益于身心的健康活动，转移他们的注意力。如果孩子有健康的兴趣

和爱好,要积极地鼓励他们发展,不要怕耽误学习而限制或禁止,孩子需要丰富多彩的文体活动,单调乏味的生活会使孩子寻求刺激来调节疲惫的身心,稍有不慎,孩子就可能受到不良影响。让孩子多参加体育锻炼,既能增强体质又能使孩子的业余生活被健康的活动所占据,让社会上的不良影响无机可乘。

 同性依恋不等于同性恋

姗姗今年14岁,读初二。她和同桌杨柳特别要好,她们俩性格、脾气、爱好都特别投合。

每个周末,不是姗姗去杨柳家,就是杨柳来姗姗家,一起做功课、一起吃东西,一起尽情玩耍,晚上还住在一起。有天她们俩一起吃荔枝,你喂我一颗,我喂你一颗,非常亲密。还有一天,杨柳又来跟姗姗一起做功课,到了晚上,她俩关上房门睡在一个被窝里,枕着一个枕头,说了几个小时。姗姗妈妈说了她们好几次,可都不管用。

她们简直就像热恋中的情人——难道这两个女孩是同性恋?事实上,在孩子的青春期或在其成长的更早一期的阶段,两个女生或者两个男生关系特别要好,一起上学,一起玩,一起分享快乐和忧愁,一些秘密对父母、老师都不能说,他们彼此也可以相互交流,对其他人的介入还不高兴。这在女同学中更突出。她们/他们并不是同性恋,而是青春少男少女同性依恋情结的表现。

儿童过渡到青年的生理和心理发育,大致要经历几个阶段:两小无猜期、两性疏远期、两性爱慕期和正式婚恋期。

有些青少年在两性疏远期中可能有另一种自然倾向——同性依恋。

青春期的早期阶段,少男少女渴望被人理解,希望有人可以促膝交谈。而此阶段他们对异性的排斥又使得他们不能大大方方跟异性同学交往,出现明显的男、女生分界。

在跟同性朋友的交往中,男孩/女孩都愿意跟比自己成熟的学哥/学姐交往,以期从他们那里得到更多的指导和经验。

青春期的同性依恋现象,与同性恋有本质的区别。不能把男孩或女孩与其他同性别的男孩或女孩的亲密现象都笼统称之为"同性恋"。

同性恋是性取向有别于一般人的人,他们最明显的标志是他们(她们)彼此间有精神和肉体的双重相互吸引;而有同性依恋倾向的青少年,绝大多数很快从同性依恋的阶段发展到异性间的两性爱慕期,不会成为同性恋。

针对少男少女的同性依恋现象,家长不要如临大敌,也不要掉以轻心,要及时引导孩子们正确地交友,如果发现孩子有过分依恋同性的倾向,应鼓励孩子加入到其他同龄男孩女孩人群中,扩大交往的范围,广交朋友。

另外,还需要对孩子进行必要的性教育,建立正确的性观念,使孩子消除对性的好奇心。

故事里的女孩显然不是这样,从她母亲的讲述中可以知道,她过去并不排除和异性交往,只是父母的态度让她正常的愿望得不到满足后产生了防御机制,转而对同性产生依恋情绪。

同性依恋形成原因大致分为几种:

1. 两性关系的不安全感

孩子小的时候,父母离异或经常争吵,导致孩子对两性关系产生强烈的不安全感和不信任感,怕受到伤害。

2. 异性角色的缺失

姗姗就是因为小时候父亲在异地工作,导致姗姗跟父亲几乎没有过多交流。父亲角色的缺失,导致她不知道如何跟异性建立关系。

3. 被伤害

在与异性交往的过程中受到伤害，故意和同性在一起的退行行为。

4. 父母担心的防御机制

很多父母担心孩子过早恋爱，而孩子本身在成长的过程中又有深层情感交流的需求，只得寻求一种较为安全的形式与同性建立亲密关系。

5. 潮流，从众心理

同性交往过密，是现今学生中潜在的暗流。所以，青春期孩子的同性交往过密，大多不是真正的同性恋，只是青春期的一种迷误。

刚进入青春期的孩子（女孩居多），对同性朋友产生好感甚至表现得关系亲密，愿意与对方朝夕相处、形影不离，不是很严重的问题，一般也都不会长久，会很自然地过度到异性间的爱恋。

给孩子创造一个轻松、温馨、自由、民主的家庭氛围，才更有利于孩子的成长。对于有同性依恋现象的孩子，家长不要过分大惊小怪，更不要责骂，以免伤害孩子，反而会造成他们的逆反。

早恋不可怕，关键在转化

无论在老师还是在父母心中，楠楠都是一个聪明、文静、听话的女孩。从小学三年级，楠楠就开始担任班长，一直到现在。班主任老师夸她有写作天赋，她的每一篇作文都被老师当作范文在班上朗读。不仅如此，楠楠的其他各门功课的成绩也很优秀，还很乐于助人。班主任老师经常夸她是老师不可多得的好帮手。但是，自从班上转来一个帅气阳光的男孩后，楠楠似乎发生了一些微妙的变化。

楠楠变得爱打扮了。以前一直梳着马尾辫的她现在经常变换自己的发型，一向穿着朴素的她现在每天都要换一套衣服。而且，任课老师也反映，最近一段时间，楠楠上课总是走神，经常一个人发呆，最严重的是楠楠的学习成绩出现了明显的滑坡。

让人感到奇怪的是，楠楠以前很讨厌上体育课，也不喜欢运动，经常找各种各样的借口逃避体育课。但是最近一段时间，每次体育课，楠楠都很认真，并且经常去操场做运动。

班主任老师对此感到很纳闷，一面找楠楠谈话，一面把情况反映给了楠楠的父母。楠楠的父母最近也发现她有些反常，经老师这么一说，更觉得吃惊。经过一番观察，父母得出了一个结论：楠楠早恋了。

于是父母对楠楠进行了一次严厉的"审问"，并且毫不留情地翻看了楠楠的书包、书柜、书桌等，终于在一个抽屉里发现了"罪证"——一本厚厚的日记。在日记里，楠楠用细腻的笔触描述了她对新转来的那个男孩子的爱慕之情以及她现在面临的烦恼。

楠楠的父母在看完这些类似"情书"的日记之后，大惊失色，又气又恨："你小小的年纪，怎么写出这种东西！我们都替你感到害臊！"一向温顺听话的楠楠这次一反常态，涨红了脸申辩道："我做错了什么？我就是喜欢他！他是我心中的偶像！"说完，跑进了自己的房间。

早恋是青春期性成熟过程中，两性之间出现的一种过度亲密的互相接近。现在大多称早恋为"交往过密"。少男少女因为性发育开始成熟，本能地产生互相爱慕的情感。有的人表现为独自的单相思，有的人突破了羞涩的束缚，递纸条、约会、互相倾吐爱恋之心，借口互相帮助，形影不离，个别人则还发生进一步的两性接触。

异性相吸是自然界中的普遍现象，处于青春期的孩子，随着性意识的渐渐觉醒，朦胧中对异性产生了渴望和爱慕，这也是一件很自然的事情。每个父母都是从青春期走过来的，回忆一下我们的青春时代，就该知道中学生这种情愫的萌发是多么正常，所以，父母在孩子情感发育时，为什么不可以给他们更多的理解呢。

确实，早恋是现在令父母头疼的一个问题，并且有低龄化的趋势，不闻不问吧，总觉得会耽误孩子的学业；过问吧，又怕逼急了，孩子离家出走、自杀，造成不好的后果。很多父母想阻止孩子早恋，却用错误的方法推了孩子一把，使孩子不由自主地掉入漩涡中。

有的父母小题大做，把孩子的正常交往，如相聚聊天、结伴游玩、一块儿看书、做作业等误认为是早恋，从而加以指责；有的父母错误地认为，男女同学在一起就必定是早恋，因而忧心忡忡，疑神疑鬼，不让孩子随便出去，平时也不让孩子与异性同学结伴回家；有的父母发现孩子跟异性有一些接触后，竟然对孩子冷嘲热讽或者破口大骂，甚至带有侮辱性字眼。这些父母用成人庸俗的观念，把孩子们一些原本正常的行为恶俗化了，人为地制造了孩子的罪恶感。他们本想阻止孩子早恋，殊不知很可能把孩子推向了早恋的深渊。

因为人是容易受到暗示的，如果一个人总是被别人暗示他的品性有问题、行为不端正，他就会不断地自我否定，认为自己就是这样的"坏"人，久而久之，他也许就真的变成人们所说的"坏"人了。

所以，父母千万不要认为孩子的早恋很可怕，不要破坏孩子内心的纯洁。父母应该相信自己的孩子，在一般情况下，男女同学的接触是很正常的，不敢接触才是不正常的。如果发现孩子与某一异性交往过密，就应该巧妙地加以引导，让孩子懂得，异性交往不要太集中于某一个人或一个小范围，否则会失去与多数同学、朋友接触的机会。

孩子的早恋往往与生活单调、没有目标有关，因此，充实孩子的生活，帮助孩子寻找生活的意义，可以有效地转移孩子对"早恋"的注意力。

此外，父母应该多和孩子沟通、交流，组织一些家庭集体活动，增进父母与孩子之间的感情，以便及时了解孩子的心理和情绪变化，及时教育；同时也能增强家庭对孩子的吸引力和父母在孩子心目中的威信，避免孩子过多地从外界寻求关怀与理解。

孩子搞网恋，因势利导是上策

现在很多学校都在强调素质教育，电脑成了学习的工具，上网在学生中成了时尚。孩子们在网上汲取丰富精神营养的同时，中学生网恋问题也随之而来，困扰着学生、家长和学校。家长发现孩子网恋后，自然感到担心而矛盾。想跟孩子谈，怕孩子知道父母偷看了他的聊天记录，会有逆反心理；不跟孩子谈，又担心网恋影响他的学习和成长。

面对网恋的孩子，家长应该怎么办呢？

1. 弄清孩子为什么容易网恋，网络有什么吸引力

首先，从整体上来看，人类的活动领域在不断地扩大，但事实上个人的活动空间却在不断缩小，特别是中学生，大多数孩子都是独生子女，繁重的学习任务，使他们渴望交流，释放压力。但学校和家庭束缚又使其不能去很多公共场所，于是选择在网络上与外界沟通，对于他们来说无疑是一个好办法。在那里，可以无所顾忌、轻松愉快地谈天说地。谈得来，可以深入交流，掏心窝子；谈得不愉快，鼠标一点对方就不存在了。

其次，青春期的少男少女开始对异性产生好感，幻想美好爱情，渴望与异性交流。但在现实生活中，学校与家庭一般都不允许他们跟异性朋友自由交往，而网络恰恰提供了这样一种宽松的环境。两个人通过网络互诉感情，加深了彼此的好感和吸引，即使性格内向的人也因为不用面对对方而变得更加大胆热烈地起来。所以，"距离产生美"，这样的爱情也就显得格外美好起来。因此使得许多人乐此不疲，越陷越深。

2. 用现实中的事例，打消孩子对网恋可能抱有的幻想

青春期的孩子对很多事缺乏基本的把握与判断。过于迷恋网络，会占用学习时间，影响学业，而过多的网络交往会造成现实中人际交往的困难，形成内向、孤僻的性格。

而且，一些人在网络交往中往往用虚假的东西包装自己，更有些居心叵测的人，孩子识别能力差，如果被坏人利用，后果不堪设想。

网恋之所以美丽，就在于它在网上。你不知道网络的那头是什么人，也许你幻想的美丽少女是一个满头白发的老太太，甚至不是女性。所以，这种虚幻的爱情显然是不现实的，也是荒唐的，你的希望越大，失望就越大。家长要用实例给孩子讲清网恋可能带来的严重危害，教育孩子不要轻易将个人信息在网上发布。

3. 家长也要学会上网，才能切中要害和更具说明力

如果家长不了解网络，只是片面地对孩子进行说教，很难说服孩子。想避免孩子陷入网恋，家长就必须跟上时代的步伐，了解你的孩子在跟人交流些什么，也可以跟孩子聊聊网上的见闻，交换一下上网的心态和感受。如果发现孩子萌动的恋情，家长也不必斩绝他和网络的联系，不妨旁敲侧击地告诉他：爱情发生在错误的时间就不可能有美好的结果。孩子需要更多的耐心和信任，他们有自己的烦恼和困惑，沉迷于网络正是因为那里没有压力和埋怨。

家长想要指导孩子，就必须重视跟孩子的沟通。通过家长自己上网，加深对网络的了解和对孩子上网的感受，帮孩子避免网络的"美丽陷阱"的伤害。

4. 对网恋已经成瘾的孩子，有必要采取一些措施

一位教育专家讲道："互联网沟通了世界，而它引发的却常常是断开的问题。"网恋的青少年，最终都免不了遭受"失恋"的打击，因为他们的恋情终将没有结果。

对网恋成瘾的孩子，家长应采取果断措施。

在跟孩子充分沟通的基础上，根据孩子的特长和兴趣，找寻某种适合家长跟孩子共同参与的活动，增强家长跟孩子的情感交流，让孩子体会到家庭的亲情和爱意，让孩子尽量远离网络一段时间。必要时可寻求心理医生的帮助。

5. 不要因为网恋而打骂孩子

家长不要因为孩子网恋而打骂孩子，这样效果不好，还可能造成孩子的逆反，甚至引起孩子离家出走等过激的反抗。应该因势利导，教育孩子上网时应该多学习电脑知识，浏览网上有益的东西。此外，网恋与网瘾是分不开的，凡是有网恋的孩子，一般都是经常沉迷网络，精神世界空虚，没什么兴趣爱好。因此，父母可通过用多种方式，培养孩子多方面的兴趣爱好、充实孩子的精神世界。

关注孩子的心理健康

孩子健康成长是父母亲最大的心愿。但什么是真正的健康呢？真正的健康是身体和心理都健康。心理健康教育虽不同于知识教育那样可以立竿见影，但它对成就一个孩子的未来、塑造一个健康的生命，却有着至关重要的意义。

心理健康是指人的智力正常，情绪良好，个性健全，能适应环境，人际关系协调，这些都对孩子未来的发展关系重大，儿童心理不健康，未来就有可能会产生人格缺陷和行为障碍。

在现代急剧变化的社会中，不仅成人要承受形形色色的诸多心理压力，而且本该天真烂漫的孩子也要直面来自学习、生活、家庭和社会的种种负担，使心理健康问题日益凸现并受到广泛关注。

"独生子女时代"的青少年面临很多困惑：学习的压力，亲子关系的紧张，周围同伴不良行为的影响，早恋的困惑，自身的忧郁、孤独，沟通能力的薄弱……都容易给孩子造成心理障碍。而青少年正处于独立意识增强、人格要求独立的阶段，更渴望父母的倾听，而不是说教。如果父母能有意识地在孩子叛逆、渴望独立的阶段更多地跟孩子沟通，给以正确的引导，有针对性地调节孩子的情绪，那么将会帮助他们很好地度过青春叛逆期，使他们的人格发展得更完善。

心理健康是一种生活适应良好的状态，凡对一切有益于心理健康的事件或活动做出主动、积极反应的人，其心理便是健康的；反之，便谓之存在心理障碍或心理行为问题。值得注意的是，一定要避免对心理健康的绝对化、片面性理解，认为有一点缺陷和问题就是心理不健康而乱扣"帽子"，或者认为心理健康的人没有烦恼、没有不良情绪和消极行为。一个人是否心理健康是相对的。

现在父母对孩子的身体健康都极为关注，但对于孩子的心理健康，现代的父母关注多少、又了解多少？

具体来说，心理健康主要有以下几个衡量指标：

1. 对自己有正确的认识

心理健康的人，对自己的长处、短处、个性特点都有现实的、正确的认识。知道自己能干什么，适合干什么；对于办不到的事，不会苛求自己。

2. 有自信自立精神

心理健康的人，会有明确的生活目标，自我发展的驱动力。因此，面对困难和逆境能调整和控制自己的情绪，冷静对待和处理各种复杂的问题。

3. 善于协调人际关系

对人对事都能采取和睦相处、友好对待、克己让人的态度；对人际交往中出现的问题和矛盾，能采取友好宽容的、公平的、有理有节的方式处理，容易与他人合作和相处。

4. 主动适应环境，顺应社会需要

心理健康的人，能够自觉调整个人和环境的关系，不是让环境顺应自己，而是使自己适应环境。在任何复杂的环境中，一方面保持自己人格、个性上的特点；另一方面，又有适应环境需要的应变能力，无论是在艰苦的逆境中，还是在顺利环境中，都能很好地发展自己。

那么，家长怎样才能培养孩子的健康心理呢？

1. 注意观察孩子的心路

孩子看似满不在乎的言行，其实可能潜藏着很大的心理变化。家长的忽略或者过度干涉，都会造成不良的后果——前者会让孩子朝不合理的方向发展，后者会造成孩子心灵扭曲。

家长应该满含理性和爱意地去观察孩子的一举一动，体会孩子内心的动向，防止孩子心灵扭曲，帮助孩子发扬心灵的闪光点。

2. 引导孩子调整目标

心理学家认为，当一个人在追求自己所要达到的目标时，如果经常感到挫折失败，就会降低积极性，产生自卑、自责心理。基于此，父母应适时引导孩子调整期望，寻找最佳的奋斗目标。在这方面，诺贝尔化学奖获得者奥托·瓦拉赫的父母的做法值得学习。

瓦拉赫最初想要在文学上有所发展，但一个学期下来成绩很差。他的父母根据他的性格特点和他自己的意见，让他改学油画。但因为他对艺术的理解力不够，以至于成绩在班上倒数第一。

最终瓦拉赫的父母根据他做事一丝不苟的特点，接受化学老师的建议，让他转学化学。由于目标恰当，瓦拉赫在化学方面成绩斐然，在同学中出类拔萃。

这一事例说明，在教育培养孩子方面，父母应引导孩子根据自己的实际能力，与其共同确定可行的奋斗目标，尊重孩子的选择，使孩子既不好高骛远，又不得过且过，以此而达到心理平衡，变得充实。

3. 培养孩子的自制力

现在越来越多的孩子动辄发怒，当有人对他讲话严厉，或他自己的想法碰壁时，马上就激动起来，这是父母对孩子过分宠爱造成的后果。

孩子从小的时候起，通过父母约束，能学会克制自己的不快心情，抑制自己的激动情绪。孩子如果很少受到严厉训斥，完全生活在没有约束的环境里，就不可能学会控制自己的感情。

孩子对于情绪的控制能力较差，情绪波动较大。比如考试成绩不理想、被老师批

评、跟同学闹别扭,都会让孩子由活泼开朗变得愁眉苦脸、闷闷不乐,而这样消极的情绪会影响孩子的心理健康,所以父母应该教孩子学会调整情绪,把消极情绪积极化。

还可教给孩子一些控制情绪的方法,诸如让孩子转移目标,看到自己其他方面的长处;可用幽默的方式,开个善意的玩笑调节气氛。当难以控制激动的情绪时,可让孩子闭目做深呼吸,或摇动自己的舌头,顺时针逆时针各摇10次,以分散自己的注意力,或专心数数1~100连续几次,使自己冷静下来。

4. 让孩子学会倾吐烦恼

让孩子学会倾吐烦恼、适当宣泄不良情绪是父母的一种职责。孩子正在成长,前进的路上会遇到种种不顺心的事,如考试没有取得好成绩、受到不切实际的批评、个人的心愿大人不理解、正当的要求得不到满足等,面对这些,他们内心会感到痛苦,心里觉得压抑,这是常有的事。

人心理压抑的过程是日积月累的,而孩子自身承受能力差,当心理压力超过他们所能承受的极限时,就会出现心理问题。因此家长应该让孩子在遇到不顺心的事时,学会倾吐和渲泄,把内心的不快向家长、同学、老师等信任的人倾诉出来,从而缓解压力、放松身心、稳定情绪,可以借助交谈、记日记、写信等方式。也可以教孩子学会目标转移法,用其他轻松的活动来帮助他们转移注意力。譬如:散步、听音乐、做体操……等情绪稳定后,再学习、活动;还可带着孩子进行心理咨询,使他们改变原来的认识、情感和态度,解决他们在学习、生活等方面出现的问题,从而使之更好地适应社会和环境,保持心理健康。

除此之外,父母在培养孩子的健康心理时,还要注意以下这些要点:

1. 不要勉强孩子做一些不能胜任的事情。孩子的自信心多半是由做事成功而来,强迫他们做力所不能及的事情,只会打击他们的自信心。

2. 不要对孩子太严厉、苛求甚至打骂。这样会使孩子养成自卑、胆怯、逃避等不健康心理,或导致反抗、残暴、说谎离家出走等异常行为。

3. 不要欺骗和恐吓孩子。欺骗和恐吓孩子会丧失父母在孩子心目中的权威性,以后的一切告诫,孩子就不会服从了。

4. 要帮助孩子去分析其所处的环境。帮助孩子解决困难,而不是代替他们解决困难。应教会孩子分析问题、解决问题的方法。

5. 注意不要过分地关心孩子。这样做容易使孩子过度地以自我为中心。

6. 不要贿赂孩子。要让孩子从小知道权利与义务的关系,不尽义务就不能享受权利。

7. 不要太亲近孩子。应该鼓励孩子多与同年龄人一起生活、学习、玩耍,这样才能学会与人相处的方法。

8. 不要在小伙伴面前当众批评或嘲笑孩子。这会造成孩子怀恨和害羞的心理,大大损害孩子的自尊心。

9. 不要过分夸奖孩子。孩子做事取得了成绩,略表赞许即可,过分夸奖会使孩子沾染沽名钓誉的不良心理。

10. 不要对孩子喜怒无常。这样会使孩子敏感多疑,情绪不稳,胆小畏缩。

家有女儿,母亲要帮其度过烦恼的青春期

通常把10~19岁这段时间统称为青春期。它是儿童到成人的过渡时期,以生理上的性成熟为标准。女性青春期指性器官开始发育,第二性征出现,直至生育功能完全成熟的一段时期,以月经来潮作为少女进入青春期的标志。

这个阶段的女孩,身高体重增长迅速,卵巢开始分泌各种激素,乳房隆起,阴毛、腋毛开始生长,声音变得高细,出现月经来潮等一系列变化。随着生理变化,心理和情感变化也较为明显,对事物的反应能力提高,情绪波动较大。

一般来说，青春期的孩子，性情显得较为忧虑、暴躁，对看不惯的事较易发脾气，但对异性却充满了兴趣，对"性"产生了好奇。容易出现厌学、网瘾、自闭症、学习障碍等问题。这种心理、情绪、行为等方面的变化受文化媒体及社会因素影响较大，称为第三性征。这方面并无明确的生理基础，而是由于社会性别角色的获得而形成的。

少女来月经时应注意经期卫生，增加营养，注意休息。月经过多应及时就医，不要滥用止血药和激素，以免造成不良后果。

青春期有几个重要特征：

1. 青春期是一个过渡时期

青春期是个体由儿童向成年人过渡的时期。通常人们把青春期与儿童期加以明显区分，区分的界限是性的成熟。

2. 青春期是一个发展时期

青春期是人的身体发育完成的时期，是身体生长迅速、身体各部分的比例产生显著变化的两个阶段之一。

3. 青春期是一个变化时期

青春期是少年身心变化最为迅速而明显的时期。

4. 青春期是一个反抗时期

由于身心的逐渐发展和成熟，往往比较逆反，否定以前发展起来的一些良好本质，容易出现对抗学校、家长、规则等的行为，从而会引起一些心理问题。

5. 青春期是一个负重时期

青春期也是一个负担很重的时期。少年要逐渐担负一部分由成人担负的工作，他们要应付由身高、体重、肌肉力量等的发育成熟，特别是性的发育成熟所引起的各种变化及问题，心理压力相对增大。

青春期的性教育

狭义的青春期教育是指性教育，讲有关生命孕育和诞生的基本知识，青春发育的生理规律，体貌变化，性的欲望、吸引、冲动、渲泄、性健康，与性相关的疾病，以及怀孕、终止妊娠等知识。

广义的性教育还包括传授性的价值观念、性的社会行为规范与道德责任，性的法律界限与防止性暴力等知识；教导人际交往特别是两性交往的知识与技能，帮助青少年学习关于两性之间的友情、爱情、择偶、婚姻等人生课程，懂得性别社会化、性别差异与性别角色、两性尊重与平等的基本概念。

作为孩子最亲近的人，母亲在女儿生命中的地位非常重要，应对女儿进行积极有益的引领，适时、适度、适当地把有关青春期的性知识告知女儿，帮助她（们）顺利度过青春期这一特殊的时期。

燕燕今年12岁，身高超过1.65米，胸部挺了起来，她妈妈刘女士知道，她的青春期就要到了，烦恼将接踵而至。燕燕情绪变得很不稳定，性格急躁，容易冲动。

一天，她放学回来，气呼呼跟刘女士说，她要拿钱给老师买延更丹，因为他们老师见她跟同学滑旱冰就猜测她早恋。当刘女士得知她跟另两个男同学只是偶遇在冰场，答应她跟老师沟通。

当刘女士看到女儿滑冰回来的脏衣服，听说女儿是被男同学开玩笑撞倒弄脏的，建议女儿不去滑冰，没想到女儿突然又跟自己发火了。刘女士开玩笑地跟女儿说："我给你钱你去买延更丹吃吧。你看，你生气，易怒，表明你到了更年期。哦，对了，你那应该叫青春期。"

过了没几天，燕燕果然来了她的初潮，刘女士祝贺她长大，同时跟她讲了青春期的有关问题，心里暗想，要多陪陪女儿了。

当燕燕提到早恋这个概念时，刘女士告诉女儿："早恋，准确地说应该是初恋，那种

感觉非常美好,一个人一生中初恋只有一次,如果开始得太早,往往会因为幼稚仓促而减轻了那份美好。所以,为了让它更美好,最好迟一点恋爱。"

后来刘女士知道,女儿喜欢上作文培训班的小童。他长得很帅,作文好,还精通电脑。燕燕不好意思地对妈妈说:"我一看见他,就心跳。"妈妈对女儿说:"这种感觉真好,说明你年轻。现在就是F4站在我面前,我也不会心跳了。"

燕燕看妈妈没有责备自己,就问妈妈,怎么能让小童喜欢自己。刘女士跟她说:"一是要有漂亮的容貌,二是要有漂亮的思想、学识,至少具备一样,如果两样都有就更好。"

从那天起,燕燕不用妈妈督促,每周写两篇周记、一篇作文,成绩直线上升,燕燕打算考上小童所在的那所重点中学。刘女士看着燕燕的表现,有些感动。既然喜欢一个人可以有这样的好效果,那就让她喜欢吧,只要她对小童没有到"爱"的程度就好办,不会发生什么意外的事情。

燕燕每次上完作文课,都是小童长小童短的,兴奋不已。可是,有一天她很不高兴,告诉妈妈,她失恋了!她要报复!——原因是她的好友婷婷把她喜欢小童的事告诉了他,而小童却当众宣称自己有女朋友,只能跟燕燕做好朋友。

燕燕狂扫了一顿麦当劳以后,她告诉刘女士她的计划是"我要想方设法吸引他的注意,让他喜欢我。等到他真喜欢我的时候,我就可以对他说:我们只能做普通朋友。"刘女士很为女儿骄傲,因为女儿懂得尊严比爱情重要。

刘女士思前想后,知道青春期的少女是情感型而非意志型的心理,如果强行阻止女儿的"复仇计划"可能适得其反,就对女儿说:"好吧,我支持你。"

刘女士帮女儿挑了两篇写得比较好的作文,指导她修改后寄给《少年作文大世界》。很快就发表了,作文培训班老师让燕燕在班里读了她的作文,燕燕成了班里的名人。燕燕又乘胜追击,接连两篇作文在全班获最高分,又被老师推荐到杂志上发表。

这一次,小童也对燕燕刮目相看,主动跟燕燕接近,两个人的关系正朝着不"普通"的方向发展。

刘女士听到女儿说"谁让他当初那么高傲,这一回,轮到我对他说:我们只能做普通朋友了",知道女儿内心还是喜欢小童的,也知道女儿跟小童都是性格外向、凡事独断专行、兴奋点很快转移的孩子,逆反心理特别强,只有把感情释放了,才能不伤到自己,就鼓励燕燕跟小童尝试做好朋友,估计女儿不久就会冷却下来。

果然两个月后,燕燕就觉得小童浅薄,觉得他才十四岁,就已经和好几个女孩恋爱,还向别人炫耀。她后悔喜欢小童,并要求妈妈给她中考填报另一所重点中学,她不想再跟小童在一所学校。

刘女士安慰燕燕,说小童还是挺优秀的,就是不够成熟。刘女士尊重燕燕的选择,给她申请了另一所重点中学。即使需要交一笔择校费,刘女士觉得,能让女儿在一个全新的环境中健康快乐地成长,还是挺值的!

当刘女士送燕燕去新学校就读时,燕燕十分平静地跟刘女士说:"放心吧妈妈,我的初恋已经结束了。在进入大学校门之前,我都不会再浪费时间去谈恋爱了。"

刘女士欣慰地想:"女儿的初恋比自己当年提前了一半。这是我不希望,也不愿意发生的,但我没有强行武断地阻止女儿,而是耐心指导她,帮助她。现在,燕燕平安地走过初恋,她真的长大了!"

青春期性教育应当具有以下较全面的目的和内容:

1. 提供关于人的性潜能的科学而准确的信息,包括人的性器官与生殖系统、人的性发育、性取向与性别、性病、艾滋病预防等。
2. 提供性价值观与性态度的教育。要不含糊地向青少年传播符合自己文化的、社会倡导与支持的主流价值观,阐明这种价值观的由来及意义;帮助青少年科学地认识什么是两性之间健康而文明的关系,培养自尊感和自信心,学习对自己、对他人和对社会负责任。

3. 通过参与式教育和训练实践，使青少年学会两性之间的尊重、平等，获得两性交往的技能，包括沟通、做选择、应对朋辈压力，评价媒体信息以及建立诚信的友情关系。帮助青少年科学地、创造性地理解和接受现代社会的性别角色，以便日后正确地履行自己的角色使命。

4. 教育青少年在性的表达与行动中对自己和对他人高度负责，包括洁身自爱、拒绝不成熟的性关系、反对性的强迫，预防杜绝手淫，维护自己与他人的性健康。

5. 避孕、计划生育以及做父母的责任，也应成为青春期性教育的内容，不能等到男女结婚和生育时再去讲解这方面的知识。

由于青春期的年龄跨度较大，从10岁至20岁，因此在实施青春期性教育过程中，一定要遵循"适时、适度、适当"的原则，针对青少年需知、已知和未知的实际情况，决定上述内容在什么年龄段讲到什么程度。

性价值观

1. 每个人天生就具有性的潜能，性是一个人生命中自然而健康的组成部分。
2. 性具有肉体的、心理的、伦理的、社会的和精神的各个层面，把这些层面完整地结合起来表达的性才是健康的。
3. 每个人在性的取向和性表现方式上可能不相同，但人人均有自己的尊严和价值；一切形式的性歧视、性虐待、性暴力都是对人权的侵犯。
4. 家庭应成为孩子学习性知识的第一所学校，父母应成为孩子性教育的第一任和主要的老师；有义务帮助孩子接受社会的主流性价值观，并将价值观视为孩子健康成长过程的重要部分。
5. 任何性行为都是有后果的，因此每个人都有权利和义务在性行为上做出对自己和别人高度负责的选择。
6. 鼓励孩子与父母、老师或其他可信赖的成年人讨论性问题，这对个人、家庭、学校及社会都是非常有益的。
7. 要明确地告诉青少年，尚未成熟就涉足性关系是冒险之举；少女怀孕堕胎会殃害健康；感染艾滋病会毁及生命；洁身自爱，保证终生专一于一个性伴侣，是远离艾滋病的最有效办法。
8. 任何性行为都不应当带有强制性和剥削性。
9. 青少年应当得到家庭和学校的保护，他们有权获得预防怀孕和预防性疾病的科学而准确的信息，以便做到"知情选择"；还应当让青少年知道何处可以得到性健康咨询和遇到紧急情况应该到哪里求助。

青春期的三道防火墙

第一道"防火墙"就是防止未成年人的性关系，即18岁之前的中学生，应当做到洁身自爱。对这一点，青春期性教育者应当理直气壮、开诚布公地对学生讲。18岁之前不能参加公民投票是因为不成熟，中学生不能发生性关系也是因为其心理、社会、经济方面均不成熟，无法承受性关系的后果。

第二道"防火墙"就是避孕和紧急避孕。我们希望所有18岁以前的孩子都安全地待在第一道防火墙之内，但事实表明，越来越多的"小勇士"翻墙而过了。我们难以预料究竟哪些孩子会越墙，所以还是需要给他们再建一道安全网。

第三道"防火墙"就是终止妊娠。讲到避孕失败的问题。各种避孕手段都不是万分可靠的，因此，如果有性生活的女性，发现自己未按时来月经，应尽快到医院做检查，如果检查出怀孕了，又不能要孩子，就需要做人工流产终止妊娠。3个月之内终止妊娠相对安全。尽管人工流产并不是控制生育的好办法。

总之，适时适当地告诉女儿有关青春期必需的知识，用心体谅和理解女儿的心理感受，及时有效地处理女儿在青春期出现的心理问题，帮助女儿平安度过青春期，是每一位母亲无法推脱的责任和义务，要当之无愧地完成。

正确引导孩子与异性交朋友

对于孩子交异性朋友，应该抱理解、尊重和支持的态度。禁止孩子与异性交往或者向孩子发难，不仅会伤害孩子的自尊心，还易造成性心理偏差，影响孩子将来的人际交往和社会适应能力。

上了初中的甜甜变得很爱交朋友了，不仅和女同学关系亲密，还有很多要好的男同学，有时还和这些男同学一起到家里复习功课、在街上闲逛或者出去郊游。父母对此非常担忧，怕女儿与这些男孩子们交往时一不小心闹出什么乱子来。

甜甜的情况是很多进入青春期的孩子们都会遇到的，青少年喜欢广交朋友，因为喜欢与人相处、渴望被人爱是人的本性，再加上青少年对异性充满强烈的好奇心，所以很乐意跟异性在一起相处。

美国心理学家赫洛克把交友，包括交异性朋友的好处总结为八条：第一，为彼此带来稳定感；第二，共同度过快乐的时光；第三，获得与他人友好相处的经验；第四，发展宽容大度和理解力；第五，得到掌握社交技能的机会；第六，得到批评他人和受他人批评的机会；第七，为将来提供求爱的经验；第八，培养诚实的道德观。

父母虽不能过多干涉孩子交异性朋友，但也不能放任自流，而是要正确引导孩子与异性之间的交往。

进入青春期，人的性意识开始觉醒。青春期性的需求，主要表现在与异性交往中满足自己对异性的好奇心，以及释放性心理能量。正常的男女间的交往有利于相互了解，消除男女之间的神秘感，还可以在智力上互渗、情感上互慰、个性上互补和学习中互激。善于与异性交往的青少年往往是开朗、活泼的，心理不受压抑。但一定要区分开友情和爱情，否则就会造成严重的后果。

友情是以友爱为出发点，是有共同目标的朋友之间的深切感情，爱情是以情爱为基础，是以结婚为目的的活动。爱情是两性之间所存在的一种特殊关系，需要通过理智、道德、意志来实现，需要负社会责任和法律责任。

青春期的异性关系最容易被误解又最容易出问题，大多数父母、老师意识到自己的孩子或学生已经情窦初开时，或者只是在心里暗暗着急，或者旁敲侧击地去劝阻，或者不由分说地去制止，很少与青少年开诚布公地沟通，更不会为他们提供指导。但是在茫茫人海中，除了男人就是女人，异性交往不可避免。所以，如果父母真的关注孩子的生活幸福、事业成功，就必须让孩子具备与异性相处的本领，教会孩子正确把握与异性交往的尺度。

青少年的交往往往是凭直觉进行的，是纯洁和美好的，对这种友谊父母应当格外尊重和鼓励。让孩子与异性自然交往，告诉他不要把异性视为特殊对象而感到神秘和敏感，形成一种人为的紧张和过分激动的心态，也不必因对某个异性有好感、愿意与之交谈、接触，就认为自己爱上了对方，或以为对方对自己有情，错把友谊当爱情来追求。父母也不要把青春期的异性交往看作是早恋，是一种错误的或会闹出乱子的坏事，而想办法去制止、拆散。

父母要教育处在青春期的孩子用平常心态对待异性朋友，控制性冲动，培养自己的健康人格，端正性观念和批判"性解放"思潮。有人认为只要女孩愿意、男孩不吃亏，男女之间的性交往是很正常的。其实不然，男孩一旦放纵自己，不仅会给女孩带来灾难，也会使自己产生强烈的罪恶感。

其实，学会与异性交往是青春期最重要的社会目标之一。按照人类心理发展的自然进程，一个正常人从初中开始就需要学习建立异性友谊，因此与异性交往并非是长大以后的事。相反，如果真的等到离开学校走上社会以后才开始学习与异性交往，很可能就会因为缺乏锻炼而成为这方面的"困难户"。但是与异性交往时，要掌握好尺度，否则会适得其反。

处于青春萌动期的孩子充满希望和幻想，他们的内心世界很精彩，可是又不愿表露。这时如果得到积极的引导，他们便会打开美好而神秘的心灵之窗，让热情、才智源源地流淌出来；如果受到强制的压服，他们便会把受了伤的心灵深藏起来，让压抑、困惑相伴左右。所以，成人不应用成人的眼光看待他们、批评他们，因为孩子交朋友多数并不是成人的谈情说爱。倒不如在青春期阶段，增加必要的生理和性科学的教育，使孩子们一方面大大方方地与异性交往，一方面又增加理智的意识，学会锻炼自我感情的调节与控制。

所谓"朋友多了路好走"。孩子处在成长的阶段，多结交一些异性朋友对成长和学习本身是大有裨益的：可以促使孩子形成博爱的精神，养成热情、宽厚待人的习惯，有利于其性格的形成和发展、学业的进步，并使他们逐渐走向成熟。反之，则容易使孩子形成孤僻的性格，为人处世不合群。每个做家长的都应该用发展的眼光正确看待孩子的异性朋友。只要孩子自己觉得能谈得来、关系融洽，能从对方那里学到东西，不论是同性朋友还是异性朋友，都应支持他们之间的友谊和正常交流。要信任自己的孩子。

需要注意的是，父母应该让孩子在与异性交往的过程中，保持广泛接触和群体形式，注意交往的分寸；少与异性单独接触，没有特殊需要不单独约会；注意把握和控制自己的性冲动，避免由于朦胧而产生的偏差，珍惜少男少女的纯洁；理智地、有分寸地对待出乎意料的感情越轨，尤其对性诱惑要敢于说"不"。

第22章 好妈妈不吼不叫，教孩子学会为人处世

 让孩子拥有健康的性格

婴幼儿时期的孩子如果得到较好的照料，内心就会产生安全感，就会形成自信开朗的性格。5岁之前，孩子会有喜欢自己动手和探索周围一切事物的兴趣，父母应该保护孩子的这种兴趣，更好地发展孩子主动和自主的性格。

有位哲人说过这样一句话，一个人的命运就在他的性格中。一个人一生是否有作为、是否成功、是否幸福，起决定作用的因素往往是性格，而不是智力。

美国一项长期追踪研究证明了这一点：从25万儿童中选出1500名智力较好的儿童，对他们进行跟踪调查，30年后这些孩子有的成了社会名流、专家、学者，而有的则穷困潦倒、乞讨街头。

在"性格决定一生"、"性格造就成败"等观念盛行的今天，父母们都很关注这样的问题：孩子的性格是在哪个年龄阶段形成的？为什么有的孩子性格"很好"，而有的孩子性格却"很坏"？这些性格又是怎样形成的？这些关于人自身的问题也是心理学家们孜孜不倦研究的课题。

实际上，我们生活中一般意义上所讲的性格，就是心理学概念中的人格，指的是一个人对人、对事、对物所表现出的较稳定的态度。

美国心理学家埃里克森把人格的发展划分为八个阶段，前五个阶段是孩子逐步成长的阶段，对父母培养孩子健康的性格会有一定的帮助。

第一阶段：婴儿期（0~1岁）

这个阶段的孩子最为柔弱，非常需要成人的照顾，对成人依赖最大。如果父母能够爱抚婴儿，并且有规律地照料婴儿，以满足他们的基本生理需要，婴儿就能对周围的人产生一种基本的信任感，并从生理需要的满足中得到安全感；相反，如果婴儿的基本需要没有得到满足，他们就会对周围的人产生一种不信任感，并从生理需要混乱的满足中产生最初的不安全感

如果这一阶段的危机得到积极解决，孩子就会形成"希望"的品质，长大后性格多倾向于乐观、信任、活跃等积极的人格特征；反之，孩子就会形成惧怕感，长大后性格往往倾向于悲观、多疑、抑郁、烦躁等消极的人格特征。

这一阶段婴儿所产生的基本信任感是形成健康人格的基础，也是以后各个阶段人格顺利发展的起点。所以父母在抚养孩子的过程中，应适当地满足孩子的生理需要，不宜过分满足和过分剥夺；同时，在满足程度和方式上要尽可能保持一致性、一贯性，不能随意转变，即使变化也要渐进地、有规律地进行，以便婴儿能够适应。

第二阶段：幼儿期（1~3岁）

这个时期的孩子学会了说话、走动、推拉、把握、放开、排便等基本行为，开始产生自主意愿。当他们的自主意愿和父母的意愿产生冲突时，如果父母对孩子的行为限制

适当，给予孩子一定的自主权，孩子就会由此建立起自我控制的意识；相反，如果父母对孩子限制、批评甚至惩罚过多，孩子就会感到羞怯，并对自己的能力产生疑虑。

如果这一阶段的危机得到了积极的解决，孩子就会形成意志的品质，成年后性格倾向于坚强、独立、克制、自律等；反之，孩子就会形成羞怯感，成年后性格倾向于意志薄弱、依附、随意、敷衍等消极的特征。太过纵容，孩子成年易形成肮脏、浪费、无秩序等生活习惯；限制太严，孩子则易形成清洁、吝啬、忍耐等强迫性特点。

儿童自主性和自控性的形成，使其性格中自我意识、自我调控能力、适应社会化要求的能力增强，对于个人今后对社会组织和个人理想之间关系的态度及处理产生重要影响，对个体的社会化及未来的秩序和法制生活做好了准备。

所以，父母对孩子的行为必须理智而耐心，适度控制的同时给与一定的自由，并施以科学的训练，及时矫正不良行为。

第三阶段：学前期（4～6岁）

这个阶段孩子的行动更加灵活，语言表达更加准确，思维能力也大为提高，想象力极为生动丰富，已开始了创造性的思维，开始了对未来的规划。因此，他们比过去更喜欢拟人化的游戏及活动，更喜欢自己去想象周围的世界。

如果父母肯定和鼓励孩子的主动行为和想象力，孩子的自主性、想象力、创造性就会有较大的提高，成年后性格就会倾向于自动自发、计划性、目的性、果断等积极的人格特质；否则，如果父母经常限制孩子的主动行为，讥笑孩子不切实际的幻想，孩子就会丧失主动性，变得无所适从，并且对自己的能力感到怀疑和内疚，成年后就会倾向于不思进取、无计划性、优柔寡断等消极的人格特质。

埃里克森认为，一个人未来在社会中所能取得的工作上、经济上的成就，都与儿童在本阶段主动性发展的程度有关。因此，父母要鼓励和肯定孩子主动性和想象力的充分发挥。

游戏是适合此时期儿童性格发展的最好形式，应该成为儿童的主导活动。

通过各种游戏，不但孩子的运动器官能得到发展，而且其认知和社会交往的能力也能有效增强；同时，游戏还能帮助孩子学会表达和控制情绪，学会处理焦虑和内心冲突，对培养孩子良好的性格品质有重要的作用。所以，父母应积极组织并引导孩子开展多种多样的游戏，让孩子在游戏中学习，在游戏中成长。

另外，这一阶段也是孩子产生恋母（恋父）情结的特殊时期。因此父母一定要正确对待亲子关系，母亲要有意削弱自己在孩子生活中的重要性，父母要注意自己性别角色的正确扮演，给孩子树立榜样，同时要鼓励和引导孩子与异性同伴交往，建立完整的性别概念。

第四阶段：学龄期（7～12岁）

这一阶段的孩子大都在上小学，其主要社会生活环境由家庭转移到了学校，活动范围扩大了许多。学习成为孩子的主要活动，并不断促使孩子勤奋努力。如果不能发展这种勤奋，孩子就会对自己能否成为一个对社会有用的人缺乏信心，从而产生自卑感。

如果这一阶段的危机得到了积极的解决，孩子就会形成"能力"的品质；反之，就会形成无能。勤奋感的形成，对孩子成年后的社会工作和生活影响很大，将来孩子对学习、工作和生活的态度和习惯，都可追溯到本阶段的勤奋感。

这一阶段孩子性格的发展相对平静，父母应教育孩子勤奋读书，参加社会活动，尝试在各个感兴趣的领域中培养和发展自己的才能，同时培养孩子的生活自理能力，积极参加各种社会公益活动，做一个对社会有用的人。

第五阶段：青年期（13～18岁）

这个阶段的孩子学会独立思考，把他掌握的信息加以利用，为自己确定生活的基本原则和策略，建立"自我同一性"；否则会产生角色混乱的"消极同一性"，不能正确适应他自己的社会角色，与社会要求相背离。

如果这一阶段的危机得到积极解决，孩子就会形成"忠诚"的品质；反之，孩子就会形成不确定性。同一性的形成标志着儿童期的结束和成年期的开始，标志着个体人格的成熟，只有建立了积极的同一性，才能顺利地度过青春期，也才能顺利地完成成年后三个阶段（结婚、立业、晚年）的性格发展任务。

孩子从一出生，就开始了性格的塑造过程，并且对成人后的性格及心理都会产生举足轻重的影响。这也为父母敲响了警钟，必须从一出生就注意孩子性格的塑造问题，并积极建立起正常的亲子关系，满足孩子身心发展的各项需要。每一位开明的父母都会明白，良好的性格及心理素质的发展，将比单纯的让孩子多认几个字、多背一些英语单词重要得多！

懂得分享让孩子拥有好人缘

分享中包含着宝贵的平等与博爱的思想。让孩子学会分享，对于培养孩子的合作能力是至关重要的，而合作能力恰恰是孩子社会化过程的重要一步。

现实生活中，我们都越来越深刻地意识到，现在的孩子什么也不缺，可是却越来越小气、越来越"独"、越来越自私了。他们不愿和别人一起分享，不会有福同享，别人的就是自己的，而自己的绝不给别人。

这种"小气"虽不是什么大毛病，但如果父母不及时加以纠正，孩子将会成为一个不愿与人分享、独占意识很强的人，那么将来他就很难拥有良好的人际关系。而不善于和别人合作，就注定要在激烈的社会竞争中被淘汰。所以，培养孩子从小与他人分享的意识很重要。

可是，小孩子能理解分享的含义吗？当然可以，孩子并非没有理解力。只不过，孩子理解事物的方式与大人不同。通过口头解释大人就能明白的事情，你对孩子讲半天，可能他都似懂非懂。要让孩子理解，需要给他亲身体验、感受的机会。孩子体验到了，才能理解。

所以，要让孩子理解分享，根本的解决方法不是去说教，而是让孩子与身边的环境互动，去体验，去感受，做到真正的理解。

父母很有必要为孩子创设充满"分享"的家庭环境。孩子身边所有的人、物、事件、情绪，共同构成他成长的环境。当环境中充满了分享的意识、情绪、行为，孩子的分享也会从心底发生。如果说学会分享有一个终极目标，那就是孩子自发地分享，而不是被动遵守成人制订的"分享规则"。

分享不仅仅是简单的行为，其中凝聚着宝贵的美德。它不像汉字、算术，我们可以直接教给孩子。让孩子学会分享，关键在于体验。

生活中有太多不懂得分享的孩子。也难怪，如今的孩子大多是家中的独苗，被人捧着护着。属于他的东西从不需要分给别人，不属于他的东西父母长辈也会千方百计为他弄来。尽管开始只是一只苹果、一个梨，但滴水可以穿石，成长在这样环境中的孩子，渐渐凡事都以自我为中心、自私自利、斤斤计较，难以与人友好相处，更谈不上与人分享、合作。

孩子表现出不合群、自私等"反分享"行为，大都是由不当的家庭教育方式造成的。

父母对孩子的功利性的"伪分享"教育，也会造就自私、功利的孩子。

与谁分享？孩子当然会出于个人好恶，选择自己喜欢亲近的人，但父母会干涉。有的父母常跟孩子讲："你干吗把巧克力分给小明吃，他又从来不给你吃的。"父母把分享看成交换，从而抹杀了分享的本意——分享是为了让别人和"我"一样快乐，而不是用"我"的来换"你"的。

还有些父母特别排斥"有特殊需要的人"。这里所说的"有特殊需要的人"，是指那些身体、智力有缺陷的残障人士。在有些父母看来，如果孩子经常和这样的人在一起，就会模仿他们。或者有些父母会认为，这些人将来都在社会底层，跟他们分享以后也得不到什么回报。同样是功利心在作祟。

"独乐乐不如众乐乐","分享"的精髓就在于平等与博爱。人人平等,所以要"均分";人人相爱,所以要"共享"。

与人分享不是自发的,必须教给孩子怎样去做。为了给孩子营造"分享"的家庭氛围,在教育孩子时,父母们还应具体做到以下几点:

1. 给孩子创设分享的机会

父母要鼓励孩子多参加活动,让他在与同伴共同活动时共同分享快乐。同时,也要经常提供孩子为父母服务的机会,比如吃水果时,让孩子进行分配,若他分配得合理,应及时表扬强化。

2. 让孩子明白分享不是失去

孩子之所以不愿与人分享,是因为他觉得分享就是失去。父母应该理解孩子这种难以割舍的"痛苦",让他明白自己对别人关心帮助后,别人也会回报自己同样的关心与帮助,这样彼此关心、爱护,大家都会觉得温暖和快乐。

3. 不能让孩子搞特殊化

在家庭生活中要形成一定的"公平"环境,不让孩子吃独食,防止滋长"独享"意识。父母要教育孩子既看到自己也要想到别人,知道自己与其他成员是平等关系,要求孩子做到好东西大家分享。

4. 父母要为孩子树立榜样

父母要做与人分享的模范,经常主动地去关心帮助他人,使孩子从小受到良好家庭风范的影响,耳濡目染,就会养成同他人分享与合作的良好品质。小孩子不肯与人分享是很自然的,而且很小的孩子常常认为凡是他能够得到的东西都是属于他的。但是他们也喜欢讨大人的欢心,如果教给他们分享,当他们五六岁时,一般能在大多数时间里和伙伴一起好好玩。

5. 让孩子学习合作

让孩子看到一起工作和分担任务的好处。或者告诉两个孩子,他们可以得到一份好吃的东西,但必须两个人分享。

6. 告诉孩子必须分享

很多孩子愿意在别人家玩人家的玩具,但是让他拿出自己的玩具,他就不乐意了。如果是这种情况,你在客人到来之前,让孩子挑选几样他愿意让别人玩的玩具,告诉他不要担心玩具被弄坏。这样当他无条件地与别人分享东西时,他能感到自己对这些东西仍有控制力,它们还是属于他的。

7. 不要期望太多

虽然孩子能够学会分享,但它对孩子来说仍是个很难理解的观念。在要求孩子把玩具拿出来让别人玩时,一定要使他有足够的时间玩自己的玩具。承认孩子的所有权会使他感到分享是在他控制之下的。

另外,父母对孩子的每个慷慨举动都要及时表扬。

做到了这些,你就不用担心自己的孩子太过自私了。

宽容豁达让孩子拥有更广阔的天地

宽容体现了一个人的素养与气度,表现了一个人的思想水平。教孩子学会善待他人的短处,这样孩子才可以与他人和睦相处;教孩子学会宽容对待他人的长处,可以使孩子不妒嫉,从而不断地取得进步。

宽容是一种美德,它像催化剂一样,能够化解矛盾,使人和睦相处。诸如"退一步天高地阔,让三分心平气和"、"大肚能容,容天容地,容天下难容之事;开口便笑,笑古笑今,笑古今可笑之人",这种不注重表面形式的输赢,而注重思想境界和做人水准

的高低的行为是高尚的。正如有位哲人所说:"宽容是需要智慧的。"

现在的孩子大都以自我为中心,不管发生什么事情,很多人首先想到的是自己,而不是别人。如果别人做错了事,根本没有一点宽容之心,往往会逮住他人的缺点不放。

某青少年研究中心,曾经对中小学生做了一次抽样问卷调查。其中,有一个问题是这样的:"当你讨厌的同学需要你的帮助时,而且你能帮助他,你会帮他吗?"对于这个问题的回答,表示愿意的小学生、初中生和高中生分别是59.8%、41.7%和37%。由此可见,虽然不少孩子对于他人的主动求助表示愿意帮助,但是,从小学阶段到高中阶段,表示愿意帮助他人的人数是递减的。在调查中,还有一个问题是这样的:"对于过去欺负过你或严重伤害过你的人,你会怎么办?"对于这个问题,只有29.9%的学生表示会原谅他,有近24%的学生表示很难原谅或绝不原谅,其余的学生则表示原谅但不忘记。从中我们也可以看出,能够主动宽容别人的孩子实在太少了,而事实上,宽容是一种重要的美德。

作为父母,应该充分认识到宽容对于孩子来说不仅是一种待人准则,而且能够保护心理健康。现代科学揭示,宽容有利于一个人的健康长寿。美国密歇根州立大学的研究人员进行的一项研究发现,当人们想要报复他人时,血压会明显上升;而在宽容他人时,血压则显著下降。因此,父母一定要培养孩子宽容的心态。

那么,怎样让孩子学会宽容呢?

1. 不要把世俗的毛病传染给孩子

父母最好不要在孩子面前以自己的眼光议论其他小朋友的缺点,这样容易让孩子对其他小朋友过于挑剔。相反,父母要尽可能表扬其他小朋友的优点,让孩子明白每个人都是有优点的,不要使自己的孩子产生一种以自己为中心的思想,这非常不利于培养孩子宽容的心态。

父母尤其不要对某些人和事物有偏见,更不要把这些偏见在孩子面前表露出来,从而让孩子在潜意识里也受到这种偏见的影响,而对这些人和事物有偏激的看法。

当孩子的小伙伴来自己家里时,父母对其他小朋友的态度不要过分冷落,也不要过分热情,尤其要教育孩子尊重小伙伴,让孩子平等地与人交往。

2. 教孩子换个角度看问题

不管什么时候,父母都可以教孩子学会从别人的角度来看待问题,让孩子把自己置于别人的位置,设身处地地站在别人的角度来思考问题。

在日常生活中,父母要鼓励孩子参与多元化的活动。无论孩子年纪多么小,都要鼓励他接触不同种族、宗教、文化、性别、能力和信仰的人,这有利于孩子与不同的人坦诚相待,遵从规则,平等竞争。

3. 教孩子善待他人

"要想公道,打个颠倒。"宽容是一种美德,在生活中,即使别人错了、无礼了,你若能容忍他人、宽容他人,同样能获得信任和支持,同样能得到别人的友善相待。

在教孩子善待他人的时候,父母可以通过角色互换的方法让孩子摆脱以自我为中心的不良想法,学会心中有他人,宽容他人。父母应该教孩子对其他小朋友多一点忍让,多一份关心,这样别人也会遇事宽容自己,体谅自己,为自己着想。事实上,只要孩子学会了宽容,他就会赢得朋友,就会真正体会生活的快乐。

4. 父母要起表率作用

父母本身具备的品德,一般在孩子身上都可能找得到。因此,父母首先要为孩子创造一个良好的家庭环境。一个整天吵闹不休的家庭,是很难造就出一个具有和蔼品质的孩子的。父母对他人的热情、平等、谦虚等处世原则和行为,是孩子最好的直观而生动的教材,会在潜移默化中培养出孩子尊重别人、爱护别人和谐相处的良好品行。

5. 创造一个和谐的家庭环境

让孩子生活在一个宽容友爱、温馨和谐的家庭环境中,用父母的言行影响孩子,这样,孩子就会逐步形成一种持久的宽容忍让的善良品质。

孩子的宽容心是一种非常珍贵的品质,它主要表现在对别人过错的原谅。这种感情对于孩子个性的健康发展,尤其是感情的健康发展以及对良好关系的建立有着非常重要的意义。宽容的人,时时刻刻都会受到人的爱戴。因此,他们更加容易处理好各种人际关系,能够很快地适应各种不同的环境,能够融洽地与人合作,充分挖掘自己的潜能。富有宽容心的孩子往往心地善良,性情温和,惹人喜爱,受人拥护。

然而,在现实生活中,总有那么一些人,心胸狭隘,小肚鸡肠,处事总是持"宁可我负人,不可人负我"的态度。对别人的不是,甚至并非不是之处也斤斤计较,往往使一丁点矛盾进一步恶化,最终酿成祸患。轻则使人受伤,重者致人命亡。作为父母,这些道理要对孩子讲清楚。

穿梭于茫茫人海中,面对一个小小的过失,一个淡淡的微笑、一句轻轻的歉语,就会带来包涵谅解,这就是宽容。不要苛求任何人,要以律人之心律己,以恕己之心恕人,这也是宽容。宽容地待人,待事,待自己,善待一切。让孩子知道,因为宽容,我们知道了幸福的真正意义,因为只有宽容,世界才会越来越多姿多彩。

消除"红眼病",让童心远离嫉妒

小茜和文怡从小就是好朋友,两家只隔着一栋楼,从上幼儿园开始,两个人就在同一个班,现在他们已上小学三年级了。平时,两个小伙伴整天腻在一起,放学后也一起写作业,有了喜欢的东西也愿意和对方分享。

但是最近,妈妈发现,小茜似乎对文怡有些反感,平时放学也不和文怡一起走了,作业也是自己一个人写,也不去找文怡玩了,有时候文怡过来找她玩,她也是爱搭不理的。妈妈感到很奇怪。

这天放学后,小茜又是独自一人回来了,到家后,就不声不响地回到自己的房间里写作业。过了一会儿,电话响了,妈妈接起来后,是文怡打来找小茜一起出去玩的。

"茜茜,文怡叫你一起出去玩。"妈妈叫小茜接电话。

"我不去,就说我正在写作业呢。"小茜闷闷地说。

"茜茜,你怎么了?"妈妈握着电话不知道该怎么说。

"我都说了不去了,真烦。"小茜不耐烦地说。

"对不起啊,文怡,小茜她有点不舒服,今天就不去找你玩了,明天让她过去找你好吗?"妈妈只好这样告诉文怡。

放下电话后,妈妈进了小茜的房间,小茜正在玩铅笔,闷闷不乐的。

"茜茜,你怎么不理文怡了,你们不是好朋友吗?"妈妈和蔼地问女儿。

"没有呀,只是我今天心情不好。哎哟,妈妈,你让我一个人静会儿吧。"小茜说。妈妈只好出去了。

吃晚饭时,爸爸说:"小茜,听说文怡被评为'市三好学生'了,怎么没听你说过啊?"小茜突然就放下了碗筷,一脸的不服气:"哼,那有什么了不起的!还不是因为她经常拍老师马屁,要不能轮到她这样的马屁精吗?谁还跟她做朋友……"

妈妈听到小茜这么说,忽然明白了,原来小茜因为嫉妒而不愿意与文怡交往了,但是小茜的话也让妈妈出了一身冷汗。原来前一段时间,有一次吃饭的时候,妈妈跟爸爸抱怨:"单位新来的小李这次被提拔为销售部副经理了,真是想不通领导是怎么想的,我们部门里能力、业绩比他好的大有人在,为什么单单提拔他呀,还不就是因为他会拍领导马屁,经常给领导送些小礼物吗……"

妈妈没想到自己一次无心的牢骚竟然对小茜产生了如此大的影响。

有多少家长会在日常生活中注意自己的言行呢?很多家长认为家是最安全的地方,因此工作、生活中的不满、牢骚都会在家里一一发泄。殊不知,在潜移默化中,孩子却习得了你的言行。

嫉妒是我们每个人都体验过的一种情绪，当然孩子也会有嫉妒心。嫉妒在每个孩子身上都有不同程度的反映。有嫉妒心的孩子，往往爱指责别人，或想办法让别人不如自己。

要想让孩子远离嫉妒，家长可以在以下方面留心。

1. 要给孩子提供一个良好的家庭环境

在家里，最好不要当着孩子的面议论同事、领导或孩子的老师，尤其是不要贬低他们。每个人有每个人的长处和短处，贬低别人并不能抬高自己，还会对孩子产生不良影响。对于他人取得的成绩，心胸要开阔，以一种豁达的态度去对待，为别人的成绩鼓掌。这样，孩子在潜移默化中就会受到影响，会正确地评价自己和他人，同时也能为他人取得的成绩而喝彩。

2. 要了解孩子嫉妒的起因

孩子对他人拥有自己不具备或得不到的东西，往往会产生一种由羡慕转化为嫉妒的心理，这是很正常的现象。妈妈平时应该多和孩子交流，及时掌握孩子的心理变化，了解孩子嫉妒的直接起因，如"文怡被评上了'三好学生'而我没有"，"苗苗有一个我没有的布娃娃"等。只有了解了孩子嫉妒的起因，才能从具体事情着手解决孩子的嫉妒。

3. 在了解孩子产生嫉妒的起因时，妈妈要耐心倾听孩子的心理感受

要知道，孩子的嫉妒是直观、真实自然的，它完全不像成年人那样掺杂着许多其他的社会因素，它只是孩子们对自己愿望不能实现而产生的一种本能的心理反应。因此，当孩子显露出嫉妒心时，妈妈千万不要严加批评指责，更不要冷嘲热讽。

要知道，当孩子在跟你诉说时，他正体验着强烈的不快甚至愤怒，此刻的孩子最需要的是将自己的愤怒、不安、烦躁等向亲人和盘托出，希望有人能听他诉说，并理解他、体谅他。

等你听完了他也许是语无伦次的诉说后，你不必加以评论；相反，你可以轻松地对孩子说："哦，我还以为有什么大不了的事情呢。"要知道，你的轻松和微笑可以有效地缓解孩子的嫉妒心。

4. 在帮助孩子化解嫉妒心时，要为他正确分析与他人产生差距的原因

一般说来，孩子往往会将自己的嫉妒简单地归咎于自己所嫉妒的对象，而不去考虑其他因素。此时，你要帮助孩子全面分析造成他们和所嫉妒对象之间差距的原因，这些差距能否缩短，以及缩短差距的途径和方法，以便使孩子能正确与他人进行比较，以积极的方式缩短实际存在的差距，最终化解内心的不平衡。

"嫉妒这恶魔总是在暗暗地、悄悄地毁掉人间美好的东西"。要想让孩子远离嫉妒，最重要的是妈妈要以身作则，豁达的妈妈，教育出来的孩子必然有一颗豁达的心，他们懂得为别人取得的成绩喝彩。

让孩子融入集体，收获来自群体的快乐

津津本来是一个活泼外向的小女孩儿，但是上小学以后，她却慢慢地变得内向起来。这是因为妈妈对她管得太严，每天放学都来接她回家，不让她在学校逗留，也不让她和小朋友们一起玩儿。

津津对妈妈抱怨过很多次："妈妈，为什么其他同学可以在学校玩一会儿跳皮筋、踢毽子，我就不能呢？我想和他们玩一会儿，就一小会儿都不行吗？我现在都没有朋友了，大家都知道我不能跟他们一起玩，所以都不和我玩了……"

无论津津怎么抱怨，妈妈都雷打不动。"放学就是让你回家的时间，在学校有什么玩的？再说了，这多浪费时间啊，而且玩多了就贪玩了，就不喜欢学习了，你愿意做他们那样贪玩的坏孩子吗？"所以，就这样，津津远离了同学们的课外活动，也疏远了同学，她慢慢地变得内向起来，跟同学老师的沟通也慢慢地困难起来。

心理学家说："一个人的幸福快乐80%来自于与他相处的人，20%来自于自己的心灵。"

所以，家长应该鼓励孩子多参加校内外的课外活动、运动会、公益活动等各种社会活动，让孩子在活动中培养团队意识、社会责任、服务精神和领导才能，同时在团队中收获更多的友情，增加孩子幸福快乐的感觉，也使得孩子的个性品质更加趋于完美。

在团体活动中孩子容易寻找到热情和快乐。一个正面、积极的团队是孩子热情的源泉，家长可以召集孩子一些思想积极的朋友、同学，每个月聚会一次，一起讨论达到目标的方法，彼此激发脑力。

团体活动能为孩子提供更多与人交流的机会，许多性格和能力要在集体生活和游戏中才能养成，如团结、大方、礼貌、遵纪、自尊自爱、竞争意识、牺牲精神、合作意识、组织协调能力、集体观念和服从精神等。这些品质和能力是集体之外的活动所不能够培养的。

美国学校的做法值得中国学校和家长借鉴。

为了鼓励学生身心的全面发展，美国的学校通常都会组织各种活动，鼓励学生多多参加，即便像表演舞蹈这样要求条件比较高的表演项目，只要本人愿意参加，学校一定欢迎，绝对不挑不拣，以维护学生的积极性和自尊心。平时老师除了教文化课之外，还会与同学们一起打球、练操、做游戏；万圣节，老师也会扮鬼脸与学生一起参加晚会；圣诞节，老师与学生互相赠送自己制作的贺卡，写上真挚的祝福；学年末要放假了，大家会在一起共进午餐，每个学生带一份具有本国特色的食品共同品尝，一边用餐一边娱乐，其乐融融，像一个大家庭。学生们在这样的气氛中学习和生活，没有压力，既有利于培养他们的团队精神和参与意识，又有利于丰富他们的情感体验，让他们感受到与人相处的乐趣和快乐。

集体是成长的动力，会渐渐培养孩子的组织协调能力、语言表达能力、团结合作能力，并磨炼出坚强的意志和良好的为人处世技巧，而这些恰恰是以后的人生道路上所需要的。

也许这些不像好成绩能让人们看到立竿见影的效果，但是从长远来看，在集体中磨炼出来的高情商，会成为孩子今后人生道路上最有力的保障。

所以，如果想让孩子有良好高尚的品质、优秀的人格魅力、高超的情感智商等，家长就要积极鼓励孩子融入到集体中，参与到集体的课外活动中。家长可以教育孩子从为集体做好事开始。例如，在学校主动打扫卫生、为朋友打开水、帮老师擦黑板等；要让孩子知道自己是集体中的一员，应该为集体争光。遵守集体规则，维护集体荣誉。

如果轮到自己的孩子做值日生，家长不要认为会累到孩子，一定要让孩子早点到学校去，不要迟到；家长也不要阻拦孩子参加班级活动。集体因为每一个人的存在才成为了一个有机整体。集体活动中缺少了谁，都是不完整的。你的孩子参加一次班级篮球赛，在赛场上会学到团结与合作；参加一次班级春游，会发现因为有了同伴的陪伴而觉得春天更加灿烂；参加一次班级合唱团，能知道他所在的那个音阶对整首曲子来说是多么的重要。而这些，都是孩子一个人玩球、一个人爬山、一个唱歌时体会不到的，是从集体活动中获得的。看似是简单的参与，实则体现了教育中"培养完整的人"的思想。

人，都是离不开群体的，孩子也不例外。所以，让孩子融入他的集体吧！他有权在集体中收获他本该拥有的快乐。

真正自知的孩子永远不会做出错误的决定

《道德经》中有一句话："人贵有自知之明。"这句话强调的是，做人可能很难做到完美，但对自己有足够的了解是必须做到的。

事实上，人最难的是了解自己、认识自己。正确审视自己，知道自己的长处、短

处，明辨是非对错，知道自己该做什么，从而知己知彼，是很不容易的一件事。"自知"两个字，包涵了很深奥的哲学道理。

1952年以色列首任总统魏茨曼逝世，他生前是爱因斯坦的老朋友。以色列总统本·古里安写信给爱因斯坦，正式提请他为以色列共和国总统候选人。

魏茨曼逝世的当晚，爱因斯坦接到了若干电话，记者、以色列驻美大使……都是请求他出任以色列总统的。

他们说："教授先生，每一个以色列公民，全世界每一个犹太人，都在期待您出任以色列总统呢！"

作为最杰出的犹太人之一，被自己的同胞如此爱戴，爱因斯坦的确很受感动，但他想的更多的是如何委婉地拒绝这个请求，不让他们觉得失望和窘迫。

几天后，爱因斯坦正式登报声明，以无法胜任为理由，谢绝出任以色列总统。

一个有自知之明的人，明白自己的长短优劣，知道自己适合做什么，懂得进退取舍，才不会让自己陷入进退维谷的境地。爱因斯坦是一代伟人，他在科学史上所取得的巨大成功足以让他傲视整个世界，但他很清楚自己的长项和弱项，很有自知之明。相反，如果一个人缺乏自知之明，就会在人生的道路上陷入困境。

家长如果希望孩子能够健康快乐地成长，就应该从小培养孩子正确认识自己和科学评价自己的能力。

如果孩子有了自知之明，就会在前景黑暗的时候，懂得自我激励，看到自己的优点和长处，从而树立起自信心；在自己可能洋洋自得的时候，把别人的长处作为自己学习的目标，从而告诫自己不要骄傲。有自知之明的孩子更容易取得成功。

高考之前，某市高考理科状元张晓楠经历过一段戏剧化的学习生涯。

张晓楠从小就在数学上有天赋，考上了奥林匹克学校。但有一段时间，张晓楠非常爱看武侠小说，非常贪玩，因此受到批评。张晓楠一气之下决定退学。

张晓楠的妈妈让他自己决定。她对张晓楠说："你可想好了，这可是你自己辛辛苦苦考进去的，你想好了不学，可以不学。"

于是，张晓楠就自己做主退学了。退学以后，张晓楠进入普通中学学习，也更加迷恋武侠小说，结果成绩退步了。妈妈找张晓楠谈话，问他将来的打算。

张晓楠坚定地对妈妈说："我将来要考大学。"

妈妈说："你要上大学，很好。但是，考大学要高考，数学不好是不行的。"

张晓楠想了想，说："那我就再考进奥校吧。"

果然，张晓楠通过努力又考进了奥林匹克学校，后来又考上了一所名牌高中，最终考上了理想的大学。

作为家长，如何教孩子正确认识自己呢？

1. 帮孩子树立学习的榜样

通过对榜样的评价，帮助孩子分析别人的优良品质，使孩子逐步认识自己的不足，严格要求自己，并引导孩子与榜样对照，看看自己差在哪里、差距有多远、怎样以实际行动去学，等等。这样，孩子就容易认识自己存在的问题，不至于看不清自己的弱点了。但不要当众拿孩子的短处比别人的长处，总是说"你看人家某某，你怎么就不像人家……"，这样不利于孩子的发展。

2. 形成和谐、民主的家庭气氛

在家庭中开展家庭成员之间的相互评价，这样使孩子在家庭中受到教育，正确认识自己。家庭是社会大家庭中最基础的"细胞组织"，应该充满爱，最亲密、最团结、最和谐。家庭中每个人互相尊重、互相谦让、互相关心、相互评价，可以帮助孩子提高自我评价能力。

3. 培养孩子的鉴赏能力

家长要不断引导孩子，帮孩子懂得什么是真、善、美，什么是假、丑、恶，帮助孩子逐步建立明确的是非观，孩子才能自觉地以正确的是非观作为评价自己的标准，也才能清楚地认识到自己的缺点和不足，自然而然地，孩子自我评价的能力也就提高了。

4. 教孩子正确认识自己

世界上的每个人都是独一无二的，有自己独特的天赋和能力。家长应该引导孩子正确认识自己的长处短处、优点缺点，懂得听取别人的意见的同时，还要善于自我剖析，正视自己的不足之处，善于把握机会，发展自己的兴趣、爱好和特长。

孩子的社交恐惧症病源在妈妈，药方也在妈妈

每个孩子对这个世界都要经历一个从陌生到熟悉的过程。父母一定要相信孩子的能力，给孩子一定的任务，让他们做自己能做的事情，而不要强迫孩子，否则只会使孩子变得更腼腆。

每当看到别的孩子在众人面前大大方方地唱歌、跳舞、与人交谈时，腼腆孩子的父母总不免流露出羡慕的眼神。羡慕之余，还打心眼里为自己孩子不爱在别人面前表现的性格而着急，替孩子将来的交往能力担忧。可光着急没有用，作为父母，必须试着改变这一切，让孩子变得落落大方，并帮孩子养成积极发言、大胆说话的习惯。

1. 培养孩子的口语表达能力

父母可以利用有趣的故事激发孩子的学习兴趣，每天抽时间给孩子讲故事。讲故事时，孩子提出疑问，要对孩子不懂就问的好习惯及时进行表扬。

有意识地培养孩子写日记的习惯。父母可以先启发孩子回顾当天或前一天的生活，选取自己感受最深的一件事，说一句或几句话，想怎么说就怎么说，表达自己的喜怒哀乐。由孩子说，父母执笔记录。在孩子说的过程中，父母随机进行点拨引导，纠正错误，丰富孩子的词汇。积累的词汇多了，孩子说话时语言也就变得丰富起来了。

2. 主动创造锻炼孩子的机会

有一年中秋节，龙龙和妈妈是在外婆家度过的。一大家子人团聚在一起，甚是热闹。晚饭后，妈妈提议搞个"中秋家庭文艺演出"，得到了大家的赞同。

"谁来当主持人呢？"妈妈说。

"我！"龙龙的表姐大声地喊着。龙龙看看表姐又看看大家，没作声。他的神情充满了期待但勇气却不怎么足。

妈妈觉得这么好的机会可不能让龙龙错过了。妈妈知道龙龙很崇拜少儿节目主持人董浩，便故意说："嗯，姐姐挺像著名节目主持人鞠萍姐姐的。谁愿意做她的老搭档董浩叔叔呢？"

"我！"一提董浩龙龙就来劲了。

于是，姐弟俩开始了他们的节目主持"工作"。

"首先请弟弟乐乐为我们讲一个故事。"龙龙神气地说。

小弟弟大大方方地用稚嫩的嗓音给大家讲了《三只小猪》的故事。大家都拍手鼓掌。

"下面请姐姐为我们表演舞蹈。"龙龙继续了他的主持。

"现在请龙龙为大家唱歌。"在大家的提议下，龙龙又做起了演员。

于是，孩子的外公拉二胡，舅舅唱《老鼠爱大米》，三个孩子也跟着唱："我爱你，爱着你，就像老鼠爱大米……"屋子里充满了欢声笑语。

从这以后，龙龙的胆子大了不少，当着众人面说话也大方多了。

腼腆的孩子，在人多的时候总不愿意开口说话。如果是这样，父母就要主动为孩子创造锻炼机会。

3. 给孩子以奖励

茜茜很喜欢看书，五岁时就能独自看儿童读物了。幼儿园的老师都反映她十分聪

明，什么东西一学就会。可是，茜茜不够大方，不敢主动表现。比如老师让她上台领操，她摇头不肯，而这是很多小朋友都争着做的事。再如她的故事讲得很好，妈妈让她给姥姥姥爷讲个故事，她也不干，即使讲了，也是有头无尾，还不停地做鬼脸。

专家表示，每个孩子都有自己的优缺点，对于孩子的缺点，父母不要老挂在嘴上，这样无意中会强化孩子的缺点。父母可以很轻松的语气对孩子说，如果他能够表现得非常大方，例如领操、很完整地给别人讲故事等，一次可以得到一枚他喜欢的贴纸；如果不能按要求去做，就要扣掉一枚贴纸，并且不能为贴纸讨价还价，否则也要扣掉一枚贴纸。等孩子有了一定数量的贴纸后，就可以带他去游乐场或开展其他喜欢的活动。等他的大方行为巩固以后，可以撤消贴纸，辅以口头表扬，直到他的大方行为变得自动化。

4. 抓住生活中锻炼孩子的机会

有些孩子在家里能说会道，可是到了外面，见了生人就不敢说话了。

为了培养孩子的交往能力，父母每天应尽量抽空带孩子走向社会，走向群体，让孩子在与小朋友玩儿的过程中克服胆怯的心理。因为玩儿是孩子的天性，他们会在玩儿中不知不觉交往起来，同时，孩子会因为玩儿得开心而喜欢上与人交往。

父母一定要相信孩子的能力，给孩子一定的任务，让他们做自己能做的事情。如，特意创设机会，让孩子向邻居或周围的人借东西、送物品。在与邻居、生人来来往往的过程中，孩子表现自我的锻炼机会多了，语言表达也会逐渐完整，交往的态度也将不断自然、大方。

父母还可以有意识地带孩子逛商场、购物，让孩子自己挑选要买的东西。有位妈妈很聪明，她会故意装作找不到要买的东西，让儿子去问营业员，因为是儿子想买的东西，所以儿子很乐意去问。刚开始时，儿子总要妈妈教他怎么说。妈妈也总是耐心地教他，并及时鼓励他。到后来，儿子就会很大方地去向营业员请教了。如果买的东西少，这位妈妈还会给儿子钱，让他自己进去购买。这不仅培养了孩子的社交能力，而且培养了其生活自理能力，可谓一举两得。

为了使孩子在学校里也能表现得出色，父母应和孩子的老师多沟通，向老师反映孩子的性格特点，以及点滴变化。在学校老师的关心、帮助下，孩子在课堂上就会积极大方地发言、表演。

5. 积极给孩子创设"做客"的氛围

父母应多利用时间，把孩子带到朋友家做客。在做客之前，父母要让孩子明确去谁家，对方家里有什么人等情况，让孩子有个心里准备，并以一定的语言来消除孩子的怕生心理，激发孩子想去做客的欲望，如："我们今天要去的阿姨家里，有个姐姐，她有很多的玩具，姐姐和阿姨都知道宝宝很能干，而且有礼貌，都特别想和你玩儿。"从而提高孩子与外人交往的信心。另外，经常将客人请进家里，让孩子体会小主人的自豪感。父母请来的客人，可从孩子熟悉的孩子到没接触过的陌生人逐渐变化，逐渐扩大孩子交往的范围、交流的对象。在鼓励孩子接待客人的过程中，父母不要急于求成，要给孩子一个锻炼、提高的机会，让孩子循序渐进。

比如，让孩子向客人问好说再见，与客人一起分享自己的玩具，分享自己的作品，进而让孩子给客人端茶、送水、拿椅子，再鼓励孩子与客人交流、给客人表演节目，等等。

同时，在来往做客的基础上，父母要学会及时表扬、鼓励孩子。在孩子与生人接触的过程中，父母要关注孩子的表现，并对孩子每一个进步行为给予及时的肯定、表扬。

如，运用亲切的语言表扬："你今天的表现真棒！你会和叔叔阿姨问好说再见，叔叔阿姨都夸你真棒。爸爸妈妈也真为你高兴。"有时，甚至可以给予适当的贴纸、图书、食物及小玩具作为奖励，让孩子体会到进步的快乐。

总之，只要父母能积极地给孩子创设锻炼机会，用心培养，并持之以恒，相信孩子进步带给你的惊喜将代替你原有的抱怨。